Michael Iwanowski

Botswana
Okavango & Victoriafälle

IWANOWSKI'S *i* REISEBUCHVERLAG

Im Internet:

www.iwanowski.de

Hier finden Sie aktuelle Infos zu allen Titeln, interessante Links – und vieles mehr!

Einfach anklicken!

Schreiben Sie uns, wenn sich etwas verändert hat. Wir sind bei der Aktualisierung unserer Bücher auf Ihre Mithilfe angewiesen:
info@iwanowski.de

Botswana
3. Auflage 2013

© Reisebuchverlag Iwanowski GmbH
Salm-Reifferscheidt-Allee 37 • 41540 Dormagen
Telefon 0 21 33/26 03 11 • Fax 0 21 33/26 03 33
info@iwanowski.de
www.iwanowski.de

Titelfoto: Wilderness Safaris
Alle anderen Farbabbildungen: siehe Bildnachweis Seite 9
Redaktionelles Copyright, Konzeption und deren ständige Überarbeitung:
Michael Iwanowski
Redaktion: Sebastian Thomson-Sabors
Layout: Monika Golombek, Köln
Karten und Reisekarte: Astrid Fischer-Leitl, München
Titelgestaltung: Point of Media, www.pom-online.de

Alle Rechte vorbehalten. Alle Informationen und Hinweise erfolgen ohne Gewähr für die Richtigkeit im Sinne des Produkthaftungsrechts. Verlag und Autor können daher keine Verantwortung und Haftung für inhaltliche oder sachliche Fehler übernehmen. Auf den Inhalt aller in diesem Buch erwähnten Internetseiten Dritter haben Autor und Verlag keinen Einfluss. Eine Haftung dafür wird ebenso ausgeschlossen wie für den Inhalt der Internetseiten, die durch weiterführende Verknüpfungen (sog. "Links") damit verbunden sind.

Gesamtherstellung: Werbedruck GmbH Horst Schreckhase, Spangenberg
Printed in Germany

ISBN: 978-3-86197-084-2

Inhalt

EINLEITUNG — 10

1. LAND UND LEUTE — 12

Botswana auf einen Blick — 13

Historischer Überblick — 14
Vorkoloniale Zeit — 14
Die Wanderung der Bantus 15 · Die Zulu-Kriege (Difaqane) 15
Kolonialzeit — 16
Die ersten Missionare 16 · Einmarsch der Buren 18 · Schutz durch England 20 · Die Afrika-Konferenz in Berlin 20 · Auseinandersetzungen zwischen Briten und Buren und Gründung des British Protectorate Bechuanaland 21 · Cecil Rhodes und die British South Africa Company 21 · Burenkrieg und der Anspruch der Südafrikanischen Union auf Botswana 23
Der Weg in die Unabhängigkeit — 24
Nach 1966: Demokratie und Diamanten — 26
Aktuelle Entwicklungen 27 · Das Wappen als Symbol des Staates 29

Geografischer Überblick — 31
Großlandschaften und geologische Entwicklung — 31
Klima — 33
Gewässer und Wasserwirtschaft — 35
Wasserversorgung und Ökologie 35

Wirtschaftlicher Überblick — 37
Aktuelle Wirtschaftsdaten — 38
Diamanten 40 · Weitere Bodenschätze 41
Landwirtschaft — 43
Viehzucht 44 · Ackerbau 45
Tourismus — 46
Beschäftigung — 48
Die Southern African Development Community (SADC) 49
Probleme und Zukunftsaussichten — 50

Gesellschaftlicher und kultureller Überblick — 51
Die Bevölkerung Botswanas: Struktur — 51
Sprachpolitik — 53
Bantusprachen 53 · Khoisansprachen 53
Religion — 54
Bildungswesen — 55
Medien — 56
Gesundheit — 56
Die wichtigsten Völker Botswanas — 58
Die Ostbantu sprechenden Völker 58 · Die Westbantu sprechenden Völker 59 · Khoi und San 62
Die europäisch-stämmigen Botswaner — 66

Frauen in Botswana	66
Kunst und Kultur	67

Felsmalereien 67 · Kunsthandwerk 68 · Literatur 69 · Musik 69

2. DIE GELBEN SEITEN: BOTSWANA ALS REISELAND 70

Allgemeine Reisetipps von A bis Z 71

DIE GRÜNEN SEITEN: Das kostet Sie Botswana 124

3. ROUTENVORSCHLÄGE UND ANREISEMÖGLICHKEITEN 128

Übersicht 129
  Routenvorschläge 129

Anreise über Windhoek/Namibia 133
  Windhoek 133
  Über Gobabis und Buitepos 135
  Gobabis – Grenzposten im Osten 136
  Durch Namibias Nordosten 138
  Abstecher zum Waterberg Plateau 138 · Weiterreisemöglichkeiten 140
  Variante 1: Von Grootfontein über Tsumkwe nach Dobe (Grenzübergang) 140 · Nyae Nyae Pans 142 · Abstecher in das Khaudom Game Reserve 142 · Variante 2: Von Grootfontein nach Rundu und durch den Caprivi 144
  Über Mata Mata/Kgalagadi Transfrontier National Park 146
  Streckenhinweise zum Kgalagadi Transfrontier National Park 146

Anreise über Johannesburg/Südafrika 147
  Johannesburg 147
  Durch die North West Province nach Gaborone 149
  Variante 1: Abstecher nach Sun City und zum Pilanesberg National Park 149 · Variante 2: Auf der R49 über das Madikwe Game Reserve nach Gaborone 151

  Durch die Limpopo Province über Polokwane und den Mapungubwe National Park nach Tuli Block 152
  Polokwane 152 · Mapungubwe (Vhembe Dongola) National Park 153

4. DAS OKAVANGO-DELTA MIT MOREMI GAME RESERVE 154

Maun 155
  Sehenswertes 156
  Redaktionstipps 156

Okavango-Delta 169
Überblick 169
Tier- und Pflanzenwelt 171 · Geschichte und Bevölkerung 172 · Tourismus 175 · Geologie 175 · Delta-Regionen 176 · Klima und Reisezeit 177 · Ökologische Probleme 178
Moremi Game Reserve 192
Überblick 193 · Geografie 194 · Zur Strecke: Maun – Moremi Game Reserve: Third Bridge – Xakanaxa – Khwai/North Gate 194 · Pirschfahrten in Moremi 196

5. CHOBE NATIONAL PARK UND KASANE 204

Überblick 205
Gebiete des Chobe National Park 205
Chobe Riverfront (Hauptgebiet, westlich von Kasane) 205 · Gebiet südlich des Chobe 208 · Westteil bei Savute 209 · Savute-Region (Chobe National Park) 209
Zur Strecke: Vom Khwai/North Gate (Moremi) über das Mababe Gate nach Savute 211
Abstecher von Savute zum Linyanti 217
Weiterfahrt 217 · Savute – Kasane 223 · Zur Strecke 223 · Alternativ-Strecke nach Kasane: Über Nogatsaa 225 · Überblick über die Strecke Savute – Nogatsaa – Kasane 225
Kasane – Tor zum Chobe National Park 226
Weiterfahrt 228

6. ABSTECHER ZU DEN VICTORIA FALLS 238

Der Ort Victoria Falls (Zimbabwe) 239
Victoria Falls National Park 241
Geologie 241 · Redaktionstipps 241 · Rundgang 244 · White Water Rafting – eine Erfahrung besonderer Art 244 · Weitere Aktivitäten 246

Livingstone (Zambia) 254
Mosi-oa-Tunya National Park 255

7. IN DEN NORDEN: OKAVANGO-PANHANDLE UND CAPRIVI-STREIFEN 260

Von Maun in den Panhandle und nach Shakawe 261
Abstecher Drotsky's Caves – Aha Hills 263
Zur Strecke 263 · Drotsky's Caves (Gcwihaba Caverns) 265
Aha Hills 268
Weiterfahrt Richtung Norden 268
Gumare 268 · Etsha 268 · Sepupa 270 · Nxamaseri 271

Abstecher zu den Tsodilo Hills	271
Shakawe	275
Abstecher nach Seronga – Mokoro-Tour mit dem Polers Trust 278	

Durch den Caprivi – Namibias langer Finger — 279
Informationen zur Strecke: Der Trans-Caprivi-Highway 280 · Mögliche Abstecher unterwegs 281

Von Shakawe durch das Mahango Game Reserve zu den Popa Falls 282
· Mahango Game Reserve 282 · Popa Falls 282

Von Popa Falls nach Katima Mulilo _____ 285
Von Kongola zu den Nationalparks Mudumu und Mamili/Route D 3511 – C 49 285 · Mudumu National Park 286 · Mamili (Nkasa Lupala) National Park 287 · Katima Mulilo 290 · Ausflug zu den Ngonye Falls in Zambia 292 · Weiterfahrt von Katima Mulilo zum Chobe National Park 293

8. NXAI PANS UND MAKGADIKGADI PANS NATIONAL PARK — 294

Überblick — 295
Geschichte und Natur der Nxai und Makgadikgadi Pans _____ 295
Zur Strecke: Kasane – Nxai Pan National Park _____ 297
Nata _____ 298
Nata Bird Sanctuary 299
Gweta _____ 300
Nxai Pan National Park _____ 301
Bushman Pits 303 · Zur Strecke 303 · Reisezeit 304 · Makgadikgadi Pans National Park sowie die Makgadikgadi Pans (Ntwetwe und Sowa Pan) 306 · Zur Strecke 307 · Kubu Island/Sowa Pan 307 · Zur Strecke 310 · Mmakhama Ruins/Sowa Pan 311 · Kokonje Island 311 · Green's Baobab und Chapman's Baobabs/Ntwetwe Pan 311 · Weiterfahrt 311 · Anreise von Süden: Letlhakane und Rakops 315

9. ZENTRAL- UND WEST-BOTSWANA: IN DIE KALAHARI — 316

Der Nordwesten — 317
Ghanzi – Wildweststadt inmitten des „Rinderlandes" _____ 317

Zentral-Botswana:
Central Kalahari Game Reserve und Khutse Game Reserve — 327
Zur Strecke _____ 330
Anfahrtsmöglichkeiten 330 · Streckenbeschaffenheit 332 · Tierwelt 332 Deception Valley – das Tal der Owens 333
Khutse Game Reserve _____ 338
Anfahrt zum Khutse Gate 341

Der Südwesten: Kgalagadi Transfrontier National Park	342
Zur Strecke	344
Anfahrtmöglichkeiten 344	
Zusammenschluss zum Kgalagadi Transfrontier National Park	345
Botswanische Seite 345 · Südafrikanische Seite 346	

10. DER OSTEN 352
Francistown – Gaborone 353
Francistown _____ 353
Selibe-Phikwe 355 · Palapye 357 · Serowe – Stadt der Bangwato 358 · Khama Rhino Sanctuary 358
Abstecher zum Tuli Block/Game Reserves _____ 359
Mashatu Game Reserve 360 · Anfahrtsalternativen 361 · Tuli Game Reserve 361

Die Hauptstadt Gaborone 363
Orientierung _____ 366
Sehenswertes 366
Umgebung von Gaborone _____ 369
Kanye 371 · Jwaneng 371

11. ANHANG 372
Tierlexikon und Tipps zur Tierbeobachtung _____ 373
Häufige Tiere in Botswanas Nationalparks 373
Tipps zur Tierbeobachtung und Sicherheit im Gelände _____ 395
Literatur _____ 400
Stichwortverzeichnis _____ 402
Verzeichnis der Unterkünfte _____ 406

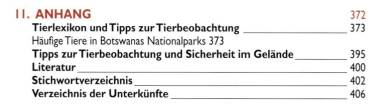

Weiterführende Informationen zu folgenden Themen

Karl Mauch – ein unbekannter Forscher 17 · Sir Seretse Khama – erster Präsident der Republik Botswana 25 · Informationen über Diamanten 41 · Zum Problem der Veterinärzäune 45 · Safari anno 1907 – Afrika-Durchquerung von Paul Graetz 47 · Regenmachen 55 · Streit ums Land: die San im Central Kalahari Game Reserve 63 · Buschrezepte 84 · Tipps zum Fotografieren 89 · Community Based Tourism 120 · Der Trans-Kalahari-Highway 137 · Der Okavango – Lebensader im Grenzgebiet zu Angola 144 · Vorsichtsmaßnahmen trotz verbesserter Sicherheitslage 148 · Eine Fahrt oder Safari mit dem Mokoro 158 · Papyrus – das malerische Schilf vom Okavango 172 Wie gefährlich ist die Tsetsefliege für Menschen? 178 · Private Safari-Lodges 180 · Elefanten in Überzahl 207 · Bautätigkeit im Chobe-Gebiet 211 · Die Flusssysteme Kwando, Linyanti, Chobe und Savute 213 · Informationen über Affenbrotbäume (Baobabs) 228 · Victoria Falls im Zeichen der Krise 240 · Lake Ngami 261 · Thomas Baines – Forscher und Maler 302 · Informationen über die Kalahari 323 · Die Kalahari-Jahre von Mark und Delia Owens 334 · Bedrohte Jäger: Leoparden- und Löwenprojekte in der Kalahari 339 · Das Domboshaba Festival of Culture and History 354

Kartenverzeichnis

Caprivi-Streifen	S. 280/281
Central Kalahari Game Reserve	S. 328
Chobe National Park	S. 206
Chobe Riverfront	S. 224/225
Drotsky's Caves – Grundriss	S. 266
Flusssystem	S. 213
Gaborone Innenstadt	S. 367
Gaborone und Umgebung	S. 364
GPS-Gebiete	S. 96
Kgalagadi Transfrontier National Park	S. 343
Kasane – Livingstone	S. 255
Kasane und Kazungula	S. 230
Klimadaten	S. 114
Kolonialkarte	S. 19
Makgadikgadi Pans	S. 308/309
Maun Überblick	S. 161
Maun Zentrum	S. 158
Moremi Game Reserve	S. 195
Moremi Game Reserve – Savute – Kasane	S. 218
Nxai Pan National Park	S. 302
Okavango-Delta	S. 176
Osten von Botswana, Der	S. 356/357
Savute-Region	S. 210
Shakawe – Tsodilo Hills – Drotsky's Caves	S. 264
Tsodilo Hills	S. 272
Überblick Central Kalahari Game Reserve – Kgalagadi Transfrontier Park	S. 317
Überblick Chobe Game Reserve	S. 205
Überblick Der Osten	S. 353
Überblick Nxai & Makgadikgadi National Park	S. 296
Überblick Okavango-Delta	S. 155
Überblick Okavango Panhandle und Caprivi-Streifen	S. 261
Überblick Victoria Falls	S. 239
Vegetations- und Wirtschaftsstruktur	S. 39
Victoria Falls	S. 240

Abbildungsverzeichnis

Hintere Umschlagklappe:
Botswana Tourism (Nr. 1), Gunter Hartmann (Nr. 2, 3, 5, 6, 7), Roland Schmidt (Nr. 4).
Buchrückseite:
Gunter Hartmann (Auto), Botswana Tourism (Löwe).

Innenteil:
Alle Bilder von **Gunter Hartmann**, außer:
African Bush Camps: S. **221, 222**; andBeyond: S. **188, 216, 232, 250**; Biemans, Nick (Fotolia): S. **372**; Botswana Tourism: S. **31, 36, 46, 63, 65, 90, 91, 108, 171, 174, 177, 184, 193, 196, 198, 201, 204, 217, 229, 234, 276, 277, 279, 297, 304, 305, 315, 324, 329, 330, 331, 333, 375, 376, 379, 381, 382, 383, 384** (2x), **388, 389, 394**; Bush Ways: S. **113**; Desert & Delta: S. **313**; Dombo Farm, Oehl: S. **312**; Grassland Safari Lodge: S. **320**; Huijzer, Arjan (Fotolia): S. **310**; Iwanowski, Michael: S. **16, 60, 241, 249, 253, 300, 414** (2. und 4. Tipp); Iwanowski, Ursula: S. **139, 359, 389** (oben); Ker & Downey: S. **182, 186, 190, 202, 321**; Kwando Safaris: S. **306, 336**; Livingstone Express: S. **258**; Mader, Sabine: S. **294, 352**; Mashatu Game Reserve: S. **360** (2x), **362**; Mills, David: S. **339**; Olga´s Italian Corner: S. **259**; Orient Express Safaris: S. **215**; Ramsauer, S.: S. **340**; Rani Resorts: S. **242, 246**; Sango Safari Camp: S. **414** (3. Tipp); Schmidt, Roland: S. **98**; Selelo Tshegofatso Lesetedi, Veronica: S. **67, 156**; Senyati Camp: S. **233**; South African Tourism: S. **150, 344, 347, 351**; Tegas, Pier: S. **387**; Thamalakane River Lodge: S. **162**; Wilderness Safaris: S. **154, 180, 189, 214** (Allen, Dana); **159** (Bell, Colin); **337** (Culbert, Caroline); **185** (Worsley, Brian)

EINLEITUNG

Einleitung

Noch immer ist Botswana ein Ausnahme-Reiseziel, noch immer klingt es in den Ohren von Reiselustigen nach Abenteuer und Herausforderung. Dieses Land im südlichen Afrika, das keinen Zugang zu den Weltmeeren hat, symbolisiert auch heute noch eine der letzten Wildnisse des afrikanischen Kontinents. Zwischen der Kalahari im Westen und dem Limpopo-Fluss im Osten gelegen, leben auf einer 1 ½-fachen Fläche von Deutschland nur knapp 2 Millionen Menschen. Einige San in den Weiten der Kalahari können ihren tradierten – wenn auch veränderten – Lebensweisen folgen, während der Großteil der Bewohner in den großen Siedlungen des Ostens längst die westliche Zivilisation angenommen hat.

Für den Reisenden ist Botswana vor allem durch seine unendliche Weite, seine Unberührtheit und reiche Tierwelt reizvoll. Die interessantesten Landschaften findet man vor allem im Westen, im Zentrum sowie im Okavango-Delta vor. In Botswana kann man noch immer die größten freilebenden Wildherden Afrikas beobachten, deren Lebensraum sich aus dem Gegensatz von Sand, Savanne und Wasser definiert. Das Okavango-Delta ist noch immer eines der großartigsten Ökosysteme und das größte Binnendelta der Welt. In diesen weiten nicht besiedelten Landesteilen ist die Symbiose von Fauna und Flora noch intakt.

Botswana ist *das* Land für Naturliebhaber. Eine insgesamt gut ausgebaute touristische Infrastruktur und ein verbessertes Straßennetz sind geeignete Voraussetzungen für Selbstfahrer. Mit Kleinflugzeugen und Motorbooten lassen sich – meistens von Maun aus – einsam gelegene Camps erreichen.

Mitten in der Wildnis bieten gut gelegene Lodges nicht nur Unterkunft und ausgezeichnete Verpflegung, sondern unter sachkundiger Führung von Rangern auch grandiose Naturerlebnisse. Hier lebt man als „Gast in der Welt der Tiere" auf teilweise kleinen Inseln, die vom Land aus nicht erreichbar sind. Es heißt also die Augen offenzuhalten, denn leicht kann es zu überraschenden Begegnungen mit den Tieren kommen… Erfahrene Ranger begleiten die Besucher deshalb mit Booten auf verschlungenen Wasserwegen, in offenen Geländefahrzeugen oder zu Fuß, um das Wild für den Beobachter (sicher!) aufzuspüren. Solche Momente in der Natur lassen oft das Herz oft höher schlagen und sie machen den Reiz der Wildnis aus.

Gerade hier erfüllt sich für viele individuell Reisende ein lang gehegter Traum und fordert Abenteurer heraus: Mit dem Allradfahrzeug und Dachzelt gelangt man in abgelegene Gegenden und ist seinem ganz persönlichen Eindruck von der Natur ein schönes Stück näher.

Dieser Reiseführer legt den Schwerpunkt auf das Okavango-Delta, den Westen und das Zentrum des Landes sowie deren benachbarte Gebiete. Abstecher zu weiteren Highlights in der Region, wie den Victoria Falls in Zambia/Zimbabwe oder dem Caprivi-Streifen im Nordosten Namibias, werden ebenso beschrieben wie die immer besser werdenden Anfahrtswege aus Windhoek/Namibia und Johannesburg/Südafrika. Beachtenswert sind „neue Gebiete" im Grenzbereich Namibia/Botswana: Ein Fahrt entlang des Kwando Flusses zum Mamili (Nkasa Lupala) National Park ist etwas ganz Besonderes, und auf einem Abstecher von Katima Mulilo in den Westen Zambias zu den Ngonye Falls des Zambezi genießt man das pure, ursprüngliche Afrika. Wie auch immer, Sie werden als Selbstfahrer oder in einer kleinen geführten Gruppe unvergessliche Erlebnisse abseits der Zivilisation genießen.

Michael Iwanowski

I. LAND UND LEUTE

Botswana auf einen Blick

Fläche/Einwohner 581.730 km²/ca. 2 Millionen Einwohner (2011)	
Staatssprache Setswana, Bantu-Sprachen, Englisch z.T. als Bildungs-, Erziehungs- und Amtssprache	
Flagge schwarz-weiß-hellblau gestreift	
Unabhängigkeit 30.9.1966 (Nationalfeiertag)	
Staats- und Regierungsform unabhängige präsidiale Republik. Das Parlament besteht aus einer Kammer; darin beratend gibt es das „House of Chiefs": hier sind 15 Mitglieder versammelt, welche die acht großen Stämme vertreten. Es gibt keine Wehrpflicht in Botswana.	
Staatsoberhaupt und Regierungschef Ian Khama (Botswana Democratic Party, seit April 2008)	
Städte Gaborone (Hauptstadt, ca. 200.000 Einwohner), Francistown (ca. 90.000), Molepolole (ca. 70.000), Selebi-Phikwe (ca. 58.000), Maun (ca. 55.000), Serowe (ca. 55.000), Kanye (ca. 49.000), Mahalapye (ca. 49.000), Mochudi (ca. 47.000), Lobatse (ca. 32.000)	
Klima allgemein trocken-warm/heiß. Die Trockenzeit liegt zwischen Mai und September. Der meiste Regen fällt z.T. als heftige Schauer zwischen Oktober und April. Am heißesten ist der Januar, am kühlsten der Juli (Nachttemperaturen oft unter 0 ˚C), im Oktober ist die Hitze sehr drückend.	
Bevölkerung v.a. Tswana, die sich in verschiedene Untergruppen teilen (u.a. Bamangwato, Bakwena) 95 %, San (Basarwa) 2,4 %, Weiße, Inder und Mischlinge 1,3 %	
Jährl. Bevölkerungswachstum 1,65 % (2011)	
Religion mehrheitlich Anhänger von Naturreligionen; ca. 30 % Christen; Minderheit von Muslimen, Hindus und Animisten	
Analphabetenquote ca. 19 %	
Durchschnittliche Lebenserwartung 53 Jahre	
Aids/HIV-Rate 25 % der Bevölkerung	
Zugang zu sauberem Trinkwasser 95 % der Bevölkerung	
Währung Pula (ein Pula entspricht 100 thebe)	
Inflation ca. 7 %	
Ausfuhr (2010) Diamanten 68 %, Kupfer und Nickel 13 %, Rest (Textilien, Fleisch, Salz und Sodaasche etc.) 19%	
Handelspartner in 2010 vor allem Großbritannien, die Republik Südafrika, Norwegen, Israel	
Landwirtschaft in 2010 vor allem Rinderzucht, Maisanbau, Bohnen, Melonen etc.	
Pro Kopf-Einkommen ca. 7.000 US$	
BIP ca. 14 Mrd. US$ (geschätzt)	
Reserven ausländischer Währungen und Gold 7,9 Mrd. US$ (2010, geschätzt)	
Wirtschaftswachstum 7,7 % (2012, geschätzt)	
Wirtschaftszweige (% des BIP, 2008) Industrie und Bergbau 49,3%, Dienstleistungen 48,8% (v.a. Tourismus, der ca. 12 % des BIP stellt), Landwirtschaft 1,8 %	
Korruptions-Index Rang 33 (2010, von 178 Ländern, laut Transparency International)	

Historischer Überblick

Vorkoloniale Zeit

Die Frühgeschichtsforschung hat ergeben, dass bereits in archäologischen Zeiten Menschen und ihre Vorfahren das südliche Afrika bewohnten. Vor etwa 70.000 Jahren tauchte hier der „Homo sapiens" auf. Seine Werkzeuge, die man ebenfalls in Höhlen fand, zeigen schon Verbesserungen und eine Vielfalt von Anwendungsmöglichkeiten. Felsmalereien an Eingangswänden oder markanten Felsüberhängen stehen teilweise in einem engen Zusammenhang mit den einzelnen Artefakten.

Verarbeitung von Erzen

Ältere Schmelzstätten deuten ferner darauf hin, dass bereits am Ende der Jungsteinzeit oberflächennahe Erze verarbeitet wurden, mit denen man bessere Waffen und Werkzeuge herstellen konnte. Man benutzte sie vermutlich nicht nur zum Kampf oder zur Jagd, sondern auch zu einer einfachen Bodenbearbeitung (Getreideanbau) und zur Viehhaltung. Verzierte Töpfe dienten als Vorratsbehälter für Fleisch, Getränke und Früchte. Diese Fundstücke werden der frühen Eisenzeit zugerechnet (200–900 n. Chr.). Besonders viele Funde von altem Steinwerkzeug gab es am Ufer der Makgadikgadi-Pfanne, in prähistorischer Zeit ein See.

Wenn die **San** auch als die älteste heute noch in Botswana und Namibia präsente Bevölkerungsgruppe gelten, gehören sie doch nicht zur Urbevölkerung. Dies konnten die Archäologen aufgrund der erwähnten Funde einwandfrei nachweisen. Vielmehr nehmen sie an, dass die San aus dem östlichen Afrika zunächst in die feuchteren Regionen Südafrikas abgedrängt wurden, als Hirten- und Bauernvölker ihnen den Lebensraum in den ostafrikanischen Savannen nahmen. Den bald nachwandernden **Bantu-Völkern** mussten sie wiederum weichen und sich in die Trockengebiete des Landesinneren (Kalahari) bis in das heutige Staatsgebiet von Botswana und Namibia zurückziehen. Diese Regionen waren unattraktiv für den Ackerbau und die Großviehhaltung sowohl der Bantu als auch der später von Südwesten vorstoßenden weißen Farmer. Es begannen regionale Auseinandersetzungen der Bantu mit den einzelnen San-Gruppen.

Völkerwanderungen

Diese historische Entwicklung, insbesondere die Wanderbewegungen der einzelnen Bantu-Völker, der in Kleingruppen lebenden San und der verwandten Nama sowie die spätere Einwanderung der Europäer (ab 1652 von Kapstadt aus), liefert einen ersten Erklärungsansatz für die heutige Bevölkerungsverteilung.

Die San (für weitere Infos s. S. 62) leben schätzungsweise **seit mehr als 15.000 Jahren** im südlichen Afrika. Bevor sie ihrer Lebensräume beraubt wurden, wanderten sie durch fruchtbares Land. Als Jäger und Sammler durchstreiften sie die heutigen Gebiete von Südafrika, Namibia, Zimbabwe, Angola und Botswana. Überall dort finden sich ihre Spuren in den steinzeitlichen Felszeichnungen, so z. B. in den **Tsodilo Hills** (s. S. 68). Die San sind eine Ethnie bisher ungeklärter Herkunft. Manche vermuten einen nordafrikanischen oder auch asiatischen Ursprung.

Die Wanderung der Bantus

Bereits ca. 250 n. Chr. begann die Einwanderung der bantusprachigen Völker (s. S. 58) aus dem Nordwesten und Osten des Kontinents in die Gegend des heutigen Botswana. Im Gegensatz zu den Jägern und Sammlern der San kannten sie die Vieh- und Feldwirtschaft und brachten Kenntnisse der Eisenverarbeitung sowie des Töpferns mit.

Später kam das Volk der Zhizo aus dem heutigen Zimbabwe, verdrängt durch ein *Leopard´s Kopje* genanntes Volk, bis an den nördlichen Rand der Kalahari, und sie brachten weiteren Fortschritt mit. Etwa 1000 n. Chr. soll dann eine zweite Gruppe eingewandert sein, die man *Toutswe* nennt. Sie herrschten bis ca. 1300 über das größte Reich jener Zeit. Wahrscheinlich durch Überweidung und Dürre löste sich das Reich auf. Weitere Völker, unter anderem die *Shona* aus Zimbabwe, rückten nach. Die meisten assimilierten sich später mit den *Tswana*.

Die *Bakalagadi* aus Südafrika ließen sich im Osten des heutigen Botswana nieder und waren die erste größere *Tswana-Gruppe* Botswanas. In den späteren Jahren kamen weitere Gruppen hinzu. Durch innere Spaltungen breiteten sie sich immer weiter im Land aus.

Die Nachfahren der ersten Bewohner Botswanas müssen heute um ihren Lebensraum kämpfen

So glaubt man, dass etwa um 1400 ein Häuptling der Tswana, *Malope,* am Boteti-Fluss regierte. Seine drei Söhne *Kwena, Ngwato* und *Ngaketse* waren mit ihren Anhängern abgezogen. Sie sollen durch Neuansiedlung der Gefolgschaft den Grundstein für die drei botswanischen Hauptstämme gelegt haben: Kwena Bakwena in Mochudi, Ngwato Bamangwato in Serowe, Ngwaketse Bangwaketse in Kanye. Als sich beim Bamangwato-Stamm 1795 die Brüder *Khama I.* und *Tawana* um die Häuptlingsnachfolge stritten, entfernte sich letzterer mit seinen Leuten zum Lake Ngami und nach Maun (Batawana in Maun) (s. auch S. 58).

Spaltung der Tswana

Heute sind in der Verfassung **acht Hauptgruppen** der Tswana genannt: Bakgatla, Bakwena, Bamalate, Bangwaketse, Bangwato, Barolong, Barawana und Batloka.

Die Zulu-Kriege (Difaqane)

Die früheren Wanderungen waren vergleichsweise unbedeutend, bis *Shaka-Zulu* im Jahre 1816 und *Mzilikazi* 1825 an die Macht ihrer Zulu-Stämme kamen. Sie brauch-

Zulu-Kriege

ten mehr Platz für die wachsende Bevölkerung und wollten Macht und Reichtum mehren. Das Wort *difaqane* (oder *mfecane* in Zulu) bezeichnet eine Periode der Zerstörung und des Krieges im südlichen Afrika in den Jahren von 1815 bis etwa 1840. Mit organisierten Kampfverbänden drangen *Shaka* und sein General *Mzilikazi*, mit dem er sich später zerstritt, vom Südosten in Natal durch Transvaal bis nach Zimbabwe und Botswana vor. Es sind die gleichen Zulu und Matabele, die den südafrikanischen Buren auf dem „Großen Treck" (1835) den Krieg erklärt haben, um deren ungezügelte Landnahme zu verhindern.

Die Zulu überrannten die Tswana-Siedlungen, und trotz einigen Widerstandes konnten sich die Bewohner Botswanas erst Jahrzehnte später von diesen Attacken wieder erholen. Die Ethnie der Tswana ging aus der anschließenden Neuorganisation als stärkste Gruppe hervor und bestimmte im Wesentlichen die Geschicke des Landes.

Kolonialzeit

Die ersten Missionare

In der Zeit dieser Auseinandersetzungen und Beute-Streifzüge kamen die ersten Weißen ins heutige Botswana. Die **London Missionary Society** (LMS) sandte den Prediger *W. Edwards*. Er erreichte Kanye im Jahre 1808 und endete später als eifriger Elfenbeinhändler und Farmer. Dann kam für die LMS *John Campbell*. 1817 erschienen der bekannte Missionar *Robert Moffat* auf der Bildfläche sowie weitere Jäger und Missionare. Nicht zuletzt kam 1841 der berühmte Missionar, Forscher und Arzt *David Livingstone* im heutigen Botswana an. Frisch aus England besuchte er *Robert Moffat*, heiratete dessen Setswana sprechende Tochter *Mary* und zog mit ihr ins Landesinnere weiter. Seine Expedition führte ihn von Kolobeng zum Lake Ngami, den er als einer der ersten Weißen 1849 sah. Von dort gelangte er zum Chobe-Fluss, folgte dem Zambezi und erreichte die Victoria-Fälle.

Livingstone, einer der bekanntesten Forscher

Die Bantu-Bevölkerung war misstrauisch gegenüber Missionaren, denn sie predigten eine Abkehr vom gewohnten Stammesleben. So wollten sie den Brautkauf, das Regenmachen, die Polygamie, die Initiations-Rituale und das Biertrinken abschaffen. Hauptgegner der Missionare waren die Stammeszauberer, sie fürchteten, ihren Einfluss auf die Häuptlinge zu verlieren.

Der wichtigste Beitrag der Missionare zur Landesentwicklung war die Gründung von Schulen. Sie verfolgten vor allem das Ziel, die Bantus zum Christentum zu bekehren. Sie sollten in der Bibel lesen können. *James Read* und später *Moffat* begannen um 1831 mit der **Übersetzung der Bibel** in Setswana. Aber nicht nur die LMS wirkte im Betschuanaland, wie man die Region bis zur Unabhängigkeit nannte (von engl. *Bechuana*, die man heute *Batswana* oder *Tswana* schreibt); es kamen die Methodisten, die Lutheraner, die Niederländisch-Reformierte Kirche und die Hermannsburger als deutsches Kontingent. *Heinrich Schulenburg* lehrte 1860 bei den Bangwato. Unter seinen ersten Schülern waren die Söhne der Häuptlingsfamilie *Khama* in Serowe.

Karl Mauch – ein unbekannter Forscher

Wenn die Antriebsfeder der Missionare ihre christliche Heilsbotschaft war, so waren Abenteurer und Prospektoren auf Edelmetalle, Elfenbein oder Landnahme aus. *Karl Mauch* ist ein typischer Pionier jener Tage. Er wurde am 7. Mai 1837 in Stetten bei Remstal geboren und wuchs zusammen mit vier Geschwistern auf. Während der Schulzeit fiel *Mauch* als sehr begabter Schüler auf. Für ein Universitätsstudium reichten aber die elterlichen Mittel nicht, sodass er Volksschullehrer wurde. Schon früh soll er den Entschluss gefasst haben, das **Goldland Ophir**, die sagenumwobene Heimat der Königin von Saba, zu finden. Als er dann später tatsächlich die Ruinen von Great Zimbabwe sah, wurde ihm die biblische Grundhaltung eher zum Verhängnis, versperrte sie ihm doch eine nüchterne und distanzierte Einordnung seiner Eindrücke.

Mauch trat 1858 eine Stelle als Privatlehrer an, was ihm viel Freizeit brachte, die er für seine weitere Ausbildung nutzte. 1863 schrieb er einen Brief an den großen Geografen *Dr. A. Petermann* und versuchte, ihn für sein Vorhaben zu interessieren. Mauch schrieb ihm am 7. August 1863:

„Im steierischen Marburg benützte ich die Bibliothek, das physikalische und naturhistorische Kabinett des Gymnasiums und besuchte während der Ferienzeit die Sammlung und den Botanischen Garten in Steiermarks Hauptstadt Graz, legte Insektensammlungen, ein Herbarium und eine Mineraliensammlung an. Ärztliche Kenntnisse suchte ich zu bekommen durch den Umgang mit Ärzten und das Studium geeigneter medizinischer Werke. Ihre hochgeschätzten 'Mitteilungen' lieferten mir das beste Material, in geographischer Hinsicht auf dem laufenden zu bleiben. Ich befliß mich der englischen und arabischen Sprache. So glaube ich, in geistiger Hinsicht getan zu haben, was mit meinen geringen Mitteln zustande gebracht werden konnte. Aber auch den Körper erheischt zu solchen Unternehmen seine Vorbereitung. Ich suchte ihn zu stählen durch Fußreisen von sechs Meilen und mehr pro Tag, in jeder Jahreszeit, bei jeder Witterung, in jeder Gegend, öfters ohne Speise und Trank bis zur Rückkunft zum Ausgangspunkt, in derselben warmen Kleidung; dabei vernachlässigte ich das Turnen und die Schießübungen nicht." (zitiert nach H. Offe, Carl Mauch, Leben und Werk des deutschen Afrikaforschers, Stuttgart 1937, S. 8).

Aber *Petermann* lehnte jede Unterstützung Mauchs ab, da dieser keine akademische Ausbildung vorweisen konnte. Trotzdem verfolgte Mauch sein Ziel beharrlich weiter. 1864 reist er als Matrose nach Südafrika, wo er 1865 in Durban ankam. Er verdiente sich seinen Lebensunterhalt mit verschiedenen Tätigkeiten, und bald gelang es ihm, kürzere Forschungsreisen durch das mittlere und nördliche Südafrika zu unternehmen.

Im Jahre 1866 fand er bei Francistown im Tati-Gebiet das **erste Gold** des südlichen Afrika. Es ist umstritten, ob schon im Altertum die Königin von Saba ihre Goldschätze aus diesen Regionen bezogen hat. Doch immer mehr verdichtete sich bei ihm der Wunsch, das sagenhafte Ophir zu finden, das er zwischen Sambesi und Limpopo vermutete. Erst seine 7. Reise 1871/72 sollte ihn mit der Entdeckung der **Ruinen von Great Zimbabwe** belohnen.

Mauch legte erstmals **brauchbare Landkarten** an, schrieb von 1860 bis 1872 Tagebücher über die Begegnungen mit Bantus und sammelte Mineralien. Seine Goldfunde von Tati waren in seiner Zeit berühmt, jedoch war das Vorkommen zu gering, um bergmännisch genutzt zu werden. Mauchs Verdienst war also der Nachweis, dass es im südlichen Afrika Gold gibt. Heute baut man bei Selebi-Phikwe Kupfer und Nickelmetalle ab. Die **geologischen Resultate** seiner Forschungsreisen gipfelten in der Entdeckung von vier Goldfeldern in Transvaal und im heutigen Zimbabwe. Er fand ebenfalls Eisen- und Kupfererzvorkommen bei Rusten.

Nach seiner Reise zu den Zimbabwe-Ruinen zog er noch weiter nach Norden, erkrankte jedoch an Malaria und musste umkehren. Mit letzter Kraft erreichte er den Hafen Quelimane und fuhr mit einem Segler nach Marseille. In den Folgejahren verdiente er sich Geld mit Vorträgen, hoffte aber heimlich, eine Anstellung an der königlichen Naturaliensammlung zu bekommen. Dies wurde ihm aber wegen mangelnder akademischer Ausbildung verwehrt... Notgedrungen nahm er eine Stelle als Geognost und Betriebsleiter in einer Zementfabrik an. Er war tiefunglücklich in seiner neuen Tätigkeit. Am 26. März 1875 verunglückte Mauch schwer und verstarb am 4. April 1875 im Alter von 38 Jahren.

Einmarsch der Buren

Pokern um Betschuanaland

Um sich von der drückenden **englischen Oberherrschaft** in Südafrika zu befreien, verließen die Buren 1835 die Kap-Kolonie. Sie schlugen auf dem Weg nach Norden die Matabele unter ihrem Führer *Mzilikazi* und begannen, den Stammesführern von Betschuanaland einzureden, dass sie deren Feinde vernichtet hätten und deshalb das Land bis zum Lake Ngami für sich beanspruchen könnten. Diese lehnten die Forderung ab, und die Buren drohten immer wieder mit Überfällen. Die Engländer beschwichtigten die Buren und vereinbarten 1852 am Sand River ein **Stillhalteabkommen**. Dabei erhielten die Buren das Gebiet von Transvaal zugesprochen und die Zusicherung, dass England keine Verbündeten nördlich des Vaal-Flusses unterstützen würde. Ferner wurde abgemacht, dass die Engländer die Waffenkäufe mit dazugehöriger Munition an die Bantus unter Kontrolle halten wollten; dahingegen dürften die Buren davon so viel erwerben, wie sie wollten. Die Engländer hatten sich mit den Buren verbündet, und das Pokern um Betschuanaland ging weiter.

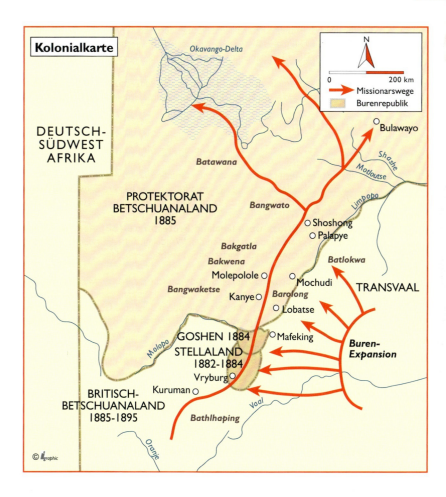

Die Buren riefen eine Versammlung der *Chiefs* ein und behaupteten, dass Betschuanaland nun unter dem Schutz der Buren-Regierung von Transvaal stünde. *Sechele I.* wehrte sich, und die kriegerische Auseinandersetzung fand 1852 bei Dimawe statt. Gleichzeitig bat *Sechele* die Verwaltung der britischen Kap-Kolonie um Schutz gegen die **vordringenden Buren**. Doch England hatte an dem armen Land wenig Interesse und lehnte die Schutzfunktion ab. Die Stämme griffen zur Selbsthilfe und schlossen einen Verteidigungspakt gegen weitere zu erwartende Angriffe der Buren. Es fanden sich unter diesem Druck die Barolong, Bakwena, Bangmaketse, Bangwato und später noch die Bakgatla und Batawana zusammen.

Verteidigungspakt gegen die Buren

Als 1870 einige Buren mit der eigenen Transvaal-Regierung nicht einverstanden waren, spannten sie die Ochsen vor die Wagen und überschritten die Grenze zum

Betschuanaland. Häuptling *Khama* ließ die Buren durch sein Land ziehen, verbot ihnen aber zu siedeln. Die meisten Teilnehmer dieses Trecks verdursteten in der **wasserlosen Kalahari**. Die Überlebenden zogen in Richtung Norden nach Angola.

Im Jahre 1876 bat erneut der Chief *Khama III.* der Bangwato den englischen Gouverneur *Sir Henry Barkly* um Schutz. Das Gesuch wurde erneut abgelehnt.

Schutz durch England

Strategische Bedeutung

Einen Freund fanden die Tswana im Missionar *John Mackenzie*. Er betrieb die englische Schirmherrschaft, weil er endlich von den Buren ungestört seine Missionsarbeit betreiben wollte. Auch aus wirtschaftlichen Gründen wollte *Mackenzie* die Konkurrenz burischer Händler ausschalten. Er erhoffte sich eine bessere Entwicklung, wenn das Gebiet unter britischen Schutz käme. Nach den Zurückweisungen der vorausgegangenen Jahre erklärte England – für viele überraschend – 1885 das Land zum Protektorat, dem **British Bechuanaland Protectorate (BP)**. Aber die Beweggründe des Missionars *Mackenzie* hatten den Wandel nicht herbeigeführt – das Land im Norden war strategisch und wirtschaftlich wichtig geworden.

Der europäische Konkurrenzkampf um afrikanische Kolonien zwischen England, Frankreich, Belgien und Deutschland sowie das ständige Drängen der Buren hatte die Gesamtlage verändert. Außerdem waren die Buren durch die Goldfunde bei Johannesburg plötzlich sehr reich geworden. Sie gründeten neue Republiken und griffen immer wieder die Tswana an. Als *Christopher Bethell*, ein Verwandter von General *Sir Charles Warren*, 1884 von Buren im Kampf umgebracht wurde, hatten die Engländer endlich eine Handhabe, den Buren Unruhestiftung und Landraub vorzuwerfen.

Die Afrika-Konferenz in Berlin

Die vom deutschen Reichskanzler Fürst *Otto von Bismarck* einberufene Afrika- oder Kongo-Konferenz in Berlin im Jahre 1884 ist in diesem Zusammenhang von geschichtlicher Bedeutung. Es ging den europäischen Nationen um die **Verteilung der Länder in Afrika**. Die dort gefundenen oder abgebauten Rohstoffe sowie die gleichzeitig entstehenden Absatzmärkte für fabrikerzeugte Massenprodukte versprachen große Gewinne. Damals fiel auch Südwestafrika (Namibia) an das deutsche **Kaiserreich**. Mit Argwohn sahen die Engländer die Annäherung der Deutschen an die Burenrepublik Transvaal unter ihrem Präsidenten (Ohm) *Paul Kruger*. Man wollte sie von den Deutschen in Südwestafrika getrennt halten, und deshalb wurde die Gegend des heutigen Botswana letztendlich so wichtig für englische Machtinteressen.

Caprivi-Streifen

Wie die Deutschen noch unter dem Nachfolger *Bismarcks*, dem Grafen *Caprivi*, die Vorstellung hatten, eine **Landverbindung** von Südwest zur Kolonie Tanganjika (Tansania) in Ostafrika herzustellen, so wollten die Engländer den ganzen Kontinent vom „Kap nach Kairo" regieren. Der sog. Caprivi-Zipfel zeugt noch heute von dem Versuch, einen Schienenweg oder eine Wasserverbindung über Batawana- und Balozi-Land zum Zambezi zu legen. Der merkwürdige 450 km lange Streifen wurde zusammen mit Helgoland gegen Zanzibar getauscht. Aus Sicht der Engländer galt: Wollte man die Deutschen von den Buren trennen und ungestört in die Besitzungen des

Nordens, z.B. Zambia, reisen können, so musste man die „Missionary Road" durch das Betschuanaland offenhalten.

Auseinandersetzungen zwischen Briten und Buren und Gründung des British Protectorate Bechuanaland

Durch die neugegründeten Burenrepubliken Stella-Land und Goshen hatten sich die Buren genau auf die Straße nach Norden gesetzt, die die Engländer freihalten wollten. *John Mackenzie* bekam als Diplomat den Auftrag, die Farmer von Stella-Land und Goshen wieder in die östliche Transvaal-Republik abzuschieben. Da ihm das nicht gelang, wurde er durch den einflussreichen, harten *Cecil Rhodes* ersetzt. Kurze Zeit später entsandten die Engländer 4.000 erstklassig ausgerüstete Soldaten unter General *Sir Charles Warren*. Die Buren wurden mit Waffengewalt zur Aufgabe der Staatsgründungen gezwungen.

Im März 1885 informierten die Engländer die deutsche Regierung, dass sie ihr Schutzgebiet über den Fluss **Molopo** bis zum 22. südlichen Breitengrad ausgeweitet hätten. Das Land der Bakwena, Bangwaketse und Bangwato wäre nun unter dem Namen *British Protectorate Bechuanaland* eingenommen. 1890 und 1894 wurden weiteres Bangwato-Land und auch Ngami-Land einbezogen. England beabsichtigte, das gesamte Protektorat der Kap-Kolonie einzugliedern, scheiterte aber an den Politikern in Kapstadt. Also teilte man am 30. September 1885 das Protektorat in zwei Teile (s. Karte s. 19).

Teilung des Protektorats

Das fruchtbare Land südlich des Molopo wurde erst eine Kronkolonie mit der Hauptstadt Vryburg und – nach Beruhigung der Lage – 1895 von der Kap-Kolonie übernommen. Das Protektorat nördlich des Molopo erhielt als Hauptstadt und Sitz des *High Commissioner* die Stadt **Mafeking** (das heutige Mafikeng). Dieser Ort lag merkwürdigerweise ca. 25 km weit außerhalb der Landesgrenzen im späteren Südafrika. Es ist auch ein Beispiel für die Willkür der Kolonialherren in jener Zeit. Nach der Unterzeichnung des Schutzvertrages vom 27. Januar 1885 stellte *Khama* Land für britische Farmer zur Verfügung. Sie sollten mit ihrem Eigentum einen Puffer am Limpopo zwischen den Bantus aus Rhodesien und den Buren aus Transvaal bilden. An den Flüssen Shashe und Motloutse sperrte man das Grenzland mit Farmen gegen die Matabele. 1898 erhielten 37 weiße Farmer Land bei Ghanzi, um einen Schutzstreifen gegen die Deutschen in Namibia zu bilden.

Die **Regierungsgeschäfte** wurden in den Stämmen weiter von ihren traditionellen Führern erledigt. Nur die richterliche Gewalt über Weiße behielt sich der *High Commissioner* vor. Im Ergebnis führte die Schutzvereinbarung zu eher positiven Resultaten: Sicherheit des Betschuanalandes vor Buren, Deutschen und Matabele; Frieden im Innern zwischen den Stämmen; Erhalt der Stammesstruktur mit Selbstverwaltung.

Selbstverwaltung der Stämme

Cecil Rhodes und die British South Africa Company

Schon nach einigen Jahren Ruhe sahen sich die Tswana einer neuen Gefahr ausgesetzt. *Cecil Rhodes*, der seinen Reichtum mit den Diamantenminen in Kimberley erworben hatte, wollte das Betschuanaland als „Suezkanal zum Norden" für seine

Cecil Rhodes

eigene **British South Africa Company** (BSAC) übernehmen. Die britische Verwaltung überließ gern starken Privatfirmen die Kolonisation. Mit Recht befürchteten die Stämme Botswanas, entmachtet und übervorteilt zu werden. Diese Erfahrung musste **Lobengula** der Amandebele im benachbarten Rhodesien bereits 1888 machen. Dort wurde nach blutigen Auseinandersetzungen zwischen 1889 und 1893 das Land dieses Stammes kolonisiert. Jenes Schicksal vor Augen, begannen sich die Tswana gegen die Übergabe an die Firma BSAC zu wehren.

Cecil Rhodes betrieb den **Eisenbahnbau** vom Kap der Guten Hoffnung nach Bulawayo durch Betschuanaland. Bei den Landeignern stieß er auf geschlossenen Widerstand. Der einzige Weg, diesen zu brechen und gleichzeitig alle Schürfrechte für Rohstoffe zu erhalten, war die Übernahme des Protektorates durch seine Firma. Die größte Schwierigkeit lag in der Umgehung von Rechtsansprüchen auf Suche und Ausbeutung von Bodenschätzen, die bereits früher an andere Firmengruppen vergeben worden waren. Der problemlose Bau der Bahnlinie wurde einfach ohne Wissen der Tswana im Jahre 1892 beschlossen. Als der *High Commissioner Sir Henry Loch* gegen weitere Willkürmaßnahmen seinen Einspruch erhob, ersetzte man ihn durch einen Freund von *Cecil Rhodes*.

Reise nach London

Aber da einigten sich die Häuptlinge und sandten eine Beschwerde an den Minister der Kolonialverwaltung in London, *Joseph Chamberlain*. Wegen der Goldvorkommen im Tati zwischen den Flüssen Shashe und Motloutse hatte es mit *Rhodes* schon Streit gegeben. *Khama* legte auch wegen dieses Streites mit *Cecil Rhodes* **Protest bei seiner Schutzmacht** ein. Als Briefe nichts nutzten, entschlossen sich *Khama III., Bathoen* und *Sebele*, die lange Reise zu Lande und Wasser nach England anzutreten. *Cecil Rhodes* versuchte noch in Kapstadt, den Dolmetscher und Missionar *W. C. Willoughby* zu überreden, mit seinen drei Landesfürsten in die Kalahari zurückzukehren. Das gelang ihm jedoch nicht.

In England 1894 angekommen, legte die Delegation folgende Anträge vor:
- Betschuanaland sollte wie bisher ein Protektorat unter dem **Schutz** der Queen Victoria bleiben.
- Ihre **Unabhängigkeit** von Cecil Rhodes' British South Africa Company sollte zugesichert werden.
- Ihr Land dürfte **nicht verkauft** werden.
- In Betschuanaland sollte das **Alkoholverbot** bestehen bleiben.

Chamberlain versuchte, die Häuptlinge zu beschwichtigen, lehnte aber eine Einmischung gegen Rhodes ab. Daraufhin starteten die drei Landesvertreter eine **Protestaktion** in England. Hilfe fanden sie bei der London Missionary Society. Die unterrichtete Öffentlichkeit stellte sich auf die Seite der Gäste aus Afrika. Der mehrmonatige Druck auf die Regierung und die Befürchtungen, wieder in kriegerische Auseinandersetzungen zu geraten, führten am 7. November 1895 in London zu einer Vertragsunterzeichnung: Danach durfte die Eisenbahnlinie von der BSAC auf dem Gelände der verschiedenen Stämme in Richtung Rhodesien gebaut werden und das Protektorat sollte – wie 1885 ins Leben gerufen – bestehen bleiben. Auch die Stammesgebiete unter Eigenverwaltung der Häuptlinge wurden bestätigt.

Die Häuptlinge hatten die diplomatische Schlacht gegen die überlegen scheinende englische Kolonialverwaltung durch ihre Reise, den Protest und die Öffentlichkeitsarbeit gewonnen. *Cecil Rhodes* musste seine erste Niederlage einstecken. Doch es kam für ihn noch schlimmer: Als Premier der Kap-Kolonie startete er mit seinem Vertrauten *Dr. Jameson* einen **bewaffneten**

Die drei Stammesführer in London. Von links nach rechts: Chief Sebele, Chief Bathoen und Chief Khama III., Rev. W.C. Willoughby

Überfall auf die burische Transvaal-Republik. Er wollte unter unzufriedenen Siedlern einen Bürgerkrieg auslösen. Als Folge wurde aus gesamtpolitischen Erwägungen *Cecil Rhodes* das Vertrauen von der Kolonialverwaltung und der Protektoratsadministration entzogen. Ansprüche von ihm wurden bis auf den nützlichen Bau der Eisenbahn und eine Konzession im Tuli-Block ersatzlos gestrichen. Mit dem Überfall, dem sog. „Jameson Raid", dem er seinem Mitstreiter *Jameson* als Alleintäter in die Schuhe schieben wollte, hatte sich *Rhodes* selbst erledigt.

Burenkrieg und der Anspruch der Südafrikanischen Union auf Botswana

Die Diamantenprofite von Kimberley und die Goldindustrie im Gebiet der Buren ließen britischen Geschäftsleuten – wie *Cecil Rhodes* – keine Ruhe. Die Regierung in Kapstadt schlug den Buren eine Vereinigung der Kap-Kolonie und Natals mit den Republiken Transvaal und Oranje Freistaat vor. Ziel sollte angeblich eine wirtschaftliche/militärische Stärkung gegen die Bantu-Stämme sein. Die Buren wollten ihre Unabhängigkeit jedoch nicht verlieren. Sie zogen gegen die Engländer in den Krieg. Die Kämpfe von 1899 bis 1902 sind als **Burenkriege** in die Geschichte eingegangen.

Krieg zwischen Buren und Engländern

Die Tswana unterstützten die Engländer bei der Befreiung der besetzten Hauptstadt Mafeking im Jahre 1900. Sie hatten unter der britischen Verwaltung größere Freiheiten erlangt, als sie bei einer Dominanz der Buren zukünftig erwarten konnten. Sie wehrten sich gegen Angriffe im Raum von Palapye und Serowe, Gaborone, Lobatse sowie Mochudi. Der Krieg endete mit dem Friedensvertrag von Vereeniging. Nach einer Übergangsregelung von mehreren Jahren bildete sich 1910 die **Union of South Africa** als britische Kolonie. Das hat deshalb einen Einfluss auf die südafrikanischen Protektorate Betschuanaland, Basutuland und Swaziland, weil in den Vertragswerken der Union auch die Einverleibung dieser drei Gebiete – einschließlich Rhodesiens – festgeschrieben war. Allerdings wird in dem Vertrag auch erwähnt, dass eine vorherige Befragung der Einwohner dieser Länder vorgenommen werden sollte.

Anspruch der Südafrikanischen Union

Und wieder zog für die *Chiefs* der Tswana die Gefahr des totalen Landverlustes auf. Die Engländer wollten gern das ertraglose Land zur Abrundung an die Südafrikanische Union geben. Das kam den Weißen in Südafrika sehr gelegen, denn sie wollten Farmland gewinnen und die großzügigere Politik der Engländer durch die **burische Apartheid** ersetzen. Es bestand ferner Interesse an billigen Arbeitskräften, die man schon lange in Botswana und Rhodesien für die Minen rekrutierte.

Khama III. war inzwischen ein **Experte zur Verhinderung unbefugter Landnahme** geworden. Er legte Protestnoten bei König *Georg V.* in England vor. Die Eingliederungsabsichten blieben dadurch in der Schwebe. Der Druck auf die Kolonialverwaltung wuchs zwischen 1922 und 1924. Die Union forderte die Übergabe von Betschuanaland und Rhodesien an die Union. *Tshekedi Khama* und *Batheon II.* wehrten sich so energisch gegen dieses Vorhaben in London, dass man dort die kriegerische Mobilisierung der Stämme befürchtete.

Die englische Verwaltung regierte schließlich bis zur Unabhängigkeit das Betschuanaland durch die Häuptlinge und deren Gefolgsleute im *kgotla* (dem Versammlungsplatz). Die indirekte Herrschaft war nicht nur intelligent, sondern wegen des geringen Verwaltungsaufwands auch äußerst billig für England. Sie funktionierte mit nicht erwähnenswerten Ausnahmen im Sinne von „Gesetz und Ordnung". Für diese sorgte die kleine berittene „Bechuanaland Border Police" mit Bantu-Soldaten und weißen Offizieren.

Der Weg in die Unabhängigkeit

Positive Entwicklung

In einer friedlichen Volksabstimmung im März 1965 entschieden sich die Bewohner des British Protectorat Bechuanaland zur Verfolgung des Zieles einer unabhängigen **Republik Botswana** mit der neuen Hauptstadt Gaborone. Am 30. September 1966 startete man als eines der 20 ärmsten Länder der Welt einen demokratischen Versuch. Zu diesem Zeitpunkt verfügte Botswana über **5 km Teerstraße** und nur 10 Hochschulabsolventen. Der zukünftige Staat sollte allen Bevölkerungsgruppen unter einem „Recht und Freiheit" zu „Frieden und Wohlstand" führen. Was kein damaliger Beobachter für möglich gehalten hatte, ist Wirklichkeit geworden und gilt heute: Die Demokratie in Botswana funktioniert (mit kleineren Abstrichen). Die Verfassung von 1965 führte zu einer selbstständigen Verwaltung innerer Angelegenheiten. 1966 wurde vom ersten gewählten Präsidenten – *Seretse Khama* – ein Kabinett mit einem Stellvertreter und sechs Ministern bestellt.

Aus den Wahlen war die Botswana Democratic Party (BDP) von Häuptlingssohn *Seretse Khama* mit 28 von 31 Sitzen der **Gesetzgebenden Versammlung** (Parlament, Unterhaus) als Sieger hervorgegangen. Das zweite Haus ist das **House of Chiefs** (Oberhaus) und versammelt die Häuptlinge der acht wichtigsten Stämme des Landes. Hinzu kommen vier weitere Unterhäuptlinge, die von dieser Gruppierung gewählt werden. Das House of Chiefs hat beratende Funktion in Stammesangelegenheiten. Es nimmt Einfluss auf die Gesetzesvorlagen des Parlaments.

Sir Seretse Khama – erster Präsident der Republik Botswana

Seretse Khama war Enkel des Königs *Khama III.* und Sohn des Fürsten *Sekgoma*. Nach dem Tod seiner Vaters, der lange im Exil gelebt hatte, übernahm aufgrund des jungen Alters zunächst sein Onkel *Tshekedi Khama* die Regentschaft der Bangwato. Als Häuptlingssohn zur juristischen Ausbildung nach Südafrika und später London und Oxford gesandt, lernte er die junge Engländerin *Ruth Williams* kennen und lieben. Sie lebte nach einer vierjährigen Dienstzeit als Luftwaffenhelferin als Chefsekretärin in London.
Weder Onkel *Tshekedi Khama* als Vertreter der Bangwato noch die Südafrikaner, die gerade die Apartheid einführten und auf Mitspracherecht im benachbarten Protektorat pochten, waren von der jungen Liebe begeistert. Tshekedi war ein Autokrat und führte den Stamm mit straffer Hand. Er stellte sich gegen den Heiratswunsch und versuchte, durch die englische Regierung und die London Missionary Society Druck auf seinen Neffen auszuüben. Seine Bemühungen führten jedoch nur dazu, dass die anglikanische Kirche eine christliche Trauung versagte. Seretse ließ sich daraufhin im September 1948 standesamtlich trauen. Zur Strafe wurde er des Heimatlandes verwiesen. Er lebte in England im Exil, während zu Hause die Frage seiner Häuptlingsnachfolge ausgefochten wurde. Zweifellos übten auch südafri-

Sir Serethse Khama mit seiner Frau Ruth 1965

info

kanische Kräfte einen großen Einfluss auf die englische Entscheidung aus, denn sie drohten mit einer Blockade des Protektorates. Nach dieser gemischtrassigen Hochzeit wurde in Südafrika der *„Immorality Act"* geschaffen. Dieser stellte den Geschlechtsverkehr zwischen Weißen und Schwarzen als Verbrechen unter Strafe.

Im *kgotla*, dem Versammlungsplatz der Banhwato, kam es bei den Diskussionen zu Schlägereien, bei denen es sogar Tote und Verletzte gab. In einem Urteil hieß es dann, dass weder *Seretse Khama* noch seine Kinder zukünftig zu Häuptlingen aufsteigen dürften. Die Konservative Partei in London stimmte diesem Stammesbeschluss zu. Nach dem Tod von *Tshekedi* änderten sich die Verhältnisse. Seretse lebte mit seiner Frau, seinen drei Söhnen und einer Tochter in Serowe. Als erfolgreicher Viehzüchter des Landes konnte er sich ohne Stammesverpflichtungen erfolgreich auf die überregionale Politik in der Democratic Party konzentrieren.

Seine Bildung, die Herkunft und die Ehe mit einer weißen Frau machten ihn am 31.4.1965 für alle Bevölkerungsschichten als ersten Präsidenten wählbar. Der englischen Verwaltung und den weißen Farmern war seine Kandidatur genehm. Viele Gesprächspartner betonten in diesen Tagen vor der Wahl: *„Seretse ist ein feiner Kerl, und mit seiner Frau wird er uns bei Rassengleichheit auf lange Sicht den nötigen Fortschritt bringen."*

Bis zu *Seretses* Tod im Jahre 1980 hat dieses Ehepaar den Wunsch der Wähler erfüllt. Während der Regierungszeit von *Khama* war Botswana dank der Diamantenfunde das am schnellsten wachsende Land der Welt und gilt bis heute als Musterland der Demokratie im sub-saharischen Afrika. Auch das ist ein Verdienst von *Seretse Khama*.

Nach 1966: Demokratie und Diamanten

Botswana ist nach der Unabhängigkeit der erfolgreiche Übergang in eine friedliche Demokratie gelungen, die seit 1965 bis heute als durchaus stabil zu bezeichnen ist, was nur wenige, vor allem nur wenige rohstoffreiche afrikanische Länder nach der Unabhängigkeit geschafft haben. Es hat nie einen Militärputsch gegeben, keine politischen Gefangenen und regelmäßige Wahlen. Die Entwicklung der stabilen Demokratie wurde dabei nicht unwesentlich durch das rasante Wirtschaftswachstum gestützt, das allerdings nicht allen Bewohnern zugute kam und kommt.

Keine formelle Kolonie

Diese **positive Entwicklung** mag verschiedene Gründe haben. Zum einen war Botswana nie formelle Kolonie Englands, sondern ein Protektorat, das mit einem Minimum an Aufwand verwaltet wurde (s. S. 20, 24). Dadurch konnten sich die internen, traditionellen Strukturen der Tswana weitgehend erhalten. Zudem brach durch den Wegfall der Fremdherrschaft keine alte Feindschaft mit benachbarten Staaten auf oder ein Bürgerkrieg im Land aus, was auch auf die dominante Stellung der Tswana im Verhältnis zu den anderen Ethnien zurückzuführen ist. Zudem wurde das Land in die Unabhängigkeit unter *Seretse Khama* von einem Stammeshäuptling geführt, der bereits vorher das Vertrauen und die Unterstützung der Bevölkerung besessen hatte. Es war nicht, wie z.B. in Namibia mit der SWAPO, eine radikalisierte Befreiungsorganisation im Spiel, es gab weder revolutionäre Ideologien noch Hasstiraden oder gewaltsame Auseinandersetzungen oder Anschläge gegen die Engländer. Ein weiterer Vorteil war sicher, dass die großen Diamantenvorkommen erst nach der Unabhängigkeit entdeckt wurden und sich somit keine externen Kräfte mehr in den Verteilungsprozess einmischen konnten. Zudem war nun genug Geld vorhanden, den Modernisierungsprozess des Landes voran zu treiben.

Keine Revolution

Der erste Präsident wusste die günstigen Voraussetzungen zu nutzen und bemühte sich um die Modernisierung seines Landes, ohne die Traditionen außer Acht zu lassen. So band er z.B. die traditionellen Ratsversammlungen der Dörfer (*kgotla*) in manche von der Regierung getroffenen Entscheidungen mit ein bzw. fragte um Rat. Diese Versammlungen, bei denen jeder seine Meinung sagen durfte, ließen sich gut mit dem westlichen Demokratieverständnis verbinden.

Schon kurz nach der Unabhängigkeit gab die De Beers Botswana Company **reiche Diamantenfunde** bei Orapa und später noch bei Letlhakane sowie Jwaneng bekannt (s. S. 40). An den Gewinnen ist der Staat mit 50 % beteiligt. Die Gewinnung von Kupfer, Kobalt und Nickelkonzentraten entwickelte sich in Selebi-Phikwe bei Francistown. Der Kohleabbau wurde bei Morupule von der Anglo American Company aufgenommen. Die Soda-Herstellung aus natürlichen Salzen der Sua-Pan arbeitete auf der Grundlage eines Firmenverbunds zwischen der British Petroleum (BP) und der Botswana-Regierung. Staatliche Zusammenarbeit mit Firmen, die das Knowhow haben, war ein Geheimnis des wirtschaftlichen Aufschwungs.

Rohstoffreich

Aktuelle Entwicklungen

Anfang der 1990er-Jahre geriet Präsident *Masire*, 1980 zum Nachfolger von *Seretse Khama* gewählt, zunehmend unter Druck. Unmut kam auf, als sich die Regierung anschickte, trotz fehlender Außen-Bedrohung Leopard-Panzer zu erwerben. Als es dann 1994 zu Wahlen kam, erlitt die **Botswana Democratic Party** – im Kontext einer Wirtschaftskrise – Wahlverluste zugunsten der Botswana National Front, der einzigen nennenswerten Opposition. Die Kritik an Dr. Masire gipfelte im April 1998 in dessen Rückzug aus der Politik. Nachfolger wurde *Festus Mogae*, in dessen Amtszeit weitere zehn politisch stabile Jahre und Wirtschaftswachstum zu beobachten waren. Im Oktober 2008 wurde dem „Vorzeigedemokrat" von *Kofi Annan*, ehemals Generalsekretär der UNO, der Mo-Ibrahim-Preis im Wert von fünf Millionen Dollar verliehen, der höchstdotierte individuelle Preis der Welt. Die Auszeichnung ist benannt nach ihrem Sponsor, einem sudanesisch-britischen Mobilfunk-Unternehmer, der einen Beitrag zur Befreiung Afrikas von korrupten Herrschern, die sich an die Macht klammern, leisten möchte. Damit sollte die erfolgreiche Regierungszeit als Beispiel für *good governance* gewürdigt werden, zudem sein Kampf gegen Aids. Botswana ist eines der ersten Länder, in denen antiretrovirale Medikamente landesweit frei erhältlich sind.

Erfolgreiche Regierungsführung

Nach *Mogaes* verfassungsgemäßem Rücktritt nach zehn Jahren im Amt im April 2008 übernahm *Ian Khama*, Militär-Pilot, ehem. Generalleutnant, Vize-Präsident und Sohn

Auch im stabilsten Land Afrikas schaut der Nachwuchs in eine unsichere Zukunft

von *Seretse Khama*, das Amt. Damit ist er auch Chief des Bamangwato-Volkes, des größten Tswana-Stammes. Der Amtswechsel sorgte innenpolitisch für Aufruhr, auch weil *Khama* einige Militärs in hochrangige Regierungspositionen beförderte, in dem friedlichen Land eine weithin kritisierte Entscheidung. Zudem wurde der autokratische Führungsstil des neuen Präsidenten bemängelt.

Khama kündigte eine Kontinuität der Politik *Mogaes* an und betonte sein Bekenntnis zur Demokratie. Außenpolitisch nahm er offener Stellung als andere afrikanische Präsidenten, besonders im Hinblick auf die Situation in Zimbabwe. Unter anderem erklärte er, er erkenne *Mugabe* nicht als Präsidenten an, forderte Neuwahlen und befürwortete einen Boykott der Lieferungen von Benzin und Strom ins Nachbarland.

Sieg für die Botswana Democratic Party

Im **Oktober 2009** fanden Wahlen statt, die *Khama* trotz der Diamantenkrise und innerparteilichen Querelen 52 % der Stimmen und (durch das Mehrheitswahlrecht) eine 2/3-Mehrheit der BDP im Parlament brachte. Die Opposition, bestehend aus der *Botswana National Front* (sechs Sitze) und der *Botswana Congress Party* (fünf Sitze) sowie Parteilosen (ein Sitz), erhielten für insgesamt 46 % der Stimmen nur zwölf Sitze. Etwa 700.000 der 1,9 Millionen Menschen waren zur Wahl aufgerufen, die Wahlbeteiligung lag bei 68 %. Insgesamt standen 177 Kandidaten zur Wahl, von denen nur zehn Frauen waren. Zwei von ihnen wurden gewählt.

Die BDP regiert Botswana somit seit der Unabhängigkeit von Großbritannien 1966. Ihr ist es gelungen, vor allem die Stimmen der ländlichen Bevölkerung sowie von Stammesführern langfristig für sich zu gewinnen. Zudem ist die Opposition, die es nur in den Städten auf einen nennenswerten Stimmenanteil brachte, schwach und zerstritten. Die Erwartungen der Bevölkerung an die neue Regierung sind jedoch hoch, und die Herausforderungen sind es auch: *Khama* muss den weltgrößten Diamantenproduzenten aus der globalen Wirtschaftskrise herausführen, die kontinuierlich hohe Arbeitslosigkeit von 20 % senken, die HIV/Aids-Pandemie bekämpfen sowie die stark von Diamanten abhängige Wirtschaft diversifizieren.

Das Wappen als Symbol des Staates

Das Staatswappen gibt einige Schlüsselinformationen über das Land. Die drei Wellen im Schild deuten die Notwendigkeit von Wasser an. Drei Zahnräder sind ein Zeichen für die Industrie, die man aufzubauen versucht. Der Ochsenkopf steht für Rinderzucht und Fleischproduktion. Ein flankierendes Zebra hält einen Elefantenzahn, um auf den Wildreichtum aufmerksam zu machen, und das zweite Zebra hat vor sich eine Hirseähre als Symbol des Ackerbaus.

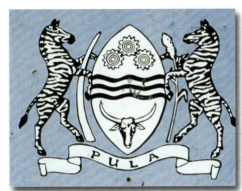

Pula als geschriebenes Motto im unterlegten Spruchband bedeutet Regen. Dieses Wort ist neben der Bezeichnung der Landeswährung im übertragenen Sinn auch ein Grußwort zwischen den Menschen, nämlich „Willkommen mit Regen"!

Zeittafel der wichtigsten geschichtlichen und politischen Ereignisse
(alle Daten n. Chr.)

250	Siedler der frühen Eisenzeit in Transvaal
400	Siedler der Eisenzeit am Shashe- und Limpopo-Fluss
700	Siedler der frühen Eisenzeit in Südost-Botswana; Vorfahren der Tswana siedeln in Transvaal.
750	Siedler der Eisenzeit am Toutswemogala, Boteti, bei Tsodilo, Kasane und Lobatse
1400	Kgalagadi siedeln in Botswana.
1500	Rolong siedeln bei Molopo.
1550	Kwena stoßen auf Kgwatlheng, die am Molepolole siedeln.
1813	*John Campbell*, erster Missionar der Londoner Missionsgesellschaft, besucht die Tswana.
1817	Gründung der Kuruman Missionsstation
1835	Der Große Treck gelangt nach Transvaal; *Khama III.* der Ngwato vermutlich geboren.
1837	Die Ndebele ziehen nördlich von Mosega.
1841	*Livingstone* erreicht die Tswana.
1871	Kgatla ziehen von Transvaal nach Mochudi.
1872	*Khama III.* wird Häuptling der Ngwato.

Historischer Überblick

1885	Verkündigung des Protektorates, das sich von der nördlichen Grenze der Kap-Kolonie bis zum 22. Grad südlicher Breite ausdehnt.
1895	Besuch der drei Häuptlinge in England, um bei Königin Victoria gegen die Übernahme der Verwaltung des Protektorates durch die British South Africa Company zu protestieren. Der Teil des Protektorates südlich des Molopo-Flusses wird der Kap-Kolonie einverleibt.
1897	Vollendung der Mafeking-Bulawayo-Eisenbahnlinie
1921	*Seretse Khama* wird in Serowe geboren.
1923	Am 21. Februar stirbt *Khama III*.
1936	Das System der lokalen Regierungen wird legalisiert.
1938	Stammes-Schatzhäuser werden errichtet.
1950	Errichtung eines gemeinsamen Beratungsgremiums mit schwarzen und weißen Mitgliedern
1961	Das Protektorat erhält eine neue Verfassung mit Exekutive und Legislative.
1965	Im Februar Verlegung des Hauptquartiers des Protektorates von Mafeking nach Gaborone; am 1. März finden allgemeine Wahlen statt; die interne Selbstverwaltung beginnt.
1966	Am 30. September Proklamation der unabhängigen Republik von Botswana; Sir *Seretse Khama* wird erster Präsident.
1967	Entdeckung der zweitgrößten Diamantenvorkommen der Welt bei Orapa
1971	Die Orapa-Mine nimmt ihre industrielle Produktion auf.
1975	Botswana führt die eigene Währung, den „Pula", ein.
1980	Am 13. Juli stirbt Botswanas erster Präsident Sir *Seretse Khama*; am 18. Juli wird Dr. *Quett Masire* Präsident der Republik Botswana.
1982	Das Land wird von der schlimmsten Trockenheit seit 20 Jahren bedroht. Bis zu 75 % der Mais- und Hirseernte werden durch die Dürre vernichtet.
1984	Bei den Parlamentswahlen vom 8. September erringt die regierende Democratic Party von Präsident Dr. Quett Masire einen überragenden Sieg (28 von 34 Sitzen); auf die linksorientierte Botswana National Front entfallen 4 und auf die Botswana People's Party 2 Mandate.
1985	Kommandoeinheiten der südafrikanischen Armee überfallen und zerstören am 14. Juni in der Hauptstadt Gaborone angebliche Stützpunkte der militanten „Anti-Apartheidsorganisation" ANC (African National Congress). Mindestens 11 Menschen kommen ums Leben. Die Kommandoaktion, die von der botswanischen Regierung aufs Schärfste verurteilt wird, ist der erste derartige Überfall auf Botswana. Am 22. Juni verurteilt der UNO-Sicherheitsrat einstimmig die Militäraktion.
1986	Am 30. September feiert Botswana den 20. Jahrestag seiner Unabhängigkeit.
1989	Die BDP gewinnt die Parlamentswahlen und Dr. Masire bleibt im Amt (auch noch 1994).
1991	Dr. Masire wird von der britischen Königin in den Adelsstand erhoben.
1994	Die Botswana Democratic Party gewinnt zum 6. Mal die Wahlen.
1998	*Festus Mogae* löst Dr. *Masire* als Prädident ab.
1999	Am 16. Oktober stehen wieder Wahlen an, aus denen erwartungsgemäß die BDP als Sieger hervorgeht.
2004	Bei den Wahlen geht wieder die BDP als Sieger hervor, Präsident *Mogae* bleibt im Amt

2008	*Mogae* gibt das Amt des Präsidenten nach erfolgreicher zehnjähriger Amtszeit an seinen Nachfolger *Ian Khama* ab.
2009	Die schwere Wirtschaftskrise stürzt Botswanas Diamantenindustrie in ein Tief, zeitweise werden alle Minen stillgelegt und Tausende Arbeiter entlassen. Im November wird *Khama* bei den Wahlen trotz Wirtschaftskrise im Amt bestätigt.
2011	Im Parlament wurde eine Debatte über die Zeitgemäßheit der Verfassung angestoßen, weil sie stark präsidial geprägt ist. Eine Verfassungsänderung in der laufenden Legislaturperiode ist jedoch unwahrscheinlich.
2014	Im Herbst finden die nächsten Wahlen statt.

Einst war das Delta mit den Salzpfannen verbunden

Geografischer Überblick

Großlandschaften und geologische Entwicklung

 s. auch Karte S. 39

Botswana bedeckt 581.730 km² (Deutschland 357.042 km²). Die nächste Entfernung zum Meer (Indischer Ozean) beträgt 500 km Luftlinie. ⅔ der Landesgrenzen werden von Flüssen gebildet, wovon jedoch nur ein Teil zur Regenzeit fließt. Das Land ist im Wesentlichen eine flache, zu ⅔ sandbedeckte Fläche mit einer durchschnittlichen Höhe von 1.000 m über NN. Zum Osten hin wird dieses Becken von niedrigen Gebirgsketten umsäumt. Die gesamte Fläche ist mit der Makgadikgadi-Pfanne verbunden, die den tiefsten Teil der Gesamtlandschaft ausmacht. Das Land steigt Richtung Westen, also nach Namibia hin, langsam an.

Binnenland

Der Bergrücken der Aha Hills und über Drotzky´s Caves besteht aus Kalk- und Dolomitgestein

⅔ der Fläche werden von Kalahari-Sanden bedeckt. Die **Kalahari** besteht aus weiten, aufgewehten Sandfeldern, die von einer Trockensavannen-Vegetation festgehalten werden. Übriggebliebene Inselberge gehören dabei zu den markanten landschaftlichen Erscheinungen.

Verzweigtes Flusssystem

Der Okavango, der dem angolanischen Bergland entstammt, ist der drittgrößte Fluss im südlichen Afrika (neben Oranje und Zambezi). Ebenfalls aus Angola fließt der Kwando ein. Sobald diese Flüsse Botswana erreichen, fächern sie sich auf und bilden Sumpfsysteme, die von Seen und Kanälen beherrscht werden. Der Norden des Landes ist von ihnen gekennzeichnet. Der Kwando, der südwärts fließt, bildet in seinem Endverlauf ein dem Okavango-System zugehöriges Delta. An den Popa-Stromschnellen bildet der Okavango einen „Pfannenstiel", bevor er sich zu seinem Delta ausbreitet, das insgesamt 15.000 km² bedeckt. Nach Osten hin ist dieses System mit den Makgadikgadi Pans durch den **Boteti** verbunden.

Etwa 95 % des Okavango-Wassers verdunsten. Einst dürfte das Makgadikgadi-Okavango-System einen großen See gebildet haben. Das war vor vielleicht ca. 20.000 Jahren der Fall, als die Pluvialzeiten (Regenzeiten, als Gegenstück zu den europäischen Eiszeiten) für viel Wasser sorgten. Das Delta selbst dürfte eine Verlängerung des östlichen und zentralen afrikanischen Grabensystems darstellen. Es handelt sich hierbei um tiefe Risse im afrikanischen Festlandsockel. Ein Beweis für die früher größeren Wassermassen dürften alte Uferlinien im Makgadikgadi-System sein. Man vermutet, dass die Wassertiefe bis zu 25 m betragen hat. Doch Klimaschwankungen sowie tektonische Bewegungen haben den See zum Austrocknen gebracht.

Der größte Teil Botswanas ist von **Kalahari-Sanden** verweht, die Landesmitte ist flach. Unter dem Sand begraben liegen ältere Gesteinsformationen, besonders entlang der östlichen Landesgrenze. Vereinzelt herausragende Berge („Inselberge") kommen im Westen und Nordwesten vor. Das Grundgebirge des östlichen Botswana besteht aus gefalteten und metamorphisierten Gesteinen (also Gesteinen, die durch Hitze und Druck gebildet wurden). Darauf liegen jüngere Sedimentgesteine. Auffallend sind die Felsen der Ghanzi-Gebirgskette. Diese bestehen aus Sandstein. In der Gegend der Aha-Hügel gibt es Dolomit und Quarzit, darüber sind Granitgesteine gelagert. Das Alter dieser Formationen dürfte 450 Millionen Jahre betragen. Unter den Kalahari-Sanden liegen Karoo-Sedimente und Lava unbekannter Mächtigkeit. Die Kalahari-Sande sind die jüngsten geologischen Sedimente und erreichen eine Mächtigkeit von 5–200 m Dicke.

Gesteinsformation

Klima

Das Klima Botswanas wird verallgemeinernd als „arid" bezeichnet, was bedeutet, dass der Niederschlag geringer als die Verdunstung ist. Deshalb ist das Land trocken und verfügt über keine eigenen Dauerflüsse. Die nach Botswana einfließenden Gewässer entspringen stets in Regionen, die wesentlich niederschlagsreicher sind (z.B. der aus dem angolanischen Bergland stammende Okavango). Neben den Niederschlagsmengen spielt aber eine wesentliche Rolle der Unsicherheitsfaktor, mit denen die Niederschläge tatsächlich eintreffen.

Natürlich kennt Botswana auch **Jahreszeiten**, die aber als „Winter" und „Sommer" deklariert eine andere Bedeutung haben als in Europa. Die Jahreszeiten sind auf der Südhalbkugel vertauscht. Verallgemeinernd bedeutet Winter hier Trockenzeit, während die Sommermonate als Regenzeit bezeichnet werden. Die Trockenzeit beginnt im Ende April/Anfang Mai und dauert bis Ende August an. In dieser Periode fällt in der Regel kein Regen, der Himmel ist strahlend blau. Die Temperaturen können je nach Region nachts unter null Grad fallen, während es tagsüber angenehm warm wird.

Regen- und Trockenzeit

Der Sommer kündigt sich mit steigenden Temperaturen und ersten Regenfällen im September an. Die intensivsten Regenfälle sind zwischen Dezember und März zu beobachten, oft von heftigen Gewittern begleitet. Nicht selten fallen dann innerhalb weniger Stunden 10–20 mm Niederschlag. Über 60 % des Niederschlags fallen in kurzen, heftigen Schauern. Von Ende November/Dezember an ist die Vegetation grün, ab April trocknen das Land und die Pflanzenwelt allmählich aus. Ab Juni ist Botswanas Vegetation gelb, im September fallen die Blätter von den Bäumen, sodass der Schatten spärlich wird und die Sonne unbarmherzig brennt. Nach den ersten Regenfällen sprießt sofort die junge Vegetation, das Land ergrünt, und der beschriebene Jahreszyklus setzt sich fort.

Die Niederschlagsmenge und -sicherheit nimmt von Norden nach Süden ab. Eine kleine Tabelle gibt hier die Übersicht:

Region	Durchschnittlicher Niederschlag/Jahr	Niederschlagssicherheit
Nord-Botswana	650 mm	+- 25 %
Ost-Botswana	500 mm	+- 30 %
Südwest-Botswana	250 mm	+- 80 %

Problem der Überweidung

Seit etwa 50 Jahren findet in Botswana eine **regelmäßige Wettermessung** statt, seit etwa 100 Jahren in der angrenzenden nördlichen Kappprovinz von Südafrika. Deshalb konnte man Klimaveränderungen nachweisen. Man registrierte, dass in vielen Gebieten aufgrund von Überweidung die Durchschnittstemperatur um ein Grad angestiegen ist. Parallel dazu sanken die Tiefsttemperaturen. Für die Vegetation ergibt sich daraus die Schwierigkeit, sich an eine größere Mittagshitze sowie Nachtkälte anzupassen. Dort, wo die Grasnarbe durch Überweidung stark zerstört wurde und offene Sandflächen entstanden sind, haben sich die Differenztemperaturen zwischen Tag und Nacht um 7 Grad erhöht. Und mit dem Verschwinden einer schützenden Vegetationsdecke kommt es dazu, dass Regen kaum mehr versickert, sondern vermehrt schnell abfließt.

Beste Reisezeit für einen Besuch Botswanas ist die Zeit vom Mai bis zum späten September. In dieser Zeit ist das Wild auf permanente Wasserstellen konzentriert. Kühle Nachttemperaturen, erträgliche Wärme tagsüber sowie wenig Regen machen das Klima angenehm. Ab Oktober sind auch die Nächte warm, die Tage heiß und drü-

Während der Trockenzeit gut zu befahrende Pisten können sich im Regen in schlammige Wege mit Wasserdurchfahrten verwandeln (Piste bei Tsao)

ckend (viel trinken!). In dieser Zeit kann man auch gute Wildbeobachtungen machen, denn große Herden konzentrieren sich auf die Dauerflüsse. Während der Regenzeit dagegen sind große Herden nur in entlegenen Gebieten zu beobachten.

Fischen ist nur im Norden möglich (im Osten befinden sich Fischgründe in Privathand). Am Chobe kann das ganze Jahr über gefischt werden (Tigerfisch, Brassen, Barben). Die günstigste Zeit zum Fischen liegt zwischen August und Februar.

Angelparadies am Chobe

Ein **Besuch der Kalahari** ist besonders im Winter/Frühling (Mai bis früher September) anzuraten. Kühle Nächte, sonnige Tage und angenehme Mittagstemperaturen ermöglichen einen angenehmen Aufenthalt.

Insgesamt betrachtet, kann man also hinsichtlich der **optimalen Reisezeit** feststellen:
- **Beste Reisezeit** sind die Monate zwischen **Mai und September**.
- Von **Dezember** an wird durch **große Regengüsse** das Fahren schwierig, da sich die Wege oft in unüberwindbare Schlammpisten verwandeln.
- In der **Vegetationszeit** (September–April) kann dann das **hohe Gras**, das auf abseitigen Wegen sprießt, den **Kühler blockieren**.

Gewässer und Wasserwirtschaft

Botswana verfügt über nur sehr wenig **Oberflächenwasser**. Außer den aus Angola einfließenden Fremdlingsflüssen (Okavango, Kwando) verfügt das Land über keine eigenen Dauerflüsse oder -seen. So stammen 95 % des Wassers aus Angola. Nur wenig Wasser wird zzt. aufgestaut. Dämme gibt es bei Lobatse, Gaborone, Shashe und Mopipi (dieser Stausee versorgt die Diamantenminen bei Orapa). Das Wasser des Okavango verteilt sich im Delta, steht aber zur Nutzung kaum zur Verfügung, da der meiste Teil verdunstet. Die Menge des aus dem Delta ausfließenden Wassers beträgt nur 5 % der einfließenden Wassermenge – 95 % verdunsten also.

Keine Dauerflüsse oder Seen

Grundwasser kommt in geologischen Verwerfungen und unterirdischen Becken vor. Da Oberflächenwasser so gut wie nicht zur Verfügung steht, sind diese Grundwasserreserven von großer Wichtigkeit. Es wird geschätzt, dass etwa 60 % der Menschen und Haustiere von dieser Versorgung abhängig sind. Das meiste Wasser dieser Art ist fossil, d.h., es stammt aus alten Erdperioden, die besonders regenreich waren. Man schätzt das Alter dieser Vorräte auf bis zu 33.000 Jahre. Heute entnimmt man weit mehr Wasser aus der Erde, als derzeit nachsickern kann: Nur ein Prozent der entnommenen Menge dürfte durch natürliche Versickerung wieder aufgefüllt werden. Im Bereich der Kalahari enthält das Wasser z.T. so viele gelöste Substanzen, dass es für Mensch und Tier nicht genießbar ist.

Wasserversorgung und Ökologie

Die Wasserversorgung in Botswana ist im afrikanischen Vergleich als hervorragend zu bezeichnen, über 90 % der Bevölkerung haben Zugang zu Trinkwasserquellen.

Gute Wasserversorgung

Im Delta ist das Wasser bislang noch für die Tiere – und Touristen

Dennoch hat das semi-aride Land ohne Zugang zum Meer mit zu wenig Niederschlag zu kämpfen. Etwas 60 % des verbrauchten Wassers werden aus Grundwasser abgepumpt, dessen Ressourcen aber auch begrenzt sind. Deshalb soll in den nächsten Jahren viel in die Wasserversorgung investiert werden.

Pläne und Investitionen für die Wasserversorgung

Immer wieder gibt es Pläne, die wenigen Dauerflüsse anzuzapfen, die nach Botswana hineinfließen. So wurde z.B. vorgeschlagen, den Hauptwasserzufluss des Okavango-Deltas zu stauen, um damit Wasser ganzjährig in den Boteti zu leiten. Ebenso gibt es Vorstellungen, den Linyanti/Chobe anzuzapfen, um das Wasser über eine Höhendifferenz von etwa 150 m auf das Niveau des Kalahari-Beckens zu pumpen, um danach das kostbare Nass den Verbrauchern zur Verfügung zu stellen. Allen diesen Plänen ist gemein, dass damit ein enormer Eingriff in das Ökosystem verbunden wäre. Ebenso würde die „touristische Qualität" Botswanas leiden, und damit wäre auch ein großer Teil der Deviseneinkommen gefährdet. Nur Maun wird derzeit mit Wasser aus dem Delta versorgt.

Auch das „Chobe-Zambezi Water Transfer Scheme" liegt noch in weiter Ferne: In Zukunft möchte Botswana Millionen Liter Wasser jährlich aus dem Zambezi entnehmen, zu dem es in der Nähe von Kasane Zugang hat. Allerdings müssten hierzu auch die Nachbarstaaten zustimmen.

In den nächsten Jahren plant die Regierung große Investitionen im Bereich der Wasserwirtschaft. Besonders im Osten des Landes, in dem ein Großteil der Bevölkerung lebt und die Urbanisierung schnell voranschreitet, müssen ehemalige Dörfer, in wenigen Jahren zu Kleinstädten angewachsen, dringend an das Wassernetz angeschlossen werden. Eines der größeren Projekte ist der Bau einer zweiten **Nord-Süd-Versorgungspipeline**, dem „North-South-Carrier 2". Die Kapazität der bereits bestehenden Pipeline reicht Schätzungen zufolge nur noch bis 2013. Zudem sollen mehrere neue Dämme gebaut werden: Dikgatlhong am Lower Shashe-Fluss, Thune, Lotsane und Mosetse. Bei Dikgatlhong baut der chinesische Konzern Sinohydro einen Damm (Kosten: ca. 2 Mrd. Pula), der in den nächsten Jahren fertig sein soll.

Neue Pipeline

Es gibt **vier Haupt-Wasserverbraucher**:
- **Vieh**: Besonders hoher Verbrauch im dicht genutzten Osten.
- **Bewässerungswirtschaft**: Vor allem im Tuli-Block leitet man Wasser aus dem Limpopo auf Felder ab und baut Zitrusfrüchte, Gemüse, Weizen und Baumwolle an.
- **Hausverbrauch**: Etwa die Hälfte der Landbevölkerung wird durch heraufgepumptes Wasser versorgt. Pro Jahr steigt hier der Verbrauch um 8 %.
- **Industrieverbrauch**: Besonders der Bergbau ist wassergierig. Die Diamantenminen von Orapa erhielten bis Ende der 1980er-Jahre ihr Wasser aus dem Boteti, der im Mopipi-Staudamm aufgestaut wird. Wegen Austrocknung des Flusses ist dies nun lange Zeit nicht mehr möglich. Deshalb erfolgt der Ersatz durch das Anzapfen von Grundwasser-Vorkommen. Die Kupfer-Nickelmine von Selebi-Phikwe erhält ihr Wasser vom Shashe, dessen Wasser in einen 70 km entfernten Damm gepumpt wird. Die Diamantenmine von Jwaneng wird durch Untergrundwasser aus Bohrungen 70 km weiter nördlich versorgt.

Wirtschaftlicher Überblick

„Afrikanische Ausnahmeerscheinung", „Musterland des sub-saharischen Afrika", „Erfolgsgeschichte" – in Berichten über die politische Situation in Botswana wie bei den Wahlen im Oktober 2009 überschlagen sich die Medien mit Lob für den kleinen Binnenstaat. Zwar gilt Botswana auch heute noch als Entwicklungsland und hat vor allem mit einer hohen Aids-Rate zu kämpfen, doch im Vergleich zu anderen, vor allem den rohstoffreichen, afrikanischen Staaten steht es sowohl wirtschaftlich als auch demokratisch glänzend da. Von einem der ärmsten Länder der Welt in den 1970er-Jahren hat es sich zu einem *middle income country* vorgearbeitet. Es verfügt über eine weitgehend liberalisierte Marktwirtschaft, das Pro-Kopf-Einkommen wächst seit der Unabhängigkeit, und die verhältnismäßig wenig korrupte Regierung des Landes ist um die Entwicklung des Landes bemüht. Im Korruptionsindex von Transparency International landete Botswana 2010 auf Rang 33 von 178 Ländern – das ist zwar das beste Resultat Afrikas und rangiert noch vor EU-Mitgliedern wie Polen (Rang 41) und Italien (Rang 67), macht aber auch noch Handlungsbedarf deutlich.

Afrikanische Vorzeige-Demokratie

Problematisch ist allerdings die **fehlende Diversifizierung** der Wirtschaft, die sich weiterhin stark auf Diamanten stützt. Diese sollen sich in schätzungsweise 20 Jahren dem Ende zuneigen. Zudem gibt es in den Bereichen der Bekämpfung von Armut und

Trotz aller positiven Entwicklungen leben Bewohner des Landes in Armut

Ungleichheit noch erhebliche Defizite. Rund 20 % der Bevölkerung gelten trotz Entwicklungserfolgen als „absolut arm", d.h. sie müssen von weniger als einem Dollar pro Tag leben.

Aktuelle Wirtschaftsdaten

Nach langen Jahren des Wachstums hatte sich die Situation 2009 wegen der **Finanzkrise** deutlich abgekühlt, in 2010 hingegen konnte das Land mit einer realen Steigerungsrate des BIP von 7,2 % eines der besten Resultate seiner Geschichte einfahren. Das BIP belief sich 2010 auf knapp 14 Mrd. US$, was einem Pro-Kopf-Einkommen von rund 7.000 US$ entspricht. Vor der Krise hatte das Land Währungsreserven in Höhe von 9,5 Mrd. US$, heute noch von 7,9 Mrd. Für 2012 wird das Wirtschaftswachstum auf überdurchschnittliche 7,7 % geschätzt.

Zukünftige Herausforderungen

Während der Finanzkrise ging die weltweite Nachfrage nach Diamanten drastisch zurück, außerdem gab es Probleme bei der Stromversorgung. Wichtigstes Ziel ist langfristig die Diversifizierung der Wirtschaft, um weniger von der Diamantenproduktion und dem Bergbau abhängig zu sein, die Entwicklung verläuft allerdings nur langsam. Ein Dämpfer wurde der Hoffnung auf eine breiter aufgestellte Wirtschaft verpasst, als ausländische Investitionen in Milliardenhöhe für den Bau einer Nickel-Raffinerie und eines Kohlekraftwerkes vorerst auf Eis gelegt wurden (s. S. 42).

Aktuelle Wirtschaftsdaten

Diamanten

Wirtschaftswachstum dank Diamanten

Das nahezu kontinuierliche Wirtschaftswachstum Botswanas in den letzten 25 Jahren ist nahezu ausschließlich den bedeutenden Diamantenfunden Ende der 1960er Jahre zu verdanken. Dank des Zeitpunkts der Entdeckung der Funde (nach der Unabhängigkeit) konnte das Land einen für sich günstigen Vertrag (50/50) über den Abbau der Diamanten mit dem weltweit größten Diamantenhändler und Bergbau-Unternehmen De Beers abschließen, der zur Gründung der De Beers Botswana Mining Company führte, ein Joint Venture zwischen De Beers und der Regierung Botswanas (später in Debswana umbenannt). Der Exportüberschuss durch Diamanten wurde in Infrastruktur, Bildung und Bekämpfung der Armut investiert.

Die ersten großen Diamantenvorkommen Botswanas entdeckte man bei **Orapa**. Der Ausbau der Mine begann 1971, die Kosten hierfür betrugen 25 Millionen Pula. Die hier geförderten Diamanten liegen zu 15 % in der Qualität von Schmuck- und zu 85 % in der Qualität von Industriediamanten vor. Eine zweite, sehr lohnende Diamantenmine befindet sich 40 km südöstlich von **Letlhakane** (2009: 1,07 Millionen Karat). Der Anteil an Schmuckdiamanten ist in dieser Mine höher.

Folgen der Wirtschaftskrise

Eine dritte und die heute vom Wert her erfolgreichste Diamantenmine befindet sich bei **Jwaneng**, 160 km südwestlich von Gaborone. Hier musste man 30–50 m mächtigen Kalahari-Sand abtragen, bis man an die diamantenträchtigen Schichten gelangte. Seit 1982 werden hier Diamanten gefördert, bereits im ersten Jahr erreichte die Produktion 3 Millionen Karat. Die Mine soll die mit den reichsten Diamantenvorkommen der Welt sein. Sie stellt 60–70 % des Wertes der Diamantenproduktion Botswanas. 2008 förderte man **13,7 Millionen Karat** zutage, im Krisenjahr 2009 nur noch 9,04 Millionen Karat. Während der Wirtschaftskrise musste die Diamantenproduktion teilweise stillgelegt werden, zudem gingen aufgrund der gesunkenen Nachfrage 4.000 Arbeitsplätze verloren. Bis dahin war Debswana nach dem Staat der größte Arbeitgeber des Landes. Damit lagen die Einkommen 2009 deutlich unter denen der Vorjahre, in denen ein Rekordergebnis nach dem anderen eingefahren wurde. So soll die Produktion 2009 bei rund 15 Millionen Karat gelegen haben, im Vorjahr waren es noch 33,6 Millionen Karat (ca. 20 % der weltweiten Produktion im Wert von 3,2 Mrd. Dollar), informierte Debswana. Das machte 2008 ca. 80 % des Exportvolumens aus, 45 % der Staatseinnahmen und ca. 35 % des BIP. Nach Angaben von Finanzminister Kenneth Matambo ist das Landeseinkommen 2009 durch die zeitweilige Schließung der Minen um 11,5 % gesunken, und das Land musste erstmalig in Südafrika und China finanzielle Unterstützung aufnehmen. Nach einer Erholungsphase investiert Debswana heute im Rahmen eines Projektes namens „Cut 8" bis 2025 rund 3 Mrd. US$ in den Ausbau der Jwaneng-Mine, davon werden allein 500 Mio. US$ für neue Maschinen und für Ausrüstung ausgegeben.

Neue Investitionen

Ein weiteres Thema für die Diamantenindustrie ist die **Weiterverarbeitung vor Ort**, um die Erträge zu maximieren. Bislang wurden alle weltweit gefundenen Diamanten von der Diamond Trading Company (DTC), die zu De Beers gehört, in London vermarktet. Botswana ist es gelungen, mit der Gründung eines einheimischen Ablegers (DTC Botswana, dem Nachfolger der Botswana Diamond Valuing Corporation) Arbeitsplätze im Land zu schaffen. 2008 wurde das neue Gebäude am Stadtrand eröffnet. Durch den Einbruch der Nachfrage nach Diamanten in den reichen Ländern im Rahmen der Wirtschaftskrise war das Projekt bis dahin nicht allzu erfolgreich. Nebenan entstand 2009 der „Diamond Technology Park", in dem die Ware von Diamantenschneidern verarbeitet wird. Im September 2011 wurde bekannt, dass De Beers Teile seines Geschäftes von London zu Debswana nach Gaborone verlegt. Ab Ende 2013 werden die im Land geförderten Rohdiamanten, die der Konzern jährlich im Wert von 550 Mio. US$ weltweit verkauft, auch dort sortiert, bearbeitet und vermarktet, der Vertrag läuft vorerst 10 Jahre.

Informationen über Diamanten

Diamanten bestehen aus reinem Kohlenstoff. Unter hohem Druck und großer Hitze sind sie im Erdinneren zu harmonisch geordneten Körpern kristallisiert, die von regelmäßigen Flächen begrenzt sind:
- meistens Oktaeder (8 Flächen),
- seltener Dodekaeder (12 Flächen)
- sowie Würfel (6 Flächen).

Nach dem Ersten Weltkrieg gab es viele Diamantenfunde; entsprechend sank der Weltmarktpreis, besonders beim Börsenzusammenbruch 1929. *Ernst Oppenheimer* schlug deshalb eine radikale Produktionseinschränkung vor, um den Preisverfall zu stoppen. Als Chef der De Beers-Gruppe, die den Markt beherrschte, legte er die meisten Minen still. So wurde der Nachschub von Rohdiamanten gestoppt und ein weiterer Preisverfall aufgehalten. 1930 erfolgte die Gründung der Diamond Corporation: Durch knappe Zuweisungen an den Handel und sorgsam ausgewählte Großhändler kontrollierte sie von nun an den Markt. Die besten Stücke werden nur wenigen Branchenriesen vorgelegt, die Marktware mehreren hundert Händlern. In London finden allmonatlich „sights" statt: Jeder Einkäufer erhält ein Sortiment Rohdiamanten, auf dem der Gesamtpreis vermerkt ist (10.000 bis 20.000 Pfund). In einer Koje prüft er die Ware, entscheidet, ob er sie kauft oder nicht. Einzelne Steine gibt es nicht, auch keine Preisverhandlungen. Dieses Syndikat berechnet den Bedarf ein Jahr im Voraus und teilt dann den Produzenten eine bestimmte Quote zu. Bei einem höheren Bedarf kann man auf Vorräte zurückgreifen. So wird der Markt kontrolliert und Diamanten werden somit zu einer langfristigen guten Geldanlage gemacht. Ca. 90 % der Diamanten werden durch das Syndikat vertrieben.

Seit 1953 werden auch künstliche (Industrie-) Diamanten hergestellt, und zwar mit 110.000 atü Druck und bei Temperaturen von 3.000 °C.

Weitere Bodenschätze

Mit der Geschichte der Entdeckung der großen **Goldvorkommen** ist der Name *Karl Mauch* verbunden (s. S. 17f). In der Tati-Gegend (östlich von Francistown) setzte daraufhin ein Goldrausch ein. *David Francis* (nach dem Francistown benannt wurde) leitete die Northern Light Gold and Mining Gesellschaft, die Vorläuferin der

Tati-Gesellschaft. In den Jahren 1869–1905 wurde hier Gold abgebaut. Weitere Explorationsunternehmen folgten. Damit begann die systematische Suche nach Bodenschätzen auf großer Ebene. Der Erfolg blieb nicht aus: Im Zentraldistrikt fand man neben Diamanten große Reserven an Kupfer und Nickel. **Zukunftschancen** rechnet sich Botswana zudem im Uranbergbau aus. Derzeit laufen Untersuchungen nahe Sorule.

Kupfer und Nickel

Das bisherige Zentrum des Abbaus bei Selebi-Phikwe wird voraussichtlich in wenigen Jahren ausgebeutet sein. Neue Funde gab es in den Minen Selkirk und Phoenix. 2009 wurden insgesamt rund 27.905 t Nickel und 23.057 t Kupfer gewonnen.

Geplanter Raffinerie-Bau

Betrieben werden die Minen von Tati Nickel, das zu 85 % zu dem russischen Konzern *Norilsk Nickel* gehört, der Rest ist in der Hand der Regierung Botswanas. Einen Rückschlag erlitten die Bemühungen, sich neben den Diamanten weitere wirtschaftliche Standbeine zu verschaffen, als Norilsk 2008 die Pläne zum Bau einer Raffinerie nahe der Phoenix-Mine auf Eis legte. Diese hätte rund 500 Mio. US$ kosten sollen, und durch neue Technologien wäre eine Schmelze nicht mehr nötig gewesen. Bislang wird das Nickel-Konzentrat in die Schmelze nach Selebi-Phikwe gebracht und von dort über den südafrikanischen Hafen Durban in europäische Raffinerien verschifft. Ende 2010 gab Tati Nickel bekannt, dass das Ministerium für Mineralien, Energie und Wasser drei neue Lizenzen für Abbaugebiete erteilt hat.

Daneben besitzt die Firma African Copper Botswanas einzige ausschließliche Kupfermine Mowana etwa 100 km westlich von Francistown. Die Firma hat eine Abbaulizenz für 25 Jahre, die Miene soll über Vorkommen von rund 18 Mio. t verfügen.

Steinkohle

Steinkohle wird in Morupule Colliery westlich von Palapye abgebaut. Die Mine ist seit 1973 in Betrieb (Untertagebau). Die meiste Kohle wird nach Selebi-Phikwe transportiert, wo sie zu 40 % zum Schmelzen und zu 48 % im Kraftwerk gebraucht wird. Der Rest wird im Kraftwerk von Gaborone benötigt. Seit 1983 ist ein weiteres Kohlekraftwerk in Morupule in Betrieb. Die Gesamt-Vorkommen werden auf rund 20 Mrd. Tonnen geschätzt.

Große Kohlefelder

Weitere große Kohlevorkommen liegen bei Mmamabula, südwestlich von Francistown. Auch hier gab es 2008 einen Rückschlag. Die kanadische Firma CIC wollte ursprünglich das Kohlefeld ausbeuten und ein Kraftwerk bauen, was Investitionen in Höhe von 3 Mrd. US$ erfordert hätte. Das Kraftwerk sollte die Stromversorgung im eigenen Land sicherstellen, zudem sollte in größerem Umfang Strom nach Südafrika exportiert werden. Seitdem gibt es aber Finanzierungs- und Lizenzierungsprobleme, deshalb ist die Zukunft des riesigen Kohlefeldes weiter offen.

Sodaasche

Große Vorkommen an Sodaasche wurden in den 1960er-Jahren nördlich der Sowa Pan ausgemacht. Sodaasche ist für die Flaschenherstellung von Bedeutung. In diesem Zusammenhang werden auch andere Mineralien gewonnen, so z.B. Natriumsulfat und Pottasche. Man hofft, in Zukunft große Mengen exportieren zu können.

Landwirtschaft

Obgleich die Landwirtschaft vom Wirtschaftsertrag wertmäßig nur noch marginal am BIP beteiligt ist, bildet sie dennoch das Rückgrat der Nation: 4/5 aller ländlichen Haushalte basieren auf landwirtschaftlicher Tätigkeit. Da z.T. wegen klimatischer Gegebenheiten nur sehr extensiv gewirtschaftet werden kann, bleiben viele Menschen sehr arm. Das Land verfügt leider über ungeeignete Bodenqualitäten und ein sehr niederschlagsarmes Klima.

Arides Klima

In Botswana gibt es **drei grundsätzliche agrarische Wirtschaftsweisen**:
- das traditionelle Farmen auf dem Stammesland;
- das Farmen auf eigenem Grundbesitz;
- das Jagen und Sammeln, das praktisch überall möglich ist.

Notwendig ist die Weiterentwicklung des traditionellen Farmens. Die kleinen Landstücke müssen produktiver und im Ertrag verlässlicher werden. Das *Botswana Agricultural Marketing Board* (www.bamb.co.bw) garantiert jährliche Mindestpreise für Getreide. Mais und Sorghum sind die Hauptgetreidearten. Als **Sorghum** bezeichnet man eine Gräsergattung mit 25 Arten in den Subtropen und Tropen, darunter einige Getreidepflanzen in Afrika und Indien: Hirse, Mohrenhirse, Durrha und Kauliang. Sorghum ist besonders resistent gegen Trockenheit, was in einem so niederschlagsarmen Land wie Botswana wichtig ist. Es ist landesweit verbreitet und dient nicht nur als Grundlage für die Nahrungsmittelherstellung, sondern auch zum Bierbrauen.

Botswanas arides Klima eignet sich nur bedingt zur landwirtschaftlichen Nutzung

Über 80 % der bäuerlichen Betriebe sind extrem klein, nur knapp 10 % verfügen über die für ein sinnvolles Wirtschaften notwendigen 10 ha Fläche. Deshalb sind die Familien auf zusätzliche Einkünfte angewiesen. Die wirtschaftlichsten Farmen liegen im Osten. Hier ist der Anbau u.a. von Mais, Erdnüssen, Kürbissen, Melonen und Hirse möglich. Im Gebiet des Tuli-Blocks gibt es auch Baumwollfelder und Zitrusfrüchte-Anbau.

Viehzucht

Export von Rindfleisch

Von den natürlichen Voraussetzungen her eignet sich Botswana vor allem zur **Viehhaltung**. Vieh kann in fast allen Landesteilen gehalten werden, vorausgesetzt, dass es genügend Wasser gibt. Über 80 % der gesamten landwirtschaftlichen Produktion werden durch Viehhaltung erzielt. Rindfleisch wird in nennenswertem Umfang vor allem nach Großbritannien, Dänemark, nach Deutschland, Frankreich, Spanien, Zambia, Japan sowie nach Südafrika exportiert. 1/3 des Gesamt-Exporterlöses erbringt allein die Ausfuhr des hochwertigen Rindfleisches. Für die in der Mehrzahl existierenden Selbstversorgungs-„farmen" sind Ziegen, Schafe und Hühner besonders wichtig. In jüngster Zeit spezialisieren sich auch einige Farmen auf die Straußenzucht.

Problem der Überweidung

Durch die unwahrscheinlich starke Ausweitung der Viehwirtschaft tritt das Problem der Überweidung überall auf und insbesondere in der Umgebung der Siedlungen. Bereits heute gelten annähernd 25 % der Weidenutzflächen als langfristig vernichtet. Rinder und Ziegen haben alle nahrhaften Gräser abgefressen. Dementsprechend verbreiten sich Pflanzen und Büsche, die kaum als Tiernahrung zur Verfügung stehen, sodass die Landschaft „verbuscht". Die Regierung sieht sich gezwungen, immer wieder neues Weideland zu genehmigen – und das geht natürlich auf Kosten der Naturschutzgebiete. Gebiete, die kein Oberflächenwasser aufweisen, können durch Anlage von Tiefenbrunnen nun genutzt werden. Für die Vegetation bedeutet dies, dass man hier besonders empfindliche Pflanzenressourcen nutzt und gleichzeitig fossile Wasservorräte anzapft, die nicht so schnell nachgefüllt werden können, wie man sie nutzt.

Hinweis auf den nächsten Kontrollpunkt

Die Viehhaltung birgt Gefahren für das Land. Das Problem der Überweidung der Böden, die zum größten Teil sandigen Untergrund haben, ist leider landesweit bei Weitem nicht unter Kontrolle. Noch weit verbreitet ist die Vorstellung, dass die Menge an Rindern das eigene Ansehen erhöht. Der Reichtum an Vieh ist im unabhängigen Botswana noch sehr unterschiedlich verteilt:

- 5 % der Bevölkerung besitzen über 50 % des gesamten Viehbestandes,
- 45 % der Menschen haben überhaupt kein eigenes Vieh.

Größte Aufmerksamkeit wird der Situation vom staatlichen Veterinärdienst der Seuchenbekämpfung gewidmet. Wenn Krankheiten (v.a. **Maul- und Klauenseuche**) ausbrechen, können die bevorzugten Exportmärkte in Europa nicht mehr bedient werden. Die Ausbreitung der Seuchen sollen vor allem landesweit angelegte Zäune (3.000 km!) – sogenannte Veterinärzäune – verhindern.

Zum Problem der Veterinärzäune

info

Während der Reise ist man immer wieder mit Veterinärzäunen und Stopps an deren Gates konfrontiert. Diese „Veterinary Cordon Fences" durchziehen geradlinig das Land in einer Länge von über 3.000 km. Diese Zäune sollen ein Übergreifen der Maul- und Klauenseuche von Wildherden auf Rinder verhindern. Wissenschaftlich ist diese Übertragung nicht 100 % bewiesen, aber doch wahrscheinlich. Da die Rinderzucht immer mehr Land beansprucht – man nimmt an, dass Botswana über 4 Millionen Rinder hat –, hat man durch die Errichtung dieser Zäune viel Geld in den Schutz der Herden gesteckt. Diese Zäune schützen zwar die Rinder vor Seuchen, behindern aber die Wildherden in Trockenzeiten bei der Wassersuche. In den vergangenen Jahrzehnten passierte es im Verlaufe von Dürren immer wieder, dass diese Zäune das Wild – vorwiegend riesige Gnu-Herden – stoppten und die Tiere elend entlang der Zäune umkamen. So verhinderte z.B. der Kuke Fence ihren Zug zum wasserreichen Delta.

Gelegentlich ist aber regierungsseitig ein Umdenken festzustellen. 1998 beschloss die Regierung, ein 30 km langes Teilstück des 190 km langen Zaunes im Nordwesten Botswanas niederzureißen, um den freien Zug von Wildherden zwischen Botswana und dem namibischen Caprivistreifen zuzulassen. Dieser Zaun wurde erst 1997 errichtet, um die Ausbreitung einer Lungenkrankheit zu unterbinden. Damals mussten 318.000 Rinder im Wert von 150 Millionen US$ notgeschlachtet werden. Man sieht: Das Herz der botswanischen Regierung schlägt auf der Seite der Rinderfarmer, aber zunehmend auch auf der Seite der Ökologen!

Ackerbau

Zum Ackerbau ist Botswana nur in den niederschlagsreichen Gebieten, vor allem im Osten, geeignet (z.B. Tuli-Block). Hier gedeiht, wenn man bewässert, sogar Baumwolle. Doch auch Zitrusfrüchte und diverse Gemüsearten können angebaut werden. Trotzdem ist Botswana in hohem Maße auf den Getreideimport angewiesen. Ob das langfristige Ziel der **Selbstversorgung** erreicht werden kann, ist unsicher, denn ein großer Teil der Böden ist nährstoffarm, und die hohen Temperaturen sowie geringe Niederschläge schränken die Möglichkeiten stark ein.

Ackerbau in Botswana ist traditionell Frauenarbeit. Aufgrund der begrenzten Arbeitskraft (viele Männer arbeiten außerhalb der Dörfer), des Mangels an sachgerechter Lagerung des Getreides und nicht vorhandenen Kapitals wird bestenfalls die Selbstversorgung erreicht. Fazit ist, dass nur ein Drittel der benötigten Nahrung in Botswana erzeugt werden kann, und selbst in besonders guten Jahren muss man noch 50 % einführen.

Tourismus

Tourismus als Arbeitgeber

Die Einnahmen aus dem Tourismus stehen an 2. Stelle hinter den Einnahmen aus dem Bergbau. Etwa 20 % des Landes sind zu Naturschutzgebieten deklariert. Damit will Botswana für die „Nach-Rohstoffzeit" vorsorgen. Zumeist die Kurzbesucher des Okavango-Deltas (Durchschnittsaufenthalt: 6 Tage) spülen Devisen in die Kassen. Abgerechnet wird in den teuren Lodges in US$. Mittlerweile sind mehr als 50 Safari-Veranstalter registriert, die 40 % aller Arbeitsplätze im nördlichen Landesteil stellen.

Begrenzend wirken die hohen Preise – da setzt Botswana auf einen hochpreisigen Tourismus, was sich in den vergangenen Jahren auch auf die Eintrittspreise in die Nationalparks und die Campinggebühren niedergeschlagen hat (s. S. 80f). Die Devise ist „low volume and high cost policy" (geringes touristisches Aufkommen bei höherem Preis). In der Vergangenheit nutzten viele Südafrikaner Botswana als preiswer-

Besonders die Tierwelt des Nordens zieht Touristen an

tes Safariland. In ihren Allradfahrzeugen brachten sie praktisch alles mit – das Land profitierte davon nicht. Deshalb wurden 1996 die Parkeintrittsgebühren drastisch erhöht. Der Staat selbst investierte (leider) kaum etwas in die touristische Infrastruktur, dafür aber sehr viele Konzessionäre, die zumeist aus Südafrika oder gar Amerika kommen. Die Luxuslodges wie Nxabega oder die Savute Lodge sprechen die Sprache der „Designerlodges" – mit entsprechend hohen Preisen. Naturnahe Camps – wie die von Wilderness Safaris – verfolgen das Konzept der Integrierung der Bevölkerung in ihre Projekte und schaffen damit Arbeitsplätze. Man fokussiert für die Zukunft allerdings zudem neue regionale Schwerpunkte: Die Besucher sollen sich nicht nur für die Okavango-nahen Destinationen interessieren, sondern auch für Gebiete wie beispielsweise den Makgadikgadi Pans National Park, das Central Kalahari Game Reserve oder den botswanischen Teil des Kgalagadi Transfrontier National Park. Hier sollen in Zukunft neben eingerichteten Zeltübernachtungs-Möglichkeiten auch einfache Lodges angeboten werden.

Hochpreis-Tourismus

Safari anno 1907 – Afrika-Durchquerung von Paul Graetz

(von Wolf von Bila)

Der Oberleutnant *Paul Graetz* diente in der Kaiserlichen Schutztruppe im früheren Deutsch-Ostafrika (heute Tansania). Er fasste den Entschluss, von Daressalam mit dem Auto quer durch den Kontinent nach Swakopmund (heute Namibia) zu fahren. Vor ihm lagen 11.000 km Weg ohne Befestigung, Brücken, Tankstellen, Reifen oder gar Ersatzteile. 23 Jahre nach Konstruktion des ersten Autos hielten seine Offizierskameraden die Durchquerung der Kalahari im Jahre 1909 für „wahnwitzig". Er schrieb dazu später selbst: *„Solche Besserwisser hat es immer gegeben, wenn ein Mann aus eigenem Entschluss etwas Neues und Großes durchführen will."* Graetz plante die Fahrt gewissenhaft, um möglichst viele Risiken vorher auszuschalten. Nach gemeinsam erarbeiteten Konstruktionen übernahm das Fahrzeugwerk Gaggenau (heute Daimler Benz AG) den Auftrag, für 15.000 Mark ein Lastwagenfahrgestell mit einer Karosse und einem 50-PS-Motor zu versehen. Graetz half beim Zusammenbau des Fahrzeuges, um in Notfällen sein Auto reparieren zu können. Auf der geplanten Strecke von Daressalam bis Swakopmund wurden insgesamt 24 Depots von beauftragten Handelsfirmen angelegt. Mit Ochsengespannen brachten Farmer Benzinkanister, Öl und Ersatzreifen an 7 verabredete Stellen, um die 1.200 km durch die Kalahari zu überbrücken.

Der zweite, interessante Abschnitt seiner Reise verlief von Bulawayo (heute Zimbabwe) nach Francistown. Dort angekommen, berichtete er: *„Dieser Ort liegt im Mittelpunkt einer Anzahl außerordentlich ertragreicher Goldminen. Die tiefsandigen Flussbetten des Tati werden von uns auf Wellblechstreifen überfahren. Wenn die Platten hinter dem Wagen wieder frei werden, legt man sie wieder unter die Vorderräder usw."* Dann erreichte Graetz Palapye. Die Eisenbahn brachte eine Ration Benzin und Öl mit. Später erwähnte er die kleine Polizeistation Gaborone. Vorbei ging es an den grünen Niederungen von Lobatse – *„wo einst Leander Jameson seine 800 Getreuen versammelte, um den Einfall in die Burenrepublik*

Transvaal vorzutragen." Von Palapye begann der Ernst der Durchquerung der Kalahari am 10. Januar 1909. Graetz und sein Mechaniker Gould traten mit einem landeskundigen Führer zum schwersten Teil der Reise an.

Auch wenn es schon fast 100 Jahre her ist, hat sich an der **Grundausrüstung** für eine solche Safari (abgesehen von der Menge) nicht viel geändert. 800 l Benzin an Bord, 100 l Öl, Ersatzreifen und Verschleißteile, Werkzeug, Schaufeln, Wasserkanister, zwei Beile, eine Flinte, eine Kugelbüchse, Küchengeräte, Feldbetten, Schlafsäcke, Moskitonetze, Decken, Fotoausrüstung, Karten, Toilettenpapier; an Lebensmitteln Mehl, Zucker, Fett, Tabak, Tee, Salz, Backpulver, Branntwein für den Sundowner, eine kleine Apotheke und natürlich Streichhölzer. Und auch damals blieb man stecken: *„In dieser Gegend haben wir den schlimmsten Sand zu bestehen, der wohl jedem dieses Weges Ziehenden in Erinnerung bleibt. Immer wieder muss der Rückwärtsgang den Wagen in die Reifenspur zurückziehen, dann geht es mit höchster Kraftanstrengung wieder ein Stück vorwärts – wieder zurück, wieder vorwärts!"*

Graetz schwärmt von der Fahrt durch die Kalahari im Frühling: *„Wohin das Auge schaut, frisches, saftiges Grün, blütenübersäte große Sträucher, überragt von einzelnen Laubbäumen mit dichtem Blätterwerk. Die breite, gelbe Pad, der tiefe, schwere Sand, der sich hemmend in die Speichen des Autos legt, läßt uns nur langsam vorankommen. Mehrere 14- bis 18-spännige Ochsenwagen werden überholt. In Serowe mache ich Seiner Majestät König Khama meine Aufwartung. Khama ist trotz seiner 80 Lebensjahre ein junger Mann. Tagelang im Sattel, legt er noch sehr weite Strecken in seinem Lande zurück. Er wurde von Königin Victoria in London mit fürstlichen Ehren empfangen."*

Graetz findet von seinen vergrabenen Benzinvorräten noch fünf. Er erreicht den fast wasserlosen Lake Ngami. Der Treibstoff geht zur Neige. Die Bewohner bringen Ochsen, die man vor das Auto spannt. Vier Stundenkilometer beträgt jetzt die Reisegeschwindigkeit. Drei Stunden Abschleppdienst, drei Stunden Rast – und das Tag und Nacht. So durchzog man das ganze Ghanzi-Farmland und erreichte am Nachmittag des 13. März 1909 die Grenze zum früheren Deutsch-Südwestafrika bei Rietfontein-Nord. Die Fahrt von Daressalam am Indischen Ozean nach Swakopmund am Atlantischen Ozean dauerte insgesamt 630 Tage. Kaiser *Wilhelm II.* schrieb ein Glückwunschtelegramm: „Gut gemacht, mein lieber Graetz!" Der englische König *Eduard VII.* gratulierte dem mutigen Mann zu seiner sportlichen Leistung.

Beschäftigung

Hohe Arbeitslosigkeit

Nach wie vor ist die hohe Arbeitslosigkeit (17,5 % als letzte offizielle Zahl, Dunkelziffer bis zu 40 %) ein großes Problem, ebenso trifft der Mangel an ausgebildeten Arbeitskräften den Ausbau der Wirtschaft. Über 50 % der Erwerbstätigen arbeiten noch immer in der Landwirtschaft, etwa 30 % sind im Dienstleistungssektor (Touristik) beschäftigt, dagegen 10 % in der Industrie sowie knapp 5 % im Bergbau. Minen-

Frisörladen auf Botswanisch

arbeiter sind am besten bezahlt, am schlechtesten die Arbeitnehmer in der Landwirtschaft. Südafrika kommt als Arbeitgeber immer weniger in Frage, da man für die eigenen Leute Beschäftigung braucht. So ist auch die Zahl der aus Botswana stammenden Wanderarbeiter rückläufig – und damit auch deren individuelle Einkünfte.

Für den Arbeitsmarkt stehen teilweise bereits Schulabgänger ab 12 Jahren zur Verfügung. Daneben müssen alte Arbeitnehmer so lange es geht einer Beschäftigung nachgehen, da es praktisch keine Alterssicherung gibt.

Die Southern African Development Community (SADC)

Die Southern African Development Community (SADC, www.sadc.int) mit Sitz in Gaborone feierte am 1. April 2010 ihr dreißigjähriges Bestehen. *Sir Seretse Khama*, der erste Präsident Botswanas, regte 1979 auf der Gründungskonferenz (damals Southern Africa Development Coordinating Conference gennant) in Arusha (Tansania) die Zusammenarbeit an. Die ersten Mitglieder waren Angola, Botswana, Moçambique, Tansania und Zambia. Es folgten später noch Lesotho, Malawi und Zimbabwe. Die Repräsentanten der Gruppe beschlossen damals folgende Ziele:

- **Verbesserung der Infrastruktur der SADC**-Mitgliedsländer;
- **Mobilisierung von Ressourcen** zur Durchführung regionaler Politikförderung;
- **Durchführung von abgestimmten Maßnahmen** zur Sicherstellung der internationalen Zusammenarbeit;
- **Verbesserung der sozialen Integration**.

Schwierige Zusammenarbeit

Doch das Hauptziel, – das politische und wirtschaftliche Zusammenwachsen der Region – gestaltet sich schwierig. Von einem schon für 2008 vorgesehenen gemeinsamen Markt sind die Mitgliedsstaaten noch weit entfernt. Auch die interne Koordination wird von Machtkämpfen behindert.

Probleme und Zukunftsaussichten

Jahrelang war Botswana in der Lage, mit dem **Budgetüberschuss** dank des Diamantenhandels in Infrastruktur, Gesundheitswesen und Ausbildung zu investieren. Doch in ca. 20 Jahren sollen die Vorkommen erschöpft sein, und die Fortschritte hin zu einer breiter aufgestellten Wirtschaft kommen nur langsam voran.

Kampf gegen HIV

Neben der mangelnden Diversifizierung der Wirtschaft ist die Bekämpfung der hohen **HIV/Aids-Infektionsrate** (schätzungsweise 25 %) eine der größten Herausforderungen der Zukunft. Bei den jungen Erwachsenen (15–39 Jahre) liegt die Infektionsrate mit bis zu 50 % noch deutlich höher, besonders Studenten und Lehrer sind betroffen. Zwar bemüht sich die Regierung seit längerem, die Ausbreitung in den Griff zu bekommen. Der ehem. Präsident Mogae startete umfangreiche Aufklärungskampagnen, und Botswana ist das erste Land Afrikas, in dem antiretrovirale Medikamente für einen Großteil der Bevölkerung kostenlos oder stark verbilligt bereitstehen. Dennoch droht in den nächsten Jahren neben den fehlenden Arbeitskräften eine soziale Katastrophe, auch weil laut Studien in der Bevölkerung kaum Verhaltensänderungen festzustellen sind. Laut einer Publikation der Friedrich-Ebert-Stiftung in Gaborone ist mit dem Verlust mindestens einer halben Generation zu rechnen. Zudem werden die Kosten des Gesundheitssystems weiter steigen.

Erschwerend für die weitere Entwicklung ist zudem die Tatsache, dass nur der östliche Teil des Landes infrastrukturell gut erschlossen ist. Botswana verfügt zzt. noch über zu wenige ausgebildete Arbeitskräfte. Da der Binnenmarkt aufgrund der nur ca. 2 Millionen Einwohner sehr klein ist, sind auch hier der weiteren wirtschaftlichen Entwicklung enge Grenzen gesetzt. Bedeutsam für den Außenhandel ist daher die Mitgliedschaft in der Zollunion des südlichen Afrikas (**Southern African Customs Union**, SACU), die eine enge Anbindung des Landes an die regionale Vormacht Südafrikas gewährleistet.

Wirtschaftsfördernd dagegen ist die politische Stabilität des Landes. Botswana ist eines der wenigen Länder Afrikas, in denen ein demokratisches System funktioniert. Die Wirtschaftspolitik ist liberal, das Steuersystem ausgewogen, und ein Katalog von Fördermaßnahmen soll ausländische Investoren anlocken. Doch im Vergleich zur Republik Südafrika konnte Botswana seine Attraktivität als Industriestandort noch nicht durchsetzen.

Abhängigkeit von Südafrika

Ein weiteres Problem ist, dass Botswana von Stromlieferungen aus Südafrika abhängig ist. Dessen Stromversorger Eskom kann aber kaum die Nachfrage im eigenen Land bedienen. Abhilfe soll das neue Kohlekraftwerk schaffen (s. S. 42), so es denn gebaut wird.

Immer größeren wirtschaftlichen Einfluss haben die **Chinesen**. Den neuen Terminal am Flughafen in Gaborone hat das Unternehmen Sinohydro gebaut und hofft auf die Wirkung des Vorzeigeprojekts und Folgeaufträge im südlichen Afrika. Zudem hat das Unternehmen den Zuschlag für einen neuen Staudamm bekommen, und die *China National Electric Equipment Corporation* soll über eine halbe Milliarde US$ in den Ausbau des Elektrizitätswerks Morupule stecken. In Botswana, wie in vielen anderen Ländern Afrikas auch, stößt man an Baustellen allenthalben auf chinesische Schriftzeichen. Während sich die Chinesen mit der mitunter „langsameren Gangart" als gewohnt auseinandersetzen, beschweren sich die Botswaner über die billigen Arbeitskräfte, die selbst die Einheimischen unterbieten, sowie die vielen Läden mit „billigen chinesischen Produkten".

Wirtschaftlicher Einfluss der Chinesen

12.000 Chinesen leben mittlerweile im Land, von denen längst nicht alle im Bau tätig sind. Vor allem in Gaborone gibt es zahlreiche kleine Läden, Restaurants und Werkstätten, die von Chinesen betrieben werden. Dabei sind sie durchaus um ein gutes Zusammenleben bemüht: Ende 2009 bot die chinesische Gemeinde an, gratis ein neues Hauptquartier für die Polizei von Gaborone zu errichten und diese damit bei der Bekämpfung der Kriminalität zu unterstützen.

Gesellschaftlicher und kultureller Überblick

Text von Eileen Kose

Die Bevölkerung Botswanas: Struktur

Botswana gehört mit ca. 2 Mio. Einwohnern auf einer Gesamtfläche von 582.000 km^2 zu den am dünnsten besiedelten Staaten der Erde. Die meisten Bewohner leben in den klimatisch günstigeren Regionen des Nordens, Ostens und Südostens. Dort findet man auch die größten Städte des Landes wie die Hauptstadt Gaborone mit über 200.000 Einwohnern, Francistown, Molepolole, Selibe-Phikwe und Maun, die alle zwischen 50.000 und 90.000 Einwohner aufweisen. Der zentrale und westliche Teil des Landes erstreckt sich in weiten Teilen über die Kalahari-Wüste. Dort leben nur etwa 10 % der Gesamtbevölkerung. Die größte Ansiedlung ist Ghanzi, auch „Hauptstadt der Kalahari" genannt, mit nur etwa 10.000 Einwohnern. Die Bevölkerungsdichte Botswanas hängt auch mit den jährlichen Niederschlagswerten zusammen, die im Osten und Norden deutlich höher sind als in der lebensfeindlichen zentralen Kalahari.

Dicht besiedelter Osten

Seit der Unabhängigkeit im Jahr 1966 ist Botswana eine **parlamentarische Demokratie**. Die wichtigste Partei ist die konservative *Botswana Democratic Party* (BDP), welche auch den derzeitigen Präsidenten Ian Khama stellt. Das Parlament ist das gesetzgebende Organ mit 61 Sitzen. Wahlen finden alle fünf Jahre statt. Eine weitere Kammer ist das House of Chiefs, in welchem 15 traditionelle Vertreter, sprich Könige und sonstige Führer der wichtigsten Völker des Landes vertreten sind. Der **Altersaufbau** Botswanas liegt bei ca. 34 % der Jahre 0–14, 62 % der Jahre 15–64, und 4 % der Jahre über 65. Mit fast 65 Jahren lag die durchschnittliche Lebenser-

Gesellschaftlicher und kultureller Überblick

Hirte bei Tsao im Nordwesten Botswanas

wartung in den 1990er-Jahren für ein afrikanisches Land sehr hoch. Inzwischen ist sie durch die AIDS-Krise auf etwa 53 Jahre gesunken.

Ureinwohner des südlichen Afrikas

Insgesamt leben mehr als 25 verschiedene Ethnien in Botswana. Die größten Gruppen zählen zu den **bantusprachigen Völkern** und bilden etwa 80 % der Gesamtbevölkerung. Die bantusprachigen Völker haben eine relativ junge Geschichte in Botswana. Die ersten Gruppen kamen vor ca. 1.600 Jahren in das Gebiet der heutigen Republik und viele der heute dort ansässigen Völker wanderten erst im 15. bis 19. Jahrhundert ein. Die ältesten Wurzeln im Gebiet der Republik Botswana haben die San- und Khoi-Völker (in Botswana auch Basarwa genannt, auch veraltet Buschmänner und abwertend „Hottentotten" genannt). Sie gelten als die Ureinwohner des gesamten südlichen Afrikas, machen heute in Botswana aber nur noch 6–7 % der Gesamtbevölkerung aus. Außerdem findet man im Land eine kleine europäisch- und asiatisch-stämmige Minderheit. Durch die anhaltende Krisensituation im benachbarten Zimbabwe sind in der jüngsten Vergangenheit zahlreiche Menschen nach Botswana abgewandert. Sie leben dort meist illegal und ihre Anzahl liegt nach Schätzungen von Hilfsorganisationen zwischen 250.000 im Jahr 2006 und 800.000 im Jahr 2008. Der jüngste starke Zuzug an Zimbabwern ist vor allem auf die fremdenfeindlichen Ausschreitungen in Südafrika zurückzuführen, vor denen viele Einwanderer in die sicheren Nachbarländer flohen.

Mit seiner ethnischen Vielfalt gilt Botswana als Vorbild eines **friedlichen Zusammenlebens**. Offiziell gelten die Tswana mit einem Anteil von etwa 75 % an der Gesamtbevölkerung als die stärkste ethnische Gruppe im Land, obwohl kritischere Quellen ihren Anteil wesentlich niedriger schätzen. Dennoch treten sie verfassungsrechtlich verankert als die dominante Kultur auf. Die Sprachpolitik, mit Setswana neben Englisch als einziger indigener offizieller Landessprache, bringt den anderen Völkern deutliche Nachteile und setzt sie einem ständigen Assimilationsdruck aus.

Sprachpolitik

Viele afrikanische Staaten haben Schwierigkeiten, mit der sprachlichen Vielfalt ihrer Länder umzugehen. Häufig wird die offizielle Anerkennung der einzelnen Sprachgruppen als potenzielle Gefahr gesehen, separatistische Bestrebungen der einzelnen Völker zu fördern. Daher entschied sich die Mehrzahl der afrikanischen Staaten nach ihrer Unabhängigkeit dafür, die Sprache der europäischen Kolonisatoren als offizielle Staats- und Landessprache beizubehalten. Nur wenige Nationen erklärten eine einheimische Sprache zur offiziellen Sprache, wie z. B. Äthiopien mit Amharisch, Tansania mit Swahili und Botswana mit dem Setswana. In Äthiopien trug diese Entscheidung zu dem dreißigjährigen Bürgerkrieg bei, welcher erst 1993 endete. In Tanzania und Botswana trug sie, aller Kritik zum Trotz, zu einer Stabilisierung der Nation bei.

Setswana offizielle Sprache

Bantusprachen

Die Bantusprachen sind eine große Sprachfamilie, die in Zentral-, Ost- und Südafrika verbreitet ist. Die bedeutendste Bantusprache ist das entlang der ostafrikanischen Küste gesprochene **Swahili**. Die Sprachen sind sprachgeschichtlich relativ eng miteinander verwandt. Sie zeichnen sich dadurch aus, dass einem Wortstamm eine bestimmte Silbe vorangestellt wird, die bei Verben Tempus und Modi sowie die Person bestimmen, bei Nomina Singular, Plural und semantische Veränderungen bewirken. Aus dem Wortstamm -tswana kann man beispielsweise mo-tswana ‚ein Tswana' bilden, ba-tswana ‚mehrere Tswana' und se-tswana ‚die Tswana-Sprache', bo-tswana, ‚das Land der Tswana'.

Viele Bantusprachen sind Tonsprachen. Dieses bedeutet, dass nicht nur die Vokal-/ Konsonantenfolge über die Bedeutung eines Wortes entscheidet, sondern auch die Melodie (Tonhöhe), mit der es ausgesprochen wird. Die Sprachfamilie wird, basierend auf ihrer linguistischen Geschichte, in Ostbantu- und Westbantusprachen unterteilt.

Khoisansprachen

Die Khoisansprachen umfassen heute **45 bekannte Sprachen** der San und Khoi, die in Botswana, Namibia, Südafrika, Angola, Zambia und Tanzania gesprochen werden. Ursprünglich waren die Khoisansprachen bis nach Kenia verbreitet. Die bedeutendste Sprache ist heute das Nama. Die Sprachen unterscheiden sich untereinander viel stärker als die Bantusprachen. Dieses bedeutet sprachgeschichtlich, dass die Völker sich vor langer Zeit schon voneinander getrennt und eigene Entwicklungen verfolgt haben. Manche Forscher behaupten sogar, dass nicht alle Sprachen genetisch verwandt seien und eventuell Reste eigener Sprachfamilien darstellt. Dadurch, dass einzelne Sprachen nur von wenigen Menschen verwendet werden, sind sie vom Aussterben bedroht. Obwohl die einzelnen Sprachen recht unterschiedlich sein können,

Unterschiedliche Sprachentwicklung

haben alle die auffallenden **Schnalzlaute** gemeinsam. Die Grammatik der einzelnen Sprachen ist sehr unterschiedlich und komplex.

Religion

Christentum und Naturreligion

Botswana hat keine offizielle Staatsreligion. Es gibt etwa 250 eingetragene religiöse Vereinigungen. Die wohl erfolgreichsten Kirchen sind derzeit die Katholische Kirche und die aus Südafrika stammende *Zionist Christian Church*. Daneben sind u. a. Lutheraner, Anglikaner, Methodisten und unabhängige afrikanische Kirchen aktiv. Letztere sind zionistisch-christlich geprägt und wurden hauptsächlich durch Wanderarbeiter ins Land gebracht. Sie konzentrieren sich häufig auf rituelle Krankheitsheilung und sind stark an traditionellen Gesellschaftsmodellen orientiert. Daneben leben einige Muslime, Bahai und Hindu im Land. Viele Bewohner Botswanas praktizieren trotz der Christianisierung ihre Jahrhunderte alten religiösen Traditionen, wie z. B. die wichtigen Regenzeremonien.

Religion beeinflusst in großem Maße die Art und Weise, wie die modernen Menschen in Botswana ihre Umwelt wahrnehmen, ihre sozialen Beziehungen gestalten und die Ereignisse des alltäglichen Lebens erklären. Alle Gegebenheiten im Leben eines Menschen haben eine **spirituelle Dimension**, sei es Glück oder Unglück, Gesundheit oder Krankheit, Reichtum oder Armut. Es gilt als selbstverständlich, dass

Am Fuß des Male Hill (Tsodilo Hills), glauben die San, kniete der erste Gott nieder und betete, nachdem er die Welt erschaffen hatte

die Ahnen unter den Lebenden sind und das Schicksal einer Person, eines Klans oder auch eines Staates mitgestalten. Auch Geister und Dämonen greifen in den Lebensweg eines Individuums ein und Hexerei ist ein fester Bestandteil der Gesellschaft. Jedes Individuum ist starken sozialen Verpflichtungen, Kontrollen und Reglementierungen ausgesetzt, denn das persönliche Fehlverhalten kann die ganze Gemeinschaft betreffen. Viele versuchen auch, durch Magie persönlichen Erfolg, Reichtum oder Liebesglück positiv zu beeinflussen. Das Individuum wird häufig mit der Eifersucht und schlechten Wünschen von Nachbarn und Neidern konfrontiert, die gezielt mit Hilfe eines Magiers versuchen, ihre Rivalen zu schwächen. Viele Verhaltensweisen und Tabus, die uns in unserer westlichen Welt unlogisch und unpraktisch erscheinen, beruhen auf diesen althergebrachten kosmologischen Vorstellungen und können von Außenstehenden nur langsam erschlossen werden.

Bedeutung der Magie

Regenmachen

Regen spielt im Überleben der Menschen in ariden Gebieten eine besondere Rolle. Daran hat sich auch heute trotz moderner Bewässerungssysteme nichts geändert. In allen traditionellen Gesellschaften in der und um die Kalahari war die wichtigste politische Macht die spirituelle Fähigkeit, Regen zu machen. Dieses konnten nur Könige und spezielle Regenmacher. Im Nordwesten des Landes und im angrenzenden Namibia genossen die Könige der Mbukushu weit über die Grenzen ihres Reiches den Ruf, besonders gute Regenmacher zu sein. Dieses findet auch in zahlreichen Mythen und Märchen seinen Ausdruck, in welchen der König die Wasservorkommen seines Landes kontrolliert und bei Bedarf Quellen und Flüsse austrocknen lassen kann. Die Fähigkeit des Regenmachens ist bei den Mbukushu an einen **Regenfetisch** geknüpft, der im Besitz des herrschenden Clans sein muss. Verliert ein Clan den Regenfetisch, verliert er auch die politische Macht.

Durch den Einfluss der Europäer auf die einheimischen Kulturen ergaben sich Konflikte zwischen Christentum und traditionellem Königtum, da der König für den Regen und das Wohlergehen seines Volkes verantwortlich war, dieser Brauch aber als heidnisch galt. Da Regen aber so wichtig war, hielten viele Einheimische auch nach ihrer Konvertierung zum Christentum an den Regenzeremonien fest. Einige machten auch die Christen und die Kirchen im Lande für die Dürrezeiten verantwortlich, da sie den Herrschern die Regenrituale verbieten wollten. Die Bedeutung des Regens wird auch in der Währung *Pula* sichtbar, was übersetzt Regen heißt, die kleinere Einheit *Thebe* bedeutet Hoffnung.

Bildungswesen

Die britische Kolonialverwaltung hielt die einheimische Bevölkerung von Bildungseinrichtungen fern. Daher wurde Bildungspolitik nach der Unabhängigkeit ein Schwerpunkt der neuen botswanischen Regierung. Primäres Ziel war es dabei, allen Botswanern eine **schulische Grundausbildung** zu ermöglichen. Das Schulsystem wurde nach britischem Vorbild entwickelt mit dem *Cambridge O'Level* als dem höchsten Abschluss. Es besteht Schulpflicht für die ersten sieben Jahre Schule und *Primary Schools* waren bis 2007 kostenlos. Danach wurden Schulgebühren eingeführt, die etwa 50 Euro pro Kind und Jahr ausmachen. Alle weiterführenden Schulen waren schon immer gebührenpflichtig. Neben staatlichen Schulen bestehen auch einige wenige private Einrichtungen.

Sprachproblem

Setswana ist die erste, Englisch die zweite **offizielle Sprache**, in denen der Unterricht abgehalten wird. Das bedeutet indirekt eine Diskriminierung der anderen Sprachgruppen des Landes und erschwert die Ausbildung vor allem in den ländlichen Gebieten. Es gibt aber Bemühungen die Nachteile für diejenigen zu verringern, deren Muttersprache keine der beiden Hauptsprachen ist.

Heute haben 90 % der Kinder Zugang zu den Grundschulen und 63 % besuchen weiterführende Schulen. Die Analphabetenrate mit ca. 19 % ist recht niedrig. Seit 1982 existiert in Gaborone die Universität von Botswana, die ca. 25.000 Studenten auf das Niveau von Bachelor- und Diplom-Abschlüssen ausbildet. Viele Studenten genießen staatliche Stipendien, um im Ausland weiterführende Studien zu machen.

Rund 15 % des Staatshaushaltes entfallen auf den Bildungssektor, allerdings entspricht die Qualität der Lehre nicht immer dem finanziellen Aufwand. Ein weiteres Problem ist die im ohnehin schon hohen Landesdurchschnitt hohe HIV/Aids-Infektionsrate der Lehrer und Studenten, die die Zukunftsaussichten des Bildungssystems gefährdet.

Medien

Seit der Unabhängigkeit 1966 gilt in Botswana Pressefreiheit, die in den letzten Jahren allerdings leichte Rückschläge erlitten hat. Die wichtigste Regierungszeitung ist die *Daily News*, die über Politik, Wirtschaft, Kultur und Sport informiert. Andere bekannte private Tageszeitungen sind der *Mmegi*, der *Guardian*, *Mopheme* und *The Voice*. Es gibt zwei staatliche Rundfunksender, *Radio Botswana 1* und *2* und einige private Stationen wie *Ya Rona FM* und *Gabz FM*. Seit dem Jahr 2000 besitzt Botswana seine eigene Fernsehsendestation mit zwei Sendeanstalten, der *Gaborone Broadcasting Company (GBC)* und *Botswana Television (BTV)*. Ein kritischer Aspekt der botswanischen Medienpolitik besteht darin, dass, anders als im Nachbarland Südafrika, keine Sendungen und Zeitungen in den Sprachen der Minderheiten operieren.

Gesundheit

Gutes Gesundheitssystem

Zur Kolonialzeit war die medizinische Versorgung in den Händen der Missionare und der traditionellen Heiler. Nach der Unabhängigkeit entwickelte Botswana ein eigenes Gesundheitsprogramm, welches heute gut entwickelt ist. Auf der untersten Ebene findet man zahlreiche von gut ausgebildeten Krankenpflegern geleitete Versorgungsstationen, sog. *Clinics* und *Mobile Clinics*, die alle Bewohner des Landes erreichen. Den

Clinics übergeordnet sind etwa 250 ländliche Gesundheitszentren, sog. Health Centres, und 17 Krankenhäuser. Kinder bis elf Jahre werden umsonst behandelt. Ältere Personen zahlen nur eine geringe Gebühr für ihre Behandlung. Durch die AIDS-Krise hat sich die medizinische Infrastruktur in den ländlichen Gebieten weiter verbessert durch neue Krankenhäuser und zahlreiche Aufklärungs- und Gesundheitsprogramme. Heute kommen auf etwa 3.300 Einwohner ein Arzt und 420 Bewohner auf einen Krankenpfleger.

Vor einer Bar in Gumare – mit Kondomwerbung. Nur langsam setzt ein Bewusstseinswandel im Land ein

Durch die **hohe Infektionsrate** der Bevölkerung mit dem HIV Virus (ca. 25 %) und die damit verbundene Immunschwäche hat sich die Tuberkulose im Land wieder stark ausgebreitet. Im Norden des Landes leidet ein Großteil der Bevölkerung an Bilharziose. Ein hoher Anteil der Bevölkerung trägt auch den Hepatitis-B-Virus. Als weitere Volkskrankheit gilt Bluthochdruck, was auf stark salzhaltiges Trinkwasser zurückzuführen ist. In der Bekämpfung der AIDS-Pandemie stehen allen Betroffenen staatlich subventionierte stark verbilligte oder kostenlose antiretrovirale Medikamente zur Verfügung. Auch startete ein großer Arzneimittelhersteller 2002 ein sehr erfolgreiches privates Präventions- und Behandlungsprogramm, das den Bevölkerungsverlust an Menschen in einem Alter zwischen 20 und 40 Jahren verhindern soll. Erfolgreich war auch die Abgabe von Medikamenten an Schwangere: Im Jahr 2000 steckten 40 % aller infizierten Schwangeren ihre Ungeborenen an, 2008 waren es „nur" noch ca. 4 %.

In Botswana praktizieren zahlreiche **traditionelle Heiler**, die man *dingaka* nennt. Sie behandeln Krankheiten und soziale Probleme nach althergebrachten Methoden mit pflanzlichen und tierischen Wirkstoffen sowie spirituellen Handlungen. Viele Heiler können ihr Wissen sowohl im Guten als auch im Bösen anwenden. Ihnen wird damit in der Gemeinde eine ambivalente, aber bedeutende Rolle zuteil. Durch die heimkehrenden Wanderarbeiter aus Südafrika etabliert sich mehr und mehr ein zweiter Typ Heiler und Wahrsager, der *sangoma*. Ein *sangoma* verbindet traditionelles medizinisches Wissen und Hellseherei mit christlichen Einflüssen. Anders als der traditionelle Beruf des *dingaka*, der nur von Männern ausgeführt wird, können auch Frauen, Weiße und Asiaten als *sangoma* praktizieren.

Traditionelle Heilmethoden

Auch das medizinische Wissen der San und ihre spirituellen Fähigkeiten werden von den Bantuvölkern hoch angesehen. Neben ihrem reichhaltigen Wissen über pflanzliche Wirkstoffe werden bei den San soziale und medizinische Probleme mit Medizintänzen behandelt. Daher fanden auch rituelle Tänze der San Eingang in die Kultur der Tswana. Heute sind die traditionellen Medizintänze zum Teil kommerzialisiert und professionelle Trancetänzer bieten ihre Dienste gegen Geld an. Es gibt inzwischen auch Bemühungen, die traditionellen Ansätze der AIDS-Heilung oder Behandlung in die staatlichen Gesundheitsprogramme zu integrieren.

Die wichtigsten Völker Botswanas

Die Ostbantu sprechenden Völker

Die bedeutendsten Völker Botswanas sind mit ungefähr 75 % der Gesamtbevölkerung die **Tswana**-Gruppen und mit etwa 11 % die **Kalanga**.

Einwanderung der Tswana

Die Tswana-Gruppen wanderten relativ spät vor etwa 500 Jahren in ihr heutiges Siedlungsgebiet. Dabei siedelt nur ein kleiner Teil im heutigen Botswana, die meisten von ihnen leben durch die willkürliche koloniale Grenzziehung in Südafrika. Die Tswana sprechen **Setswana**, das eng mit dem Sotho verwandt ist. Sie teilen sich in acht Untergruppen auf, von denen die wichtigsten die Bangwato um Serowe, die Bakwena um Molepolole und die Bangwaketse um Kanye sind. Sie stammen von einem gemeinsamen Gründerkönig, Malope, ab, der im 14. Jahrhundert gelebt hat (s. S. 15).

Familien- und Stammesstruktur

Die traditionellen Dörfer und Städte der Tswana sind um einen zentralen Gerichts- und Versammlungsplatz hierarchisch aufgebaut. Der König oder die Dorfvorsteher sind die wichtigsten Männer einer Siedlung und leben im Zentrum der Ortschaft. Um ihre Anwesen herum wurden in konzentrischen Kreisen die Gehöfte der einzelnen Familien errichtet und hierarchisch in Ortsteile bzw. Verwaltungsbezirke eingeteilt. Manche Städte der Tswana hatten bis zu 20.000 Einwohner. Der Status einer Person bzw. einer Familie drückt sich in seiner räumlichen Nähe zum König oder Siedlungsvorsteher aus. Eine Tswana-Familie besitzt in der Regel neben ihrem Anwesen in der Hauptsiedlung ein Gehöft auf dem Land, das von der Familie bewirtschaftet wird, und abgelegene Viehposten, in denen sich Hirten um das Vieh der Familie kümmern. Die Tswana sind traditionell Rinderzüchter. Ursprünglich gehörten alle Rinder dem König, der sie an seine Günstlinge verlieh und ihnen damit Status und Ansehen brachte. Daher drückt sich der Wohlstand einer Person in der Größe ihres Viehbestandes aus. Der Kraal (die kreisförmige Umzäunung, in welcher nachts die Rinder und anderes Nutzvieh in Sicherheit gebracht werden) im Zentrum eines Gehöfts ist die Domäne der Männer und der Ahnengeister. Männer werden in ihrem Kraal begraben, sodass sie bei ihren Besitztümern bleiben. Das Gehöft hingegen ist die Domäne der Frauen, deren Namen sie auch tragen. Bis auf einige schwere Arbeiten ist auch der Hausbau Sache der Frauen.

Die wichtigste Person ist der König (*kosi*), der sowohl spirituelle Fähigkeiten als auch weltliche Macht besitzt. Politische Macht und das Recht zu herrschen ist gekoppelt an die Fähigkeit, Regen zu machen und das Land mit Nahrung zu versorgen. Könige gelten als Stellvertreter Gottes und erhalten ihre Macht durch die mächtigen königlichen Ahnen, die das Schicksal eines Volkes lenken. Obwohl der König absolute Macht hat, stützt er sich auf einen Ältestenrat und auf ihm ergebene Siedlungs- und Dorfvorsteher. Daneben überwacht ein Staatspriester das Einhalten der religiösen Vorschriften. In der traditionellen Tswana-Gesellschaft gibt es keinen individuellen

Landbesitz in unserem Sinne. Felder und Weidegründe werden vom König zur Nutzung zugeteilt und damit auch das Recht, im Reich der Tswana zu siedeln und zu leben.

Der höchste allmächtige Gott der Tswana ist *Modimo*. Er beherrscht alle wichtigen Bereiche des Lebens und veranlasst, dass Überschreitungen der religiösen Tabus mit Dürren, Unwettern und schwerer Krankheit bestraft werden. Eine wichtige Rolle spielen die Ahnengeister *badimo*, vor allem diejenige, die als der ersten Menschen auf der Erde angesehen werden. In der traditionellen Tswana-Gesellschaft werden Streitigkeiten und Rechtsbrüche auf dem Gerichtsplatz *kgotla* geregelt. Eine wichtige Rolle spielt dabei die Identifizierung von Hexern und Übeltätern durch den König oder einen Wahrsager. In der Vergangenheit wurden die der Hexerei beschuldigten in Höhlen geworfen, von denen zwei noch heute überliefert sind: die Kgwakgwe-Höhle in Kanye und die Kobokwe-Höhle (Livingstone's Cave) in Molepolole.

Allmächtiger Gott Modimo

Die **Kalanga** gehören zu den Shona-Gruppen und leben im Nordosten des Landes in der Gegend um Francistown. Ihre heutige Gesellschaft geht auf ältere Kulturen zurück, die ab dem 14. Jahrhundert zahlreiche steinumwehrte zentrale Orte schufen, ähnlich der Great-Zimbabwe-Kultur. Die Kalanga sind hauptsächlich Bauern und halten, anders als die Tswana, nur wenige Rinder und Ziegen. Wie die Tswana haben auch sie eine Erbfolge über die väterliche Linie, und der älteste Sohn beerbt seinen Vater. Ende des 17. Jahrhunderts verloren die Kalanga ihre Autonomie an die benachbarten Rozvi, die noch heute den Herrscher der Kalanga ernennen oder seines Amtes entheben. Auch müssen sie den Gott der Rozvi *Mwari* als den höchsten Gott anerkennen. Durch die Fremdbestimmung haben die Kalanga keine ausgeprägte Staatskultur. Status und Ansehen einer Person werden meist auf kommunaler Ebene durch einen möglichst großen Landbesitz erworben.

Die Kalanga haben ein ähnliches Weltbild wie die Tswana. Allerdings stellen sich die Menschen vor, dass ihre Ahnen in einer Unterwelt leben, von wo aus sie die Lebenden beobachten. Fühlen sich die Ahnen gekränkt, so senden sie Krankheiten, Dürren und anderes Elend. Gott und die Ahnengeister sprechen zu den Lebenden durch spirituelle Medien an heiligen Orten oder Höhlen. Dort werden Kerzen angezündet und Geldopfer oder andere Gaben niedergelegt. Viele religiöse Gemeinden der Kalanga berufen sich sowohl auf den traditionellen Gott *Mwari* als auch auf den christlichen Gott. Sie glauben, dass Gebete im Heilungsprozess wichtiger sind als Medikamente. Daher verweigerten sich viele Angehörige dieser Gruppen den nationalen Gesundheitskampagnen.

Ahnengeister

Die Westbantu sprechenden Völker

Die **Herero**, **Yeyi**, **Mbukushu** und **Subiya** leben im Nordwesten und Norden Botswanas. Die jüngsten Einwanderer dieser Völker sind die Herero und ihre Verwandten Mbanderu. Sie sind traditionell Viehzüchter und ihr ganzes Weltbild ist auf Rinder ausgerichtet. Sie lebten in der Vergangenheit hauptsächlich von Milchprodukten, gesammelten Wildpflanzen und erlegtem Wild. Rinder wurden nur zu Opferzeremonien geschlachtet. Arme Familien, die kein Vieh besaßen, lebten als Jäger und Sammler.

Gesellschaftlicher und kultureller Überblick

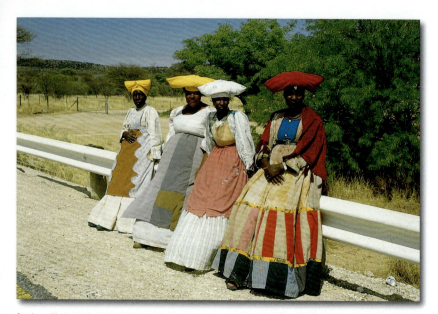

Prächtige Kleider sind ein Markenzeichen der Herero

Flucht der Herero nach Botswana

Die Mbanderu kamen vermutlich im 17. Jahrhundert aus dem Nordwesten in das Gebiet des heutigen Botswana und erhielten von den Tswana das Recht, ihre Rinderherden zu weiden. Da sie in Namibia und auch in Botswana mit den Khoi-Völkern um Weidegründe konkurrierten, wanderten kleinere Gruppen weiter nach Süden und nach Osten. Die zweite Einwanderungswelle der Herero erfolgte im Zuge der Hereroaufstände in Namibia gegen die deutsche Kolonialmacht. Nach der Niederlage der Herero bei der **Schlacht am Waterberg** im Jahre 1904 floh ein Großteil der Bevölkerung in den Osten nach British Bechuanaland, wo ihnen Asyl garantiert wurde. Nur wenige überlebten die Flucht durch die Wüste, da die Deutschen sie von den spärlichen Wasservorkommen vertrieben. Die Überlebenden konnten sich nur langsam in ihrer neuen Heimat wieder als Viehzüchter etablieren. Heute haben viele Herero die traditionelle Viehzucht aufgegeben und arbeiten in modernen Berufen.

Das Volk der **Herero** ist unterteilt in ca. 20 verschiedene religiöse Klans, deren Zugehörigkeit über die väterliche Linie vererbt wird. Jedem Klan steht ein Führer oder Priester vor. Der Anführer eines Klans ist sehr wohlhabend und konnte in der Vergangenheit bis zu 1.000 Rinder und Schafe besitzen. Außerdem verwaltet er eine Viehherde, die im Besitz des gesamten Klans ist. Beim Tod eines Anführers werden mehrere hundert Rinder geschlachtet und ihre Schädel pyramidenförmig über dem Grab aufgerichtet. Jede Person gehört zusätzlich noch einem der sechs über die Mutterlinie vererbten sozialen Klans an. Auch bei den Herero spielt die Welt der Ahnen eine wichtige Rolle, da man von ihnen die Rinder ererbt hat. Obwohl die Herero einen höchsten, *Ndjambi,* verehren, richten sich die meisten Gebete um Rat und Hilfe an die Ahnen, die für das Schicksal der Menschen als unmittelbar verantwortlich angesehen werden. Die Herero betreiben eine intensive Grabpflege und nehmen die Schädel ihrer Verstorbenen mit, wenn sie ihren Wohnplatz längerfristig wechseln. Ursprünglich waren die Herero mit Lederhäuten bekleidet. Durch Missionare lernten die Frauen, prächtige Kleider zu nähen, die heute eine Hauptattraktion der Herero sind.

Die Geschichte der Mbukushu, Yeyi und Subiya im Norden und Nordwesten des Landes ist stark von der Entwicklung des **Königreichs der Lozi** in Zambia beeinflusst. Die Dominanz der Lozi im 17. bis 19. Jahrhundert, die die gesamte Chobe/Zambezi-Region kontrollierten, veranlasste diese Völker, sich ihrem Einflussbereich und damit der Tributpflicht zu entziehen. Sie wanderten in Gebiete ab, die viele Jahrhunderte nur von Khoi und San bewohnt waren. Allen drei Völkern ist gemein, dass sie matrilinear organisiert sind. Dies bedeutet, dass die Klanzugehörigkeit von der Mutter geerbt wird. Die Brüder der Mutter sind für die Erziehung der Kinder ihrer Schwestern zuständig und vererben ihre Titel an die Söhne ihrer Schwestern. Da die Ehefrauen materiell von ihren Ehemännern nicht so abhängig sind wie in patrilinearen Gesellschaften, sind Scheidungen häufiger und gehen von beiden Seiten aus.

Matrilineare Gesellschaft

Sprachlich gesehen sind die **Yeyi** nur entfernt mit ihren Bantu-Nachbarn verwandt. Ihre Sprache weist als Besonderheit zahlreiche grammatikalische und lautliche Elemente der Khoisansprachen auf. Dieses deutet auf einen langen Kontakt und kulturellen Austausch zwischen beiden Völkern hin, die gemeinsam im Okavango-Delta, aber auch am Boteti-Fluss und Ngami-See lebten. Die Yeyi sind hauptsächlich Fischer und Jäger, die in den Auen des Deltas einige Felder unterhalten. Sie sind vor allem für ihre prestigeträchtige Flusspferdjagd bekannt. Politisch sind sie in viele kleine Gruppen unterteilt, die relativ unabhängig voneinander leben. Ihre traditionellen Häuser sind aus Riedmatten gebaut, die sich leicht transportieren lassen und ihre Dörfer werden je nach Jagd- und Fischsaison verlegt. Eine derartige Leichtbauweise hat man ursprünglich bei allen Völkern entlang des Kavango angetroffen.

Die **Mbukushu** versuchten anfangs westlich der Lozi am Kwando eine neue Heimat zu finden. Letztendlich zogen sie jedoch weiter an den Kavango in die Gegend um Andara im heutigen Namibia. Einige Gruppen folgten dem Flusslauf stromabwärts und leben heute entlang des Panhandle in Botswana. Bis ins 20. Jahrhundert hinein waren die Mbukushu reine Flussbewohner. Sie jagten und fischten und unterhielten kleine Felder an den Ufern des Flusses. Der Kavango war eine wichtige Handelsroute von der angolanischen Küste ins afrikanische Hinterland. Viele europäische und einheimische Güter wie Gewehre, Tabak, Glasperlen wurden gegen Elfenbein, Straußenfedern und Sklaven eingetauscht. Die Mbukushu verkauften dabei ihre eigenen Leute an die Händler aus Angola. Sie entledigten sich so sozial unangepasster Leute, die die Harmonie ihrer Gemeinden und Familienklans störten. Obwohl in der Gesellschaft der Mbukushu die Geschlechter gleichgestellt sind, sind die Zuständigkeitsbereiche streng getrennt. Männern obliegt beispielsweise das Mitwirken in politischen Entscheidungen, wohingegen Frauen die alleinigen Besitzerinnen der Ernte sind. Anders als bei den Tswana ist hier der Hausbau reine Männersache.

Flussbewohner

Khoi und San

Die Khoi- und Sanvölker sind die ältesten Bewohner Botswanas. Sie werden von den Tswana auch *Basarwa* genannt. Die **Khoi-Völker** umfassen die Buga und //Ani im Okavango-Delta, die Nama im südlichen Grenzgebiet zu Namibia und einige kleinere Gruppen (Denessana, Deti und Hietsware), die entlang des Boteti River siedeln.

Jäger und Sammler

Unter den Khoi-Völkern gibt es einige Gruppen, die traditionell als Jäger, Fischer und Sammler lebten wie beispielsweise die Völker des Deltas und entlang des Boteti River. Andere lebten seit mindestens 2.000 Jahren als nomadisierende Viehzüchter, die den Jahreszeiten entsprechend mit ihren Kleinviehherden wanderten. Einige Khoi-Gruppen beherrschten das Kupfer- und das Eisenschmelzen und spielten eine bedeutende Rolle im transkontinentalen Küsten- und Binnenhandel des südlichen Afrikas. Viele Khoi-Gruppen (und auch San-Gruppen) vermischten sich stark mit ihren bantusprachigen Nachbarn, sodass entlang der Grenzen der Kalahari zahlreiche Völker entstanden, die Elemente aus den verschiedenen Kulturen in sich vereinten.

Die Khoi verehren den **Schöpfergott** und Ahnengott *Tsui-//goab*, der die Erde und die Menschen erschuf. Er wird bei den jährlichen Regenzeremonien angerufen, die abgehalten werden, wenn das Siebengestirn am Himmel erscheint. Der göttliche Gegenspieler von *Tsui-//goab* ist *//Gâuab*, der rächende Gott der Krankheit, Dürre und des Todes. Nach dem Glauben der Khoi teilt sich nach dem Tod die menschliche Seele in zwei Geister, einen Totengeist und einen Ahnengeist. Die Totengeister werden als bösartige Widergänger gesehen. Deswegen werden Gräber doppelt verschlossen und mit großen Steinhaufen beschwert. Ahnengeister hingegen werden verehrt, da sie als den Lebenden wohlwollend gelten. Analog zu dem guten und dem bösen Gott, finden sich in der Mythologie der Khoi die Heroen *Heiseb* und *≠Gama-≠gorib*. *Heiseb* war dem Mythos nach ein weiser und beschützender großer König mit einer großen Herde, der aus dem Osten gekommen war. Daher richten die Nama auch heute noch ihre Häuser und ihre Gräber nach Osten aus. Sein Widersacher *≠Gama-≠gorib* bekämpfte *Heisebs* Leute, bis Letzterer getötet wurde. Daraufhin errichteten *Heisebs* Söhne ihm zu Ehren ein Grab aus weichen Steinen, aus welchem er wiederauferstehen konnte, um seine Leute zu beschützen. Die Khoi legen zu seiner Ehre überall Scheingräber an, auf welche die Vorbeigehenden Steine, Kleidung oder Zweige legen, um Schutz für ihren Weg zu erbitten. Diese Sitte ist in vielen Teilen Botswanas als auch bei den benachbarten Völkern verbreitet.

Scheingräber

Die größten **San-Gruppen** Botswanas sind die im Nordwesten des Landes lebenden *Zhu/hoasi* sowie */Gwi* und *//Gana* im Central Kalahari Game Reserve. Die San leben traditionell als wandernde Jäger und Sammler, deren Existenz von den saisonalen Wanderschaften der großen Tierherden bestimmt ist. Sie leben in einer egalitären Gesellschaft, die sich selbst regiert durch gemeinsame Entscheidungen. Einige Individuen können durch besondere Fähigkeiten, z.B. im Jagen oder im Heilen, aber auch durch ihr fortgeschrittenes Alter und vorbildliches Sozialverhalten eine führende Position erlangen. Frauen und Männer sind gleichgestellt und die Trennung der Aufgabenbereiche ist nicht so streng wie bei ihren bantusprachigen Nachbarn. Die Frauen gelten als die Ernährerinnen der Familie, da sie durch das Sammeln verlässlicher Nahrung beschaffen, als es den Männern durch Jagd möglich ist.

Gleichberechtigung

Die San werden häufig von ihren Nachbarn als „arm" bezeichnet, da es ihnen verboten ist, materielle Güter anzusammeln und so im Sinne vieler Kulturen „reich" zu werden. Der Reichtum der San manifestiert sich anders. Um in ihrem schwierigen Umfeld überleben zu können, haben sie einen **sozialen Zwang zum Teilen** entwickelt, der ein Mitglied einer Gemeinde veranlasst, seinen Besitz innerhalb der Familie und der Gemeinde aufzuteilen. Je mehr eine Person gibt, umso höher wird ihr Ansehen. Jedes Individuum hat außerdem in seinem Leben eine bestimmte Anzahl an festen Partnern, mit denen es regelmäßig Geschenke austauscht. Dieses Tauschsystem wird *hxaro* genannt und dient dazu, in Zeiten persönlicher Not materiell von seinen Tauschpartnern abgesichert zu werden. Der Reichtum einer Person manifestiert sich daher auch in seiner Anzahl an Tauschpartnern. Um erfolgreich tauschen zu können, waren in der Vergangenheit exotische Waren sehr begehrt. Viele San besuchten regelmäßig Gemeinden ihrer Bantu-Nachbarn, um von ihnen Töpfe, Tonpfeifen oder Eisengeräte einzutauschen. Im Gegenzug dazu brachten sie Honig, Wildfleisch, Straußeneiperlen oder Pfeilgift. Teilzwang und Tauschfreundschaften finden sich auch in vielen anderen afrikanischen Gesellschaften, insbesondere bei den Khoi. Hier ist das Ansammeln bestimmter Prestigegüter nur dann geduldet, wenn sich die betreffende Person gleichzeitig als großzügiger Spender zeigt.

Bei den San-Gruppen gelten die Frauen als Ernährerin der Familie

Keine materiellen Güter

Streit ums Land: die San im Central Kalahari Game Reserve

Die Kolonialmächte hinterließen im Falle der San und ihres schwindenden Lebensraums ungeregelte Verhältnisse. Die Engländer interessierte diese wirtschaftlich unbedeutende Frage überhaupt nicht. Im *British Protectorate Bechuanaland* ernannte man lediglich 1958 einen *Bushman Survey Officer*. 1961, noch vor der Unabhängigkeit Botswanas, wurde das **Central Kalahari Game Reserve** (CKGR) auf Anraten des Anthropologen *Silberbauers* eingerichtet, um den verbleibenden San-Gruppen die Möglichkeit zu geben, ihre traditionelle Lebensweise fortzusetzten. Das Central Kalahari Game Reserve war damals für Touristen nicht zugänglich.

Kurz nach der Unabhängigkeit 1966 wurden in der Nähe des Reservats umfangreiche **Diamantenvorkommen** entdeckt, die heute der wichtigste Wirtschaftsfaktor des Landes sind. In Zuge weiterer geologischer Prospektionen in den 1980er-Jahren bis heute stellte sich heraus, dass unter dem CKGR die größten Diamantenvorkommen der Welt liegen. Den Gewinn teilt sich die botswanische

Regierung mit dem südafrikanischen Diamantenmonopolisten De Beers. In den 1980er-Jahren wurden erste Versuche seitens der Regierung unternommen, die San, aber auch die benachbarten Kgalagadi aus den wirtschaftlich interessanten Gebieten **umzusiedeln**.

Ein Teil der San- und Khoi-Gruppen lebt noch sehr traditionell

Offizielles Ziel war es, die San in neuen Siedlungen am allgemeinen Fortschritt des Landes teilhaben zu lassen. Da die betroffenen Menschen nicht bereit waren, ihre Heimat so leichtfertig aufzugeben, kriminalisierte die Regierung sie, indem sie offizielle Jagdlizenzen einforderte, diese den San, die den formal richtigen Weg gingen, aber nicht erteilte. Auch wurde die Aufgabe des CKGR, nämlich den San ihre traditionelle Lebensweise zu ermöglichen, umdefiniert in einen reinen Wildpark. Mit den Jahren entstand eine Zweiteilung des Reservats: Der Norden wurde häufiger von Touristen besucht. Insbesondere das Deception Valley, berühmt geworden durch das Forscherehepaar *Mark* und *Delia Owens* („Cry of the Kalahari") lockt immer mehr Reisende und Safarigruppen an. Im nördlichen Teil ist aufgrund dessen allmählich ein System von Wegen entstanden. Der Süden blieb dagegen weiterhin Domäne der San. Doch Naturschutz und Safari-Tourismus sowie der Abbau von Diamanten auf „Buschmann"-Land haben sich als Einnahmequellen erwiesen, auf die Botswana inzwischen um keinen Preis verzichten will. Und nun störten die San selbst im unwirtlichsten aller Lebensräume des südlichen Afrika, der ihnen bislang von niemandem streitig gemacht wurde.

1991 wurde die Organisation **First People of the Kalahari** gegründet, die sich für die Rechte der San einsetzte. Ihr bedeutendster Aktivist war der traditionelle Heiler *Roy Sesana*. Ende 1997 vertrieb die Regierung mehr als 1.000 San gewaltsam aus diesem Gebiet und verfrachtete sie in Umsiedlungslager. Auf diese Weise wurde die gesamte Siedlung Xade aus dem Reservat entfernt. Viele San kamen mit ihrem neuen Lebensumfeld nicht zurecht, zahlreiche soziale Konflikte entstanden und einige kehrten in das Reservat zurück. In einer zweiten „Säuberungskampagne" im Jahr 2002 versuchten Regierungseinheiten, den verbleibenden knapp 1.000 Menschen die Wasserversorgung zu entziehen. Offiziell wurde von Regierungsseite immer bestritten, dass die Umsiedlungen aus dem CKGR mit dem Diamantenvorkommen in Zusammenhang stünden. Erst 2003 begründeten die Anwälte der Regierung die Umsiedlung damit, dass Bürger Platz für Entwicklungen nationaler Bedeutung machen müssten.

2002 strengte *Roy Sesana* zusammen mit 248 seiner Mitstreiter ein Gerichtsverfahren an, welches Ende 2006 gewonnen wurde und weltweit Schlagzeilen machte. Die San konnten wieder auf ihr altes Siedlungsgebiet zurück. Laut Gerichtsurteil war das von der Regierung verhängte Jagdverbot ein „Urteil zum Hungertod" für die San und damit unrechtmäßig. Ein Jahr vorher bekam *Sesana* für seine Verdienste den **Alternativen Nobelpreis** verliehen. Doch trotz des Sieges verweigert die Regierung weiterhin die Jagdlizenzen für die Bewohner des CKGR. Inzwischen wurde der Bau einer Diamantenmine genehmigt, den Betreibern aber angeblich untersagt, die San mit Wasser zu versorgen. Präsident *Khama* bezeichnete die Lebensweise der San in einer Rede an die Nation nach seinem Amtsantritt 2008 gar als „archaische Fantasie". Bezeichnenderweise wurde Ende 2009 eine Südafrikanerin an der botswanischen Grenze kurzzeitig verhaftet, nachdem sie ein Porträt von *Khama* mit den Worten „er sähe einem Buschmann ähnlich" kommentiert haben soll.

Der Sieg der San wird weltweit neue Richtlinien im Umgang mit indigenen Minderheiten schaffen. Das Problem der Integration der San-Gruppen in eine kapitalistische Gesellschaft ist damit jedoch nicht gelöst. Auch wurde Kritik an Menschenrechtsorganisationen laut, die ein zu einseitiges Bild einer naturverbundenen, jagenden und sammelnden Minderheit zeichneten. Viele von ihnen lebten schon vor der Ankunft der Europäer in Abhängigkeit ihrer feudalen Nachbarn. Durch das langsame Besiedeln der Kalahari durch sesshafte Gruppen hatte sich das Leben der San schon lange vor der Einrichtung des CKRG geändert. Viele von ihnen bilden heute Botswanas verarmte Unterschicht und verdienen ihren Unterhalt als Landarbeiter und Tagelöhner.

Die Regierung hat weiterhin die schwierige Aufgabe, die Konflikte zwischen einem Wildschutzgebiet, den Ansprüchen der Urbevölkerung und wirtschaftlichen Interessen zu lösen.

Streitpunkt: das Central Kalahari Game Reserve

Die europäisch-stämmigen Botswaner

Dadurch, dass Botswana wenig gutes Farmland hat, war es für europäische Siedler in der kolonialen Ära nur von geringem Interesse. Im Zuge des Großen Trecks der Buren in Südafrika Mitte des 19. Jahrhunderts versuchten einige Gruppen weit in den Norden nach Angola zu ziehen. Dabei mussten sie die Kalahari queren, wobei ihr Vieh verloren ging und viele ums Leben kamen. Einige der Überlebenden bekamen bei den Tswana Landrecht und siedeln heute im Gebiet um Molepolole, Kanye und Serowe. Ende des 19. Jahrhunderts vergaben die Briten einige Farmen entlang des Limpopo im Grenzgebiet zu Südafrika (der sog. Tuli-Block). Sie sollten eine Pufferzone gegen die expandierenden südafrikanischen Buren-Farmer sein. Aus ähnlichen Gründen siedelten die Briten weiße Farmer in der Gegend um Ghanzi im Grenzgebiet zum damaligen Deutsch-Südwestafrika an.

Landrecht für Europäer

Frauen in Botswana

In den traditionellen Gesellschaften Botswanas variiert die Stellung der Frau stark von Volk zu Volk. Allgemein sind die Lebens- und Zuständigkeitsbereiche der Männer und Frauen stärker getrennt als in unserer Gesellschaft. Dieses muss nicht zwangsläufig eine Abwertung oder Diskriminierung der Frauen bedeuten. Unter den bantusprachigen Völkern sind die Geschlechterrollen wesentlich stärker ausgeprägt als unter den Khoi und San.

Unterschiedliche Gesellschaftsstrukturen

In der **patriarchalen Gesellschaft** der Tswana nehmen Frauen eine deutlich untergeordnete Position ein und sind von politischen Entscheidungen ausgeschlossen. Sie sind ihr ganzes Leben von einem männlichen Fürsprecher abhängig. Bei den matrilinear organisierten Mbukushu hingegen haben die Frauen deutlich mehr Einfluss und die Mutter des Königs ist die mächtigste Frau im Land.

In den meisten Gesellschaften existieren zahlreiche Essvorschriften und Tabus für Frauen im gebärfähigen Alter aus Angst vor Totgeburten und missgebildeten Kindern. Ein Teil dieser Tabus gilt auch für die Ehemänner, deren Fehlverhalten ebenfalls die Entwicklung eines Kindes beeinflussen kann. Nach der Menopause fallen für die Frauen die einschränkenden Vorschriften weg. Frauen werden häufiger der Hexerei bezichtigt als Männer. Dieses liegt daran, dass sie in der traditionellen Vorstellung als emotional unkontrolliert und als moralisch nicht standfest genug gelten.

Obwohl heute in höheren Bildungseinrichtungen Frauen stärker vertreten sind als Männer, sind Haushalte, die von Frauen alleine geführt werden, immer noch stärker von Armut betroffen als diejenigen mit einem männlichen Vorstand. Dieses gilt vor allem für die ländlichen Gebiete, in welchen die Frauen häufig keine moderne Ausbildung genossen haben. Durchschnittlich haben Frauen eine geringere berufliche Qualifikation als Männer und verdienen entsprechend weniger. Botswanas gesamte Wirtschaft ist stark auf den Export von Mineralien und Fleisch ausgerichtet. Beide Sektoren sind laut bevölkerungsstatistischen Untersuchungen eindeutig von Män-

Kunst und Kultur

Meist müssen die Frauen die schweren Lasten tragen

nern dominiert. Den höchsten Frauenanteil hingegen findet man im informellen Sektor, also im Bereich der Kleingewerbe. Obwohl mehr als 50 % der Gesamtbevölkerung Frauen sind, sind sie nur zu etwa 20 % von ihnen in der Regierung vertreten. Noch niedriger ist der weibliche Anteil in Führungspositionen des privaten Sektors. Die geringe Beteiligung der Frauen im **politischen Raum** ist auf traditionelle Rollenmodelle der führenden Ethnien zurückzuführen. Nur zehn Frauen standen bei den Wahlen im Oktober 2009 zur Wahl.

Wenig Frauen in Politik und Wirtschaft

Kunst und Kultur

Felsmalereien

In fast allen felsigen Gegenden Botswanas findet man Jahrtausende alte Felsmalereien und Gravierungen. Die meisten von ihnen werden den Vorfahren der Khoi und San zugeordnet. Auch heute gelten Felsbilder als heilig. Eine viel besuchte Stelle ist **Mochudi**, etwa 25 km nördlich von Gaborone. Man findet hier Fußspuren in den Fels graviert, die in der Mythologie die ersten Tswana hinterließen, als sie der Unterwelt entstiegen. Im ganzen Land findet man vor allem an Quellen in den Fels gravierte Fußspuren von Tieren und Menschen. Diese Quellheiligtümer sind schwer zu datieren und obwohl sie heute von den bantusprachigen Völkern verehrt werden, sehen Archäologen sie als älter an. Eine weitere wichtige Fundstelle mit figürlichen Mensch- und Tierdarstellungen findet man im Manyana Rock Shelter, ca. 30 km westlich von Gaborone.

Fußspuren der ersten Tswana

Die wohl berühmtesten Felsmalereien befinden sich in den heiligen Bergen der Tsodilo Hills im Nordwesten Botswanas. In der traditionellen Glaubenswelt der San wohnten die Götter in den Höhlen und Felsüberhängen der Berge und regierten von

Welterbe Tsodilo Hills

dort aus die Welt. Ein besonderes Heiligtum befindet sich am Fuß des Male Hill. Hier glauben die San, dass der **erste Gott** niederkniete und betete, nachdem er die Welt erschaffen hatte. Noch heute soll man die Knieabdrücke sehen. Die Berge werden auch von den später eingewanderten Bantuvölkern verehrt.

In den Tsodilo Hills wurden auf über 4.500 Zeichnungen Menschen, Tiere und geometrische Muster abgebildet. Unter den Tieren findet man überwiegend Darstellungen von Eland-Antilopen, Giraffen, Zebras, Rhinozerossen und Elefanten. Es ist schwierig, die Felszeichnungen zeitlich einzuordnen, da schon vor 70.000 Jahren Menschen ihre Werkzeuge in den Höhlen der Berge hinterließen. Die dargestellten Tiere legen jedoch nahe, dass die ersten Zeichnungen nicht älter als 24.000 Jahre alt sind. Im gleichen Zeitraum entwickelte sich durch die Hämatitvorkommen der Berge ein sehr weitreichender Handel mit Ocker, der in den Ritualen der alten Kulturen eine wichtige Rolle spielte.

Im Jahr 2001 wurden die Tsodilo Hills in die Liste der **UNESCO-Weltkulturerbe** aufgenommen.

Kunsthandwerk

Die **Korb- und Mattenflechterei** gehört zu Botswanas bekanntesten Kunsthandwerken. Die heute typische Art der Korbflechterei wurde von den Mbukushu und Yeyi in das Land gebracht. Körbe werden als Kornspeicher (bis zu 3 m im Durchmesser) und Siebe verwendet, als Teller, Transport- und Aufbewahrungskörbe, als Fischreusen und vieles mehr. Flechtarbeiten werden traditionell aus den Blättern der *mokola*-Palme (*Hyphaene petersiana*) und aus Ried gefertigt, welche im Okavango-Delta wachsen. Sie werden mit Pflanzenfarben und anderen Naturstoffen gefärbt.

Beliebte Souvenirs

Töpferei hat eine 2.000 Jahre alte Tradition in Botswana, ist jedoch heute ein aussterbendes Handwerk. Obwohl in den ländlichen Gegenden traditionelle Keramik noch verwendet wird, führen nur wenige Töpfereizentren im Lande die alte Tradition weiter. Die bekanntesten Keramikhersteller sind heute der Thamaga Pottery Shop in Thamaga und der Pelegano Pottery Shop in Gabane. Die traditionelle **Holzschnitzerei** beschränkte sich auf Gefäße, Geräte und Möbel. Erst durch die Nachfrage auf dem Tourismusmarkt werden Tierfiguren, Masken und andere moderne Gegenstände in Holz gearbeitet. Vor allem die Mbukushu fertigen heute noch handgeschmiedete Messer, Dolche, Äxte und Instrumente. Die San-Völker stellen heute für den Tourismusmarkt ihren berühmten traditionellen **Straußeneischmuck** her, der schon in der Vergangenheit ein begehrter Tauschartikel war. Eine lohnende Sammlung an traditioneller und moderner Kunst ist im Nationalmuseum in Gaborone zu besichtigen.

Literatur

Botswana besitzt einen reichhaltigen Schatz an **oraler Literatur**: Lieder, Mythen und Märchen. Ein wichtiger politischer Bestandteil sind die mündlich überlieferten Genealogien der Königshäuser und die Ursprungsmythen, die die Herkunft und Entstehung eines Volkes beschreiben. Ein Großteil der oralen Literatur sind Loblieder und Lobgedichte auf Könige, wichtige Personen, Krieger und Jäger. Jeder Tswana-Junge muss für seine Initiation ein Loblied auf sich selbst dichten, welches ihn ein Leben lang begleitet. Daneben werden Haustiere und Wildtiere besungen, die den Menschen Wohlstand und ein festliches Mahl bringen. Zahlreiche Loblieder auf Tiere haben auch einen stark spirituellen Charakter und werden bei den wichtigsten Volksriten und Geistheilungen gesungen. Daneben gibt es auch Spottlieder auf Herrscher, in denen sich die Unzufriedenheit des Volkes manifestiert. Obwohl die heutige jüngere Generation wenig Interesse zeigt, ihr reiches kulturelles Erbe weiter zu tragen, wird in der Erziehung nach wie vor sehr viel Wert auf Sprachkultur gelegt.

Loblieder

Mit der kolonialen Ära begannen die schriftlichen Aufzeichnungen über das Land. Den wohl bekanntesten Reisebericht verfasste *David Livingstone* mit seinem Buch „Missionsreise und Forschung in Südafrika", welches 1958 erschien. Auch die jüngere schriftliche Literatur ist meistens in Englisch verfasst und stammt überwiegend von Besuchern des Landes oder Immigranten. Die bekanntesten Autoren sind *Bessie Head* (1937–1986) und *Alexander McCall Smith* (*1948). *Head* war Kind eines schwarzen Vaters und einer weißen Mutter im Apartheid-Südafrika, ihre Werke sind stark sozialkritisch geprägt und beleuchten den harten Alltag von Frauen in Afrika.

Bekannter, leichter und humorvoller beschreibt der zimbabwisch-englische Professor *McCall Smith* die botswanische Gesellschaft in seinen zwölf bekannten Romanen der **Detektivin Mma Ramotswe**. Die Bücher wurden als britisch-amerikanische Co-Produktion u.a. von der BBC zur ersten überhaupt in Botswana spielenden Fernsehserie umgearbeitet, wenn auch ausschließlich mit britischen und amerikanischen Schauspielern besetzt. Es wurde auch vor Ort gedreht. Die beide 2008 verstorbenen Oscar-Preisträger *Sydney Pollack* und *Anthony Minghella* waren an der Entwicklung beteiligt. Die erste Staffel wurde in Deutschland unter dem Titel „Eine Detektivin für Botswana" auf Arte ausgestrahlt. Nach enttäuschenden Einschaltquoten im englischsprachigen Raum wurde auf die Produktion einer zweiten Staffel verzichtet.

Musik

Die große Varietät der einheimischen Musik Botswanas resultiert aus der Vielfalt der Völker im Land. Der bedeutendste musikalische Ausdruck sind Gesang und Tanz, der zu profanen und zu religiösen Zwecken gleichermaßen ausgeführt wird und heute stark die Kirchenmusik Botswanas prägt. Klassischerweise gehören Trommeln, Tanzschellen, Pfeifen und Flöten, Bogenharfen und Musikbogen, Fingerklaviere, Hörner und Trompeten zum musikalischen Repertoire. Einer der bekanntesten Vertreter des modernen nationalen *Folk* ist *Ndingo Johwa*, der sich auf sein Kalanga-Erbe beruft. Großer Popularität erfreut sich der Musikstil *Kwaito* aus den Townships Südafrikas, der im House, Hip Hop und in südafrikanischer Akkordeonmusik verwurzelt ist. Einer der populärsten Musiker dieser Stilrichtung ist *Odirile Sento*.

Einfluss aus Südafrika und dem Kongo

Seit den 1980ern prägten populäre Musikstile aus der Demokratischen Republik Kongo wie beispielsweise *Soukous* und *Kwasa Kwasa* mit sehr eigenen Rhythmen und Gitarrenläufen, aber auch mit einem speziellen Kleidungsstil, die Musikszene. Viele kleinere Lokalgruppen der Reggaeszene orientierten sich an dem verstorbenen südafrikanischen Reggaestar *Lucky Dube*. Unter den europäisch-stämmigen Botswanern sind vor allem in der jüngeren Generation Techno und elektronische Musik sehr populär.

2. BOTSWANA ALS REISELAND

Allgemeine Reisetipps von A bis Z

> **Hinweis**
>
> In den **Allgemeinen Reisetipps** von A bis Z finden sich reisepraktische Hinweise für die Vorbereitung einer Reise nach Botswana.
> **Regionale Reisetipps** – Infostellen, Sehenswürdigkeiten, Unterkünfte, Campingplätze, Restaurants etc. – finden sich im Reiseteil bei den jeweiligen Städten, Ortschaften und Regionen.
> Alle Angaben über Preise, Telefonnummern, Websites, Öffnungszeiten etc. waren zum Zeitpunkt der Drucklegung gültig, sind aber konstant Änderungen unterworfen.

Inhalt

Anreise 72	Krankenversicherung. 102
Ärztliche Versorgung. 72	Kreditkarten .... s. Geld
Autofahren. 73	**L**iteratur 103
Banken. 78	**M**ietwagen. 103
Begrüßung 78	Motorrad fahren 106
Benzin 78	**N**ationalparks/Naturschutzgebiete. ... 106
Betteln 78	Notfall/Notrufnummern 110
Botschaften /	**Ö**ffnungszeiten 110
Diplomatische Vertretungen. 79	**P**ost. 111
Busse. 80	**R**eiseapotheke. 111
Camping. 80	Reiseart .... s. Safaris
Einreisebestimmungen 86	Reise- und Safariveranstalter. 111
Eisenbahn. 86	Reisezeit 114
Elektrizität. 86	Reservierungen 115
Essen & Trinken 86	**S**afaris 115
Feiertage. 87	Schlangen. 117
Flüge. 87	Sicherheit. 117
Fotografieren 89	Souvenirs. 118
Fremdenverkehrsämter/Informationen. . 91	Sprache 118
Geld. 92	**T**axi 119
Gepäck. 93	Telefonieren. 119
Gesundheit 93	Trinkgeld 119
GPS (Global Positioning System) 95	Trinkwasser 119
Grenzübergangsstellen von/	**U**nterkunft. 120
nach Botswana. 99	**V**ersicherungen 121
Internet-Adressen. 101	Veterinärkontrollen. 121
Jagd 101	**Z**eit 122
Karten. 101	Zeitungen. 122
Kinder 101	Zoll. 122
Kleidung. 102	

Anreise

mit dem Flugzeug
In Botswana haben Gaborone (Sir Seretse Khama Airport), Maun und Kasane internationale Flughäfen, die u.a. von Air Botswana, Air Namibia und South African Airways ab Windhoek/Johannesburg angeflogen werden. Verbindungen ab Europa in das südliche Afrika s. S. 87f.

mit dem Auto
Viele Selbstfahrer fliegen nach Namibia oder Südafrika, nehmen dort ihren Mietwagen in Empfang und reisen über einen der zahlreichen Grenzposten (s. S. 99) nach Botswana ein. Zur Route s. ab S. 133f. Vorteil: Die Flug- und Mietwagenpreise sind dort günstiger.

Hinweis

Zur Anreise mit öffentlichen Verkehrsmitteln s. Stichpunkt Busse. Eine Eisenbahn verkehrt derzeit nicht.

▶ **Johannesburg als Beginn einer Botswana-Safari**
Vorteil: Von Johannesburg gibt es sowohl nach Maun als auch nach Victoria Falls eine tägliche Flugverbindung. Die dort beginnenden Safaris können also bequem erreicht werden. Oder man kann eine Botswana-Kurzsafari an einen Besuch Südafrikas anschließen. Zudem gibt es in Südafrika gute Mietwagen (Camper mit Dachzelten).
Nachteil: Wenn man in den Norden Botswanas möchte, hat man mit dem Wagen eine relativ lange Anfahrt.

▶ **Windhoek als Beginn einer Botswana-Safari**
Vorteil: Für **Selbstfahrer** ist Windhoek nach wie vor der beste Startpunkt für eine Safari. Hier steht eine Flotte erstklassiger Allradfahrzeuge zur Verfügung, die Straßenverhältnisse sind gut, man ist über den Caprivi-Streifen schnell im Norden Botswanas. Zudem kann man sich problemlos mit allen Vorräten für die Reise eindecken. Es gibt eine Flugverbindung nach Maun mit Air Namibia.

▶ **Maun als Beginn einer Botswana-Safari**
Vorteil: Man ist direkt „am Ort des Geschehens", hat keine lange Anreise zu bewältigen.
Nachteil: Der Flug ist teurer, es gibt aufgrund der geringeren Kapazitäten weniger Sonderangebote. Bei vielen Mietwagenfirmen muss man eine Gebühr dafür zahlen, dass der Wagen nach Maun geliefert wird (*one way fee*), zudem ist auch der Grundpreis mitunter teurer. Mittlerweile gibt es aber auch in Maun ansässige Firmen, deren Reichweite aber nicht immer landesweit ist. Bleibt man im Norden Botswanas, ist das aber eine mögliche Alternative.

Ärztliche Versorgung

Eine funktionierende ärztliche Versorgung gibt es nur in den größeren Städten (Gaborone, Francistown). In den kleinen Regionalorten existieren *Health Centres*, die helfen können. Die

Behandlung bei Ärzten sowie die verordneten Medikamente werden sofort abgerechnet, die Rechnung kann man dann bei der heimischen Versicherung einreichen. Auf jeden Fall sollten Sie deshalb eine **Auslandskrankenversicherung** abschließen. Darin sollte unbedingt ein kostenloser Rückholservice eingeschlossen sein, der neben dem Transport in das Heimatland auch das Ausfliegen aus der Wildnis z.B. mit einem Helikopter oder Kleinflugzeug einschließt.

> **Tipps**
>
> Möglich ist der Abschluss einer Versicherung bei **Medical Rescue International Botswana** (MRI), die ihre eigenen Krankenwagen und Flugzeuge haben und im ganzen Land tätig sind. Den Flugrettungsdienst erreicht man unter ☏ (+267) 390-1601 oder 992 (landesweit). Infos: ☏ (+267) 390-3066, 🖷 (+267) 316-4728, E-Mail: enquiries @mri.co.bw; www.mri.co.bw.
>
> Eine neue, empfehlenswerte Initiative der Ärztin Dr. Misha Kruck und ihres Mannes Christian Gross ist die **Okavango Air Rescue**, Botswanas erste Helikopter-Rettungsflugwacht, ☏ (+267) 686-1506 oder 995 (landesweit). Seit Oktober 2012 können Patienten auf diese Weise aus dem Busch oder Delta geborgen werden. Helikopter haben den Vorteil gegenüber Flugzeugen, dass sie z.B. während der Zeit der Fluten die abgelegensten Ecken im Delta anfliegen können. Zudem sind sie medizinisch ausgestattet und werden von Ärzten begleitet. Die Finanzierung des Projektes wird durch ein von der Schweizer REGA inspiriertes Gönnersystem gewährleistet. Für derzeit P 175 (ca. 17 €/20 CHF) Jahresbeitrag stellt der Gönner sicher, dass sowohl er selbst (ohne lange Kostenrücksprache mit der Versicherung) als auch die lokale Bevölkerung im Notfall schnell gerettet werden kann. Infos: Am Schalter in der Eingangshalle des Flughafens Maun, geöffnet tägl. 7.30–18.30 Uhr oder unter ☏ (+267) 686-1616, 🖷 686-1660, E-Mail: office@okavangorescue.com; www.okavangorescue.com.

Alle wichtigen Medikamente sollte man von zu Hause aus mitnehmen. Ins Reisegepäck gehört auf jeden Fall eine **Notapotheke**. Folgende Medikamente sollten außerdem mitgenommen werden: Schnupfenmittel, Magentropfen, verdauungsfördernde Mittel, Mittel gegen Durchfall, Schmerztabletten, Desinfektionsmittel, Brandsalbe, evtl. ein sulfonamidhaltiges Mittel gegen Entzündungen (s. auch Stichwort Reiseapotheke).

Autofahren

s. a. Stichwörter **Benzin** und **Mietwagen**

Schließt man sich keiner geführten Tour an, mietet man sich in der Regel einen **Allrad-Wagen**. Einige Strecken der Nationalparks im Norden können theoretisch auch mit einem normalen Pkw erreicht werden, aber man ist in seiner Bewegungsfreiheit doch ziemlich eingeschränkt und muss im Zweifel auf die von den Lodges angebotenen Touren und Pirschfahrten zurückgreifen.

Führerschein: Bei der Anmietung von Fahrzeugen in Botswana, Südafrika und Namibia sind ein nationaler und ein internationaler Führerschein notwendig.

In Botswana herrscht **Linksverkehr**; es besteht Anschnallpflicht!

Wichtige Fahrhinweise

So schön eine Selbstfahrer-Tour auch ist, so sehr muss man sich auf die spezifischen Verhältnisse in den afrikanischen Ländern einstellen. Hier einige Tipps und Hinweise.

▶ **Geschwindigkeitsbegrenzungen**: außerhalb von Ortschaften: 120 km/h, innerhalb von Ortschaften: 60 km/h.

▶ **Straßenverhältnisse**
Generell kann man das Straßensystem Botswanas als weitmaschig bezeichnen. Lediglich um die Hauptstadt Gaborone im Südosten des Landes verdichtet sich das Straßennetz. Die großen Städte sind durch passable **Asphaltstraßen** verbunden, wobei an der Strecke von Kasane über Pandamatenga nach Nata zzt. gebaut wird. Bis 60 km vor Nata ist die sie fertig, die Strecke muss allerdings teilweise noch auf Abschnitten der alten Straße bewältigt werden. Schlaglöcher bis Pandamatenga sind leider die Regel, insgesamt kann die Strecke nur langsam befahren werden.

Die Hauptstrecke von Johannesburg nach Gaborone, Gaborone – Francistown – Kasane, Palapye – Orapa und Francistown – Orapa, Nata und Maun ist asphaltiert, ebenso die Strecke am Westrand des Okavango-Deltas Shakawe – Sehithwa sowie die Strecken Lobatse – Jwaneng und Gaborone – Letlhakeng. Seit vielen Jahren ist auch der asphaltierte Trans-Kalahari-Highway, der Südafrika über Lobatse und Kang/Ghanzi mit Namibia verbindet, fertig, seit Herbst 2010 ebenfalls der Trans-Molopo-Highway zwischen Tshabong und Bokspits.

Es gibt in Botswana aber noch viele Strecken, die nicht asphaltiert (**Sand- und Kieswege bzw. Pisten**) und oft in schlechtem Zustand sind. Je nach Jahreszeit (wobei die Regenzeit problematisch ist) sind nur geringe Durchschnittsgeschwindigkeiten erreichbar (20–30 km/h). Fahren Sie also stets vorsichtig und überstrapazieren Sie Ihr Fahrzeug nicht. Achten Sie insbesondere auf Schlaglöcher oder zu überfahrende Hindernisse. Schnell kann man einen Achsen- oder Federbruch erleiden. Umfahren Sie ebenso größere Steine (Ölwannenbeschädigung, Riss des Kupplungsseiles, Benzintank-Riss).

Hinweis

Fahren bei **Dunkelheit** sollte aufgrund umherlaufender Tiere (Esel, Rinder) und mitunter schlechter Straßenverhältnisse auf jeden Fall vermieden werden. In den Nationalparks sind Nachtfahrten für Selbstfahrer ohnehin verboten.

▶ **Reifenpannen**
Reifenpannen auf Schotterpisten oder steinigen Straßen sind relativ häufig. Spitze Steine, warmgelaufene Reifen aufgrund des erhöhten Rollwiderstandes, extrem spitze Dornen oder Überladung des Fahrzeugs sind die maßgebenden Faktoren. Man sollte deshalb nicht nur einen zweiten Reservereifen mit sich führen, sondern vor allem daran denken, dass man plötzlich einen „Platten" bekommt und das Fahrzeugverhalten sich von einem zum nächs-

ten Augenblick schlagartig ändert. Bevor Sie einen Wagen mieten, sollten Sie die Fahrzeugreifen genau inspizieren und im Zweifelsfall wechseln lassen. Doch auch hier gilt: Angepasste Geschwindigkeit ist alles, und ein platter Reifen bei 60 oder 70 km/h hat nicht die fatalen Folgen wie bei 100 km/h und darüber! Prüfen Sie laufend den Reifendruck und halten Sie sich an die Empfehlungen des Vermieters.

Reparaturwerkstätten/Ersatzteile
Man kann nicht damit rechnen, dass bei Fahrzeugproblemen unterwegs sofort qualifizierte Hilfe erreichbar ist. Deshalb ist ein wenig Ahnung von grundsätzlichen Reparaturen unbedingt anzuraten.

Tanken
Die Tankmöglichkeiten sind begrenzt, doch auf den Hauptstrecken mittlerweile als gut zu bezeichnen. Man muss berücksichtigen, dass auf sandigen Wegen der **Verbrauch** bis auf das Doppelte hochschnellen kann. Deshalb ist ein entsprechend der Strecke berechneter Vorrat an Reservebenzin zu empfehlen, z.T. für über 1.000 km (Zentral-Kalahari). Auf der Strecke zwischen Maun und Kasane gibt es noch keine Tankmöglichkeit. Entsprechend muss man hier über gute Vorräte verfügen, zumal die Erkundung von Moremi und Savuti aufgrund der Sandstrecken viel Treibstoff erfordert.

Tiere
In Botswana muss man stets auf Tiere achten, welche die Straße überqueren. Das gilt sowohl für domestizierte (wie z.B. Rinder oder Ziegen), vor allem aber für wild lebende Tiere. Immer sollte man darauf bedacht sein, nicht in eine Herde zu geraten oder sich Tieren (vor allem Elefanten) zu nähern, welche Jungtiere mit sich führen. Fahrten in der Dunkelheit sind deshalb auf jeden Fall zu vermeiden.

Fahren durch Wasser
Umfahren Sie – wenn möglich – wassergefüllte Senken. Oftmals kann man an den Spuren anderer Autos eine Umgehung entdecken oder entgegenkommende Fahrer fragen. Wenn Sie nicht ausweichen können, prüfen Sie vor jeder Durchquerung sowohl die Tiefe als auch die Festigkeit des Untergrunds. Fahren Sie im niedrigsten Gang durch – nichts ist schlimmer, als im Falle eines Absinkens noch zurückschalten zu müssen! Schalten Sie aber vorher 4WD sowie die Zusatzuntersetzung LR (Low Range) ein. Langsameres Fahren verhindert auch Spritzwasser, welches die Elektrik lahmlegen kann. Ebenso sollte man vermeiden, dass der Auspuff ins Wasser taucht. Plant man von vornherein, durch die Einsamkeit zu fahren, kann man sich auch ein Auto mit Schnorchel mieten.

Schlammige Stellen können selbst bei 4WD problematisch werden. Wenn möglich, legen Sie quer zur Fahrspur dünne Äste, die u. U. enorm helfen.

Fahren durch Savannengras
Halten Sie dabei die Kühlwasser-Temperatur im Auge. Wenn man z.B. einen Weg befährt, der in der Mitte graswachsen ist, so können die Grassamen die Kühlerporen verstopfen und so die Motorkühlung stark behindern. Deshalb: Mit einem Handbesen öfters den Kühler abkehren. Ebenso empfiehlt sich eine laufende Inspektion in der Umgebung des Auspuffrohres: Hier können sich Grasbüschel festsetzen und entzünden!

Bei sandiger Piste ist mitunter tatkräftige Unterstützung gefordert

▶ **Reifendruck**
In der Regel kommt man durch hohen Sand besser hindurch, wenn der Reifendruck gesenkt wird und die Reifen so eine breitere Auflagefläche haben. Wie stark der Reifendruck gesenkt wird, hängt vom Fahrzeugtyp und der Beladung ab. Wenn Sie wieder gutes Terrain erreichen, sollten Sie nicht vergessen, den Reifendruck wieder zu erhöhen.

Weiterhin sollte man folgende Aspekte beherzigen:
Keine ruckartigen Lenkbewegungen: Besonders beim Fahren mit hochbeinigen Allradfahrzeugen ist dringend anzuraten, nur gemächliche Ausweichmanöver durchzuführen. Der hohe Schwerpunkt dieser Fahrzeuge kann leicht zum Überschlagen führen. Im Falle einer plötzlichen Reifenpanne ist es besser, in die seitliche Landschaft hineinzufahren und ggf. einen Farmzaun umzulegen, als zu versuchen, den Wagen zurück auf die Straße zu lenken: In diesem Falle ist ein Überschlag mit all seinen Folgen vorprogrammiert!
Bodenhaftung der Reifen: Die Bodenhaftung auf Schottermaterial ist extrem niedrig, weil die Auflagefläche der Reifen gering ist. Mikroskopisch vorgestellt: Sie fahren auf den Kuppen der kleinen Schottersteinchen, die auf einer wiederum lockeren Unterlage liegen. Die Konsequenzen: Kurven, eine plötzliche Reifenpanne, das Ausweichen vor einem zu spät gesehenen Schlagloch führen zu einem unerwarteten und unkontrollierbaren Fahrverhalten Ihres Wagens.
Wellblechpisten: Ein typisches Merkmal sind Wellblech-mäßig ausgefahrene Pisten. Das Wellblechmuster kommt auf Schotterpisten deshalb zustande, weil ein Fahrzeug beim Anfahren/Beschleunigen nach oben federt, um dann wieder Richtung Boden zurückzufedern. Bei diesem Zurückfedern wird der Untergrund verdichtet. Wenn man auf eine solche Rappelstrecke gerät, gibt es nur 2 Alternativen: Entweder extrem langsam fahren, um sich der Wellblechstruktur anzupassen, oder man fährt schneller (mindestens 50–60 km/h), um sozusagen über die Wellen „berge" hinwegzufliegen. Nur aufgepasst: Die Bodenhaftung des Fahrzeugs ist dann katastrophal. Wer einen Allradwagen mit großen Rädern fährt, ist hier im Vorteil, da die Räder zumeist nicht in das Wellblech „tal" passen – man merkt also kaum etwas!
Staub: Wenn es z.B. in der Kalahari sehr staubt, fahren Sie auch tagsüber mit Licht. Sie sollten im Falle starken Sandflugs dann am besten stehen bleiben und warten, bis sich der Wind gelegt hat. Anderenfalls riskieren Sie, dass aufgrund der Schmirgelwirkung des Sandes die

Scheiben und Lampengläser milchig werden oder der Lack des Fahrzeugs im Frontbereich lädiert wird. In solchen Fällen haften Sie gegenüber dem Autovermieter.

Plötzliche Hindernisse: Ebenso müssen Sie damit rechnen, dass unerwartete Hindernisse auftauchen, vor denen nicht durch besondere Schilder gewarnt wird: Tiere können Ihren Weg nicht nur bei Dämmerung und in der Nacht, sondern auch am Tag kreuzen. Die Kollision mit einem afrikanischen Kudu kommt einem Unfall mit einem anderen Fahrzeug gleich! Auch Schlaglöcher können plötzlich auftreten und sind vor allem bei steil stehender Sonne kaum zu erkennen. Und hier kann es nicht nur Achsenbrüche geben, sondern man kann sich sogar mit dem Wagen überschlagen.

Überholmanöver: Auf nicht befestigten Straßen gehören solche Vorhaben zur Kategorie „Wahnsinn". Wen der aufgewirbelte Staub eines etwas langsamer fahrenden Fahrzeuges stört, sollte einfach eine Pause von 10–15 Minuten einlegen. Denn beim Überholen droht Ihnen nicht nur Steinschlag, sondern Ihre Sicht ist (zumindest bei Windstille oder Gegenwind) getrübt. Außerdem geraten Sie auf der Gegenfahrbahn durch extremes Ausweichen nach rechts eventuell auf besonders lockeren Straßenbelag oder in tückische Schlaglöcher, die von der Gegenrichtung plattgefahren sind, in Ihrer Fahrtrichtung aber ein steiles Loch bedeuten, das verheerende Folgen haben kann.

Anhöhen: In offener Landschaft gibt es selten Fahrtrichtungshinweise. Auf einer Anhöhe erkennt man manchmal erst im letzten Moment, in welche Richtung die Straße weitergeht, also lieber langsam darauf zufahren.

Müdigkeit: Stundenlanges Konzentrieren auf die Straße, um allen Eventualitäten zu entgehen, kann sehr ermüdend sein. Lieber öfter mal eine Pause einlegen.

Wagenzubehör

Hier könnte man eine lange Liste aufführen, doch schließlich ist es unmöglich, ein komplettes Ersatzteillager mitzuführen. Trotzdem ist die Mitnahme folgender Dinge zu empfehlen, wenn man sich auf sehr abgelegene Strecken begibt:

1 Satz Zündkerzen
doppelter Vorrat an Motoröl (also bei 4 l Ölwanneninhalt 8 l mitnehmen)
Keilriemen
2 Ersatzreifen, auf Felgen aufgezogen
Wagenheber
Luftpumpe, Luftdruckmesser
Zündkontakte, Verteilerfinger
Reifenflickzeug
Gummi, aus dem man notfalls Dichtungen schneiden kann
2-Komponentenkleber für Metall und Glas
selbstklebendes, breites Textilband
isoliertes Kabel
Draht
Kühler-Reparatur-Set
2 Bohlen (um den Wagen im Falle des Festfahrens im Sand auf eine „abfahrgeeignete" Grundlage zu stellen, Sandmatten eignen sich kaum)
einen gut sortierten Werkzeugkasten
einen Spaten
eine Eisenstange (notfalls zur Vergrößerung der Hebelkraft beim Losdrehen festgesetzter Schrauben)

Verstaubtes Gepäck? Kleiner, aber wichtiger Hinweis am Rande

Selbst im angeblich dicht geschlossenen Kofferraum wird das Gepäck auf unbefestigten Pisten stets total verstaubt sein. Abhilfe: Breiten Sie über Koffer und sonstige Gepäckstücke **Plastik-Müllsäcke!** Manche Geländewagen verfügen über eine Überdruckklappe, die das Eindringen von Staub in den Gepäckraum unmöglich macht. Und öffnen Sie in einem Wagen mit Canopy oder einem größeren Wagen, wo das Gepäck im hinteren Teil des Wagens verstaut ist, ein hinteres Fenster – durch den „Luftstau" dringt kein Staub ein.

Banken

s. auch Stichpunkt Geld

Die großen Banken in Botswana sind die Barclays Bank of Botswana, Standard Chartered Bank of Botswana, Stanbic Bank und First National Bank. Es gibt Bankniederlassungen in Francistown, Gaborone, Jwaneng, Kanye, Lobatse, Mahalapye, Maun, Palapye und Selebi-Phikwe. Barclays Bank hat ebenso Niederlassungen in Mochudi, Molepolole und Serowe. Die Standard Bank hat eine Filiale in Orapa. **Öffnungszeiten** sind in der Regel Montag bis Freitag 9–14.30 Uhr, Mittwoch u. Samstag 8–12 Uhr.

Außer den o.a. Bankfilialen gibt es noch weitere in kleineren Orten, die jedoch nur an bestimmten Tagen für kurze Zeit geöffnet haben.

Begrüßung

Die Begrüßung geschieht durch ein dreimaliges Händedrücken, dabei wird die linke Hand an den rechten Ellenbogen gelegt.

Benzin

Die **Benzinversorgung** entlang der Fernstraßen ist ausreichend. Bei Fahrten ins Landesinnere und in die Nationalparks sollte man aber unbedingt volltanken und evtl., je nach Strecke, noch Reservekanister mitnehmen. Tankstellen liegen manchmal Hunderte von Kilometern voneinander entfernt und haben in kleinen Orten u.U. manchmal kein Benzin verfügbar, da die Nachlieferung z.B. wegen der sehr schlechten Wegverhältnisse (Regenzeit) nicht immer pünktlich erfolgt. Man sollte sich zudem bei der Mietwagenfirma über den Benzinverbrauch und die Reichweite des Autos informieren und bedenken, dass bei schwierigem Gelände (z.B. Sand) der Benzinverbrauch drastisch ansteigen kann.

Die **Preise** liegen bei etwa P 9,70/Liter Diesel und P 9,40/Liter Superbenzin. Sie steigen, je abgelegener eine Ortschaft liegt. Man kann heute an vielen Tankstellen mit Kreditkarte zahlen, aber noch nicht an allen (oder das Gerät ist kaputt). Also bitte immer Bargeld dabei haben! In der Regel haben die Tankstellen zwischen 7 und 18 Uhr geöffnet.

Betteln

In Botswana wurde außer in den Großstädten bislang kaum gebettelt. Allerdings nimmt das Betteln in der letzten Zeit an den Stellen zu, wo sich viele Touristen aufhalten. Ob Sie etwas geben, hängt von Ihrer persönlichen Einstellung ab. Generell sollte man z.B. Kindern kein

Geld geben, da sie Touristen als Einnahmequelle entdeckt haben, anstatt in die Schule zu gehen. Möchte man helfen, sollte man sich besser an die Lehrer oder Eltern wenden und z.B. Stifte oder Blöcke spenden.

Botschaften / Diplomatische Vertretungen

▶ in Europa
Embassy of Botswana, Av. de Tervuren, 169, B 1150 Brussels, **Belgien**, ☏ (+32) 2-7352070, 🖷 (+32) 2-7356318, E-Mail: botswana@brutele.be, Öffnungszeiten Mo–Fr 9–13 u. 14.15–17 Uhr (auch für Deutschland, Österreich und die Schweiz zuständig).
Botswana Permanent Mission to the UN, Genf, 80 Rue de Lausanne 1202 Geneva, Schweiz, E-Mail: Botgen@bluewin.ch, ☏ (+41) 22-9061060, 🖷 (+41) 22-9061061.

Es gibt in Deutschland drei **Honorarkonsulate** von Botswana:
Hamburg: Paul Eckler (jr.), Honorarkonsul, Steinhöft 5–7, 20459 Hamburg, ☏ 040-7326191, 🖷 040-7328506, Öffnungszeiten Di und Do 11–13 Uhr. Konsularbezirk: Hamburg, Bremen, Mecklenburg-Vorpommern, Niedersachsen und Schleswig-Holstein.
München: Thilo Schotte, Honorarkonsul, Theresienhöhe 12, 80339 München, ☏ 089-839307292323, E-Mail: botswana-munich@web.de, Öffnungszeiten Mo und Do 10–12 Uhr. Konsularbezirk: Bayern.
Berlin: Jürgen T. Reitmaier, Honorarkonsul, Bregenzer Str. 1, 10707 Berlin, ☏ 030-39373147, 🖷 030-22399980, E-Mail: reitmaier@gmail.com. Konsularbezirk: Berlin.

▶ Vertretungen in Botswana
Deutschland
Botschaft der Bundesrepublik Deutschland, Broadhurst Mall/Professional House, Segodithsane Way, Gaborone; Postadresse: P.O. Box 315, Gaborone, ☏ (+267) 395-3143, 🖷 (+267) 395-3038, E-Mail: info@gaborone.diplo.de; www.gaborone.diplo.de, Öffnungszeiten Mo–Fr 9–12 Uhr oder nach Vereinbarung.
Maun: Honorarkonsul der Bundesrepublik Deutschland: Karl-Heinz Gimpel, P.O. Box 494, Maun, ☏ (+267) 686-2900, mobil (+267) 72338326, E-Mail: khg@botswana-destination.com. Konsularbezirk: Ngamiland, Chobe District, Ghanzi District. Übergeordnete Auslandsvertretung: Botschaft Gaborone.

Schweiz
Consulate of Switzerland, Specialist Services, Plot 5268, Village, Gaborone; Postadresse: P.O. Box 45607, Riverwalk, Gaborone, ☏/🖷 (+267) 395-6462, E-Mail: gaborone@honrep.ch.
Botschaft: Im Konsularbezirk der Botschaft in Pretoria/Südafrika:
Embassy of Switzerland, 225 Veale Street, Parc Nouveau, New Muckleneuk 0181, South Africa; Postadresse: P.O. Box 2508, Brooklyn Square 0075, South Africa, ☏ (+27) 12-452-0660, (+27) 12-452-0661 (Konsularabteilung), 🖷 (+27) 12-346-6605, E-Mail: pre.vertretung@eda.admin.ch; www.eda.admin.ch/pretoria. Öffnungszeiten Mo–Fr 9–12 Uhr.

Österreich
Honorarkonsulat (ohne Passbefugnis, ohne Sichtvermerksbefugnis): Plot 50667, Block B3, Fairground Holdings Park, Gaborone; Postadresse: P.O. Box 335, Gaborone, ☏ (+267) 395-1514, (+267) 395-2638, 🖷 (+267) 395-3876, E-Mail: dkhama@info.bw.
Botschaft: Im Konsularbezirk der Botschaft in Pretoria/Südafrika:

Austrian Embassy, 454 A Fehrsen Street (Eingang William Street), Brooklyn, Pretoria 0181; Postadresse: P.O. Box 95572, Waterkloof 0145, ☎ (+27) 12-4529-155 , 📠 (+27) 12-4601-151, E-Mail: pretoria-ob@bmeia.gv.at; www.aussenministerium.at/pretoria. Öffnungszeiten Mo–Do 9–12 Uhr.

Busse

Botswana ist ein klassisches Selbstfahrerziel. Zu den meisten Naturschönheiten kommt man mit öffentlichen Verkehrsmitteln nicht hin, in die Nationalparks ohne Auto gar nicht rein.

Zwischen den großen Städten, vor allem ab Gaborone, sowie den Hauptorten Botswanas und nach Johannesburg gibt es allerdings reguläre Langstreckenverbindungen. Zuverlässige Buspläne existieren kaum. Die meisten Verbindungen gibt es im bevölkerungsreicheren östlichen Teil Botswanas. Die großen Unternehmen haben zumindest theoretisch einen Fahrplan, Minibusse verkehren nach Bedarf: Wenn sie voll sind, wird losgefahren! Das ist sicherlich nur etwas für Traveller mit genügend Zeit. Die Hauptstrecken verkehren zwischen Francistown und Bulawayo (Zimbabwe), Serule und Selebi-Phikwe, Palapaye – Serowe und Orapa und Kasane – Francistown – Nata. Es existieren keine Busverbindungen zwischen Maun und Kasane. Hier fährt lediglich einen Minibus, der von Kasane über Nata (Umstieg) nach Maun fährt. Diese Strecke ist sehr zeitaufwändig, da die Busse oft voll bzw. nicht verlässlich sind.

Einer der größeren Busanbieter ist: **Seabolo**, Plot 17998, Kamushongo Road, Gaborone West Industrial Site, Gaborone, Botswana, ☎ 395-7078, 📠 395-7077, E-Mail: kenneth@seabelo.bw; www.seabelo.bw.

Camping

 ### Wichtiger Hinweis

Seit 2009 wurden die meisten **Campsites in den Nationalparks privatisiert** und die Preise sind rasant in die Höhe gestiegen. Hintergrund ist, dass die Regierung die Selbstfahrer in Botswana durch die Preise abschrecken will, denn die Selbstversorger und Camper lassen außer den Parkeintrittsgebühren kaum Geld im Land. Zudem kann jeder in die Nationalparks fahren – das hinterlässt auch in der Landschaft Spuren. Sie möchten das Geschäft in die Hände von einheimischen Safariveranstaltern geben und das Geld damit in die Taschen der botswanischen Bevölkerung leiten.

Die Politik der Privatisierung hat zur Folge, dass sich Camper zur Reservierung und Vorab-Bezahlung an verschiedene Stellen wenden müssen. Gebühren für **Parkeintritt** (*Park Entry Fees*) und **Fahrzeuge** (*Vehicle Fees*) müssen weiterhin an das DWNP (Department of Wildlife and National Parks) entrichtet werden, neuerdings ist dies wieder an den Gates der Parks möglich.
Es wird allerdings empfohlen, die Gebühren vorher in den Büros („*Pay Points*") des DWNP zu zahlen (ausführlichere Informationen dazu s. Stichwort Nationalparks/Naturschutzgebiete). Einige Campingplätze werden noch vom DWNP verwaltet, diese müssen dort reserviert und alle Gebühren vorab bezahlt werden. Die privaten Anbieter und deren Plätze sowie die des DWNP sind folgend aufgeführt. Auf den privaten Sites gibt es Beschränkungen für die Personen- und Fahrzeuganzahl auf den einzelnen Stellplätzen. Wenn durch Ihre Buchung das Maximum nicht erreicht ist, kann es erfahrungsgemäß sein, dass Sie den Platz teilen müssen.

Wichtiger Hinweis

Für 2014 wird mit einer **Erhöhung der Eintrittsgebühren** für das Moremi Game Reserve und den Chobe National Park gerechnet. Zur Zeit (Stand März 2013) belaufen sich die Park Entry Fees auf P 120 für Erwachsene/Tag, P 60 für Kinder von 8–17 Jahren/Tag (darunter frei). Vehicle Fees: Ein leichtes Auto (bis 3.500 kg) kostet P 50/Tag, wenn es in einem anderen Land registriert ist, P 10/Tag kostet ein botswanischer Wagen. **Achtung**: Preise und Öffnungszeiten für den Kgalagadi Transfrontier Park inkl. Mabuasehube weichen ab.
Eine genaue **Preisliste und ausführliche Informationen** unter http://www.mewt.gov.bw/DWNP/index.php.

Betreiber	Kontaktdaten/Reservierung	Camps	Preis	Weitere Infos
Department of Wildlife (DWNP)	**Maun: Parks and Reserves Reservation Office**, P.O. Box 20364, Maun, ☏ (+ 267) 686-1265, 📠 (+267) 686-1264 **Gaborone: OR Parks and Reserves Reservation Office**, P.O. Box 131, Gaborone ☏ (+267) 318-0774 o. 397-1405, 📠 (+267) 318-0775, E-Mail: parks.reservations.gaborone@gov.bw, dwnp@gov.bw; www.mewt.gov.bw/DWNP/index.php	alle Campingplätze im botswanischen Teil des Kgalagadi Transfrontier Park inkl. Mabuasehube-Sektion; alle Plätze im Central Kalahari Game Reserve, die nicht von Bigfoot verwaltet werden	P 25 p.P. (KTP); P 30 p.P. (CKGR)	**Reservierung** über Tel./Fax (beide) und E-Mail/Website (nur Gaborone) möglich. Bezahlung erfolgt über Kreditkarte/vorherige Auslandsüberweisung **Öffnungszeiten**: Mo–Fr 7.30–16.30 Uhr (Mittagspause 12.45–13.45 Uhr); Maun auch Sa 7.30–12 Uhr **Achtung**: Leser berichten, dass Antworten auf Reservierungen per Fax und vor allem per E-Mail oft lange auf sich warten lassen. Bringen Sie sich öfter in Erinnerung und bitten Sie um Bestätigung.
Bigfoot Safaris	P.O. Box 45324, Riverwalk, Gaborone, ☏ (+267) 395-3360 oder mobil 73-5555-73, E-Mail: bigfoot@gbs.co.bw; www.bigfoottours.co.bw	alle Plätze im Khutse Game Reserve; Lekhubu, Letiahau, Sunday Pan, Piper Pan, Passarge Valley und Motopi (Central Kalahari Game Reserve)	P 200 p.P.	Maximal sechs Personen und drei Fahrzeuge pro Stellplatz
SKL Group of Camps	P.O. Box 1860, Maun, ☏ (+267) 686-5365/6, 📠 (+267) 686-5367, E-Mail: reservations@sklcamps.co.bw, sklcamps@botsnet.bw; www.sklcamps.com	Savuti, Linyanti (Chobe National Park); Khwai/North Gate (Moremi Game Reserve), Khumaga (Makgadikgadi Pans National Park)	US$ 50 p.P.	Maximal drei Fahrzeuge pro Stellplatz

Betreiber	Kontaktdaten/Reservierung	Camps	Preis	Weitere Infos
Xomae Group	P.O. Box 1212, Maun, ☏ (+267) 686-2221 o. -2970, 📠 (+267) 686-2262; E-Mail: xomaesites@botsnet.bw; www.xomaesites.com	Third Bridge, Wilderness Islands (Moremi Game Reserve); South Camp, Baines Baobab (Nxai Pan National Park)	P 270 p. P (Third Bridge, South Camp, Baines Baobab), P 486 p. P. (Wilderness Islands)	Das Büro befindet sich im Maun Shopping Centre. Maximal acht Personen und drei Fahrzeuge pro Stellplatz. Sichere Kreditkartenzahlung über Website möglich
Kwalate Safaris	P.O. Box 2280, Gaborone, ☏/📠 (+267) 686-1448, E-Mail: kwalatesafari@gmail.com	South Gate, Xakanaxa (Moremi Wildlife Resort); Ihaha (Chobe National Park)	P 230 p. P.	Das Büro in Maun liegt im 1. Stock des Ngami Shopping Centre. Ein weiteres Büro befindet sich beim Sedudu Gate (Chobe NP) in Kasane

▶ Die wichtigsten Campinghinweise
- Schlafen Sie stets in einem **geschlossenen Zelt** oder **geschlossenen Wagen**.
- Lassen Sie **nie Lebensmittel** (insbesondere Orangen und stark riechendes Obst) im Zelt oder im Wagen.
- Verlassen Sie Ihren Campingplatz stets **ohne Abfall**. Vergraben Sie Abfall auf keinen Fall, da er von manchen Tieren ausgebuddelt wird.
- Campieren Sie **nie auf einem Tierpfad**, besonders nie auf einem Flusspferd- oder Elefanten-Pfad.
- Schwimmen Sie **nie in einem Fluss oder sonstigen Gewässern**! Im Okavango-Gebiet leben unzählige Krokodile.

 Hinweis

Bei den meisten Autovermietern kann man die komplette Campingausrüstung gleich mitmieten.

▶ Übernachtung im Busch
Wenn man nicht im Dachzelt schläft, sind leicht aufbaubare Kuppelzelte eine Alternative. Isoliermatten für den Zeltboden sowie ein warmer Schlafsack (die Temperaturen können in der Trockenzeit nachts weit unter 0 °C sinken) sind erforderlich. Auch hier könnte man eine ganze Seite mit möglichem Campingzubehör füllen. Deshalb in Kürze das Wichtigste:
- ein Grillrost
- ein gusseiserner Topf (zum Brotbacken)
- ein gusseiserner kleinen Kessel mit Dreifuß (gibt es fast überall zu kaufen)
- genügend Streichhölzer
- ein starkes Buschmesser
- mindestens 2 robuste Taschenlampen

Buschcamping bei Dqae-Qare (bei Ghanzi)

▶ Campingplätze

In der Regel wird man, vor allem in den ausgewiesenen Naturschutzgebieten, auf den dafür vorgesehenen Campingplätzen übernachten. **Wildes Campen** ist hier verboten. Sollte man unterwegs einmal wild campen, was prinzipiell möglich ist: Achten Sie darauf, dass es in der Umgebung genug Holz zum Feuermachen gibt. In der Nähe von Dörfern oder Hütten sollte man nach der Erlaubnis und geeigneten Plätzen beim Dorfchef nachfragen. Natürlich sollte man daran denken, dass man sich in der Wildnis befindet. Auf keinen Fall sollte man ohne Zelt – lediglich im Schlafsack – ungeschützt übernachten.

Wenn man im **geschlossenen Zelt** übernachtet, kann man sich vor wilden Tieren sicher fühlen. Löwen, Hyänen und Elefanten nähern sich zwar Zelten, greifen diese aber in der Regel nicht an, da sie etwas Naturfremdes sind. Auf keinen Fall sollten Sie im Zelt Wasser, Obst, Fleisch und andere Nahrungsmittel aufbewahren: Das könnte u.U. die Angst hungriger Tiere besiegen.

Ein erfahrener Safarileiter berichtete einmal, dass man ein Lager vor ungebetenen Gästen sichern könne, indem man in einem gewissen Umkreis benzin- und ölgetränkte Lappen aufhängt. Der widerliche und fremde Geruch würde jede Wildannäherung abwehren. Eine Feuerstelle bedeutet nicht unbedingt Schutz. Feuer ist vielen Tieren als Buschbrand bekannt. Man hat schon beobachtet, dass in der kalten Trockenzeit Löwenrudel oder Hyänen durch die Wärme angelockt wurden und sich um das Feuer versammelten.

Wenn man also das Lager sicher anlegen und ruhig schlafen möchte, sollte man folgende Hinweise beachten:
- Stellen Sie Ihr Zelt möglichst dicht an Dornbüsche, sodass Sie von 2–3 Seiten geschützt sind.
- An die „offene" Seite stellen Sie Ihre Benzinkanister oder Bohlen als „Stolperschwellen" hin. Sollte sich ein Tier versehentlich nähern, weil es nicht wittern konnte oder schlecht sieht (z.B. Elefanten), dann ist es gewarnt und wird sicherlich einen anderen Weg einschlagen.
- Hängen Sie benzin- oder ölgetränkte Lappen in die nähere Umgebung.

Beim **Anlegen einer Feuerstelle** sollte man Folgendes beachten:
- Legen Sie das Feuer in einer kleinen Mulde an, wobei Sie mit dem Spaten das trockene Gras entfernen sollten, damit die Flammen nicht übergreifen können. Ein Steinkranz ist ein besonders guter Schutz.
- Denken Sie an einen Sicherheitsabstand zu Zelt, Wagen und Busch. Beachten Sie dabei unbedingt die Windrichtung!
- Wenn Sie schlafen gehen, schütten Sie das Feuer oder die Glut mit Sand zu. Bei plötzlich auftretendem Wind brauchen Sie dann keine Angst zu haben, dass der Busch um Sie herum Feuer fängt.
- Ein Feuer kann man gut entfachen, indem man über Papier dünnes Geäst und darüber stärkere Zweige pyramidenförmig zusammenstellt.

Wenn Sie Ihre Lagerstätte verlassen, dann sollten Sie auf jeden Fall die **unverderblichen Reste** Ihres Lagerdaseins (leere Dosen, Flaschen etc.) wieder mitnehmen. Selbst wenn Sie Blech oder Glas vergraben, können sich Tiere, die danach wühlen, böse verletzen. Ganz abgesehen davon können Glasscherben, die am Boden liegenbleiben, als Brennglas wirken und einen Buschbrand hervorrufen.

Campingplätze in den Naturschutzgebieten

Sie sind nicht abgezäunt, da sie in der herrlichen Wildnis liegen. Nachts sollte man am besten im Zelt bleiben, da die Umgebung ja der Lebensraum der Tiere ist. Im geschlossenen Zelt sind Sie sicher – das wird von den Tieren respektiert. Vorsicht ist stets vor Meerkatzen und Pavianen geboten, die sich an Touristen und deren Essensvorräte gewöhnt haben – auf keinen Fall diese Tiere füttern!

Buschrezepte

Bei einer Tour durch den Busch ist eine gute Vorratshaltung notwendig. An Lebensmitteln empfiehlt sich neben den üblichen Konserven wie fertigen Dosengerichten, Suppen, Würstchen, Pilzen, Obst, Tomaten etc. die Mitnahme von einem Multivitaminpräparat zur Deckung des täglichen Vitaminbedarfs. An frischen Lebensmitteln eignen sich für die Vorratshaltung – selbstverständlich nur für begrenzte Zeit – Äpfel, Apfelsinen, Nusskerne, Rosinen, Möhren, Zwiebeln und vor allem Weißkohl, der lange haltbar und vielseitig verwendbar ist: z.B. als frische Gemüsebeilage oder Salat. Selbstverständlich benötigt man auch einen Vorrat an Nudeln, Reis, Mehl, Salz, Zucker etc. (weitere Einzelheiten entnehmen Sie bitte der nachfolgenden Liste). Da es im Busch natürlich keine Bäckerei gibt, empfiehlt es sich, „Buschbrot" selbst herzustellen (s. Rezepte).

Liste – Lebensmittel
Mehl, Nudeln, Reis, Haferflocken, Tomatenmark, Ketchup, Salz, Zucker, Speisestärke, Dosenmilch, evtl. Milchpulver, Trockenhefe, Konserven (nach eigenem Geschmack), Essig, Öl, Gewürze, Kräuter (getrocknet), Rosinen, Instant-Brühe, haltbare Brotsorten (z.B. Knäckebrot, Zwieback), Puddingpulver, Multivitaminpräparat, Dauerwurst (Salami)

Liste – Haushaltswaren
Geschirrtücher, Spülmittel, Spültücher, Küchenpapierrolle, Toilettenpapier, Streichhölzer, Servietten

Hier eine Auswahl sehr schnell und einfach zuzubereitender Gerichte aus den Vorräten:

Kräuterreis
Reis, Öl, getrocknete Kräuter, Instant-Brühe
Reis in etwas Öl anbraten, mit getrockneten Kräutern nach eigenem Geschmack würzen, Instant-Brühe dazugeben, mit Wasser auffüllen und ca. 20–30 Minuten ausquellen lassen.

Buschbrot bzw. Buschbrötchen
1 EL Trockenhefe, 1 EL Zucker, 1 Tasse lauwarmes Wasser, Salz, ca. 750 g Mehl
Hefe, Zucker und lauwarmes Wasser glatt verrühren und 10 Minuten an einem warmen Ort zugedeckt gehen lassen. Mehl und Salz vermengen, gusseisernen Topf fetten. Die Hefemischung zum Mehl schütten, alles sehr gut durchkneten und oft übereinanderschlagen. Den Teigkloß in den gefetteten Topf geben und erneut ca. 20 Minuten an einem warmen Ort zugedeckt gehen lassen. Den Topf auf weiße Glut setzen (sie darf nicht mehr rot glühen, weil sonst das Brot unten verbrennt), um den Topf herum und auch auf den Deckel Glut geben, evtl. Glut am Deckel nach 20 Minuten erneuern. Backzeit: ca. 45 Minuten.

Süßes Brot bzw. süße Brötchen
Zutaten wie Buschbrot, außerdem:
Rosinen, 2 EL Zucker (nach Geschmack mehr); Zubereitung siehe Buschbrot.

Spaghetti in Tomatensauce (mit Dauerwurst)
Spaghetti, Salz, Öl, Dosentomaten, Dauerwurst (Landjäger, Salami etc.), Kräuter und Gewürze nach Geschmack, wenn vorhanden: Zwiebel
Spaghetti in kochendem Salzwasser ca. 10–15 Minuten garen. Dauerwurst klein schneiden und ausbraten (wenn vorhanden, Zwiebeln im Fett mit anbraten), Dosentomaten mit Flüssigkeit dazugeben, mit Kräutern und Gewürzen abschmecken.

Wurstgulasch
Dosenwürstchen, Öl, Tomatenmark, getrockneten Oregano, Thymian, Basilikum, wenn vorhanden: saure Gurken und Zwiebel
Dosenwürstchen in Scheiben schneiden und in Öl anbraten (wenn vorhanden, kleingeschnittene Zwiebeln dazugeben). Mit Tomatenmark und Wasser auffüllen und mit den getrockneten Kräutern abschmecken (gewürfelte Gurken dazugeben).

Pilzgulasch
Dosenpilze, getrocknete Pilze, Öl, Gewürze, wenn vorhanden: Zwiebel
Getrocknete Pilze in wenig Wasser einweichen. Dosenpilze (Zwiebel) in Öl anbraten, mit dem Einweichwasser ablöschen, die eingeweichten Pilze dazugeben, evtl. mit Wasser auffüllen und mit Gewürzen nach eigenem Geschmack abrunden. Sauce evtl. mit in etwas Wasser angerührter Speisestärke binden.

Obstgrütze
Dosenobst nach Geschmack, Bindemittel, z.B. Speisestärke, Wein oder sonstige alkoholische Beigabe
Speisestärke mit etwas Wasser verrühren. Die Obstflüssigkeit erhitzen, die Speisestärke unterrühren und kurz aufkochen lassen. Obst und Wein etc. unterziehen.

Krautsalat
Weißkohl, Salz, Zucker, Pfeffer, Essig, Öl, wenn vorhanden: Zwiebel, Möhren, Äpfel
Weißkohl kleinschneiden, mit dem Salz vermengen und ca. ½ Stunde ziehen lassen. Nun den Kohl mürbe klopfen. Aus 1 TL Zucker, Pfeffer, Essig und Öl eine Marinade mischen (Zwiebel dazugeben). Wenn vorhanden: kleingeschnittene Möhren und Äpfel unterrühren. Evtl. mit getrockneten Kräutern den Geschmack abrunden.

Einreisebestimmungen

Bürger der Bundesrepublik Deutschland, der Schweiz und Österreichs benötigen kein Visum bzw. dieses wird bei der Einreise ohne Probleme an der Grenze ausgestellt. Bei der Einreise muss man allerdings im Besitz eines Passes sein, der nach Beendigung des Aufenthaltes noch mindestens **sechs Monate** Gültigkeit hat. Jedes **Kind** benötigt ein eigenes Ausweisdokument. In Südafrika müssen bei der Einreise noch mind. zwei leere Seiten im Pass sein. Reisende müssen damit rechnen, ausreichende finanzielle Reserven für einen Aufenthalt nachzuweisen sowie ein Rückflugticket vorzulegen.

Zur Einreise mit dem Mietwagen s. S. 104.

Aktuelle Informationen für Deutschland unter www.auswaertiges-amt.de (Reise- und Sicherheitshinweise, nach Ländern sortiert)

Eisenbahn

Im April 2009 wurden alle Passagierzüge aus wirtschaftlichen und sicherheitstechnischen Gründen eingestellt, zzt. fahren nur Güterzüge. Die Eisenbahnlinie verläuft zwischen Ramokgwebana (Zimbabwe-Grenze) und Ramatlhabama (Südafrika-Grenze). Aktuelle Infos bei **Botswana Railways**, www.botswanarailways.co.bw.

Elektrizität

Die Spannung beträgt 220 Volt. In den Camps und Lodges sorgen meist Generatoren oder Solaranlagen stundenweise für Elektrizität. Unbedingt sollte man Taschenlampen mitnehmen. Steckdosen: dreipolige englische Stecker – ein (Universal-)Adapter ist also notwendig.

Essen & Trinken

▶ Selbstversorger

Die Lebensmittelversorgung ist in Botswana im Prinzip kein Problem. In allen größeren Orten, allen voran den touristischen Zentren wie Maun, haben die Supermärkte wie Spar und Shoprite ein umfangreiches Angebot, das eigentlich keine Wünsche offen lässt. Allerdings liegen die Preise über denen der Nachbarländer. Reist man z.B. aus Windhoek mit dem Auto an, empfiehlt es sich, dort schon einmal die Grundausstattung einzukaufen (bis auf frische Lebensmittel, die nicht eingeführt werden dürfen). Nur in den kleineren und abgelegeneren Orten findet man in den Regalen meist ein eher überschaubares Angebot, z.B. ohne frische Ware.

▶ Restaurants

Botswanas Restaurants sind meist keine kulinarische Offenbarung, etwas Abwechslung mit internationaler Küche gibt es eigentlich nur in Gaborone (die Luxus-Lodges und teuren Hotels ausgenommen, die in der Regel sehr gutes Essen anbieten). Auch in den touristischen Orten wie Maun und Kasane ist das Angebot noch relativ gut, wobei sich die Auswahl meist auf Fleisch- bzw. Hühnchengerichte mit verschiedenen Beilagen beschränkt. Abgesehen von den Unterkünften gibt es auf dem Land nur noch sehr einfache Restaurants bzw. Garküchen.

Allgemeine Reisetipps von A bis Z

In Städten wie Ghanzi sollte man sich im Supermarkt mit Vorräten eindecken

Feiertage

1. und 2. Januar	Neujahrstage
beweglich	Karfreitag
beweglich	Ostermontag
1. Mai	Tag der Arbeit
beweglich	Himmelfahrtstag
1. Juli	Sir Seretse Khama Day
3. Dienstag im Juli	Presidents Day
30. September	Botswana-Tag (Nationalfeiertag)
25. Dezember	1. Weihnachtstag
26. Dezember	Boxing Day
27. Dezember	Tag nach dem Boxing Day

Flüge

Von Europa gibt es verschiedene Möglichkeiten nach Botswana zu reisen, die wichtigsten Verbindungen werden folgend vorgestellt. Für einen Überblick über die Preise s. 124/125.

Gaborone ist von Europa aus nicht direkt zu erreichen, bietet sich als Ausgangspunkt einer Selbstfahrertour in den Norden Botswanas aber ohnehin nur bedingt an. Sehr viele Überlandsafaris starten in Johannesburg oder Windhoek – in beiden Städten kann man aber auch nach Gaborone umsteigen.

Hinweis

Alle Flüge und Flugverbindungen stets zu optimalen Preisbedingungen bei Iwanowski's Individuelles Reisen, Informationen und Direktbuchungen ☏ +49 (0) 2133/2603-0 und www.afrika.de

Johannesburg: Die **South African Airways** – kurz **SAA** – (www.flysaa.com) fliegt tägl. nonstop ab München und Frankfurt, **Lufthansa** (www.lufthansa.com) tägl. ab Frankfurt. **Umstiegsverbindungen** bieten u.a. Air France über Paris, British Airways über London, KLM über Amsterdam, Swiss Air über Zürich und Turkish Airlines über Istanbul.

Windhoek: Air Namibia (www.airnamibia.com) fliegt ab Ende Juni 2013 tägl. von Frankfurt nach Windhoek. Von Dezember 2013 bis Juni 2014 wird es dienstags keinen Flug geben (Stand März 2013). Umstiege z.B. nach Maun (s.u.) oder Victoria Falls sind möglich.

Maun erreicht man ebenfalls mit einer Zwischenlandung: **SAA** fliegt tägl. ab Johannesburg hierher, **Air Botswana** (www.airbotswana.com.bw) ebenfalls tägl. ab Johannesburg sowie zwei Mal wöchentlich ab Kapstadt, **Air Namibia** mehrmals wöchentlich ab Windhoek.

Kasane wird seit dem Frühjahr 2013 mehrmals wöchentlich von **SAA** ab Johannesburg angeflogen, ab August 2013 ist eine tägl. Verbindung geplant. Mehrmals wöchentlich wird diese Strecke auch von **Air Botswana** bedient.

▸ **Ausgeruht nach Botswana – Tipps für den Langstreckenflug**
- Nehmen Sie **dicke Socken** mit, damit Sie die Schuhe ausziehen können (gut für die Durchblutung).
- Empfehlenswert ist eine **legere Kleidung** für die Nacht. Ideal sind eine Gymnastikhose bzw. eine Sporthose sowie ein Baumwoll-Oberteil.
- **Oropax** schützt vor dem unvermeidlichen Fluglärm.
- Eine **Nasencreme** verhindert das Austrocknen der Nase aufgrund der trockenen Luft.
- Eine **Hautcreme** schützt die Haut vor zu starker Austrocknung.
- Eine **Augenklappe** erleichtert das Einschlafen.
- Trinken Sie nur **mäßig Alkohol**.
- Evtl. **Aspirin** zur Thrombose-Prophylaxe

▸ **Inlandsflüge**
Air Botswana (www.airbotswana.com.bw) bedient Strecken von Gaborone nach Maun, Kasane, Francistown, Harare, Johannesburg und Kapstadt.

Telefonnummern von Air Botswana in Botswana
Zentrale Fluginformation: ☎ (+267) 368-0-903 o. -916
Gaborone: ☎ (+267) 368-0-900 o. 395-1921
Maun: ☎ (+267) 686-0391
Francistown: ☎ (+267) 241-2393
Kasane: ☎ (+267) 625-0161

In Deutschland wird Air Botswana vertreten durch **Aviareps Airline Management**, Kaiserstr. 77, 60329 Frankfurt/Main, ☎ 069-770673-010, 🖷 069-770673-018, E-Mail: aviation@aviareps.com; www.aviareps.com.

Hinweis

Wer angesichts des Langstreckenfluges sein grünes Gewissen beruhigen möchte, der kann je nach CO_2-Ausstoß seines Fluges diesen durch eine Spende kompensieren, die in Projekte zum Naturschutz investiert wird. Mehr Infos unter www.atmosfair.com.

Fotografieren

Fotoausrüstung
- Eine möglichst robuste, staubsichere **Spiegelreflexkamera** mit auswechselbaren Objektiven ist ein geeigneter Kameratyp, um gute Aufnahmen zu machen.
- Hitze und Staub können die Fotoausrüstung beschädigen – verstauen Sie ihre Geräte also sorgfältig.
- Wenn Sie außer Landschaftsaufnahmen auch Tieraufnahmen machen wollen, dann kann ein 135 mm langes **Teleobjektiv** Ihnen schon gute Dienste leisten. Ein **200 mm** oder noch besser ein **400 mm** langes Tele erhöht Ihre Erfolgschancen, um auch scheuere und kleinere Tiere auf den Film zu bannen. Mit einer **600** oder **800 mm** langen „Kanone" zu operieren ist schon etwas für Profis mit entsprechender Erfahrung. Der Bildausschnitt und der Schärfebereich sind sehr klein. Vorteilhaft sind auch **Zoom-Objektive**. In der Kombination von einem **35–70 mm** Zoom und einem weiteren von **80–200 mm** Zoom kann man mit nur 2 Objektiven vom Weitwinkel- bis zum Telebereich fotografieren.
- **Sonnenblenden** verhindern den direkten Einfall des Sonnenlichtes auf die Frontlinse und schränken die nicht immer gewünschten Lichtreflexe ein. Sie gehören zum unbedingt notwendigen Fotozubehör.
- Genauso wichtig ist der Gebrauch von **UV-Filtern**. Sie schirmen die fotoschädlichen UV-Strahlen ab und haben die günstige Nebenwirkung, dass sie die Frontlinse vor Staub, Regen, Zerkratzen und Beschädigung schützen.
- **Ersatzbatterien** für Kamera und Blitzlichtgerät in ausreichender Zahl mitzunehmen ist sinnvoll.
- Für die Wildbeobachtung sollten Sie auf jeden Fall auch ein gutes Fernglas mitnehmen!

Digitalkamera
Wer mit einer Digitalkamera fotografiert, sollte an eine große Speicherkarte, einen **Ersatzakku** sowie an einen Stromadapter denken. Speicherkarten für Digitalkameras sind in Botswana in den Städten und größeren Dörfern zu bekommen, in Internetcafés kann man sich die Bilder auf CD brennen lassen.

Allgemein: Bitte fragen Sie stets um Erlaubnis, wenn Sie Menschen fotografieren wollen. Es ist verboten, Regierungsgebäude, Militärposten und Militärfahrzeuge zu fotografieren.

Tipps zum Fotografieren

Eine erfolgreiche Tier- und Pflanzenbeobachtung beginnt mit der **Reiseplanung**: Wer viele Tiere sehen möchte, reist am besten in den Trockenzeiten, denn dann halten sie sich an den wenigen Wasserstellen auf. Wer dagegen überwiegend Pflanzen und Blumen sehen möchte, der sollte die feuchteren Jahreszeiten bevorzugen.

Eine angemessene Taktik im Gelände verbessert außerdem die Chancen auf großartige Naturerlebnisse, also: langsam fahren und bei jeder sich bietenden Gelegenheit wandern! Ebenso gilt, dass die beste Zeit zur Tierbeobachtung und

Tierfotografie früh nach Sonnenaufgang (oder spätnachmittags) ist. Zu diesen Zeiten hat man auch das schönste Fotolicht. Dieses nutzt man am besten, wenn man morgens nach Westen oder Süden und am Nachmittag nach Osten oder Norden fährt (Licht im Rücken des Beobachters). Vor dem Start lohnt ein Blick in das Gästebuch des Camps oder der Lodge, denn oft schreiben Besucher ihre Beobachtungen hier hinein. Unterwegs kann man sich mit Gleichgesinnten austauschen.

Vor allem braucht man Geduld: An einem Wasserloch wartet man einige Zeit (30–60 Min.) auch dann, wenn gerade keine Tiere zu sehen sind. Innerhalb von Minuten kann aus einer öden Szenerie ein buntes Getümmel werden. Meistens wird man nach einem erlebnisreichen Tag feststellen, dass nicht derjenige, der am meisten gefahren ist, die meisten Tiere gesehen hat, sondern derjenige, der die Geduld hatte. Dies gilt insbesondere für Arten, die extrem scheu sind, denn sie nähern sich erst, wenn einige Zeit Ruhe herrschte. Die Beobachtungs- und Fahrtaktik sollte im Sommer etwas anders sein als im Winter, weil die Tiere sich im Sommer viel seltener an den Wasserlöchern treffen. Grob gesagt gilt als Faustregel: im Winter eher sitzen und warten, im Sommer eher fahren.

Kenntnisse über Lebensraum und Verhalten der Arten helfen ebenso weiter: In der Mittagshitze liegt fast alles im Schatten unter Bäumen versteckt – die am wenigsten lohnende Beobachtungszeit!

Meist braucht es nur ein wenig Geduld – dann spaziert ein Löwe vorbei

Leoparden leben vor allem im locker bewaldeten felsigen Gebiet, Geparde dage- gen im offeneren, flachen Gelände. Hier können sie ihre Geschwindigkeit voll entfalten, auch leben hier ihre bevorzugten Beutetiere wie z. B. Springböcke. Kudus, Kuhantilopen und Elandantilopen trinken vor allem morgens, nachmittags wird man sie kaum an den Wasserstellen finden. Dann kann man dagegen Warzenschwein, Oryx und Zebra sehen. Mit der Dämmerung kommen dann auch die Elefanten, Löwen und Nashörner. Besonders wichtig sind Kenntnisse über die Lebensgewohnheiten der einzelnen Tiere, wenn man jahreszeitlich wandernde Tiere – im Extremfall Zugvögel – beobachten will.

Aber auch indirekte Zeichen weisen auf etwas Interessantes hin: Wo andere Fahrzeuge halten, gibt es oft etwas Besonderes zu sehen. Langsam heranfahren, den anderen nicht die Sicht versperren! Damit sind wir bei einer Art **Safari-Knigge**: Nicht zu nah an ein anderes Fahrzeug heranfahren und dort parken, denn im Notfall muss jeder zügig wegfahren können. In der Nähe eines Wasserlochs leise sprechen, den Motor nicht unnötig starten, nicht hupen! Insbesondere auf Aussichtsplattformen muss absolute Ruhe herrschen, denn viele Tiere sind an der Wasserstelle sehr nervös und fliehen bei der kleinsten Störung! Andere wissen, dass sie „Herr im Hause" sind: Elefanten verfolgen seit Jahrhunderten die gleichen Pfade, nur Lebensmüde parken hier.

In der Trockenzeit gibt es an den Wasserlöchern fast eine Tiergarantie

Tierfotografie ist übrigens nichts für Freunde bequemer Lehnstühle: Die Bilder werden viel besser, wenn man auf gleicher Höhe wie das Motiv oder sogar tiefer ist.

Ein weiterer häufiger Fehler, insbesondere wenn es bei der Tierfotografie schnell gehen muss: Der Horizont steht schief. Bei strukturierten Landschaften fällt das manchmal kaum auf, aber immer wenn Wasser auf dem Bild zu sehen ist, wirkt es störend. Außerdem sollte man darauf achten, dass immer noch etwas Boden am unteren Bildrand zu sehen ist. Bei (Tier-)Portraits wird dagegen bewusst ein Teil des Körpers weggeschnitten. Hier kommt es sehr darauf an, dass in Blickrichtung des Motivs Platz ist! Wenn ein Tier oder eine Person zur Seite schaut, sollte nicht der Kopf in der Bildmitte liegen oder gar die Nase am Bildrand anstoßen. Besser positioniert man den Kopf leicht außerhalb der Mitte auf die der Blickrichtung entgegengesetzte Seite. Besonders eindrucksvolle Tierportraits entstehen oft, wenn man Ausschnitte des Gesichtes – Augen, Nase, Mund – aufnimmt. Das allerdings erfordert viel Geduld und etwas Glück.

Fremdenverkehrsämter/Informationen

Botswana Tourism Board, Deutsche Repräsentanz, c/o Interface International GmbH, Karl-Marx-Allee 91A, 10243 Berlin, Deutschland, ☎ 030-42028464, 📠 030-42256286, E-Mail: botswanatourism@interface-net.de; www.botswanatourism.de.

Botswana Tourism Board, Private Bag 00275, Plot 50676, Fairgrounds Office Park, Gaborone, ☎ (+267) 391-3111, 📠 (+267) 395-9220, E-Mail: board@botswanatourism.co.bw; www.botswanatourism.co.bw.

DWNP – Parks and Reserves Reservation Office (einfache Broschüren, Gebührenordnungen für Nationalparks und Game Reserves sowie Buchung einzelner Campsites), P.O. Box 20364, Boseja, Maun, ☎ (+267) 686-1265, 📠 (+267) 686-1264, **Gaborone**: P.O. Box

131, ☏ (+267) 318-0774 o. 397-1405, 🖷 (+267) 318-0775, E-Mail: parks.reservations.gaborone@gov.bw, dwnp@gov.bw (beide); www.mewt.gov.bw.
Informationen zur **Buchung der Campingplätze** in den Nationalparks s. Stichworte Camping und Nationalparks/Naturschutzgebiete.

Hospitality & Tourism Association of Botswana (Hatab), Private Bag 00423, Gaborone, ☏ (+267) 395-7144, 🖷 (+267) 3390-3201, E-Mail: hatab@hatab.bw, www.this-is-botswana.com. Der Verband der privaten Tourismusindustrie stellt auf der Homepage seine Mitglieder, Unterkunfts- und Safarianbieter, vor.

Geld

▶ Währung

Die **botswanische Währung** ist der Pula (P); Pula bedeutet „Regen". Es gibt Pula-Banknoten im Wert von 10 P, 20 P, 50 P, 100 P und 200 P. 1 Pula ist 100 Thebe (t) wert. Münzen gibt es als 1 t, 2 t, 5 t, 10 t, 25 t, 50 t, 1 P, 2 P und 5 P.

Derzeit entspricht (Stand März 2013)	
1 Pula	0,12 US$
1 US$	8,3 Pula
1 Pula	0,09 €
1 €	10,79 Pula

☞ Hinweise

- Im August 2009 wurden neue **Banknoten** eingeführt. Die alten werden noch bis 2014 bei der Bank of Botswana in Gaborone und Francistown eingetauscht, können aber seit Januar 2010 nicht mehr als Zahlungsmittel verwendet werden.
- Alle **Überweisungen** nach Botswana finden in der Regel in Südafrikanischen Rand, US$, Euro oder Britischem Pfund statt.
- **In diesem Reiseführer** sind die Kosten für Hotel- bzw. Lodge- und Campingunterkünfte in Botswana in US$ oder in Pula (P) angegeben. Die Preise unterliegen den wechselkursüblichen Schwankungen. Unterkünfte in Südafrika sind mit dem Südafrikanischen Rand (ZAR) ausgezeichnet, die in Namibia mit dem Namibischen Dollar (N$), der paritätisch an den Rand gekoppelt ist.

▶ Vor Ort

Die Landeswährung Pula kann unbegrenzt eingeführt werden, die Obergrenze der Ausfuhr beträgt P 10.000. Fremdwährungen unterliegen bei der Einreise keiner Begrenzung. Für die ersten Tage sollte man ein paar Dollar in bar mitnehmen und z.B. am Flughafen tauschen. Pula kann man z.B. schon in Windhoek oder Johannesburg erwerben. Generell wird, außer in (größeren) Hotels und bei Reiseveranstaltern, in Pula bezahlt, wobei mitunter auch die Währungen der Nachbarländer oder Dollar akzeptiert werden. Für z.B. Tankstellen braucht man aber Pula. Dollarnoten in kleinerer Stückelung sind empfehlenswert für das Trinkgeld z.B. der Guides.

▶ Geldumtausch

In den großen Hotels (meist schlechtere Kurse) sowie Banken und Wechselstuben (letztere bieten mitunter einen besseren Kurs) kann man ausländische Währungen eintauschen. In den kleinen Dörfern und den einsameren Gegenden des Landes muss man in bar bezahlen, an den Grenzen kann man in Rand oder Pula zahlen.
In Maun und Kasane kann man Pula gegen Vorlage der Tauschbestätigung wieder in Euro/Dollar tauschen. Man sollte nur zur Sicherheit alle Umtauschbelege aufheben, um eventuell bei der Ausreise entsprechende Nachweise erbringen zu können.

▶ Kredit- und EC-Karten

Kreditkarten werden in vielen Geschäften der Städte akzeptiert, ebenso in Hotels und bekannten Lodges mit internationalem Publikum. An einigen großen Tankstellen kann man auch mit Karte bezahlen, sollte aber sicherheitshalber immer Bargeld dabei haben. An den meisten Geldautomaten (ATM) kann man Bargeld mit Kreditkarte abheben (bis 2.000 Pula pro Auszahlung), vor allem **VISA** ist verbreitet. Die **EC-Karte** ist kaum noch im Einsatz, zumal viele deutsche Banken 2011 von Maestro auf V-Pay umgestellt haben. Diese Karten sind in ganz Afrika nicht nutzbar! Bitte lassen Sie sich von Ihrer Bank beraten.

▶ Notfall-Nummern bei Kreditkartenproblemen

VISA: 001-3039671096
Diners Club: 0043-150135-14 (Mo–Fr 8–16 Uhr) o. -135 bzw. -136 außerhalb der Bürozeiten
MasterCard: 001-6367227111 (USA, per R-Gespräch)
American Express: 0049-6997972000

Sperrnummer für alle Karten: 0049-116-116, im Ausland auch 0049-30-4050-4050, www.sperr-notruf.de.

Gepäck

Die meisten Fluglinien gestatten in der Economy Class 20 kg Freigepäck. Bei South African Airways sind 23 kg Sportgepäck gratis – ideal für Taucher oder Golfer. Falls Sie eine Flugsafari planen: In den Kleinflugzeugen darf man oft nur 10–15 kg Gepäck mitnehmen (Air Botswana erlaubt 20 kg inkl. Handgepäck und Kamera, vorher erkundigen). Meist sind ausschließlich Soft Bags (Sporttaschen, Rucksäcke – Achtung, es gibt Größenvorgaben) erlaubt, Koffer mit Rollen, harter Schale etc. verboten. Selbstfahrer müssen bedenken, dass u.U. das Gepäck stark einstaubt. Deshalb ist es ratsam, Gepäckstücke mit einem Plastik-Müllbeutel vor eindringendem Staub zu schützen.

Gesundheit

Generell ist Botswana in gesundheitlicher Hinsicht ein eher unproblematisches Land. Mit dem Essen in (größeren) Restaurants sollte man keine Probleme haben, einzig bei Leitungswasser und frischen Salaten etc. sollte man ein wenig vorsichtig sein. Früchte im Zweifel schälen und Wasser abkochen bzw. mit Tabletten trinkbar machen.

Apropos Wasser: In den heißen Monaten sollten Sie unbedingt auf eine ausreichende Wasserzufuhr (mind. 3 Liter/Tag) achten, sonst droht Dehydratation.

Malaria

Die einzig anzuratende landesbezogene, ganzjährige Vorsorge (neben Hepatitis A) ist eine **Malaria-Prophylaxe**, insbesondere für Reisen in das Okavango- und das Chobe-Gebiet. Das Risiko ist besonders zwischen November und Juni hoch. Man sollte sich nach den geeigneten Medikamenten unbedingt vor Abreise beim Arzt erkundigen. Die Malaria-Prophylaxe ist vor allem bei Reisen in die **feuchteren nördlichen und nordöstlichen Gebiete** wichtig, ebenso für z.B. Abstecher **zu den Victoria-Wasserfällen** in Zimbabwe. Mit der Einnahme entsprechender Medikamente kann man aber auch erst in Botswana beginnen. In den meisten Fällen braucht man die Medikamente nur 24 Stunden vor Einreise in ein Malaria-gefährdetes Gebiet einzunehmen und sollte sich dann an die Anweisungen halten (meistens müssen Sie die Medikamente noch 6 Wochen nach Verlassen des Malaria-Gebiets einnehmen). Eine nicht-medizinische Malaria-Prophylaxe ist vor allem das Tragen langer Hosen und langärmliger Hemden sowie das Vermeiden des Aufenthalts am Wasser und bei Dämmerung im Freien. Auch entsprechende Mücken-Sprays helfen.

Generell sind Malaria-Prophylaxen immer mit besonderen Belastungen für den Körper verbunden. Mittel wie Lariam werden oft schlecht vertragen. Auf dem Markt in Europa gibt es zudem Malarone. Dieses Mittel soll außerordentlich gut verträglich sein.

Weitere Infos unter www.auswaertiges-amt.de, www.tropenmedizin.de/info/botswana.htm oder www.gesundes-reisen.de (Tropenmedizinisches Institut, Hamburg).

Mückenschutz

Ein konsequenter Mückenschutz in den Abend- und Nachtstunden verringert das Malariarisiko erheblich (Expositionsprophylaxe). Die wichtigsten Maßnahmen sind:
- In der Dämmerung und nachts Aufenthalt in mückengeschützten Räumen (Räume mit Aircondition, Mücken fliegen nicht vom Warmen ins Kalte).
- Beim Aufenthalt im Freien in Malariagebieten abends und nachts weitgehend körperbedeckende Kleidung (lange Ärmel, lange Hosen).
- Anwendung von insektenabwehrenden Mitteln an unbedeckten Hautstellen (Wade, Handgelenke, Nacken). Wirkungsdauer ca. 2–4 Std.
- Im Wohnbereich Anwendung von insektenabtötenden Mitteln in Form von Aerosolen, Verdampfern, Kerzen, Räucherspiralen.
- Schlafen unter dem Moskitonetz (vor allem in Hochrisikogebieten).

Ergänzend ist die Einnahme von Anti-Malaria-Medikamenten (Chemoprophylaxe) zu empfehlen (s.o.). Zu Art und Dauer der Chemoprophylaxe fragen Sie Ihren Arzt oder Apotheker bzw. informieren Sie sich in einer qualifizierten reisemedizinischen Beratungsstelle. Malariamittel sind verschreibungspflichtig.

Bilharziose

Besucher werden davor gewarnt, in Flüssen, Seen oder mit Wasser gefüllten Senken zu schwimmen, da die Gefahr besteht, an Bilharziose zu erkranken.

Schlafkrankheit

Die Tsetse-Fliege ist heute kaum noch im Okavango-Delta anzutreffen; trotzdem besteht die seltene Gefahr, an Schlafkrankheit zu erkranken.

Allergie
Für Reisende mit Stauballergien ist Botswana nicht das rechte Land, da das Reisen im Busch stets mit Staubaufwirbeln verbunden ist.

Sonneneinstrahlung
Man muss bedenken, dass Botswana im Durchschnitt 1.000 m über dem Meer liegt. Dementsprechend stark ist die Sonneneinstrahlung. Zu empfehlen sind deshalb Sonnenschutzmittel und eine Kopfbedeckung.

Medikamente
Reisende, die spezielle Medikamente ständig benötigen, sollten diese von zu Hause mitbringen, da es nur wenige Apotheken im Lande gibt.

Schlangen/Skorpione
Skorpione verkriechen sich gerne in Schuhen und Kleidungsstücken, also vor dem Anziehen gut ausschütteln! Für weitere Tipps s. Stichwort Schlangen.

Gelbfieber
Bei Einreise aus Gelbfiebergebieten muss ein Impfzeugnis vorliegen.

Empfohlene Impfungen
Tetanus/Diphtherie, Polio, Hepatitis A und B, Typhus (für Jagdtouristen ggf. auch Impfschutz gegen Tollwut).

GPS (Global Positioning System)

Botswana, mit seinen gewaltigen Naturschönheiten, ist ein großartiges, aber auch wildes Reiseland. Riesige Salzpfannen, das Okavango-Delta und die Central Kalahari sind nur einige Beispiele.

Selbstverständlich ist gerade Botswana eine echte Herausforderung an die Navigation. Die Entfernungen sind unerwartet groß und werden gerne unterschätzt. Ständig ändert sich der Zustand der Wege und Straßen. Schnell ist ein gestern noch erkennbarer Pfad heute ein ausgewaschenes Flussbett, umgefallene Bäume oder Überflutungen versperren die Richtung und machen eine weiträumige Umfahrung notwendig. Wie beruhigend kann da ein Blick auf ein Navigationsgerät sein, das Position und Richtung anzeigt. Erst mit einem solchen Gerät hat man absolute Sicherheit über Standort, Ziel und eingeschlagene Richtung. Zum eigenen Schutz sollte man darauf nicht verzichten.

Die GPS-Navigationsausrüstung – eine Entscheidungshilfe
Heutige handelsübliche GPS-Geräte beginnen bei einfachen Handgeräten ohne Kartennavigation und enden bei routingfähigen Straßengeräten, die man möglicherweise von der Navigation daheim kennt.

Die Vor- und Nachteile der einzelnen Geräteklassen sollen hier kurz beleuchtet werden:
Hand-Navigationsgeräte ohne Hintergrundkarte
Hier handelt es sich um einen besseren Kompassersatz. Man kann zwar in einer Linie auf einen Punkt navigieren, erkennt aber im Bedarfsfalle nicht, wo die nächste Straße verläuft

bzw. wo man sich hinwenden muss. Einzig eine kurze Trackaufzeichnung ist je nach Gerät möglich und damit meist eine Rückwegfunktion integriert. Die Anzahl der speicherbaren Wegpunkte ist sehr begrenzt. Natürlich sind solche Geräte preisgünstig. Wir raten ab, sich mit einem solchen Gerät auszurüsten, auch wenn oft der Preis dazu verleitet. Diese Geräte eignen sich aber durchaus als Zweitgerät. Für eine komplexe Tour oder auch zur Straßennavigation im Auto sind sie ungeeignet.

Hand-Navigationsgeräte mit Hintergrundkarte
Bereits bei diesen Geräten wird die Navigation wesentlich erleichtert, vorausgesetzt das Gerät ist mit einer **passenden** Hintergrundkarte bestückt. Dabei ist es weniger von Bedeutung, ob die Hintergrundkarte /das Gerät nun autoroutingfähig ist oder nicht. Maßgebend ist hier, dass man seine Position treffend erkennt und damit abschätzen kann, welche Richtung einzuschlagen ist und wo sich die nächste Straße befindet oder welchem Straßenverlauf man folgen muss. Diese Geräteklasse eignet sich für Fußgänger und für die Straßennavigation.

Beim Kauf sollte man darauf achten, ein möglichst großes, auch in der Sonne ablesbares Display, eine Rückwegfunktion (*Trace Back*) und natürlich genügend Speicherplatz für Wegpunkte, Tracks und Hintergrundkarten zu haben. Die meisten der heute angebotenen Geräte erfüllen diese Voraussetzungen. Wenn man ein solches Gerät erwirbt, sollte man an eine Autofensterhalterung und ein 12-V-Anschlusskabel denken. Zudem muss man meist neben dem Gerät auch noch eine ladbare Hintergrundkarte des Geräteherstellers für die besuchten Länder erwerben.

Standard-Europa-Straßennavigationsgeräte
Diese Geräte sind heute schon fast jedermanns Hilfsmittel. Daher verwundert die meistgestellte Frage nicht: „Kann ich mein GPS-Gerät in Afrika verwenden?" Die Antwort ist durchaus vielschichtig und die Verwendung macht nur Sinn, wenn nachfolgende Fragen beantwortet werden können:
- Kann das Gerät mit Kartenmaterial bestückt werden?
- Gibt es überhaupt Karten für dieses Gerät / Botswana?
- Welche Abdeckung haben die Karten und wie hoch ist der Digitalisierungsgrad? Es werden nicht nur gelegentlich auf solchen Karten nur die Hauptstraßen (Durchgangsstraßen) angezeigt. Daher gilt es hier genau zu prüfen, um später vor Ort überhaupt etwas mit der Karte anfangen zu können.

Prüfen Sie den Kartenpreis, oftmals sind die Karten so teuer wie das Gerät selbst! Leider sind diese Geräte in der Regel nicht in der Lage, einen gefahrenen Weg zurück zu verfolgen. Daneben ist es oftmals auch nicht möglich, ein Routing außerhalb einer Straße zu starten. Manche Geräte reagieren hier mit unerwarteten Fehlermeldungen, andere weisen aber zumindest zur nächsten Straße, egal, ob dieses Sinn macht oder nicht. Immerhin erlauben diese Geräte meist die Verwendung von Wegpunkten. Diese lassen sich per Kabel übertragen oder vor Ort am Gerät selbst erstellen.

Eigenes Gerät verwenden
Soweit man sein von zuhause mitgebrachtes Navigationsgerät mit einer passenden Hintergrundkarte bestückt hat, steht dessen Verwendung in Botswana nichts im Wege. Leider ist die Bestückung der Geräte mit fremden Karten oft ein problembehaftetes Unterfangen.

Mieten
Will man allen Schwierigkeiten aus dem Wege gehen oder ist mit den Geräten nicht besonders gut vertraut, dann ist ein Mietgerät die beste Alternative. Dies gilt besonders bei einem einmaligen Besuch. Hier fällt dann in der Regel die Kosten-Nutzenrechnung deutlich zugunsten des Mietens aus anstelle eines Kaufs.
Mieten Sie aber beim Fachmann! Ansonsten laufen Sie durchaus Gefahr, hier eine sehr dürftig digitalisierte Karte auf dem Gerät vorzufinden.

Tipp

Wenn Sie mit einem GPS-Gerät in Botswana navigieren, müssen Sie sich mit der Wegpunktfunktion vertraut gemacht haben. Sobald Sie an einer Stelle von der Straßenkarte, die auf dem Gerät angezeigt wird, abweichen, erstellen Sie einen Wegpunkt und in der Folge gleichfalls an jeder groben Richtungsänderung. So ist es Ihnen später möglich, anhand dieser Punkte zumindest visuell den (Rück-) Weg zu erkennen und zu Ihrem Ausgangspunkt zurückzukehren. Achten Sie beim Gerätekauf auf die Möglichkeit, das Gerät auch mit Luftlinienfunktion benutzen zu können (unter den Routenfunktionen wird dann auch „Luftlinie" angeboten).

 Hinweis

Mieten kann man GPS-Geräte, die bereits mit der Karte des entsprechenden Landes bestückt sind, bzw. die CD mit den Daten kann auch separat bestellt werden bei **Navi Mieten Weltweit**, ☎ (+49) 07844-47697, E-Mail: navi.mieten.world@gmail.com; www.navi-mieten-world.de.

Navigieren
Die eigentliche Navigation selbst unterscheidet sich nur unwesentlich von der gewohnten Anwendung daheim. So muss man in Botswana überwiegend auf die gewohnte Funktion „Adressensuche" verzichten. Dafür sucht man sich auf dem Navigationsgerät einen passenden „Point of Interest" (interessanter Punkt oder „Wegpunkt") und navigiert (mit „GoTo") dorthin. Wählen Sie zum nächsten Ziel keine allzu große Entfernung, da die Fehlerquellen mit der Entfernung zunehmen. Zudem bleibt Ihnen bei kurzen, übersichtlichen Entfernungen die visuelle Kontrolle auf dem Gerätebildschirm.

In den Salzpfannen Botswanas, wie hier in der Ntwetwe Pan, sind oft nicht einmal die Spuren anderer Fahrzeuge klar erkennbar oder führen in alle Himmelsrichtungen.

Einige Begriffsdefinitionen	
Autorouting	automatisch dem Straßenverlauf folgend
Point of Interest, Wegpunkt	Positionspunkt
Routen	Abfolge von Wegpunkten, denen man folgt
Tracks	aufgezeichnete Kurse

Text: Roland Schmidt (www.dt800.de)

Grenzübergangsstellen von/nach Botswana

Grenzübergänge gibt es zu allen Nachbarstaaten, die Öffnungszeiten variieren beträchtlich. Wenn Flüsse, die internationale Grenzen bilden, überschwemmt sind, bleiben einige Grenzübergänge geschlossen.

Die **Visa- und weitere Gebühren** können sich schnell ändern und werden deshalb hier ohne Gewähr genannt. Auf jeden Fall sollte man sich vor Abreise bei der Autovermietung bzw. bei offiziellen diplomatischen Stellen über den aktuellen Stand der Dinge informieren. Auch darüber, in welchen Währungen die Gebühren vor Ort zahlbar sind.

Die wichtigsten Grenzübergänge sind:

▶ **Zambia**
Kazungula (Fähre). Das Übersetzen mit der Fähre kann ein mitunter langwieriges Unterfangen sein. Sie kommt nicht immer zuverlässig, daher genug Zeit mitbringen. Offizielle Öffnungszeiten: 6–18 Uhr; Visagebühren: eine Einreise US$ 50, zwei Einreisen US$ 80, mehrere Einreisen US$ 160. Hinzu kommen bei Einreise mit dem Auto weitere Gebühren (u.a. Straßennutzungsgebühr „Road Access Fee" US$ 30, Border Cross Fee ca. US$ 4, Council Levy ca. US$ 3, Carbon tax – nach Hubraum – ca. US$ 10–40, Teilkaskoversicherung „Third Party Insurance" ca. US$ 55). Es sind ein Feuerlöscher und zwei rote Warndreiecke mitzuführen, außerdem muss das Auto mit dem LH-Aufkleber („Left Hand Car") und Reflektorband gekennzeichnet sein. Die Fähre kostet für PKWs ca. US$ 25, größere Fahrzeuge sind entsprechend teurer.
Die Gebühren können in US$ bezahlt werden, in Zambia selbst kann man seit Sommer 2012 aber nur noch mit Kreditkarte oder Kwacha zahlen.

Beachten Sie außerdem, dass Sie vom Autovermieter eine Erlaubnis für Zambia haben müssen (liegt außerhalb der südafrikanischen Zollunion). Die Verleiher müssen Ihnen eine schriftliche Genehmigung in Englisch erteilen (mit Vermerk der/des Fahrer/s, der Fahrgestell- und Motornummer). Der Internationale Führerschein ist zwingend vorgeschrieben!

▶ **Zimbabwe**
Kazungula (Straße), Öffnungszeiten: 6–18 Uhr. Visagebühren: Visum US$ 30, zwei Einreisen US$ 45 (muss auch erworben werden, wenn man nur einen Tag auf die zambische Seite der Vic Falls möchte), mehrere Einreisen US$ 55 – meist auch in Rand oder Pula zahlbar. Dazu kommen Carbon Tax (nach Hubraum, ca. US$ 10–30), Straßennutzungsgebühr („Road Access Fee", ca. US$ 10–30), Haftpflichtversicherung („Third Party Insurance", US$ 20).

Allgemeine Reisetipps von A bis Z

Eine Leserin berichtet, dass sie an der Grenze eine „Kaution" von US$ 100 zahlen musste, angeblich würde sie das Geld bei Vorlage der Quittung beim Autovermieter zurück bekommen, was nicht geschah. Diese Abzocke ist anscheinend kein Einzelfall.

Zimbabwe	Öffnungszeiten
Ramokgwebana/Plumtree	6–20 Uhr. Visagebühren: s.o.
Pandamatenga	8–16 Uhr. Visagebühren: s.o.
Namibia	**Öffnungszeiten**
Buitepos/Mamuno (Hauptübergang)	7–24 Uhr
Mohembo	6–18 Uhr
Ngoma Bridge	6–18 Uhr
Dobe (Allradpiste)	8–16 Uhr
Mata Mata (nach Südafrika, Kgalagadi Transfrontier Park)	8–16.30 Uhr
Südafrika	**Öffnungszeiten**
Pontdrift	8–16 Uhr
Platjan Bridge	6–18 Uhr
Zanzibar	8–18 Uhr
Grobler's Bridge/Martin's Drift	6–22 Uhr
Parr's Halt/Stockpoort	6–18 Uhr
Sikwane/Derdepoort	7–19 Uhr
Tlokweng/Kopfontein Gate	6–24 Uhr
Swartkopfontein Gate/Ramotswa	7–19 Uhr
Skilpadshek/Pioneer Gate	6–24 Uhr
Ramatlabama/Mmabatho	7–19 Uhr
Makgobistad/Phitsane Molopo	6–18 Uhr
Bray/Molopo	8–16 Uhr
Makopong/Molopo	8–16 Uhr
McCarthy's Rest/Tshabong	7.30–16.30 Uhr
Middlepits	7.30–16.30 Uhr
Twee Rivieren	7.30–16 Uhr

Für die Öffnungszeiten der Grenzen Südafrikas s. auch: www.borders.sars.gov.za.

Erfahrungen mit den Grenzübergängen: Die **Grenzkontrollen von Südafrika oder Namibia** bei der Einreise nach Botswana sind „normal". Ein Letter of Authorization des Vermieters sowie eine Kopie des Kraftfahrzeugbriefs sind vorzulegen. Zu zahlen sind ca. P 50 Straßennutzungsgebühr („Road Permit"; P 90 inkl. Rückeinreise), P 20 „Road Savety Levy Fee", außerdem P 50 für eine Haftplichtversicherung („Third Party Insurance"), die 90 Tage gültig ist.

> **Hinweis**
>
> S. auch Stichpunkt Mietwagen/Grenzüberquerung.

Internet-Adressen

www.gov.bw: offizielle Seite der Regierung
www.botswanatourism.co.bw: offizielle Seite des Botswana Tourism Board
www.botswanatourism.de: Seite der dt. Vertretung von Botswana Tourism
www.namibia-forum.ch: äußerst aktives Forum mit hilfreichen Informationen zum südlichen Afrika
www.4x4community.co.za/forum: Forum aus Südafrika, ebenfalls mit vielen aktuellen Infos zu Routen, Straßenverhältnissen und Unterkünften
http://maunselfdrive4x4.webs.com: aktuelle Infos zu Campingplätzen, Vermietung von Allrad-Wagen, News aus Maun
www.wunderground.com: Seite mit aktuellen Wetterinformationen weltweit
www.localbotswana.com: nach Branchen geordnetes Verzeichnis von Unternehmen im ganzen Land. Meist mit Telefon-/Faxnummern, manchmal auch mit E-Mail-Adressen/Websites

Jagd

Botswana hat strenge und detaillierte Jagdgesetze. Jagdlizenzen müssen für alle Tierarten erworben werden. Touristen sollten sich mit Jagdsafari-Unternehmen in Verbindung setzen. Diese Unternehmen organisieren die Transportmittel, die Unterkunft und Verpflegung. Ebenso werden über sie die Jagdlizenzen erworben, und schließlich organisieren sie die Ausfuhr der Trophäen. Die Jagdsaison liegt zwischen Mitte März und Mitte November.

Karten

Unabdingbar für jede Reise durch Botswana ist gutes Kartenmaterial. Eine **Übersicht** mit den wichtigsten Straßen und Orten in Botswana gibt die diesem Buch beigefügte herausnehmbare Reisekarte.
Die **beste Karte** weit und breit ist **The Shell Tourist Map of Botswana** von *Veronica Roodt*. Diese Karte stellt im Maßstab 1:750.000 ganz Botswana dar. Zusätzlich enthält das Werk Detailkarten aller Nationalparks sowie Game Reserves. Nützlich sind die über 300 GPS-Angaben. Zusätzlich zur Karte gibt es einen sehr informativen englischen Reiseführer. Aus der Shell-Kollektion gibt es zudem Detailkarten zu den touristischen Regionen Moremi Game Reserve, Chobe National Park, Okavango-Delta/Linyanti und Kgalagadi Transfrontier Park.
Diese und weitere Karten (s. auch Literaturverzeichnis S. 400) gibt es in Deutschland über das **Namibiana Buchdepot**, Ulrich Ender, Bismarckplatz 2, 27749 Delmenhorst, zu beziehen. ☏ 04221-1230240, 🖷 04221-1230241, www.namibiana.de.
Gute Adressen in **Botswana** zum Erwerb spezieller sowie topografischer Karten: **Department of Surveys and Mapping** (☏ (+267) 395-3251, E-Mail: botdsm@info.bw; atlas@gov.bw), Ecke Station/Old Lobatse Road. **B & T Directories** (☏ (+267) 397-1444, 🖷 (+267) 397-3462, E-Mail: directory@bt.bw), P.O. Box 1549, Gaborone, bietet ein Botswana Map Pack an, das eine Landeskarte sowie Straßenkarten der wichtigsten Orte beinhaltet.

Kinder

Botswana ist zwar kein ausgesprochenes Familienreiseziel, aber mit der richtigen Planung ist Eltern und (nicht mehr zu kleinen) Kindern ein unvergesslicher Urlaub sicher. Die

Begegnung mit einer noch weitgehend intakten Natur und vor allem mit Tieren, die man sonst nur aus Bilderbüchern oder den Medien kennt, lässt auch bei den Kleinen die Herzen höher schlagen. Wichtig ist, dass die Fahrstrecken nicht zu lang werden und nicht zu oft die Unterkunft gewechselt wird, also statt zwei Übernachtungen ruhig drei bis vier an einer Stelle.

Die **Lodges** heißen oft erst Kinder und Jugendliche ab zwölf Jahren willkommen, einige aber auch ab sechs oder ohne Altersbeschränkung. Zum einen ist ein Aufenthalt in der Wildnis zu gefährlich – die Unterkünfte sind nicht umzäunt und die Tiere können frei durchs Camp laufen. Zum anderen möchte man aber wohl auch das übrige, viel Geld zahlende Publikum vor möglichem „Lärm" bewahren. Kindern unter zwölf Jahren wird deshalb oft ein eigener Guide zur Seite gestellt. Informieren Sie sich im Vorhinein bei Ihren Buchungspartnern, falls Sie mit Kindern reisen möchten.

Für die Erkundung Botswanas mit Kindern empfiehlt sich die Anmietung eines Allradwagens mit Dachzelt, am besten ab Windhoek. Diese Reiseart entspricht einem Familienurlaub besser, denn man kann den Reiserhythmus stets aufs Neue bestimmen. Und außerdem ist das Erlebnis, mitten in der Natur zu schlafen, Lagerfeuer zu machen und zu kochen, besonders eindrucksvoll. Für Bewegung ist auch gesorgt: Allein schon das Klettern ins Dachzelt macht Spaß.

Bedenken sollte man allerdings, dass die notwendige **Malaria-Prophylaxe** für kleine Kinder eine große Belastung ist. Von der Jahreszeit her ist sicherlich die Trockenzeit die beste Reisezeit mit Kindern, da das Klima nicht so belastend ist.

Evtl. ist eine Kombination mit **Namibia** empfehlenswert: Dort sind nicht nur die Preise mitunter geringer, es sind insbesondere die privaten, familiär gestalteten Gästefarmen zu empfehlen, da es hier viel Familienanschluss gibt. Der Etosha National Park ist für Kinder wegen der vielen Tiere besonders interessant, außerdem gibt es eine Reihe von Picknickplätzen, an denen man aussteigen kann.

Kleidung

Wenn man in der Trockenzeit reist, muss man sich morgens warm anziehen (mehrere „Schichten"), und im Verlauf des Tages zieht man dann Schicht um Schicht aus („Zwiebelprinzip"). Warme Kleidung darf also in dieser Jahreszeit nicht fehlen. Wenn man im Busch reist, muss die Kleidung praktisch und strapazierfähig sein. Zu empfehlen sind reißfeste Stoffe (es gibt viele Dornenbüsche) in Naturfarben. Festes, die Knöchel bedeckendes Schuhwerk ist bei Buschwanderungen ratsam (Schlangengefahr!).

Vergessen Sie auf keinen Fall Sonnenbrille, Sonnencreme, Lippen-Schutzcreme, eine Kopfbedeckung sowie eine Taschenlampe für die Camps in der Wildnis.

Krankenversicherung

Dringend zu empfehlen sind eine **Auslandskrankenversicherung** und eine Reiserückholversicherung (s. S. 73 und 121).

Kreditkarten

s. Stichwort Geld

Literatur

Eine große Auswahl Botswana-relevanter Literatur führt das **Namibiana Buchdepot**, Ulrich Ender, Bismarckplatz 2, 27749 Delmenhorst, ☎ 04221-1230240, 🖷 04221-1230241, www.namibiana.de.
S. auch Literaturverzeichnis S. 400

Mietwagen

▶ Normale Pkw

Mit normalen Pkw kann man die herausragenden Naturlandschaften Botswanas (insbesondere die Gebiete am Okavango-Delta, Savuti, Linyanti oder weite Teile des Chobe-Parks) nur sehr bedingt besuchen. Generell kommt für Selbstfahrer eigentlich nur ein Allrad-Fahrzeug infrage.

▶ Allrad-Fahrzeuge

Am besten erkundet man als Selbstfahrer Botswanas Natur mit einem Allrad-Fahrzeug. Besonders empfehlenswert ist es, **Wagen mit Dachzelten** und der gesamten Campingausrüstung zu mieten. Benötigt man Ersatzkanister für Benzin, sollte dies direkt bei der Buchung angemeldet werden. Die **beste Mietmöglichkeit** für solche Fahrzeuge stellt mit Abstand **Windhoek** dar, da vor allem von hier aus die schönste und interessanteste Botswana-Route mit Einschluss der Victoria Falls sowie des Caprivi-Streifens gefahren werden kann. Permits sind für alle Länder des südlichen Afrika möglich (also Botswana, Südafrika und Zimbabwe – letzteres meist nur bis Harare). Alternativ kann man auch solche Fahrzeuge ab Johannesburg mieten, doch ist dann die Anfahrt bis zu den interessanten Landschaften sehr lang.

Besonders bewährt haben sich Modelle von Toyota und von Nissan. **Auf keinen Fall** sollte man riskieren, mit einem normalen Pkw die vorgeschlagenen Routen zu befahren, da sofort beim Verlassen der asphaltierten Strecken Probleme auftauchen und man leicht steckenbleibt!

▶ Anmieten des Wagens

Bedingung: internationaler (Informationen beim Straßenverkehrsamt) und nationaler Führerschein.

Bevor man bei der Vermietstation einen Wagen annimmt und durch Unterschrift bescheinigt, dass er in Ordnung ist, sollte man vor allem folgende Dinge **prüfen**:

Fahrzeugpapiere (insbesondere für Grenzübergänge)
Öl-, Kühlwasser-, Scheibenwasser-, Bremsflüssigkeit- und Hydrauliköl-Stände
Reifenqualität (Profil? Karkassen? Alles gleich große Reifen? Bestimmte Marke?)
Klimaanlage/Gebläse
Wagenheber (Funktion überprüfen!)
Ersatzreifen (Luftdruck prüfen, ebenso zeigen lassen, wo er ist bzw. wie man ihn herunterbekommt/Kurbel?) – am besten ausprobieren! In diesem Fall zwei Reservereifen mitnehmen
Bremsen und Lichtanlage
Gebrauchsanweisung
Äußere Beschädigungen (Beulen, Kratzer, Windschutzscheibe ohne Makel?)

Werkzeug

Für Fahrten in abgelegene Gebiete sowie für eine Campingtour abseits der Touristenpfade sollten Sie an folgende **Ausrüstungsgegenstände** zusätzlich denken und unbedingt entsprechend das Funktionieren überprüfen:

Abschleppseil
Luftpumpe
Axt
Mückenschutz (Mittel gegen Mücken/Mückenstiche)
Campingklapptisch und Campingstühle
Bettwäsche/Handtücher/Schlafsäcke
Kühlschrank
Schaufel/Spaten
Gasbrenner und -leuchte
Geschirr, Kochtöpfe, Pfannen, Besteck, Taschenlampe und -messer
Grillrost, Wasserkanister, ggf. auch Leinen
Hitzeresistentes Klebeband für allerlei Probleme, Isolierband
Komponentenkleber für Ölwannenlöcher
Dichtungsmittel für Kühler
Wassersack für Trinkwasser
Sicherungen/Sicherungskasten
Dachzelt: Aufbau zeigen lassen, Zustand Reißverschlüsse und Mückenschutzgaze
Eine kurze Probefahrt einlegen!

Grenzüberquerung

Es ist möglich, mit in Südafrika oder in Namibia gemieteten Fahrzeugen nach Botswana zu fahren. Allerdings benötigt man von der entsprechenden Mietstation ein **Letter of Authorization**. Die Einreise nach Botswana gestaltet sich in der Regel problemlos. Zu zahlen sind ca. P 50 Straßennutzungsgebühr („Road Permit"; P 90 inkl. Rückeinreise), P 20 „Road Savety Levy Fee", außerdem P 50 für eine Haftplichtversicherung („Third Party Insurance"), die 90 Tage gültig ist.
Mit der Erlaubnis bzw. Versicherung durch den Vermieter dürfen Mietfahrzeuge aus Namibia auch nach Zimbabwe (meist nur bis Harare) gefahren werden. Bei der Einreise von Botswana **nach Zimbabwe** benötigt man für das Auto ebenfalls eine Haftplichtversicherung (Third Party Insurance), die man an der Grenze abschließen muss. Die Versicherung ist unabhängig von der Super-cover-Versicherung und dem Permit für Zimbabwe, muss also von allen extra gezahlt werden. Weitere Infos zu Zimbabwe s. Stichwort Grenzübergangsstellen.
Achtung: In jedem Fall sollte man die geplanten Grenzüberquerungen vorher beim Vermieter anmelden und nach den nötigen Unterlagen, Kosten und mitzuführenden Gegenständen fragen. S. auch Stichwort Grenzübergangsstellen von/nach Botswana.

Mietwagenanbieter in Botswana

In Botswana gibt es weniger Verleihstationen als in Südafrika oder Namibia, deshalb ist eine Anmietung ab Johannesburg oder Windhoek sinnvoll. Zudem bieten sich schöne Routen an, z.B. von Windhoek durch den Caprivi in den Norden Botswanas mit Einschluss der Victoria Falls. Alternativ kann man das Auto bereits in Europa bei einem Reiseveranstalter buchen. Diese haben mitunter günstige Sonderangebote, zudem hat man im Schadens-/Reklamationsfall einen Ansprechpartner im Heimatland.

Budget (www.budget.co.za)
Gaborone Airport, ☏ (+267) 390-3477, E-Mail: bernardm@budget.co.za, Mo–Fr 6–22, Sa 7–20, So 8–20 Uhr.
Francistown Airport, ☏ (+267) 390-2030, E-Mail: brendal@budget.co.za, Mo, Mi u.Fr 7–20, Di u. Do 8–18, Sa 8–12 Uhr, So geschlossen.
Maun Airport, ☏ (+267) 1-390-2030, E-Mail: brendal@budget.co.za, Mo–Fr 8–18, Sa 8–12, So 8–15 Uhr, an Feiertagen geschlossen.

Avis (www.avis.co.za)
Francistown Airport (**FRW**), ☏ (+267) 241-3901, 📠 (+267) 241-2867, Mo–Fr 8–16.30 Uhr, Sa/So geschlossen.
Gaborone Airport (GBE), ☏ (+267) 391-3093, (+267) 390-0445, Mo–Fr 6.30–20.30, Sa/So ab 7 Uhr.
Kasane Airport (LO1), ☏ (+267) 625-0144, 📠 (+267) 625-0145, Mo–Fr 8–17 Uhr, Sa/So geschlossen.
Maun Airport (MUB), ☏ (+267) 686-0039, 📠 (+267) 686-1596, Mo–Fr 8–17 Uhr, Sa/So geschlossen.

Europcar (www.europcar.co.za)
Gaborone Airport, ☏ (+267) 390-2280, (+267) 390-9404, Mo–Fr 7–20, Sa/So 9–20 Uhr. Auch in Maun und am Francistown Airport.

> ### Hinweis
> Alle für Botswana tauglichen Fahrzeuge können zu attraktiven Bedingungen gebucht werden bei dem deutschen Veranstalter Iwanowski's Individuelles Reisen, ☏ +49 (0) 2133/2603-0 und www.afrika.de.

  Mietwagenanbieter in Namibia

Anbei eine Auswahl bewährter Anbieter, die in keinem Fall als vollständig betrachtet werden sollte. Infos zu weiteren vertrauenswürdigen Mietwagenanbietern gibt es auch bei der *Car Rental Association of Namibia* (www.caran.org).
Budget, Windhoek Airport (auch Niederlassungen in der Stadt), ☏ (+264) 62-540-150, E-Mail: stevennd@budget.co.za; www.budget.co.za.
Avis, Windhoek Airport (auch in Downtown, Safari Hotel, sowie in weiteren Städten/an Flughäfen), ☏ (+264) 62-540-271, 📠 (+264) 62-540-274, www.avis.co.za.
Europcar, Windhoek Airport (auch in Downtown, sowie in weiteren Städten/an Flughäfen) ☏ (+264) 62-540040, 📠 (+264) 62-540-389, www.europcar.co.za.
Asco Car Hire, 195 Mandume Ndemufayo Ave, P.O. Box 40214, Windhoek, ☏ (+264) 61-377-200, 📠 (+264) 61-377-203, E-Mail: info@ascocarhire.com; www.ascocarhire.com. Spezialisiert auf die Vermietung von 4x4-Fahrzeugen mit Campingausrüstung (Dachzelte). Zu Asco gehört noch eine Tochterfirma, die sich **Value Car Rental** nennt. Deren Fahrzeuge sind zwar älter, aber günstiger (www.carhirenamibia.com).
KEA Campers, 286 Cnr Sam Nujoma and Stein Sts, Windhoek, ☏ (+264) 61-252-298, 📠 (+264) 61-256-261, Mobil (+264) 81-2497253, E-Mail: reservations@keacampers.com.na; http://sa.keacampers.com. 4x4 mit und ohne Campingausrüstung (Dachzelte) sowie Campmobile.
Thrifty, Windhoek Airport (auch in Downtown), ☏ (+264) 62-540-004, 📠 (+264) 62-540-006, E-Mail: robin@dollarthrifty.com.na; www.thrifty.com.na.

Allgemeine Reisetipps von A bis Z

> **Mietwagenanbieter in Südafrika**

Alle Anbieter haben zahlreiche Niederlassungen im ganzen Land:
Budget, Tambo Int. Airport Johannesburg, Tel: (+27) 11-230-1200, E-Mail: lezindap@budget.co.za; www.budget.co.za.
Avis, Tambo Int. Airport Johannesburg, ☏ (+27) 11-394-5433, 🖷 (+27) 11-394-5473, www.avis.co.za.
Europcar, Tambo Int. Airport Johannesburg, ☏ (+27) 11-390-3909, 🖷 (+27) 86-673-6171, www.europcar.co.za.
KEA Campers, 17 Sim Road, Pomona, Kempton Park, Gauteng, ☏ (+27) 11-230-5200, 🖷 (+27) 11-230-5166, E-Mail: reservationssa@keacampers.co.za; http://sa.keacampers.com. 4x4 mit und ohne Campingausrüstung (Dachzelte) sowie Campmobile.
Thrifty, Tambo Int. Airport Johannesburg, ☏ (+27) 11-3903454, 🖷 (+27) 11-390-2872, E-Mail: ortqueries@thrifty.co.za; www.thrifty.co.za.

Motorrad fahren

Botswana ist sicherlich kein Motorrad-Land, Spezialreiseveranstalter bieten jedoch mittlerweile Touren an. In den Nationalparks und Game Reserves sind Motorräder nicht zugelassen. Zum Fahrverbot in diesen Naturschutzgebieten kommen noch erschwerend die sommerliche Hitze sowie die enormen Entfernungen hinzu. Ebenfalls muss man davon ausgehen, dass man kaum geeignete Werkstätten findet.

Nationalparks/Naturschutzgebiete

Die Naturschutzgebiete Botswanas unterteilen sich in Nationalparks (höchste Schutzstufe) und Game Reserves (z.T. Nutzung der Bewohner, z.B. Jagen erlaubt). Sie sind ganzjährig geöffnet und machen 17 % der Staatsfläche Botswanas aus. In den meisten Parks gibt es Campingmöglichkeiten und meist luxuriöse Lodges als Unterkünfte zur Auswahl.

Sehr wichtig für Individualreisende

Alle Reservierungen beim DWNP sind bis 11 Monate im Voraus möglich (im Februar für den Januar des Folgejahres). Hauptreisezeiten sind: Mai–Oktober und Dezember–Mitte Januar (südafrikanische Sommerferien). Spontane Buchungen an den Gates sollen derzeit wieder möglich sein: Die privaten Betreiber der Campingplätze in den Parks haben tw. Mitarbeiter dort postiert, um Gäste ohne Buchung einlassen zu können. Verlassen Sie sich aber nicht darauf und **buchen Sie Campsites bei allen Anbietern im Voraus**! Die **Gepflogenheiten können sich schnell ändern**. Für die Buchungsadressen s. Stichwort Camping.

Überblick (von Norden nach Süden) – *s. auch Karte in der vorderen Umschlagklappe*

> **CHOBE NATIONAL PARK**

Größe: 10.566 km²
Tiere: Tausende von Büffeln, Elefanten, Elands, Giraffen, Impalas, Kudus, Zebras, auch Löwen und Leoparden sowie Hippos und Krokodile, viele Vögel, u. a. Schreiseeadler
Besonderheit: Im Park lebt die größte Elefantenpopulation im südlichen Afrika – über 10.000 Tiere. In der Regenzeit kommen Tausende von Zebras und Antilopen aus der Linyanti-

Region. Ornithologen, Fotografen und Liebhaber exklusiver Unterkünfte sind hier richtig.
Campingplätze: Savuti, Linyanti, Ihaha (s. S. 215, 219, 232)

▶ MOREMI GAME RESERVE
Größe: 4.871 km²
Tiere: Büffel, Elefanten, Elands, Giraffen, Impalas, Lechwe, Kudus, Zebras, Löwen, Leoparden, Hippos und Krokodile, viele Vögel.
Besonderheit: Der Park liegt inmitten des ca. ca. 15.000 km² **Okavango-Deltas** (ca. 1/3 der Fläche) und ist bekannt für seinen großen Löwenbestand, außergewöhnliches Wildreichtum und die abwechslungsreiche Vegetation aus Mopane- und Akazienwäldern, Lagunen und Sümpfen. Möglichkeit verschiedenster Aktivitäten: Kanusafaris, Buschwanderungen, Einbaumfahrten.
Campingplätze: Khwai/North Gate, South Gate, Third Bridge, Xakanaxa, Wilderness Islands (s. S. 199f).

▶ NXAI PAN NATIONAL PARK / MAKGADIKGADI PANS
Größe: 1.578 km2 / 3.900 km²
Besonderheit: Im und um den Park befinden sich die größten Salzpfannen der Welt, in der Regenzeit (Nov.–März) kommen Flamingos und Hunderte anderer Wasservögel zum Brüten, außerdem kann man die Migration von Gnus und Zebras beobachten.
Campingplätze: Baines' Baobabs, South Camp (Nxai Pans, s. S. 305/306); Khumaga, Tree Island Camp (Makgadikgadi, s. S. 314)

▶ TULI BLOCK/MASHATU GAME RESERVE
Größe: 350 km langer Streifen an der südöstlichen Grenze Botswanas
Tiere: u. a. Elefant, Kudu, Impala, Gnu, Giraffe, Löwe, Zebra, Leopard, ca. 350 Vogelarten
Besonderheit: Neben seiner Tiervielfalt (große Leopardenpopulation) ist Tuli Block für seine ungewöhnliche Topografie bekannt: Solomon's Wall z. B. sind 30 m hohe Basaltklippen. Die vielen Affenbrotbäume (Baobabs) trugen der Gegend den Beinamen „Land of the Giants" ein. Für Aktivurlauber: z. T. sind Mountainbiketouren und mehrtägige Reitsafaris möglich.

▶ CENTRAL KALAHARI GAME RESERVE
Größe: 51.800 km²
Tiere: u. a. Giraffe, braune Hyäne, Wildschwein, Leopard, Löwe, Elenantilope, Oryx, Kudu und schwarzmähniger Kalahari-Löwe.
Besonderheit: Eine faszinierende, einsame Landschaft mit weiten Flächen, Salzpfannen und ausgetrockneten Flussbetten, einst Heimat der San, der ersten Bewohner des südlichen Afrika, nur Camping, alles (auch Wasser) muss mitgeführt werden. Eher für erfahrene Afrika-Reisende zu empfehlen.
Campingplätze: Deception Valley, Kori, Lekhubu, Letiahau, Sunday Pan, Lengau (Leopard Pan), Piper Pan, Passarge Valley, Phokoje Pan, Motopi, Xade und Xaxa (s. S. 336/337)

▶ KHUTSE GAME RESERVE
Größe: 2.500 km²
Tiere: Elands, Giraffen, Impalas, Kudus, Gnus, Löwen, Leoparden, Hyänen, Wildhunde
Besonderheit: Trockene Kalahari-Buschsavanne, in der Regenzeit kommen die Tiere zum Trinken an die Salzpfannen, in denen sich mineralreiches Wasser sammelt. Hier werden keine großen Tierherden gesichtet werden können, aber die Einsamkeit der Kalahari macht einen Besuch dennoch zu einem besonderen Erlebnis.

Campingplätze: Khutse Pan, Mahurushele Pan, Khankhe Pan, Molose, Moreswe Pan, Sekusuwe (s. S. 342).

▶ KGALAGADI TRANSFRONTIER PARK
Größe: ca. 38.000 km²
Besonderheit: Der Drei-Länder-Park bietet eine faszinierende Landschaft aus roten Dünen und weiten, mit Kameldornbäumen bestandenen Flächen, durch die Oryx, Elenantilopen, Giraffen und Gnus ziehen. Mit etwas Glück kann man den schwarzhaarigen Kalahari-Löwen oder Leoparden aufspüren.
Campingplätze: Two Rivers, Rooiputs, Polentswa, Kaa, Sizatswe, Swartpan 1/2, Gnus Gnus, Thupapedi, Mabuasehube Gate, Mabuasehube Pan, Mpayathutlwa Pan, Khiding Pan, Lesholoago Pan, Monamodi Pan, Bosobogolo Pan (s. S. 349). Weitere Unterkunftsmöglichkeiten auf südafrikanischer Seite, Infos und Buchung unter www.sanparks.org

Weitere, kleinere Game Reserves: Gaborone Game Reserve, Maun Game Reserve, Mokolodi Nature Reserve, Manyelanong Game Reserve.

Die **Eintrittspreise** wurden über Jahre erhöht. Der Grund für die Erhöhung: Sehr viele Touristen – vor allem aus Südafrika – genossen zwar die unberührte Natur Botswanas, brachten aber sozusagen alles von „zu Hause" mit (von Lebensmitteln bis zum Bier). Für das Land bedeutete dies, dass zwar der Individualtourismus blühte und z.T. wahre Scharen südafrikanischer Fahrzeuge die Naturreservate besuchten, aber der Staat Botswana ging leer aus, weil praktisch kein Geld ins Land gebracht wurde. Ganz im Gegenteil: Die als unberührt geltenden Schutzgebiete mussten mit Massenansturmen fertig werden. Da half nichts anderes als eine drastische Erhöhung der Eintrittsgebühren (bis zu 1.000 %) durch den Minister of Commerce

Besonders die Parks im Norden Botswanas beeindrucken durch Tiervielfalt

and Industry. Die Erhöhungen treffen insbesondere die Individualreisenden. Ende 2009 kam es mit der Privatisierung der ehemals staatlichen Campingplätze zu einem weiteren Preissprung.

Für die **Eintrittspreise derzeit** s. Stichwort Camping bzw. Tabelle in den Grünen Seiten. Der DWNP wird Gerüchten zufolge 2014 die Eintrittspreise für das Moremi Game Reserve und den Chobe National Park erhöhen.

> **Hinweis**
>
> Das DWNP-Büro Maun ist für die Reservierungen in den nördlichen Parks zuständig, das in Gaborone für die in der Kalahari.

Seit 2011 ist es wieder möglich, die **Eintrittsgelder** für Personen und Autos an den Gates der Parks zu bezahlen. Es wird aber empfohlen, die Fees **vor Einfahrt in den Park** in einem der Büros zu entrichten und so ein Permit zu erwerben. Buchung und Zahlung (evtl. inkl. der DWNP-Campsites) sollte man frühzeitig von zuhause aus erledigen. Müssen Sie vor Ort jedoch die Büros des Wildlife Service (**Pay-Points**) aufsuchen, hier sind sie zu finden:
Gaborone: Kgale Millenium Park, gegenüber der Game City Hall
Ghanzi: aus Richtung Kang in Richtung der Shell-Tankstelle, vorbei an der Polizei und den Veterinär-Büros, auf der linken Seite
Kang: aus Ghanzi kommend links hinter der Puma-Tankstelle einbiegen, 1,5 km folgen, auf der linken Seite neben der Klinik

Kgalagadi Transfrontier National Park/Two Rivers Gate
Kasane: aus Richtung Nata auf dem Kazungula-Highway in Richting Airport Road, an der T-Kreuzung rechts (siehe Schild), in dieser Straße neben Thebe River Safaris
Sedudu Gate (Chobe): aus Richtung Kasane auf der Ngoma Road
Maun: von auf der Hauptstraße kommend, an der Polizei rechts abbiegen, hinter der Station der Ordnungshüter liegt das Büro
Letlhakane: im Komplex des Rural Administration Center (RAC), gegenüber des Spar-Supermarktes
Tsabong: nach der Ortseinfahrt rechts, geradeaus Richtung der Regierungsbüros, neben der einzigen Post
Francistown: im Stadtzentrum, im Ntshe House Complex, gegenüber des Shopwrite-Supermarktes

Permits und Gültigkeit: Wenn man außerhalb der Parks übernachtet bzw. nur als Transit durchfahren möchte (nicht möglich im Kgalagadi), kann man sich am besten vorher (oder an den genannten Gates) ein **day permit** besorgen. Bezahlte Campingplätze müssen bis 17.30 Uhr belegt sein – sonst verfällt der Anspruch ohne Rückerstattung des Geldes. Am nächsten Tag bzw. letzten Tag des Aufenthalts muss der Park bis 11 Uhr verlassen werden.

▶ **Öffnungszeiten der Gates** (Stand März 2013):
1. April bis 30. September   6–18.30 Uhr
1. Oktober bis 31. März   5–19 Uhr

Autofahren außerhalb dieser Zeiten ist in allen Naturschutzgebieten verboten!

Hinweis

Der grenzübergreifende **Kgalagadi Transfrontier Park inkl. Mabuasehube-Section** hat gesonderte Preise und Öffnungszeiten, angepasst an den südafrikanischen Teil.
Derzeitige Preise: Erwachsener über 15 Jahre P 20/Tag, Auto/Tag P 4, Campingpreise s. Stichwort Camping, Öffnungszeiten s. www.mewt.gov. bw/DWNP/index.php

> **Generelle Vorschriften und Bestimmungen**

Das **Verlassen des Fahrzeugs** ist nicht zulässig.
Man muss stets auf den ausgefahrenen Pisten und Wegen bleiben, **Off-Road-Fahren ist verboten**, verboten sind auch Nachtfahrten sowie das Befahren von Salzpfannen.
Höchstgeschwindigkeit: 40 km/h.
Schwimmen ist absolut verboten (Krokodile; Bilharziose-Gefahr).
Wildes Zelten ist ebenfalls strengstens untersagt, ebenso Schlafen unter freiem Himmel einfach auf dem Boden (Gefahr durch Tiere).
Nahrungsmittel: Alles muss gut verpackt sein und ins Auto gelegt werden, auf keinen Fall offen auf einem Tisch liegen lassen! Lebensmittel, v.a. Fleisch und Obst, nie ins Zelt legen!

Notfall/Notrufnummern

> **Polizei**: ☏ (+267) 999 (landesweit), Gaborone ☏ (+267) 395-1161, Kasane ☏(+267) 625-0230, Maun ☏ (+267) 686-0223; **Feuerwehr**: (+267) 998 (landesweit).

> **Erste Hilfe**

Rettungswagen: ☏ (+267) **997** (landesweit); **Medical Rescue International** (MRI) ☏ (+267) **992** (landesweit), ☏ (+267) 390-1601 (Flugrettung); **Okavango Air Rescue** ☏ (+267) **995** (landesweit). Siehe dazu auch Stichwort Ärztliche Versorgung.

> **Krankenhäuser**

Gaborone: Life Private Hospital ☏ (+267) 368-5600 od. 390-5765, Bokamoso Private Hospital ☏ (+267) 369-4000, Princess Marina Hospital (+267) 395-3221
Ghanzi: Primary Hospital (+267) 659-6333
Kasane: Chobe Medical Centre ☏ (+267) 625-0888, Chobe Private Clinic ☏ (+267) 625-1555
Maun: Delta Medical Centre ☏ (+267) 686-1411 (Empfehlung), Letsolathebe II Memorial Hospital ☏ (+267) 686-0444

Öffnungszeiten

Kernzeiten der Geschäfte sind wochentags von 9–12 und von 14–17 Uhr, am Samstag von 9–13 Uhr. Besonders in den größeren Städten, v.a. im Gaborone, kann man von erweiterten Öffnungszeiten ausgehen. Vor allem große Supermärkte sind wochentags z.T. bis 21 Uhr geöffnet, ebenso am Samstagnachmittag. Es gibt kein „Ladenschlussgesetz", deshalb öffnen manche Lebensmittel- und Souvenirgeschäfte auch sonntags die Türen. **Banken**, vor allem kleinere Filialen, haben teilweise nur vormittags auf.

Post

BotswanaPost (www.botspost.co.bw) gilt als zuverlässig, die Gebühren sind gering. Nach Europa dauert Luftpost etwa 5–6 Tage bei Aufgabe in den Städten. Kernöffnungszeiten: wochentags 9–12 und 14–16 Uhr, Samstag 9–12 Uhr. In größeren Städten gibt es eigene Postämter, in kleinere Orten Postagenturen.

Reiseapotheke

Die Reiseapotheke ist ein unter Fachleuten heftig diskutiertes Thema, das oft mehr von Emotionen als von Fakten geleitet wird. Die folgende Tabelle ermöglicht es, bei einem überschaubaren Sortiment alle häufigen, unterwegs möglichen Probleme in den Griff zu bekommen – vorausgesetzt, man hat das nötige Know-how. Alle Dauermedikationen, die man wegen irgendwelcher Erkrankungen zu Hause auch nimmt, werden wie gewohnt weiter eingenommen (genügend Vorrat für die Aufenthaltsdauer mitnehmen!). Dies gilt auch für Diabetiker, die mangels Zeitverschiebung weder Diät noch Medikation anpassen müssen.

> **Inhalt der Reiseapotheke (Grundausstattung)**

2	Verbandpäckchen, steril
1	Dreiecktuch
1 Rolle	Heftpflaster
0,5 m	Pflasterschnellverband
1	Folienrettungsdecke
1	Schere (entfällt ggf., wenn Taschenmesser vorhanden)
1	kleine Splitterpinzette
10 Tabletten	Schmerz-/Fiebermittel bzw. Entzündungshemmer (z.B. Ibuprofen®,
6 Tabletten	Magen/Darm/Übelkeit (z.B. MCP ratiopharm®) bzw. Entzündungshemmer
10 Tabletten	Durchfall (z.B. Imodium®)
1 Fläschchen	Wunddesinfektionsmittel (z.B. Kodan®, Betaisodonna®)
1	Sonnenschutz (Lippen!) mit hohem Lichtschutzfaktor (z.B. Anthélios®)
1	SamSplint® (Schiene)
2	Schutzhandschuhe (Vinyl oder Latex)
1	Elastische Binde, 8 cm breit
1 Tube	Augensalbe (Bepanthen-Augensalbe®)
1 Tube	Universalheilsalbe (z.B. Bepanthen®, Panthenol®)
1 Päckchen	Second Skin® oder Compeed® (Druckstellen/Blasen an Füßen)

Reiseart

s. Stichwort Safaris

Reise- und Safariveranstalter

Die überwältigende Natur mit ihren Weiten und ihrer Ursprünglichkeit ist in Botswana, obwohl sich die Situation in den letzten Jahren verändert hat und neue Straßen gebaut werden, in vielen Gegenden noch immer eine Herausforderung für Selbstfahrer. Wer sich eine Selbstfahrertour nicht zutraut, findet ein reichhaltiges Safari-Angebot.

Immer mehr Unternehmen spezialisieren sich auf den Touristik-Markt Botswana. Es gibt mittlerweile über 200 registrierte Botswana-Veranstalter. Auf den ersten Blick erscheinen die Preise für Safaris hoch. Wenn man aber bedenkt, dass z.B. Lebensmittel, Getränke, Benzin, Ersatzteile etc. von weither transportiert werden müssen und zum größten Teil auch noch importiert sind, so ist das Preisniveau absolut angemessen. Man muss auch bedenken, dass der Materialverschleiß an Fahrzeugen und Kleinflugzeugen (Landung auf Gras- und Buschpisten), hohe Wartungs- und Versicherungskosten und extrem hoher Benzinverbrauch auf schwierigen Pisten nicht gerade preismindernde Wirkungen haben. Und gute Safarileiter, die den größten Teil des Jahres in der Wildnis leben, kosten auch ihr Geld. Zusammenfassend bestimmen **folgende Kriterien** den Preis von Botswana-Safaris:

- Safari-Dauer,
- Routenführung und Routenlänge,
- Qualität der Safari-Fahrzeuge (Aussichtsplattform, Alter der Fahrzeuge),
- Teilnehmerzahl,
- Unterkunftsart,
- Aufenthalt am Rande oder im Zentrum des Okavango-Deltas,
  Aufenthalt in eigenen riesigen Konzessionsgebieten,
- Einsatz von Kleinflugzeugen, Motorbooten oder Mekoro,
- Qualität des Verpflegungsangebots,
- Qualität der Safari-Leitung.

Grundsätzlich gibt es folgende Safari-Strukturen:
eher preiswert: Überland-Safaris, entweder von Windhoek (Namibia), Johannesburg (Südafrika), Victoria Falls (Zimbabwe) oder Maun aus. Solche Safaris werden z.B. von **Nomad Adventure Tours** (am preiswertesten), **Drifters** sowie **Southern Cross Safaris** (ab/bis Windhoek) angeboten.
mittel bis teuer: Vororganisierte Touren in Kleingruppen als Fly-in-Safaris. Man fliegt bzw. fährt Teilstrecken in Botswana von Lodge/Camp zu Lodge/Camp und nimmt jeweils sternförmig an Safaris teil. Empfehlenswerte **geführte Campingsafaris** bietet **Bush Ways** an (www.bushways.com).
teuer: Speziell für Reisende zusammengestellte Fly-in-Safaris mit völlig individuellem Safariplan und erstklassiger Rundum-Betreuung (d.h. freie Auswahl der Termine, der gewünschten Camps sowie der Aufenthaltsdauer). Auf diese Form von Safaris sind Ker & Downey Safaris (KDS), AndBeyond, Wilderness Safaris, Orient Express und Gametrackers spezialisiert. **Geführte Lodge-** sowie **Fly-In Safaris** bieten zudem **Safari Destinations** mit Sitz in Maun an (www.safaridestinations.de).

▶ Safariunternehmen

Im Folgenden sollen von A–Z einige bewährte Safari-Unternehmen kurz vorgestellt werden, deren Preis-Leistungs-Verhältnis stimmt – egal, ob sie im Budget- oder im Luxussegment operieren. Alle genannten Unternehmen können durch deutsche Veranstalter gebucht werden. Weitere Anbieter in Maun s. S. 167f.

AndBeyond (www.andbeyondafrica.com) bietet in den oberen und obersten Preisklassen und Qualitätskategorien Botswana-Safaris an. Eine Fülle von Abfahrtsterminen und Routen steht zur Verfügung.
Bush Ways (www.bushways.com) bietet rustikale, aber sehr empfehlenswerte geführte Camping-Safaris an. Die Touren gehen durch ganz Botswana, unter anderem gibt es eine Ka-

Bei den günstigen Safaris ist tatkräftige Mithilfe gefragt

> **Hinweis**
>
> Alle Safaris können bei europäischen Veranstaltern gebucht werden, z.B. bei Iwanowski's Individuelles Reisen, ☏ +49 (0) 2133/2603-0, www.afrika.de.

lahari-Tour mit Besuch bei den San (7 Tage). Außerdem wird eine 12-tägige Safari in komfortablen Lodges durch den Norden Namibias und Botswanas mit einem Abstecher zu den Victoria Falls angeboten.

Drifters (www.drifters.co.za) ist preiswert, jedoch etwas teurer als Nomad Adventure Tours (s.u.) und startet z.B. eine 16-tägige Tour in Johannesburg. Diese Rundfahrt – inkl. Victoria Falls – bietet im Gegensatz zu Nomad „mehr Botswana", da die Aufenthalte im Okavango-Delta und in Savuti/Chobe länger sind. Es wird in guten, sehr bequemen Geländebussen gereist, man übernachtet in Zelten. Und wie bei Nomad ist Mithilfe beim Zeltaufbau und bei der Essenszubereitung ein Muss.

Jenman African Safaris (www.jenmansafaris.com; www.safariafrika.de) veranstaltet reine Camping-Safaris (z.B. 9 Tage von Maun über Moremi und Chobe nach Victoria Falls), Safaris mit festen Unterkünften (z.B. 15 Tage von Victoria Falls über den Caprivi und das Okavango-Delta nach Namibia) sowie solche, bei denen Camping- und feste Unterkünfte gemischt werden. Alle Touren bringen den Reisenden zu den wichtigen Highlights und sind sehr gut organisiert.

Ker & Downey Safaris (www.kerdowney.com) hat von Ostafrika schon einen legendären Ruf nach Botswana mitgebracht. Dem relativ hohen Preis stehen außergewöhnliche Safarierlebnisse in eigenen Camps entgegen. Alle Aktivitäten werden auf die individuellen Wünsche abgestimmt. Die Safaris finden in Land Rovern, Booten und zu Fuß statt. Selbstverständlich sind die Camps sehr gut ausgestattet und die Verpflegung ist exzellent. Diese Safaris sind englischsprachig.

Nomad Adventure Tours (www.nomadtours.co.za) bietet die preiswertesten Safaris an, die vor allem für budgetorientierte Reisende ideal sind – für weniger Geld bekommt man nirgendwo mehr zu sehen. Man reist in großen geländegängigen Wagen und übernachtet in Zelten. Beim Auf- und Abbau sowie bei der Essenszubereitung muss jeder mit anpacken. Die Fahrten starten z.B. in Kapstadt und führen durch Namibia und zum Okavango-Delta. Abschluss bildet der Aufenthalt in Victoria Falls.

Southern Cross Safaris (www.southern-cross-safaris.com) bietet zu mittlerem Preis unter anderem eine 17-tägige Botswana-Safari an, die durch den Caprivi über Victoria Falls, Chobe, Savuti und Moremi bis in die Kalahari führt. Die Tour ist deutschsprachig.

Wilderness Safaris (www.wilderness-safaris.com) verfügt über die meisten, sehr hochpreisigen Camps in Botswana. Allen gemeinsam ist eine tolle, exklusive Lage in zum Teil unglaublich großen Konzessionsgebieten. Die Luxuszelte sind mit allem Komfort eingerichtet, die Ranger erstklassig

Reisezeit

Botswana kann prinzipiell zu allen Reisezeiten besucht werden. Man unterscheidet die winterliche Trockenzeit sowie die sommerliche Regenzeit.

Die **Trockenzeit** beginnt Ende April und dauert bis Ende August. Am Tage sind die Temperaturen sehr angenehm (20–25°C), nachts kann es sich – vor allem in vegetationsarmen Gebieten – sehr stark abkühlen. Teilweise können die Temperaturen in der Kalahari unter null sinken. Je weiter die Trockenzeit fortgeschritten ist, desto mehr Wasser bringt der Okavango in den südlichen Delta-Teil. Für Tierbeobachtungen ist dies eine gute Zeit, da das Wild Wasserstellen aufsucht. Ebenso wird mit zunehmender Trockenheit die Vegetation lichter, sodass die Tiere leichter zu sehen sind.

Ab September wird es nicht nur immer trockener, sondern auch heißer. Dies ist ebenfalls eine wunderbare Zeit für Tierbeobachtungen. Allerdings sollte man die Gebiete der Zentralkala-

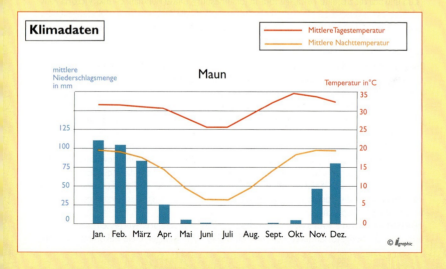

hari meiden, da es windig und staubig sowie die Landschaft sehr trocken ist. Die Trockenzeit klingt allmählich gegen Ende November aus.

Von Ende November bis Mitte April ist **Regenzeit**: Es wird sehr heiß und sehr schwül. Doch gerade jetzt wird die Landschaft schön: Das frische Grün der Vegetation erfreut das Auge, Wildblumen blühen und es gibt tolle Wolkenformationen in der Kalahari. Am Okavango-Delta allerdings lassen die Tierbeobachtungsmöglichkeiten nach und viele Camps sind geschlossen. Dies ist die beste Zeit, die Schönheit der Kalahari-Parks zu erfahren. Allerdings können sich manche Pisten in wahre Schlammgruben verwandeln.

Weitere Informationen siehe unter **Klima**, S. 33.

Reservierungen

Vor allem in der Hochsaison (Osterzeit, die trockenen Monate Juni–Oktober, Weihnachtszeit) sollten Sie **überall frühzeitig reservieren!**
Die Campingplätze in den Nationalparks sollten auf jeden Fall vorab reserviert werden. Die Buchung gestaltet sich seit Beginn der Privatisierungen Ende 2009 gar nicht mehr so einfach, da es nun sechs Buchungsadressen gibt, wobei die Parkeintritte weiterhin beim Department of Wildlife and National Parks (DWNP) zu entrichten sind, s. Stichwort Camping.
Frühes Reservieren gilt auch für die privaten Safari Camps und Lodges. Ebenso ist in der Hochsaison die längerfristige Buchung von Fahrzeugen oder Safaris dringend anzuraten, da die Kapazitäten stark begrenzt sind.

Safaris

Generell kann man zwischen einer privaten, individuellen Safari mit einem Mietwagen oder einer organisierten Tour unterscheiden. Beides hat Vor- und Nachteile und sollte in jedem Fall den Wünschen jedes einzelnen angepasst sein.

Bei einer **Selbstfahrertour** liegen die Vorteile auf der Hand: Man ist unabhängiger in seiner Reiseplanung, entscheidet spontan über die Länge der einzelnen Etappen und die Zeit, die man sich für Beobachtungen nimmt. Legt man sich schon vorab auf eine bestimmte Strecke fest, kann man auch die ersten Unterkünfte im Voraus buchen, was ohnehin in der Hauptsaison sehr zu empfehlen ist. Ob man campen, in einfachen Gästefarmen am Familienleben teilnehmen oder in Hotels oder luxuriösen Lodges übernachten möchte, kann frei entschieden werden.

Tipp: 4x4 Fahrtraining

In Namibia gibt es verschiedene Anbieter, die ein **Fahrtraining für Offroad-Wagen** anbieten, empfehlenswert sind z.B. Karasburg 4x4 (www.karas4x4.iway.na) und Be Local (www.be-local.com). Wer schon mal in Deutschland üben möchte, der kann sich z.B. an Abenteuer & Fahren wenden (www.abenteuerundfahren.de). Weitere Hinweise für Selbstfahrer s. Stichwort Autofahren.

Eine gewisse Portion **Abenteuerlust** darf aber hier nicht fehlen: Autopannen, sich selber mit der Karte oder dem GPS-Gerät in einem fremden Land zurechtfinden, auf mehr oder weniger gut ausgestatteten Campingplätzen übernachten – und vor allem die Bereitschaft, sich auf Land und Leute einzulassen und sich in ungewohnten Situationen zurechtzufinden sind hier gefragt. „Einsteigerländer" für Selbstfahrer sind z. B. Südafrika und Namibia. Viele, zumeist gut ausgebaute Strecken kann man mit einem normalen Pkw befahren, die touristische Infrastruktur ist exzellent. Aber auch Botswana ist in großen Teilen als Selbstfahrer machbar – es muss beim ersten Besuch ja nicht direkt die einsamste und anspruchsvollste Strecke gewählt werden. Eine **gute Planung** und vor allem realistische Einschätzung seiner (Fahr-)Fähigkeiten ist unbedingt vonnöten. Im Auge behalten sollte man folgende Punkte:

▶ Zeitfaktor

Eine individuelle Safari lässt sich nicht immer innerhalb eines festen Zeitrasters realisieren. Man denke nur an mögliche Wagenpannen, die u. U. den gesamten Reiseplan durcheinanderwerfen. Zeitangaben für spezielle Streckenabschnitte in diesem Buch beziehen sich denn auch auf Etappen ohne Pannen und Steckenbleiben.

Einkaufsmöglichkeiten unterwegs sollte man nutzen (Bäckerei in Gumare)

▶ Lebensmittelversorgung

Es ist notwendig, eine Grundausstattung an Lebensmitteln (s. S. 86) mitzunehmen, da es unterwegs oft über weite Strecken keine Einkaufsmöglichkeiten gibt.

▶ Gefahren

Da man in der Wildnis übernachtet, muss man damit rechnen, das Nachtlager mit wilden Tieren zu teilen. So kann es durchaus passieren, dass Elefanten, Löwen oder Hyänen um das Zelt herumstreichen (so z.B. in Moremi oder Savuti).

In den privaten Wildschutzgebieten mit z. T. sehr luxuriösen Unterkünften ist man in jeglicher Hinsicht bestens versorgt – das allerdings schlägt sich auch im Preis nieder. In offenen Geländewagen und mit ausgebildeten Rangern wird auf die Pirsch gefahren. Diese Art der Reisegestaltung ist eine ideale Kombination aus den Elementen „selbstbestimmt" und „organisiert" und entspricht somit einer „organisierten Selbstfahrertour".

Organisierte Safaris in unterschiedlich großen Gruppen sind in der Regel etwas preisgünstiger und man braucht sich um die Organisation keine Sorgen zu machen. Zudem werden einem mitunter Gebiete zugänglich gemacht, die man alleine nicht erreichen kann oder nur zu einem wesentlich höheren Preis, wie z. B. mit einem kleinen Charterflugzeug. Allerdings können unterschiedliche Interessen hier durchaus zu Spannungen führen. Wer es sich leisten kann, kann eine private Chauffeurtour für sich und seine Mitreisenden buchen.

Reine **Flugsafaris** (sog. Fly-In-Safaris) sind die Variante für Menschen mit wenig Zeit, aber viel Geld. Hier wird man mit dem Kleinflugzeug von Lodge zu Lodge geflogen (allesamt luxuriös). Zu vielen Camps, z. B. im Okavango-Delta, gelangt man sogar nur mit dem Flugzeug. In den Parks selber gibt es noch weitere Möglichkeiten, die afrikanische Wildnis zu entdecken: Walkingsafaris oder einfache Campingsafaris für den Naturliebhaber, Safaris mit Pferden oder Elefanten für diejenigen mit einem Hang zu ausgefallenen Vergnügungen, mit dem Heißluftballon für die Romantiker oder mit dem Einbaum (Mokoro) für die stillen Entdecker – für jeden Geschmack ist etwas dabei.

Schlangen

Es gibt zwar viele und auch einige giftige Schlangen, jedoch wird man selten welche sehen. Die meisten flüchten lange, bevor man sie entdeckt hat. Insgesamt sind zwar über 70 verschiedene Giftschlangen im südlichen Afrika beschrieben, jedoch sind unter Touristen Unfälle extrem selten. Andererseits beißt eine Giftschlange zu, wenn man sie überrascht oder darauf tritt. Das heißt allerdings nicht, dass sie auch Gift injiziert! Die Schlangengefahr ist also eine mehr mystisch-psychische Gefahr. Die meisten Unfälle ereignen sich übrigens mit Züchtern und Schlangenliebhabern! Problematisch erscheint allenfalls die Puffotter, die mit ihrer extrem guten Tarnfarbe im Sand liegen bleibt und sehr giftig ist.

Also **Augen auf** und knöchelhohe Schuhe im Gelände tragen! Sollte es trotzdem zu einem **Schlangenunfall** kommen, so gilt vor allem eines: **Ruhe bewahren** und die **Schlange in Ruhe lassen**! Empfehlungen wie „Schlange fangen und mit zum Arzt bringen" sind nicht nur mit dem Naturschutz dieser seltenen Tiere unvereinbar, sie sind für therapeutische Entscheidungen völlig überflüssig, und der Jäger riskiert mit hoher Wahrscheinlichkeit weitere Bisse. Sicherer ist es, wenn man sich das Aussehen der Schlange so gut wie möglich merkt. Der gebissene Körperteil wird ruhig gehalten, evtl. mit dem SamSplint **geschient** (s. Stichwort Reiseapotheke) und **gestaut**. Hierzu wickelt man eine Mullbinde (so als ob man einen Verband anlegen wollte, nur fester) um den Körperteil zwischen Bisswunde und Körperstamm so fest wie möglich (keine Gewaltanwendung). Die Venen sollten nach dem Stauen auf dem Fuß- oder Handrücken prall gefüllt aussehen, der Puls sollte am Handgelenk bzw. Fußrücken noch tastbar sein. Kühlen der Bisswunde verzögert die Giftaufnahme etwas.

Wenn überhaupt, kann man in den allerersten Minuten nach dem Biss durch das Absaugen die Giftmenge vermindern. Passiv zum nächsten **Arzt** (wenn möglich in ein Krankenhaus) transportieren, bereits auf dem Weg dorthin bei der nächsten sich bietenden Gelegenheit telefonisch das Problem ankündigen. In schweren Fällen gilt zwar prinzipiell, dass möglichst der Arzt zum Patienten kommt und nicht umgekehrt, eine Forderung, die in den meisten Gebieten Botswanas aber eher theoretischer Natur sein dürfte. **Vorsicht** bei Unfällen mit den selteneren Speikobras: Ihr Gift muss sofort aus den Augen gewaschen werden!

Sicherheit

Botswana ist ein **sicheres Reiseland**. Zwar ist auch hier die Kriminalität in den letzten Jahren gestiegen, doch wenn man die elementaren Sicherheitsmaßnahmen beachtet, braucht man nichts zu fürchten. Nachts sollte man in den Städten aber nicht zu Fuß gehen. Auf **Campingplätzen** sind Diebstähle selten, trotzdem sollte man dort (wie überall) keine Wertsachen oder Geld im Zelt lassen!

Handwerkskunst in Ghanzi

Souvenirs

Besonders beliebte Souvenirs sind Flechtwaren, Ledererzeugnisse und Tierfelle. In der Gegend um Maun sowie in Ghanzi bieten Einheimische **Korbwaren** an den Wegen an, auch in Etsha gibt es sehr dekorative Korbprodukte. Das Kuru Art-Projekt in D'kar bei Ghanzi verkauft zeitgenössische **San-Gemälde** und **-Drucke** (www.kuruart.com). Die Leatherworks in Pilane (nahe Mochudi) verkaufen gute Lederschuhe, Taschen, Gürtel und Geldbörsen. In Odi (zwischen Pilane und Gaborone gelegen) kann man wunderschöne Wandteppiche erstehen. In der Umgebung von Gaborone gibt es einige Töpfereien, z.B. in Thamaga die Thamaga Pottery.

Sprache

Englisch ist die Umgangssprache in den Städten sowie größeren Orten und wird auch als Amts- und Handelssprache genutzt. SeTswana wird neben zahlreichen anderen Sprachen (s. S. 53) auf dem Lande gesprochen, doch gibt es auch in den abgelegenen Siedlungen zumeist jemanden, der etwas Englisch versteht. Zeitungen erscheinen in Englisch, ebenso sind die meisten Nachrichtensendungen englischsprachig. Niemand wird vom Reisenden die Beherrschung der SeTswana-Sprache erwarten, doch kommt es gut an, wenn man zumindest ein paar Höflichkeiten ausdrücken kann:

Pula	Regen, ebenso Währungsname; wird aber auch als Begrüßung verwendet
kea itumela	danke
dumela	hallo
kae	wo
eng	was
mang	wer
jang	wie
go same	toll, prima, alles in Ordnung

Wer sich für die Landessprache interessiert, kann sich im Internetbuchhandel folgendes Wörterbuch bestellen: Websters Tswana – English Thesaurus Dictionary.

Taxi

Taxis gibt es nur in den Städten wie Gaborone, Francistown, Lobatse und Selebi-Phikwe. Der Fahrpreis sollte vorher vereinbart werden, da es keine Taxiuhren gibt. Taxis erkennt man an blauen Nummernschildern.

Telefonieren

Vorwahl von Botswana: 00267 – dahinter die 7-stellige Zahl, von der die ersten drei Ziffern die Telefonregion kennzeichnen (öffentliche Stellen haben oft aber auch die älteren 6-stelligen Nummern beibehalten).

Vorwahl nach Deutschland: 0049, in die Schweiz 0041, nach Österreich 0043
In den abgelegenen Wildnis-Gebieten wie z. B. dem Central Kalahari Game Reserve oder dem Kgalagadi Transfrontier Park ist eine Kommunikation nur mit **Satelliten-Telefonen** möglich. Leihen kann man Geräte u.a. bei www.satfon.de.

Telefonieren über **Handy** ist in größeren Städten, zentralen Orten sowie entlang der Hauptstrecken möglich. Die botswanischen Betreiber heißen Mascom Wireless (www.mascom.bw) und Orange Botswana (www.orange.co.bw). Mit einer Telefonkarte (erhältlich in Hotels, Tankstellen und manchen Geschäften) kann man einfach lostelefonieren.

Trinkgeld

In Restaurants sowie Hotels sollte man etwa 10 % geben (manchmal schon im Preis eingerechnet). Ebenso erwarten Safari-Guides, Mokoro-Fahrer sowie das Personal in Camps ein Trinkgeld. Man sollte pro Person/pro Tag 5 US$ für das gesamte Camp-Personal (hierfür gibt es in den meisten Camps eine sog. „General Tip Box") und ebenfalls 5 US$ pro Aktivität für den Guide einplanen.

Trinkwasser

Leitungswasser ist oft sehr chlorhaltig. Unterwegs ist es am besten, nur Grundwasser aus Bohrlöchern zu trinken. Wenn man nicht sicher ist, sollte man das Wasser abkochen oder mit Spezialfiltern reinigen. Mit Hilfe der sog. „Katadyn-Pumpe" kann man mühelos Wasser entkeimen, ebenso durch Zugabe von Micropur-Tabletten.

Unterkunft

> **Campingplätze:** s. Stichwort Camping

> **Hotels**

In den größeren (und touristischen) Orten wie Gaborone, Francistown, Maun und Kasane gibt es akzeptable Hotels, in denen neben Touristen auch Geschäftsreisende übernachten. Diese sind von der Qualität her meist in Ordnung, aber lassen natürlich das „afrikanische Flair" der Lodges oder Campingplätze vermissen.

> **Lodges**

Lodges stellen besonders hochwertige Unterkünfte inmitten privater Wildschutzgebiete dar. Die Unterkünfte sind in der Regel architektonisch besonders kreativ und schön. Ein Hauch von mehr oder weniger Luxus umgibt da so manche Lodge, auf ausgezeichnetes Essen und eine entsprechende Präsentation wird großer Wert gelegt. Je nach Lodge gibt es eine Vielzahl von Aktivitäten, vor allem aber Wildbeobachtungsfahrten mit Rangern, mit denen man auch beim Essen zusammensitzt. Sundowner-Fahrten, Überraschungs-Frühstück in der Natur und gute Erklärungen zu Fauna und Flora gehören dazu ebenso wie Afrika-typische offene Land Rover. Grundsätzlich gehören solche Lodges zu den teuersten Unterkünften im Lande.

Viele Lodges bieten auch Luxuszelte auf Holzplattformen als Unterkünfte an. Dies sind riesige Zelte mit Bad und Toilette, sehr oft ganz toll afrikanisch eingerichtet, mit eigener Veranda und manchmal sogar noch einem kleinen privaten Pool.

Community Based Tourism

Im Zuge des expandierenden Tourismus in Botswana wird mehr und mehr versucht, nicht nur die großen Safarianbieter, sondern auch die Bevölkerung vor Ort davon profitieren zu lassen. Zumeist in sehr ländlichen Gebieten ist es das Ziel, die Lebensbedingungen der Gemeinden zu verbessern, indem Hilfen gegeben werden, touristische Projekte zu entwickeln und dadurch Arbeitsplätze zu schaffen.

Der im Lande reisende Tourist soll dadurch die Möglichkeit erhalten, verstärkt mit der einheimischen schwarzen Bevölkerung in Kontakt zu treten, indem er die eingerichteten Kunsthandwerkstätten, traditionellen Dörfer, Campingplätze, Restcamps, Museen besucht bzw. sich der einheimischen Fremdenführer bedient. Immer steht die Einbeziehung der lokalen Bevölkerung im Vordergrund: Sie soll in erster Linie vom Tourismus als Einnahmequelle profitieren. So handelt es sich bei den Community Camps grundsätzlich um einfache, aber saubere Lager. Für den kleinen Komfortverzicht aber wird man mit einem guten Einblick in die afrikanische Lebens- und Denkweise belohnt. Weitere Informationen unter www.cbnrm.bw.

Einige Community Projects in Botswana:
Okavango Polers Trust, Seronga: Im Norden des Okavango-Deltas wird ein kleiner Campingplatz betrieben und es werden Mokoro-Safaris angeboten. Anreise über Shakawe mit dem Boot. Infos und Buchung: ☏/🖷 (267) 687-6861, E-Mail: okavangodelta@botsnet.bw; www.okavangodelta.co.bw

Ju/'hoansi San, Hambukushu, nahe Tsodilo Hills: Der Campingplatz steht unter Verwaltung der San, die auch die Touren zu den Felszeichnungen vornehmen. Zudem gibt es ein Museum und Souvenirs zu kaufen. Infos und Buchung: ☏ (267) 687-508-4 o. -5, E-Mail: k.rousset@botsnet.bw.

Bayei, Sankuyo Village, South Gate, Moremi: Die Lodge ist das Vorzeigebeispiel eines „community based project". Betrieben wird sie von Bewohnern des Sankuyo Village. Ihnen wurde auch das Konzessionsgebiet der Region übertragen, in dem unter anderem die seltenen Wildhunde leben. Zudem gibt es einen Campingplatz. Infos und Buchung: ☏ 680-0664, 📠 680-0665.

Nata Bird Sanctuary, Nata: Camping und Vogelbeobachtung nahe den Makgadikgadi Pans für Reisende, die nach/von Maun oder Kasane kommen. Das Gelände wird von den vier umliegenden Gemeinden betrieben, die hier auch Workshops veranstalten. Infos und Buchung: ☏ (267) 715-44342, http://natavillage.typepad.com

Versicherungen

Es ist zu empfehlen, eine **Auslands-Krankenversicherung** abzuschließen. Ebenfalls sind eine Reiserücktritts- und Reiseausfall-Versicherung anzuraten (hohe Stornokosten der Reiseveranstalter) sowie eine Gepäckversicherung.

Veterinärkontrollen

Generell dürfen keine frischen Lebensmittel nach Botswana eingeführt werden, das betrifft vor allem rohes Fleisch, aber auch Obst und Gemüse. Damit soll ein Ausbruch der Maul- und Klauenseuche verhindert werden. Die Intensität der Kontrollen an den Grenzübergängen und Veterinärzäunen hat in ganz Botswana in 2011 zugenommen. Im schlimmsten Fall geht es für Sie mit Schuhen und Auto durch eine Desinfektionsflüssigkeit und die Frischware, falls

Der Check am Veterinary Fence beinhaltet mitunter auch einen Blick in den Kühlschrank

man welche dabeihat, kann einem abgenommen werden. Kontrolliert wird in jedem Fall immer dann, wenn man ein Gebiet mit Maul- und Klauenseuche verlässt.

Da die Auswahl an Lebensmitteln **in Windhoek bzw. Johannesburg** größer ist, sollte man sich nach der Ankunft dort schon einmal eine **Grundversorgung trockener Lebensmittel sicher stellen** und diese dann in Ghanzi bzw. der ersten größeren Stadt Botswanas mit Frischware ergänzen.

Zeit

Während unserer Sommerzeit gibt es keinen Zeitunterschied. In der übrigen Zeit muss man die Uhr eine Stunde vorstellen.

Zeitungen

Daily News: Offizielle Regierungszeitung mit nationalen und internationalen Nachrichten – erscheint täglich, www.dailynews.gov.bw.
The Monitor/Mmegi: „Mmegi" bedeutet „Reporter" – einziges unabhängiges landesweites Tageszeitungshaus neben der regierungstreuen Daily News, www.mmegi.bw.
Ngami Times: Zeitung des Ngami-Landes (Nordbotswana), www.ngamitimes.com.
Gazette: unabhängig, nur Donnerstag, www.gazettebw.com.
Botswana Guardian: unabhängig, nur Freitag, www.botswanaguardian.co.bw.

An internationalen Zeitungen sind in einigen Hotels z.B. The International Herald Tribune erhältlich, ebenso die Times und Newsweek.

Zoll

Botswana gehört seit 1969 zur Zollunion (Southern African Common Customs Area), zu der zudem Lesotho, Swaziland, Namibia und Südafrika gehören. Alle Güter, die man aus diesen Ländern mitbringt, sowie Produkte für den persönlichen Bedarf sind zollfrei. Weitere mitgeführte Waren dürfen im Gesamtwert nicht mehr als ZAR 10.000 (South African Rand) pro Person betragen, oder sie sind entsprechend zu verzollen.

Reist man von außerhalb der Zollunion direkt nach Botswana, so gibt es folgende Einfuhrbeschränkungen: 2 Liter Wein, 1 Liter Bier und Spirituosen, 400 Zigaretten, 50 Zigarren, 250 g Tabak, 50 ml Parfum, 250 ml Eau de Toilette, 1 kg Seife.

Die Einfuhr von **Frischwaren** ist verboten (s. auch Veterinärkontrollen). Wer im Kgalagadi Transfrontier Park nach Südafrika einreist (über Mata Mata und Twee Rivieren), darf außerdem kein Holz einführen.

Entfernungstabelle

Allgemeine Reisetipps von A bis Z

	Bokspits	Francistown	Gaborone	Ghanzi	Jwaneng	Kang	Kanye	Kasane	Kazungula	Lobatse	Mahalapye	Maun	Nata	Orapa	Palapye	Ramatlabama	Ramokgwebama	Selebi-Phikwe	Serowe	Serule	Tshabong	Werda
Bokspits	—	1156	m874	m724	k591	591	645	d1755	d1747	649	921	c1151	d1455	1397	1000	697	1239	i1134	1046	1046	246	381
Francistown	1156	—	433	g778	f871	629	547	488	480	508	235	492	188	240	163	556	82	151	210	84	910	777
Gaborone	m874	433	—	e712	202	519	120	f1438	a921	75	198	a915	a621	a909	366	123	515	402	315	342	478	350
Ghanzi	m724	g778	e712	—	274	240	592	g1013	d920	637	400	286	g590	d933	g988	685	g929	g860	g988	g869	619	491
Jwaneng	k591	f871	202	274	—	240	82	a1122	a1109	127	363	a1152	a1122	a1010	471	175	605	711	517	545	333	198
Kang	591	629	519	240	240	—	319	d1152	d1245	363	636	318	d865	f1110	708	411	953	840	747	780	345	217
Kanye	645	547	120	592	82	319	—	a1029	b1041	45	318	a1035	a741	792	390	93	635	522	429	462	399	283
Kasane	d1755	488	f1438	g1013	a1122	d1152	a1029	—	12	996	735	273	312	a732	748	1056	582	651	585	709	1411	1283
Kazungula	d1747	480	a921	d920	a1109	d1245	b1041	12	—	1008	735	273	a690	a720	663	1044	590	709	462	572	1399	1271
Lobatse	649	508	75	637	127	363	45	996	1008	—	273	a990	h616	300	345	48	651	477	417	417	410	275
Mahalapye	921	235	198	400	363	636	318	735	735	273	—	a690	312	h604	72	345	380	321	111	144	676	548
Maun	c1151	492	a915	286	a1152	318	a1035	273	273	a990	a690	—	717	300	a720	1048	574	204	702	583	c905	777
Nata	d1455	188	a621	g590	a1122	d865	a741	312	a690	h616	312	717	—	a420	351	744	270	321	398	279	1099	965
Orapa	1397	240	a909	d933	a1010	f1110	792	a732	a720	300	h604	a690	a420	—	403	796	322	475	339	324	1151	1017
Palapye	1000	163	270	g941	471	708	390	748	663	345	72	a720	351	403	—	393	270	132	47	72	748	620
Ramatlabama	697	556	123	685	175	411	93	1056	1044	48	345	a1048	744	796	393	—	638	525	432	465	451	323
Ramokgwebama	1239	82	515	g929	605	953	635	582	639	651	380	574	270	322	270	638	—	233	292	164	993	865
Selebi-Phikwe	i1134	151	402	g860	711	840	522	651	651	477	321	204	321	475	132	525	233	—	179	60	888	754
Serowe	1046	210	315	g988	517	747	429	585	709	417	111	702	398	339	47	432	292	179	—	119	800	666
Serule	1046	84	342	g869	545	780	462	709	572	417	144	583	279	324	72	465	164	60	119	—	828	693
Tshabong	246	910	478	619	333	345	399	1411	1399	410	676	c905	1099	1151	748	451	993	888	800	828	—	128
Werda	381	777	350	491	198	217	283	1283	1271	275	548	777	965	1017	620	323	865	754	666	693	128	—

Die Strecken führen über: a Francistown b Gerta c Ghanzi d Gweta e Kang f Lobatse g Maun h Nata i Palapye k Sekoma m Werda

Das kostet Sie Botswana
— Stand: März 2013 —

Die „Grünen Seiten" sollen ein Preisbeispiel für den Urlaub in Botswana geben, damit man sich ein realistisches Bild über die Kosten einer Reise und eines Aufenthaltes machen kann. Natürlich sollte man die Preise nur als vage **Richtschnur** auffassen. Bei einigen Produkten/Leistungen ist eine Preis-Spannbreite angegeben.

Im April 2010 gab es eine Mehrwertsteuererhöhung von 2 % auf nunmehr 12 %, Reisen nach Botswana sind dementsprechend teurer geworden.

Hinweis

In diesem Buch werden Regionen verschiedener Länder beschrieben, weshalb neben US$-Angaben auch die jeweiligen Landeswährungen angegeben sind. Die Unterkünfte-Klassifizierungen sollen Anhaltspunkte bieten, um welche Preiskategorie es sich im jeweiligen Land bzw. in der jeweiligen Region handelt. Daneben sind immer noch die konkreten Preise angegeben (in Pula, US$, Rand oder Namibia-Dollar)

Aktuelle Kurse		
1 US$		0,77 €
10 Pula	(Botswana)	0,93 €
10 Pula		1,20 US$
10 ZAR	(Südafrika)	0,82 €
10 ZAR		1,07 US$
10 N$	(Namibia)	0,82 €
10 N$		1,07 US$

Der Namibia-Dollar ist paritätisch an den Südafrikanischen Rand gekoppelt.
Aktuelle Wechselkurse unter www.oanda.com

Flugpreise

Grundsätzlich variieren die Flugpreise je nach Zielflughafen und Verbindung (s. S. 87f) sowie Saison und Verfügbarkeit stark.

Preisbeispiele für die Economy Class:
Air Namibia (www.airnamibia.com) bietet Windhoek und zurück sechs bis sieben Mal pro Woche für ca. 780–1.170 € an, nach Maun/Victoria Falls muss man mit 960–1.380 € rechnen (Rail & Fly zubuchbar).

South African Airways (www.flysaa.com) fliegt tägl. nonstop ab München und Frankfurt nach Johannesburg. Es ist möglich, von jedem deutschen Flughafen (Zubringerflug: Lufthansa) in das südliche Afrika zu fliegen und dabei u.a. folgende Ziele als Anflug- oder Abflughafen zu nutzen: Johannesburg, Windhoek, Victoria Falls, Maun. Die Preise bewegen sich inkl. Rail & Fly zwischen ca. 720 und 1.200 €.

Gaborone ist direkt von Europa nicht anzufliegen, man erreicht es mit einer Zwischenlandung in Johannesburg oder Windhoek. **Air Botswana** (www.airbotswana.com.bw) verbindet Gaborone mit Maun, Kasane, Francistown, Harare und Johannesburg für ca. 200–300 € hin und zurück.

Lufthansa (www.lufthansa.com) bietet Flüge ab allen deutschen Flughäfen über Frankfurt tägl. nach Johannesburg an. Preise zwischen 720 und 930 €.

Zudem gibt es günstige **Umsteigsverbindungen** nach Johannesburg, z.B. über Amsterdam mit **KLM** (www.klm.com) ab 660 €, über Paris mit **Air France** (www.airfrance.com) ab 670 € oder über London mit **British Airways** (www.ba.com) ab 725 €.

Mietwagen

 Hinweis

Zu den im Folgenden genannten Preisen, die sich auf Namibia beziehen, muss man eine Einwegmiete („one way fee") von ca. N$ 4.600–6.500 rechnen, wenn man das Fahrzeug in Botswana übernimmt. Zum Teil muss auch das Permit bezahlt werden, mit dem man nach Zimbabwe einreisen kann (allerdings nur bis Harare).

Nicht-ausgestattete Allradfahrzeuge
Nissan double cabin z.B. von Budget, Mietzeit mehr als 14 Tage: ab ca. € 89 pro Tag inklusive aller km (Vollkasko). Einwegmieten zwischen Namibia und Botswana sind möglich. Einweggebühren zwischen den Budget-Stationen: Namibia – Botswana N$ 4.600 inkl. Letter of Authorisation; Einweg Zimbabwe: auf Anfrage.

Ausgestattete Allradfahrzeuge
Vollausgestatteter Nissan double cabin von Safe!Cars operated by Budget mit Klimaanlage, 2 Dachzelten, Kühlschrank, sämtlichem Campingzubehör und Bettzeug kostet bei einer Mietzeit von mehr als 16 Tagen ab ca. € 97 pro Tag (Vollkasko), alle km eingeschlossen.

Ausgestattete Allrad-Camperfahrzeuge
Unter anderem bietet die Firma KEA einen 4x4 STXE für 2 Personen an. Diese Fahrzeuge haben einen Dieselmotor. Die Komplettausstattung umfasst Kühlschrank, Campingausrüstung usw. Kosten bei einer Miete von über 21 Tagen: ca. € 90–124 bei einem Selbstbehalt im Schadensfall von N$ 45.000. Mit Vollversicherung kostet der Wagen € 118–152.

Eintrittspreise Nationalparks

Art der Gebühr	Personengruppe	Preis pro Tag (in Pula)
Eintrittsgebühr	18 Jahre und älter	P 120
	zwischen 8 und 17 Jahren	P 60
	7 Jahre und jünger	frei
Auto (mit ausländischem Kennzeichen, bis 3.500 kg)		P 50
Campinggebühr	16 Jahre und älter	zwischen P 30 und US$ 50

Übernachtungspreise

Aktuelle Übernachtungspreise entnehmen Sie bitte den Reisepraktischen Informationen dieses Buches. Generell sind die Übernachtungspreise in den „schönen" abgelegenen Lodges Botswanas extrem teuer, da die Versorgungslogistik sehr kompliziert ist (ab ca. US$ 450/p.P. im DZ in der Nebensaison aufwärts). Aber auch die Tarife für die Campingplätze haben kräftig angezogen (bis zu US$ 50 p.P.). Generell ist Botswana, auch bei Sparmöglichkeiten z.B. durch Selbstversorgung, kein günstiges Reiseziel.

Die in diesem Buch verwendeten Preiskategorien entsprechen in etwa folgenden Preisen. Die Kategorien sollen nur als Anhaltspunkte dienen, konkrete Preise sind immer angegeben. In Botswana sind die Preise der Unterkünfte außerhalb der Städte meistens entweder sehr teuer (Luxus-Lodges) oder Campingmöglichkeiten. „Normale" Hotels gibt es nur in den größeren Orten. Teure Unterkünfte werden meist in US-Dollar abgerechnet.

Botswana Preis p.P. im DZ	$ $$ $$$ $$$$ $$$$$	bis ca. 150 Pula bis ca. 500 Pula bis ca. 1.000 Pula bis ca. 2.000 Pula ab 2.000 Pula, nach oben offen
Namibia Preis p.P. im DZ	$ $$ $$$ $$$$ $$$$$	bis ca. 350 N$ bis ca. 600 N$ bis ca. 950 N$ bis ca. 1.300 N$ ab 1.300 N$

Das kostet Sie Botswana

Südafrika Preis pro DZ	$ $$ $$$ $$$$ $$$$$	bis ca. 400 ZAR bis ca. 600 ZAR bis ca. 1.000 ZAR bis ca. 2.000 ZAR ab 2.000 ZAR

Benzin

Ein Liter Diesel kostet derzeit ca. P 9,70, ein Liter Superbenzin ca. P 9,40, wobei die Preise starken Schwankungen unterworfen sind. Im Schnitt ist ein Liter Diesel ein Drittel günstiger als in Deutschland, ein Liter Superbenzin kostet die Hälfte.

Safaris

Preiswerte Safaris für junge und junggebliebene Reisende
Eine preiswerte Overland-Safari (Camping-Safari) z.B. mit Drifters ab Johannesburg über Nata, Maun, Okavango-Delta, Moremi Game Reserve, Victoria Falls und zurück kostet ca. € 1.900 pro Person (16 Tage).

Lodge-Safari
Eine Fly-in-Lodge-Safari (mind. 2 Pers., 11 Tage) zu den Höhepunkten in Botswanas Norden (Abstecher zu den Victoria Falls, Chobe National Park, Moremi Game Reserve, Okavango-Delta, Maun) mit Unterbringung in komfortablen Lodges kostet je nach Saison ca. € 3.600–7.500 p.P. im DZ.

 Hinweis

Die Afrika-Experten von Iwanowski's Individuelles Reisen bieten verschiedene Botswana-Arrangements (Selbstfahrertouren, Fly-in Lodge-Safaris etc.) an. Information und Katalogbestellung unter ☏ +49 (0) 2133/2603-0 und www.afrika.de

Selbstfahrertour ab/bis Windhoek
Eine 15-tägige Selbstfahrertour inkl. Mietwagen (4x4) z.B. von Windhoek über Ghanzi, Central Kalahari Game Reserve, Maun, Makgadikgadi, Nata, Chobe, Okavango-Delta und zurück nach Maun kostet je nach Saison ca. € 3.900–6.100 p. P. im DZ.

Fly-In-Safari
Ker & Downey bietet eine 4 Nächte-Kombination zwischen den eigenen Camps Shinde, Kanana und Okuti an. Preisbeispiel: Ab/bis Maun inkl. Vollverpflegung und aller Safari-Aktivitäten je nach Saison ca. US$ 2.400–3.900

3. ROUTENVORSCHLÄGE UND ANREISEMÖGLICHKEITEN

Übersicht

Im Folgenden sollen einige Routenführungen nach und in Botswana vorgestellt werden. Die in den Routenvorschlägen dargestellten Einzelstrecken und Ziele werden ab Kapitel 4 ausführlich beschrieben.

 s. Karte in der vorderen Umschlagklappe

Routenvorschläge
(Programme für 3–6 Wochen)

Klassische Botswana-Namibia-Tour
Windhoek – Maun – Moremi – Savute/Chobe National Park – Victoria Falls – Caprivi-Streifen – Abstecher Shakawe und Tsodilo Hills – Rundu – Waterberg Plateau Park – Windhoek (ca. 3.100 km)
Erweiterungsvorschlag
ab Shakawe dem Westrand des Okavango-Deltas folgend (Möglichkeit des Besuchs der abgelegenen Aha Hills sowie der Drotsky's Caves) zurück über Ghanzi und Buitepos nach Windhoek (ca. 3.250 km mit Abstecher Aha Hills/Drotsky's Caves)
Tour mit Kalahari
Windhoek – Maun – Moremi – Savute/Chobe National Park – Victoria Falls – Nxai Pan National Park – Orapa-Mine bei Letlhakane – Gaborone – Kgalagadi Transfrontier Park – Windhoek (ca. 5.000 km)
Ab Johannesburg mit Botswanas Osten
Johannesburg – Gaborone – Tuli Block – Nata – Nxai Pan National Park – Maun – Moremi – Savute/Chobe National Park – Victoria Falls – Francistown – Gaborone – Johannesburg (ca. 5.500 km)

Empfehlenswert: Abstecher zu den Tsodilo Hills

 Hinweis: GPS-Daten

Die in den Karten eingetragenen GPS-Daten sollen als Anhaltspunkte dienen. **Alle Angaben ohne Haftung und Gewähr**. In jedem Fall empfehlenswert ist der Kauf eines bewährten GPS-Datensatzes, der als CD oder Download auf das Navigationssystem aufgespielt werden kann. Unter anderem ist ein solcher unter www.dt800.de oder www.tracks4africa.ch erhältlich. Damit kann man auch ungefähre Fahrtzeiten bestimmen.

Routenvorschläge und Anreisemöglichkeiten

Im Folgenden einige Informationen zu den meistbefahrenen Routen, vor allem im Norden des Landes. Straßenzustände und Zeitempfehlungen sollen nur als Anhaltspunkte dienen.

Streckenabschnitt	Tage (empf.)	ab Seite	km	Streckenqualität	Zeit (ca.)
Windhoek – Buitepos (Grenze)	1	133	318	Gute Asphaltstraße	ca. 3,5–4 h
Buitepos – Ghanzi	0,5	135, 317	210	Gute Asphaltstraße	ca. 2 h
Ghanzi – Maun	2		288	Asphaltstraße	ca. 4–4,5 h
Maun – Moremi (Xakanaxa)	3–5	155	146	bis Shorobe (47 km) geteert, danach teilweise sehr holprige Kies- und Sandpiste	ca. 4 h
Unterabschnitte:					
Maun – Shorobe			47	asphaltiert	
Shorobe – South Gate Moremi			59	Kies- und Sandpiste, teilweise sehr holprig	
South Gate Moremi – Xakanaxa (direkt)			40	Kies- und Sandpiste	
South Gate Moremi – Xakanaxa (mit Abstecher über die Hippo Pools)			73	Kies- und Sandpiste	
Moremi – Savute	2–3	194, 211	162	sandige, z.T. schmale Piste, im Verlauf d. Sand Ridge ca. 2 km tiefer Sand; im Bereich d. Chobe N.P. gute Fahrmöglichkeit	5 h
Unterabschnitte:					
Xakanaxa Camp – North Gate			48	gute Spur; max. 20-30 km/h	
North Gate – Abzweig Savute			3	Sand- und Kiespiste	

Zeiteinteilung für die Hauptstrecken

Abzweig Savute – Mababe (Chobe Gate)			47	z.T. tiefer Sand (Sandridge); Vierrad	
Mababe – Savute Camp			64	sandig	
Abstecher von Savute zum Linyanti		217	43	sehr, sehr tiefer Sand, Vierrad	1:50 h
Savute – Kasane bzw. Ihaha Campsite	1–2	222	170	zum Großteil Asphaltstraße (ab Kachikau), die ersten 80 km Sand- und Kiespiste sind allerdings recht schwer zu befahren Ab Ngoma Gate asphaltiert.	4–5 h
Unterabschnitte:					
Savute – Kachikau			77	z.T. tiefer Sand, Vierrad	
Kachikau – Kavimba			13	Asphaltstraße	
Kavimba – Ngoma Bridge			23	Asphaltstraße	
Ngoma Bridge – Abzweig (links) Ihaha			26	Asphaltstraße	
Alternative: Savute über Nogatsaa nach Ihaha		224	197	sandige Wegstrecke, Vierrad erforderlich	ca. 7 h
Kasane – Victoria Falls	1–2	239	70	von Kasane bis Kazungula und weiter bis Victoria Falls gute Asphaltstraße	2 h
Victoria Falls – Katima Mulilo	1		123	gute Kiespiste	2–3 h
Katima Mulilo – Shakawe	2–4		239	gute Asphaltstraße	6 h
Abstecher: Shakawe – Tsodilo Hills – Shakawe		271	106	z.T. sandiger Weg, schmale Piste, max. 20 km/h	
Shakawe – Gumare – Sehithwa – Ghanzi – Windhoek	2		1.006	komplett Asphaltstraße	2–3 Tage

Route					
Shakawe – Bagani – Rundu – Grootfontein – Waterberg Plateau Park – Windhoek	2–4		950	Rundu – Bagani – Grootfontein asphaltiert, sonst gute Schotterstraßen; unbefestigte Wege in den Reservaten; Rundu – Abzweig Waterberg Plateau Park Asphaltstraße; Pad 2612/2512 gute Schotterpiste; ab Waterberg Plateau Park (C22) Asphaltstraße	2 Tage
Kasane – Nxai Pan National Park	2	297	554	Von Kasane bis Nata und Richtung Maun Asphaltstrecke. Bis Nata z. T. große Schlaglöcher, ab Nata Richtung Maun gute Asphaltstraße, ab der Abzweigung zum Nxai Park einspuriger, gut zu befahrener Weg	10 h
Johannesburg – Gaborone	6	147	425	Asphaltstraße	5 h
Gaborone – Kgalagadi Transfrontier Park – Windhoek	3–6	243	1.733	gut zu befahrene Straßen	3–4 Tage

Die Christuskirche in Windhoek

Anreise über Windhoek/Namibia

Viele Selbstfahrer reisen über Namibia nach Botswana, das sich aufgrund der sehr guten touristischen Infrastruktur als Ausgangspunkt anbietet. Drei Alternativstrecken stehen zur Wahl, auf denen es, wenn man genug Zeit hat, durchaus einiges zu sehen und erleben gibt.

Windhoek

Windhoek, die Hauptstadt Namibias, erinnert in vielerlei Hinsicht eher an ein deutsches Provinzstädtchen als an eine afrikanische Metropole. In den letzten Jahren allerdings findet ein deutlicher Wandel statt, es entsteht kontinuierlich ein interessanter Mix aus europäisch-afrikanischen Einflüssen. Wer Zeit zu einem kleinen Stadtrundgang hat: Die meisten Sehenswürdigkeiten (Christuskirche, Alte Feste, Transnamib Museum, „Tintenpalast", Meteoritenbrunnen) sind gut zu Fuß zu erreichen.

Stadtspaziergang

Zentralachse der Innenstadt ist die **Independence Avenue**. An dieser Straße reihen sich Geschäfte und Lokale aneinander. Eine Übernachtung nach der Ankunft bzw. vor dem Abflug bietet sich an, wenn man am Reisetag keine weiten Strecken mehr mit dem Auto zurücklegen möchte, wenn man sich akklimatisieren will oder in aller Ruhe den Einkauf des Proviants für die Campingtour nach Botswana erledigen möchte. Daher sind hier einige wenige Unterkünfte vorgestellt. Ausführliche Informationen zu Windhoek und ganz Namibia in Iwanowski's **Reiseführer Namibia**, 26. Auflage 2013, ISBN 978-3-86197-047-7.

Reisepraktische Informationen Windhoek

Zu Einreise und Mietwagen	s. S. 99, 105
Vorwahl Namibia	00264
Währung	Namibia-Dollar
Aktueller Kurs	1 € = ca. 12,1 N$

Unterkünfte (Auswahl)

Hotel-Pension Moni $$, *Rieks van der Walt Str. 7, Windhoek,* ☏ *061/228350, www.monihotel.com. Ca. 400 N$ p.P. im DZ mit Frühstück. In einem ruhigen Wohngebiet gelegen. 13 praktische, freundlich eingerichtete Zimmer sowie ein netter Frühstücksraum. Pool. Persönliche Ansprache sowie Betreuung der Gäste durch die Inhaberfamilie. Parkmöglichkeiten. Gutes Preis-Leistungs-Verhältnis. Von unseren Lesern sehr oft gelobt.*

The Elegant Guesthouse $$$, *Jörn und Birke Dedig, Ecke von-Eckenbrecher- und Ziegler Straße, Klein Windhoek,* ☏ *061/301934, www.the-elegant-collection.com. 675 N$ p.P im DZ mit Frühstück. In einer ruhigen Wohngegend in Klein Windhoek, nicht weit vom Zentrum entfernt. Das B&B bietet 6 luxuriös eingerichtete Doppelzimmer. Ebenfalls gibt es ein üppiges Frühstücksbuffet, ein angenehmes Wohnzimmer mit Fernseher und einer kleinen Bibliothek. Im schönen Garten mit Swimmingpool, Sitzecke und vielen Zitronenbäumen kann man nach der Stadtbesichtigung entspannen.*

Villa Verdi $$$, *4 Verdi Street,* ☏ *061/221994, www.leadinglodges.com/namibia/villa_verdi_guesthouse.html. Ab 840 N$ p.P (Standard-DZ). Gästelodge in einem ruhigen Wohngebiet Windhoeks. 13 Zi., 3 App., 1 lux. Suite in afrikanischem Ambiente. Schwimmbad.*

Umgebung von Windhoek

Gästefarm Elisenheim $$, ☏/📠 *061/264429, www.natron.net/tour/elisenheim. 385 N$ p.P. im DZ inkl. Frühstück. Anfahrt: Richtung Okahandja, dann rechts (Abzweigung: Brakwater) in die D 1473 einbiegen, von da an folgen Sie der Ausschilderung (8 km). Die gemütliche Gästefarm liegt 15 km nördlich von Windhoek in den Eros-Bergen, Swimmingpool vorhanden. Angeboten werden 9 Zimmer, eine Berghütte für Selbstversorger sowie schattige Campingplätze. Aktivitäten: Wandermöglichkeiten und Farmrundfahrten. Geeignet für alle, die relativ preiswert in der Nähe der Stadt in der Natur wohnen möchten.*

Etango Ranch $$$, ☏ *062/540451/-423, www.etangoranch.com. Ca. 725 N$ p.P. im DZ inkl. Abendessen und Frühstück. Lage: gegenüber dem Internationalen Flughafen. Die Farm bietet sich als Übernachtungsstation vor dem Abflug an und verfügt über 6 geschmackvolle Zimmer in 3 Bungalows, 2 weitere Zimmer in einem Nebengebäude mit eigenem Wohn- und Speiseraum sowie 6 einfachere Rondavels. Mahlzeiten müssen vorher bestellt werden. Es werden Panoramafahrten, Wanderungen und Stadttransfers angeboten.*

Gästefarm Hohewarte $$$, ☏/📠 *081/4261893, www.hohewarte.com. 728 N$ im DZ p.P. inkl. Frühstück. Ca. 45 km südöstlich von Windhoek. Anfahrt: Auf der B 6 in Richtung Flughafen. Nach ca. 28 km biegt man rechts in die C 23 ein. Nach etwa 15 km geht es links nach Hohewarte ab. Das Farmhaus war einst Polizeistation der Deutschen Schutztruppe. Die etwa 10.000 ha große Farm liegt am Fuß der bis 2.300 m hohen Bismarckberge* und umfasst eine hügelige, typische Savannenlandschaft. Wanderungen und Farmrundfahrten werden angeboten. 6 geräumige Zimmer und 1 Suite. Ein Schwimmbad sowie ein schöner Sundowner-Platz laden zum Verweilen ein.

Ondekaremba Afrika-Farm $$$, ☏ 062/540424, www.ondekaremba.de. Ca. 750 N$ p.P. im DZ inkl. Frühstück/Nachmittagskaffee/Abendessen. Anfahrt: Die Farm liegt an der B 6, 36 km östlich von Windhoek. Sie fahren vom Int. Flughafen ca. 7 km Richtung Windhoek, danach geht's – hinter einer Kuppe – nach rechts (Schild). Nach weiteren 4 km erreichen Sie das Farmhaus. Von Windhoek: Auf der B 6 37 km nach Osten fahren, danach links (Ausschilderung) in die Farmpad einbiegen. Sehr angenehm eingerichtete Gästefarm, äußerst nette Gastgeber, schöner Pool – gleich nach dem Flug oder am Ende der Reise fühlt man sich hier wohl – mitten in einer ruhigen namibischen Landschaft! Es stehen 8 geräumige, freundliche Standard-, 1 Einzel-, 1 Fam.-Zi. sowie 2 Luxus-App. zur Verfügung. Sehr gutes Essen, persönliche Betreuung. Aktivitäten: Reiten, Wandern, Farmrundfahrten, Wildbeobachtung. Camping möglich: 3 Stellplätze in der Nähe des Haupthauses, Grillplatz, Wasser und Strom, eigene sanitäre Anlagen, 120 N$/Person.

Einkaufen

Campingbedarf: Cymot, 15 Newcastle Street/Northern Industrial Area, ☏ 061/2956000, www.greensport.com.na.

Camping-Zubehör-Verleih: Camping Hire Namibia, 78 Mosè Tjitendero Street, Olympia, ☏/📠 061/252995, E-Mail: camping@iafrica.com.na, www.natron.net/tour/camping/hired.html. Hier können Sie zu guten Preisen alles leihen, was für einen Outdoor-Urlaub notwendig ist.

Über Gobabis und Buitepos

Die schnellste Strecke von Windhoek nach Botswana geht über Gobabis und Buitepos. Man kann – bedingt durch die guten Straßenverhältnisse – die Etappe von Windhoek bis Ghanzi auf durchgängig geteerter Strecke an einem Tag gut schaffen (insgesamt knapp 530 km, bequeme Fahrzeit 6–7 Stunden).

Übernachtungstipp

OKAMBARA Elephant Lodge $$$$, Buchung in Deutschland: Herr Schmitt, ☏ 09502/49090, Lodge ☏ 062/560264, www.okambara.de. 75 € (ca. 890 N$) p.P im DZ/Halbpension. Auf halber Strecke zwischen Windhoek und Gobabis. Anfahrt: Von Windhoek auf der B 6 ca. 100 km Richtung Gobabis, dann rechts in die Pad 1808 Richtung Nina, nach ca. 15 km links auf Pad 1800 Richtung Witvlei. Nach 6 km rechter Hand das Farmtor. Man folgt den Telefonleitungen ca. 8 km bis zum Farmhaus. Die sehr schön angelegte Jagd- und Gästefarm bietet viele Aktivitäten und Unterbringungsmöglichkeiten: Für Familien ist z.B. das alte Farmhaus mit mehreren Zimmern oder das Familienapartment in der Lodge ideal. Schwimmbad vorhanden. Auf 15.000 ha privatem Wildschutzgebiet leben ca. 2.500 Antilopen, aber auch Elefanten, Giraffen und Nashörner können auf den Games Drives entdeckt werden. Außerdem gibt es hier eine Raubkatzenpflegestation. Die Gegend ist z.T. bergig. Die Gastgeber sind kompetent, hilfsbereit und sehr kinderfreundlich!

Ideal für Familien

Am Trans-Kalahari Border Post

Gobabis – Grenzposten im Osten

Auf der Strecke nach Gobabis (ca. 200 km) bleibt die Landschaft relativ gleichmäßig. Es geht durch Busch- und Grassavanne, wobei das Niveau der Hochebene allmählich von ca. 1.600 m auf 1.100 m in Windhoek abfällt. Links und rechts der asphaltierten Strecke (B 6) nach Gobabis liegen große Rinderfarmen. Ab Gobabis bis zur Grenze kommen Ihnen kaum Fahrzeuge entgegen.

Zentraler Versorgungsort

Gobabis ist auf diesem Streckenabschnitt der größte Ort (ca. 20.000 Einwohner). Der Name entstammt der Nama-Sprache und bedeutet „Der Ort, an dem sich die Menschen stritten". Das Städtchen ist heute zentraler Versorgungsort für ein großes Umland, das bis zur Grenze Botswanas reicht. 1856 wurde hier unter *Amraal Lambert* eine Missionsstation der Rheinischen Mission gegründet.

Den Grenzübergang **Buitepos/Mamuno** (tgl. 7–24 Uhr) erreicht man nach ca. 113 km. Am Grenzübergang gibt es die East Gate Service Station und das Rest Camp (namibische Seite), wo man tanken und campieren oder in 3-Bett-Bungalows übernachten kann.

Der Trans-Kalahari-Highway

Der vollständig geteerte Trans-Kalahari-Highway (1998 eröffnet) verbindet Buitepos und Johannesburg über eine Distanz von etwa 1.100 km. Die sehr eintönige Strecke wird vor allem von Lkw benutzt. Tankmöglichkeiten sind: Charles Hill bei Mamuno und dann erst 387 km später Kang. Weitere Tankstellen folgen in Sekoma, Jwaneng und Kanye. Allerdings muss man sehr aufpassen, es gibt intensiven Wildwechsel auch frei weidender „domestizierter" Tiere (Kühe, Schafe...) entlang der Straße. Nachts sollte man deshalb auf keinen Fall fahren. Touristisch ist die Strecke fast bedeutungslos, es sei denn, man möchte den Kgalagadi Transfrontier National Park besuchen. Die besondere Bedeutung dieses Highways liegt im kommerziellen Bereich: Der Güteraustausch zwischen Namibia, Botswana und Südafrika wurde dadurch wesentlich erleichtert. Der Transport von Gütern ist nun schneller und damit billiger geworden. Und sicherlich profitiert auch Gobabis als Zwischenstation.

Reisepraktische Informationen Gobabis und Umgebung

Unterkunft (Auswahl)

Onze Rust Guesthouse $, 95 Rugby Street, ☏ 062/562214, www.natron.net/tour/onzerust/main.html. Ca. 210 N$ p.P. im DZ inkl. Frühstück. Lage im Ort. Privates Haus, persönlich, alle Zimmer mit Klimaanlage, sicheres Parken, privater Grillplatz.

Xain Quaz Camp $$, ☏ 062/562688, xainquaz@iway.na. DZ 370 N$ p.P., Hütte/Zelt 100 N$ p.P. Frühstück 50 N$, Anfahrt: Über B 6 nach Westen, ca. 10 km westlich von Gobabis, dann Ausschilderung. Unterkunft in strohgedeckten Hütten. Camping möglich (60 N$ p.P.), Restaurant. Allrad-Camper sind willkommen, Schwimmbad, sehr freundliche Atmosphäre.

Goba Lodge $$, Elim Street, ☏ 062/564499, goba@mweb.com.na. Ca. 480 N$ p.P. im DZ inkl. Frühstück, Rest Camp 260 N$ p.P., Camping 100 N$ p.P. 800 m vom Ortszentrum entfernt. Gemütliche Lodge, sehr persönlich geführt. Schöner Garten mit Schwimmbad. 10 geschmackvoll eingerichtete Zimmer mit privatem Bad sowie 2 Familien-Chalets. Benachbart ist das Rest Camp mit schönen Campingplätzen und einfachen Zimmern, nur 200 m von der Lodge entfernt. Die Dining Area ist mit Tischen, Sitzgelegenheiten und eingerichteter Küche sowie Grill ausgestattet.

Außerhalb Gobabis Richtung botswanische Grenze

East Gate Rest Camp $$, ☏ 062/560405, www.eastgate-namibia.com. 4-Bett-Bungalow 700 N$ (für 2 Pers. 450 N$, Luxusbungalow 950 N$ mit 2 Schlafzimmern und Küche), Cabins 130 N$ p.P., Campingplatz 60 N$ p.P. Frühstück 45 N$. Direkt an der Tankstelle in Buitepos. Einfache Anlage mit Bungalows, an der Tankstelle, Pool, Bar, Laden, Wurstwarenverkauf.

Zelda Guest Farm $$, ☏ 062/560427, www.zeldaguestfarm.com. 440 N$ p.P. inkl. Frühstück. Anfahrt: von Gobabis 90 km auf der B 6 Richtung Botswana, dann nach links – etwa 20 km vor der botswanischen Grenze gelegen. 16 komfortable Zimmer, alle mit eigenem Bad, tw. behindertengerecht. Pool, Wanderwege. Landschaft mit typisch roten Kalahari-Dünen. Auch Campingplätze mit sehr guten sanitären Anlagen und grünem Rasen (70 N$ p.P.).

Kalahari Bush Breaks $$$, ☏ 062/568936, Buchung über Logufa ☏ 064/464 144, logufa@mweb.com.na, www.kalaharibushbreaks.com. 690 N$ p.P. im DZ/Frühstück, Camping 95 N$ p.P. (Grill, Feuerplatz, Licht), wer es rustikaler mag: es gibt auch Eco Camping (75 N$ p.P.). Anfahrt: 85 km östlich Gobabis an der B 6, 26 km vor der Botswana-Grenze. Im Gästehaus gibt es 8 DZ, die sehr komfortabel eingerichtet sind. Schöner Garten mit beleuchteter Wasserstelle, die Wild und Vögel anlockt. Frühstück und Abendessen können im Gästehaus eingenommen werden (gilt auch für Camper). Gute sanitäre Einrichtungen. Der Campingplatz liegt um einen offenen Waschplatz, Camper können Fleisch, Grillholz und Hausmacherwurst kaufen.

 Infos zu Ghanzi und Umgebung s. S. 317ff

Durch Namibias Nordosten

Wer etwas mehr Zeit mitgebracht hat, dem bietet sich auch die Strecke durch Namibias Nordosten an, mit einem evtl. Zwischenstopp am Waterberg und im Khaudom Game Reserve, oder die Fahrt durch den Caprivi-Streifen. Dabei verlässt man Windhoek Richtung Norden auf der B1 Richtung Otjiwarongo.

Otjiwarongo, heute etwa 28.000 Einwohner zählend, liegt zwischen dem Otavi-Dreieck (Otavi–Tsumeb– Grootfontein) und Windhoek. Das umliegende Gebiet ist gutes Rinder-Farmland, südöstlich der Stadt liegt das Waterberg-Massiv, ebenso ein touristischer Magnet wie die Cheetahs (Geparde), die man auf umliegenden Farmen in natürlicher Umgebung beobachten kann (deshalb der Beiname „Cheetah Capital of the World"). Im Ort gibt es nahezu alle wichtigen Versorgungsmöglichkeiten.

Geparden-Gebiet

Das **Tourist Rendezvous**, Ecke Hage Geingob und School Street, ☏ 067/ 307085, liegt am südlichen Eingang von Otjiwarongo. Hier gibt es ein kleines Freilichtmuseum mit Gegenständen aus der alten Farmerszeit, einen Andenkenladen, einen „tea room" sowie ein Internet-Café. Es werden auch Zimmer für Selbstversorger angeboten.

Abstecher zum Waterberg Plateau

Dieser freistehende Berg (1.900 m über dem Meer gelegen) erstreckt sich auf etwa 48 km Länge und bildet oben ein Plateau von 8–16 km Breite. Durch seine herausragende Lage inmitten einer sonst flachen Savannenlandschaft fängt er in der Regenzeit die Niederschläge ab. Deshalb ist er vegetationsreicher als die Umgebung. Auch hier gibt es Felsgravuren und Malereien zu sehen. Das Waterberg Plateau ist eher von landschaftlichem Reiz, die Tiere sind sehr scheu und flüchten schon von weitem. Die Naturschutzbehörde will die Flora und Fauna des Waterberg Plateau Parks so gut es geht schützen. Deshalb kann man hier nicht „auf eigene Faust" herumfahren, sondern muss sich mehrmals täglich stattfindenden Touren in Allradfahrzeugen, von

Ragt aus der Ebene: der Waterberg Plateau Park

erfahrenen Rangern begleitet, anschließen. Die Gründung des Parks hatte vor allem das Ziel, die einmalige Tierwelt dieses Gebiets zu schützen bzw. sogar neue Tierarten anzusiedeln. So gelang es, hier Pferde-Antilopen aus dem Kavango-Gebiet, Rappen-Antilopen aus dem Caprivi-Streifen, Elen-Antilopen und Giraffen „sesshaft" zu machen. Die hier anzutreffenden Breitmaulnashörner stammen ursprünglich aus Südafrika, einige Spitzmaulnashörner brachte man aus Etosha hierher. Einmalig in Namibia ist eine hier heimische Büffelherde.

Eine traurige historische Bedeutung erlangte der Waterberg dadurch, dass hier die größte Schlacht zwischen den Herero und der deutschen Schutztruppe stattfand (11. August 1904), in der die Herero eine vernichtende Niederlage erlitten.

Historische Bedeutung

Unterkunft

Waterberg Rest Camp $$, *Central Reservations Office ☎ 061/2857200, www.nwr.com.na. Im DZ 480 N$ p.P., im Bush Chalet für 2 P. 550 N$ p.P. Anfahrt: Einfahrt in den Park von Otjiwarongo/Okahandja über B 1, dann auf die C 22, dann weiter über D 2512. Die Bush Chalets sind komfortabel und gut ausgestattet mit 2- und 4-Bett-Zi., dazu Familien-App. und DZ. Das Camp bietet Restaurant, Bar und Kiosk im historischen „Rasthaus", das 1808 erbaut wurde und damals als Polizeistation diente. Außerdem gibt es einen Souvenirshop, einen Swimmingpool mit Bar und einen Campingplatz. Es werden geführte Safaris zu Fuß und mit dem Auto (morgens und abends) angeboten, bei denen man seltene und geschützte Tierarten (Schwarze und Weiße Nashörner, Büffel, Rappenantilopen) zu Gesicht bekommen kann. Von den Anhöhen des Plateaus fantastische Ausblicke in die Ebene! Problem: viele Paviane – halten Sie Fenster und Türen immer gut geschlossen!*

Weiterreisemöglichkeiten

Direkt nach Botswana oder durch den Caprivi

Bei Otavi verlässt man die B 1 und folgt der B 8 ostwärts Richtung **Grootfontein**. Hinter Grootfontein gibt es zwei Möglichkeiten: Entweder biegt man nach Osten ab und reist über die Grenze bei **Dobe** nach Botswana ein (evtl. mit einem Abstecher ins Khaudom Game Reserve), oder man fährt bis **Rundu** und von dort in den Caprivi-Streifen. Nach Botswana gelangt man entweder am Anfang des Caprivi-Zipfels durch das Mahango Game Reserve oder bei Ngoma Bridge in der Nähe des Chobe National Park. Die Varianten durch den Caprivi sind fahrtechnisch (alles asphaltiert) in jedem Fall leichter zu bewältigen.

Übernachtungsmöglichkeit unterwegs
**Roy´s Rest Camp $$$**, ☎ 067/240302, www.roysrestcamp.com. *DZ im Bungalow 625 N$ p.P. inkl. Frühstück, Camping 95 N$ p.P. Praktisch gelegen: 55 km nördlich von Grootfontein direkt an der B8. Einfache Bungalows, schöne Campingplätze, Bar, Restaurant und Schwimmbad, Wild- und Vogelbeobachtung.*

Variante 1: Von Grootfontein über Tsumkwe nach Dobe (Grenzübergang)

Von Grootfontein geht es auf der Teerstraße B 8 nach Nordosten. Nach ca. 60 km biegt man nach rechts in die Pad C 44 Richtung Tsumkwe ein. Nach ca. 100 km erreicht man den Veterinärzaun und Kontrollpunkt. Nach knapp 220 km ist Tsumkwe erreicht.

Tipp: Ein Besuch im Living Museum of the Ju/'Hoansi-San

Kultur der San

Ein besonderes Erlebnis: Man wird in den Busch geführt, bekommt die Bedeutung verschiedener Pflanzen erläutert, lernt mit zwei Stöckchen Feuer zu machen oder mit dem Bogen zu schießen. Die Einrichtung wird allein von den San betrieben, bis zu 1.000 Einwohner profitieren von den Einnahmen. Im Shop können Schmuck und Kunsthandwerk erworben werden. Auch **Camping** (50 N$ p.P.) wird angeboten: 3 Zeltplätze in schöner Lage mit Trockentoilette und Buschdusche. Anfahrt: ca. 75 km hinter dem Abzweig von der B 8 auf die C 44, kurz hinter dem Veterinärzaun nach links (Schild), dann noch etwa 7 km. Informationen auf Deutsch: www.lcfn.info/ju-hoansi/ju-hoansi-home.

Tsumkwe
Dieser Ort ist ein Überbleibsel der Apartheidpolitik der südafrikanischen Administrationszeit. Von hier aus verwaltete man das damalige „Buschmannland". Dieser Nordost-Teil Namibias ist heute das Gemeindeland der Otjozondjupa-Region, in deren südlichem Teil Herero wohnen. Verwaltungszentrum ist der Ort Okakarara. Im nördlichen Gebiet dieser Region dagegen leben die San heute z. T. als sesshafte Farmer, aber manche auch noch als Jäger und Sammler. Vom Tourismus erhofft man sich, dass einige der alten Traditionen bewahrt bleiben können. An den Stellen der Nyae Nyae Conservancy und im Omatako Valley kann man diese Vorhaben als Reisender aktiv unterstützen.

Hinter Dobe ist ein Allradwagen auf den sandigen Pisten ein Muss

Touristisch spielt Tsumkwe eine Rolle als Ausgangsort zum Khaudom Game Reserve, zur südlich gelegenen Nyae-Nyae-Pfanne oder zum östlich gelegenen Grenzposten nach Botswana. Hier gibt es Polizei und eine **Tankstelle**, auf deren Benzinvorrat allerdings kein Verlass ist. Achtung: Im namibischen Sommer kann es hier unerträglich heiß werden!

Grenzübergang nach Botswana
Von Tsumkwe sind es bis zum Grenzübergang **Dobe** ca. 55 km gute Naturpiste. Nach dem Grenzübergang (geöffnet täglich 8–16 Uhr) geht die Pad in eine etwa 10 km lange, aber mit dem Allradwagen gut zu befahrende Piste über. Nächste „Ortschaft" ist Gcangwa. Bis **Nokaneng** sind es 125 km, teils sandig, teils fester Untergrund. In Nokaneng stößt man auf die Asphaltpiste, die in Richtung Süden über Sehithwa nach Maun und in Richtung Norden nach Shakawe (170 km) führt (s. S. 261ff).

Allrad nötig

Reisepraktische Informationen Tsumkwe

Unterkunft
**Tsumkwe Country Lodge $$**, Buchung/Informationen über ☎ 061/374750, 📠 061/256598, tsumkwe@ncl.com.na. Ca. 400 N$ p.P. im DZ mit Frühstück. Lage: 1 km südlich von Tsumkwe. Den Gästen stehen große Holz-Bungalows mit Steinböden zur Verfügung. Einfache, jedoch saubere und frisch renovierte bzw. neue 25 Zi. Restaurant und Pool vorhanden. Camping ist möglich, Grillbereich, sanitäre Anlagen und Stromanschluss vorhanden. Von hier können auch Touren zu den Nyae Nyae Safari Camps gebucht werden.

Nhoma Safari Camp/Namibia Adventure Safaris & Tours $$$$$, ☏ 081/2734606, www.tsumkwel.iway.na. 4.400 N$ p.P./DZ für 2 Nächte inkl. Vollpension und Aktivitäten. Camping 150 N$ p.P. Vorherige Buchung unbedingt notwendig. Lage: 80 km von Tsumkwe. Etwa 40 km vor Tsumkwe biegt man Richtung Norden nach Aasvoelnes/Nhoma ab, dann sind es noch ca. 40 km. Kleines Luxuscamp mit 10 Zelten und 180°-Blick auf die Umgebung. In der Nähe liegt das San-Dorf //nhoq'ma (s.u.). Die Besitzer Arno und Estelle Oosthuysen sind sehr mit der Geschichte und Kultur der San vertraut. Der Khaudom Game Reserve liegt nur 60 km entfernt – allerdings braucht man für die Strecke mind. 1,5 Std. mit einem Allradwagen. Besuche können organisiert werden. Interessante Tour auch zu alten Baobab-Bäumen. Touren bitte vorher anmelden! Keine Elektrizität.

Nyae Nyae Pans

Diese Salzpfannen erinnern an die Etosha-Pfanne, sind aber wesentlich kleiner. Das Schutzgebiet liegt südlich der C 44 und bedeckt eine Fläche von 30x35 km. In guten Regenzeiten ist die Pfanne überflutet und wird u. a. auch von Flamingos bevölkert. Wie im Khaudom Game Reserve muss man alles selbst mitbringen. Natur pur und Blick auf uralte riesige Baobabs sind hier angesagt!

Spurenlesen lernen

Die Ju/'Hoansi-San haben auf Eigeninitiative das erste ländliche Schutzgebiet //**nhoq'ma** gegründet. Sie versuchen, vom langsam aufkeimenden Tourismus zu leben und bieten folgende Aktivitäten an: Traditionelle Jagd mit Ju/'Hoansi-Jägern, „Kurse" im Spurenlesen, Sammeln und Kochen von Früchten vom „Veld" und musikalisch-tänzerische Darstellungen.

Ebenso betreiben sie zwei einfache **Campingplätze**, Djokkoe und Makuri, beide mit Grillplätzen und Toiletten ausgestattet, aber ohne Wasser. Lage: im Nordosten des Schutzgebiets, westlich der D 3003 (nur mit Allrad erreichbar). Zwischen den Camps steht der gigantische Homasi-Baobab, der einen Umfang von über 30 m aufweist. Über alle Aktivitäten erhalten Sie Informationen im Nhoma Safari Camp, dort auch Buchung, außerdem im Büro der Nyae Nyae Conservancy und in der Tsumkwe Country Lodge.

Abstecher in das Khaudom Game Reserve

Von Tsumkwe geht es über die Pad 3303 nach Norden, nach ca. 62 km erreicht man die Parkgrenze (Achtung: Man kann nur mit mindestens 2 Autos in den Park fahren!) und wenig später (7 km) das südliche Camp des Khaudom Reserve, Sikereti. Den Park verlässt man entweder an derselben Stelle, an der man ihn betreten hat, oder im Norden, indem man vom Khaudom Camp nach Westen fährt, um später die Pad nach Norden zu nehmen. Vom Camp Khaudom bis nach Katere/B 8 sind es nur knapp 80 km, doch diese Strecke ist sehr tiefsandig und nimmt 5–6 Stunden Fahrzeit in Anspruch. In Katere erreicht man (ziemlich genau 200 km ab Tsumkwe) dann die Pad B 8, wo man nach rechts Richtung Divundu/Popa Falls/Katima Mulilo abbiegt. In Divundu (weitere 80 km) kann man tanken.

Streckenzustand

Von Tsumkwe aus geht es zunächst auf relativ guter Pad, die zunehmend sandig wird, in nordöstliche Richtung (D 3301). Man kommt an dem kleinen Dorf Xaxoba vorbei. Etwa 35 km von Tsumkwe aus geht es dann zu einem Baobab (Dorslandtrekker-Baobab). Nach diesem Schlenker, der zunächst in südöstliche Richtung führt, zweigt die Piste wieder nach Norden ab und führt zum Camp Sikereti (ca. 70 km, etwa 4 Stunden Fahrzeit mit Fotostopps). Für abenteuerlustige Offroad-Fahrer ist der Khaudom Game Park eine besondere Herausforderung. Dieses Gebiet ist nur für erfahrene 4x4-Fahrer geeignet und erfordert sorgfältige Planung und Vorbereitung.

Nur für geübte 4x4-Fahrer

Das 3.842 km² große (nicht eingezäunte) Wildreservat ist der einzige Teil Namibias, in dem das **Kalahari Sandveld** unter absolutem Naturschutz steht. Hier kann man Giraffen, Elefanten, verschiedene Antilopenarten (Oryx, Springböcke, Pferdeantilopen, Kudus, Steinböckchen), Hyänen, Schakale, Leoparden und Löwen beobachten, aber auch für Ornithologen ist das Gebiet hochinteressant. Wichtig zu wissen ist, dass der Park nicht wie Etosha oder der Kruger Park eingezäunt ist. So können die Tiere ihren eigenen Migrationsrouten ungehindert folgen.

Der Park wurde im März 1986 eröffnet und gilt in Namibia als der wildeste und am wenigsten besuchte. Die Vegetation besteht aus Trockenwäldern. Das Gebiet erhält im Sommer meistens so viel Regen, dass das Gras sehr hoch wächst und die Tierbeobachtungen erschwert werden. Allerdings gab es im Sommer 2011 verheerende Buschbrände, die einen großen Teil der Vegetation und damit auch der Lebensgrundlage für viele Tiere zerstört haben. Es wird wohl einige Zeit dauern, bis die Tier- und Pflanzenwelt sich wieder vollständig erholt hat. Da der Park nur von wenigen Touristen besucht wird, ist das Wild zudem sehr scheu. Durch das Parkgebiet ziehen vereinzelte San-Familien. Der Khaudom ist sehr natürlich, die Wege sind sehr tiefsandig, sodass man nur langsam vorankommt. Allradfahrkunst und Vorsicht (langsam fahren, in den Spuren bleiben, ohne viel zu lenken) sind hier gefragt. Für die Strecke Sikereti – Khaudom Camp benötigt man etwa 3–4 Stunden Fahrzeit.

Beste **Reisezeit** sind die Trockenmonate zwischen Mai und Ende August. September und November sind sehr heiß und trocken, die Regenfälle verteilen sich auf Ende November bis April. In der Regenzeit ist der Khaudom Wildpark praktisch unpassierbar. Großwildbeobachtung ist von Juni bis Oktober optimal.

In der Regenzeit nicht passierbar

Reisepraktische Informationen Khaudom Game Reserve

Unterkunft

Im südlichen Parkteil liegt das **Camp Sikereti**, im nördlichen Teil das (schönere und wildreichere) **Camp Kaudom**. Letzteres ist allerdings offiziell geschlossen und es ist verboten, dort zu campen. Sikereti wurde renoviert (Duschen, Toiletten), ist aber immer noch äußerst einfach und rustikal. Richten Sie sich in jedem Fall auf Selbstversorgung ein, auch Wasser ist nicht immer verfügbar. Gehen Sie außerdem von häufigen Elefantenbesuchen aus – vor allem nachts. Beide Camps sind nicht eingezäunt – hätte auch bei Elefanten keinen Zweck. Und da die Dickhäuter scharf auf Obst und Gemüse sind, sollten Sie nichts davon im Zelt oder Wagen verstaut haben.

Lebensmittelversorgung
in Tsumeb, Grootfontein, Rundu und Bagani möglich. Man muss selber genügend Wasser für mindestens 3 Tage mitnehmen.

Benzin und Fahrhinweise
Benzin gibt es nur in Grootfontein, Divundu, Rundu, Mukwe und Bagani (in Tsumkwe nur sporadisch). Der Besuch des Khaudom Wildparks ist nur mit Begleitfahrzeug gestattet, d. h. es müssen stets 2 Fahrzeuge für den Besuch angemeldet werden.

Variante 2: Von Grootfontein nach Rundu und durch den Caprivi

Von Grootfontein bis Rundu fährt man auf ausgezeichneter Teerpad über die flache Buschsavannenlandschaft. Ca. 50 km hinter Grootfontein erreicht man eine Veterinär-Kontrollstation. Ab hier wird es zunehmend „afrikanisch": Man kommt an Siedlerhütten vorbei, man sieht die typischen Sandschlitten, die von Ochsen gezogen werden. Das quirlige Leben nimmt einen schnell gefangen.

Rundu

Dieser Ort, heute **Sitz der Regierungsverwaltung** der Kavango-Region, war während des Befreiungskampfes ein wichtiger militärischer Stützpunkt. Vor Durchquerung des Caprivi-Streifens empfiehlt es sich, hier eine Rast einzulegen, um alle Vorräte (Benzin, Lebensmittel) aufzufrischen. Der Ort verfügt über ein gutes Krankenhaus, Schulen und Läden (Supermärkte, Fleischerei). Besonders schön ist das Okavango-Ufer, von dem aus herrliche Sonnenuntergänge beobachtet werden können. Auf der anderen Flussseite liegt Angola (s. Kasten).

Vorräte auffrischen

Ab Rundu führt die B 8, nun bis hinter Bagani asphaltiert, wenige Kilometer südlich des Okavango-Ufers entlang. Hier findet man typisch afrikanische Dörfer, die durch eine ufernahe Schotterstraße, die früher einzige Ost-Westverkehrsader, verbunden sind. Die neue Trasse war in der Zeit des Bürgerkrieges sicherer und wurde deshalb vom Militär favorisiert.

Der Okavango – Lebensader im Grenzgebiet zu Angola

Der Okavango entspringt im angolanischen Hochland. Auf etwa 350 km Länge ist er Grenzfluss zwischen Angola und Namibia. Obwohl die Bevölkerung auf beiden Seiten etwa gleicher Herkunft ist, gehört sie nun verschiedenen Nationen an. Die jüngere Geschichte verstärkte die Trennung durch den Bürgerkrieg in Angola. Im Mittellauf des Okavango gibt es fruchtbare Überschwemmungslandschaften, wo die einheimische Bevölkerung u. a. Mais, verschiedene Getreidesorten und Reis anbaut. Daneben ist als Nahrungsquelle der Fischfang sehr wichtig (u. a. Tigerfische). Das meiste Wasser führt der Fluss zwischen Ende Februar und Ende April.

Durch Namibias Nordosten

Neben Oranje und Zambezi ist der Okavango (der in Angola als „Cubango" bezeichnet wird) mit 1.600 km Länge der drittgrößte Fluss im südlichen Afrika. Der östlich von Nyangana mündende Quito führt dem Okavango nochmals die gleiche Wassermenge zu. Im weiteren Verlauf des Caprivi-Streifens überquert man den Kwando-Fluss bei Kongola. Sobald Okavango und Kwando Botswana erreichen, bilden beide Flusslandschaften Sümpfe, die von Seen und Kanälen durchsetzt sind. Der Kwando, der auch wie der Okavango südwärts in das botswanische Kalahari-Becken fließt, bildet in seinem Endverlauf das dem Okavango-System zugehöriges Delta (s. S. 169).

An den Popa Falls (s. S. 282) knickt der Okavango in südliche Richtung ein und breitet sich dann in ein 15.000 km² großes Binnendelta aus. In regenreichen Perioden der Vergangenheit ergoss sich der Okavango bis hin in die Makghadikgadi-Pfanne (s. S. 295) und den Ngami-See.

Reisepraktische Informationen Rundu

Unterkunft (Auswahl)

**Tambuti Lodge $**, ☏ 066/255711, www.tambuti.com.na. 306 N$ p.P./Bungalow mit Frühstück. Lage: am Ortsrand von Rundu. 8 schöne, klimatisierte Bungalows, Pool mit Poolbar, schöner schattiger Garten, familiäre Atmosphäre, tolle Aussicht auf den Kavango River.

**Sarasungu River Lodge $$**, ☏ 066/255161, www.sarasunguriverlodge.com. Ca. 450 N$ p.P. im DZ. Anfahrt: Abzweig in Rundu von der B 8 (von Windhoek aus kommend nach links), dann 2. Querstraße rechts (Beschilderung), 1 km östlich des Ortskerns. Die Lodge liegt am Okavango-Ufer von Rundu. Unterkunft in riedgedeckten Bungalows mit eigenen sanitären Anlagen (Fenster mit Mückenschutz-Screen), Restaurant, Swimmingpool, Campingmöglichkeiten vorhanden. Kanutouren und Sunset Cruises werden ebenfalls angeboten.

**N'Kwazi Lodge $$**, ☏ 081/2424897, www.nkwazilodge.com. Ca. 600 N$ p.P./DZ mit Frühstück. Rund 18 km östlich von Rundu, zuerst ca. 14 km die D 3402 entlangfahren, dann weitere 4 km auf der Zufahrt. 18 im afrikanischen Stil ausgestattete Grasdachbungalows bieten einen atemberaubenden Blick auf den Kavango. Großer Pool, sehr gute, schmackhafte Küche, große Lapa mit Bar. Campingplätze vorhanden. Die Lodgebesitzer Valerie und Wynand Peypers engagieren sich für zahlreiche Sozialprojekte in der Umgebung, so z. B. Schulen und Waisenhäuser, und informieren bei Interesse gerne darüber.

**Kavango River Lodge $$$**, ☏ 066/255244, www.natron.net/kavango-river-lodge. Ca. 650 N$ p.P./DZ inkl. Frühstück. Am Ortsrand von Rundu gelegen. Insgesamt 19 Zimmer, davon 11 für Selbstversorger ausgestattet. Sehr gutes Restaurant, toller Ausblick auf den Okavango, Bootstouren sind vor Ort buchbar, auch Kanus, Tennisplatz. Zum Abendessen kann man alles zum Grillen vor Ort einkaufen. Tolle Vogelbeobachtungsmöglichkeiten.

Einkaufen

In Rundu gibt es jede Menge gut ausgestatteter Supermärkte. Souvenirs gibt es auf der **Kavango Trade Fair** (Markus Shiwarongo Road) zu kaufen.

Routenvorschläge und Anreisemöglichkeiten

Weiterreisemöglichkeiten

Von Rundu geht es dann weiter nach Osten auf der B 8 Richung Caprivi, den man entweder komplett durchfährt bis **Katima Mulilo** und dann bei Ngoma Bridge (s. S. 223) nach Botswana einreist, oder man zweigt bei **Bagani** Richtung Mahango Game Reserve ab und betritt Botswana am **Mohembo-Grenzübergang** (geöffnet täglich 6–18 Uhr). Der nächste größere Ort ist Shakawe, die direkte Strecke bis Maun ist asphaltiert.

Zur Route durch den Caprivi-Streifen s. S. 279ff.
Zur Strecke ab Dobe s. S. 263.
Zur Strecke ab Mohembo s. S. 275

Über Mata Mata/ Kgalagadi Transfrontier National Park

Die Tour durch den unbekannteren Osten Namibias lohnt sich: Herrliche rote Dünenlandschaften, im Sommer mit hellgrünen Gräsern und bunten Blumen besetzt, lassen das Herz von Natur-Begeisterten höher schlagen. Weite, Einsamkeit und Stille sind hier die Highlights. Unterwegs gibt es immer wieder typische namibische Unterkünfte: Lodges, Gästefarmen, Campingplätze.

Streckenhinweise zum Kgalagadi Transfrontier National Park

Von **Windhoek** bietet sich nach der Wiedereröffnung des Grenzüberganges bei **Mata Mata** (geöffnet täglich 8–16.30 Uhr) folgende Strecke **über Dordabis** an. Streckenabschnitt nach Dordabis (60 km vom Abzweig B 6, Asphalt):

Besuch der Weberei

Östlich von Windhoek zweigt von der B 6 die C 23 nach Dordabis ab. In Dordabis ist ein interessanter Besuch der **Ibenstein Weberei** möglich (www.ibenstein-weavers.com.na).

Anfahrt von Keetmanshoop aus: Sie fahren die C 16 über Aroab zum Grenzübergang **Klein Menasse/Rietfontein** (geöffnet täglich 8–16.30 Uhr), dann die R 31, danach weiter auf der R 360 nach Twee Rivieren zum Camp Twee Rivieren. Die Gesamtstrecke von Keetmanshoop bis zum Eingang Twee Rivieren beträgt 360 km.

Reisepraktische Informationen Namibias Osten

Unterkunft (Auswahl)
Zwischen Uhlenhorst und Stampriet
Lapa Lange $$, ☎ 063/241801, www.lapalange.com. Ca. 600 N$ p.P./DZ mit Frühstück, Dinner 175 N$, Camping 100 N$/Stellplatz und 95 N$ p.P. Von Mariental aus an der M 29 gelegen (35 km) bzw. von Gochas nach Witbooisvlei, dann 39 km auf der M 29. Weitläufige Anlage, mit viel Engagement vom Ehepaar Lange betrieben. Die Chalets/Selbstversorgung liegen um ein Wasserloch, Bar und Restaurant vorhanden. Dünenexkursionen oder Dünen-Dinner werden angeboten.

Zwischen Stampriet und Gochas
Red Dune Camp and B&B $, ☏ 063/250164, www.reddunecamp.com. 225 N$ p.P./DZ, 150 N$ p.P./eingerichtetes Doppelzelt, Camping ab 80 N$ p.P., jeweils nur Übernachtung. Mahlzeiten müssen vorbestellt werden, Frühstück 75 N$, Dinner 150 N$ p.P. Ca. 35 km südlich von Gochas an der C 15. 2 Gästezimmer, eingerichtete Doppelzelte und Camping am Farmhaus oder auf den roten Dünen mit 360-Grad-Rundumblick werden angeboten. Allrad notwendig, weil man auf die Düne rauf muss (Reifendruck ablassen). Sehr persönlich vom Ehepaar Liebenberg geführtes Camp, (fast) ein Geheimtipp für Camper, die es romantisch mögen und sich am atemberaubenden Blick in die Kalahari erfreuen.
Auob Lodge $$, Reservierung ☏ 061/374750, auob@ncl.com.na. 479 N$ p.P. inkl. Frühstück. Campingplätze mit sanitären Anlagen und Kochmöglichkeit vorhanden, 189 N$ p.P. Lage: an der C 15 3 km nördlich von Gochas gelegen. Beschreibung: 25 Zimmer, Restaurant und Swimmingpool, gepflegtes, aber einfaches Ambiente, 800 ha großes Gelände mit Antilopen und Giraffen. Nachmittags werden Fahrten in die rote Dünenwelt (Sundowner) angeboten.

Zwischen Gochas und Mata Mata
Terra Rouge Lodge $$, ☏ 09264/63252031, www.terra-rouge.com. Ca. 400 N$ p.P./Bungalow (bei 2 Pers.; nur Übernachtung), Camping 100 N$ p.P., Frühstück 75 N$ p.P., Dinner 140 N$ p.P. 45 km vor Mata Mata an der C 15. Saubere Anlage an einer Dünenlandschaft, Zimmer mit Klimaanlage. 3 Bungalows für 2–4 Pers. (Selbstversorger). Ansprechender Campingplatz. Mahlzeiten und Sundowner (85 N$ p.P.) müssen vorbestellt werden.

Anreise über Johannesburg/Südafrika

In Johannesburg kommen die meisten Direktflüge aus Europa in das südliche Afrika an (der Flughafen liegt auf dem Gebiet der Gemeinde Kempton Park). Neben Windhoek dient diese südafrikanische Metropole durchaus als Startpunkt einer Botswana-Safari.

Johannesburg

Johannesburg wird in den Bantu-Sprachen „Egoli" („Stadt des Goldes") genannt. Dies ist kein Wunder, ist sie doch die menschliche Ansiedlung, in deren Umfeld man die reichsten **Goldvorkommen** der Erde findet. „Jo'burg" war lange die größte Stadt südlich der Sahara, wurde aber mittlerweile von Lagos in Nigeria abgelöst. Allerdings ist die Stadt wohl noch immer die größte der Welt, die nicht am Meer, an einem Fluss oder See liegt. Sie bedeckt eine Fläche von derzeit etwa 1.650 km².

Superlative Stadt

Kein Besucher Johannesburgs sollte die folgenden **Sehenswürdigkeiten** versäumen, die alle außerhalb des Zentrums bzw. in der Umgebung der Stadt liegen:
Auf dem Gelände einer ehem. Goldmine erzählt der Themenpark **Gold Reef City** (www.goldreefcity.co.za) „Jozi's Story of Gold". Neben Fahrgeschäften und Achterbahnen kann man unter Tage goldhaltige Gesteinsadern anschauen oder beobachten, wie ein Goldbarren von 25 kg gegossen wird.

Sehenswert! Das neben Gold Reef City gelegene **Apartheid Museum** (www.apartheidmuseum.org) zeigt seit 2001 auf 6.000 m² in beeindruckender und aufwühlender Weise Szenen der Apartheid u. a. durch Fotos, Bildschirmpräsentationen, aufgezeichnete Erfahrungsberichte und alte, die Ethnie kennzeichnende Ausweise.

Auf dem Gebiet der **Cradle of Humankind** („Wiege der Menschheit"), ca. 60 Autominuten nordwestlich der Stadt, informieret u. a. das **Maropeng Visitor Centre** (www.maropeng.co.za) über die verschiedenen Fundstätten fossiler Hominiden, die hier auf ca. 47.000 Hektar zusammengefasst wurden und heute **UNESCO-Welterbe** (www.cradleofhumankind.co.za) sind.

Vorsichtsmaßnahmen trotz verbesserter Sicherheitslage

info

Die Innenstadt („Central Business District", kurz CBD), früher „No-Go"-Gebiet, ist heutzutage tagsüber wieder sicher. Trotzdem sollte man die Fahrzeugtüren verschlossen und die Fenster hochgekurbelt halten. Bei Ampelstopps ist eine Wagenlänge „Fluchtabstand" zum Vordermann einzuhalten. Machen Sie hier keine langen Fußmärsche und lassen Sie sich am besten im Hotel ein sicheres Taxi bestellen bzw. fragen Sie, ob die Sammeltaxis derzeit sicher sind.

Informieren Sie sich zudem in Ihrem Hotel über die aktuelle Sicherheitslage und die Stadtteile, die Sie derzeit besser meiden sollten (z. B. Hillbrow, Berea, Yeoville). Meiden Sie außerdem einsame Parks.
Touristen wohnen am besten und sichersten in den nördlichen Vororten um Sandton und Rosebank. Hier befinden sich auch die folgenden Unterkünfte.

Reisepraktische Informationen Johannesburg

Zu Einreise und Mietwagen	s. S. 99, 106
Vorwahl Namibia	0027
Währung	Südafrikanischer Rand
Aktueller Kurs	1 € = ca. 12,1 ZAR

Unterkunft

La Bougain Villa $$$, *6 Smits Road, Dunkeld West,* ☏ *011/4473404, www.labougainvilla.co.za.* Sehr privat gehaltenes, ruhiges B&B mit geräumigen Zimmern, schönem Garten und Pool. Herzliche Gastgeberin macht gutes Frühstück.
Garden Court Sandton City $$$, *Ecke West/Maude Street, Sandton,* ☏ *011/2697000, www.tsogosunhotels.com.* Moderne und geräumig, mitten in Sandton – gute Basis für jeden Jo'burg-Besucher. Super Preis-Leistungs-Verhältnis.
The Michelangelo $$$$$, *135 West Street, Sandton,* ☏ *011/2827000, www.legacyhotels.co.za.* Im Renaissance-Stil gestaltetes „Leading Hotel of the World" mit großzügigen und geschmackvollen Zimmern. Anschluss an die Shoppingtempel.

Außerhalb
Heia Safari Ranch $$, *Muldersdrift Road, Honeydew,* ☎ *011/9195000, www.heia-safari.co.za. Die 50 riedgedeckten Rondavels für je 2 Pers. sind sehr geräumig und komfortabel eingerichtet (Sat.-TV, Internet, Tel., Kaffeemaschine). Sie stehen auf einer leicht abfallenden Wiese mit Baum- und Buschbestand. Herrlich: Afrikanische Tiere wie Zebras und Giraffen laufen frei herum und schauen vielleicht ins Fenster. Swimmingpool und Restaurant vorhanden. Sonntags großes „Braai" (Grillfest) am Pool.*

Durch die North West Province nach Gaborone

Von Johannesburg fährt man am einfachsten über die N 1 nach Tshwane (Pretoria); von hier aus auf der N 4 nach Zeerust (ca. 300 km), danach ca. 52 km weiter geradeaus, um am Grenzübergang **Skilpadshek/Pioneer Gate** (tgl. von 6–24 Uhr geöffnet) nach Lobatse einzureisen.

Anfahrt

Auf dem Wege gibt es folgende Alternativen:
- Hinter Rustenburg nördlich der R 565 folgen und einen Abstecher nach Sun City/zum Pilanesberg National Park machen. Zurück wieder Richtung Skilpadshek.
- Bei Zeerust auf die R 49 Richtung Norden abbiegen, ca. 100 km der Straße nach folgen und das Madikwe Game Reserve besuchen, bevor man am **Kopfontein Gate** (tägl. von 6–24 Uhr geöffnet) Richtung Tlokweng die Grenze überquert. Von hier sind es nur noch ca. 25 km bis Gaborone.

Variante 1: Abstecher nach Sun City und zum Pilanesberg National Park

Sun City (ca. 170 km von Johannesburg) ist ein riesiger **Vergnügungskomplex** in der Savannenlandschaft und die zweitwichtigste Einnahmequelle der North West Province. Da im calvinistisch geprägten Südafrika früher Glücksspiele und Nacktrevuen verboten waren, kamen viele Südafrikaner hierher. Oft wird Sun City deshalb im Volksmund als „Sin City" (Sündenstadt) bezeichnet. Bis zu 40.000 Besucher kommen täglich hierher und bringen pro Jahr mehr als 500 Millionen Rand. Doch viele Südafrikaner kommen allein schon wegen der regelmäßig stattfindenden großen Sportveranstaltungen her. Auch zwei Golfplätze sorgen für sportliche Unterhaltung.

Die „Stadt" liegt wie eine grüne Oase im Busch und ist sicherlich nicht jedermanns Geschmack. Das „Las Vegas des südlichen Afrika" bietet neben 4 Luxushotels das zweitgrößte Spielkasino der Welt (Roulette, Black Jack, Punto Banca, Spielautomaten). Daneben gibt es Kinos, Diskotheken, ein großes Schwimmbad und einen ausgezeichneten Golfplatz. Alle Besucher mit einem Pkw fahren mit einem **„Skytrain"** (Einschienenbahn) zum Hotelkomplex. Ein großer, selbstverständlich künstlich angelegter See dient verschiedenen Wassersportarten, für Kinder steht ein Abenteuer-Spielplatz zur Verfügung. Zusammenfassend kann man Sun City durchaus als eine gelungene Mischung aus Natur, Sporterlebnis und „Glitzerwelt" der Kasinoszene bezeichnen.

Spielerparadies im Busch

Unterkunft

Alle Hotels können gebucht werden über **Sun International**, ☏ 011/ 780 7800, www.suninternational.com (auch auf Deutsch). Z.B. **The Cascades** $$$$$, ☏ 014/5575840, einem Luxus-Palast, der über 248 Zimmer und Suiten verfügt. Sehr schöne Anlage mit tropischen Wasserfällen, Grotten, Lagunen, üppigem Pflanzenwuchs und vielen Vögeln. Restaurant Peninsula mit schönem Blick auf die Gartenanlagen und einer internationalen Speisekarte.

Erloschener Vulkan

Der etwa 550 km² große **Pilanesberg National Park** liegt in einem erloschenen alkalischen Vulkankrater; davon gibt es nur drei auf der ganzen Welt. Das Zentrum dieses Kraters ist von drei konzentrischen Hügelketten umgeben. Der Pilanesberg ist mit 1.687 m die höchste Erhebung der North West Province. Bis in die Mitte der 70er-Jahre des 20. Jh. war diese Region Farmland. Als die Regierung beschloss, hier einen Nationalpark zu errichten, mussten die Farmer auf neue Siedlungsgebiete ausweichen. Danach wurde ein hoher Wildschutz-Zaun errichtet und in der nachfolgenden „Operation Genesis" wurden hier durch die Southern African Nature Foundation Tiere „angesiedelt":

• aus Namibia stammen die Elenantilopen;
• aus dem ehemaligen Transvaal die Zebras und Wasserböcke;
• aus KwaZulu/Natal Breit- und Spitzmaulnashörner;
• vom Addo Elephant Park bei Port Elizabeth Elefanten und Büffel.

Im Pilanesberg National Park

Durch die North West Province nach Gaborone

Streckenbeschreibung
Der Park schließt nördlich an den Sun-City-Komplex an, er hat **3 Eingänge**: Am beliebtesten ist die Einfahrt am Bakubung Gate (bei Sun City). Das Bakgatla Gate erreicht man über die R 510, die nördlich Richtung Thabazimbi führt. Das Manyane Gate liegt bei Mogwase und ist ebenfalls über die R 510 zu erreichen.

Reisepraktische Informationen Pilanesberg National Park

Buchung und Information
North West Parks and Tourism Board, ☎ 018-397-1500, www.tourismnorthwest.co.za. **Park-Büro**, ☎ 014-555-1600, www.pilanesberg-game-reserve.co.za und www.pilanesbergnationalpark.org. **Öffnungszeiten** März/April/Okt. 6–18.30, Mai–Sept. 6.30–18, Nov.–Febr. 5.30–19 Uhr

Unterkunftsmöglichkeiten im Nationalpark
Manyane Golden Leopard Resort $$$, Buchung: Golden Leopard Resorts, ☎ 014/5551000, www.goldenleopardresorts.co.za. Am östlichen Rand des Parks nahe des gleichnamigen Gates. Saubere und atmosphärische Anlage. Studio-Zimmer mit Minibar und Dusche, Frühstück ist buchbar. Selbstversorger-Chalets für 2–4 Pers. (Bad, Küche, Terrasse), außerdem Safari-Zelte, Caravan- und Campingplatz sowie ein Camp für größere Gruppen: Bosele Camp, warmes Wasser, Speiseraum, Bar, Laden, Pool und Restaurant. Achtung: Angriffslustige Paviane!
Bakubung Bush Lodge $$$$$, ☎ 011-8066888 (Reservierung), ☎ 014/5526000 (Lodge), www.bakubung.co.za. Im Süden, nahe Sun City. Mehrfach ausgezeichnete, gehobene Anlage mit 76 geräumigen Zimmern, Bad und vielen weiteren Extras. Game Drives möglich. Gute Qualität und Lage!

Variante 2: Auf der R49 über das Madikwe Game Reserve nach Gaborone

Nah an der botswanischen Grenze liegt das Madikwe Game Reserve. Die Grenzen des 75.000 ha großen Gebietes, das aus Gras- und Buschebenen sowie einzelnen Inselbergen besteht, bilden im Osten der Marico River und im Süden die Dwarsberg Mountains. Hier leben Elefanten, Breitmaul- und Spitzmaulnashörner, Büffel, Giraffen, Zebras, Geparde und Antilopen – insgesamt etwa 12.000 Tiere, zusätzlich etwa 300 Vogelarten. Damit ist Madikwe das **viertgrößte Wildreservat in Südafrika** und besitzt die zweitgrößte Population an Elefanten.

Tierreiches Wildreservat

Nördlich von Zeerust erreicht man über die R49 nach etwa 85 km das Abjarterskop Gate. Eine andere Möglichkeit ist das Derdepoort Gate, das man über eine Schotterpiste erreicht, die nordwestlich von Sun City beginnt. Allerdings ist dies nur bei trockenem Wetter zu empfehlen – Vierradantrieb empfohlen!

Reisepraktische Informationen Madikwe Game Reserve

ℹ️ Informationen
North West Parks and Tourism Board, ☏ 018-397-1500, www.tourismnorthwest.co.za. **Park-Büro**, ☏ 018-350-9931/2, www.madikwe-game-reserve.co.za. **Tagesbesuche** sind nicht möglich, es muss eine Lodge-Reservierung vorliegen!

🛏️ Unterkunft
The Bush House $$$$$, ☏ mobil 076-694-0505 o. 083-379-6912, www.bushhouse.co.za. Ein ehemaliges Farmhaus wurde renoviert und umgebaut. Sehr persönliche Atmosphäre, da nur 6 Zimmer, alle komfortabel und mit Bad (Wanne, Dusche), Klimaanlage, Heizung für kalte Winterabende und Veranda zur Tierbeobachtung (Blick auf ein Wasserloch mit vielen Tierbesuchen). Gesellschaftsraum, Restaurant (sehr gute Speisen), Bar, Pool. Viel Leistung zu gutem Preis.

Impodimo Game Lodge $$$$$, ☏ 018-350-9400, www.impodimo.com. 10 luxuriöse Suiten (Bad, Terrasse), zwei davon besonders hochklassig (privates Tauchbecken, Boma-Deck). Lage auf einem Hügel – herrlicher Blick! Beeindruckende Tierbeobachtungen (keine Umzäunung). Swimmingpool, Bibliothek, kleiner Shop, Weinkeller.

Durch die Limpopo Province über Polokwane und den Mapungubwe National Park nach Tuli Block

Eine weitere Möglichkeit ist die Anfahrt durch die Limpopo Province, wobei es zwei Möglichkeiten gibt:

Entweder fährt man bei Mokopane auf die N 11 nach Norden und reist bei **Grobler's Bridge/Martin's Drift** (geöffnet täglich 6–22 Uhr) Richtung Palapye und Serowe ein.

Oder man überquert die Grenze bei **Pontdrift** (geöffnet täglich 8–16 Uhr) nach Tuli Block. Dazu geht es von Johannesburg auf der N1 bis Polokwane, hier zweigt man auf die R 521 Richtung Alldays und weiter nach Pontdrift ab.

Polokwane

Polokwane (www.golimpopo.com) ist die Hauptstadt der Limpopo Province. Bekannt wurde die Stadt in Europa als Spielort der Fußball-WM 2010, im Peter-Mokaba-Stadion fanden vier Gruppenspiele statt. Neben vielen Jacarandabäumen gibt es wunderschöne Parkanlagen und historische Gebäude zu bewundern. Sehenswert ist das Freiluft-Museum Bakone Malapa, in dem es neben Wandmalereien alte Handwerksarbeiten zu sehen gibt: Korbflechten, Töpfern oder Bierbrauen. Nur 5 km südlich befindet sich mit dem Union Park das größte städtische Naturschutzgebiet des Landes: Es ist 2.500 ha groß – u. a. Nashörner, Zebras und Giraffen leben hier.

Austragungsort der WM 2010

Unterkunft

The Lofts $$, bietet 10 geschmackvoll und modern eingerichtete Loft-Appartments über zwei Etagen mit privatem Patio im Zentrum (Shopping-Malls in der Nähe). Für bis zu 4 Selbstversorger, Frühstück auf Anfrage. Internet, TV, Air Condition. 78b Voortrekker Street, ☎ 015/297-5605 o. -5729, www.the-lofts.co.za.

Mapungubwe (Vhembe Dongola) National Park

Dieser Park liegt im äußersten Nordosten der Limpopo Province, Zufahrt 60 km westlich von Musina (Messina). Der Park ist ein Teil der ca. 5.000 km² großen **Greater Mapungubwe Transfrontier Conservation Area**. An diesem grenzübergreifenden Projekt sind Südafrika, Zimbabwe und Botswana beteiligt.

Der südafrikanische Teil des Transfrontier Parks wurde 2003 aufgrund der archäologischen Funde der sog. „Mapungubwe-Kultur" zum UNESCO-Weltkulturerbe erhoben. Schon 1932 entdeckte man hier alte Begräbnisstätten auf dem **Mapungubwe Hill** („Ort der Schakale"). Die berühmte Grabbeilage des „**Golden Rhino**" war ein Symbol für die Macht des Königs des Mapungubwe-Stamms, der vor etwa 1.000 Jahren das Gebiet am Limpopo River im Zusammenfluss des Shashe River bewohnte. Dieser Stamm lebte u. a. davon, dass er alte Handelswege zwischen dem Indischen Ozean und der Ostküste kontrollierte.

Archäologische Funde

Reisepraktische Informationen Mapungubwe NP

Informationen und Buchung
South African National Parks, ☎ 012/428-9111, www.sanparks.org.

Unterkunft
Leokwe Camp $$$, ist das Hauptcamp, seine Umgebung im Ostteil des Parks ist von Sandstein-Formationen geprägt. Es gibt Rondavels für 2 und 4 Pers., jeweils mit offener Küche und Duschbad. Gemeinsame Nutzung von Pool, Sonnenveranda und Grillmöglichkeit.
Tshugulu Lodge $$$$, luxuriöse Lodge mit 6 Doppelzimmern, jeweils mit Bad, ausgestatteter Küche, Klimaanlage, Pool auf dem Gelände. Desweiteren kann man im Park in einem Zeltcamp, einem Wildniscamp sowie auf einem Campingplatz übernachten.

Versorgung
Vor dem Besuch des Parks muss vorgesorgt werden (Lebensmittel, Benzin). Öffentliche Telefone gibt es auch keine. Allerdings ein Restaurant am Interpretive Centre, was jedoch von einigen Unterkünften weit entfernt liegt.

Zu weiteren Informationen und Unterkünften zum Tuli Block-Gebiet s. S. 359ff

4. DAS OKAVANGO-DELTA MIT MOREMI GAME RESERVE

Maun

Maun ist die **"Safari-Hauptstadt"** Botswanas und Eingangstor in das Okavango-Delta. Der Flughafen ermöglicht schnelle Verbindungen innerhalb Botswanas, z. B. nach Gaborone, außerdem nach Johannesburg, Kapstadt und Windhoek. Zudem dient er als Drehkreuz für die kleinen Fluglinien, die Maun mit den abgelegenen Camps im Delta verbinden. Aus diesem Grunde haben die meisten Safariunternehmen Maun zum Ausgangspunkt ihrer Touren und den kleinen Flughafen zu einem der meistfrequentierten Ziele im südlichen Afrika gemacht. Zudem kann man die Stadt von Ghanzi, Nata, Francistown und Shakawe aus, und von dort die Fernstraßen nach Namibia und Südafrika, auf recht guten Asphaltstraßen erreichen (zur Anreise ab Johannesburg bzw. Windhoek s. S. 133 bzw. 147). Übrigens: Der Name „Maun" leitet sich aus dem San-Wort „maung" ab, was „Platz des kurzen Rieds" bedeutet.

Teilnehmer an Fly-In-Safaris nutzen Maun als Startpunkt ihrer Reise in die privaten Camps des Deltas, Selbstfahrer ins Moremi Game Reserve oder in den Chobe National Park versorgen sich hier mit Proviant, denn auf der Strecke bis Kasane kann man nirgendwo „nachbunkern". Maun ist ein **zentraler Versorgungsort** am Rande des Deltas – keineswegs schön, aber umso nützlicher.

Wenn man nach Maun gelangt, Zentrum des Ngami-Landes und Heimat des Tswana-Stammes, so wird man nach der Reise durch die einsame Buschlandschaft nicht gerade die höchsten Ansprüche an das „Zentrum" des südlichen Okavango-Deltas stellen. Maun selbst ist eine **Streusiedlung**; alles in der Umgebung ist durch Überweidung hoffnungslos kahlgefressen, und in der Trockenzeit ist es extrem staubig. Mit dem **Touristenboom**, an dem die in den letzten 20 Jahren deutlich verbesserte Infrastruktur nicht unschuldig ist, kamen die entsprechenden Dienstleister: Es gibt hier eine Reihe von (Souvenir-) Geschäften, Supermärkten, Post, Hotels, Tankstellen, Reparaturwerkstätten und besonders auf dem Weg zum Flughafen unzählige Safarianbieter – kurz: eine Infrastruktur, die Maun zum wichtigsten zentralen Ort am Rande des Okavango-Deltas werden lässt und wo man sich gut versorgen kann, um eine Safari zu beginnen oder fortzusetzen.

Nicht schön, aber nützlich

Maun liegt am **Thamalakane River**, der als Südabfluss des Okavango-Deltas seinen höchsten Wasserstand zwischen Juni und Oktober aufweist. In diesen Monaten,

Redaktionstipps

➤ **Wichtig**: Campingplätze im Moremi Game Reserve weit im Voraus buchen – ohne Buchungsbestätigung kommt man in den Park je nachdem nicht hinein, S. 199f
➤ Die Safari-Hauptstadt Maun ist das Versorgungszentrum Nordbotswanas – hier alles besorgen, was man auf einer Tour durch Moremi oder den Chobe National Park braucht, S. 164
➤ Typisch für die Erkundung des Deltas: eine Fahrt mit dem Mokoro, S. 158
➤ Auf dem Campingplatz Third Bridge im Moremi Game Reserve übernachten – aber Vorsicht vor den Pavianen, S. 197, 200
➤ Eine gute Alternative außerhalb des Parks ist die Kaziikini Campsite eines Community Project, S. 201
➤ Bei einem Rundflug über das Delta erschließt sich einem das grandiose Naturerlebnis am besten – das Geld ist die Investition in jedem Fall wert, S. 167

besonders August und September, kommen aufgrund des sonnigen, aber doch von den Temperaturen her angenehmen Klimas die meisten Besucher. Der Thamalakane fließt ruhig dahin, sein Wasser ist klar, und er wirkt in dieser sonst so trockenen Landschaft wie ein Fremdkörper. Westlich von Maun teilt sich der Fluss: Ein Arm zweigt südwestlich als Nxhabe zum Lake Ngami ab, ein anderer nach Osten als Boteti River, der die Makghadikgadi-Pfannen speist. Der Thamalakane ist reich an Fischen, jedoch findet sich der begehrte Tigerfisch weiter nördlich am Okavango selbst.

Maun ist der traditionelle Hauptort der Tswana, die diesen nach dem Sieg über den Ndebele-König *Lobengula* 1915 als Hauptstadt gründeten. Mit der Ankunft des Jägers *Harry Riley*, Namensgeber u.a. von Riley's Hotel und Werkstatt im Zentrum, in den 1920er-Jahren startete der „Tourismus", der sich lange auf die Jagd konzentrierte. Damals waren es gute 35 Stunden von Francistown bis nach Maun. Diesen Weg legten vor allem professionelle Jäger zurück, die sich bei ihrer Ankunft nichts sehnlicher wünschten als ein kaltes Bier – und so eröffnete *Riley* ein kleine Bar, Schauplatz legendärer Partys. Maun erlangte einen Ruf als raue „Wild West"-Stadt, Zentrum von Viehzucht und Jagd. Mit dem Beginn des Touristenbooms in den 1990er-Jahren folgte die oben erwähnte Entwicklung. Heute leben rund 50.000 Menschen hier. Der Ort ist Verwaltungssitz des Ngami-Landes. Heute sieht man im Straßenbild viele Herero- Nachkommen der Flüchtlinge, die während der deutschen Schutztruppen-Zeit nach Botswana flohen.

Beliebtes Souvenir: Körbe

Sehenswertes

Nhabe Museum
Das Nhabe Museum (Mukwa Leaf Gardens in der Nähe des Sedia-Hotels) ist eines der wenigen kulturellen Zentren im Nordwesten des Landes. Es wurde 1994 von der Tshomarelo Conservation Society ins Leben gerufen, die ihre Aktivitäten für den Umweltschutz auch auf die Erhaltung

Savanne bei Maun

der kulturellen Identität ausdehnen wollte. Hier gibt es Exponate zur Kultur und Geschichte der Bewohner dieses Gebietes sowie zur Naturgeschichte. Die Ausstellung ist in einem alten Gebäude untergebracht, das 1939 von den Briten erbaut wurde und im 2. Weltkrieg als Überwachungsstelle gegen die deutsche Präsenz in Namibia diente. Nebenan werden im kleinen Arts Centre durchaus authentische Souvenirs, v.a. Körbe, verkauft *(geöffnet Mo–Sa 9–16.30 Uhr, Sir Seretse Khama Street, ☎ 686-1346, museum @botsnet.bw)*.

Schöne Souvenirs

Maun Educational Park/Maun Game Reserve
Das Maun Game Reserve ist 8 km² groß und liegt direkt am Thamalakane, gegenüber dem Zentrum. Das Reserve bietet eine Reihe kleiner Wanderwege. Unter anderem leben hier Baboons, Giraffen, Impalas, Zebras, Warzenschweine und viele Vogelarten *(geöffnet täglich von 8–18 Uhr, Eintritt frei)*.

Matlapaneng Bridge
Die alte Matlapaneng Bridge wurde aus Mopane-Holz gebaut und führt über den Thamalakane. Die Brücke ist mittlerweile ein „National Mounument".

Okavango Swamps Crocodile Farm
Etwa 400 Krokodile kann man in ziemlich natürlicher Umgebung bei einer Führung bewundern. Die Farm liegt neben dem Gelände des Sitatunga Camps (s. S. 163), etwa 11 km südlich von Maun (Richtung Ghanzi) an der Sehitwa Road *(geöffnet tgl. ca. 10–16 Uhr, mehrmals tgl. Führungen, P 30)*.

Das Okavango-Delta mit Moremi Game Reserve

Eine Fahrt oder Safari mit dem Mokoro

Mekoro (Einzahl „Mokoro") sind Einbäume am Okavango, die auch heute noch als bevorzugtes Transportmittel dienen. Diese „Taxis" befördern Schilf, Kleintiere, Haushaltswaren, dienen als Fischerboote oder befördern Menschen. Auch Rinderhirten, die Kühe durch Wasserarme treiben, benutzen die Mekoro.

Für einen Mokoro benötigt man Hartholzbäume, die 100–500 Jahre alt werden müssen, bevor sie die richtige Größe erreicht haben. Bevorzugt wird eine Art Ebenholz, Mokutshumo genannt. Obwohl es 2–3 Wochen dauert, bis aus einem Baumstamm mit Hilfe einer Krummaxt ein Mokoro entsteht, beträgt die Lebensdauer eines solchen Gefährts nicht mehr als ca. 5 Jahre. Fast alle Mekoro sind etwas undicht.

Beliebt: Touren mit dem Einbaum, auch mehrtägig möglich (Xigera Mokoro Trail)

Mittlerweile ist der Bedarf an Mekoro sehr gestiegen, schließlich braucht nicht nur die einheimische Bevölkerung solche Gefährte, sondern auch die Safarigesellschaften und die Lodges im Delta. In Maun und Umgebung sowie in vielen Camps im Delta werden Mekoro an Touristen verliehen. Überall im zentralen Deltabereich kann man deshalb Baumstümpfe sehen... Viele Camps benutzen daher (sehr umweltfreundlich) Fiberglas-Mekoro. Mit Hilfe einer langen Stange stakt der „Poler" auf dem ruhig dahin fließenden Thamalakane bei Maun (falls genügend Wasser vorhanden ist). Im Delta selbst sind solche Fahrten oft ganzjährig möglich.

Mekoro sind für Touristen zu einer Attraktion geworden, und so gut wie alle der Camps in Botswana mit Zugang zum Wasser haben solche Einbaum-Fahrten fest in ihrem Programm.

Viele Lodges in Maun offerieren Mokoro-Fahrten mit „Freelancern", d.h. mit Polern, die keine Regierungslizenz und keine entsprechenden Kurse (Naturkunde, Geografie des Deltas etc.) belegt haben. Vorsicht also bei der Auswahl des richtigen „mokoro polers". Sind die Touren zu günstig, sind die angebotenen Mokoro-Führer meist kaum erfahren – denn sobald sie sich richtig eingearbeitet haben, heuern sie bei den Lodges an, die besser bezahlen. Man sollte zudem berücksichtigen, dass bei den preiswerten Mokoro-Trips kein Essen und keine Getränke inbegriffen sind. Vorsicht ist also geboten, denn viele Mokoro-Führer geben vor, alles gut zu kennen und zu wissen – die Erfahrung lehrt dann leider etwas anderes. Mit US$ 60 pro Stunde sollte man bei einem guten Poler rechnen, der Preis kommt allerdings auf die Personenanzahl an.

Hat man etwas Zeit mitgebracht, ist es empfehlenswert, sich bei anderen Touristen über ihre Erfahrungen zu erkundigen. Wichtig: Man darf sich nicht sehr auf diesem Boot bewegen, da es sehr schnell (weil ohne Kiel) kentern kann.

Reisepraktische Informationen Maun

Information
Department of Wildlife and National Parks, P.O. Box 20364, Boseja, Maun, ☏ 686-1265, 🖷 686-1264, E-Mail: dwnp@gov.bw, www.mewt.gov.bw/DWNP/index.php. In der Nähe der Polizei gelegen. Hier ist die Reservierungsstelle für die **Eintrittstickets** in die Nationalparks (P 120 Park Fee p. P./Tag und P 50 pro leichtes Auto). Für die Campingplätze **South Gate** und **Xakanaxa** ist **Kwalate Safaris** zuständig. Vor allem in den Hauptreisemonaten Juli–September sind kurzfristig keine Campingplätze zu bekommen – also bitte **lange im Voraus buchen!** Für die beliebten Parks heißt das, bis zu elf Monate vorher. Zur Reservierung der Campsites in den National Parks s. Stichwort Camping in den Gelben Seiten.

Privatisierung von Campingplätzen

Seit 2009 wurden alle Campingplätze im Bereich Moremi privatisiert. Für South Gate und Xakanaxa (beide P 230 p. P.) sind nun **Kwalate Safaris** die Ansprechpartner, Khwai/North Gate (US$ 50 p. P.) wird von der **SKL Group** gemanagt und Third Bridge (P 270 p. P.) sowie die Wilderness Islands (P 486 p. P.) von der **Xomae Group**. Für mehr Infos s. Stichwort Camping in den Gelben Seiten.

Buchungsadressen: **Kwalate Safaris**, P.O. Box 2280, Gaborone, ☏/🖷 (+267) 686-1448, kwalatesafari@gmail.com.

SKL Group of Camps, Appollo House, Plot Nr. 246, Office Nr. 6, Along Maun Airport Road, ☏ (+267) 686-5365/6, 🖷 (+267) 686-5367, E-Mail: reservations @sklcamps.co.bw, sklcamps@botsnet.bw; www.sklcamps.com.

Xomae Group, P.O. Box 1212, Maun, ☏ (+267) 686-2221 o. -2970, 🖷 (+267) 686-2262, E-Mail: xomaesites@botsnet.bw; www.xomaesites.com.

Unterkunft

Die Preise der Unterkünfte sind, außer bei den teuren Camps im Okavango-Delta, die in US$ abrechnen, in Pula (P) angegeben, mit Ausnahme solcher, die auch in US$ bezahlt werden. Für den aktuellen Wechselkurs siehe die Grünen Seiten oder www.oanda.com.

In der Stadt
Cresta Riley's Hotel $$$$, Riverside, ☏ 686-0204, 🖷 686-0580, E-Mail: resrileys@cresta.co.bw, reservations@crestahotels.com, www.crestahotels.com. Ca. P 1.334/DZ (Standard) inkl. Frühstück. **Lage**: Ortsmitte, an der Hauptdurchgangsstraße, neben Tankstelle und Werkstatt. **Beschreibung**: Das beste Hotel des Ortes mit 51 Zimmern liegt direkt am Flussbett des Thamalakane und ist komfortabel eingerichtet (Klimaanlage, TV). Restaurant und schöner Swimmingpool vorhanden. Das Hotel blickt auf eine lange Vergangenheit zurück: Charles „Harry" de Beauvoir Riley kam in den 1920er-Jahren hierher. Damals benötigte man für die Strecke Maun – Francistown mehr als 36 Stunden. Die meisten Besucher jener Zeit waren raubeinige Jäger, die sich nach der Strapaze auf ein kühles Bier sowie ein Bett freuten.

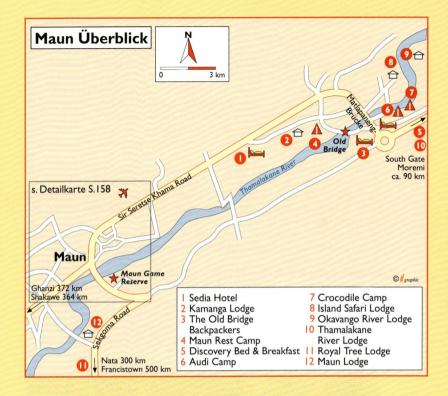

Entlang des Thamalakane River Richtung Moremi Game Reserve (Shorobe Road)

 Unterkunft und Camping

 Vor wenigen Jahren hat es auf einigen Campingplätzen Probleme mit Diebstählen, z.T. sogar Überfällen gegeben, der letzte bekannte Fall ist allerdings länger her. Trotzdem auf keinen Fall Wertsachen im Zelt lassen und bei Ankunft erkundigen, ob es Sicherheits-Personal gibt.

Maun Rest Camp $ **(4)**, ☏ 686-3472, 686-2623. Ca. P 60 p.P. Campingplatz in der Nähe der alten Brücke, mit sauberen sanitären Anlagen, aber ohne Pool und Bar – dafür eher ruhig.

The Old Bridge Backpackers $$ **(3)**, ☏ 686-2406, E-Mail: info@maun-backpackers.com, www.maun-backpackers.com. Camping P 60 p.P., Schlafsaal P 155 p.P., Zelt (DZ) P 144 p.P. (Gemeinschaftsbad), mit eigenem Bad und Dusche P 505. **Lage**: 10 km außerhalb von Maun. **Beschreibung**: Campingplatz (es gibt schönere), Schlafsaal für 8 Pers. am

Fluss mit Blick auf die Brücke, fest installierte Zelte, Pool, Restaurant. Zahlreiche Ausflüge werden angeboten. Günstig und rustikal.

Audi Camp $$ **(6)**, P.O. Box 21439 Boseja, Maun, ℡ 686-0599, 🖨 686-5388, E-Mail: info@okavangocamp.com, www.okavangocamp.com. Zelte mit Doppelbett und Bad P 640, ohne Bad P 400 (Preise inkl. Frühstück), Campingplatz P 600 p.P., Transfer in die Stadt P 140. **Lage**: 12 km von Maun entfernt, am Ostufer des Thamalakane. **Beschreibung**: Als Unterkunft stehen sehr saubere, auf festen Holzplattformen errichtete Zelte mit eigenem Bad und kleinere Meru-Zelte (mit Betten) zur Auswahl, zudem ein schattiger Campingplatz. Swimmingpool, Bar. Recht beliebt, da bezüglich Unterkunft Preis und Leistung stimmen. Die Mokoro-Ausflüge sind allerdings oft überteuert, Leser berichten zudem von chaotischer Organisation.

Okavango River Lodge $$ **(9)**, ℡ 686-3707, E-Mail: info@okavango-river-lodge.com, www.okavango-river-lodge.com. Chalet (DZ) P 400, Familienchalet (3–5 Pers.) P 500, Zelte mit 2 Betten P 280. Campingplatz P 70 p.P. **Lage**: Shorobe Road Richtung Moremi, nach ca. 10 km am Kreis links, dann nach 3 km auf der linken Seite. **Beschreibung**: eher einfache, aber saubere Chalets mit Dusche und Ventilator, 8 Meru-Zelte und schattige Campingplätze mit Gemeinschaftswaschraum (auch Wäsche waschen). Grillmöglichkeit, Pool, Restaurant, Bar, Spielplatz, Internet. Mokoro können gemietet werden, weitere Aktivitäten wie Reiten, Korbflechten etc.

Discovery Bed & Breakfast $$ **(5)**, ℡ 680-0627 oder 716-15853 (Mobilfunk), E-Mail: discoverybnb@info.bw, www.discoverybedandbreakfast.com. Standard-Chalet P 500, Luxus-Chalet (mit Dusche en-suite) P 625, inkl. Frühstück. Dinner auf Anfrage. **Lage**: an der Shorobe Road Richtung Moremi (ca. 20 min.), ein gelbes Schild weist auf den Abzweig hin. **Beschreibung**: von einem Paar aus den Niederlanden betriebene Unterkunft, bezahlbare Alternative in Maun, 9 Chalets (alle mit eigener Toilette und Waschbecken, aber

Thamalakane River Lodge

z.T. mit Gemeinschafts-Dusche). Bootstouren, Rundflüge und verschiedene Aktivitäten wie ein Korbflecht-Workshop können arrangiert werden. Insgesamt sehr rustikal, aber gutes Preis-Leistungsverhältnis.

Crocodile Camp $$ **(7)**, P.O. Box 46, ☎ 680-0222, 📠 680-1256, E-Mail: sales@crocodilecamp.com, www.crocodilecamp.com. Ca. P 400 p.P. im Standard-Chalet, Deluxe ebenfalls buchbar. **Lage**: 12 km von Maun Richtung Moremi Game Reserve, am Ufer des Thamalakane River, ca. 1 km hinter dem Audi Camp. **Beschreibung**: Die Chalets (Standard oder Deluxe Version) sind recht nett, bedürfen derzeit aber einer Renovierung. Restaurant, Pool. Campingplatz mit Gemeinschaftsduschen. Das Camp organisiert zudem auf Wunsch Mokoro-Fahrten, Flüge über das Delta und Reitsafaris. Auch gibt es 2–3-tägige Safaris ins Delta oder Moremi Game Reserve. Vorausbuchungen nötig.

The Sedia Riverside Hotel $$ **(1)**, P.O. Box 58, ☎/📠 686-0177, E-Mail: sedia@info.bw, www.sedia-hotel.com. Ca. P 955/DZ, Cottage ab ca. P 1.170. Es stehen auch Campingmöglichkeiten zur Verfügung. **Lage**: 5 km vom Zentrum entfernt. **Beschreibung**: sauber, mit Swimmingpool und eigenem Restaurant. 24 Zimmer und 10 Cottages (mit Küchenecke). Am Wochenende Disco – also entsprechend laut.

Kamanga Lodge & Tours $$ **(2)**, P.O. Box 20950, Maun, ☎ 686-4121/2, 📠 686-4123, E-Mail: lodge@kamangaonline.com, www.kamangaonline.com. Ca. P 600. **Lage**: ca. 8 km nördlich von Maun. **Beschreibung**: alle 15 En-suite-Chalets und Doppelzimmer (eines für Familien) sind sauber und komfortabel. Auch Safariveranstalter, z.B. Touren ins Moremi Game Reserve.

Island Safari Lodge $$$ **(8)**, P.O. Box 116, ☎ 686-0300, 📠 686-2932, E-Mail: enquire@africansecrets.net, www.islmaun.com. US$ 67 p.P. im Chalet mit Frühstück. **Lage**: 12 km nördlich von Maun am westlichen Ufer des Thamalakane River. Von Maun die Shorobe Road nehmen, ca. 10 km Richtung Moremi, am Island-Safari-Lodge-Schild links auf eine Schotterpiste, ca. 2 km bis zur Lodge. **Beschreibung**: sehr beliebte Unterkunft in Maun wegen schöner Lage der gepflegten 12 Chalets am Flussufer (Klimaanlage, TV). Restaurant, nette Bar, Swimmingpool. Auch Campingplatz mit Duschen, Toiletten und eigenem Pool.

Thamalakane River Lodge $$$/$$$$ **(10)**, P.O. Box 888, Sexaxa Ward, Reservierung unter ☎ Südafrika (+27) 21-7825337, Rezeption 680-0217, E-Mail: reservations@thamalakane.com, www.thamalakane.com. Chalets ca. US$ 93–133 p.P. inkl. Frühstück. **Lage**: 19 km von Maun Richtung Moremi. **Beschreibung**: schön ruhig gelegen, 17 riedgedeckte Stein-Chalets, alle mit Blick auf den Fluss, davon eine Familien-Suite mit 2 Schlafzimmern und Küche. Kleiner Pool, Bar und sehr gutes Outdoor-Restaurant (s.u.).

Richtung Süden

Sitatunga Campsite $$, Büro ☎ 680-0380, 📠 680-0381, E-Mail: info@deltarain.com, www.deltarain.com. Chalet mit Bad P 580, Doppel-Cabin P 170, Camping ab P 45. **Lage**: 10 km von Maun, an der Straße nach Ghanzi. **Beschreibung**: Das Camp gehört zu Delta Rains Safaris, die Safaris und Touren durch Botswana anbieten (auch Tagesausflüge, Rundflüge etc.). Schattiger Campingplatz mit Grillmöglichkeit, Pool, Bar und Restaurant. Zudem gibt es einfache Cabins und ein paar Chalets mit Bad und Bettwäsche. Auf dem Gelände liegt auch die Crocodile Farm, die man stdl. von 10–16 Uhr besuchen kann (P 30). Viele Overland-Trucks.

Maun Lodge (12) $$$, Plot No 459, Boseja, Maun, P.O. Box 376, Maun, ☎ 686/3939, 📠 686-3969, E-Mail: maun.lodge@info.bw, www.maunlodge.com. Im DZ US$ 194 p.P., im Chalet US$ 145 p.P. (im Fam.-Chalet US$ 181 p.P.). **Lage**: ca. 3 km vom Zentrum Mauns.

Beschreibung: 30 ordentliche DZ und 4 Familienzimmer, alle mit Bad und Klimaanlage, viele Geschäftsleute. Außerdem gibt es 12 einfache Chalets mit 4–6 Betten (Bad, Klimaanlage), Pool, à la Carte Restaurant und Boma. Die Lodge organisiert auch Safaris.

Royal Tree Lodge (11) $$$$$, Tsanokona Ward, P.O. Box 250088, Maun, ☎/🖨 680-0757, E-Mail: treelodge@botsnet.bw, www.royaltreelodge.com. Je nach Saison ab US$ 262 p.P. inkl. Vollpension, Dinner-Wein und Transfer von/zum Flughafen Maun. Auch nur Frühstück oder Halbpension buchbar. **Lage**: ca. 10 km südlich von Maun am Fluss. **Beschreibung**: sieben luxuriöse Zelte mit Bad und Außendusche, zwei Honeymoon Chalets, schöner Pool. Gemütliche Bar, Restaurant und Lounge vorhanden. Auf drei angelegten Walking Trails (30–90 Min.) kann man die Umgebung der Lodge erkunden. Zudem werden (gegen Aufpreis) Rundflüge über das Delta, Reitsafaris, eine Cultural Village Tour und Vogelbeobachtungsspaziergänge angeboten.

Camping

Die meisten Unterkünfte bieten auch Campingmöglichkeiten, empfehlenswert derzeit sind das **Maun Rest Camp** und **Sitatunga** (s.o.).

Restaurants

Riley's Grill Restaurant, ☎ 686-0204, in Riley's Hotel gelegen. Hier kann man gut essen (Mittagsbuffet, abends à la carte).

Sports Bar and Restaurant, ☎ 686-2676, Shorobe Road, beim Sedia-Hotel. Gutes Essen, recht günstig. Beliebt bei Touristen sowie Einheimischen.

French Connection, Mophane Road, ca. 10 min. vom Flughafen links gelegen. Man kann im schattigen Garten essen. Französisch angehauchtes Essen, netter Service – empfehlenswert.

Wimpy, ☎ 686-5273, www.wimpy.co.za. Im 1. Stock des Engen Shopping Center (gegenüber Ngami). Tägl. 7–22 Uhr. Filiale der englischen Kette, typisches Fast Food: Hamburger, Pommes etc.

Thamalakane River Lodge (10), Kontakt s.o. Laut in Maun lebender Deutscher derzeit das beste Restaurant der Stadt. In idyllischer Lage am Fluss kann man u.a. die vorzügliche Pizza genießen.

Bon Arrivée, ☎ 680-0330, gegenüber dem Flughafen. Hier mischen sich An- und Abreisende mit Einheimischen, es geht um sehen und gesehen werden. An der eleganten Bar wurde schon internationale Prominenz auf dem Sprung zur exklusiven Safari gesichtet.

Arts Café (links neben der Bühne im Motsana, s.u. unter Einkaufen), gut zum Lunch (Paninis, Salate) und für einen Drink zwischendurch, auch Frühstück.

Internetcafés

Wireless im Old Bridge Backpackers möglich, im Wimpy und bei Motsana ebenfalls. Das Sedia Hotel hat ein kleines Internetcafé, zudem gibt es PostNet im Maun Shopping Center. Auch am Flughafen gibt es Internet.

Einkaufen

In Maun gibt es alle wichtigen Versorgungseinrichtungen (Lebensmittelgeschäfte, Banken, Reparaturwerkstätten). Es existieren **SPAR-Märkte** in den Shopping Centern (Ngami bzw. Maun Shopping Centre) sowie der **Shoprite Supermarket** an der Hauptstraße, in denen man seinen Lebensmittelbedarf decken kann. Weitere kleine Bäckereien und Metzgereien sind ebenfalls gut zu finden. Andenken gibt´s in den meisten Lodges, in Shop des Museums (s.o.), in den Malls und am Flughafen.

Korbwaren: *Schöne Körbe gibt es 6 km von Maun, Richtung Matlapaneng Bridge.*
Bücher: *Botswana Book Centre,* ☏ *686-0853, Old Shopping Mall.*
Campingzubehör: *Kalahari Kanvas,* ☏ *686-0568, E-Mail: kalkanvas@botsnet.bw, www.kalaharikanvas.com, Mathiba I Street, am Flughafen. Hier gibt es fast alles zum Kaufen oder Ausleihen für den Outdoor-Urlaub, u.a. Zelte, Campingzubehör.*

> ### 👉 Tipp
>
> **Motsana**, ☏ 72241444, www.motsana.com. Shorobe Road Richtung Moremi, kurz vor dem Audi Camp. Das „kleine Dorf" (Name in Setswana) bietet neben dem Arts Café (s.o.) tolle kleine Shops für Mitbringsel (Textures, Mowa), außerdem einen Friseur.

Banken und Geld wechseln

Mit einer VISA- oder (seltener) Mastercard-Kreditkarte kann man am Geldautomaten (ATM) Geld abheben. Es gibt welche am Flughafen und an den Banken im Stadtzentrum. Man kann max. 2.000 Pula auf einmal abheben. Wechselstube bieten mitunter bessere Kurse als die Banken.
First National Bank, *Shop I and 2, Ngami Centre (Innenstadt),* ☏ *686-0919, www.fnbbotswana.co.bw.*
Standard Chartered Bank Maun, *Mokoro Complex,* ☏ *686-0209, www.standardchartered.co.bw.*
Stanbic Bank, *Natlee Centre, Mathiba Road (gegenüber dem Flughafen),* ☏ *686-2132, www.stanbicbank.co.bw.*

Medizinische Versorgung

Delta Medical Center, *Plot 720/721, Tshekotseko Rd, Old Mall, Maun,* ☏ *686-1411,* 📠 *686-1410, www.deltamedicalcentre.org. Privatkrankenhaus mit 21 Betten. Empfehlung!*
Letsolathebe II Memorial Hospital, *Disaneng, Maun,* ☏ *686-0444,* 📠 *686-0445. 2009 fertiggestelltes Krankenhaus, das das Maun General Hospital ablöst. Leider zu wenig Personal trotz moderner Geräte.*
Zahnmedizin: *Delta Dental Clinic,* ☏ *686-4224.*
Apotheken: *Okavango Pharmacy,* ☏ *686-2049, Old Mall (hinter dem Delta Medical Center), sowie Taurus Pharmacy,* ☏ *686-3161, Pulane Street. Beide täglich ca. 8.30–18 Uhr geöffnet.*
Im Notfall: *Medical Rescue International,* ☏ **992**, *(Krankenwagen, Luftrettung) oder Okavango Air Rescue,* ☏ **995** *(reiner Luftrettungsdienst), s. auch S. 73.*

📞 Telefon/Telefonkarten

In der Niederlassung der **Botswana Telecommunications Corporation (BTC)**, ☏ *686-0234, www.btc.bw. Neben der Post gibt es Telefonkarten und Kartentelefone (die es in Maun rel. häufig gibt), auch an Tankstellen (z.B. Shop der Riley's Garage) kann man Telefonkarten erstehen.*

Das Okavango-Delta mit Moremi Game Reserve

Einzigartig: das Okavango-Delta aus der Luft

Autoreparatur
Riley´s Garage and Service Station beim Riley´s Hotel, ☎ 686-0203, gilt als die beste Werkstatt der Stadt, nebenan gibt es auch eine Nissan-Niederlassung.
Ngami Toyota, große Niederlassung an der Hauptstraße nach Ghanzi (☎ 686-0252). Auch **Landrover** betreibt eine Vertretung (☎ 686-0203).
Hilfe, wenn man im Busch steckengeblieben ist, bietet **Mechto Ltd**, betrieben von Mac und Brenda MacKenzie, 16-17 Nkwe Road, Boseja, Maun, ☎ 686-3913, Mobilfunk 713 03788 o. 71697209, E-Mail bmac@info.bw, auch Autovermietung (4x4) zu wettbewerbsfähigen Preisen.
Reifen gibt es zudem bei Tyre Max, Reggie Varkesvisser, ☎ 686-4040, Mobilfunk 72337008.

Postamt
In der Nähe der Old Mall an der Teerstraße gelegen. Öffnungszeiten: wochentags 08.15–12.45 und 14–16 Uhr, samstags von 8.30–11.30 Uhr.

Mokoro-Ausflüge
Solche Ausflüge werden praktisch in jedem Hotel und Camp, abhängig von den Jahreszeiten, angeboten. Kostenpunkt für einen guten Poler etwa US$ 60/Std. Ebenso kann man Tagesausflüge ins Delta unternehmen – Preise sehr unterschiedlich (ab ca. US$ 150/Person/Tag). Die Unterkünfte in Matlapaneng bieten Mokorofahrten während der Wasserführung des Thamalakane-Flusses von Juli–Anfang November an (s. auch S. 158f).

Rundflüge/Ausflüge per Flugzeug
Ein unvergessliches Erlebnis ist ein **Flug über das Delta**. Nur so kann man sich einen bleibenden Eindruck über das „Land im Meer" verschaffen: Man sieht Kanäle, Flüsse,

Seen, Landschaften, Inseln – und Tiere. Wenn man nicht zu einer Lodge im Delta fliegt, kann man einen Rundflug am Flughafen in Maun buchen oder über die entsprechenden Hotels und Lodges. Kostenpunkt: ca. US$ 300–400 pro Maschine/Stunde. Darauf achten, dass die Piloten eine Berufslizenz haben.

Empfehlenswert, falls man nicht vorhat ohnehin dorthin zu fahren, ist ebenfalls ein **Flug zu den Buschmannzeichnungen an den Tsodilo Hills** im Nordwesten des Delta-Gebiets (s. S. 271). Kompetente Ansprechfirmen vor Ort sind die Chartergesellschaften, s.u. Pro Strecke dauert der Flug ca. eine Stunde.

▶ Chartergesellschaften/Scenic Flights

Delta Air, Mathiba I Rd, Büro gegenüber dem Flughafen, ☎ 686-0044, 🖷 686-1682, E-Mail: synergy@info.bw, www.okavango.bw/air.html.

Kavango Air, im 1. Stock des Flughafenterminals, ☎ 686-0323, 🖷 686-0191, www.kavangoair.com.

Mack Air, Mathiba I Rd, ☎ 686-0675, 🖷 686-0036, E-Mail: reservations@mackair.co.bw, www.mackair.co.bw. Neben Rundflügen ebenso Charter nach Kasane, Windhoek, Livingstone, Francistown und Gaborone.

Moremi Air, im 1. Stock des Flughafenterminals, ☎ 686-3632, 🖷 686-2078, www.moremiair.com. Neben mehreren Flugzeugen in Maun hat Moremi Air auch eines in Kasane stationiert und bietet Flüge innerhalb Botswanas sowie nach Südafrika, Zambia und Namibia. Auch Rundflüge (ca. 1 Stunde) über das Delta.

Okavango Helicopters, ☎ 686-5797, 🖷 686-5798, E-Mail: okavangoheli@dynabyte.bw. Statt mit Kleinflugzeugen fliegt man hier mit Helikoptern über das Delta – etwas teurer.

Wilderness Air, Mathiba I Rd, nahe des Flughafens, ☎ 686-0778, 🖷 686-1649, www.wilderness-air.com/botswana.html. Einer der größten Anbieter. Vorher „**Sefofane**", seit 2011 Teil der Wilderness-Gruppe, zu deren Camps sie u.a. fliegt. Hier kann man auch fliegen lernen – im Flight Training Centre, E-Mail: sftc@wildernessair.bw.

Safari-Veranstalter und Buchungsbüros für Safaris und Lodges vor Ort, z.T. auch Rundflüge, Mokoro-Trips etc.

Die meisten Agenturen bieten auch sichere Parkmöglichkeiten in Maun an, während man im Delta unterwegs ist. Trotzdem sollte man auf keinen Fall Wertgegenstände im Wagen lassen!

Afro Trek, im Sedia Riverside Hotel (s.o.), ☎ 686-2574 o. mobil 71237478, E-Mail: sedia@info.bw, www.afrotrek.com. Das Unternehmen bietet in Zusammenarbeit mit dem Sedia Hotel (Safaris starten und enden hier) Tagesausflüge in das Moremi Game Reserve sowie mehrtägige Safaris (z.B. 3 Tage Tsodilo Hills), Mokoro-Trips etc. an.

Hinweis

Aufenthalte in den Camps im Okavango-Gebiet sollten v.a. in der Hochsaison bereits vorab gebucht werden, ebenso mehrtägige Safaris mit dem Mokoro oder in andere Regionen des Landes. In den Büros in Maun kann man aber fragen, ob es kurzfristig z.B. Absagen gegeben hat. Tagesaktivitäten kann man i.d.R. auch vor Ort organisieren.

Bush Camp Safaris, Office No. 8 „The Pumpkin Patch", Sir Seretse Khama Drive, Newtown, ☎ 686-1391, 🖷 686-1395, www.bushcampsafaris.com. Safaris in die Delta-Regionen und ganz Botswana.

Bush Ways, 286 Hospital Road, Maun, ☎ 686-3685, 🖷 680-0937, E-Mail: reservations @bushways.com, www.bushways.com. Es werden 1–3-wöchige Abenteuersafaris in Gruppen ins ganze Land angeboten, auch individuelle Zusammenstellung. Aktivitäten wie einen Rundflug übers Delta oder Rafting an den Victoria-Fällen können ebenfalls hier gebucht werden.

Crocodile Camp, P.O. Box 46, ☎ 680-0222, 🖷 680-1256, E-Mail: sales@crocodile camp.com, www.crocodilecamp.com. Das Camp organisiert auf Wunsch Mokoro-Fahrten, Flüge über das Delta und Reitsafaris. Auch gibt es 2–3-tägige Safaris ins Delta oder Moremi Game Reserve.

Delta Rain, Sitatunga Camp, ☎ 680-0380, 🖷 680-0381, E-Mail: info@deltarain.com, www.deltarain.com. Mokoro-Safaris, Tagesausflüge sowie Camping-Safaris durch ganz Botswana, Namibia und Zambia.

Desert & Delta Safaris, Ecke Airport Avenue und Mathiba I Road, Maun, ☎/🖷 686-1559, E-Mail: info@desertdelta.com, www.desertdelta.com. Hier kann man u.a. die Camps Moremi, Okavango und Xugana Island Lodge im Delta buchen.

The Old Bridge Backpackers, ☎ 686-2406, E-Mail: info@maun-backpackers.com, www.maun-backpackers.com. Die Betreiber bieten nicht nur Unterkunft (s.o.), sondern zudem Bootsausflüge (auch bei Sonnenaufgang), Pferdesafaris, einen Korbflecht-Workshop u.v.m. Die Guides der Mokoro-Ausflüge sind sehr professionell und werden von Experten vor Ort empfohlen.

Orient Express Safaris, P.O. Box 100, Maun, ☎ (Südafrika): (+27) 21 483-1600, www.orient-express-safaris.co.za. Buchung der Camps Eagle Island Camp/Xaxaba, Khwai River Lodge und Savute Elephant Camp.

Kalahari Kavango Safaris, Private Bag 053, Maun, ☎ 686-0981 o. -1634, E-Mail: kk reservations@ngami.net, www.menoakwena.com. Unterschiedliche Safaris in den nördlichen und westlichen Teil Botswanas sowie in die Zentral-Kalahari.

Ker & Downey Botswana, Office, Airport Road, Maun, ☎ 686-1226, 🖷 686-1282, E-Mail: info@kerdowney.bw, www.kerdowneybotswana.com. Buchung der Camps Shinde, Okuti, Kanana und Footsteps Across the Delta.

Okavango Tours & Safaris, P.O. Box 39, Maun, ☎ 686-0220, 🖷 686-0589, E-Mail: info@okavangotours.com, www.okavangotours.com, www.okavango.com. Bietet Safaris in den verschiedenen Regionen Botswanas sowie in den Nachbarländern an.

Travel Wild, Cnr Airport and Mathiba II Road, Maun, direkt gegenüber dem Flughafen gelegen, P.O. Box 236, ☎ 686-0822/3, 🖷 686-0493, E-Mail: office@botswanaholidays.com, www.botswanaholidays.com. Gute Beratung und Buchung aller Safaris/Lodges im Delta-Gebiet, zudem Organisation von Selbstfahrer-Safaris.

 Tipp: Mit dem Pferd durch die Wildnis

Wem eine „normale" Safari noch nicht genug Nervenkitzel ist, der kann Elefanten- und Büffelherden auch vom Rücken der Pferde aus beobachten.
Infos und Buchung unter www.okavangohorse.com und www.africanhorse back.com.

Verkehrsmittel
Anreise mit dem Auto
Die Fahrt nach Maun mit dem Mietwagen ist von Windhoek oder Johannesburg kein Problem. Die Route über den Grenzposten Mamuno/Buitepos (Namibia) und Ghanzi sowie über den Caprivi-Streifen und Shakawe ist durchgehend asphaltiert, ebenso die Route ab Francistown oder Gaborone. Nach Kasane durch Savute und den Chobe National Park geht es nur über Allrad-Pisten (s. S. 211ff), alternativ kann man über Nata fahren, dann ist die Strecke asphaltiert. Allerdings gibt es auf dieser Strecke nicht allzu viel zu sehen, und z.T. gibt es viele Schlaglöcher.

Mietwagen
s. S. 104f

Flugverbindungen
Maun Airport ist, gemessen an den Flugbewegungen, der verkehrsreichste Flughafen des südlichen Afrika. Air Botswana, Air Namibia und South African Airways bedienen ihn je nach Airline mehrmals wöchentlich/täglich (s. S. 88).
Zahlreiche **Chartergesellschaften** (s. S. 167) bedienen von hier aus u.a. Kasane, Windhoek und Gaborone.

Busverbindungen
Der Bus-Terminal liegt zentral in der Nähe des Riley´s Hotel. Täglich fährt ein Bus nach Shakawe, Nata (von hier Verbindungen nach Kasane) und Francistown, zudem gibt es Verbindungen nach Ghanzi und weitere nach Mamuno/Namibia-Grenze.

Okavango-Delta

Überblick

Das Okavango-Delta gilt als eine der beeindruckendsten Landschaften der Welt. Der Okavango, drittgrößter Fluss im südlichen Afrika, entspringt im westlichen Bergland von Angola. Teilweise bildet er die Grenze zwischen Namibia und Angola. Er schwillt zu einem mächtigen Strom an, doch er findet nicht den Weg zum Meer. Stattdessen „mündet" er nach 1.600 km im Sandmeer der nördlichen Kalahari, wo er sich auf einer Fläche von annähernd **16.000 km²** in unzählige Arme, Kanäle, Seen und Teiche auffächert.

Okavango mündet in der Wüste

Bei Mohembo tritt der Okavango nach Botswana ein. Hier oben im Norden fließt er zunächst zwischen klar definierten Ufern, erst im weiteren Verlauf bildet er sein trichterförmiges Delta. Im Spätsommer und Herbst spült eine große Flutwelle in das Delta-Gebiet, gespeist von dem sommerlichen Regen in Angola. Diese Wassermassen erreichen den südlichen Teil des Deltas in den Monaten Juni bis August. Danach sinkt hier der Wasserstand allmählich wieder ab.

Je nach Jahreszeit wechselt die Farbe

Wasser aus dem Benguela-Hochland

„Schuld" an dem jahreszeitlich nicht ganz so verständlichen Wasserzyklus des Okavango im Bereich seines Deltas sind die geografisch weit entfernten Gebiete im Benguela-Hochland von Angola, wo der meiste Regen zwischen Dezember und März fällt. Das Flutwasser nimmt hier seinen Ursprung und braucht auf seinem Wege bis zum Südteil des Okavango-Deltas volle sechs Monate. Alleine von dort bis zur botswanischen Grenze sind es von der Quelle aus gemessen 1.280 km, seine Gesamtlänge beträgt 1.600 km. Das Hochwasser trifft genau dann ein, wenn hier im Süden die „winterliche" Trockenzeit herrscht – und es ist hier paradoxerweise fast trocken, wenn hier die sommerliche Regenzeit angesagt ist.

95 % des **gesamten Oberflächenwassers** Botswanas verteilen sich über das Okavango-Delta. Aufgrund des ariden Klimas (die Verdunstung ist höher als der Niederschlag) verdunsten 95 % des Oberflächenwassers, etwa 2 % versickern – und nur 2 % füllen zeitweise den Thamalakane River. Ein paar interessante Fakten zum Fluss:
- Über 650.000 Tonnen Sedimente schleppt der Okavango an und lädt sie ab.
- 5.000 km² des Okavango-Gebiets sind ständig unter Wasser, 10.000–17.000 km² sind saisonal überflutet, knapp 1.900 km² sind trockenes Land (so z.B. die großen Sandinseln wie Chief's Island).

Umgeben ist das gesamte Okavango-Delta von der nördlichen Kalahari, wo auch „Pfannen" (Senken) liegen. Während feuchter Zeiten sind die Pfannen mit Wasser gefüllt. Dann ist auch hier Lebensraum für Tiere gegeben: Gemsböcke, Elefanten und Säbelantilopen. Erstaunlicherweise gibt es im Okavango-Delta nur wenige Fische. Das einfließende Wasser ist arm an Nährstoffen.

Tier- und Pflanzenwelt

 s. Tierlexikon S. 373ff

Die **Tierwelt** des Okavango-Deltas ist faszinierend. An den Ufern liegen oft Krokodile, die eine Gefahr für die domestizierten Tiere bedeuten. Allenthalben entdeckt man Flusspferde. Ornithologen-Herzen erfreut die reiche Vogelwelt: Ibisse, Rosapelikane, Löffler, Reiher, Schreiseeadler, Nimmersatte, Marabus, Lilientreter und Zwerggänse repräsentieren nur einen Teil der Vogelwelt. Sitatunga-Antilopen leben auf Papyrus-Inseln; Lechwe-Antilopen fühlen sich in ihrer Heimat der seichten Gewässer und Inseln wohl. In den südlichen Uferregionen leben Elefanten, Hyänen, Impalas, Zebras, Löwen und Büffel. Kurzum: Die **Tiervielfalt** des Okavango-Gebietes sucht ihresgleichen.

Reiche Tierwelt

Auch die **Pflanzenwelt** ist einzigartig. Wasserlilien bedecken die Flächen der engen Kanäle. Ihre langen, schmalen Stiele verraten die Flussrichtung. Mit steigender Sonne öffnen Wasserlilien ihre Kelche, die sie bei anbrechender Dunkelheit wieder schließen. An der Oberseite sind ihre Blätter grün, an der Unterseite tief rot. Die tieferen Kanäle werden oft von Papyrus-Galerien begrenzt, Schilf und Ried rauschen im sanften Wind.

Beeindruckende Tierwelt

info

Papyrus – das malerische Schilf vom Okavango

Am Rande der tieferen Kanäle des Okavango-Deltas ist die Papyrusstaude heimisch – eine sehr alte Nutzpflanze aus der Gattung der 600 Arten umfassenden Zypergräser. Sie wächst ausschließlich im Flachland an Flussläufen und auf Marschland in tropischen und subtropischen Gebieten.

Unter ihnen ist die Papyrusstaude mit ihrem Ursprungsgebiet im tropischen Zentralafrika die bekannteste Art. Von dort gelangte sie durch den siedelnden Menschen nach Ägypten, Syrien, Kleinasien, Sizilien und Kalabrien.

Bei der Papyrusstaude handelt es sich um eine Pflanze mit kräftigem, im Schlamm kriechendem Wurzelstock, an dem abgerundet dreieckige Sprosse entspringen. Sie werden 4–5 m hoch, haben einen Durchmesser von mehr als 10 cm und enden mit einem Schopf feiner, langer, hängender Blätter sowie einer Blütendolde, deren Hülle achtblättrig ist. In der Dolde stehen jeweils drei Ährchen beisammen.

Aus dem lockeren Mark der Sprosse wurde im Altertum Papier hergestellt. Hierzu wurde es in breite Streifen geschnitten und diese etwas überlappend nebeneinandergelegt; zwei dieser Schichten wurden dann kreuzweise übereinandergelegt und gepresst, sodass der auslaufende Saft als Kleber diente.

Die griechische Bezeichnung für das Streifenmaterial lautete *gyblos*, ein Wort, das sich in *biblion* (Buch) erhalten hat. Bereits 2.400 Jahre v. Chr. wurde Papyrus zur Papierherstellung verwendet. Die stärkehaltigen Wurzelstöcke der Pflanze wurden gegessen, die Rinde diente zur Herstellung von Matten, Stricken, Netzen und Körben. Wandgemälde aus dem 4. Jahrhundert v. Chr. zeigen schon die Papyrus-Ernte.

Geschichte und Bevölkerung

Relativ dünn besiedelt

Man vermutet, dass seit mindestens 100.000 Jahren Menschen an den Wasserarmen des Okavango leben. Doch erst in den vergangenen 200 Jahren wurde das Okavango-Gebiet in Botswana durch verschiedene Stämme besiedelt. Vorher dürften hier lediglich vereinzelte Sippen der baNoka, einer Untergruppe der San, auf den unzähligen Wasserarmen des Okavango-Deltas gelebt haben. Heute schätzt man die Gesamteinwohnerzahl am Rande des Okavango-Deltas auf ca. 60.000.

Folgende Stämme wanderten in das Gebiet ein:
die **baYei**
Sie kamen um 1750 aus dem Gebiet der Caprivi-Sümpfe. Für sie war die neue Heimat ihrem alten Lebensraum sehr ähnlich. *Livingstone* berichtete, dass in ihren Booten stets ein Feuer gebrannt habe. Die Nächte verbrachten sie im Kanu, da sie sich

Geschichte und Bevölkerung

hier vor Schlangen, Hyänen und Löwen sicher wähnten.

die haMbukushu
(aus dem Nordosten, Sambesi-Region)
Sie flohen aus ihrer Heimat vor Krieg und Sklaverei und landeten mit ihren Kanus nur an sicheren Stellen, errichteten dann Hütten mit riedgedeckten Wänden und umgaben ihren Besitz mit Palisadenzäunen. Aus ihrer Heimat brachten sie Eisen für ihre Speere mit und besaßen Hacken.
Ebenso führten sie Samen für Hirse, Melonen, Bohnen und verschiedene Kürbisarten ein. Mit den baNoka traten sie in einen produktiven Handel: Von ihnen erhielten sie Fleisch und Fisch, was sie gegen Getreide und Eisen tauschten. Bald unternahmen die haMbukushu weite Fahrten in ihre alte Heimat, um Eisen zu beschaffen. Und so begann die Entwicklung eines Handels zwischen dem Sambesi und dem Okavango-Delta.

die **baTawana** (aus dem Südosten)

die **baKalahari** (aus dem Süden)

die **Ova-Herero** (aus Namibia)

Die Nachfahren der baYei haben heute kein leichtes Leben

Alle diese Völker verfügten über die Fähigkeiten, in diesem Raum zwischen Wüste und Wasser Techniken zu entwickeln, die ein Überleben sicherstellten.

David Livingstone war einer der ersten Weißen, die an den Lake Ngami und an das südliche Okavango-Delta kamen. Er hörte von Einheimischen, dass es weit hinter der Wüste einen großen See gebe. Und so zog er mit Gleichgesinnten im Jahre 1849 mit Ochsenwagen durch die Kalahari, um an das Naturwunder des Binnendeltas zu gelangen.

Mit *Livingstone* begann ein **großer Wandel im Delta-Gebiet**. Seine Begleiter erfreuten sich weniger der landschaftlichen Schönheit, sondern sie berichteten vom Viehreichtum – und von Unmengen an Elfenbein. Die baTawana waren sich zunächst des Wertes der Stoßzähne nicht bewusst, für sie waren es einfach Knochen, die man nach dem Zerlegen von Elefanten gemeinsam mit den anderen Skelettteilen verrotten ließ. Doch diese für die Händler paradiesischen Zeiten hielten nicht lange an. Bereits zwei Jahre später waren sich die baTawana des wahren Wertes des Elfenbeins voll bewusst. 1867, so schätzt man, wurden von Händlern ca. 12.000 Elefanten-Stoßzähne aufgekauft. Der **Elfenbeinhandel** brachte ihnen Geld, sodass sie Waffen kau-

Jagd nach dem weißen Gold

Heute zahlreich vorhanden: Elefanten im Okavango-Delta

fen konnten. So jagten sie u.a. nach Flusspferden, die hier bald ausgerottet waren. Die Büffelherden verzogen sich nach Norden, und der Elefanten-Bestand sank so sehr, dass man ihre Zahl auf nur etwa 2.000 im gesamten Okavango-Gebiet schätzte.

Berüchtigte Jäger

1911 gelangte Hauptmann *Streitwolf* an den Rand des Okavango-Deltas. Er vermerkte damals in seinen Tagebüchern: „Bisher ist es noch keinem gelungen, das Okavango-Delta zu durchqueren." 1923 war das Gebiet jedoch bereits kartographiert. Dann durchstreiften professionelle Jäger das Gebiet. Berüchtigt wurde die Beute-Dynastie der *Wilmots*. Bis in die 1960er Jahre jagten sie. In einer Zeitspanne von nur elf Jahren wurden durch sie etwa 30.000 Krokodile erlegt. *Bob Wilmot* soll alleine in einer Nacht 34 Tiere getötet haben. Er starb durch den Biss einer Schwarzen Mamba.

Problem der Arbeitslosigkeit

Heute schätzt man die Gesamteinwohnerzahl am Rande des Okavango-Deltas auf ca. 60.000. Etwa zwei Drittel der Bevölkerung verdienten kein Geld. Viele junge Männer ließen sich lange Jahre deshalb als Bergarbeiter für südafrikanische Minen anheuern. Die Agentur Witwatersrand Mine Labours Association warb botswanische Arbeitskräfte an. Die Löhne waren verlockend: Ein Arbeiter verdiente in einem Jahr in Südafrikas Minen so viel, dass er und seine Familie zwei Jahre von dem Ersparten leben konnten. Die Rekrutierungsagentur verfügte in Botswana und im ganzen südlichen Afrika über zahlreiche Büros. „Im Delta feiert man den ersten Aufbruch der jungen Männer in die Halbsklaverei der Minen fast so wie ein Initiationsfest", schrieb damals *John Rader* (Geo). Heute versucht man, die Bevölkerung an den Einnahmen durch den Tourismus teilhaben zu lassen, u.a. durch die *community projects* (s. S. 120f), bei denen eine Gemeinde einen Campingplatz betreibt und Touren, z.B. zu den Tsodilo Hills, anbietet.

Tourismus

Seit den 1990er Jahren ist das Okavango-Delta zum Hauptziel des Tourismus in Botswana geworden, der mittlerweile nach dem Bergbau (v.a. Diamanten) mit 5–9 % des BIP der zweitwichtigste Wirtschaftsfaktor des Landes geworden ist. Rund 120.000 Touristen kommen jährlich, insgesamt über 100 Camps und Lodges bieten Unterkunft. Der allergrößte Teil des Deltas ist heute dem Safari-Tourismus gewidmet. Dabei ist das Moremi Game Reserve das „Herzstück" des Schutzgebietes, daneben gibt es zahlreiche Wildlife Management Areas, die wiederum in Konzessionsgebiete für die privaten Safari-Anbieter und (einige wenige) Camps der einheimischen Gemeinden aufgeteilt sind. Die meisten Touristen gehen auf Foto-Safari, daneben gibt es aber auch Anbieter von Jagd-Safaris.

Wichtiger Wirtschaftsfaktor

In letzter Zeit immer mehr wird auch der kulturelle Aspekt einer Reise nach Botswana gefördert: Die meist in ihren Luxus-Camps abgeschotteten Besucher sollen sich auch mit der Kultur und Lebensweise der Bewohner des Deltas auseinandersetzen, nicht nur mit der Tierwelt. Dazu gehören Aktivitäten wie Besuche in *Cultural Villages* oder Workshops zum Korbflechten.

Ein Problem: Die meisten Lodges im Delta gehören zu ausländischen Unternehmen, die die einheimische Bevölkerung häufig zu geringen Löhnen in den unteren Positionen in den Camps (Köche, Zimmermädchen etc.) beschäftigen. Zudem führte der wachsende Tourismus zu vermehrtem Aufeinandertreffen von „reichen Touristen" und „armen Einheimischen", was z.B. in Maun, wenngleich Botswana noch immer ein sehr sicheres Reiseland ist, zu einem signifikanten Anstieg der Kriminalitätsrate geführt hat (Aufbruch von Autos, Diebstahl auf Campingplätzen etc.). Der 2007 von der Regierung verabschiedete Plan zur *Community-Based Natural Resource Management Policy* zielt darauf ab, durch Förderung und Weiterbildung auch die Bewohner des Deltas aktiv mit einzubinden und vom Tourismus profitieren zu lassen. Ein erfolgreiches Projekt ist z.B. die Kaziikini Campsite (s. S. 201, 202, mehr Infos über *Community based projects* s. S. 120f).

Einbeziehung der lokalen Bevölkerung

Geologie

Das Okavango-Delta zeigt eine trichterförmige Figur. Über lange Zeiträume hinweg wurde es geformt; über zwei Millionen Tonnen Sand und andere Ablagerungen, die aus Angola transportiert wurden, bilden heute den „Boden".

Dort, wo heute das Okavango-Delta liegt, befand sich einst ein großer Graben, ein **Einbruch in der Erdoberfläche**. Wahrscheinlich handelt es sich hierbei um eine Fortsetzung des **Great Rift Valley**. Vom Toten Meer bis nach Zentralafrika erstreckt sich dieses System. In seinen Vertiefungen findet man u.a. den Tanganyika-See und den Nyasa-See. Den Einbruch in Botswana, der vermutlich eine Tiefe von 300 m gehabt haben dürfte, haben die angewehten Kalahari-Sande sowie die Okavango-Sedimente allmählich gefüllt. Nach Südosten hin liegen zwei Querverwerfungen. Durch die erste werden die Fluten zunächst aufgehalten, doch gelangen sie durch schmale Kanäle an die zweite Querverwerfung. Hier wird der Weiterfluss blockiert. Die Gewässer des Okavango-Deltas fließen nun südwestwärts, bis sie in den Boteti River gelangen oder den Nxhabe zum Lake Ngami hinunterfließen.

Einbruch durch Kalahari-Sand gefüllt

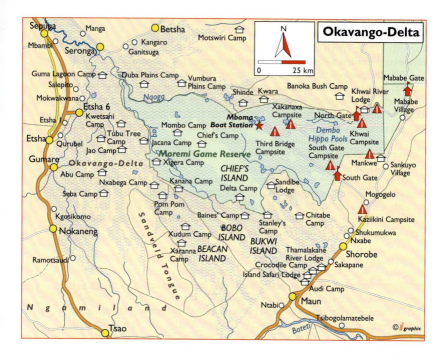

Weniger als 3 % des in das Delta hineinfließenden Wassers kommen am südlichen Ende an. Die geologische Instabilität der Region wird dadurch deutlich, dass es durchschnittlich **drei Erdbeben pro Jahr** gibt. Ein Beweis dafür, dass das Grabensystem tektonisch weiter aktiv ist.

Idealer Lebensraum

Erst seit 100 Jahren findet am Rande des Deltas **landwirtschaftliche Nutzung** statt. Mündliche Überlieferungen und Beschreibungen der ersten weißen Reisenden berichten vom unglaublichen Wildreichtum in der Mitte des 19. Jahrhunderts. Der auch heute noch anzutreffende Wildreichtum kommt deshalb zustande, da hier Trockenland- und Feuchtlandvegetation zusammentreffen: Savannen-, Sumpfland- sowie Wassertiere finden hier einen idealen Lebensraum.

Delta-Regionen

Das Okavango-Delta lässt sich in drei Gebiete aufteilen:

Norden
Hier befinden sich permanente Sümpfe, dauernd fließende Kanäle, halbmondförmige Seen. Insgesamt ist die Region sehr unzugänglich. Auf einigen größeren Inseln, die nicht mit dichtem Busch bewachsen sind, leben Büffelherden. Rieddickichte bieten den Sitatunga Heimat. In den Seen leben Flusspferde, Krokodile und Otter.

Büffelherde

Gebiete, die regelmäßig überflutet werden

Hier gibt es ein Netzwerk von feuchten Kanälen und Flussläufen, die größere Inseln umgeben. Es kann vorkommen, dass diese Regionen nicht überflutet werden, wenn der Regen nicht so ergiebig war. In diesem Teil des Deltas ist der größte Artenreichtum der Tierwelt anzutreffen. Hier liegt auch die Heimat der großen Büffelherden. Wenn die Fluten zurückweichen, wächst junges Gras auf den Flutflächen: eine Delikatesse für die grasfressenden Tiere.

Sandgebiete

Die Moremi-Landzunge, Chief Island (reicht bis in die Dauersümpfe hinein) und die Matsebi Ridge gehören dazu.

Umgeben ist das gesamte Okavango-Delta von der nördlichen Kalahari, wo auch „Pfannen" (Senken) liegen. Während feuchter Zeiten sind die Pfannen mit Wasser gefüllt. Dann ist auch hier Lebensraum für Tiere gegeben: Gemsböcke, Elefanten und Säbelantilopen. Erstaunlicherweise gibt es im Okavango-Delta nur wenige Fische. Das einfließende Wasser ist arm an Nährstoffen. Durch die Filterwirkung der Schilfmassen wird es sogar im Verlauf nach Süden noch nährstoffärmer. Insgesamt gibt es ca. 80 Fischarten, aber nur wenige machen die Masse aus. Der am meisten verbreitete Fisch ist der „bream" (eine Weißfischart), der 60 % aller Fische stellt. Der Tigerfisch ist vor allem im Okavango selbst und in den Dauerwasser-Gebieten im zentralen und nördlichen Delta anzutreffen.

Wenige Fische im Delta

Klima und Reisezeit

Von Mai bis Oktober herrscht die winterliche Trockenzeit, in der kaum Niederschlag fällt. Fast immer ist der Himmel klar, die Tage sind angenehm sonnig, wobei während

Nachts kann es kalt werden

der Nacht und am Morgen die Temperaturen nahe dem Gefrierpunkt liegen können. Der meiste Regen fällt in der sommerlichen Regenzeit von Dezember bis Februar. In den Monaten November bis April wird es sehr heiß, z.T. auch schwül, wenn Regenfälle (zumeist als Gewitterschauer) niederkommen.

Ökologische Probleme

Tsetsefliege

Einst war die Tsetsefliege im südlichen Teil des Deltas verbreitet. Sie stellte in doppelter Hinsicht eine Gefahr dar:

- Der Biss einer ihrer Arten konnte **tödlich für das Zuchtvieh** sein.
- Der Mensch war durch sie gefährdet, da sie **Überträgerin der Schlafkrankheit** ist.

Ausweitung der Weidegründe

In den 1970er Jahren begann ein großangelegtes **Sprühprogramm**. Die Insektizide Endosulphan und Deltamethrin wurden per Flugzeug großflächig versprüht. Bald stellte sich jedoch heraus, dass Endosulphan die Fischbrut zumindest für eine Saison empfindlich störte. Das freilebende Wild ist gegen den Biss der Tsetsefliege immun. Nach Ausrottung der Stechfliege im südlichen Delta-Teil wurden die Weidegründe für das Zuchtvieh (vor allem für Rinder) erheblich erweitert. Als Folge sind die meisten Gebiete in Wassernähe hoffnungslos überweidet. Irreparable Vegetationsschäden entstanden.

So sorgte die Tsetsefliege in der Vergangenheit dafür, dass nicht riesige Rinderherden das Naturparadies vernichteten. Noch heute folgen grasende Herden von Wildtieren den Jahreszeiten mit dem Steigen und Fallen des Wassers im Delta. Da das Wild ständig wandert, gefährdet es nie die Vielfalt der Grasarten. Wenn seine Weidegründe überflutet sind, haben die Pflanzen Zeit, sich zu erholen. Die Ausweitung der Viehzucht am Rande des Deltas hat nicht nur zur Folge, dass eine Überweidung der wassernahen Gebiete erfolgt, sondern auch das Wild wird vertrieben. Und gerade Botswanas Wildreichtum sicherte bislang eine wichtige Einnahmequelle: den Tourismus.

Wie gefährlich ist die Tsetsefliege für Menschen?

Obwohl die Tsetsefliege heute in großen Teilen Botswanas ausgerottet ist, kommt sie im Ngamiland und hier insbesondere im Moremi-Gebiet vor. Ähnlich wie Mücken schwirrt sie insbesondere in der feuchten Regenzeit herum, allerdings während des Tages. Menschen können sich am besten durch helle, dickauftragende Kleidung schützen, ebenso durch Rauch. Ein Tsetse-Biss fällt auf durch eine große Schwellung und später durch Grippesymptome wie Kopfschmerzen und Fieber. Auf jeden Fall sollte man zum Arzt, der mittels Bluttest eine mögliche Infektion aufdecken und behandeln kann.

Wasserentnahme

Auch der Wasserreichtum des Okavango-Deltas könnte eines Tages die ökologische Existenz der gesamten Region bedrohen. Denn in den südlichen Regionen wird Wasser als „Rohstoff" für industrielle Projekte gebraucht: für Botswanas Diamanten-Minen in Orapa bzw. Jwaneng und die Industriesiedlungen am Witwatersrand. Doch auch hier bemüht man sich mittlerweile um den Umweltschutz. Bis heute zumindest können die Wasser fast ungenutzt verdunsten. Verteidiger der Umwelt warnen: Schon der Abfluss von 5–6 % der natürlichen Zulaufmenge wäre sehr bedenklich, da der Wasserhaushalt des Okavango-Systems von der Verdunstung abhängig ist.

Sensibles Ökosystem

Tourismus

Auch der Tourismus bleibt nicht ohne Auswirkungen auf das Delta. Noch halten sich, verglichen mit den großen Parks in Namibia und Südafrika, nur relativ wenige Reisende am Rande des Okavango-Deltas auf. Der Safari-Tourismus wird dank der drastisch erhöhten Park- und Campinggebühren (s. S. 80f) keinen ungeheuren Umfang erreichen, sodass man negative Rückwirkungen auf die Umwelt – vorerst – nicht befürchten müsste.

Probleme bereitet dennoch die Abwasserentsorgung der zahlreichen Camps im Delta. Trotz strenger Vorschriften haben die Zunahme von Camps und Touristen (im Durchschnitt verbraucht ein Tourist 200 l Wasser pro Tag) sowie ein Anstieg der einheimischen Bevölkerung zu einer Verunreinigung des Wassers geführt. Derzeit wird über Vorschriften zu modernerer Abwasserentsorgung beraten.

Am Rande des Okavango-Deltas – so z.B. in Moremi – ist es untersagt, feste Gebäude zu errichten. Die Safari-Unternehmen übernachten deshalb mit ihren Teilnehmern in Zelten. Beispielhaft sind saisonale Camps. Obwohl die Zelte, Feldküche, Vorratslager etc. die Reisezeit über aufgebaut bleiben, entdeckt man nach dem Abbruch des Lagers keine bleibenden Schäden: Alles „Unnatürliche" wird sorgfältig eingesammelt und wieder mitgenommen.

Keine festen Gebäude

Doch man muss bezweifeln, ob die Bewohner des Okavango-Gebietes tatsächlich vom Tourismus profitieren können. Erfahrungsgemäß gießt diese Einnahmequelle ihren Segen nur über wenige Privilegierte aus. Für die Regierung ist er allerdings als Devisenquelle nützlich.

Der **Jagd-Tourismus** wurde zu einer wichtigen Einnahmequelle der Regierung. Wie in Südafrika und Namibia plant die Regierung, Wildtiere zu züchten: game farming wäre demnach eine an die natürlichen Bedingungen des Lebensraumes angepasste Wirtschaftsweise. Doch es fehlt zzt. an Geld, eine Kühlkette zu etablieren, die eine Vermarktung im großen Stil ermöglichen würde.

Wilderei

Die organisierte Wilderei ist verbreitet, allerdings weit weniger als früher. Doch die 15 Polizeiwachen im Delta können eine effektive Kontrolle nicht gewährleisten. Es ist gewiss, dass große Mengen an Fleisch, Fellen, Federn, Elfenbein und Trophäen umgesetzt werden. Die Bewohner des Deltas sind z.T. auf die Jagd angewiesen, da sie eine notwendige Ergänzung ihres Einkommens darstellt.

Naturschutz vs. wirtschaftliche Interessen

Private Safari-Lodges

Der große (Preis-)Schock kommt, wenn man im Internet oder in Reiseprospekten liest und sieht, wie teuer die privaten Safari-Lodges sind. Generell muss man in der Nebensaison mit Tages-Preisen ab ca. US$ 450 pro Person im Doppelzimmer rechnen, in der Hauptsaison entsprechend mehr – aber es geht natürlich auch noch viel viel teurer.

Was man dafür bekommt, ist aber nicht nur eine tolle naturnahe Unterkunft mit maximal 10–16 Personen, sondern ein Afrika-Erlebnis, wie es sonst kaum möglich ist. Die hohen Preise haben durchaus ihren Grund: Tolle, völlig abseits von Versorgungswegen etablierte Camp-Lagen, professionelles Personal (Safariführer, Köche, Bedienung), Safari-Logistik mit Geländefahrzeugen, Booten, Flugzeugen, Abenteuer- und Erholungsprogramm „von morgens bis abends". In einem Camp sollte man nach Möglichkeit mindestens zweimal übernachten, um in den Genuss aller Angebote zu kommen.

Maun dient als Drehscheibe für die Besucher. Alle Camps sind mehr oder weniger luxuriös bis komfortabel, in den hohen Preisen ist alles enthalten, und zwar von Unterkunft über Verpflegung bis zu allen professionell geleiteten Safaris (per Geländewagen, zu Fuß oder per Boot). Die Verpflegung ist fast immer ausgezeichnet.

Der Tagesablauf: In allen Safari-Lodges ist das Tagesprogramm ähnlich. Man wird in der Früh gegen 6 Uhr (sanft) geweckt und trinkt in seiner Unterkunft eine Tasse Kaffee oder Tee. Im Anschluss gibt es ein leichtes Frühstück. Danach geht es per Geländewagen, zu Fuß oder per Boot auf Safari. Der professionelle Guide wird dabei nicht nur die „Großtiere" zeigen, sondern den Gästen auch die Augen für die

Feudal: Übernachten im Luxus-Camp, z. B. Tubu Tree

kleinen Naturwunder öffnen und alles entsprechend erklären. Nach der Rückkehr wird gefrühstückt. Gegen 13 Uhr gibt es Mittagessen, danach folgt bis ca. 16 Uhr eine Siesta (auch die Tiere sind in dieser Zeit träge – man versäumt also nichts). Entweder ruht man in seiner Unterkunft oder aalt sich am oft vorhandenen Swimmingpool oder auf einer Liegewiese. Nach einem Nachmittags-Tee geht es dann wieder auf Safari bis zum Sonnenuntergang, und beim „Sundowner" (oft noch unterwegs eingenommen) lässt man den Tag Revue passieren. Etwa um 20 Uhr gibt es Abendessen, das zumeist von hervorragender Qualität ist. Die Getränkeauswahl lässt keine Wünsche offen. Natürlich kann der Tagesablauf je nach Tiererlebnissen variieren.

In **Notfällen** verfügen die Lodges über modernen Funkkontakt zur Außenwelt, sodass medizinische Hilfe herbeigeholt werden kann. Auch Sie sind in Notfällen erreichbar.

Was man berücksichtigen sollte:
- Eine **Kleiderordnung** gibt es selbst in den teuersten Camps nicht. Angemessen ist vernünftige Safarikleidung.
- Einige Camps nehmen **keine Kinder** auf – bitte vorher erkundigen.
- Zwischen Mitte Dezember und März herrscht **Nebensaison**. Dann sind die Preise oft erheblich niedriger – dafür ist aber auch das Wetter nicht optimal (Regenzeit, Schwüle, niedrige Wasserstände). Einige private Lodges haben dann auch geschlossen.

Die Hauptanbieter im generellen Vergleich

Viele Camps gehören den Firmen Wilderness Safaris, Desert&Delta Safaris, andBeyond sowie Ker & Downey Safaris. Allen Betreibern ist gemein, dass den Reisegästen hervorragende Guides zur Verfügung stehen und ein hoher Qualitätsstandard in allen Safari-Bereichen gewährleistet wird.

Desert & Delta Safaris hat seine Camps sehr luxuriös eingerichtet und folgt dem südafrikanischen Vorbild der Designer-Lodges. Wer also Luxus pur sucht, ist in den Camps Moremi, Okavango und Xugana Island Lodge sehr gut aufgehoben. Vor allem der Bootstransfer zwischen den Camps Moremi und Okavango ist sehr reizvoll. Weitere Camps in der Chobe-Region s. S. 228ff).
Kontakt: Desert & Delta Safaris, Ecke Airport Avenue und Mathiba I Road, Maun, ☎/📠 686-1559, E-Mail: info@desertdelta.com, www.desertdelta.com.

Ker & Downey Safaris folgt eher der Tradition des früheren ostafrikanischen Jagdtourismus und verzichtet bewusst auf auffälligen Luxus. Man übernachtet in Camps, die sich in die Natur einfügen. Auf aufwendige Außenanlagen wird verzichtet, trotzdem wird dem Gast alles geboten, was eine Safari zu einem stilvollen Erlebnis macht. Man möchte dem Besucher den Eindruck vermitteln, zu Gast im Reich der Tiere zu sein – und nicht umgekehrt. Ker Downey Safaris gehören die Camps Shinde, Okuti, Kanana und Footsteps across the Delta.
Kontakt: Ker & Downey Botswana, Airport Road, Maun, P.O. Box 27, ☎ 686-1226, 📠 686-1282, E-Mail: info@kerdowney.bw, www.kerdowneybotswana.com.

Mit dem Kleinflugzeug in die Camps (Kanana Airstrip)

Wilderness Safaris verfügt über die meisten Camps im Delta. Die Lagen sind einzigartig schön und die Konzessionsgebiete durch Zusammenarbeit mit den entsprechenden einheimischen Gemeinden z.T. riesig. Die Camps sind ähnlich denen von Ker & Downey Safaris – wenn auch ein Stückchen komfortabler. Wilderness Safaris wurde 1983 gegründet, und zwar von Idealisten, die sich zum Ziel setzten, dem Safarigast unvergessliche Naturerlebnisse zu vermitteln. Wilderness ist eine absolut perfekt organisierte Gesellschaft, wo „alles stimmt". Der Transfer von Camp zu Camp erfolgt per Flugzeug. Zu Wilderness Safaris gehören die Camps Abu, Banoka Bush, Chitabe und Chitabe Lediba, Duba Plains, Jacana, Jao, Kwetsani, Mombo und Little Mombo, Seba, Tubu Tree und Little Tubu, Vumbura Plains und Little Vumbura sowie Xigera.
Kontakt: Wilderness Safaris, Plot 1, Mathiba Road, Maun, Anfragen über Johannesburg ☏ (+27) 11-807-1800, in Maun ☏ 686-0086, 📠 686-0632, E-Mail: enquiry@wilderness.co.za, www.wilderness-safaris.com.

AndBeyond: hierzu zählen u.a. die ebenfalls luxuriösen Unterkünfte Sandibe Safari Lodge, Nxabega Tented Camp, Xaranna Camp und Xudum Lodge.
Kontakt: AndBeyond, Private Bag X 27, Benmore, Johannesburg, 2010, South Africa, ☏ (+27) 11-809-4300, 📠 (+27) 11-809-4400, E-Mail: safaris@andbeyond.com, www.andbeyondafrica.com.

Unterkünfte Okavango-Delta

 Zu Informationen über geführte Safaris und Flüge ins Delta s. Reisepraktische Informationen Maun, S. 160ff.

Nördlicher Teil (Dauerflutgebiet)
Dieser Bereich ist für individuelle (d.h. mit dem eigenen Mietwagen anreisende) Gäste nicht erreichbar. Fast die gesamte Savannen- und Wassertierwelt des südlichen Afrika ist hier zu beobachten, denn das Zusammentreffen von Land (zumeist in Form von Inseln) sowie dauerhaft vorhandenem Wasser schafft ideale Lebensbedingungen. Dieses Gebiet ist sehr wenig besiedelt, dafür buchstäblich wild: Unzählige Wasserarme, Kanäle, Inseln, weite Sumpflandschaften, Palmeninseln und traumhafte Lagunen machen diese Landschaft zu einem Paradies.

> **Hinweis**
>
> Alle Preise beziehen sich, soweit nicht anders angegeben, auf **pro Person** im **Doppelzimmer** mit allen Mahlzeiten und Aktivitäten inklusive. Der Flug in die entsprechenden Camps kostet extra. Die Preisspanne bezieht sich auf Haupt- und Nebensaison. Es sind keine $-Zeichen als Richtlinie angegeben, da sich alle Camps im hochpreisigen Bereich bewegen.
>
> s. Karte S. 176 und beiliegende Reisekarte.

Nördlich des Moremi Game Reserve
Kwara Camp: Im äußersten Norden des Deltas gelegen, im Kwara-Konzessionsgebiet, US$ 515–600. **Beschreibung**: „Kwara" bedeutet in der Sprache der Einheimischen „Der Ort, an dem die Pelikane fressen". Die tiefen Wasserbecken, die sich in der Regenzeit füllen, verdunsten während der Trockenzeit wesentlich langsamer als die seichten Lagunen der Umgebung – dies ist der Zeitpunkt, an dem die Fischkonzentration die Pelikane anlockt. Auf dem Festland, aber in unmittelbarer Nähe (ca. 11 km) zum Shinde Island Camp gelegen, hat man hier vor allem Gelegenheit, Säbelantilopen, Büffel, Geparde und Wasserböcke zu sehen. Angeboten werden Geländewagen- und Bootssafaris, Fahrten mit dem Mokoro sowie Buschwanderungen. Es gibt acht sehr komfortabel eingerichtete Zelte (mit WC/Dusche) und einen Pool. Buchung: Kwando Safaris, P.O. Box 550, Maun, ☎ 686-1449, 🖨 686-1457, E-Mail: info@kwando.co.za, reservations@kwando.co.za, www.kwando.co.za.

Shinde: Nordöstlich von Chief's Island/nordwestlich von Moremi, US$ 495–950. **Beschreibung**: Edles Camp in Insellage direkt an der Shinde Lagune, umgeben von klaren Gewässern, die über gelben Sand fließen. Es gibt hier acht Luxuszelte mit WC mit Spülung/Dusche (warmes und kaltes Wasser), von der Terrasse hat man eine tolle Aussicht. Zudem gibt es eine in die Bäume integrierte Lounge- und Dining-Area. Tolle Tierbeobachtungsmöglichkeiten und herrliche papyrusgesäumte Flussläufe – ein Traum für Tierliebhaber und Fotografen. Hier gibt es auch die seltenen Lechwe-Antilopen. Buchung: Ker & Downey Botswana, www.kerdowneybotswana.com (s.o.).

Xugana Island Lodge: Nordöstlich von Chief's Island, nordwestlich von Moremi – nur per Flugzeug erreichbar, US$ 476–856. **Beschreibung**: Acht riedgedeckte, gut eingerichtete

Selten: Lechwe-Antilope

Hütten stehen zur Verfügung, jede mit WC/Dusche. Swimmingpool, Bar und Boma vorhanden. Es werden alle Safariaktivitäten angeboten. Die Lage direkt an der Lagune ist wunderbar. Buchung: Desert & Delta Safaris, www.desertdelta.com (s.o.).

Camp Okavango: Nordwestlich von Xakanaxa/Moremi und nordöstlich von Chief´s Island, auf Nxaragha Island gelegen. Erreichbar per Flugzeug von Maun/Kasane und Victoria Falls sowie per Motorboot ab Camp Moremi, Preise wie Xugana (s.o.). **Beschreibung**: Höchst komfortable Lodge, bestehend aus zwölf geräumigen Doppelzelten, stets mit WC und Dusche versehen, Möbel aus „Rhodesian Teak". Wem das nicht genug ist: In der Okavango Suite, einem rietgedeckten Cottage, geht es noch eine Spur exklusiver zu. Restaurant und Cocktail-Bar liegen unter einem riedgedeckten Dach, Plunge Pool und Posten für Vogelbeobachtungen vorhanden. Alles ist „vom Feinsten": Es gibt Designer-Geschirr und Tafelsilber. Angebote werden u.a. Motorboot- und Mokorofahrten, Wanderungen. Super für Vogel- und Sitatunga-Beobachtungen. Bootstransfer durch die Lagunen zu den anderen Camps des Unternehmens. Geschlossen zumeist von Anfang bis Ende Januar. Buchung: Desert & Delta Safaris, www.desertdelta.com (s.o.).

Duba Plains Camp: Im nordöstlichen Teil des Okavango-Deltas gelegen, etwa zwischen den Camps Jedibe und Guma Lagoon, nur per Flugzeug erreichbar, US$ 900–1.354. **Beschreibung**: Dieses sehr einsam gelegene Camp nimmt nur insgesamt zwölf Gäste auf. Alle sechs geräumigen Zelte verfügen über WC und Dusche – und von jeder Zeltveranda schaut man auf die Schwemmlandebene, es gibt auch einen kleinen Swimmingpool. Das Camp liegt auf einer Insel, auf der große Ebenholzbäume Schatten spenden. Es werden Geländewagen-, Mokoro- und Fußsafaris angeboten. Man kann hier Büffel- und Säbelantilopenherden beobachten, ebenfalls Löwen. Elefanten sind auf den großen Inseln heimisch. Flusspferde leben in den tieferen Wasserkanälen, fast überall streifen auch Leoparden durch den Busch. In die Bewirtschaftung des Camps sollen die hier lebenden Menschen aktiv eingebunden sein, und

Schon die Ankunft kann ein Erlebnis sein: Löwenfamilie am Airstrip

ein „community participation plan" soll dafür sorgen, dass auch die heimischen Gemeinden vom Tourismus profitieren. Flugtransfers ab Maun und Kasane. Buchung: Wilderness Safaris, www.wilderness-safaris.com (s.o.).

Mapula Lodge: 40 Min. Flug von Maun, im nordwestlichen Okavango-Delta (seasonal floodplain), US$ 415–720, Flugpreis ab Maun auf Anfrage. **Beschreibung**: Acht komfortable Chalets auf Plattformen, mit eigenem Bad und Balkon. Buchung: Value Safaris, ☎ (Südafrika) (+27) 157933913, E-Mail: reservations@valuesafaris.com, www.valuesafaris.com.

Vumbura Plains Camp: Südöstlich der Duba Plains gelegen, US$ 1.194–1.986. **Beschreibung**: Absolutes Luxus-Camp, bestehend aus zwei Camps unter Bäumen mit je sieben „Zimmern", eigenem Restaurant und Bar. Jedes Zimmer besteht aus Schlafzimmer, Lounge und komplettem Badezimmer, hat einen Plunge Pool und Aussicht auf die Ebene. Auf einer Plattform zum Sternegucken kann man es sich auf den Kissen gemütlich machen und den afrikanischen Sternenhimmel bewundern. Die sehr geschmackvolle Einrichtung vermittelt den Eindruck, wirklich „out of Africa" zu sein. Angeboten werden Fußpirschgänge und Fahrten im offenen Geländewagen sowie Exkursionen mit Booten und dem Mokoro. Die Tierwelt ist typisch für eine Sumpf- und Savannenlandschaft: Wasserböcke, Lechwe-Antilopen, Wasserböcke, Krokodile, aber auch Büffel- und Elefantenherden sowie Löwen, Leoparden, Geparde und Wildhunde. Wenige Kilometer vom Hauptcamp liegt das kleinere, mit sechs Doppelzelten ausgestattete Schwestercamp **Little Vumbura** (US$ 868–1.333). Buchung: Wilderness Safaris, www.wilderness-safaris.com (s.o.).

Footsteps Across the Delta: Diese Unterkunft wechselt saisonbedingt innerhalb des Deltas ihre Lage, US$ 495–630. **Beschreibung**: Das Camp verfügt über drei eher einfache Zelte mit Doppelbetten und eigener, etwas abseits vom Zelt befindlicher Dusche und „Bush-WC". Zudem stehen eine Sitzecke und ein überdachtes Esszelt im Freien zur Verfügung. Die Atmosphäre ist persönlich und naturnah, mit freundlichem Personal und guter Küche. Kinder sind willkommen und werden speziell betreut. Besonders empfehlenswert ist

Bushwalk vom Footsteps Camp

diese Unterkunft für Zeltsafari-Fans. Der Schwerpunkt liegt auf geführten Wanderungen, bei denen der Guide über Fauna und Flora informiert. Je nach Jahreszeit auch Mokoro-Fahrten und Angeln. Von Anfang Dezember bis Ende Februar ist das Camp geschlossen. Buchung: Ker & Downey Botswana, www.kerdowneybotswana.com (s.o.).

Nordwestlich des Moremi Game Reserve

Kwetsani Camp: Im Jao-Konzessionsgebiet, US$ 708–1.218. **Beschreibung**: Kwetsani Island ist dicht bewaldet (Palmen, Feigenbäume). Die Überflutungsebenen sind ein Eldorado für Tiere, vor allem für Löwen, Leoparden, Wildhunde, Tsetsebe und Lechwe-Antilopen. Es werden Landsafaris, aber auch Bootstouren angeboten, bei denen man – in den tieferen Lagunen – selbstverständlich Flusspferde und Krokodile beobachten kann. Das Camp besteht aus fünf Baumhaus-Chalets mit eigenem Bad – von überall genießt man einen tollen Ausblick. Es gibt einen kleinen Pool und eine riedgedeckte Lounge- und Dining-Area. Buchung: Wilderness Safaris, www.wilderness-safaris.com (s.o.).

Tubu Tree Camp: auf Hunda Island gelegen, der größten ständig trockenen Insel in dieser Region des Deltas, US$ 868–1.333. **Beschreibung**: Derzeit bekommt das Camp ein Upgrade. Ab Juli 2013 stehen acht statt bisher fünf im traditionellen Stil erbaute Zelte zu Verfügung, die alle noch vergrößert wurden. Darunter eine Familieneinheit mit zwei Zelten und Bad en-suite, die von einem Wohnzimmer verbunden werden. Die privaten Veranden ermöglichen den Blick in die Ebene. Ein „Pub" liegt unter einem großen Marula-Baum. Das kleine Schwestercamp **Little Tubu** mit drei DZ-Zelten eröffnet ebenfalls im Juli 2013. Buchung: Wilderness Safaris, www.wilderness-safaris.com (s.o.).

Jao Camp: Im Herzen des Deltas gelegen, US$ 1.194–1.986. **Beschreibung**: Jao liegt in einem privaten Konzessionsgebiet, das an das Moremi Game Reserve grenzt. Es werden Safaris zu Lande und zu Wasser angeboten. Besonders gut kann man hier Löwen beobachten (höchste Konzentration in Botswana!), aber auch Leoparden, Antilopen (Leierantilopen und Tsetsebe), Krokodile und Flusspferde. Die Landschaft besteht aus ruhigen Lagunen, Dauerflussläufen und offenen Überflutungsebenen. Das Camp besteht aus neun luxuriös eingerichteten Zelten mit WC/Dusche und einer Lounge für die Nachmittags-Siesta. Es gibt einen kleinen Pool und einen idyllischen Essplatz, die Boma. Es werden auch Massagen angeboten. Buchung: Wilderness Safaris, www.wilderness-safaris.com (s.o.).

Jacana Camp: Am Rande des Moremi Game Reserve, auf einer Insel inmitten der saisonal gefluteten Ebenen, US$ 708–1.164. **Beschreibung**: Das Camp besteht aus fünf Meru-Zelten auf Plattformen mit Aussicht, Bad mit Außendusche. Das Restaurant liegt idyllisch unter Maulbeer-Feigen und wilden Dattelpalmen. Bar und Lounge mit Feuerstelle, zudem ein plunge Pool zum Abkühlen. Mokoro-Fahrten und Wanderungen, Game Drives im Winter, wenn das Wasser zurückgeht. Buchung: Wilderness Safaris, www.wilderness-safaris.com (s.o.).

Im Moremi Game Reserve

Unterkünfte, die nur mit dem Flugzeug oder Boot zu erreichen sind. Für die mit dem eigenen **Auto erreichbaren Unterkünfte** innerhalb des Moremi Game Reserve s. S. 199.

Xigera Camp: *Das Camp (sprich „Keejera") liegt auf Paradise Island innerhalb des Moremi Game Reserve, direkt an dessen westlicher Grenze, nur per Flug erreichbar, US$ 708–1.218.* **Beschreibung**: *Das Gebiet verfügt über permanentes Wasser, auf den großen Inseln haben dagegen die Landtiere genügend Lebensraum. Xigera – seit Mitte der 1980er-Jahre existierend – bietet ideale Erkundungsmöglichkeiten zu Land und zu Wasser. Das Camp hat eine Einzellage und bietet ein wunderbares Naturerlebnis. An Wild sieht man u.a. Löwen, Elefanten, Büffel, Lechwe-Antilopen und sogar Leoparden. Im Camp gibt es zehn sehr komfortable Zweimann-Zelte mit WC/Dusche, alle mit Blick in die Ebene. Alles liegt unter schattigen Bäumen. Kleiner Plunge Pool. Charterflüge nach Maun oder Kasane. Buchung: Wilderness Safaris, www.wilderness-safaris.com (s.o.).*

Mombo Camp: *Im Nordwesten von Chief's Island auf Mombo Island gelegen, bereits außerhalb des Moremi Game Reserve, US$ 1.715–2.431.* **Beschreibung**: *Das Camp liegt unter schattigen Bäumen, leider aber nicht am Wasser. Entsprechend werden Geländewagensafaris und Pirschgänge angeboten. Es gibt hier neun komfortabel ausgestattete Zelte mit WC, Innen- und Außendusche – alles auf einer Holzplattform montiert, die auf Stelzen steht. Sehr schön ist der weite Blick vom Restaurant-Deck über die Savanne und die Schwemmlandebenen.* **Little Mombo**, *ein zweites kleineres Camp, verfügt über nur drei Zelte und ist über einen Steg mit dem Hauptcamp verbunden. Die Anreise erfolgt per Kleinflugzeug. Es gibt eine Boma, ein Wasserloch sowie einen Plunge Pool. Buchung: Wilderness Safaris, www.wilderness-safaris.com (s.o.).*

Chief's Camp: *Im Mombo-Konzessionsgebiet auf Chief's Island, Teil des Moremi Game Reserve, US$ 995–2.035.* **Beschreibung**: *Zwölf Luxuschalets, alle sind ausgestattet mit Bad, Außenduschen, Veranda. Der Airstrip liegt ca. 2 km entfernt, der Flug dauert 25 Min. von Maun und 1:30 h. von Kasane. Buchung: Sanctuary Retreats, ☏ Südafrika (+27) 11-438-4650, 📠 (+27) 86-218-1482, E-Mail: southernafrica@sanctuaryretreats.com, www.sanctuaryretreats.com.*

Moremi Crossing Camp: *Das noch recht neue Camp liegt auf einer palmenbestandenen Insel mitten im Moremi Game Reserve, US$ 331–483. 2013 spezielle Kinderrabatte.* **Beschreibung**: *16 geräumige Zelte auf Holzplattformen, jedes mit eigenem Bad und Veranda. Vom Hauptgebäude hat man einen tollen Blick auf den Boro River und Chief's Island. Gemütliche Lounge und Restaurant, Pool. Bei der Erbauung wurde auf die ökologische Verträglichkeit geachtet, es gibt u.a. Solarstrom und moderne Müllentsorgung. Anreise mit dem Boot (von Maun 4 Stunden) oder mit dem Flugzeug (von Maun 20 Min.). Buchung: Moremi Crossing, Private Bag 033, Maun, ☏ 686-0023, 📠 686-0040, E-Mail: reservations@moremicrossing.com, www.moremicrossing.com.*

Saisonales Flutgebiet im südlichen Delta

Dieses Gebiet kennzeichnet jenes Deltagebiet, das nur zeitweise im Jahr überflutet ist. Die Flut erreicht die nördlichen Teile etwa Mitte April, ab Ende Juni bis mindestens September erreicht die Flut die südlichsten Gebiete. Je nach nachfließender Wassermenge und Südlage dauert die Überflutung bis Ende September/Ende November. Die großen Landgebiete wie Chief's Island, das Moremi-Gebiet sowie die Metsebi-Ridge bleiben trocken. Allmählich trocknen die überfluteten Ebenen aus.

So viel Luxus hat seinen Preis: Abendessen im Nxabega Camp

Dieses „Wechselgebiet" ist besonders artenreich. Vögel werden durch die Flut angelockt, da sie Fische bringt. Die Großtiere – vor allem Büffel und Zebras – fressen gerne das frische, besonders nahrhafte Gras.

Nxabega Tented Camp: *In einem 8.000 Hektar großen, privaten Konzessionsgebiet gelegen, südöstlich des Moremi Wildschutzgebiets, nur per Flugzeug ab Maun (25 Min.) oder Kasane (rund 1 h) zu erreichen, US$ 570–1.145.* **Beschreibung:** *Hier gibt es neun Luxuszelte mit eigener Dusche/WC – jedes hat ein kleines Aussichtsdeck. Der Name bedeutet „Ort der Giraffe". Das riedgedeckte Hauptgebäude hat einen Speisesaal, eine Bar sowie eine Bibliothek. Kleines Schwimmbad vorhanden. Seit Januar 2013 frisch renoviert. Safaris werden per Geländewagen und Mokoro unternommen. Je nach Wasserstand auch Motorbootfahrten. Buchung: andBeyond, www.andbeyondafrica.com (s.o.).*
Xaranna Camp: *Innerhalb eines 25.000 Hektar großen privaten Konzessionsgebiets gelegen. US$ 650–1.550.* **Beschreibung:** *Das Camp bietet neun Luxuszelte mit Blick aufs Wasser, Bad, plunge Pool. Ab April 2013 werden Breitmaulnashörner aus dem Phinda Game Reserve in Südafrika hierher gebracht, um die Art in Botswana zu erhalten. Ein neues Tierhighlight bei einer Fußsafari. Buchung: andBeyond, www.andbeyondafrica.com (s.o.).*
Abu Camp: *Östlich von Chief's Island gelegen, am Rande einer Lagune, US$ 1.715–2.431 (richtig gelesen!). Es gilt eine Mindestaufenthaltsdauer von 3 Nächten.* **Beschreibung:** *Das einmalige an diesem Camp sind die angebotenen Safaris auf dem Rücken von Elefanten, die ihr Trainer Randall Moore ausgebildet hat. Er brachte die Zirkus-erfahrene Dickhäuter nach Afrika und dokumentierte seine Erlebnisse im Buch „Back to Africa". Jeder Elefant trägt neben dem Führer zwei Gäste. Die Sättel sind weich und bequem, jede Safari dauert etwa 2–3 Stunden, wobei die Elefanten etwa 6–8 km pro Stunde zurücklegen. Die*

Für Mutige: Safari auf dem Elefantenrücken

Tiere sind von der „Wildumgebung" akzeptiert, und man kommt mit diesen Weggefährten so richtig unter die anderen Tiere. Die Elefantenherde besteht aus 14 Elefanten, darunter neun Jungtiere. Und die „Youngsters" sind zumeist mit bei der Safari – die erwachsenen Elefanten dienen ihnen als große Vorbilder. Im Camp können maximal zwölf Gäste unterkommen, die sechs sehr großen Safarizelte sind komfortabel, z. T. mit antiken Möbeln eingerichtet. Das Essen ist exzellent, die Bar gut ausgestattet. Neben Elefantensafaris ist man auch per Geländewagen und Mokoro unterwegs. Flugtransfer ab Maun – der Flug zum Camp alleine ist ein Highlight für sich! Info: www.abucamp.com. Buchung: Wilderness Safaris, www.wilderness-safaris.com (s.o.).

Seba Camp: Südwestlich der Grenze des Moremi Game Reserve, US$ 708–1.164. **Beschreibung**: Acht geräumige Zelte (Bad und Veranda) mit Blick auf eine Lagune, Heimat zahlreicher Vogelarten (über 380 in der Gegend) und Hippos. Jedes Zelt erinnert mit seiner Dekoration an eine andere Bevölkerungsgruppe Botswanas. Zwei Familiensuiten (fünf Personen), für Kinder gibt es zudem ein Baumhaus, einen kleinen Pool und Sandkasten. Bar, Lounge, Restaurant und Pool vorhanden. In der Regenzeit liegt das Camp am Wasser und die Aktivitäten konzentrieren sich auf Mokoro- und Bootstouren, auch Angeln ist möglich. Wilderness Safaris, www.wilderness-safaris.com (s.o.).

Kanana Camp: Wunderschön im Südwesten des Deltas an der Xudum-Lagune gelegen, US$ 495–820. **Beschreibung**: Das Camp verfügt über acht afrikanisch eingerichtete Luxus-Zelte auf Teak-Plattformen, mit eigener Dusche/WC, alle mit Blick auf die Lagune bzw. ins Schilf mit eigener Veranda. Davon sieben Zelte mit twin beds und ein Zelt mit double beds (Zelt Nr. 8 = „Honeymoon-Tent"). Sehr schöner überdachter Aufenthalts- und Essbereich im Freien, ausgezeichnete Küche, gemütliche Feuerstelle direkt am Wasser. Die Atmosphäre ist ausgesprochen persönlich und das Personal sehr freundlich, insgesamt also sehr empfehlenswert. Zur Regenzeit in das Camp mitunter vom Wasser umgeben. Folgende Aktivitäten

Zelten mit Stil: bei der Mokoro-Safari braucht man nicht auf die Dusche zu verzichten

werden, je nach Jahreszeit, angeboten: Safaris mit Jeep, Buschwanderungen mit Guide, Mokoro-Fahrten (auch mehrtägig, erkundigen Sie sich nach dem Kanana Mokoro Trail), Bootstouren, Angeln; 2 Aktivitäten pro Tag sind im Preis enthalten. Tierbeobachtung: vor allem Vögel und Red Lechwe, aber auch Elefanten und Hippos. Buchung: Ker & Downey Botswana, www.kerdowneybotswana.com (s.o.).

Pom Pom Camp: Westlich von Chief Island (an der westlichen Grenze des Moremi Game Reserve) in einer der einsamsten Okavango-Regionen liegend, auf Pom Pom Island, ca. US$ 456–796. 2013 spezielle Kinderrabatte. **Beschreibung**: Das Camp bietet neun Luxus-Zelte (WC/Dusche), die in 2012 überholt und vergrößert wurden. Die Umgebung ist vor allem für Vogelbeobachtungen optimal. Angeboten werden Safaris im offenen Geländewagen und im Mokoro sowie Angeltrips. Tolle Szenerie für Fotografen (u.a. palmengesäumte Inseln). Buchung: Pom Pom, ☎ 686-4436, 📠 686-0040, E-Mail: reservations@pompomcamp.com, www.pompomcamp.com.

Xudum Lodge: Im Südwesten des Deltas, etwa zwischen Abu Camp und Pom Pom am Xudum River gelegen, Transfer per Flugzeug (von Maun oder Kasane), US$ 650–1.550. **Beschreibung**: Xudum (wird „Kudum" ausgesprochen) liegt auf einer sandigen Landzunge, die an drei Seiten von tiefen Wasserläufen begrenzt wird. Den Gästen stehen sieben „Safari-Suiten" zur Verfügung, alle mit eigenem WC sowie Dusche, Plunge Pool und toller Aussicht. Auch von der Dining- und Lounge-Area genießt man einen wunderschönen Blick auf die Wasserlandschaft. An der Spitze der Landzunge wurde ein Lagerfeuer-Sitzplatz errichtet. In der unmittelbaren Umgebung kann man vor allem Flusspferde, Zebras, Krokodile und Lechwe-Antilopen beobachten. Es werden Nacht-Pirschfahrten angeboten, ebenso Mokoro-Safaris (wenn der Wasserstand es zulässt, meist zwischen Juni und September) sowie Wanderungen. Buchung: andBeyond, www.andbeyondafrica.com (s.o.).

Eagle Island Camp: An einer Lagune im Südwesten von Chief's Island gelegen, ab ca. US$ 870–1.260. **Beschreibung**: Dieses Luxuscamp bietet Zelte mit eigenem WC/Dusche, Minibar und Himmelbett. In 2013 werden leichte Renovierungen stattfinden, die bis ca. Oktober andauern. Swimmingpool vorhanden, das Abendessen kann man unter freiem Himmel einnehmen und sich anschließend am Lagerfeuer entspannen. Der Hauptbereich und die Bar werden ebenfalls bis Oktober 2013 überholt. Das Camp in seiner Insellage ist besonders gut für Vogelbeobachtungen sowie für Safaris per Motorboot und Mokoro geeignet. Buchung: Orient Express Safaris, ☏ (Südafrika): (+27) 21 483-1600, www.orient-express-safaris.co.za.

Delta Camp: Am Südwest-Ende von Chief's Island gelegen, ab ca. US$ 450–785. **Beschreibung**: Es stehen gepflegte, riedgedeckte Chalets zur Verfügung mit Bad. Angenehm ist, dass hier in einem der ersten Konzessionsgebiete Motorboote verbannt wurden, um die Stille der Natur zu erhalten. Buschwanderungen sowie Mokoro-Fahrten (2–8 Tage) werden angeboten. Flugtransfer ab Maun. Buchung: Lodges of Botswana, P.O. Box 39, Maun, ☏ 686-1154, ☏ 686-0589, E-Mail: info@lodgesofbotswana.com, www.lodgesofbotswana.com.

Oddball's Palm Island Lodge: Auf Noga Island, südwestlich von Chief's Island, nahe des Delta Camp gelegen, US$ 260–395. **Beschreibung**: Nicht mehr ganz so günstig, wie es einmal war – aber immer noch **die bezahlbarste Alternative im Delta**. Die 2-Mann-Zelte mit Betten sind auf Plattformen aus Holz errichtet, die Sanitäranlagen werden gemeinschaftlich genutzt. Möglichkeiten zu mehrtägigen Mokoro-Safaris, Bar und Lounge. Oddball's erfreut sich bei Weltenbummlern eines gewissen Kultcharakters. Erreichbar von Maun (20 min.) oder Kasane mit dem Flugzeug. Zwei Nächte Mindestaufenthalt. Die gleichen Betreiber bieten auch Unterkunft im **Oddballs Enclave** (US$ 420–540), einem kleinen Camp mit sechs Zelten. Von hier werden Mokoro-Trips, Wanderungen und Pirschfahrten unternommen. Der Strom wird aus Solaranlagen gewonnen. Buchung: Lodges of Botswana, P.O. Box 39, Maun, ☏ 686-1154, ☏ 686-0589, E-Mail: info@lodgesofbotswana.com, www.lodgesofbotswana.com.

Gunn's Camp: Südspitze Chief's Island, am Boro-Fluss gelegen, auf der Insel Ntswi Island, am Rande des Moremi Game Reserve, Luxuszelte inklusive Vollverpflegung US$ 371–591. **Beschreibung**: Das Main Camp besteht aus sechs schönen Meru-Zelten mit Teak-Möbeln, Bad und Veranda, zudem sind Bar, Lounge, Boma und Pool vorhanden. Es werden verschiedene Aktivitäten angeboten, z.B. **Island Camping**: Zeltausrüstung und Essen werden im Mokoro verstaut und auf geht's in die Wildnis. Mit Guide geht man auf die Suche nach einem geeigneten Zeltplatz, abends am Lagerfeuer kann man sich dann wie ein Entdecker fühlen … Zudem kann man Motorboote und Mekoro mieten oder zu Fußpirschgängen aufbrechen. Der Transfer ist ab Maun entweder per Flugzeug oder per Boot möglich. Buchung: Gunn's Camp Reservations Office, Plot 244, Airport Road, Maun, ☏ 686-0023 ☏ 686-0040, E-Mail: reservations@gunns-camp.com, www.gunns-camp.com.

Baines' Camp: An der Grenze zum Moremi Game Reserve, 15 Min. Flug von Maun, dann ca. 60 Min. mit dem Auto zum Camp, US$ 675–1.355. **Beschreibung**: Das kleinste und exklusivste Camp von Sanctuary Retreats hat nur fünf Suiten – alle mit Himmelbett, das auf Wunsch auf die Veranda gerollt werden kann für eine Nacht unter dem Sternenhimmel! Pool, Aussichtsterrasse, von der man das Wildleben der Umgebung beobachten kann. Buchung: Sanctuary Retreats, ☏ (+27) 11-438-4650, ☏ (+27) 86-218-1482, E-Mail: southernafrica@sanctuaryretreats.com, www.sanctuaryretreats.com.

Stanley's Camp: Im Süden des Moremi Game Reserve, US$ 565–1.110. **Beschreibung**: Die acht Zelte sind elegant im Kolonialstil eingerichtet und rund um einen großen Baum angeordnet. Von hier aus schweift der Blick über die Schwemmlandebene. Die Umgebung ändert sich mit den Jahreszeiten von sattem Grün in der Regenzeit bis zum Gelb der trockenen Savanne. Am Pool kann man es sich bequem machen und in der Ebene auch mal eine Giraffe vorbeiwandern sehen. Häufig gibt es hier riesige Büffelherden mit bis zu 2.000 Tieren zu sehen. Buchung: Sanctuary Retreats, ☏ (Südafrika) (+27) 11-438-4650, 📠 (+27) 86-218-1482, E-Mail: southernafrica@sanctuaryretreats.com, www.sanctuaryretreats.com.

Sandibe Safari Lodge: *Auf Chief´s Island in einem 8.000 Hektar großen privaten Konzessionsgebiet an der südöstlichen Grenze des Moremi Game Reserve gelegen, US$ 570–1.145.* **Beschreibung**: *Acht riedgedeckte Cottages mit großen Fenstern, in Naturtönen gehalten und mit allen Annehmlichkeiten. Aktivitäten sind z.B. Tages- und Nachtpirschfahrten, Bush Walks und Mokoro-Fahrten. Buchung: andBeyond, www.andbeyondafrica.com (s.o.).*

Chitabe Camp: *Im Südosten des Okavango-Deltas gelegen, auf einer Insel. Die Lodge grenzt nach Norden und Osten hin an das Moremi Game Reserve, US$ 868–1.333.* **Beschreibung**: *Acht geräumige Meru-Zelte auf Holz-Plattformen unter schattenspendenden Bäumen, mit Bad (Außen- und Innendusche). Pool, Bar, Lounge und Restaurant vorhanden, von dem man einen Ausblick auf die Schwemmlandschaft genießt. Chitabe's Grenze nach Osten hin bildet der Gomoti Channel, nach Westen hin der Santantadibe River. Im Gebiet gibt es sowohl Dauerflüsse als auch Marschgebiet, trockenes Akazienwaldgebiet, Grasebenen und saisonal überflutete Gebiete. Pirschfahrten morgens und nachts sowie Wanderungen gehören zum Angebot. An Wild kann man Elefanten, Büffel, Löwen, Leoparden und Geparde beobachten. Zudem Wildhunde, die hier wissenschaftlich studiert werden.* **Chitabe Lediba** *(gleiche Preise) ist das intimere Schwestercamp, das mit nur fünf Meru-Zelten aufwartet. Buchung: Wilderness Safaris, www.wilderness-safaris.com (s.o.).*

Moremi Game Reserve

Das Moremi-Gebiet eignet sich in hervorragender Weise für Tierbeobachtungen. Das Zusammentreffen von ganzjährigen Wasserläufen, saisonal überfluteten Gebieten sowie trockenen Landzungen sorgt für großartige Abwechslungen in der Vegetation und sichert damit eine artenreiche Tierwelt. Land- und Wasseraktivitäten (Mokoro- und Bootsfahrten) machen Safaris in diesem Gebiet zu einem außerordentlichen Erlebnis. Sehenswert sind Bodumatu, Third Bridge, Mboma Island, Xakanaxa Lediba, Paradise Pools und Hippo Pools – letzteres ist besonders schön bei Sonnenuntergang.

Schwere Straßenverhältnisse in der Regenzeit

Beste Reisezeit ist generell die Trockenzeit von Mai bis September. Aber auch in der regenreicheren Zeit von Oktober bis April sind gute Tierbeobachtungen möglich. In und um Moremi gibt es für Selbstfahrer einfache, urige Zeltplätze. Safari-Teilnehmer werden in sehr guten (und entsprechend teuren) Lodges verwöhnt. Für Individualisten empfiehlt sich in besonderer Weise ein „Mix", da die entlegeneren Okavango-Gebiete nicht mit dem eigenen Mietfahrzeug besucht werden können. In diesem Falle reist man mit dem eigenen Fahrzeug nach Maun und fliegt von hier aus (Vorreservierung dringend notwendig!) einige Tage (je nach Geldbeutel) in eines der Camps ins zentrale Delta. Danach fährt man auf eigene Faust von Maun aus auf dem Landwege

Elefantenherde

nach Moremi und Savute/Chobe. Diese Kombination mixt das Safarierlebnis mit dem Abenteuer, auf eigene Faust durch einen „wilden" Teil Afrikas zu reisen. Während des Höhepunkts der Regenzeit – Januar/Februar – sollte man allerdings beachten, dass man nur Teile von Moremi besuchen kann, da viele Wege überflutet sind.

Überblick

Das 4.871 km² große Wildschutzgebiet wurde 1963 durch den Stamm der BaTawana gegründet Es handelt sich hierbei um eine echte Wildnis mit lilienbedeckten Lagunen, palmenbestandenen Inseln und einer sehr artenreichen Tierwelt. Die Wege durch das Wildschutzgebiet sind schmal, führen manchmal (je nach Jahreszeit) durch Wasser und erlauben daher nur geringe Geschwindigkeiten. In der Regenzeit von Dezember bis April sind viele Abschnitte nicht passierbar. Im Moremi-Gebiet ist es erlaubt, den Wagen zu verlassen, um auf Fußpirsch zu gehen.

Extrem artenreich

Heute gilt das Moremi Game Reserve als eine der besuchenswertesten Naturlandschaften Afrikas. In der Vergangenheit war es aber anders: Ende des 19. Jahrhunderts raffte eine Rinderpest fast alle Tiere hin. Die Maul- und Klauenseuche, von der Tsetse-Fliege übertragen, führte dazu, dass sich die Rinderfarmer aus diesem Gebiet zurückzogen. Bis in die 1960er-Jahre sorgten Jäger dafür, dass sich die Wildbestände nicht erholen konnten.

Auf Initiative der Witwe des Chiefs *Moremi III.* wurde – mit Hilfe der Naturschützer *Robert* und *June Kays* –1963 ein Naturschutzgebiet deklariert, das nach dem Chief *Moremi III.* benannt wurde. Damals wurde das Gebiet zwischen den Flüssen Khwai und Mogogelo zur Schutzzone erklärt. In den frühen 1970er-Jahren wurde das Gebiet um Chief´s Island erweitert und umfasste eine Fläche von 3.825 km². 1991 wurde ein weiteres Gebiet zwischen den Flüssen Jao und Nqoga im Nordosten hinzugefügt.

Schreiseeadler

Geografie

Der Park ist durch das Zusammentreffen von großen Land- und Sumpfflächen charakterisiert: Man erlebt Mopane-Wälder (die 80 % der Landfläche einnehmen), Dorn- und Buschsavanne, dann wieder Flussläufe und idyllische Lagunen und Inseln in einsamen Wasserflächen. Die beiden größten Landmassen sind Chief's Island (tief ins innere Delta reichend) und die Moremi-Landzunge (im Nordosten des Reserve gelegen); beide Gebiete sind ideale Safari-Landschaften.

Land- und Sumpfflächen

Während Chief´s Island bevorzugt per Mokoro erreicht wird bzw. die Camps und Lodges per Flugzeug angeflogen werden, ist die Moremi-Landzunge per **Allradfahrzeug** erreichbar. Dies ist auch das bevorzugte Gebiet für alle Selbstfahrer bzw. für Safariteilnehmer, die per Fahrzeug mit einer Gruppe unterwegs sind.

Zur Strecke: Maun – Moremi Game Reserve: Third Bridge – Xakanaxa – Khwai/North Gate

km: ca. 150 km (bis Xakanaxa)
Tankstellen: Nur in Maun und Kasane (+/-370 km). Bitte bedenken, dass der Benzinverbrauch in schwerem Gelände bis auf das Doppelte ansteigen kann. Ebenso muss Benzin für die Gamedrives einkalkuliert werden. Sicherheitshalber sollte man von einem Benzinverbrauch für mindestens 750 km ausgehen.

Die ersten 47 km der Strecke von **Maun bis Shorobe** sind asphaltiert. Ab hier fährt man über eine Kies- und Sandpiste, die teilweise sehr holprig ist. Unterwegs passiert man einige Dörfer, deren Bewohner schöne Flechtwaren anbieten. Etwa 24 km nach

Geografie 195

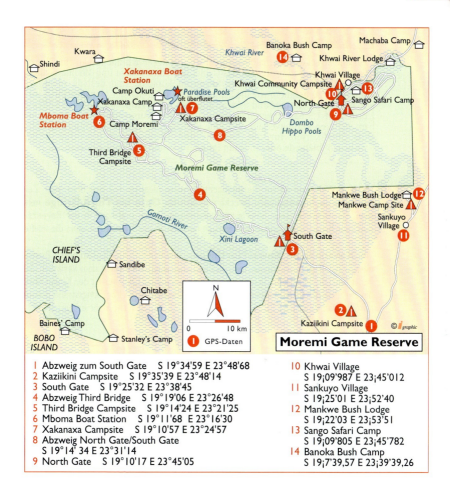

Shorobe zweigt man nach links Richtung Kaziikini Campsite ab (geradeaus ginge es weiter zum Mababe Gate des Chobe National Park). Über zunehmend sandige Pisten geht es über 35 km bis zum **South Gate** (Makwee Gate) des Moremi Game Reserve. Bitte daran denken den Eintritt und eine Reservierung für die Campingplätze bereits vorher zu bezahlen (s. S. 80f und S. 109).

Vom **South Gate bis Xakanaxa** sind es noch ca. 40 km direkte Strecke, wobei man bei der Zeitplanung das mitunter (und vor allem in der Regenzeit) schwierige Gelände im Auge behalten muss. Die direkte Strecke führt durch einen

Hinweis

Für alle Strecken innerhalb des Moremi Game Reserve braucht man ein Allrad-Fahrzeug. Am sandigsten ist das Gebiet um Third Bridge und Mboma Island. Diese Sandflächen sind in der Regenzeit kompakt und deshalb nicht so schwierig zu befahren wie die Lehmflächen im Bereich der Mopanewälder, wo sich das Wasser staut und es sehr glitschig wird. **Tipp:** Am Gate den Reifendruck auf 1,5 Bar senken und Allrad zuschalten. Ausschilderungen sind nun im weiteren Routenverlauf eher eine Rarität. Hilfreich zur Orientierung sind die Shell-Karten für das Moremi- und Chobe-Gebiet (erhältlich über www.namibiana.de oder in Maun im Riley's Hotel) und ein GPS-Gerät.

Mopane-Wald und ist zur Tierbeobachtung nicht ideal (ca. 1–2 Stunden). Wer Zeit hat sollte die interessantere Strecke von **South Gate bis Third Bridge** nehmen. Sie ist immer sehr holprig mit tiefsandigen Stellen und kann in der Regenzeit durchaus bis zu vier Stunden in Anspruch nehmen, in der Trockenzeit etwa die Hälfte.

Von **Xakanaxa bis Khwai/North Gate** sind es ca. 45 km (2–3 Stunden). Besonders in der Regenzeit können hier große Löcher entstehen. Nach dem Verlassen des Parks wird die Vegetation lichter. In den Monaten Juli bis Oktober ist der Khwai River ein Paradies für Ornithologen. Derzeit wird allerdings eine Umgebungsstraße gebaut, für Selbstfahrer soll die Fahrt am Fluss entlang in Zukunft nicht mehr erlaubt sein.

Pirschfahrten in Moremi

Auf der Pirsch: Tüpfelhyäne

South Gate

Von Maun kommend, reist man über das South Gate (Makwee Entrance) ein, etwa 85 km nordöstlich von Maun. Gleich hinter dem Parkeingang liegt der Campingplatz, der sich vor allem für „Spätankömmlinge" eignet, denn bis in den Norden der Landzunge – etwa nach 50 km – braucht man noch gut und gerne zwei Stunden Fahrzeit. Hier bekommt man aber eben wegen dieser „Unbeliebtheit" noch am ehesten einen Platz. Der South Gate Campingplatz bietet Toiletten und Duschmöglichkeit.

Pirschfahrten in der Umgebung von South Gate sind nicht so gut wie bei Third Bridge. In der Trockenzeit sollte es aber kein Problem sein, morgens bis in die Umgebung von Third Bridge oder sogar Dead Tree Island (Xakanaxa Region) zu fahren und am Nachmittag wieder zurück zum Camp.

Bodumatu

Landschaftlich sehr schön, doch während der Regenzeit praktisch nicht passierbar. Viele Büffel leben in dieser Gegend.

Third Bridge

Dieses sicherlich schönste Camp für Selbstfahrer liegt knapp 50 km hinter dem South Gate-Eingang. Tatsächlich gibt es vor der Third Bridge eine First und Second Bridge. Dieser Campingplatz (Toiletten, Duschen, Waschbecken) liegt sehr urig: Es gibt hier große schattenspendende Bäume direkt am Sekiri River, über den die „Third Bridge"

Können auch ganz friedlich tun: Paviane

führt. Über diese Brücke wandern oft auch Löwen… Im Fluss, der aufgrund seines klaren Wassers zum Baden einlädt, leben Krokodile – das entsprechende Badeverbot sollte man unbedingt beachten! Wie an vielen anderen Campingplätzen auch sind die Baboons (Paviane) eine **Plage**: Sie sind frech, stehlen gerne und können sehr unangenehm werden. Lassen Sie auf keinen Fall Lebensmittel herumliegen, weder offen noch im Zelt – dies ist eine direkte Einladung zum Angriff.

Für Pirschfahrten ist die Gegend eine Herausforderung, aber die Mühe lohnt. Eine Möglichkeit ist eine Fahrt zur **Mboma Boat Station**, für die man ca. 3 Stunden veranschlagen sollte. Hier kann man eine Fahrt mit dem Mokoro unternehmen oder (buchbar bei der Mankwe Bush Lodge, s.u. Reisepraktische Informationen) mit einem Motorboot auf eine mehrtägige Safari in mobilen Camps starten. *Bootsausflug*

Mboma Island

Diese von der Moremi-Landzunge nach Nordwesten auslaufende Halbinsel ist etwa 100 km² groß. Das nördliche Gebiet hier ist sehr sandig, das südlichere geht in Lehm über. Man zweigt etwa 2 km westlich der Third Bridge auf einen Rundweg ein, kann aber (falls man Zeit hat), von Süden kommend bereits bei der Second Bridge nach Westen auf die Rundstraße einbiegen.

Xakanaxa Lediba

Hier ist etwas mehr los, denn hier liegen die meisten privaten Luxus-Lodges und Camps, so zum Beispiel Xakanaxa Camp, Camp Moremi und Camp Okuti (s. S. 200f). Für Selbstfahrer: An der Xakanaxa-Lagune liegt ein großer Campingplatz. Es gibt Toiletten, Waschbecken und Duschen. Hier übernachten auch einige Safari-Veranstalter. Vorsicht nachts: Es gibt hier viele Hyänen – und der Weg zu den Toiletten und Duschen kann manchmal weit sein … *Luxus-Lodges*

In diesem Gebiet gibt es tolle Tierbeobachtungsmöglichkeiten, zumal man direkt am Wasser ist. Besonders interessant ist diese Gegend für Ornithologen (zu sehen sind u.a. Ibisse, Marabus, Störche). Besonders reizvoll: Alle Gebiete sind Überschwem-

Schlangenhalsvogel

mungsgebiete, vor allem der Bereich um die Magwexhlana Pools sowie die Nyamdambesi Loop.

Weitere interessante Zwischenpunkte auf der Reise ostwärts zum North Gate sind die **Paradise Pools** (allerdings war die Strecke direkt entlang des Flusses in den letzten Jahren meist überflutet („Paradise Pools Road"), am besten bei anderen Touristen erkundigen, die bereits dort waren) und die **Dombo Hippo Pools** (Beobachtungsstand) – besonders schön zum Sonnenuntergang. Auch die Zufahrt zu den Hippo Pools steht mitunter unter Wasser, also Vorsicht.

Im Bereich des Khwai River gibt es vor allem große Elefantenherden zu beobachten. Die Monate Juli–Oktober entlang des Khwai River sind ein Muss für Ornithologen! Im Bereich **Khwai/North Gate** gibt es dann einen weiteren Campingplatz für Selbstfahrer (Toiletten, Waschbecken, Duschen) sowie private Camps und Lodges (s. S. 202/203).

Reisepraktische Informationen Moremi Game Reserve

Informationen
Buchungen und Eintritt: Die Eintrittsgebühren (P 120 p.P. und P 50 für das leichte Auto) müssen bereits in Maun bezahlt werden und am Gate zusammen mit der Buchungsbescheinigung des Campingplatzes vorgelegt werden (s. S. 160).
DWNP Parks and Reserves Reservation Office, Boseja, Maun (nahe der Polizeistation), ☏ 686-1265, 📠 686-1264 o. 0053.

Gesundheit
Malaria-Prophylaxe – vor allem während der sommerlichen Regenzeit – dringend empfohlen (Tablettenprophylaxe). Ebenso gibt es in dieser Zeit manchmal Tsetse-Fliegen (Insektensprays, lange Socken und Hosen sowie langärmeliges Hemd – alles in hellen Farben – schützen schon sehr vor Bissen!).

Karte
Shell Tourist Map of the Moremi Game Reserve, 2008: An den größeren Shell-Tankstellen Botswanas erhältlich (mit GPS-Daten).

Lebensmittel
Nur in Maun, sonst nur kleine Läden mit oft unzulänglicher Versorgung im Khwai Village (North Gate, außerhalb des Parkgebiets). Deshalb ist eine Bevorratung für die Gesamtstrecke Maun – Kasane anzuraten. .

Öffnungszeiten
Es wird kurz vor Sonnenaufgang erlaubt, auf Pirschfahrt zu gehen, ebenso darf man bis kurz nach Sonnenuntergang (innerhalb der ersten Stunde) ins Camp zurückkehren. Das ermöglicht Campern, eine nahegelegene Stelle zum Sonnenuntergang aufzusuchen.

 Reisezeit
Am besten zwischen Juni/Juli und Oktober/November. Für Ornithologen sind September und Oktober die besten Monate, da eine Reihe von Wasservögeln in dieser Zeit brüten. Ab November sind Regenfälle möglich – entsprechend wird die Vegetation dichter und das Wild verteilt sich auf große Flächen. Dezember ist ungeeignet, da erstens viele Einheimische hier wegen der Schulferien hinkommen und zweitens das Klima sehr heiß und schwül ist. Am wenigsten Besucher trifft man zwischen Mitte Januar und Ende März an: In dieser Zeit schließen einige Camps, viele Wege sind unpassierbar. Die Landschaft bleibt bis etwa Juni grün, dann wird die Vegetation gelb-braun.

 Straßen- und Wegequalität
Ein Allradfahrzeug ist Bedingung! Siehe Beschreibungen der Abschnitte S. 194–196.

 Tanken
Nirgends möglich – nur in Maun und Kasane.

 Unterkunft innerhalb des Parks
Wichtig für Camper: Feuerholz mitbringen

Campingmöglichkeiten für Selbstfahrer
Seit 2009 wurden alle Campingplätze im Bereich Moremi privatisiert. Für **South Gate** und **Xakanaxa** (beide P 230 p. P.) sind nun Kwalate Safaris die Ansprechpartner, **Khwai/North Gate** (US$ 50 p. P.) wird von der SKL Group gemanagt und **Third Bridge** (P 270 p. P.) sowie die Wilderness Islands (P 486 p. P.) von der Xomae Group. Für mehr Infos s. Stichwort Camping in den Gelben Seiten.
Buchungsadressen: **Kwalate Safaris**, P.O. Box 2280, Gaborone, ☏/🖨 (+267) 686-1448, kwalatesafari@gmail.com.
SKL Group of Camps, Appollo House, Plot Nr. 246, Office Nr. 6, Along Maun Airport Road, ☏ (+267) 686-5365/6, 🖨 (+267) 686-5367, E-Mail: reservations@sklcamps.co.bw, sklcamps@botsnet.bw; www.sklcamps.com.
Xomae Group, P.O. Box 1212, Maun, ☏ (+267) 686-2221 o. -2970, 🖨 (+267) 686-2262, E-Mail: xomaesites@botsnet.bw; www.xomaesites.com.

Gebiet South Gate
Dieses Gebiet besteht aus einer trockenen Savanne, es gibt hier wenig Wasser und entsprechend nicht so gute Wildbeobachtungsmöglichkeiten. Oft wird man hier allerdings Wildhunde sehen können.

South Gate Campsite: Am South Gate (Makwee Gate, ca. 90 km von Maun entfernt) liegt in der relativ dichten Mopane-Savanne – gerade innerhalb des Moremi Game Reserve (hinter der Einfahrt) – dieser einfache Campingplatz mit Toiletten und mit Duschen. Der Zustand der Sanitäranlagen, obwohl 2008 erneuert, variiert. Dieses

Camp ist vor allem für „Spät-Ankömmlinge" geeignet, relativ weit entfernt von den attraktiven Parkteilen.

Third Bridge Campsite: Toiletten, Duschen, Waschbecken. Urige Lage direkt am Sekiri River mit großen schattenspendenden Bäumen. Über die „Third Bridge" kann man öfters Löwen laufen sehen. Den Fluss sollte man trotz des klaren Wassers, das zum Baden einlädt, meiden, denn hier leben Krokodile – Badeverbot also unbedingt beachten! Richtige „Problemtiere" sind die Paviane, die hier gern angreifen, wenn Lebensmittel zugänglich sind. Tipps: Laden Sie die Baboons nicht durch offen herumliegende Leckereien ein, auch nicht im offenen Zelt! Und bauen Sie das Zelt bei Ausflügen ab, so können Sie Pavian-Einbrüche vermeiden.

Gebiet Xakanaxa
Dieses Gebiet ist sehr wildreich, es gibt abwechslungsreiche Vegetation (dichterer Busch – offenere Flächen) sowie genügend Wasser. Deshalb sind auch Großtiere, wie z.B. Elefanten, hier heimisch. Zwischen Juli und Oktober gibt es hier eine Menge von Störchen zu beobachten.

Xakanaxa Campsite: An der Xakanaxa-Lagune liegt ein schattiger, großer Campingplatz. Es gibt Toiletten, Wasser und kalte Duschen (können aber beheizt werden), die sanitären Anlagen sind meist in Ordnung. Außerdem Grillstellen vorhanden. Hier übernachten auch einige Safari-Veranstalter. Nachts ist beim Gang zu den Toiletten/Duschen Vorsicht geboten: Herumstreifende Hyänen!

Gebiet Khwai/North Gate
Dieser Bereich bietet ausgezeichnete Wildbeobachtungsmöglichkeiten, vor allem von Büffeln, Elefanten, Löwen und Zebras. Ebenso gibt es hier zahlreiche Antilopenarten, Giraffen sowie eine buntgefiederte Vogelwelt zu beobachten. Der Khwai River ist die bevorzugte Wasserstelle für die Großtiere.

Khwai/North Gate Campsite: Etwa 50 km von Xakanaxa entfernt. Dieses Camp ist schattig und wird von Reisenden angefahren, die zumeist aus der Richtung des Chobe National Parks kommen. Es gibt hier Toiletten, Waschbecken und Duschen, aber nicht immer in gutem Zustand. Achtung: Hier trifft man auf viele freche Baboons, die sehr dreist sind. Auf jeden Fall auch die Autos abschließen. Die Affen wissen, wie man die Türen der Wagen öffnet. In der Hochsaison ist dieser Campingplatz sehr rege besucht. Besonders schön ist die Fahrt von hier nach Xakanaxa (45 km): tolle Ausblicke vor allem am Hippo-Pool sowie an den Paradise Pools!

Lodges im Park
Camp Moremi $$$$$: An der Xakanaxa-Lagune gelegen, ca. US$ 476–856. **Beschreibung**: Die Unterkunft bestand bisher aus 11 absolut luxuriösen Doppelzelten, alle mit Möbeln aus „Rhodesian Teak" und eigenem WC sowie Dusche. Im Frühjahr 2013 werden 12 neue, noch großzügigere Zelte eröffnet. Der Hauptbereich, für den ebenfalls eine leichte Renovierung geplant ist, bietet Boma, Bar und Bibliothek. Kleines Schwimmbad vorhanden. Super Küche! Ausflüge im offenen Geländewagen (zu sehen sind Löwe, Gepard, Leopard) und mit Motorbooten. Buchung: Desert & Delta Safaris, www.desertdelta.com (s. S. 181).

Xakanaxa Camp $$$$$: Das Camp liegt in der Nähe der Third Bridge direkt am Wasser. Per Kleinflugzeug oder über die Moremi-Pisten erreichbar, US$ 505–893. **Beschreibung**: Es gibt hier zwölf Doppelzelte, die auf einer Holzplattform stehen, jedes hat eigene Dusche und WC in einem eigenen schilfumwandeten Raum. Es gibt einen riedgrasgedeck-

Originelle Architektur: Camp Okuti

ten Essensraum und eine Bar. Aktivitäten: Pirschfahrten im offenen Geländewagen und Ausflüge mit dem Motorboot ins Delta. Sehr schön sind die großen, alten Bäume auf dem Gelände. Buchung zzt. noch über Moremi Safaris, das Camp steht allerdings zum Verkauf. Xakanaxa Camp, P.O. Box 2757, Cramerview, 2060, Johannesburg, South Africa, ☏ (+27) 11-463-3999, 📠 (+27) 11-463-3564, E-Mail: info@moremi-safaris.com, www.xakanaxa-camp.com.

Camp Okuti $$$$$**: *Unweit des Xakanaxa-Camps gelegen, ca. US$ 495–820.* **Beschreibung: *Fünf schicke „Hütten" mit Bad für je 2 Pers., die 2008 im Stil eines afrikanischen Dorfes erbaut wurden. Mit toller Aussicht auf die Xakanaxa-Lagune (super zum Sonnenuntergang)! Alles ist top-angelegt und gepflegt. Safaris auf offenen Geländewagen und mit Motorbooten. Buchung: Ker & Downey Safaris, www.kerdowneybotswana.com (s. S. 181).*

 Unterkünfte außerhalb des Parks
Nähe South Gate

Camping
Kaziikini Campsite, ☏ 680-0664, 📠 680-0665, E-Mail: santawanistmt@bots net.bw, www.kaziikinicampsite.com. Das Camp (ca. 30 km von South Gate, ca. 65 km von Maun) wird als Community Based Project (s. auch S. 120) vom Sankuyo Tshwaragano Management Trust betrieben. Camping US$ 20 p.P., Rondavel (für 2 Pers.) US$ 55. **Beschreibung**: *Es gibt ein Restaurant und eine Bar, saubere Sanitäranlagen. Die zehn Campingplätze haben Wasseranschluss und Grillmöglichkeiten. Zudem werden vier traditionelle Rondavels, einfache, aber saubere Hütten mit Betten, angeboten. Zwei Safari-Zelte mit Bad werden in 2013 fertig. Man kann Pirschfahrten innerhalb des Konzessionsgebiets sowie Tagesausflüge ins Moremi unternehmen. Schon auf der Fahrt dorthin kann man auf viele Tiere stoßen. Zu dem Projekt gehört das* **Shandereka Cultural Village**, *in das eine 2-Std.-Tour angeboten wird. Dabei gibt es einen kleinen Vortrag über die Traditionen und Kultur der bayei, Vorführung von Werkzeugen sowie ein Theaterstück und einen kurze Nature Walk (US$ 15 p.P., mind. 4 Teilnehmer).*

Giraffe am Wasserloch

Lodges
Mankwe Bush Lodge $$$$$, zwischen North und South Gate in der Nähe des Sankuyo Village gelegen. **Beschreibung**: auf Plattformen errichtete, geräumige Safarizelte mit Bad, zudem Bar, Restaurant und Swimmingpool vorhanden. Zu den angebotenen Aktivitäten zählen Pirschfahrten und Wanderungen durch den Busch, auch Ausflüge nach Moremi und Savute sind organisierbar. Auch Campingmöglichkeit. Es gab Anfang 2013 einen Besitzerwechsel, der auch die **Mboma Boat Station** betrifft. Beide Betriebe laufen aber normal weiter. Preise auf Anfrage, neue Website (bisher www.mankwe.com) ab Frühjahr 2013. Buchung und Infos: ☏ 686-5788, E-Mail: mankwe@info.bw.

Nähe Khwai/North Gate
Camping
Khwai Community Campsites: Man fährt zum Khwai Village, direkt außerhalb des North Gate gelegen und macht am Khwai Wildlife Office (an der Hauptstraße, hat eine Satellitenschüssel an der Wand, aber meistens kein Schild) das Check-In . Hier bekommt man die Beschreibung zu den in freier Natur gelegenen Campsites, die keine Einrichtungen haben. Auch wenn es für das Angebotene recht teuer ist, ist das Ganze mit P 140 p.P. noch deutlich billiger als im Moremi Game Reserve, und beim „Austreten" kann man aus der Ferne schon mal Wildhunde und Hippos sehen. Kontakt: ☏ 680-1211 oder 686-2361/2/5 ⌨ 680-1210, E-Mail: khwai@botsnet.bw; www.khwaitrust.org.

Lodges
Sango Safari Camp $$$$$, außerhalb des Parks am Khwai River, südöstlich der Straße zum North Gate, US$ 295–540. **Beschreibung**: Sechs Meru-Zelte mit Bad en-suite für max. zwölf Gäste bieten rustikal-luxuriösen Komfort und authentisches Buschflair. Die Atmosphäre hier ist ausgesprochen persönlich und herzlich – meist singt das Personal sogar

> **Hinweis**
>
> Das Fahren auf der neuen Verbindungsstraße vom North Gate zum Mababe Gate entlang des Khwai River (Konzessionsgebiet NG19) ist offiziell nur noch eingetragenen Safari-Unternehmern und Besuchern der Lodges und Camps gestattet. Diese Regel bestand schon vor Fertigstellung der Straße, allerdings wurde und wird sie bis heute meist ignoriert. Selbstfahrer sollten sich vor Ort über den aktuellen Stand der Dinge und eventuelle Kontrollen informieren.

zur Begrüßung und zum Abschied der Gäste! Pirschfahrten, Buschwanderungen, Mokoro-Fahrten und Nachtfahrten möglich – durch die extrem tierreiche Gegend ist die Wildbeobachtung besonders erfolgreich. Das Guiding ist hervorragend, man wird mit viel Liebe und Begeisterung durch den Busch geführt (tolle Sundownwer-Spots!). Teilhaber des Camps ist die namensgebende Familie Sango, die als erste Bewohnergruppe der Khwai-Gegend gilt. Kontakt und Buchung: reservations@sangosafaricamp.com, www.sangosafaricamp.com.

Khwai Tented Camp $$$$$, außerhalb des Parks an einer Lagune, die in den Khwai River läuft (GPS S 19°9'11,62 E 23°46'18,25), ca. US$ 495–630. **Beschreibung**: Im September 2012 verließ das Camp seinen alten Platz und zog für unbestimmte Zeit – aber nicht für immer – innerhalb des Khwai-Gebietes um. Hier stehen weiterhin sechs komfortable Meru-Zelte auf Holzdecks mit eigenem Bad zur Verfügung, dazu ein Stein-Cottage für Familien mit einem Doppelbett, zwei Einzelbetten und Bad. Wanderungen und Pirschfahrten gehören zum Angebot, auch Tagesausflüge ins Moremi. Auf Wunsch Einführung ins Leben der Khwai-Bewohner. Buchung: African Bush Camps, ☎ Zimbabwe (+263) 9234-307, 📠 (+263) 9230-582, E-Mail: contact@africanbushcamps.com; www.africanbushcamps.com.

Khwai River Lodge $$$$$, nördlich des Nordeingangs zum Moremi-Parkgebiet gelegen, direkt am Fluss, US$ 870–1.260. **Beschreibung**: schön am Rande eines Waldes gelegen mit Blick auf den Khwai River, die komfortablen Zelte mit eigener Terrasse (mit Hängematte) ermöglichen ungestörte Tierbeobachtungen – ein Fernglas liegt bereit. Zimmer mit Klimaanlage und Heizung, Bad, Minibar und Himmelbett. Pool und Feuerstelle vorhanden. Buchung: Orient Express Safaris, ☎ Südafrika (+27) 21-483-1600, www.orient-express-safaris.co.za.

Machaba Camp $$$$$, am Khwai River, ca. 10 km nordöstlich des Khwai Village (GPS S 19°07'25,20 E 23°48'47,98), US$ 415–765. **Beschreibung**: Das neue Camp (erst Ende 2012 eröffnet) bietet insgesamt zehn große und geschmackvolle Luxus-Zelte mit Bad und Außenduschen, die zwischen Bäumen romantisch am Fluss stehen. Zwei Zelte extra für Familien. Das ganze Camp strahlt den Safari-Schick der 1950er-Jahre aus. Von den Veranden hat man Ausblick auf das Flussufer, wo viele Tiere zum Trinken hinkommen. Pool und Bibliothek vorhanden. Pirschfahrten bei Tag und Nacht, Safaris zu Fuß nach Voranmeldung. Buchung: Machaba Camp, ☎ Südafrika (+27) 82-579-5249, 📠 (+27) 86-662-9002, E-Mail: enquiries@machabacamp.com; www.machabacamp.com.

Banoka Bush Camp $$$$, etwas außerhalb des Khwai Village im Mopane Woodland, ca. 1,5 km vom Khwai Airstrip entfernt Richtung Nordwesten, US$ 558–691. **Beschreibung**: 10 Zelte mit en-suite-Bädern und eigenen Veranden. Im Hauptbereich eine Lounge, Bar, Plunge Pool sowie der Speisebereich mit wunderbarem Ausblick als kommunikativer Mittelpunkt. Geführte Wildbeobachtungfahrten (viele Tiererlebnisse; Achtung Ornithologen: 450 Vogelarten!) und Mokoro-Ausflüge durch die Kanäle des Khwai River – ein klassisches Erleben des Deltas. Buchung: Wilderness Safaris, www.wilderness-safaris.com (s. S. 182).

5. CHOBE NATIONAL PARK UND KASANE

Überblick

Der Chobe National Park bedeckt eine Fläche von 11.170 km². Benannt wurde er nach seinem nördlichen Grenzfluss, dem Chobe. Bereits in den 1930er-Jahren schlug Sir *Charles Rey* vor, dieses Gebiet in einen Wildschutzpark zu verwandeln. Doch erst 1960 wurde ein kleiner Teil zum Naturschutzgebiet erklärt. Nach der Unabhängigkeit Botswanas wurde schließlich 1968 nach massivem Raubbau an der Natur der Nationalpark offiziell gegründet.

Der **Chobe**, nachdem der Park benannt wurde, ist ein Fluss mit fünf Namen. Er nimmt seinen Lauf im Bergland von Südangola (etwas nordöstlich des Ortes Samucumbi). Hier heißt der Fluss

Cuando, der durch den Zustrom vom Quembo eine Verstärkung erhält. Unter diesem Namen fließt er weiter bis zur namibischen Grenze, um hier den Namen **Kwando** anzunehmen, allerdings nur im Bereich des Caprivi-Streifens. Danach mutiert er zum **Mashi River**, ab dessen radikaler Wende nach Nordosten heißt er schließlich **Linyanti** – doch nur kurze Zeit, und zwar bis zum Liambezi Lake, an dessen östlichem Ende er endlich zum **Chobe River** wird.

Gebiete des Chobe National Park

Der Chobe National Park gliedert sich in die folgenden Gebiete:

Chobe Riverfront (Hauptgebiet, westlich von Kasane)

(*i*) s. Karte S. 224/225

Wie der Name vermuten lässt: Das ganzjährig offene Gebiet liegt direkt am Fluss und ist einer der beliebtesten (und auch besten) Orte Botswanas, um Tiere zu beobachten, besonders Elefanten – hier lebt die größte Elefantenpopulation der Erde. Auf relativ guten Naturstraßen kann man auch ohne vierradangetriebene Fahrzeuge zu guten Beobachtungsplätzen gelangen.

Riesige Elefantenherden

Chobe National Park und Kasane

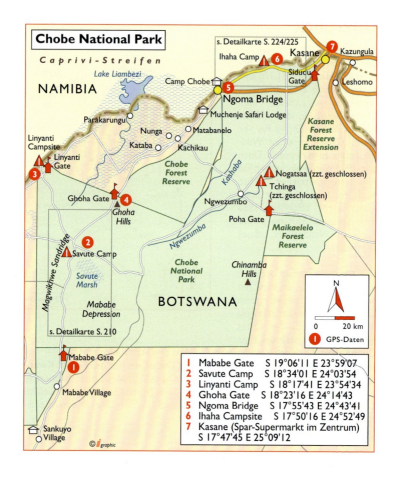

Den Chobe begleiten weite Überflutungsebenen und Pfannen. Am Südufer liegen Mopane-Wälder, durchsetzt von kleinen Pfannen. Durch das ganzjährig vorhandene Wasser gibt es hier die größten Wildkonzentrationen.

In diesem Teil kann man Kudus, Buschböcke, Tsessebes, Wasserböcke, Rappenantilopen, Giraffen, Löwen, Warzenschweine, Krokodile, Flusspferde, Affen, Eland etc. beobachten. Besonders erlebnisreich sind die großen Elefantenherden, die nachmittags Richtung Flussufer ziehen, um ihren Tagesdurst zu löschen und um zu baden. Die Landschaft am Chobe ist sehr idyllisch, es gibt hier gute Vogelbeobachtungsmöglichkeiten. Zum Fischen benötigt man ein Permit.

Elefantengarantie im Chobe National Park

Elefanten in Überzahl

In Botswana lebt die größte Elefantenpopulation der Welt – insgesamt sind es geschätzte 140.000 Tiere, laut Untersuchungen bereits viel mehr, als die Natur verträgt. Im nördlichen Teil des Chobe-Parks leben allein über 60.000 Elefanten, obwohl dieser Raum nur für etwa 25.000–30.000 Dickhäuter geeignet ist. Die Vegetation wird deshalb extrem strapaziert, da sich die Elefanten die Nahrung zudem mit einer Unzahl von Büffeln und den verschiedenen Antilopenarten teilen müssen.

Die Elefanten haben sich gerade in Botswana deshalb so vermehrt, weil jede Jagd auf sie untersagt ist. Kurioserweise fressen sie sich selbst um ihre Nahrungsgrundlagen, sodass man erwägte, sie teilweise zu töten. Da aber Elefanten sehr sozial eingestellte Tiere sind und in festen Verbänden leben, kann man ihnen nicht einzeln nachstellen, sondern man muss sie familienweise töten. So geschehen 2008 im Kruger National Park in Südafrika, was besonders bei Tierschützern und in der Tourismusbranche für Empörung sorgte. Doch langfristig kann keine Landschaft eine Überpopulation verkraften.

Im Rahmen der im März 2012 in Katima Mulilo (Namibia) offiziell eröffneten **Kavango-Zambezi Transfrontier Conservation Area** (KaZa, Infos unter www.kavangozambezi.org), die sich über fünf Länder und rund 300.000 km² (andere Quellen sagen bis zu 450.000 km²) erstreckt, ist der Chobe mit anderen Schutzgebieten der Nachbarländer verbunden. Dies soll zu einer Entspannung im Chobe-Gebiet beitragen. Im Rahmen dieses neuen, riesigen Parks ist begonnen worden,

Touristenattraktionen wie die Kalahari, das Okavango-Delta und die Victoriafälle in einem großen Schutzgebiet gemeinsam zu vermarkten.

Der Plan geht bezüglich der Erhaltung der Elefanten auf: Heute verteilen sich die überzähligen Tiere auf Nationalparks in Angola und Zimbabwe. Zudem sollen im Norden Angolas vermehrt Landminen geräumt werden, damit die Elefanten wieder auf ihren traditionellen Wanderwegen umherziehen können. Zur Zeit sind um die 250.000 Dickhäuter im KaZa-Gebiet unterwegs. So wird die Situation im Chobe zwar nachhaltiger, das Problem verschiebt sich jedoch nur. Die Populationsexplosion zeigt sich im Zustand der Vegetation nicht nur im botswanischen Teil, das ganze Areal ist durch die Tiere an vielen Stellen sehr mitgenommen.

Mehr Fläche und weniger menschliche Siedlungen sind nötig – aus den angestammten Gebieten wegzuziehen ist für die Einwohner aber keine Alternative. Den Park wollen sie nur, wenn sie auch von ihm profitieren. Aber die neu gegründeten Community-Projekte lohnen nur dann, wenn auch Safari-Touristen kommen, und die kommen wiederum nur, wenn es Wildtiere zu sehen gibt. Die Einwohner müssen sich jedoch vor zu vielen Wildtieren schützen ... Ein Dilemma, was nur in enger Abstimmung der Verantwortlichen mit den lokalen Gemeinschaften zu lösen sein wird.

Redaktionstipps

➤ Eine Bootsfahrt auf den Flüssen Chobe und Zambezi gehört einfach dazu, s. Veranstalter S. 236f.
➤ Neben dem Ihaha Camp ist auch das Senyati Safari Camp eine sehr empfehlenswerte Variante für Camper, dazu gibt´s einen Blick auf das rege frequentierte Wasserloch, S. 232.
➤ Legendär, obwohl die Elefanten mittlerweile ausgesperrt sind: der Campingplatz bei Savute (S. 215). Meist früh ausgebucht. Wer es noch einsamer mag: Auf einem Abstecher zur Linyanti Campsite gibt es zwar weniger Gelegenheit zu Pirschfahrten, dafür aber Ruhe und Natur pur, S. 219.
➤ Die Chobe Riverfront ist eines der tierreichsten Gebiete der Erde. Wer die Zeit hat, sollte mindestens zwei Tage bleiben. S. 205 und 222.

Gebiet südlich des Chobe

Etwa 75 km südlich der Ihaha Campsite am Chobe liegt ein Savannengebiet, das Gras- und Baumlandschaften aufweist und viele „Pfannen" hat, die sich in der Regenzeit mit Wasser füllen. Hierhin gelangt man nur mit einem Allrad-Fahrzeug. Diese Pfannen bleiben bis in die Trockenzeit teilweise gefüllt und locken Wild an. Entsprechend gut sind die Tierbeobachtungsmöglichkeiten. Insbesondere von August bis Oktober gibt es hier große Elefantenherden in der Nähe des Wassers zu sehen, die das Gebiet als Aufzuchtstätte für den Nachwuchs nutzen. Ebenso ist die Gegend sehr gut für Beobachtungen der Elenantilopen, und natürlich lieben auch Büffelherden das Grasland.

Übernachtungsmöglichkeiten gibt es derzeit keine, die beiden Campsites Nogatsaa und Tchinga sind schon seit längerem nicht funktionstüchtig (s. auch S. 224ff), Pläne zur Errichtung von festen Unterkünften haben sich bislang nicht erfüllt.

Löwe im Chobe

Westteil bei Savute

Dieser Teil ist der nördliche Abschnitt der **Mababe Depression**. Das Gebiet gehörte einst zum riesigen Makgadikgadi-See. Dieser See breitete sich vor 25.000 Jahren über das riesige Gebiet des heutigen Ngami Sees, der Makgadikgadi-Pfannen sowie Teilen des südlichen Okavango-Deltas aus.

Die Mababe Depression selbst ist von der **Magwikhwe Sandridge** begrenzt, die in einem Halbkreis von etwa 100 km von Norden nach Westen die Savute Marsh eingrenzt. Die Sandridge ist knapp 200 m breit und erreicht eine Höhe von 20 m. Sie bildete einst das westliche Ufer des oben beschriebenen Super-Sees. In dieses Gebiet ziehen während der Regenzeit große Zebra-, Büffel- und Antilopenherden, von Linyanti aus kommend, denn sie finden dann hier sehr gute Weiden vor. Selbstverständlich schleichen auch Löwen herum, denn Beute gibt es reichlich.

Die **Savute Marsh** (s. S. 212) ist das am niedrigsten gelegene Gebiet der Mababe Depression. Der Savute hat sich durch die Sandridge einen Weg geschaffen, um im Falle der Wasserführung in das Marschgebiet zu fließen.

Nordwestlich der Savute Marsch liegen die **Gubatsa Hills**, aus sieben Kuppen bestehend, die bis zu 90 m hochsteigen und die Mündung des Savute Channel überblicken. Die nordöstlichen Abhänge der Berge wurden durch Wellenschlag des ehemaligen Sees zu steilen Klippen herausgebildet. In den Bergen findet man etwa 3.000 Jahre alte Buschmannzeichnungen, insgesamt wurden 20 Stellen identifiziert. Am Bushman Hill kann man (was man sonst nicht darf) aussteigen, um zu den Buschmannzeichnungen zu gelangen.

Kunst der San

Savute-Region (Chobe National Park)

Das Savute-Gebiet ist ein Stück (fast) unberührtes Afrika. Im Vergleich zur Chobe-Region direkt am Chobe River ist die Landschaft sehr trocken und karg. Schatten ist

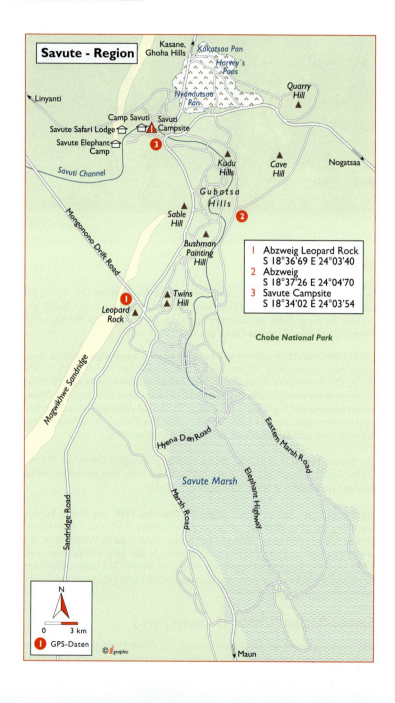

eine Rarität, ebenso Wasser, weshalb sich die Tiere an den wenigen Wasserstellen drängen. Ein rustikaler Campingplatz sowie mehrere miteinander konkurrierende Luxus-Lodges bieten Unterkunft. Weiter nördlich – nur ca. 40 km entfernt – liegt die Linyanti-Region, über eine sehr sandige Strecke zu erreichen. Am schilfbestandenen Ufer des Linyanti bieten sich hervorragende Tierbeobachtungsmöglichkeiten. Auch in dieser Region gibt es ausgezeichnete private Lodges inmitten großer Konzessionsgebiete sowie ein einfaches Camp für Selbstfahrer.

Beliebter Campingplatz

Zur Strecke: Vom Khwai/North Gate (Moremi) über das Mababe Gate nach Savute

Tages-km: 115 km Khwai – Savute: Ist mit Pausen und Tierbeobachtungen eine schöne Tagesetappe (ca. 7 Stunden). Ab Maun ist eine Fahrt zum Mababe Gate über eine teils recht holprige Schotterpiste möglich. Die Stahlbrücke am Khwai Village ist seit Anfang 2010 befahrbar.
Tankstellen: keine, deshalb wichtig: An genügend Trinkwasser und Benzin – auch für die Pirschfahrten – denken

Bautätigkeit im Chobe-Gebiet

Seit Längerem herrscht eine rege Bautätigkeit im Norden Botswanas. So ist die schöne Fahrt vom North Gate (Moremi) am Khwai entlang zum Mababe Gate nach Fertigstellung einer neuen Straße durchs Landesinnere nur noch Safari Guides erlaubt, die Selbstfahrer auf Durchfahrt müssen die neue „Umgehungsstraße" nehmen. In der Vergangenheit hat es zu viele wilde Camper gegeben. Allerdings kommt man jetzt schneller zum Gate, obwohl die Strecke am Khwai entlang während der Regenzeit sehr schwierig zu befahren ist. So war in den vergangenen Sommern die Strecke North Gate–Savute am Khwai sogar zeitweise wg. der ungewöhnlich starken Regenfälle gesperrt bzw. eine Durchfahrt nur mit vielen und tiefen Wasserdurchquerungen möglich.

Seit längerem erleichtern zwei Brücken die Gegend, die Khwai Stone Bridge von Khwai nach Savute und die Mababe Bridge von Maun in Richtung Khwai/Savute. Eine dritte Brücke über den Savute Channel ist 2012/13 fertig geworden. Auch an der direkten Strecke von Maun über Sankuyo Village zum Mababe Gate wurde kräftig gebaut, sie ist zzt. bis Shorobe asphaltiert. Ein Ausbau über Savute Richtung Norden steht noch in den Sternen.
Zudem gibt es rege Bautätigkeit zwischen dem Ghoha Gate und Ngoma Bridge, wobei mittlerweile von Ngoma bis Kachikau geteert wurde. Gerüchten zufolge soll die Straße bis Maun ausgebaut werden, die Umsetzung steht allerdings in den Sternen. Daher wird die direkte Verbindung Moremi–Chobe zumindest in der nächsten Zeit noch relativ anstrengend bleiben.

Gute Tierbeobachtungsmöglichkeiten entlang der Strecke

Straßen-zustände

Richtung Mababe Gate folgt man der Kante der Mababe Depression (Mababe Gate S 19°06′10 E 23°59′07). Etwa 10 km hinter dem Mababe Gate gabelt sich die Straße: Die westliche Spur nennt sich **Sandridge Road** und die östliche **Marsh Road**, die während der Regenzeit meist gesperrt ist. Im Verlauf der Sandridge Road kämpft man sich über etwa 2 km durch tiefen Sand – man sollte sie in der Trockenzeit zugunsten der abwechslungsreicheren Marsh Road meiden. Man schlängelt sich durch beinahe unberührte, herrliche Savannenebenen. Dann wird das Sichtfeld weiter, hier sind auch Geparde zu Hause.

Die Zustände der Wege ändern sich allerdings öfter, sodass man sich am besten am Gate über die beste Strecke erkundigt.

Zur Reisezeit

In der Regenzeit von Oktober bis April finden sich in der „nahrhaften" Savute Marsh und der Mababe Depression viele Herdentiere, insbesondere Zebras, ein. Wunderschön sind auch die Wildblumen. Auch für Ornithologen ist dies die beste Zeit. Allerdings kann es mit den Wegen Probleme geben – Wasserdurchfahrten sind auch mit einem 4x4 schwer zu meistern, vor allem wenn man keinen Schnorchel hat.

In der Trockenzeit – insbesondere September und Oktober – kommt es oft zu Buschbränden. Insbesondere die Elefanten scharen sich nervös um verbliebene Wasserquellen.

Die Flusssysteme Kwando, Linyanti, Chobe und Savute

Die geografische Struktur der nördlichen Regionen Botswanas wird im Wesentlichen von der Kalahari, dem Okavango-Delta sowie den Flusssystemen von Kwando, Linyanti, Chobe und Savute bestimmt. Die letztgenannten vier Flussläufe stehen in einer sehr engen Beziehung zueinander. Der **Kwando**, etwa 100 km lang und aus Angola kommend, fließt südwärts und speist sowohl den Linyanti als auch den Savute. Der Linyanti fließt nordostwärts und geht später in den Chobe über, während der Savute südöstlich/östlich abfließt. In seinem weiteren Verlauf durchbricht er die Magwikhwe Sand Ridge und mündet schließlich in der Savute Marsh, die ca. 1 m tief in der Mababa Depression liegt und 2.400 km² bedeckt. Ein anderer Teil des Kwando zweigt westwärts ins Magwegquana-Schwemmland ab. Der Magwegquana, der einzige nördliche Nebenfluss des Okavango, fließt ca. 120 km ostwärts unter Schilf und Ried und folgt dabei einer geologischen Verwerfungszone (Magwegquana-Verwerfung). Nur wenn er sehr viel Wasser führt, gelangt er über den Linyanti bis zum Chobe. Damit stellt der Magwegquana eine letzte Verbindung zwischen dem Okavango- und dem Linyanti/Chobe/Savute-System dar.

Der **Linyanti** bildet analog zum Okavango ein großes Binnendelta mit Inseln, Wasserflächen und Seitenarmen. Wie im Okavango-Delta, so kommen auch im

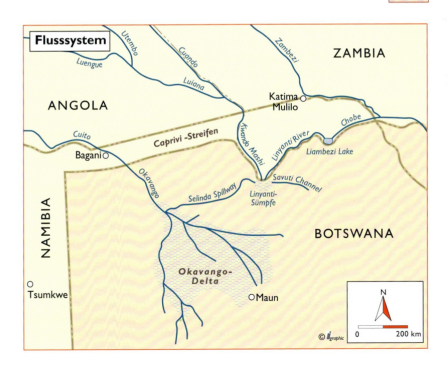

Flusslandschaft bei Savute

Linyanti-Delta die sommerlichen Regenfluten Angolas erst im Mai bis August an. Dies ist eine der allerletzten Wildnisse Afrikas, durch die keine Wege führen. Vom Flugzeug aus kann man heute noch hier die größten freilebenden Tierherden des Kontinents beobachten: Elefanten, Büffel, Gnus, Zebras, Lechwe-Antilopen, Impalas...

Nur selten führte der Savute über den **Savute Channel** Wasser bis zur **Savute Marsh**, der lange ein semiarides Savannengebiet war. Von 1850 bis 1880 soll der Savute regelmäßig Wasser geführt haben. Danach versiegte er, um erst 1957 wieder zu fließen. Man kann sich dieses Phänomen nicht endgültig erklären. Geologen vermuten, dass der Lauf durch tektonische Bewegungen immer wieder gestört wird – fast unabhängig vom Wasserstand des Linyanti-Chobe-Flusssystems.

Diese **Bewegungen der Erdkruste** hängen großräumig mit Bruchfalten zusammen, die bis zum Rift Valley und weiter zum Roten Meer reichen. Um kein Wasser mehr aus dem Linyanti-System zu beziehen, muss die Höhe der Mababe Depression um 9 m gehoben werden – der Untergrund muss sich also in ständiger Bewegung befinden. Das Gefälle vom nördlichen Beginn des Savute bis in den Süden beträgt nur 18 cm/Kilometer. Insgesamt also beträgt das Gefälle auf den etwa 100 km nur 18 m! Relativ geringe tektonische Bewegungen können demnach den Flusslauf stören, was offensichtlich in der Vergangenheit passierte.

Nach 18 Jahren und sehr starken Regenfällen im Jahr 2008 führt der Savute Channel bis heute Wasser, was im Januar 2010 auch erstmals wieder die Savute Marsh erreichte. Früher lagen hier nur kleine Senken, die in der Regenzeit und darüber hinaus mit Wasser gefüllt waren und Tiere anlockten. Am Ende der Trockenzeit (Juli–September) sorgten Bohrlöcher und Pumpen für genügend Trinkwasser für das Wild. An diesen Stellen konzentrierten sich entsprechend die Tiere. Die Landschaft hat sich in eine Oase verwandelt, in den Fluten des so lange ausgetrockneten Flussbettes tummeln sich wieder Elefanten, Flusspferde und Wasservögel. Das, was vorher ein einmaliges Erlebnis in Jahren war, ist nun zum dauerhaften Zustand geworden.

Reisepraktische Informationen Savute-Region

s. Karte s. 210

Camping

Savuti Campsite: *Das alte, legendäre Camp gibt es schon lange nicht mehr. Es wurde sehr oft von Elefanten besucht, die auf der Suche nach Wasser und Obst (insbesondere auf Apfelsinen) waren. Selbst Elektrozäune halfen nichts, das Camp musste neu errichtet werden. Es verfügt nun über 14 schöne Campingplätze, die alle über einen Wasseranschluss sowie über eine Grillstelle verfügen. Die Sanitäranlagen sind gut: Waschräume mit Solarlicht, Spültoiletten sowie Duschen mit warmem Wasser. Leider wirkt das Gelände durch die Elefantenumzäunung eher wie eine Festung. Aufgrund der Beliebtheit ist eine möglichst frühe Reservierung angeraten. Buchung: SKL Group of Camps, die daneben auch das Camp Savuti (s.u.) betreibt,* ☎ *(+267) 686-5365/6,* 📠 *(+267) 686-5367, E-Mail: reservations@sklcamps.co.bw, sklcamps@botsnet.bw; www.sklcamps.com.*

Lodges

Camp Savuti $$$$$, *Infos und Buchung: SKL Group of Camps, s.o. (Savuti Campsite). US$ 420–540 inkl. Vollpension und Aktivitäten.* **Lage**: *am Savuti Channel, nahe Savuti Marsh.* **Beschreibung**: *Nach eigener Aussage bietet die SKL Group nun eine „neue Art des luxuriösen Campings" im Mix mit der öffentlichen Campsite an. Fünf Meru-Zelte wurden auf Plattformen errichtet und mit Bad und Außendusche ausgestattet. Von hier aus kann man den Savuti Channel überblicken. Im Hauptgebäude sind eine Lounge, der Essbereich und eine Bar untergebracht. Morgens und nachmittags/abends werden Wildbeobachtungsfahrten angeboten,* Löwen *werden besonders häufig gesichtet.*

Am Wasserloch in Savute (Savute Elephant Camp)

Campsite von Savute under Canvas

Savute Elephant Camp $$$$$, Infos und Buchung: Orient Express Safaris, P.O. Box 100, Maun, ☎ (Südafrika): (+27) 21 483-1600, E-Mail: safaris@orient-express.com, www.savuteelephantcamp.com oder www.orient-express-safaris.co.za. US$ 870–1.260 p.P. mit Verpflegung und Aktivitäten. **Lage**: am Savute Channel gelegen, auf dem Land- und Luftweg (50 Min. Flug von Maun) erreichbar. **Beschreibung**: Hier gibt es 12 Luxuszelte, alle mit eigenem WC/Dusche sowie Aussichtsdeck. Schwimmbad (elefantengeschützt) vorhanden. Alles ist sehr gediegen und geschmackvoll eingerichtet. Wunderschöner Blick vom offenen, riedgedeckten Safari-Restaurant in die Landschaft. Morgens und nachmittags Safaris, Vogelbeobachtungen von einem „Versteck" aus.

Savute Safari Lodge $$$$$, Infos und Buchung: Desert and Delta Safaris, Ecke Airport Avenue und Mathiba I Road, Maun, ☎/🖷 686-1559, E-Mail: info@desertdelta.com, www.desertdelta.com. Ca. US$ 476–856 p.P. im DZ mit Vollpension und Aktivitäten. **Lage**: am Savute Channel gelegen (an der Stelle des alten Savute South Camps). **Beschreibung**: Diese Lodge bietet 12 riedgedeckte Chalets (die man aufgrund ihrer Großzügigkeit „Safari Suites" nennt) mit eigener Dusche und WC. Toll: riesige Glasschiebetüren und hoch gelegene Aussichtsdecks mit Blick auf ein großes, gut frequentiertes Wasserloch. Kleines Schwimmbad vorhanden. Sehr schön: Die Lounge sowie die Bar sind mit Feuerstelle und haben Blick auf den Channel. Sehr professionelle Safaris. Hier ist „Safari Luxus" pur angesagt. Die Pirschfahrten führen durch die Savute Marsh und zu den Felsmalereien der San bei Gubatsa Hills. Die Gegend ist bekannt für ihre große Konzentration an Elefantenherden und Löwenrudeln.

Savute under Canvas $$$$$, Infos und Buchung: AndBeyond, Private Bag X 27, Benmore, Johannesburg, 2010, South Africa, ☎ (+27) 11-809-4300, 🖷 (+27) 11-809-4400, E-Mail: safaris@andbeyond.com, www.andbeyondafrica.com. US$ 415–680 p.P. mit allem inklusive. Das Camp ist jedes Jahr für eine Zeit geschlossen, in 2013 war das der Januar. **Lage**: in der Savute-Region, nur mit dem Flugzeug zu erreichen über den Savute Airstrip. Von hier wird man abgeholt, ca. eine Stunde Fahrt zum Camp. **Beschreibung**: fünf komfortable, mobile Zelte mit Bad und WC, „Eimer"-Dusche (auf Wunsch auch mit warmem Wasser). Die Standorte verändern sich alle fünf bis sechs Tage. Hier wird man sehr persönlich betreut!

Ghoha Hills Savuti Lodge $$$$$, Buchung: Classic Africa Safaris, P.O. Box 259, Gaborone, ☎ 317-0713, 🖷 317-0714, E-Mail: mail@classicafricasafaris.com; www.classicafricasafaris.com. US$ 450–795 inkl. Vollpension und Aktivitäten. **Lage**: in den Ghoha Hills, ca. 20 km vom Savuti Channel entfernt. **Beschreibung**: Etwas abgelegen, aber mit herrlichen Ausblicken von den Gipfeln der Ghoha Hills. Die 11 Canvas-Chalets (zwei für Familien) mit Bad haben alle ein Aussichtsdeck, von dem man in die endlose Weite sowie auf ein Wasserloch blicken kann. Gemeinschaftsbereich auf verschiedenen Ebenen mit kleinen Lounges, Bar, Speisebereich, Pool, Souvenirshop und Feuerstelle. Aktivitäten: Pirschfahrten auf eigenem Straßennetz rund um die Hügel und Ausflüge zu den Savuti-Feuchtgebieten. Vor dem Abendessen einen Sundowner-Drink und danach Sternbeobachtung … gelungene Abende vorprogrammiert!

Abstecher von Savute zum Linyanti

Tages-Kilometer: pro Strecke 43 (hin und zurück ca. 3 Stunden)
Tankstellen: keine

Der Weg zum Linyanti führt über die Magwikhwe Sandridge, ein Vierrad-Antrieb ist unbedingt nötig. Man fährt ca. 4 km lang durch extrem tiefen Sand. Nach ca. 15 km schwerem Vorankommen wird der Weg besser, und es geht durch eine Landschaft, in der vor allem Mopane-Bäume dominieren.

Hinweis: Alternativstrecke nach Linyanti

Wer die Sandridge Road scheut, kann auch über das Ghoha Gate zum Linyanti Camp fahren. Die Strecke Savute – Ghoha Gate – Linyanti ist rund 70 km lang, die man in ca. drei Stunden schaffen kann. Zwar ist der Abschnitt nach dem Ghoha Gate auch recht sandig, aber meist nicht so sehr wie die Sandridge. Bei tiefem Sand daran denken, genügend Luft aus den Reifen zu lassen.

Sandpisten

Am Linyanti angekommen, erreicht man die Grenze zwischen dem Savannenland und den schilfbestandenen **Linyanti-Sümpfen**. Diese Region ist ein ehemaliger Teil des Okavango-Deltas. Im Fluss, der im späteren Verlauf in den Chobe übergeht, tummeln sich Flusspferde. Ebenso sieht man Elefanten, die im Schilf stehen und ein Wasserbad genießen. Am Ufer liegt unter hohen Bäumen ein schattiger Campingplatz. Hier gibt es Toiletten, Duschen und die Möglichkeit, Waschwasservorräte aufzufrischen. Da das Wasser aus dem sogenannten „Hippo-Pool" stammt, ist es als Trinkwasser nicht empfehlenswert. Von den Linyanti-Sümpfen führt in nord-/nordwestliche Richtung der Selinda Spillway (auch als Magwegquana Channel bezeichnet) ab. Dies ist eine Verbindung zwischen dem Okavango- und dem Linyanti-System. Je nachdem, in welchem Teil gerade Wasserüberfluss herrscht, findet über diesen Spillway ein Wasseraustausch statt.

Auch die kleinen Bewohner sind einen Blick wert: Chamäleon bei der Straßenüberquerung

Weiterfahrt

Westlich der Linyanti-Sümpfe liegen die privaten Konzessionsgebiete wie das Selinda Reserve, in denen die teuren Luxus-Lodges zu finden sind (s.u.). Außer dem Linyanti Bush Camp ist keine Unterkunft für Selbstfahrer zu erreichen, und wildes Campen ist nicht erlaubt. Nicht nur das macht eine Durchquerung nach Seronga am Pandhandle

Chobe National Park und Kasane

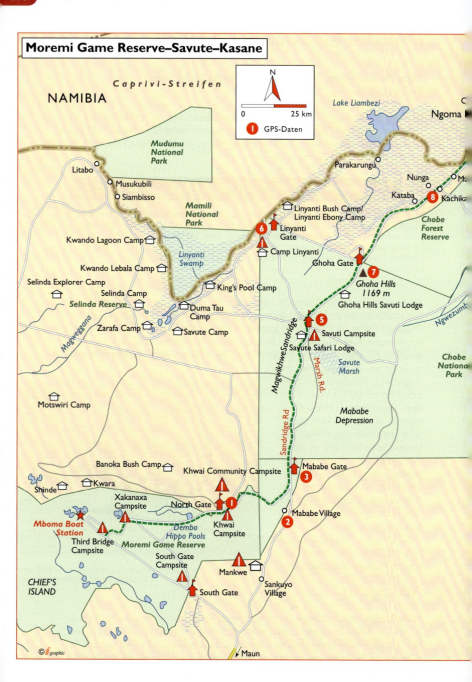

Reisepraktische Informationen Linyanti-Region

1	North Gate	S 19°10'17 E 23°45'05
2	Mababe Village	S 19°09'21 E 23°59'32
3	Mababe Gate	S 19°06'11 E 23°59'07
4	Weggabelung Sand Ridge/Marsh Road S 18°55'37 E 24°00'39	
5	Savute Campsite S 18°34'02 E 24°03'54	
6	Linyanti Campsite S 18°17'42 E 23°54'34	
7	Ghoha Gate	S 18°23'16 E 24°14'43
8	Kachikau	S 18°08'36 E 24°30'39
9	Ngoma Bridge	S 17°55'43 E 24°43'41
10	Ihaha Camsite S 17°50'16 E 24°52'49	
11	Kasane (Spar-Supermarkt im Zentrum) S 17°47'45 E 25°09'12	
12	Senyati Campsite S 17°52'33 E 25°14'17	
13	Sedudu Gate	S 17°50'36 E 25°08'37

des Okavango-Deltas (s. S. 278) schwierig: Die Strecke ist extrem einsam und mühsam zu befahren. Durchquerungen sollten, wenn überhaupt, nur nach sorgfältiger Planung und mit mehreren Autos unternommen werden.

Reisepraktische Informationen Linyanti-Region

Camping

Linyanti Campsite: Ein sehr einsam gelegener, idyllischer und dank der großen Bäume schattiger Campingplatz. Nach Norden ist das Gelände von Ried und Papyrus begrenzt. Tolle Elefantenbeobachtungen sind möglich, aber auch Löwen, Zebras und viele andere Tiere können in größerer Zahl gesichtet werden. Fünf Stellplätze, jeweils mit Wasseranschluss und Grillplatz. Wie in Savuti wurde die Campsite mit Solarduschen, Waschräumen und Spültoiletten ausgestattet. Einziger Nachteil: Das Wegenetz für die Pirschfahrten ist eher begrenzt. Im Westen liegen die privaten Konzessionsgebiete, im Osten ist nach ein paar Kilometern das Gate erreicht – bleibt also nur die Möglichkeit Richtung Savute. Zum Entspannen und für Tiererlebnisse ist der Platz aber allemal zu empfehlen. Buchung: SKL Group of Camps, s. S. 215. Sie betreibt hier auch das Camp Linyanti (s.u.).

Lodges

Camp Linyanti $$$$$, Infos und Buchung: SKL Group of Camps, s.o. (Linyanti Campsite). US$ 420–540 inkl. Vollpension und Aktivitäten. **Lage**: nahe des Campingplatzes, Blick über die Linyanti-Flusslagune. **Beschreibung**: Erst im Sommer 2012 eröffnet.

> **Hinweis**
>
> Die privaten Lodges sind außer dem Linyanti Bush Camp nicht als Selbstfahrer zu erreichen, sondern per Transfer mit dem Flugzeug oder Auto.
> Alle Preise verstehen sich inkl. Aktivitäten und Vollpension, allerdings ohne Anreise (Charterflug).

Fünf beige Rundzelte für insgesamt nur zehn Personen bieten jeweils Bad und Außendusche. Spannend: Hier wurden ganz neue Wege für Game Drives ausgekundschaftet, um die abgelegene Nordwest-Ecke des Chobe weiter zu erschließen. Neben den klassischen Safari-Tieren kann man hier außerordentlich viele Vogelarten finden. Weitere Aktivitätsangebote: Wanderungen, Mokoro- und Bootsfahrten.

Kwando Lagoon Camp $$$$$, *Buchung und Info: Kwando Safaris, Airport Road, Newtown, Maun,* ☎ *686-1449,* 🖷 *686-1457, E-Mail: info@kwando.co.bw, www.kwando.co.za, US$ 550–1.063 inkl. Vollpension und Aktivitäten.* **Lage**: *am Kwando River gelegen im Nordwesten des Linyanti Swamp.* **Beschreibung**: *Das luxuriöse Camp beherbergt max. 16 Gäste in 8 geräumigen Safari-Zelten mit Blick auf das Wasser und die Hippos darin. Bei den morgendlichen und abendlichen Pirschfahrten gibt es riesige Büffel- und Elefantenherden zu entdecken, vor allem in der Trockenzeit. Beide Kwando-Camps wurden im Winter 2012 mit neuen Toyota-Landcruisern ausgestattet.*

Kwando Lebala Camp $$$$$, *Buchungskontakt und Preise wie Kwando Lagoon (s.o.).* **Lage**: *30 km südlich vom Lagoon Camp.* **Beschreibung:** *Lebala bedeutet „weite Flächen" auf Setswana, und dort ist auch das Camp gelegen: inmitten der weiten, baumdurchsetzten Ebene bietet das Camp acht Zelte auf Teak-Plattformen, deren große Fenster den Blick in die Ebene erlauben. In den umgebenden Linyanti-Feuchtgebieten gibt es eine Vielzahl von Tieren zu entdecken, unter anderem Elefanten, Hippos, Kudus, Säbelantilopen, Tsessebe, Wildhunde, Löwen und Hyänen.*

Duma Tau Camp $$$$$, *Buchung und Info: Wilderness Safaris, Plot 1, Mathiba Road, Maun, Anfragen über Johannesburg* ☎ *(+27) 11-807-1800, in Maun* ☎ *686-0086,* 🖷 *686-0632, E-Mail: enquiry@wilderness.co.za, www.wilderness-safaris.com. US$ 868–1.333 p.P. inkl. Vollpension und Aktivitäten.* **Lage**: *nahe dem Zusammenfluss von Savute Channel und Linyanti River.* **Beschreibung**: *Im Sommer 2012 wurde das neu erbaute Duma Tau („das Gebrüll des Löwen") eröffnet. Die zehn Luxus-Zelte (zwei für Familien) wurden angehoben und sind nun über Stege verbunden – dadurch wurde der Blick auf den Fluss verbessert, auch vom in hellen Farben neu gestalteten Hauptbereich. Außerdem neuer Pool (Eröffnung Frühjahr 2013). Die Tierwelt hier ist mannigfaltig. Es werden Tages- und Nachtpirschfahrten angeboten, ebenso Bootsfahrten sowie Safari-Wanderungen.*

Savute Camp $$$$$, *Buchung s. Duma Tau, US$ 708–1.218.* **Lage**: *westlich des Chobe Parks in einem privaten Reservat direkt am Savute Channel und sehr nahe am Linyanti-Gebiet, per Charterflug und auf dem Landwege erreichbar. Der Kanal führt seit 2008 wieder dauerhaft Wasser, dies zog hunderte Vogelarten an und der Channel füllte sich mit Hippos.* **Beschreibung**: *sieben Luxuszelte mit eigenem WC/Dusche, kleiner Pool, separater Dining Room sowie Pub unter Rieddächern. Angeboten werden neben „normalen" Landrover-Safaris auch Nachtfahrten und Wanderungen (hier erlaubt, da außerhalb des staatlichen Chobe Nationalparks). Der dauerhafte Fluss des Savute Channel sorgt für hervorragende Tiebeobachtungsmöglichkeiten.*

Kings Pool Camp
$$$$$, *Buchung und Info s. Duma Tau, US$ 1.134–1.508 – pro Nacht und Person!* **Lage**: *privates Reserve im Linyanti-Gebiet direkt an der Westgrenze des Chobe National Parks, Anreise per Flugzeug oder auf dem Landweg.* **Beschreibung**: *Vom Camp überblickt man die King´s Pool Lagoon und den Linyanti River. Das private Konzessionsgebiet bedeckt eine Fläche von 125.000 ha. Die Landschaft besteht aus teilweise offenem Grasland, Flusswäldern und Mopane-Savanne. Es gibt hier sehr große Elefantenherden, insbesondere in den Wintermonaten, sowie Krokodile und Flusspferde. Selbstverständlich kann man aber auch alle Antilopenarten beobachten sowie Löwen, Leoparden und Geparde. Die Schilf- und Papyrusflächen sind ideale Gebiete für Vögel. Man ist hier in neun sehr geschmackvoll eingerichteten Zelten auf Teakholzdecks untergebracht, alle mit gekacheltem Bad (zusätzlich Außendusche und privates Tauchbecken) und einmaligem Ausblick. Es gibt einen Swimmingpool, eine Bar und einen schönen Dining Room – alles unter Rieddächern. Es werden Safarifahrten im offenen Landrover angeboten, ebenso Nachtsafaris und Fahrten im „Doppeldecker"-Boot auf dem Linyanti.*

Ein entspannter Nachmittag im Linyanti Ebony Camp

Linyanti Bush Camp $$$$$, *Buchung und Infos: African Bush Camps, ☎ Zimbabwe (+263) 9234-307, 📠 (+263) 9230-582, E-Mail: contact@africanbushcamps.com; www.africanbushcamps.com. US$ 495–820 inkl. Vollverpflegung, zwei Aktivitäten am Tag, Transfer vom nächsten Airstrip etc.* **Lage**: *Am Ufer des Linyanti, in einer privaten Konzession westlich des Chobe NP. Koordinaten: S 18°14.804' E 023°57.514'.* **Beschreibung**: *Exklusives kleines Camp mit 12 Betten in sechs 40 m²-Zelten mit elegant-modernen Wohnbereichen, Bäder en-suite. Das Hauptgebäude mit Speisesaal steht erhöht und bietet einen tollen Blick über die Auen und Sümpfe, Pool vorhanden. Man befindet sich hier zzt. noch abseits von den touristischen Hauptrouten des Chobe. Game Drives, Fußsafaris und Nachtfahrten möglich, besonders Elefanten und Büffel sind hier zu sehen.*

Linyanti Ebony Camp $$$$$, *Buchungskontakt und Preise s.o.* **Lage**: *Schwestercamp des Linyanti Bush Camp, liegt daneben. Die beiden Camps sind autark, können von größeren Gruppen aber zusammen gemietet werden.* **Beschreibung**: *Klein, luxuriös und recht neu (April 2011). Das Camp verfügt über vier Zelte für bis zu acht Personen. Eines der Zelte ist ein Familienzelt mit zwei Schlafzimmern, die voneinander abtrennbar sind – das Zelt hat als einziges über einen Holzsteg direkten Zugang zur Lounge und liegt getrennt von den anderen Zelten. Für Familien mit Kindern jeden Alters ein Traum mit Pool und allen Möglichkeiten zur Wildbeobachtung mit den Kleinen.*

Selinda Reserve

Das private Konzessionsgebiet an der Nordgrenze Botswanas ist ca. 130.000 ha groß und liegt am Selinda Spillway. Dieser Spillway ist eine Art „Überlauf" vom Okavango-Delta zum Linyanti-Chobe-Gebiet. War das Gebiet früher für Jäger ein beliebtes Ziel, wird nun auf das ökologische Gleichgewicht und einen behutsamen Umgang mit der Natur geachtet. Hier liegen einige sehr exklusive Camps (s.u.), die nur wenige Gäste aufnehmen können. Außerdem werden von Mitte April bis Anfang Oktober Kanu-Safaris – der **Selinda Canoe Trail** *– angeboten. US$ 1.880 p.P. für vier Tage inkl. Verpflegung.*
Buchung und Information: Great Plains, ☏ 625-0505, E-Mail: info@greatplainsconservation.com; www.greatplainsconservation.com.

Buchung der Camps *über Great Plains (s.o.) oder die folgenden Anbieter:*
Selinda und Zafara über Wilderness Safaris, ☏ Südafrika (+27) 11-807-1800, E-Mail: enquiry@wilderness.co.za; www.wilderness-safaris.com.
Camp Motswiri über RAW – Ride and Walk Safaris, Maun, ☏ 686-0244, 📠 686-0242, E-Mail: kate@rawbotswana.com; www.rawbotswana.com.

Selinda Camp $$$$$, *US$ 819–1.264 p.P.inkl. Vollpension und Aktivitäten. Neun geräumige Zelte, alle mit WC und Dusche eingerichtet, stehen zur Verfügung. Das „Esszimmer" ist riedgedeckt und bietet einen schönen Blick auf den Spillway sowie auf die Flutflächen. Es werden Safarifahrten im offenen Geländewagen (auch nachts) angeboten, ebenso Wanderungen. In der Nähe liegt die Zibadianja Lagoon, wo man u.a. die Möglichkeit hat, per Boot die Linyanti-Sümpfe zu erreichen.*

Selinda Explorer Camp $$$$$, *US$ 426–594 p.P. inkl. Vollpension und Aktivitäten. Das neue Schwestercamp des Selinda wurde erst im August 2012 eröffnet und liegt eineinhalb Stunden Fahrt westlich davon. Vier Zelte (Eimerdusche und Toilette) können von vier bis acht Personen nur exklusiv gemietet werden – die Gruppe ist dann ganz unter sich. Pirschfahrten, Buschwanderungen und Kanufahrten runden das Angebot ab.*

Zarafa Camp $$$$$, *US$ 1.287–2.015. Gestaltet u.a. vom preisgekrönten Dokumentarfilmer-Ehepaar Dereck und Beverly Joubert als „das perfekte Safari-Camp", befindet es sich sehr einsam auf einer ruhigen Palmeninsel mit weitem Blick auf die offene Savanne. Sehr exklusiv, nur für acht Gäste.*

Motswiri Camp $$$$$, *US$ 495–720. Die Zelte des Camps liegen unter schattigen Bäumen. Tages- und Nachtpirschfahrten, Kanufahrten und Wanderungen gehören zu den Aktivitäten. Nur fünf Zelte mit Dusche, Toilette, Veranda.*

Am Ufer des Linyanti

Savute – Kasane

Die **Chobe Riverfront** gehört zu den besten Stellen Afrikas, hier kann man riesige Elefanten- und große Büffelherden beobachten. Für Vogelfreunde bieten sich fantastische Beobachtungsmöglichkeiten entlang des Wassers. Besonders reizvoll sind Sundowner-Fahrten auf dem Chobe River: Bilderbuch-Sonnenuntergänge und tolle Tierbeobachtungen sind garantiert.

Zur Strecke

Wildwechsel

Tages-km: ca. 170; **Tankstellen**: erst in Kasane
Savute–Ghoha Gate: 28 km (z.T. tiefer) Sand ca. 1 Stunde 30 Min.
Ghoha Gate–Kachikau: 42 km (z.T. tiefer) Sand, ca. 2 Stunden 10 Min.
Kachikau–Ngoma Bridge: 40 km Asphaltstraße, ca. 1 Stunde 10 Min
Ngoma Bridge–Kasane: 53 km Asphaltstraße, ca. 1 Stunde (die Ihaha Campsite liegt etwa auf halber Strecke)

Hinweis Linyanti – Kasane

Man verlässt den Park am Linyanti Gate und biegt dann ca. 10 km vor dem Ghoha Gate links Richtung Kasane ab (Koordinaten Abzweig: S 18°21'49, E 24°10'38). Nach ca. 20 km trifft die Strecke auf den Hauptweg nach Kachikau. Die Strecke ist recht gut, bis Kasane sind es etwa vier Stunden Fahrt. Natürlich kann man auch über das Ghoha Gate fahren (S 18°23' 16 E 24°14' 43).
Seit Februar 2013 werden die Pirschfahrten entlang der **Chobe Riverfront** stark zugunsten der Safari-Veranstalter reguliert. Auf drei Routen wird der Verkehr nur in eine Richtung geleitet, hier dürfen max. 25 Fahrzeuge fahren. Von 10–16.30 Uhr sind Tagestouristen willkommen.

Die Strecke führt über die Sandridge und an den Ghoha Hills vorbei. Später passiert man die Dörfer Kataba, Kachekabwe, Kavimba, Mabele und Muchenje. Der Abschnitt Ghoha–Kachikau ist auch (tief-)sandig. Ab Kachikau ist die Straßenoberfläche geteert, hier senkt sich das Land zum Chobe hin. Bald erreicht man die **Ngoma Bridge**, den Grenzübergang (geöffnet tgl. 6–18 Uhr) über den Chobe in den Caprivi-Streifen von Namibia. Man sieht hier herrliche Baobab-Bäume. Die Straße Ngoma–Kasane ist ebenfalls geteert, selbst hier hat man gute Tierbeobachtungsmöglichkeiten: Elefanten kreuzen häufig den Weg. Achtung: nicht zu schnell fahren, es wird häufig geblitzt!

Vorbei an Dörfern

 Unterkunftstipps auf beiden Seiten der Ngoma Bridge
Muchenje Safari Lodge $$$$$, *Reservierungen* ☏ *Südafrika (+27) 72-170-8879,* ✉/🌐 *Lodge 6200013/14/15, E-Mail: info@muchenje.com; www.muchenje.com. US$ 375–595 p.P. inkl. Vollpension und Aktivitäten.* **Lage**: *direkt an der Grenze bei Ngoma Bridge. Im Westen, außerhalb des Parks gelegen.* **Beschreibung**: *Abseits des Trubels der Riverfront*

Zum Erholen

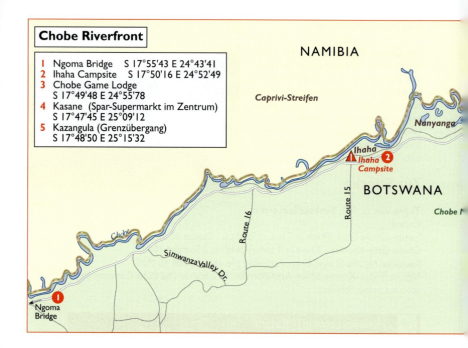

an der Abbruchkante des Chobe mit traumhaftem Blick auf das Flussbett und den Caprivi. Elf frisch renovierte Chalets mit Bad und Veranda. Haupthaus mit Lounge, Essbereich, Bar und Plattform am Wasserloch. Super zur Erholung! Aktivitäten: Pirschfahrten im Chobe NP, Nachtfahrten und Wanderungen im Chobe Forest Reserve, Besuch eines Tswana-Dorfes, demnächst Familien-Safaris.

Auf dem Nachbargrundstück der Muchenje Lodge eröffnet im Juli 2013 das neue **Chobe Elephant Camp** (www.chobeelephantcamp.com), das schon gebucht werden kann.

Einfach und naturnah

Camp Chobe $$$, ☏ (+264) 81-8000-76 o. 81-124-5177, 🖷 088-652-3235, E-Mail: res@campchobe.com; www.campchobe.com. Zeltchalet p.P. inkl. Frühst./Dinner 820 N$, Camping p.P. inkl. Frühst. 120 N$ (Dinner möglich), Aktivitäten extra. **Lage**: Nur 4 km hinter der Ngoma Bridge im Caprivi/Namibia (s. S. 279ff). **Beschreibung**: Zwölf komfortable Zeltchalets auf Plattformen, jeweils mit Bad/WC und Terrasse, von der man beschaulich die afrikanische Wildnis genießen kann. Elektrizität und warmes Wasser werden mit Solarenergie gewonnen. Schattige Campingplätze, allerdings ohne Strom. Kein Internet, aber Handy-Empfang. Im Hauptgebäude wird gegessen, alles ist sehr offen gestaltet. Ein Feuerplatz sorgt für Gemütlichkeit. Das Camp ist einfach und damit naturnah gehalten. Bei Flusssafaris und Game Drives erschließt sich hier der volle Zauber Afrikas! **Anfahrt** auch von Katima Mulilo möglich: Auf der B 8 65 km nach Ngoma, an der T-Verzweigung nach links. Die 4 km sind sandig, Allrad dringend anzuraten.

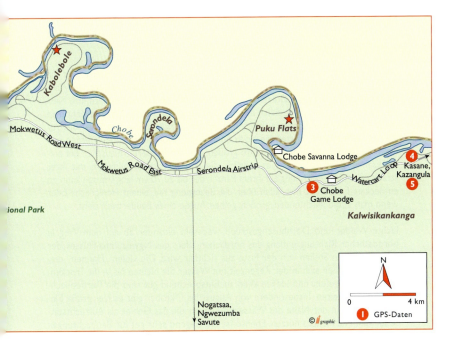

Alternativ-Strecke nach Kasane: Über Nogatsaa

 s. Karte S. 218/219

Die Strecke Savute – Nogatsaa – Serondela ist sehr einsam und sollte nur mit mind. zwei Geländewagen durchgeführt werden. In der Regenzeit (Höhepunkt normalerweise Januar/Februar) sollte man diese Strecke nicht benutzen! Ebenso ist es sinnlos, während absoluter Trockenheit in den Pfannen diese Strecke zu befahren, denn es gibt dann kein Wild zu sehen! Unterkunftsmöglichkeiten gibt es zzt. keine, von Savute bis Kasane muss man mindestens neun Stunden rechnen – wenn man gut durchkommt. Daher ist die Fahrt im Moment eigentlich nicht zu empfehlen. Gerüchten zufolge soll bei Nogatsaa eine Lodge gebaut werden, um die Gegend aufzuwerten. Bislang ist aber noch nichts passiert. Bereits Anfang der 1990er-Jahre errichtete man vier Bungalows, doch Elefanten zerstörten diesen menschlichen Eingriff in ihren Lebensraum.

Bislang keine Unterkünfte

Überblick über die Strecke Savute – Nogatsaa – Kasane
Strecke: 140 + 75 km; **Tankstelle/Versorgung**: erst in Kasane

Im Bereich der Zwei-Zwei-Pan kann der Weg während der Regenzeit extrem lehmig werden. Ca. 80 km von Savute entfernt, überquert man den meist ausgetrockneten

Ngwezumba-Fluss an der Gamtsa Pan und folgt seinem Lauf ca. 50 km. Der gebrochene Ngwezumba-Damm ist ein markanter Wegpunkt. Ca. 15 km vor dem alten Camp Nogatsaa verlässt die Straße den Flusslauf.

Tierbeobachtungen unterwegs

Das leuchtende Rot der „Lucky Bees", der Fruchtkapsel einer Windenart, ist ein belebender Farbklecks in dem dürren, unter Regenmangel schmachtenden Wald. Mahaliwebern scheint die Dürre nichts auszumachen. Sie flechten fröhlich ihre Nester. Der Tisch ist für sie reichlich mit reifen Samen gedeckt. Des Öfteren sieht man Steinböckchen, die sehr anspruchslos in ihrer Nahrungsaufnahme sind. Sogar die trockenen, abgefallenen Blätter, die noch Spuren von Protein enthalten, werden von ihnen aufgenommen. Schön sind ihre großen, deutlich geäderten Lauscher. Bei aufmerksamer Beobachtung ist es möglich, die große Leopardschildkröte mit ihrer strahlenförmigen Zeichnung auf ihrem Panzer, der bis zu 70 cm lang werden kann, zu entdecken. Erfreut ist man auch über die Begegnung mit einem Honigdachs oder wenn man in die leuchtenden, großen, gelben Augen eines Bändertriels sieht.

Lichte Wälder und Dornbuschgestrüpp wechseln einander ab auf dem Weg in nordöstlicher Richtung entlang des nördlichen Ufers des Ngwezumba-Flusses, der nur an wenigen Stellen von der Piste aus sichtbar wird. Die vielen „Pfannen" dieser Gegend füllen sich in der Regenzeit mit Wasser. Sie bleiben bis in die Trockenzeit teilweise gefüllt und locken Wild an. Entsprechend gut sind die Tierbeobachtungsmöglichkeiten. Insbesondere von August bis Oktober gibt es hier große Elefantenherden in der Nähe des Wassers zu sehen, die das Gebiet als Aufzuchtstätte für den Nachwuchs nutzen. Ebenso ist die Gegend sehr gut für Beobachtungen der Eland-Antilopen.

Achtung!

Schwierige Piste

Auf keinen Fall sollte man versuchen, die 10 km entfernte Tjinga Pan zu erreichen. Elefanten haben den in der Regenzeit weichen und jetzt steinharten Tonboden des Weges dorthin so zertreten, dass er mit dem Wagen nur unter Gefahr eines Achs- oder Federbruches passierbar ist. Blumenkübelgroße, tiefe Fußsiegel der grauen Riesen machen den Weg per Auto zur Qual. Zu Fuß und unbewaffnet sollte man den Pfad wegen der Raubtiere nicht gehen.

Ab Nogatsaa fährt man auf z.T. sehr sandiger Piste durch Dornbuschsavanne mit hohem Gras, die dann in dichteren Savannen-Wald übergeht. Viele Wildwechsel von Elefanten und Büffeln kreuzen den Weg. Man überquert die Straße Kasane-Ngoma Bridge. Von hier sind es noch ca. 15 km zum Ihaha Campingplatz bzw. auf der Teerstraße 21 km nach Kasane.

Kasane – Tor zum Chobe National Park

Kasane ist ein kleiner Ort, im Osten des Chobe National Parks gelegen. Viele Besucher machen von hier einen Abstecher zu den Victoria Falls. Ursprünglich war Kasane der Hauptsitz des Makololo-Stamms, der *Livingstone* den Weg nach Victoria Falls

Romantisch: Sonnenuntergang am Chobe

wies. Bei Kasane stoßen vier Staaten zusammen: Botswana, Zambia, Namibia und Zimbabwe, und der Chobe mündet östlich von Kasane in den Zambezi. Es gibt hier heute vor allem eine touristische Infrastruktur mit Hotels, Lodges, Flughafen, Tankstellen und entsprechenden Versorgungsgeschäften.

Im gesamten Gebiet entlang dem Chobe leben große Elefantenherden (s. S. 207f). Die grauen Riesen kehren am späten Nachmittag regelmäßig zum Fluss zurück, um zu baden und zu trinken: ein einzigartiges Spektakel! Als Highlight am Abend sollte man sich unbedingt eine Bootsfahrt auf dem Chobe gönnen, Krokodile, Hippos, Elefanten, Giraffen, Säbelantilopen, Kudus und viele farbenprächtige Vögel vom Wasser aus beobachten und die Reflektion der untergehenden Sonne auf dem Wasser genießen.

Elefanten am Fluss

Etwas östlich der Cresta Mowana Lodge verengt sich der Chobelauf aufgrund vieler Inseln, sodass der Fluss reißend wird. In Kazungula – ca. 12 km weiter östlich gelegen – gibt es eine private **Crocodile Farm (18)**, die sich dem Nil-Krokodil verschrieben hat. In Führungen wird über diese besonderen Raubtiere informiert, als Besonderheit ist die Anschaffung von Albino-Krokodilen geplant *(Mo–Fr 8–12 und 14–16 Uhr, Sa 8–12 Uhr, P 30 Erw./P 20 Kinder. Gelegen neben der Kubu Lodge).*

Politisch brisant war einst der Zankapfel **Sedudu Island**, eine kleine Insel im Chobe, zwischen Kasane und der Grenze zum Chobe National Park. In der deutschen Kolonialzeit wurde die Insel zumindest auf Karten dem damaligen Deutsch-Südwestafrika (heutiges Namibia) zugerechnet, während das englische Betschuanaland die Insel als ihren Besitz in Kartenwerken verzeichnete. Schon in der Vergangenheit wurden Rechtsexperten mit der Klärung dieser Streitfrage beauftragt. Sie kamen zu dem Ergebnis, dass Sedudu Island zu Botswana gehört, weil nördlich der Insel der tiefere Teil des Chobe fließt. Die Namibier gaben sich aber damit nicht zufrieden und betrachten Sedudu Island (sie bezeichnen diese Insel als Kasikile Island) als ihr Territorium. Nach mehreren „Zwischenfällen" einigte man sich, diesen Streitfall durch den Internationalen Gerichtshof klären zu lassen, der das Gebiet 1999 Botswana zusprach.

Weiterfahrt

Von Kasane kann man entweder über Nata und die Makgadikgadi Pans/Nxai Pans (s. S. 295ff) oder alternativ über den Caprivi-Streifen und den Westrand des Okavango-Deltas (s. S. 279ff) zurück nach Maun fahren.

Informationen über Affenbrotbäume (Baobabs)

Es gibt etwa zehn Arten von Affenbrotbäumen in Afrika, Madagaskar, Australien und Vorderindien. In den Trockensavannen Afrikas findet man insbesondere die Art „Adansonia digitata" vor. Im Volksmund sagt man, dass einst Götter im Zorn diesen Baum samt Wurzeln herausgerissen hätten, um ihn dann umgekehrt – mit himmelwärts ragenden Wurzeln – wieder einzupflanzen.

Der Stamm dieser laubabwerfenden Steppenbäume kann im Alter einen Durchmesser von bis zu 10 Metern erreichen. Die große Frucht ist gurkenähnlich, hat eine feste, holzige Schale und säuerliches Fruchtmark. Die Samen sind haselnussgroß, nierenförmig und fettreich. Das Samenfett ist goldgelb, wird nur selten ranzig und ist geeignet zur Herstellung von Speiseöl. Die Samen besitzen einen hohen Vitamin-C-Gehalt. Die jungen Blätter können als Gemüse dienen. Das Holz ist praktisch nicht verwertbar, doch können die Fasern der Rinde zu Fischnetzen und Kleidungsstücken verarbeitet werden.

Der Affenbrotbaum wurde 1454 in Europa durch den venezianischen Edelmann *Luigi Cadamosto* bekannt. Dieser bereiste im Auftrage des Prinzen *Heinrich der Seefahrer* die Westküste Afrikas und knüpfte Handelsbeziehungen zu den Eingeborenen. Für die Forschungsreisenden war der Baobab wichtig: Sie konnten Wasser aus dem Stamm abzapfen, indem sie in seine Rinde schnitten.

Reisepraktische Informationen Kasane/Chobe National Park

Informationen

Das **Department of Tourism** *in der Innenstadt,* ☏ *625-0357, hat außer Prospekten kaum brauchbare Informationen.* **Botswana Tourism**, ☏ *625-0555, sitzt im* **Madiba Shopping Centre (16)**. *Infos über den Chobe NP gibt es am Sedudu Gate, ca. 4 km südwestlich des Ortes.*

Unterkunft Kasane/Kazungula und Umgebung

Water Lily Lodge $$$ (5), *Plot 344, Kazungula Road. Buchung: Janala Tours & Safaris,* ☏ *625-1775,* 🖷 *625-0759, E-Mail: janala@botsnet.bw; www.janalatours.com.*

US$ 73 p.P. im für DZ/Frühstück, US$ 98 inkl. Abendessen, Aktivitäten kosten extra. **Lage**: in Kasane, direkt neben einem Supermarkt. **Beschreibung**: eine solide, sehr freundliche Unterkunft mit 10 Zimmern, Pool und Blick auf den Chobe.
Toro Safari Lodge $$$ **(10)**, P.O. Box 511, Kasane, ☎ 625-2694, 🖷 625-2695, E-Mail: toro lodge@botsnet.bw, www.torolodge.co.bw. US$ 104–155 im Chalet oder Apartment, Camping US$ 14–17. **Lage**: direkt am Chobe westlich von Kazungula gelegen. **Beschreibung**: Bungalowanlage mit sauberem Campingplatz. Großes Grundstück, 2,7 ha mit Blick auf den Chobe und auf Impalila Island.
Kubu Lodge $$$$ **(9)**, P.O. Box 43, Kasane, ☎ 625-0312, 🖷 625-1092, E-Mail: kubu@botsnet.bw, www.kubulodge.net. US$ 310 pro Chalet (2 Pers.) mit Frühstück, auch Triple Rooms (US$ 390). Lunch US$ 25, Dinner US$ 45. **Lage**: ca. 12 km von der Grenze nach Zambia/Zimbabwe – damit nicht ganz so günstig zum Chobe Park positioniert, dafür ist es hier aber nicht so voll. **Beschreibung**: Es werden elf riedgedeckte Chalets angeboten. Die Gesamtanlage liegt direkt am Fluss und ist gepflegt, bietet einen Swimmingpool, viel Schatten sowie ein Restaurant. Im Garten turnen manchmal Meerkatzen und Antilopen herum. U.a. Game Drive und Bootsfahrten möglich (je US$ 45 für 3 Std.). Von Lesern gelobt, vor allem in Bezug auf das freundliche Personal. Empfehlenswert!

Affenbrotbaum

Chobe Safari Lodge $$$ **(3)**, P.O. Box 10, Kasane, ☎ 625-0336, 🖷 625-0437, E-Mail: reservations@chobesafarilodge.com, www.chobesafarilodge.com. Ab ca. US$ 150 pro Zimmer (nur Übernachtung), es gibt auch Familienzimmer (2 Doppelbetten, ca. US$ 160) – dies ist eine der preiswerteren Übernachtungsmöglichkeiten im Ort. Camping: US$ 14 (Erwachsene). Aktivitäten wie Game Drives etc. kosten allerdings extra (US$ 38 für drei Stunden ohne park fee). **Lage**: zentral in Kasane gelegen, direkt am Chobe, 3 km vom Flughafen Kasane. **Beschreibung**: relativ preiswerte Anlage, die seit der Parköffnung 1961 besteht. Man übernachtet in Rondavels oder in normalen Zimmern; Swimmingpool, Bar und Restaurant vorhanden. Zelten erlaubt. Tipp: Buchen Sie die neueren Safari Rooms (US$ 175). Sehr gutes Preis-Leistungs-Verhältnis für diese Region! Die gleichen Betreiber eröffnen in der Nähe Ende 2013 die **Chobe Bush Lodge**.
Chobe Marina Lodge $$$$ **(4)**, ☎ 625-2221/2 🖷 625-2224, E-Mail: res1@chobemarinalodge.com, www.chobemarinalodge.com. US$ 320–400 p.P. inkl. Vollpension und zwei Game Drives (exkl. Parkeintritt). **Lage**: in Kasane. **Beschreibung**: Die Lodge ist eher groß (60 Zimmer in Chalets) und gehört zur Kette AHA Group. Luxuriös, aber doch ein wenig unpersönlich. Das soll durch Renovierungen geändert werden, die noch bis Juli 2013 andauern.
The Garden Lodge $$$$$ **(6)**, ☎ 625-0051, 🖷 625-0577, E-Mail: reservations@oshaughnessys.org, www.thegardenlodge.com. US$ 395 p.P. im DZ inkl. Vollpension und Aktivitäten, mit Halbpension (Frühstück/Abendessen) ohne Aktivitäten US$ 250. **Lage**: wirklich

in einem Garten in Kasane gelegen, am Flussufer! **Beschreibung**: sehr persönliche, kleine Lodge (8 Zimmer) unter deutscher Leitung, Lounge, Bar und Dining Room. An Aktivitäten werden Game Drives, Wanderungen und Bootsfahrten angeboten.
Elephant Valley Lodge $$$$$, ☏ Südafrika (+27) 11-781-1661, 🖨 (+27) 11-781-7129, E-Mail: sherryl@africananthology.co.za, www.evlodge.com. Je nach Zelt im Wald oder Tal US$ 350–480 p.P. im DZ inkl. Vollpension, Airport-Transfer und zwei Aktivitäten. **Lage**: Die Lodge liegt idyllisch im Lesoma Valley mitten im Kasane Forest Reserve, 20 Min. von Kasane entfernt, in der Nähe des Grenzübergangs Kazungula. Abholung ab Stadtbüro Kasane. **Beschreibung**: Zwanzig luxuriöse Meru-Zelte im Schatten großer Akazienbäume mit eigenen sanitären Anlagen, vom Restaurant Blick auf ein Wasserloch, Swimmingpool.
Cresta Mowana Safari Lodge $$$$$ (7), Plot 2239, Chobe River Kasane, P.O. Box 266, ☏ 625-0300, 🖨 625-0301, E-Mail: resmowana@cresta.co.bw, www.crestahotels.com.

Unterkunft
1 Chobe Game Lodge
2 Chobe Chilwero
3 Chobe Safari Lodge
4 Chobe Marina Lodge
5 Water Lily Lodge
6 The Garden Lodge
7 Cresta Mowana Safari Lodge
8 Thebe River Campsite
9 Kubu Lodge
10 Toro Safari Lodge
11 Ichingo River Lodge
12 Impalila Island Lodge
13 Ntwala Lodge

Sonstiges
14 Water Front Mall
15 Barclays Bank
16 Madiba Shopping Center
17 Audi Centre
18 Crocodile Farm
19 Four Way Motor Repairs

Game Drive im Chobe National Park

Preis je nach Verpflegung: US$ 297 p.P. im DZ mit Frühstück, US$ 469 bei Vollpension und zwei Aktivitäten. **Lage**: nordwestlich von Kasane an der Flussbiegung des Chobe gelegen, ca. 2 km außerhalb des Ortes Kasane, 6 km vom Flughafen. **Beschreibung**: Die luxuriöse Safari Lodge liegt rund 8 km vom Chobe National Park entfernt. Nach Victoria Falls im Nachbarstaat Zimbabwe sind es nur etwa 80 km. Das Hotel wurde direkt an das Ufer des Chobe-Flusses gebaut. Den Namen hat es vom uralten Mowana-Baum, einem Baobab, erhalten. Die Architektur fügt sich in die Umgebung ein, nicht zuletzt deswegen, weil Baumaterialien verwendet wurden, die den lokalen Traditionen entsprechen. Alle 115 komfortablen Zimmer haben ein Bad, Aircondition, Minibar, Telefon und einen Balkon, von dem aus der Gast den spektakulären Blick auf den Chobe genießen kann. 2012/13 wurden in den Zimmern Modernisierungen vorgenommen. Ausgezeichnetes Restaurant sowie Bar. Das Spa bietet u.a. ein Dampfbad, einen Ruheraum, beheizte Whirlpools und einen Garten zur Entspannung.

Chobe Chilwero $$$$$ (2), Buchung und Infos: Sanctuary Retreats, ☎ Südafrika (+27) 11-438-4650, 📠 (+27) 86-218-1482, E-Mail: southernafrica@sanctuaryretreats.com, www.sanctuaryretreats.com. US$ 620–1.055 p.P. **Lage**: auf einem Hügel direkt am Chobe National Park, vom Kasane Airport sind es ca. 15 Min. mit dem Auto. **Beschreibung**: Luxuriös geht es hier zu: Nach den Aktivitäten wie Game Drives und Sundowner-Bootsfahrt kann man am Pool oder im Spa entspannen. Den Gästen stehen 15 tolle Chalets mit Innen- und Außendusche und kleinem Garten zur Verfügung. Sehr ruhig aufgrund der exponierten Lage. Wunderschöner Blick von der Lodge auf den Chobe und die Landschaft. Dem Preis angemessen im wahrsten Sinne exklusiv.

Chobe Game Lodge $$$$$ (1), Buchung und Infos: Desert & Delta Safaris, Ecke Airport Avenue and Mathiba I. Road, Maun, ☎/📠 686-1559, E-Mail: info@desertdelta.com,

Campingdusche deluxe im Chobe under Canvas Camp

www.desertdelta.com. US$ 476–856 p.P. im DZ inkl. Vollpension und Aktivitäten. **Lage**: im Park gelegen. Zum Flughafen Kasane sind es 15 km, nach Kazungula 27 km und nach Victoria Falls 100 km. **Beschreibung**: *Die legendäre Chobe Game Lodge zählt noch immer zu den besten Adressen des Landes. Berühmteste Besucher waren wohl Liz Taylor und Richard Burton. Sie liegt am nordöstlichen Zipfel des Nationalparks direkt am Flussufer. Toll sind hier die Elefantenherden, die regelmäßig zum Trinken und Baden kommen. Die Lodge hat 50 Zimmer mit Balkonen und Blick auf den Chobe River und die weiten Caprivi-Überschwemmungsebenen. Klimaanlagen sorgen in der heißen Jahreszeit für angenehme Temperaturen. Der Eingangsbereich wurde im Herbst/Winter 2011 modernisiert. Die Gartenanlagen mit Swimmingpool grenzen an das Ufer des Chobe. Von hier aus werden Motorbootfahrten und Kanutrips angeboten.*

Chobe under Canvas $$$$$, Buchung und Infos: AndBeyond, Private Bag X 27, Benmore, Johannesburg, 2010, South Africa, ☎ (+27) 11-809-4300, 📠 (+27) 11-809-4400, E-Mail: safaris@andBeyond.com, www.andbeyondafrica.com. US$ 415–680 p.P. mit allem inklusive. Jährlich variierend in der Nebensaison geschlossen, bitte anfragen. **Lage**: im Chobe National Park, für Selbstfahrer nicht zu erreichen. Man wird in Kasane abgeholt, Fahrt ca. 1 Stunde mit Tierbeobachtungen en route. **Beschreibung**: *fünf komfortable, mobile Zelte mit Bad und WC, „Eimer"-Dusche (auf Wunsch auch mit warmem Wasser), sehr persönliche Betreuung. Pirschfahrten und Bootstouren gehören zu den Aktivitäten.*

⚠ Camping

Ihaha Campingplatz, liegt ca. 30 km westlich von Kasane im Chobe National Park. Er löste den alten, heruntergekommenen Serondela-Platz ab. Die Duschen und Toiletten sind ordentlich. Buchung: Kwalate Safaris, s. Stichwort Camping in den Gelben Seiten.

Senyati Safari Camp, Kontakt: Louw, ☎ (mobil) 071-881306 oder Juanita, ☎ (mobil) 071-826709, E-Mail: senyatisafaricamp@gmail.com, www.senyatisafaricamp.com. **Lage**: An der Hauptstraße Nata – Kazungula, etwas außerhalb von Kasane im Lesoma Valley (ca. 19 km von Kasane, 8 km von Kazungula), ca. 2 km von der Straße nach Kazungula (Schild an der Hauptstraße, GPS-Koordinaten: S 17°52'33.1, E 5°17'14.167). Camping P 115–155 p.P., Chalets P 520 für 2 Pers., das Familienchalet (4 Pers.) kostet P 690. **Beschreibung**: *schöner Campingplatz, jeder der neun Stellplätze hat eigene Sanitäranlagen und Grillplatz. Warmes und kaltes Wasser für die Duschen. Es gibt drei Selbstversorger-Chalets mit Kühlschrank und eingerichteter, kleiner Küche. Zudem gibt es eine Plattform mit Blick auf ein meist rege besuchtes, beleuchtetes Wasserloch. Empfehlenswert!*

Rege besucht: Wasserloch des Senyati Camp

Chobe Safari Lodge, Kontakt und Preis s.o. Sauberer Platz mit ordentlichen Sanitäranlagen und Strom an jeder Parzelle, allerdings eher laut. Mit einem Zaun wurden die zerstörerischen Elefantenbesuche beendet.
Toro Lodge, Kontakt und Preis s.o. Sauberer Platz mit Sanitäranlagen und dortigen Stromanschlüssen.
Thebe River Campsite (8), ☏/📠 625-0314, E-Mail: reservations@theberiversafaris.com, www.theberiversafaris.com. Camping P 85 p.P. Zwischen Kasane und Kazungula gelegen, etwas staubig. Auch Lodge- und Safarianbieter (s. S. 236).

IMPALILA ISLAND

Grenzübergänge
Von Kasane aus erreicht man die Lodges auf der namibischen Seite von Impalila Island nur per Boot. Hier erwartet Sie eine sagenhafte Idylle. Die Insel liegt regelrecht eingequetscht zwischen Botswana und Zambia. Am östlichen Ausläufer taucht die Ka-

---

 Tipp

Das Mietfahrzeug lassen Sie derweil in Kasane stehen, die Betreiber der einzelnen Lodges werden Ihnen mitteilen, wo man sicher parken kann. Sollten Sie mehrere Tage auf Impalila Island bleiben und nach Victoria Falls weiterreisen wollen, dann können Sie sich nach Absprache mit Ihrem Autovermieter die unnötige Automiete sparen und mit dem Bus nach Victoria Falls weiterfahren. Dort benötigen Sie keinen Wagen, wenn Sie eine Unterkunft im Ort buchen.

Junger Wasserbock

kumba-Sandbank auf, welche die westliche Grenze Zimbabwes berührt. Um Impalila Island besuchen zu können, muss man vorher bei der Kasane Immigration, die im Ort am Ufer liegt, aus Botswana ausreisen. Die namibischen Lodges holen dann die Gäste per Boot entweder von der Mowani Safari Lodge oder von Wenella Harbour ab. Auf der Insel liegt dann die Namibia Immigration.

Unterkunft
Ichingo River Lodge $$$$$ **(11)**, *Buchung und Infos: Ichobezi River Lodges, P.O. Box 68630, Bryanston, South Africa, 2021, ☏ (+27) 79-871-7603 (Louise Townsend), E-Mail: info@ichobezi.co.za, www.ichobezi.co.za. US$ 325–450 p.P. inkl. Vollpension, Hausweine/Bier, Boottransfer ab Kasane und Aktivitäten. Empfehlenswert ist eine Kombination mit dem* **Ichobezi Safari Boot** *(s. S. 237), das zur Lodge gehört. Mit ihm unternimmt man eine komfortable Reise entlang des Chobe und seiner sich verzweigenden Wasserwege.* **Lage**: Südwestecke von Impalila Island, nahe der Immigration. Von hier wird man mit einem Boot zur Lodge gebracht (10 Min.), die malerisch am Steilufer des Chobe liegt. Hier stoßen Namibia, Botswana, Zambia und Zimbabwe an ihren Grenzen zusammen. **Beschreibung**: Man wohnt inmitten dichter Vegetation und kommt auf kurzen, verschlungenen Wegen zu seinem komfortablen Schlaf-Zelt auf einer Holzplattform (es gibt acht davon) – mit Veranda, eigenem Bad und WC. Moskito-Netze vor den Fenstern, alles ist rustikal und stilvoll eingerichtet. Die beschauliche Anlage wurde 1995 erbaut und wird auch heute noch vom Eigentümer-Paar Dawn und Ralph Oxenham geleitet. Die sehr schön angerichteten Mahlzeiten nimmt man in der überdachten, offenen Lounge mit Blick auf den Fluss ein. Der Wasserspiegel des Chobe kann hier mitunter auf 6–8 m steigen, so dass der Fluss dann bis an das Restaurantdeck der Lodge reicht. Es gibt ein kleines Schwimmbecken sowie einen gemütlichen, großzügigen Bereich mit Sofas und Sesseln – so richtig zum Schwelgen. Per Boot geht es zu Safaris, wo man hervorragend Elefanten, Büffel, Antilopen, Flusspferde und eine tolle Vogelwelt beobachten kann.

Impalila Island Lodge $$$$$ **(12)**, wurde mit Ntwala (s.u.) nach letztem Redaktionsstand von Islands in Africa an An African Anthology abgegeben, ☏ Südafrika (+27) 11-781-1661, 📠 (+27) 11-781-7129, E-Mail: sales2@africananthology.co.za, res2@african anthology.co.za; www.islandsinafrica.com/impalila-island-lodge. Letzter Stand: US$ 355–460 p.P./DZ inkl. Vollpension und Aktivitäten. **Lage**: Im Nordwestteil der Insel gegenüber den Mombova Rapids. Die Anreise erfolgt von der Kasane Immigration aus, die Gäste werden dort im Boot abgeholt. **Beschreibung**: tolle Aussicht auf die Stromschnellen. Um imposante Baobabs sind sehr geschmackvolle und geräumige Bungalows für maximal 16 Gäste gebaut. Die Gäste werden mit einer hervorragenden Küche verwöhnt. Insgesamt ein kleines Paradies zum Abschalten und Entspannen. Aktivitäten: Bootsfahrten, Mokoro-Ausflüge, Tigerfisch-Angeln, Fahrt im 4x4 zu namibischen Dörfern. Wagemutige sind eingeladen, einen Riesen-Baobab zu erklimmen, von dem aus man auf die vier Länder schauen kann, die hier zusammentreffen.

Ntwala Lodge $$$$$ **(13)**, Buchung und Infos: An African Anthology, siehe Impalila. Je nach Saison US$ 415–595 p.P./DZ inkl. Vollpension und Aktivitäten. **Lage**: Die luxuriöse Unterkunft liegt auf einer Inselgruppe in den Mambova-Stromschnellen des Zambezi. **Beschreibung**: Mitten zwischen den wilden Gewässern des Zambezi und des Chobe und nur 80 km von den berühmten Victoria-Fällen entfernt liegt die luxuriöse Ntwala Lodge. Die vier Suiten lassen tatsächlich keine Wünsche offen: Jede hat einen eigenen, mit weißem Sand gesäumten Pool, ein Viewing-Deck sowie Innen- und Außendusche. Außerdem hat jede Suite ihren privaten Guide mit Boot. Die Touren über die verästelten Wasserwege sind ein einmaliges Naturerlebnis. Sie können auf einem Sunset Cruise die Tiere am Ufer beobachten oder sich auf die Suche nach dem berühmten Tigerfish machen. Auch Touren in den Chobe Nationalpark sind möglich. Ideal für einen romantischen Aufenthalt.

Chobe Savanna Lodge $$$$$, Buchung und Infos: Desert & Delta Safaris, Ecke Airport Avenue & Mathiba I Road, Maun, ☏ 686-1559, E-Mail: info@desertdelta.com, www.desert delta.com. US$ 385 p.P/DZ inkl. Vollpension und Aktivitäten. **Lage**: Die Lodge liegt auf der namibischen Seite des Chobe, am südlichen Ende der Insel (Nähe Chobe Game Lodge). Die Gäste werden per Boot an der Kasane Immigration abgeholt (Transfer ca. 45 Min.; auch ab Flughafen möglich). Gäste, die vorher in der Chobe Game Lodge übernachtet haben und dahin zurückkehren, können ihr Auto dort stehenlassen. **Beschreibung**: Zwölf geschmackvolle Chalets (twin und double beds) mit Klimaanlage und Minibar – erst 2012/13 renoviert – in großer Gartenanlage. Vom sehr schönen, riedgedeckten Aufenthalts- und Essbereich blickt man auf den Chobe und die Puku Flats (Überschwemmungsebenen). Am Pool gibt es einen weiteren Essbereich, Flitterwöchlern kann hier auf Wunsch ein feierliches „Dinner for two" bei Kerzenschein serviert werden. Die Atmosphäre ist insgesamt ausgesprochen persönlich. Folgende Aktivitäten werden angeboten: Bootstouren, Tour zu namibischen Dörfern, Wanderungen und Angeln.

🍴 Restaurants

Die **Chobe Safari Lodge** sowie die **Kubu Lodge** in Kasane bieten in ihren Restaurants auch „Auswärtigen" gutes, preiswertes Essen an. Mittlerweile kann man in fast allen Unterkünften zu Abend essen.

The Garden Lodge: Adresse siehe oben. Sehr gutes Essen, nettes Ambiente, engagiert. Leser schwärmten zudem vom Restaurant im **The Old House**, was in Kasane am Flussufer liegt und wo man auch übernachten kann, ☏ 625-2562, www.oldhousekasane.com.

Internetcafé
Bei **Kasane Computers**, im **Audi Centre (17)** gegenüber der Chobe Marina Lodge (☏ 625-2312, www.kasanecomputers.com), kann man ins Internet oder z.B. seine Bilder auf CD brennen.

Einkaufen
Lebensmittel: Supermärkte: Im Ortzentrum findet sich ein **SPAR**-Markt, zudem gibt es einen in der **Water Front Mall (14)** neben der Chobe Safari Lodge. Nebenan findet sich auch ein Laden für Alkoholika. Die Bäckerei „Hot Bread Shop" im **Madiba Shopping Center (16)** bietet relativ gute Backwaren an.

Bank & Geld
Barclays Bank (15), an der Hauptstraße von Kasane. Sehr starker Andrang wegen Lohnauszahlungen am Monatsende. Hier gibt es auch einen Geldautomaten, an dem man mit Kreditkarte Geld abheben kann. U.a. in der Water Front Mall und im Madiba Shopping Center gibt es Geldwechselstuben.

Medizinische Versorgung
Chobe Dental Clinic, Centre Bar Complex. ☏ 625-0212.
Chobe River Clinic, President Avenue, ☏ 625-1555.
Pharma Africa Pharmacy, im Spar Shopping Center, ☏ 625-1502.

Autovermietung
AVIS, am Flughafen, ☏ 625-0144, www.avis.com. Mo–Fr 8–13 und 14–17 Uhr.

Autowerkstatt
Chobe Motors, Kazungula (bei der Engen Tankstelle), Reparatur aller üblichen Automarken, die wohl beste Werkstatt.
Four-Ways Motor Repairs (19), Kazungula, Kreuzung Nata/Vic Falls, ☏ 650-0206 (alle Automarken).
KD Engineering Breakdowns, ☏ 625-1474.

Safari- und Tourenveranstalter
Fast jede Lodge organisiert Ein- oder Mehrtagesausflüge in den Chobe NP bzw. zu den Victoria Falls sowie Bootsfahrten auf dem Fluss selbst oder kann an einen Veranstalter vermitteln. Ein paar Adressen:
Chobezi, Plot 785 (hinter Sefelana), Kasane, ☏ 625-0992 oder 625-1667, 📠 625-1297, E-Mail: rex@chobezi.com, www.chobezi.com (deutsche Website). Der kleine Safari-Veranstalter bietet ein- bis mehrtägige Abenteuer-Touren in den Chobe National Park an. Übernachtet wird in Zelten.
Safari & Guide Services, P/Bag K39, Kasane, ☏ 625-1754 / 625-0259, 📠 625-0259, E-Mail: reservations@sgsafrica.com, www.safariguidesbotswana.com. Angeboten werden Safaris in die Region in fünf verschiedenen „Komfort"-Stufen, von Luxus bis einfach.
Thebe River Safaris, ☏/📠 625-0314, E-Mail: thebe@chobenet.com, www.theberiversafaris.com. Lodge und Campingplatz sowie Safari-Veranstalter mit Bootsfahrten und Touren in den Chobe.
Umpengu Tours & Safaris, Pitse Rd., Plot 10, Kazungula, ☏/📠 625-0069, mobil 071-788014 oder 071-516924, E-Mail: info@umpengu.com, umpengu@yahoo.com, www.um

pengu.com. Schräg gegenüber der Kubu Lodge gelegen. Es werden von/zu allen Lodges Transfers zu den Flughäfen und Orten der Umgebung angeboten (Katima Mulilo, Livingstone, Maun), zudem Bootsfahrten (Sunset Cruises), Pirschfahrten im Chobe und Tagesausflüge zu den Victoria-Fällen.

Mit den Ichobezi Safari Boats auf Chobe-Flusskreuzfahrt

Vorab das Beste: Man kann solange man möchte und egal zu welchem Zeitpunkt an dieser Safari teilnehmen – vorausgesetzt, es ist Platz an Bord. Wo auch immer das Hausboot gerade liegt oder fährt, ab Kasane wird man mit einem Schnellboot hingebracht.

Sobald man das komfortable Hausboot mit den fünf Kabinen betritt, fühlt man sich sehr wohl: Der Aufenthalt auf dem oberen Deck mit Esstisch, einer bequemen Sitzgruppe, Bar und Plungepool mit Liegestühlen ist einfach traumhaft. Man kann von hier oben besonders gut die Tiere am Chobe-Ufer und auf den im Fluss liegenden Weideflächen beobachten. Ob Büffel, Elefanten, verschiedene Antilopenarten, eine reiche Vogelwelt – alles zieht an einem vorbei, während man wunderbar entspannt die Fahrt genießt.

Die Mannschaft des Hausbootes ist sehr freundlich und professionell. Das Essen und die Getränke lassen keine Wünsche offen. An bestimmten Stellen bleibt das Boot zwecks Übernachtung festgetaut: Dann geht es mit kleineren Booten zu neuen Erlebnistouren hinaus auf den Fluss und seine Seitenarme. Die Guides sind sehr gut geschult und wissen, wie man sich dem Wild nähert. Das besondere an Wildbeobachtungsfahrten vom Wasser aus: Man kommt sehr nahe an die Tiere heran, sie haben kaum Scheu.

Die Schlafkabinen haben jeweils ein Doppelbett, ein eigenes WC sowie eine eigene Dusche. Es gibt ausreichend Staumöglichkeiten für das Gepäck, und man kann seine elektrischen Geräte in der Kabine laden.
Kombinierbar mit der Ichingo Chobe River Lodge (s. S. 234), gleicher Anbieter und Preis: US$ 355–500 inkl. Unterkunft, Vollpension und Aktivitäten.

Ichobezi River Lodges, P.O. Box 68630, Bryanston, South Africa, 2021, ☏ (+27) 79-871-7603 (Louise Townsend), E-Mail: info@ichobezi.co.za, www.ichobezi.co.za.

Verkehrsmittel

Busse
Busse zwischen Kasane und Victoria Falls (UTC) verkehren täglich. Sie fahren von den verschiedenen Hotels ab und brauchen bis Victoria Falls mindestens 2 Stunden inkl. Grenzformalitäten. Der Bus fährt frühmorgens von Victoria Falls nach Kasane.
Nach Francistown und Nata Abfahrt täglich 2-mal ab der Tankstelle.

Flüge
Air Botswana verbindet den **Kasane International Airport** sechs Mal pro Woche mit Gaborone, zwei Mal/Woche mit Maun und vier Mal/Woche mit Johannesburg. Auch South African Airways bietet seit März 2013 vier Mal wöchentlich Verbindungen von/nach Johannesburg an. Viele der Chartergesellschaften in Maun (s. S. 167) bieten ihren Service auch ab Kasane an.

6. ABSTECHER ZU DEN VICTORIA FALLS

Der Ort Victoria Falls (Zimbabwe)

Früher gehörte die kleine Ansiedlung zur jenseits der heutigen Grenze liegenden Stadt Livingstone in Zambia. Erst nach der Unabhängigkeit Zambias im Jahre 1964 entwickelte sich Victoria Falls zu einer eigenständigen Gemeinde mit heute über 18.000 Einwohnern, die zumeist vom Tourismus lebten. So ist auch die gesamte Infrastruktur auf den Fremdenverkehr ausgerichtet: Viele Hotels, Tankstellen, Safariunternehmen, Souvenirläden und Autovermieter bieten ihre Dienste an und hoffen nach der politischen Krise und dem damit einhergehenden Einbruch des Tourismus auf die Aussagen des Tourismusministers, der Ende 2010 mit einem Wachstum von 9 % rechnete. Laut seinen Aussagen soll der Fremdenverkehr 2015 25 % des zimbabwischen BIP erwirtschaften, und tatsächlich sind die Touristenzahlen in den letzten Jahren stetig angestiegen.

Eine 200 m lange Brücke, die **Victoria Falls Bridge**, führt in einer Höhe von 111 m über den Zambezi und stellt die Verbindung zwischen Zimbabwe und Zambia her. Sie wurde in Fertigteilen in England produziert und 1905 hier zusammengebaut. Am 25. August 1975 fand mitten auf der Brücke in einem Salonwagen die berühmte Victoria Falls Conference statt, in deren Verlauf der damalige südafrikanische Premier Vorster mit dem zambezischen Präsidenten Zambias, Kaunda, wegen einer Beendigung des Rhodesien-Konflikts verhandelte. Über diese Brücke kann man heute nach Zambia reisen (Visum notwendig).

Mitten in Victoria Falls liegt das **Victoria Falls Craft Village**, ein nachgebautes zimbabwisches Dorf, wo man landestypische Hütten sieht und traditionellen handwerklichen Tätigkeiten sowie folkloristischen Vorführungen folgen kann. Im Umfeld des Craft Village findet man eine Vielzahl von Andenkenläden (geöffnet 8–17 Uhr, tägliche Tanzvorführungen).

Sehenswertes

Außerdem veranstaltet African Spectacular in einem „Kraal" (am Victoria Falls Hotel) allabendlich sehenswerte Darstellungen afrikanischer Tänze (**Mkishi-Tänze**). Dies ist sicherlich die beste Vorführung in Victoria Falls, kostet allerdings auch um die US$ 50.

Victoria Falls im Zeichen der Krise

Aufgrund der politischen Ereignisse der vergangenen Jahre war in Zimbabwe der Tourismus zeitweise quasi zum Erliegen gekommen. Nur langsam machen sich die positiven politischen Entwicklungen seit Anfang 2009 auch in den Besucherzahlen bemerkbar. Aufgrund der hohen Inflationsrate wurde die Landeswährung, der Zimbabwe-Dollar, vorübergehend ausgesetzt, alle Preise werden in US$ angegeben und in der Regel bar bezahlt. Immer noch sind viele Menschen ohne Job, und es bleibt nicht aus, dass es gelegentlich zu Diebstählen kommt. Die Menschen selbst sind generell trotz der politischen Krise aber erstaunlich ruhig und freundlich.

Die Benzinversorgung hat sich nach den Wahlen von 2009 verbessert, ist aber weiterhin sehr unsicher. Wenn Sie also aus Botswana kommen, dann tanken Sie dort vorher voll. Grundsätzlich ist es möglich, selbst über die Grenze zu fahren und die Victoria Falls zu besuchen. Allerdings ist es für Selbstfahrer aufgrund der Formalitäten am Grenzübergang immer noch weniger nervenaufreibend, eine Tour ab Kasane zu buchen. Die Agenturen bieten fast alle Unterkünfte an, und angesichts der zahlreichen permits, taxes und der schwankenden Laune der Grenzer – die teilweise auch noch Abzocke betreiben – ist eine organisierte Tour noch nicht einmal teurer.

Des Weiteren kann man der Krokodilranch **Zambezi Nature Sanctuary** einen Besuch abstatten. Die Farm liegt 5 km stromaufwärts von den Victoria-Fällen entfernt (Richtung A'Zambezi River Lodge). Auf der Krokodilfarm (Fütterung ist sehenswert)

leben über 5.000 Krokodile, jeweils bis zu einer Länge von 4,5 m, aber auch andere Tiere.
Zambezi Nature Sanctuary, *Parkway, 4 km nördlich des Ortszentrums. Öffnungszeiten tgl. 8–17 Uhr (außer Weihnachten). Eintritt ca. US$ 10. Zweimal täglich „Vorführung" der Krokodile.*

Victoria Falls National Park

Geologie

Der Zambezi entspringt im **Norden Zambias** in der Nähe des Kalene Hill. In diesem Gebiet hat auch einer der Seitenarme des Kongo seinen Ursprung. Der Zambezi fließt südwestwärts nach Angola und dann wieder nach Zambia, wo er seinen Lauf südwärts durch die Barotse Plain und dann durch die Caprivi-Sümpfe fortsetzt. Hier vereinigt er sich mit dem Chobe. Von diesem Punkt aus nimmt er seinen östlichen Verlauf und bildet die Grenze zwischen Zambia und Zimbabwe. Schließlich fließt er durch Mozambique dem Indischen Ozean zu. Er weist eine Gesamtlänge von **2.700 km** auf und ist damit Afrikas viertlängster Fluss. Der Zambezi durchfließt unterschiedliche geologische Regionen:

- Dort, wo er auf sehr **hartes Gestein** trifft, bildet er Stromschnellen und stürzt in Wasserfällen hinab.
- Dort, wo der **Untergrund gleichförmig** ist und die Erosion mithin gleichmäßig verläuft, fließt der Fluss ruhig daher, bildet ein breites Flussbett und lagert Sande und Kiese ab, die oft Inseln bilden. Wo der Fluss hartes Gestein freigelegt hat, verengt sich sein Lauf, er wird tief und durchschneidet dieses Gestein, wo dies am einfachsten möglich ist. Hier überwiegt die Erosion.

Im Bereich der Victoria-Fälle trifft man beide geologischen Bedingungen an. Ca. 12 km

Redaktionstipps

▶ Ein „Flight of Angels" mit dem Helikopter ist zwar kein günstiges, dafür aber einmaliges Erlebnis, S. 252.

▶ Gut und günstig und bei hilfsbereiten Gastgebern übernachtet man in Victoria Falls im Amadeus Garden, S. 248. Einen Tee auf der Terrasse des Victoria Falls Hotels sollte man sich ebenfalls gönnen, S. 249.

▶ Ein Zambezi Sundowner Cruise ist ein Muss bei einem Besuch. Alternativ ist ein Spaziergang auf die Victoria-Falls-Brücke zu empfehlen, um den Bungee-Jumpern zuzusehen, s. Anbieter S. 252.

▶ Eine echte afrikanische Dinner-Show mit interaktivem Programm und Mopane-Würmern als Snack gibt es im Boma Restaurant, S. 252.

▶ Wem die Bootsfahrt auf dem Zambezi zu langweilig ist, findet in Victoria Falls und Livingstone eine reiche Auswahl an Alternativen: Bungee-Jumping, Rafting, Kanu fahren, Löwen-Spaziergang oder ein Elefanten-Ritt – der Adrenalin-Kick ist garantiert, S. 252 und 258.

Die Menschen in Zimbabwe sind trotz Krise hilfsbereit und freundlich

Aus allen Perspektiven beeindruckend: das UNESCO-Welterbe Victoria Falls

stromaufwärts, von den Fällen ausgehend, fließt der Zambezi ruhig dahin, lagert Sande ab und bildet Inseln (Kandahar und Long Island). 3 km von den Fällen entfernt, fließt er plötzlich südwärts, wird schneller, und nach einem kurzen Abschnitt von Stromschnellen stürzt er auf einer Breite von 1.700 m in eine 108 m tiefe Schlucht, die seinen Lauf in einem rechten Winkel kreuzt. Während der Regenzeit stürzen pro Minute fast 550 Millionen Liter Wasser hinunter!

Rauch mit Donner

Dr. David Livingstone sah die Fälle als erster Weißer im Jahre 1854. Die Einheimischen bezeichnen sie als **„Mosi oa Tunya"**, was so viel wie „Rauch mit Donner" heißt. Mit „Rauch" meinen sie die Gischt, die man von weitem als eine Regennebelwand emporsteigen sieht. Danach folgt der Zambezi einem Zick-Zack-Lauf von ca. 8 km. Hier durchfließt er eine Reihe von steilen, engen Schluchten und gelangt schließlich in die **Batoka Gorge**, die in östlicher Richtung nach ca. 100 km das Gwembe Valley erreicht, wo der Fluss zum Lake Kariba aufgestaut wird.

Stadien der geologischen Entwicklung

Zur Erklärung der Entstehung der Victoria-Fälle muss man in das geologische Zeitalter des Jura (vor 140–175 Millionen Jahren) zurückgehen. Damals gab es im südlichen Afrika **starke vulkanische Tätigkeiten**. Vulkane förderten hier große Mengen an Basalt. An manchen Stellen ist der Basalt über 300 m dick. Diese Formationen kann man heute an den Seiten der Schluchten der Victoria-Fälle sehen.

Die **Basaltlava** schrumpfte beim Erkalten zusammen. Dadurch entstanden im Basalt Risse und Spalten, die später durch Verwitterung ausgeweitet wurden. In der Gegend der Victoria-Fälle verlaufen diese Spalten in Ost-West-Richtung, nur kleinere Risse zeigen einen Nord-Süd-Verlauf. Nach einer langen Erosionsperiode bedeckte wahrscheinlich ein **See** die Gegend und lagerte Schichten von Kalk und Ton auf dem Basalt und in den Spalten ab.

Lange Erosionsperiode

Es folgte eine **Periode wüstenähnlichen Klimas** und der See trocknete aus. Die weichen Ablagerungen des Sees wurden wieder abgetragen (durch Wind und gelegentlichen Regen), doch in den Spalten blieben sie liegen und bildeten sich allmählich in Kalkstein um. In der Zwischenzeit wurden durch Wind auf der Oberfläche Kalahari-Sande abgelagert. Jetzt gab es Erdbewegungen, die eine Verbreiterung der Ost-West-Spalten verursachten. Das führte dazu, dass sich die hier eingelagerten Kalksteine lockerten, sodass dadurch eine spätere Erosionstätigkeit erleichtert wurde. Im Gegensatz zu diesem Prozess wurden die nord-süd-verlaufenden Spalten zusammengedrückt. Die hier eingelagerten Sedimente wurden dadurch widerstandsfähiger gegen Erosionstätigkeit.

Heute fließt der Zambezi von seiner Quelle aus **südwärts**, bis er die Gegend des Caprivi-Streifens erreicht, wo er Wasser vom Chobe erhält. Von hier aus fließt er ostwärts weiter. Man vermutet, dass der Zambezi ursprünglich nach Süden weiterfloss und sich mit dem Limpopo vereinigte. Ebenso nimmt man an, dass der gegenwärtig nordwärts fließende Matetsi die Quelle des unteren Zambezi war. Der Abschnitt vom heutigen Zambezi zwischen dem Chobe und dem Matetsi existierte nicht. Danach hob sich das Land südlich der Makgadikgadi-Senke, durch die der alte Fluss lief. Dadurch wurde der Fluss geteilt: in den südlich verlaufenden Limpopo, der in den Indischen Ozean entwässert, und in einen nordwärts fließenden Wasserlauf, der das Meer nicht erreichen konnte. Deshalb ergoss er sich im Inland, und davon zeugen noch heute die Gebiete der Okavango- und Chobe-Sümpfe wie auch die Makgadikgadi Salt Pan. Schließlich stieg der Wasserspiegel in diesen großen Sumpfgebieten so stark an, dass das Wasser über eine niedrige Landschwelle zwischen den Bergen nach Osten hin abfloss. Hier fand der neue Fluss seinen Weg über den sandbedeckten Basalt und stieß auf den alten Matetsi. Auf diese Weise entstand der uns heute bekannte Zambezi-Lauf. Bald schuf sich dieser neue Fluss ein eigenes Bett durch den weichen Sand, doch konnte er sich damals noch nicht in den harten Basalt hineinfressen. Beim Hineinfließen in den Matetsi bildete der neue Zambezi einen mächtigen Wasserfall: Er stürzte 250 m tief in das Matetsi Valley über die Basaltkante hinweg. So bildete er die ersten Victoria-Fälle, über 100 km flussabwärts von den heutigen Fällen gelegen.

Alte Flussverläufe

Da **Erosion** immer ein rückschreitender Vorgang ist, verlagerten sich die Fälle flussaufwärts. Schließlich erreichte der Fluss bei seiner rückschreitenden Erosion eine der ostwestlich verlaufenden und mit Kalkstein gefüllten Spalten. Hier fraßen sich seine Wassermassen tief hinein. Dies geschah im Gebiet der heutigen Batoka Gorge, ca. 8 km stromabwärts von den heutigen Fällen gelegen. Danach fraß sich der Fluss durch eine nordsüdlich verlaufende, mit Kalkstein gefüllte Spalte. Dieses Material konnte er schnell „abräumen", da es durch frühere tektonische Bewegungen gelockert war. Bald traf er bei seiner Erosion auf eine weitere, westöstlich verlaufende, mit Kalkstein gefüllte Spalte, und wieder entstand ein breiter Wasserfall. Dieser Vorgang wiederholte sich nordwärts 7-mal, und so entstand allmählich ein Zick-Zack-System von Schluchten. Ca. zwei Millionen Jahre dauerte es, bis er an der heutigen achten Spalte, die westöstlich verläuft, ankam: den Victoria-Fällen.

Rundgang

Forscher und Namensgeber: David Livingstone

Vom Ort Victoria Falls kann man bequem den Eingang zu den Victoria-Fällen erreichen. Der **Victoria Falls & Zambezi National Park** bedeckt eine Fläche von 56.000 ha. Direkt am Eingang informiert eine kleine Ausstellung über die Geschichte und Geologie der Fälle. Hier sollten Sie sich nun links halten, um Ihren Rundgang entlang der Fälle am Livingstone-Denkmal zu beginnen.

Entlang des Weges, der von Westen nach Osten führt, gelangt man zu verschiedenen Aussichtspunkten, die einen Blick auf die Main Falls, die Rainbow Falls sowie den Eastern Cataract ermöglichen. An einigen Stellen geht es durch den „Rain Forest" (Regenwald), wo die aufsteigende Gischt für eine üppige tropische Vegetation sorgt. Für einen Besuch der Fälle empfiehlt sich daher die Mitnahme eines Regenschutzes, da man sonst unweigerlich nass wird. Zur Not kann man am Eingang aber auch Regencapes kaufen oder ausleihen.

Die besten Zeiten, um von den Aussichtspunkten an der Livingstone-Statue und den Main Falls aus zu fotografieren, sind die Nachmittagsstunden. In den frühen Morgenstunden sollte man den östlichen Teil der Fälle besuchen. Der Eintritt in den Park kostet US$ 30, er ist von 6–18 Uhr geöffnet.

White Water Rafting – eine Erfahrung besonderer Art

Für Mutige

Ein besonderer Tipp für Abenteuerlustige und Wildwasserfreunde ist das „White Water Rafting" am Zambezi. „White Water" meint das weiß-schäumende Wasser der vielen „rapids" (Stromschnellen), „Rafting" heißt nichts anderes als „Floßfahren". Auf riesigen Schlauchbooten geht die Fahrt durch die enge Schlucht. Wie nass und

White Water Rafting – eine Erfahrung besonderer Art

Keine Scheu vor Wasser sollte man bei einer Rafting-Tour haben

dramatisch es hier zugeht, vermag folgende Tatsache zu illustrieren: Die Wassermassen, die zuvor über die 1.700 m breiten Victoria-Fälle donnerten, werden nun durch zum Teil 15 m breite Felsengen gepresst.

Eine solche Fahrt ist sicherlich nicht für jedermann geeignet, und manchmal kommt es vor, dass die Boote trotz erfahrener Führer und einer sportlichen Mannschaft kentern. Nicht nur die Wellenberge, Strudel und Felsen sind dann eine Gefahr, sondern auch die an den Ufern zu beobachtenden Krokodile. Die Teilnahme kostet ca. US$ 85 und dauert etwa von 8.30–16.30 Uhr, es gibt verschiedene Anbieter, unter anderem Shock Wave Rafting und Shearwater Adventures (s. S. 253).

Einige Fakten sollte man wissen, bevor man sich ins Abenteuer stürzt:
- Der Abstieg in die Schlucht folgt einem steilen Pfad.
- Kinder unter 16 Jahren dürfen nicht teilnehmen.
- Man sollte geschlossene Turnschuhe, Shorts sowie ein T-Shirt tragen und sich gut mit Sonnenschutzmitteln eincremen.
- Zwischen den Stromschnellen fließt der Fluss relativ ruhig. Das Wasser ist mild.
- Es gibt spezielle wasserdichte Kamera-Boxen, die auf das Boot montiert werden können. Bei Bedarf bitte bei der Buchung angeben.
- Alle Bootsführer verfügen über gute Flusskenntnisse und sind in Erster Hilfe bei Kenter-Unfällen ausgebildet.

Kamera wasserdicht einpacken

Folgende Fahrten werden in der Regel angeboten:
Batoka Gorge Trip bzw. High Water Run: Diese Fahrt findet etwa zwischen dem 1. Juli und 15. August statt und manchmal auch in der zweiten Dezemberhälfte.

Wer sich traut: Spaziergang mit Löwen

Man bewältigt dabei die Rapids Nr. 11–19. Die Gesamtlänge beträgt 13 km und wird mit den Schwierigkeitsstufen 3–5 angegeben (es gibt insgesamt 6 Schwierigkeitsstufen, wobei Stufe 6 von Schlauchbooten nicht befahren werden kann).

Victoria Falls Gorges bzw. Low Water Run: Diese Fahrt findet ca. vom 15. August bis Mitte Dezember statt und führt über 22 km. Es werden die Schwierigkeitsstufen 3–5 bewältigt. Im Trip sind die Stromschnellen 6–19 enthalten. Um Rapid 9 werden die Boote getragen.

Weitere Aktivitäten

Neben den Victoria-Fällen bietet der Ort noch eine Reihe weiterer Aktivitäten, bei denen allerdings eine gewisse Furchtlosigkeit gegeben sein sollte: Elefantenreiten (auch in Livingstone möglich), Bungee Jumping und ein Lion Encounter zählen dazu (Anbieter s.u.). In jedem Fall beeindruckend ist, trotz stolzem Preis (ab US$ 140), ein kurzer Helikopterflug über die Fälle. Die dauern meist nur ca. 10–15 Min., also die Kamera schussbereit halten. Den besten Blick hat man, wenn man sich nach vorne setzt.

Lion Encounter
Für Furchtlose, mind. 1,50 m große und 15 Jahre alte Menschen wird ein 45–60 Min. langer Spaziergang mit Löwen(jungen) angeboten. Das Geld fließt an den ALERT (African Lion & Environmental Research Trust, Infos unter www.lionalert.org), der sich zum Ziel gesetzt hat, in Gefangenschaft geborene Löwen artgerecht auszuwildern. Im Preis sind der Transfer ab Victoria Falls sowie beim *Morning Walk* ein Frühstück, beim *Afternoon Walk* Snacks und Soft Drinks inbegriffen.
Buchung: *Shop 8, Livingstone Way, Victoria Falls,* ☎ *(+263) 13-43513 o. -40178, E-Mail: visitvicfalls@lionencounter.com, www.lionencounter.com.*

Reisepraktische Informationen Victoria Falls

Vorwahl Zimbabwe	00263
Vorwahl Victoria Falls	013
Währung	nach der Hyperinflation des Zimbabwe-Dollar wird in Devisen bezahlt, v.a. mit US-Dollar

Einreise nach Zimbabwe von Botswana mit dem Auto

Auch wenn die Beamten in der Regel freundlich sind, kann die Einreise nach Zimbabwe doch ein wenig zum Geduldsspiel werden. Zudem ändern sich die Formalitäten mitunter, daher sind die folgenden Angaben ohne Gewähr. Aktuelle Details erfahren Sie z.B. bei Ihrem Autovermieter oder bei offiziellen diplomatischen Stellen. Zunächst muss man die Immigration Forms ausfüllen, dann bezahlt man das Visum (US$ 30; double entry US$ 45, multiple entry US 55), bekommt den Pass gestempelt (zwei Seiten freihalten) und rückt weiter zum nächsten Schalter, dem Zoll (ZIMRA, www.zimra.co.zw). Hier wird das Temporary Import Permit ausgefüllt sowie die Carbon Tax bezahlt (je nach Hubraum, ca. US$ 10–30, auch in Rand, Euro oder Pula zahlbar). Eine weitere Gebühr ist die Straßennutzungsgebühr (Road Access Fee, ca. US$ 10–30). Ein weiteres Formular plus Gebühr wird fällig für die Third Party Insurance (Teilkaskoversicherung, ca. US$ 20). Nachdem ein Zollbeamter noch mal alles notiert hat (auch eine Überprüfung des Wageninhalts kann vorkommen, früher musste Benzin in Kanistern verzollt werden), rückt man vor zum Gate, wo alle Unterlagen noch einmal geprüft werden.

Achtung: Leser berichteten, dass sie US$ 100 als „Kaution" zahlen mussten, das Geld würde ihnen gegen Vorlage der gestempelten Quittung im Büro ihres Autovermieters zurückbezahlt. Dies ist kein offizieller Vorgang und muss als Abzocke verstanden werden! Informieren Sie sich bei Ihrer Autovermietung, wie sie in einem solchen Fall reagieren sollten.

Nach allen Formalitäten ist man nun in Zimbabwe. Vom Grenzübertritt sind es ca. 70 km Asphaltstraße nach Victoria Falls. **Wichtig**: Wer vorhat, die Fälle auch von zambischer Seite zu besichtigen und die Victoria Falls Bridge zu überqueren, muss ein Visum für mehrere Einreisen kaufen (s.o.). Zudem sollte man genug Geld mitnehmen, mit Kreditkarte kann man nur gelegentlich zahlen, besonders die Tourenanbieter nehmen nur Bargeld (Dollar).

Entfernungen
Vic Falls – Hwange: *105 km*
Vic Falls – Harare: *875 km*
Vic Falls – Bulawayo: *440 km*
Vic Falls – Chobe National Park: *80 km*

 ### Unterkunft

Trotzdem allgemeiner politischer Entspannung gibt es bis auf die Umgebung von Victoria Falls bisher kaum wieder Tourismus im Land. Auch die Hotel- und Restaurantszene in Victoria Falls ist sehr im Fluss, wobei betont werden muss, dass der Tourist hier **sicher** *reisen kann (abgesehen von den üblichen Vorsichtsmaßnahmen). Aber berücksichtigen Sie, dass vielleicht das eine oder andere Unternehmen aufgrund mangelnder Geschäfte geschlossen ist und erkundigen Sie sich vor der Abreise nach der aktuellen Situation im Land.*
Victoria Falls Backpackers $ (8), *über Getaway Safaris, 357 Gibson Road, ☏ 42209, Mobilfunk: 0912-4433, E-Mail: info@getawaysafaris.com, www.getawaysafaris.com. US$ 20 p.P., Camping US$ 6.* **Lage**: *ca. 20 Min. zu Fuß außerhalb des Ortes.* **Beschreibung**: *Swimmingpool, schattige Gartenanlage, Frühstück und Gemeinschaftsküche. Fahrradverleih. Zudem werden von hier zahlreiche Aktivitäten und Ausflüge organisiert.*

Shoestring Backpacker Lodge $**, 12 West Drive, ☎ 40167, E-Mail: info@shoestringsvicfalls.com; www.shoestringsvicfalls.com. US$ 10 im Schlafsaal, US 40 im DZ, Campingplatz im Garten (US$ 5). **Lage: direkt im Ort gelegen. **Beschreibung**: einfach, aber sauber. zudem einfache, bunte Zimmer (mit Klimaanlage). Gemeinschaftsküche, Restaurant, Pool, beliebte Bar.

Amadeus Garden $$–$$$**, 538 Reynard Road, ☎ 42261, 📠 44293, E-Mail: reservations@amadeusgarden.com, www.amadeusgarden.com. US$ 60–75 p.P. im DZ. **Lage: 2 km von den Fällen. **Beschreibung**: sehr nettes, inhabergeführtes Guesthouse unter deutscher Leitung mit 11 Zimmern mit WC und solarbeheizten Duschen, schönem Garten und Pool. Leckeres Frühstück. Ausflüge und Aktivitäten werden an der Rezeption organisiert und reserviert. Rundum empfehlenswert.

Gerties Lodge $$–$$$**, Klaus & Peter Jänicke, 597 Nguhwuma Crescent, ☎/📠 42002, E-Mail: jtsgerti@mweb.co.zw, www.gertieslodge.com. Ca. US$ 60 p.P. inkl. Frühstück, US$ 80 mit Halbpension. **Lage: in einem Vorort, 2 km ins Zentrum, ca. 3 km zu den Fällen. **Beschreibung**: familiäre Lodge, bestehend aus 4 Einheiten mit je 2 Schlafzimmern, kleinem Wohnzimmer und Dusche/WC (für bis zu 6 Pers.). Gutes Essen und, wer es vermisst: deutsches Fernsehen. Verschiedene Aktivitäten und Safaris im südlichen und östlichen Afrika werden angeboten.

Sprayview Hotel $$$ (7), Ecke Livingstone Way und Reinhart Road, ☎ 44344, 📠 44345. E-Mail: reservations@sprayview-hotel.com; www.sprayview-hotel.com. **Lage**: am Livingstone Way am Ortseingang auf dem Weg zum Flughafen, ca. 800 m vom Ortszentrum. Ca. US$ 165 für DZ inkl. Frühstück. **Beschreibung**: Ca. 60 saubere, recht einfache Zimmer, Swimmingpool, Bar and Disco. Leser lobten das freundliche Personal. Gutes Preis-Leistungs-Verhältnis!

Rainbow Hotel $$$ (6), 278 Parkway Drive. ☎/📠 44583, E-Mail: info@victoria-falls-rainbow-hotel.com; www.victoria-falls-rainbow-hotel.com. US$ 200 für DZ inkl. Frühstück. **Lage**: 2 km von den Victoria Falls, 500 Meter zum Stadtzentrum. **Beschreibung**: ordentliches Hotel mit 90 sauberen Zimmern und Pool, freundliches Personal.

Lokuthula Lodges $$$**, ☎ 43211-20, E-Mail: resman@saflodge.co.zw, www.lokuthulalodges.com. US$ 180–250 pro Lodge bei Selbstverpflegung, Bed and Breakfast US$ 85–100 p.P. **Lage: nahe der Victoria Falls Safari Lodge gelegen. **Beschreibung**: 37 sehr schön angelegte, riedgedeckte Einzellodges. 2–3 Schlafzimmer/Einheit, also 4–6 Personen. Herrliche, ruhige Umgebung.

The Kingdom at Victoria Falls $$$ (9), 1 Mallett Drive, ☎ 44275, E-Mail: reservations@kingdom-hotel.net, www.kingdom-hotel.net. US$ 230 für Standard-DZ inkl. Frühstück. **Lage**: im Vic Falls National Park, direkt an den Fällen. **Beschreibung**: komfortables Resort Hotel mit 294 Zimmern und allen Annehmlichkeiten wie vier Bars mit so klingenden Namen wie The Rapid Pool, The Wild Thing, drei Pools, Kinderspielplatz, Casino und Spa. Die fantasievolle Architektur mit Türmchen und Brücken soll an das alte Königreich von Munhumutapa erinnern.

A'Zambezi River Lodge $$$$ (5), 308 Parkway Drive, ☎ 44561-4, 📠 45835, E-Mail: reservations@azambeziriverlodge.com, www.azambeziriverlodge.com. US$ 265–355 p.P. für ein DZ inkl. Frühstück. Auch Suiten buchbar. **Lage**: direkt am Zambezi gelegen, aber relativ weit von den Fällen entfernt (ca. 5,5 km). **Beschreibung**: großzügige, moderne Hotelanlage mit großem Swimmingpool, im Halbkreis zum Zambezi gebaut. Shuttlebus nach Victoria Falls. Sehr ruhige Lage. Abends Buffet an der Terrasse.

Ilala Lodge $$$$ (2), P.O. Box 18, Victoria Falls, ☎ 44737-8 o. -9, zentrale Reservierung Südafrika (+27) 21-685-9809, E-Mail: bridget@venues4africa.com; www.ilalalodge.com. Ca.

Berühmt: der Nachmittagstee auf der Terrasse des Victoria Falls Hotels

US$ 160 p.P. im DZ mit Frühstück. **Lage**: nahe der Post im Ort gelegen. **Beschreibung**: nette Hotelanlage, überschaubar (32 Zi.) mit stilvollem Restaurant, 5 Minuten zu Fuß bis zu den Wasserfällen. Schöne Gartenanlage, umgrenzt vom Buschland. Allabendlich Aufmarsch von Raftern zur Video-Show im angrenzenden Pub. Unbedingtes Muss für das Abendprogramm, Vorführung gegen 19 Uhr. Genauen Anfangsbeginn an der Rezeption erfragen. Dennoch ruhiges Wohnen in der Lodge möglich!

The Victoria Falls Hotel $$$$ **(1)**, 2 Mallett Drive, ☏ 4475-1 (bis -9), E-Mail: reservations1@tvfh.africansun.co.zw; www.victoria-falls-hotels.net. US$ 302–340 für Standard-DZ mit Frühstück. **Lage**: ruhige Einzellage, nahe der Edwardian Railway Station. **Beschreibung**: bereits 1904 erbautes Traditionshaus im britischen Kolonialstil mit 161 Zimmern und Suiten (Renovierung 2012/2013), Swimmingpool und großzügigen Außenanlagen, Kinderspielplatz. Vom Hotel aus kurzer Fußweg zum Eingang der Wasserfälle, abends Mkishi-Tanzvorführung im Hotel. Wer Atmosphäre mag und das Geld dafür ausgeben will… sicherlich ein tolles Erlebnis. Man kann auch als Nicht-Gast auf der Terrasse frühstücken oder einen Nachmittagstee zu sich nehmen und dabei den Blick genießen auf „den Rauch, der donnert".

Elephant Hills Resort $$$$ **(3)**, 300 Parkway Drive, ☏ 44793, E-Mail: pacro@africansunhotels.com, www.africansunhotels.com. US$ 264 p.P. im Standard-DZ inkl. Frühstück. **Lage**: 3 km außerhalb des Ortes am Parkway gelegen. **Beschreibung**: Das Hotel fällt auf wegen der nicht an die Landschaft angepassten Architektur, bietet dafür aber eine schöne Rundsicht. Hoteleigener Golfplatz (18 Löcher). Golfspielen kann durch Besuch von Löwen unterbrochen werden!

Sehr empfehlenswert: eine Sundowner-Tour auf dem Zambezi

Victoria Falls Safari Lodge $$$$$ **(4)**, Squire Cummings Road, ☎ 43211-20, 🖷 43205/7, E-Mail: saflodge@saflodge.co.zw, www.victoria-falls-safari-lodge.com. Je nach Saison US$ 144–180 p.P. im Standard-DZ. **Lage**: 2,5 km von der Stadt entfernt, Abzweig vom Parkway. **Beschreibung**: Sehr geschmackvoll konzipierte Lodge, von der Hauptanlage aus Sicht auf den oberen Zambezi und Sicht auf ein Wasserloch! Landestypische Bauweise, Boma Restaurant (s.u.) mit erstklassigem Service, sehr zuvorkommendes Personal. Abends Tanzvorführungen. Sehr schön angelegter Garten.

The Stanley and Livingston at Victoria Falls $$$$$, Infos und Buchung bei Rani Resorts in Südafrika, ☎ (+27) 11-658-0633 (8–17 Uhr), E-Mail: enquiries@raniresorts.com, www.stanleyandlivingstone.com. US$ 300–340 p.P. **Lage**: im 6.000 ha großen Victoria Falls Private Game Reserve (angrenzend an den Zambezi National Park), ca. 10 Min. Fahrt von den Fällen entfernt. **Beschreibung**: Das luxuriöse Hotel mit nur 16 Luxus-Suiten bietet alles, was das Herz begehrt, zum Beispiel ein Bad in viktorianischem Stil. Eigenes Wasserloch zur Tierbeobachtung, Pool, Bar und schönes Restaurant vorhanden.

Außerhalb von Victoria Falls
Gorges Lodge $$$$$, 11 Kildare Roads, Buchung in Bulawayo: ☎ (+263) 9-245051, -243064 o. -242298, 🖷 (+263) 9-241748, E-Mail: reservations@gorges-lodge.com; www.gorges-lodge.com. US$ 280 p.P. DZ mit Vollpension, US$ 120 B&B. **Lage**: 20 Minuten

östlich von Victoria Falls gelegen. **Beschreibung**: Von den Zimmerterrassen schaut man 250 m tief in die Batoka-Zambezi-Schlucht. Alle Zimmer sind sehr geschmackvoll eingerichtet, das Essen ist ausgezeichnet. Sehr ruhig gelegen, schöner Swimmingpool. Wunderbare Gesamtanlage – ein Traum!

Imbabala Zambezi Safari Lodge $$$$$, Buchung und Info: Wild Horizons, ☏ 44571, 44426, 42313 oder 42029, 🖷 44426, E-Mail: res6@wildhorizons.co.zw; www.imbabalazambezisafarilodge.com. US$ 250 p.P. inkl. Verpflegung und Safaris. **Lage**: ca. 80 km von Victoria Falls entfernt, direkt an den Ufern des Zambezi gelegen; nahe Kazungula. **Beschreibung**: 2008 komplett renovierte und wiedereröffnete Unterkunft. Es gibt Übernachtungsmöglichkeiten für bis zu 18 Gäste in riedgedeckten Chalets aus Stein. Man unternimmt Safaris per Landrover, Boot oder zu Fuß. Bekannt ist die Gegend für große Elefantenherden. Dieses Camp empfiehlt sich für alle, die nur die Victoria Falls besuchen, aber doch noch etwas vom Wildreichtum des Zambezi-Tals sehen möchten.

Masuwe Lodge $$$$$, Buchung und Infos: Landela African Experiences, Südafrika, ☏ (+27) 21-671-4181, 🖷 (+27) 86-601-3673, E-Mail: info@landela.co.za, www.landela.co.za/lodge_masuwe.html. Ca. US$ 550/DZ inkl. Verpflegung und Safaris. **Lage**: 7 km außerhalb der Stadt am Masuwe River gelegen (westlich der Straße nach Bulawayo). **Beschreibung**: Die Lodge befindet sich in einem privaten Gamepark, angrenzend an den Zambezi National Park in der Nähe von Victoria Falls. Sie bietet erstklassige Zeltunterkünfte im Standard eines 4- oder 5-Sterne-Hotels. Die Zelt-Lodge befindet sich auf einer Teakholz-Plattform mit dadurch guter Aussicht auf den Busch. Vom Hauptgebäude aus sieht man auf ein (nachts beleuchtetes) Wasserloch. Luxuriöse Buschunterkunft abseits des Trubels von Victoria Falls.

The Elephant Camp $$$$$, Buchung und Infos: Wild Horizons, ☏ 44571/2/3 o. 42313, 🖷 44426, E-Mail: res6@wildhorizons.co.zw; www.wildhorizons.co.za. Ca. US$ 350 p.P. im DZ mit allem inklusive. **Lage**: 10 km vom Ort entfernt. Zwischen dem Masuwe-Fluss und den Schluchten des Sambesi, mit beeindruckendem Blick auf die Schluchten zwischen Zimbabwe und Zambia sowie die Gischt der Victoriafälle. **Beschreibung**: Exklusives Camp mit neun Luxuszelten für 18 Gäste, jedes mit Blick über die Schlucht und mit kleinem Pool, Badewanne und Innen- sowie Außendusche. Spa-Behandlungen gegen Aufpreis. Besonderheit: Ein enger Kontakt zu den Elefanten des eigenen Wildgeheges ist möglich.

⚠️ Camping

Victoria Falls Rest Camp $, ☏ 40509-11, mobil 773-496-695, E-Mail: reservations@restcamp.co.zw, www.vicfallsrestcamp.com. Camping US$ 12 p.P., Chalets US$ 40 für 2 Pers. **Lage**: Der Campingplatz liegt in Victoria Falls im Stadtzentrum, am Parkway Drive. Der Eingang liegt gegenüber der Kreuzung Parkway- und West Drive, ca. 2 km von den Fällen entfernt. **Beschreibung**: Es gibt Zeltmöglichkeiten, Chalets und Cottages. Sicher und ordentlich. Swimmingpool.

Zambezi National Park, ☏ 4-706077/8, www.zimparks.com. **Lage**: ca. 5 km von der Stadt entfernt. **Beschreibung**: hier gibt es neben dem Zambezi Camp mit Selbstversorger-Lodges die drei Fishing Camps Kandahar, Siansimba und Mpala Jena, die direkt am Zambezi liegen; sie bieten Toiletten, fließendes kaltes Wasser und Grillmöglichkeiten. Zudem gibt es vier naturbelassene Campingplätze im Park, nur mit Grill und Buschtoilette. Auch wenn man sich im Zweifel komplett selbst versorgen muss, ist die Lage der Plätze am Zambezi wohl einzigartig.

🍴 Restaurants

Die Auswahl an selbstständigen Restaurants ist in Victoria Falls gering. Die besten Mahlzeiten können Sie auch als individueller Reisender in den Hotels des Ortes einnehmen.

Hier eine kleine Auswahl:
Livingstone Room, im Victoria Falls Hotel (s.o.). Grandioser Speisesaal, bestes Essen und preisgekrönte Weinkarte. Ebenso kann man draußen (The Terrace) speisen und auf die Hotelgärten sowie die Brücke über den Zambezi schauen. Dresscode: Schick.
Boma Restaurant, in der Victoria Falls Safari Lodge (s.o.), www.victoria-falls-safari-lodge.com/bomarestaurant.html. Ausgezeichnete, prämierte Küche. Außerhalb der Stadt gelegen, aber Shuttle-Service von allen großen Hotels, Reservierung empfehlenswert. Mehr als ein Restaurant ist das Boma eine dreistündige Erlebnis-Dinner-Show (Beginn um 19 Uhr) – mit europäischen Preisen. Afrikanisches Flair verbreiten schon die Bauart mit Strohdach und die vielen Masken an den Wänden, der Parkplatzwächter ist als Häuptling verkleidet. Neben Zulu-Bier gibt es am afrikanischen Buffet so Ungewöhnliches wie Krokodilfleisch, Warzenschwein, Eland und, wer sich traut, Mopane-Würmer. Für die weniger experimentierfreudigen gibt es aber auch Lamm, Salate und eine Auswahl an Nachtischen. Dazu werden zahlreiche, z.T. interaktive Darbietungen präsentiert.
The Palm Restaurant, in der Ilala Lodge (s.o.). Asiatische Gerichte sowie einige afrikanische Spezialitäten. Man kann auch draußen sitzen und dem Rauschen der Fälle lauschen.
The Pizza Bistro, Soper´s Arcade. Sehr beliebte Pizzeria, die aber auch schon Frühstück serviert.
Naran's Restaurant, Soper's Arcade. Offen 8–17 Uhr. Gutes Frühstück, leckere Curries und Samosas, sehr preiswert.
Wimpy, Park Street/Livingstone Way. Schnellrestaurant: preiswert mit den üblichen Hamburgern, Hähnchen, Pommes Frites etc.

🚶 Aktivitäten und Touranbieter

Den sportlichen und mehr oder weniger abenteuerlichen Aktivitäten sind in Victoria Falls kaum Grenzen gesetzt. Die beliebtesten sind Sunset-Touren auf dem Zambezi, Helikopter-Rundflüge, Rafting und Bungee-Jumping.

Zzt. ist die Auswahl an Anbietern in Zambia allerdings größer (s. S. 258f). Viele operieren auch auf beiden Seiten der Fälle. Der Helikopterflug „Flight of Angels" (ca. 10–15 Min.) bei Shearwater Adventures (s.u.), dem größten Outdoor-Anbieter Zimbabwes, kostet US$ 140 – dafür ist es aber auch ein einmaliges Erlebnis. Auf jeden Fall sollte man sich nach vorne setzen! Viele Aktivitäten kann man sich auch von seiner Unterkunft organisieren lassen.

Namhafte Anbieter, bei denen man alle möglichen Aktivitäten buchen kann, sind unter anderem:
Zambezi Safari & Travel Co., Büro in Victoria Falls, Kontakt über GB: ☎ 0044-1548-830059, E-Mail: info@zambezi.com, www.zambezi.com und www.victoriafalls.net. Neben den o.g. genannten Aktivitäten wird hier auch Microlight Flying angeboten, das große afrikanische Flugabenteuer im motorbetriebenen Deltasegler. Außerdem Kanutouren, Jet Boating, Game Drives und vieles mehr.

Shearwater, Sopers Arcade, ☏ 44471, mobil 773-461716 (Reservierungen) E-Mail: reservations@shearwatervf.com, www.shearwatervictoriafalls.com. Das Unternehmen bietet alles an, was man in und um die Victoria Falls so machen kann: Elefantensafaris, Spaziergänge mit Löwen, Rundflüge, Rafting, Kanu-Touren, Bootsfahrten auf dem Zambezi und Tagesausflüge in den Chobe National Park. Vor allem spezialisiert auf Helikopterrundflüge.

Shockwave Rafting, No. 6 Bata Complex, ☏ 43001-3, 📠 42470, E-Mail: info@shockrafting.com, www.shockwavevictoriafalls.com. Wie der Name bereits verrät: Es werden verschiedene Rafting-Touren angeboten, auch in Verbindung mit einer geführten Tour durch Vic Falls, einer Sunset-Cruise, einem Ausflug in den Hwange National Park, in den Chobe National Park oder dem Besuch einer Schule in der Umgebung. Auch Kajak-Touren werden veranstaltet.

Tourism Services Zimbabwe, 664 Mahagony Road, ☏ 43368, 41122, 41288, 42008, 📠 41211, E-Mail: reservations@tourservzim.co.zw, www.tourservzim.com. Das Unternehmen bietet Unternehmungen in Victoria Falls, aber auch Harare, Bulawayo und Kariba an.

Wild Horizons, ☏ 44571, 44426, 423 13 o. 42029, 📠 44426, E-Mail: info@wildhorizons.co.zw, www.wildhorizons.co.za. Ebenfalls alle Aktivitäten im Angebot. Hier können auch die Imbabala Zambezi Safari Lodge und The Elephant Camp gebucht werden.

Für Mutige: Bungee-Sprung von der Brücke

✈ Flugverbindungen

South African Airlines (www.flysaa.com) bedient Johannesburg – Victoria Falls – Johannesburg täglich. SAA verbindet Südafrika auch mit den beiden zimbabwischen Destinationen Harare und Bulawayo.

Air Namibia (www.airnamibia.com) fliegt täglich von Windhoek nach Victoria Falls und zurück.

British Airways/Comair (www.britishairways.com) bedient Victoria Falls täglich von Johannesburg aus.

Air Zimbabwe (www.airzimbabwe.com) hat aus wirtschaftlichen Gründen den Flugbetrieb vorübergehend eingestellt. Aktueller Stand siehe Website.

Die meisten Hotels bieten einen Transfer vom 18 km entfernten Flughafen an.

Livingstone (Zambia)

Nach Zambia gelangt man mit der Kazungula-Fähre, dann sind es noch ca. 60 km bis Livingstone. In den Jahren der Krisen und Unruhen in Zimbabwe konnte Livingstone einen deutlichen Anstieg an Touristen verzeichnen. Zwar kamen schon immer Touristen über die Brücke, um die Fälle auch von zambischer Seite zu sehen, doch die meisten blieben in Victoria Falls – der Blick von dort ist einfach spektakulärer. Doch in der Hochwasserzeit ist auch der Blick auf die östlichen Fälle von Zambia aus interessant. Allerdings hängt das von den Niederschlägen ab.

Paradies für Outdoor-Aktivitäten

Der nach *David Livingstone* benannte Ort wurde nach seiner Gründung 1905 die Hauptstadt von Nordwestrhodesien, wenig später von Nordrhodesien, dem heutigen Zambia. Dabei handelt es sich um die zweite Siedlungsgründung, die erste erfolgte bereits 1898 bei Old Drift am Ufer des Zambezi. Noch heute kann man die Stelle und den alten Friedhof im heutigen Mosi-oa-Tunya National Park besuchen. Da die Mückenplage und damit Malaria besonders schlimm waren (man schätzt, dass 20 % der Bewohner daran starben), wurde die knapp 70 Einwohner zählende Siedlung an die Stelle des heutigen Livingstone verlegt.

Namensgeber

Die Hauptstadt wurde 1935 Lusaka, doch Livingstone ist und bleibt das touristische Zentrum Zambias. Die Mosi-oa-Tunya Road, die älteste Straße der Stadt, ist die wichtigste Verkehrsachse, auf der man alles findet, was man als Reisender benötigt.

Neben den Fällen und zahlreichen Outdoor-Aktivitäten hat Livingstone dem Besucher ein paar Museen zu bieten. Sehenswert ist u.a. das **Livingstone Museum**, das über viele Originalhandschriften des Forschers verfügt. Daneben findet man eine Ausstellung über archäologische Funde der Region vor. Weitere Abteilungen des Museum beschäftigen sich mit Musikinstrumenten, der Natur Zambias und traditioneller Medizin. Am südlichen Ortsausgang liegt das **Railway Museum** mit teilweise über 100 Jahre alten Loks.

Krokodil-Park

Für Reptilienliebhaber gibt es den **Gwembe Castle Crocodile Park**, in dem wahre Monsterkrokodile leben. Er liegt wenige Kilometer außerhalb von Livingstone Richtung Fälle. ☏ *(+260) 213-321733, E-Mail: gwemsaf@iconnect.zm, www.gwembe safaris.com.*

Mehr über die Kultur Zambias und ihre Bewohner kann man im **Mukuni Village** erfahren. In dieser gar nicht mal so kleinen „Stadt" regiert der Chief Mukuni der Victoria-Falls-Region. Alles wirkt afrikanisch-dörflich, allerdings etwas touristisch. Eine Führung führt in das Leben der Leya und in deren Schnitzkunst ein, zudem werden Souvenirs verkauft. Buchbar über Touranbieter.

Hauptattraktion sind und bleiben selbstverständlich die **Victoriafälle**, seit 1989 Weltnaturerbe der UNESCO. Auch wenn man nicht nach Zimbabwe hinüberläuft, ist der Besuch der Victoria Falls Bridge für einen Blick auf die östlichen Fälle und die Hauptschlucht zu empfehlen.

Livingstone (Zambia) 255

Mosi-oa-Tunya National Park

Der Nationalpark bedeckt eine Fläche von 66 km² und ist der zambische Zugang zu den Victoria Falls. Hier kann man verschiedene Tiere wie z. B. Paviane beobachten. Etwa 10 km² sind eingezäunt, hier leben Giraffen, Impalas, Büffel, Nashörner und Warzenschweine. *Eintritt 52,8 ZMW (ca. US$ 10). Geöffnet 6–18 Uhr.*

Reisepraktische Informationen Livingstone/Zambia

Vorwahl Zambia	00260
Vorwahl Livingstone	213
Währung	Zambischer Kwacha (ZMW); 1 US$ = ca. 5,5 ZMW; 1 € = ca. 7,1 ZMW (März 2013)

ⓘ Information
www.zambiatourism.com, www.livingstonetourism.com

 Einreise nach Zambia bei Kazungula
Möchte man bei Kazungula nach Livingstone übersetzen, muss man ein wenig Geduld mitbringen – die Fähre verkehrt nicht immer zuverlässig (offizielle Öffnungszeiten 6–18 Uhr). In jedem Fall braucht man eine Einverständniserklärung des Vermieters, dass man nach Zambia mit dem Wagen einreisen darf. Hinzu kommen für das Visum (eine Einreise US$ 50, zwei Einreisen US$ 80, mehrere Einreisen US$ 160 – bar bezahlbar) und weitere Gebühren (u.a. Straßennutzungsgebühr „Road Access Fee" US$ 30, Carbon tax – nach Hubraum – ca. US$ 10–40, Cross Border Fee ca. US$ 4, Council Levy ca. US$ 3, Versicherungspolice „Third Party Insurance" ca. US$ 55). Die Fähre kostet US$ 25 für PKWs, größere Fahrzeuge sind entsprechend teurer. Weitere Hinweise zur Einreise nach Zambia s. S. 99. Wenn man im Caprivi (Namibia) unterwegs ist, kann man alternativ bei Shesheke Bridge (Katima Mulilo) nach Zambia einreisen.

Unterkunft

Im Folgenden eine kleine Auswahl der zahlreichen Unterkünfte von Livingstone. Eine ausführlichere Liste von Unterkünften, Restaurants, Touranbietern etc. gibt es unter www.livingstonetourism.com.

Fawlty Towers $–$$, 216 Mosi-oa-Tunya Road, ☎ 323-432, E-Mail: ahorizon@zamnet.zm, www.adventure-africa.com. Ca. US$ 60 für DZ mit eigenem Bad, US$ 14 p.P. im Schlafsaal. **Lage**: im Zentrum von Livingstone. **Beschreibung**: Es ist Camping im schönen Garten möglich, zudem gibt es 2–6-Bett-Zimmer, z.T. mit eigenem Bad. Alle Zimmer mit Moskitonetz und Ventilator, es gibt einen Pool und eine Bar. Safaris können vor Ort gebucht werden. Jeden Tag kostenloser Transfer zu den Fällen! Insgesamt sehr empfehlenswerte Budget-Unterkunft.

Jollyboys $–$$, 34 Kanyanta Road, ☎ 324-229, E-Mail: enquiries@backpackzambia.com, www.backpackzambia.com. Von US$ 10 p.P. im 16er-Saal bis US$ 30 p.P. im DZ mit eigenem Bad. Camping US$ 6 p.P., auch Chalets. **Lage**: direkt hinter dem Livingstone Museum und Civic Center. **Beschreibung**: typische Backpacker-Unterkunft, Camping, Mehrbett- sowie Doppelzimmer stehen zur Verfügung, Gemeinschaftsküche, Pool Restaurant. Hinter dem Royal Livingstone Golf Course gibt es das Jollyboys Camp. Auch hier können alle Aktivitäten der Umgebung gebucht werden.

ZigZag B&B $$, ☎ 322-814, E-Mail info@zigzagzambia.com, www.zigzagzambia.com. DZ ca. US$ 80, Familienzimmer für bis zu vier Personen ca. US$ 120, inkl. full English breakfast. **Lage**: an der Hauptstraße nach Vic Falls. **Beschreibung**: zwölf Zimmer mit Klimaanlage, Bad und Moskitonetzen, Internetzugang. In einer ruhigen Gartenanlage gelegen, Pool und ein gutes Restaurant (ZigZag Coffee House) gehören ebenfalls dazu.

Green Tree Lodge $$, 2015 Kombe Drive, ☎ 322-631, E-Mail: greentreelodge@livingstonezambia.com, www.greentreelodgezambia.com. Chalet mit Bad US$ 70 inkl. Frühstück. **Lage**: in einem Vorort, abzweigend von der Airport Road. **Beschreibung**: komfortable Chalets mit Kühlschrank, Klimaanlage, Sat.-TV und Wireless-Internet. Schöner Garten mit Pool, Bar und rustikales Restaurant.

Chanters Lodge $$, Lukulu Crescent, ☎ 323-412 oder 323-401, E-Mail: richard_chanter@yahoo.co.uk oder richardchanter@gmail.com, www.chanters-livingstone.com. Verschiedene Zimmertypen, Familienzimmer (4 Personen) US$ 110, DZ im Garten mit Blick auf den Pool US$ 99, inkl. Frühstück und Transfer zum Flughafen. Zudem gibt es im Main House DZ zu US$ 75. **Lage**: ruhig, in einem Vorort von Livingstone. An der Obote Ave. steht ein Schild am Abzweig. **Beschreibung**: Alle Zimmer sind komfortabel ausgestattet mit Klimaanlage, TV, Kühlschrank Tee-/Kaffeekocher, schöner Garten mit Pool.

Außerhalb von Livingstone

The Zambezi Waterfront $$–$$$, Sichango Drive, Buchung über Website: www.thezambeziwaterfront.com. Familienzimmer (max. 4 Personen) US$ 180–260/Nacht, Standardzimmer US$ 70–100 p.P., jeweils inkl. Frühstück, Zelt im Adventure Village US$ 22–24. **Lage**: gegenüber von Siloka Island, 4 km flussaufwärts von den Victoria Falls. **Beschreibung**: verschiedene Unterkunftsoptionen: im „Adventure Island" in Zelten oder in Chalets mit eigenem Bad (auch Familienzimmer). Vom Restaurant kann man den „Rauch" der Fälle sehen. Kleiner Pool, Internetcafé, Bar, Souvenirshop und ein Buchungs-Center von Safaris par excellence gehören ebenfalls zum Komplex.

Chundukwa River Lodge $$$–$$$$, P.O. Box 61139, Livingstone, ☎ 327-452, Mobilfunk 097-7781215, E-Mail: chundukwa@zamnet.zm, www.chundukwariverlodge.com. River Chalets US$ 180–250 p.P. oder Chundu Cottages US$ 720–920/Nacht (bis zu 6 Pers.) inkl. Vollverpflegung und zwei Trips. **Lage**: am Zambezi gelegen, 25 km flussaufwärts von den

Victoria Falls (30 Min. Fahrt). **Beschreibung**: *Unterbringung in fünf Chalets und einem Familien-Cottage. Von hier hat man einen tollen Blick auf den Zambezi und kann einige der 450 Vogelarten beobachten. Abends am Lagerfeuer kann man die Hippos grunzen hören.*
Waterberry Zambezi Lodge $$$$, *P.O. Box 61294, Livingstone,* ☏/🖷 *327-455, E-Mail: reservations@waterberrylodge.com, www.waterberrylodge.com. US$ 270 p.p. mit allem inkl.* **Lage**: *von Livingstone die Straße Kazungula/Sesheke, nach 22 km links auf eine Schotterpiste (Schild). Nach weiteren 6 km ist man da.* **Beschreibung**: *Hübsche riedgedeckte DZ- oder Familien-Cottages. Neben den Ausflügen zu den Highlights der Umgebung kann man sich hier auf dem Ponton am Fluss erholen, sich im Pool abkühlen und abends das Barbecue unter Sternen genießen.*
David Livingstone Safari Lodge & Spa $$$$, *Riverside Drive (off Sichango Road),* ☏ *324-601,* 🖷 *324-615, E-Mail: lodge@dlslandspa.com, www.dlslandspa.com. Ab US$ 261 p.P. im Standard-DZ mit Frühstück.* **Lage**: *südlich der Stadt am Fluss.* **Beschreibung**: *die noch recht neue Lodge am Ufer des Zambezi bietet 77 Zimmer, fast alle mit Blick auf den Fluss und mit Balkon; zudem Spa, Pool und ein eigenes Boot, die Lady Livingstone.*
Royal Chundu Zambezi Lodges $$$$$, *Plot 9003, Katambora, Nakatindi Road, Kazungula (Zambia)* ☏ *Südafrika (+27) 13-751-1038, E-Mail: royalchunduluxurylodges@gmail.com, http://royalchundu.com/de (auf Deutsch). Preisunterschiede zwischen River- und Island Lodge sowie „einfacher" Vollpension (plus tägl. Sundowner-Fahrt) und VP mit vielen Aktivitäten, US$ 390–695 p.P.* **Lage**: *ruhige Lage im Katambora Forest am Zambezi.* **Beschreibung**: *die Anfang 2010 eröffnete, luxuriöse Lodge liegt sowohl am Flussufer als auch auf einer kleinen Insel mitten im Zambezi. Nachts kann man der afrikanischen Tierwelt lauschen, tagsüber sich im Spa verwöhnen lassen oder an einer der zahlreichen Aktivitäten teilnehmen.*
Tongabezi Lodge $$$$$, *Private Bag 31, Livingstone,* ☏ *327-450, E-Mail: reservations@tongabezi.com, www.tongabezi.com. Je nach Unterkunftsart ab US$ 620 p.P. inkl. Aktivitäten und Vollpension.* **Lage**: *wenige Kilometer westliche von Livingstone am Zambezi gelegen.* **Beschreibung**: *luxuriöse und romantische Lodge, in der jeder Gast in seinem eigenen House/Cottage wohnt, in dem sich ein privater Concierge um alle Wünsche kümmert. Bootstouren, Kanu fahren, Picknick auf einer Insel im Zambezi, Candlelight Dinner, Game Drives und Besuche von Museen und Dörfern in der Umgebung gehören zu den Aktivitäten.*
Thorntree River Lodge $$$$$, ☏ *Südafrika (+27) 31-310-6900 (Reservierungen), E-Mail: ceres@threecities.co.za, www.thorntreelodge.net. Ab ca. US$ 350 p.P. im Standardzimmer inkl. Vollpension und einer Aktivität pro Tag (Game Drive, Sunset Cruise oder Tour nach Victoria Falls).* **Lage**: *im Mosi-oa-Tunya National Park 15 km von Victoria Falls. Beschreibung: max. 18 Gäste finden in der Lodge Platz, jedes der geräumigen Zimmer hat eine eigene Veranda. Guter Ausgangspunkt für Touren in den Mosi-oa-Tunya National Park.*

Camping
Camping ist unter anderem in den Backpacker-Unterkünften **Fawlty Towers** und **Jollyboys** möglich (Kontaktadressen s.o.).

Restaurants
Die meisten Restaurants liegen entlang der Mosi-oa-Tunya Road, dort findet man vor allem viele günstige Lokale und Cafés.
Golden Leaf *(vorher „Kamuza"), 110 Mosi-oa-Tunya Road,* ☏ *321091/2, www.ngolidelodge.com. In der Ngolide Lodge befindet sich dieses sehr bekannte und exzellente indische Tandoori-Restaurant. Auch internationale Gerichte. Derzeit das beste Restaurant in Livingstone, seit 2012 unter neuem Namen.*

Wie in alten Zeiten: Fahrt mit dem Livingstone Express

Café Zambezi, 217 Mosi-oa-Tunya Road, ☏ 97-8978578, E-Mail: cafezambezi @gmail.com. Geöffnet tägl. 9–24 Uhr. Mischung aus karibischer und afrikanischer Küche, lekker für Fleischliebhaber. Zusätzlich Pizzen, aber auch gut für Frühstück oder dem Kaffee zwischendurch – am besten im schattigen Innenhof.

Ocean Basket, Mosi-oa-Tunya Road (Area 217), ☏ 321-264, www.oceanbasket.com. Filiale der südafrikanischen Seafood-Kette. Kalamri, Muscheln, Austern, aber auch Griechisches wie Tzatziki, Feta und Oliven.

Olga's The Italian Corner, Nakatindi Road (neben der Kirche Ecke Mosi-oa-Tunya Road), ☏ 324-160, www.olgasproject.com. Hier gibt es nicht nur original-italienische Pizza, Nudeln und einen Craft Shop, sondern das Lokal arbeitet eng mit dem Youth Community Training Centre zusammen und unterstützt es bei der Ausbildung und dem Schulbesuch von Kindern. Ein neues Gästehaus (DZ ZMW 400 ca. US$ 73) wurde im Juni 2012 eröffnet. Der Entwicklung des Projekts kann man unter http://olgasproject.blogspot.com folgen.

Einkaufen

Kubu Crafts, 133 Mosi-oa-Tunya Road, ☏ 320-230, www.kubucrafts.com. Große Auswahl von Kunsthandwerk.

Bookworld, Shop No. 10, Mosi-oa-Tunya Square, ☏ 321-414. Auch viele Tier- und Reisebücher.

Emmah's Wear, 121 Mosi-oa-Tunya Road, nahe National Milling, ☏ 322-254, E-Mail: emmawear@zamnet.zm. Emmah schneidert traditionelle zambische Kleidung, zudem Hübsches für zu Hause wie Vorhänge, Kissenbezüge und Decken.

Aktivitäten und Veranstalter

Livingstone hat zahlreiche Outdoor-Anbieter, die von Helikopterflügen über Rafting, Bungee-Jumping, Kanutrips, Spazieren mit Löwen oder Reiten auf Elefanten alles für den gewünschten Adrenalin-Kick im Angebot haben. Hier eine Auswahl:

Zambezi Elephant Trails über **Zambezi Safari & Travel Co.**, Büro in Victoria Falls, Kontakt über GB: ☏ 0044- 1548-830059, E-Mail: info@zambezi.com, www.zambezi.com

und www.victoriafalls.net/elephant_back_safaris.htm. Nahe der Thorntree Lodge bietet sich die Möglichkeit, den Dickhäutern ganz nahe zu kommen. Nach einer kurzen Einführung wird man „seinem" Elefanten und dem Guide vorgestellt. Man spaziert mit den Elefanten durch den Busch, dabei erklärt der Guide viel Interessantes sowohl zu den Elefanten als auch über die Natur. Insgesamt dauert das Ganze etwa eine Stunde (ab US$ 140). Auch eine Elephant Back Safari ist möglich. Hier kann man auch alle anderen möglichen Aktivitäten buchen.

Pizzaausbildung vom Italiener im Olga's

Abseil Zambia, ☎ 321-188, E-Mail: theswing@zamnet.zm, www.thezambeziswing.com. Wer nach Bungee und Rafting noch nicht genug hat, kann hier in freiem Fall über die Schluchten „fliegen" oder senkrecht die Felsen hinabwandern.

Livingstone's Adventure, ☎ 323-589, Mobilfunk 978 770175, 1 324-071, E-Mail: reservations@livingstones adventure.com, www.livingstonesadventure.com. Bietet Flüge mit dem Helikopter sowie Microlight-Flugzeugen, Quad Safaris, Kanu-Trips uvm.

Royal Livingstone Express, ☎ 323-232, E-Mail: info@bushtracksafrica.com, www.royal-livingstone-express.com. Man fährt in einem Eisenbahnwaggon von 1900, gezogen von einer aus dem Jahre 1922 stammenden Lokomotive. Los geht's am Royal Livingstone Hotel um 17 Uhr, von dort wird man zum Startpunkt der Bahn gebracht. Es geht durch den Mosi-oa-Tunya National Park, wo man verschiedene Tiere beobachten kann. Nach Einbruch der Dunkelheit wird das 5-Gänge-Menü serviert. Das Ganze kostet US$ 195 p.P. inkl. Essen, Aperitif und Getränken (Wein, Bier und Softdrinks).

 Verkehrsmittel
Bus

Es gibt verschiedene Verbindungen nach **Lusaka** (mehrmals tgl. zw. 6 und 14 Uhr, z.B. Mazhandu Family Bus, http://travelmazhandu.com). Der Intercape Mainliner (www.intercape.co.za) verbindet Livingstone z.B. mit **Windhoek**. Nach **Bulawayo** fahren ca. stündlich Busse, wobei dies auch von der Verfügbarkeit von Benzin in Zimbabwe abhängig ist.

Flüge

Livingstone wird ab Johannesburg von South African Airlines und British Airways tägl. bedient, zudem gibt es Verbindungen nach Lusaka.
Bei Ablug an einem zambischen Flughafen fallen für internationale Gäste derzeit ZMK 156 (ca. US$ 28) „Departure and security tax" an. Bitte fragen Sie vor Ort nach dem aktuellen Stand.

Charterflüge
Pro Flight Zambia, Reservierungen im Flughafenbüro Livingstone, ☎ 324-745, E-Mail: livingstonesales@proflight-zambia.com, www.proflight-zambia.com. Sowohl Charter als auch Linienflüge.
United Air, ☎ 323-095, E-Mail: info@uaczam.com, www.uaczam.com. Rund- und Charterflüge, auch mit dem Helikopter.

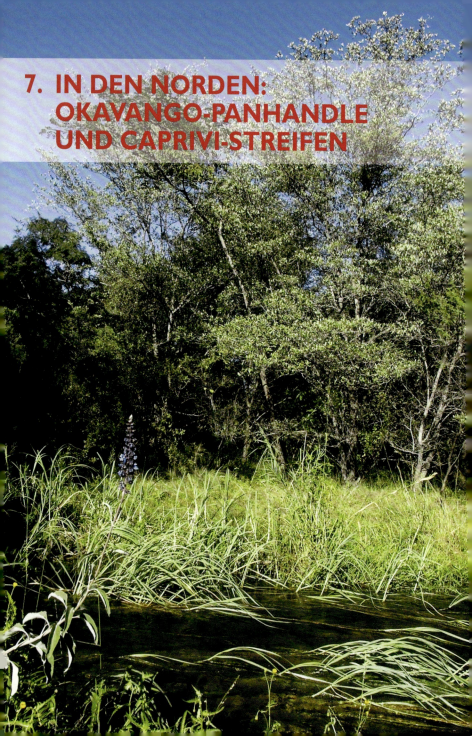

7. IN DEN NORDEN: OKAVANGO-PANHANDLE UND CAPRIVI-STREIFEN

Von Maun in den Panhandle und nach Shakawe

Km: 400
Tankstellen: Maun, Gumare, Etsha 6, Shakawe

Okavango-Panhandle und Caprivi-Streifen

Von Maun ist die Straße bis Shakawe asphaltiert und relativ gut zu befahren. Dabei durchquert man die wenig spektakulären Orte Toteng, Sehitwa (ca. 27 km nördlich das Setata Veterinary Fence Gate) und schließlich Tsao.
Kurz nach Tsao geht links eine Sandpiste ab zu den Drotsky's Caves und den Aha Hills (s. S. 263f). Folgt man der Teerstraße weiter geradeaus, gelangt man über Gumare (kurze Zufahrt rechts) und Etsha, wo Versorgungsmöglichkeiten bestehen, nach Sepupa. Hier gibt es einige Unterkunftsmöglichkeiten und eine Bootsverbindung nach Seronga (s. S. 270).
Hinter Sepupa liegt bei dem Dorf Nxamaseri der Abzweig zu den Tsodilo Hills (s. S. 271). Weiter auf der Hauptstraße geht es an den rechts der Straße liegenden Shakawe Lodge und Drotsky's Cabins vorbei bis nach Shakawe (s. S. 275f). Ohne Abstecher ist die Strecke in knapp fünf Stunden gut zu schaffen.

 Informationen zu Ghanzi und Umgebung s. S. 317, zur Strecke nach Dobe s. S. 265 und von dort nach Windhoek s. S. 133ff.

Lake Ngami

Der Lake Ngami, zwischen Toteng und Sehitwa gelegen, war schon immer einer der **sonderbarsten Seen Afrikas**. Seine Existenz als mit Wasser gefüllter See ist gänzlich abhängig von den Regenfällen in Angola und vom Durchfluss des Okavango-Wassers durch die Sümpfe. Der Thamalakane bringt in guten Jahren Wasser über den Nxhabe zum Lake Ngami. Doch kann man nie wissen, wann das der Fall ist, wann der See in einer Fläche von 65 x 16 km gefüllt ist. Wenn kein Wasser hierher gelangt, trocknet der See komplett aus, doch nach starkem Zufluss schwillt er zu einem riesigen Binnensee an. Aus diesem Grunde sind die Reiseberichte der alten Forscher so verschieden.

Wahrscheinlich bedeutet „Ngami" so viel wie „groß". Die San nannten ihn „Nxhabe", was „Ort der Giraffen" bedeutet; die Yei nannten ihn „Ncame" („Ort des Schilfes"). In Zeiten hohen Wasserstandes betrug seine Tiefe fast 2 m. Das klingt nicht viel, doch wenn man sich seine Gesamtfläche vorstellt und sich vergegenwärtigt, dass er von allen Seiten von der Kalahari umgeben ist, kann man ihn durchaus als ein kleines Naturwunder bezeichnen.

Deshalb zog der Lake Ngami seit jeher Menschen an. Es mag um 1750 gewesen sein, als baYei-Jäger ihn entdeckten. Und sie erzählten ihrem Stamm vom Fischreichtum und von Flusspferden. Von allen Seiten von der abweisenden Kalahari umgeben, regte er seit damals die Fantasie von Abenteurern an. Ab 1820 siedelte sich der Stamm der kämpferischen baTawana an. Sie stellten Besitzansprüche an das Land, und ihr Vieh fand am See genügend Wasser. Sie unterdrückten die friedlichen Stämme der baYei, baKgalagari und der San. Sie verlangten Fleisch, Felle, Pflanzen, kurz: Sie verhielten sich wie Unterdrücker.

Am 1. August 1849 erblickte **David Livingstone** als erster Weißer den legendären See. *Livingstone* war erstaunt, wie bevölkert die Ufer waren. In dem aus mehreren hundert Hütten bestehenden baTawana-Dorf regierte damals der 20jährige Häuptling *Letsholathebe*. Als *Livingstone* Ziegen und Ochsen kaufen wollte, um seine Fleischvorräte aufzufrischen, wies ihn der Häuptling ab und bot stattdessen Elefantenzähne an. Aus den Berichten *Livingstones* erfuhren Beutejäger damals, dass es hier in großen Mengen Elfenbein gab. Und in einem Zeitraum von nur drei Jahren wurden über 900 Elefanten in der Umgebung des Sees erlegt! *Livingstone* schätzte die Größe des Sees auf etwa 800 km². Alte Uferlinien lassen sogar eine prähistorische Größe von 1.800 km² vermuten.

Um die Mitte des 19. Jahrhunderts bahnte sich eine Naturkatastrophe an, die ihren Anfang im nördlichen Teil des Okavango nahm. Verlassene Papyrusboote trieben zusammen, schlugen Wurzeln und blockierten den Wasserabfluss. Der Fluss Thaoge, der den Lake Ngami speiste, trocknete allmählich aus. Zwischen dem Schilf blieben immer kleiner werdende Tümpel zurück, wo Stechmücken ideale Brutmöglichkeiten fanden. Viele Menschen wurden von Malaria befallen und fielen dem Tropenfieber zum Opfer. Durch die immer schlimmer werdende Dürre trockneten die Gräser, ihre Samen lockten wiederum große Schwärme von Blutschnabelwebern an. Im Jahre 1896 erstickte das Papyrusdickicht schließlich völlig den Thaoge, der Lake Ngami trocknete aus. Für die baTawanas aber sollte es noch schlimmer kommen. Eine Heuschreckenplage breitete sich in ihrem Gebiet aus, eine Rinderpest raffte den Viehreichtum dahin. Die Geier sollen damals so fett gefressen gewesen sein, dass sie nicht mehr fliegen konnten.

Die Umgebung des Sees wurde sogar einmal **Zufluchtstätte verfolgter Herero**. Im Jahre 1904 wurden die Herero endgültig von der Deutschen Schutztruppe am Waterberg geschlagen. Der größte Teil versuchte, durch das Sandveld ins heutige Botswana zu gelangen. Doch viele kamen wegen Hunger und Durst auf dem Treck durch die lebensfeindlichen Landschaften um. Die Überlebenden siedelten sich – in kleine Gruppen aufgesplittert – am Rande des Lake Ngami an.

Erst im Jahre 1953 füllte sich das Seebett wieder. Erste Vogelschwärme siedelten sich an, bald kamen Menschen mit ihren Rindern. Über 20.000 Tiere tranken an dem ca. 120 km langen Ufer und ließen im Wasser ihren Kot zurück. Im warmen Wasser verteilte sich der Dung, Pflanzen verwesten. Somit war Nährboden für Plankton und Algen geschaffen. Mit der Flut aus dem klaren Okavango-Becken wurden Fische eingeschwemmt, die allerdings zumeist in dem sauerstoffarmen, trüben Wasser des Lake Ngami umkamen. Nur zwei Brassearten sowie eine Barbenart überlebten hier, vermehrten sich und bildeten für Vögel ideale Lebensbedingungen. In den folgenden Jahren trocknete der See mehrfach aus – und füllte sich wieder. Und damit wechselte der Zyklus des Kommens und Wegziehens der Tiere.

Obwohl der Lake Ngami seine Existenz dem Okavango verdankt, ist er doch so ganz anders:
- Er ist – wenn überhaupt – mit **trübem Wasser** gefüllt.
- Seine Ufer sind **nicht mit Schilf und Ried bestanden**.
- Es leben hier **keine Krokodile und Flusspferde.**
- Die **Besiedlung** war hier stets **beständig**.

Lange Zeit war der See trocken, und man konnte getrost von einem Besuch absehen. Touristische Infrastruktur gibt es in Sehitwa und Toteng auch heute noch nicht. Man muss sich also abseits der Hauptstraße in die Büsche schlagen, um zu campieren. Seit 2004 aber füllte er sich wieder relativ häufig mit Wasser, 2007 wurden immerhin 52 km² geflutet. Die größten Wassermassen aber kamen nach den stärksten Regenfällen seit Jahrzehnten im Jahr 2009, sie blieben bis heute und mit ihnen kamen wieder Tausende Vögel. Seit etwa 1971, wenn er sich recht entsinne, habe der See nicht mehr so viel Wasser gehabt, gab der **Chief Representative** des Dorfes Sehitwa, Mr *Kandu Kandu*, der lokalen Tageszeitung Ngami Times zu Protokoll. Doch niemand weiß, wie lange das Wasser bleibt.

Abstecher Drotsky's Caves – Aha Hills

Die Strecke ist etwas für eher Unerschrockene und führt zu den mit am seltensten besuchten Zielen des Landes. Ein Besuch der Drotsky's Caves (Tropfsteinhöhlen) und Aha Hills, in der unendlichen Einsamkeit der kargen Kalahari gelegen, bedeutet eher etwas Mystisches. Hier kann man die Stille förmlich hören. Plant man einen Besuch auf der Strecke von Sehitwa nach Shakawe ein, muss man dann allerdings aus Zeitgründen zwischendurch irgendwo sein Lager aufschlagen.

Einsamkeit und Stille

Zur Strecke

Die Aha Hills können von der Hauptstrecke Sehithwa – Shakawe aus erreicht werden. Die leichteste Route: 11 km nördlich von Tsao nach links abbiegen. Vom Abzweig folgt man der Strecke auf ca. 80 km. Teilweise wird es z. T. sehr sandig, da man alte Dünenkämme überquert, die das einst viel größere Okavango-Delta markierten. Landschaftlich insgesamt durchaus reizvoll. Nach dieser Strecke erreicht man einen Ausblick, von dem aus man im Nordwesten die Aha Hills ausmachen kann. Weiter unten kommt man dann an eine Weggabelung, die links zu den Drotsky's Caves führt.

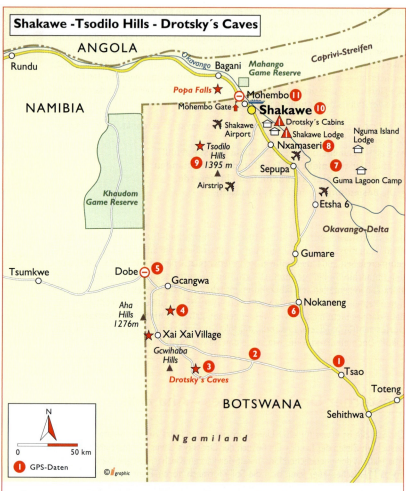

1 Abzweig Drotsky's Caves nördlich Tsao   S 20°07'04 E 22°22'18
2 Abzweig links zu den Drotsky´s Caves   S 19°57'58 E 21°41'53
3 Drotsky's Caves   S 20°01'18 E 21°21'16
4 Aha Hills   S 19°47'15 E 21°03'59
5 Abzweig Dobe zur namibischen Grenze   S 19°34'47 E 21°04'23
6 Nokaneng/Abzweig Gcangwa   S 19°39'34 E 22°11'01
7 Sepupa   S 18°44'58 E 22°10'27
8 Nxamaseri (Abzweig zu Tsodilo Hills)   S 18°35'49 E 21°59'59
9 Tsodilo Hills   S 18°45'33 E 21°44'18
10 Shakawe   S 18°22'04 E 21°50'10
11 Mohembo Grenzübergang   S 18°15'42 E 21°45'47

Hier steht ein Schild. Nach etwa 27 km erreicht man die Höhle. Die nördliche Zufahrt von Nokaneng ist z.T. sandig, an den schlimmsten Passagen aber mittlerweile einigermaßen befestigt und mit 4x4 gut befahrbar.

Etwa 85 km von den Drotsky's Caves entfernt liegen die Aha Hills. Man gelangt zu ihnen, indem man noch ca. 27 km weiter fährt, bis man auf die Strecke aus Tsao trifft. Man biegt nach links ein und gelangt nach 9 km nach Xai Xai, einem kleinen Dorf. Von dort aus führt ein Track nach weiteren 15 km zu den Bergen. Wenn man nicht die gleiche Strecke zurückfahren möchte, geht es noch ein Stück Richtung Norden. Besonders sandig ist dieser Streckenabschnitt zwischen Xai Xai und Gcangwa.

Von den Aha Hills sind es ca. 25 km, bis links ein Abzweig zu dem Dorf Dobe kommt. Nach etwa 12 kommt man hier zum **Grenzübergang Dobe**, über den man nach Tsumkwe in Namibia kommt (tgl. von ca. 8–16 Uhr geöffnet, allerdings recht wenig frequentiert). Vor dem Übergang sind noch ein paar sandige Passagen zu meistern. Rechts gelangt man über das Dorf Gcangwa (auch Qangwa geschrieben) nach Nokaneng (insgesamt ca. 170 km von den Aha Hills entfernt). Die Strecke lässt sich recht gut befahren, man sollte ca. 5–6 Stunden rechnen bis Dobe. Nokaneng liegt direkt an der Strecke Shakawe – Maun.

Piste zu den Höhlen

 Zur Strecke Windhoek – Dobe s. S. 133ff

Drotsky's Caves (Gcwihaba Caverns)

Diese Höhle, in der Nähe der namibischen Grenze gelegen, gehört einem Höhlensystem an, das die San 1934 *Martinus Drotsky* zeigten. Neben seinem Namen in Verbindung mit diesen Höhlen nennen die Einheimischen sie auch „Gcwihaba Caverns" (Lager der Hyänen). Diese Höhlen sind zwar größenmäßig nicht mit

Bewohner des Dorfes Xai Xai, in der Nähe der Höhlen gelegen

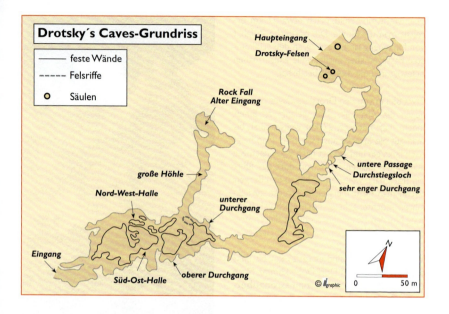

den viel bekannteren Cango Caves bei Oudtshoorn/Kapprovinz (Südafrika) zu vergleichen, doch sie sind touristisch noch fast unerschlossen und damit auch besonders interessant – allerdings auch nicht ohne Gefahr.

Die Höhle ist stockdunkel und wirkt deshalb unheimlich. Innen leben Fledermäuse – die rechte Szenerie für ein Gruselkabinett. Und wenn man sich dann noch vorstellt, dass *Hendrik van Zyl* (der Gründer von Ghanzi) hier einst Schätze verbarg – der Fantasie sind dann keine Grenzen mehr gesetzt!

600 m Höhlensystem

Das Alter der Höhlen ist unbekannt. In den Pluvialzeiten, etwa vor 17.000–14.000 Jahren, dürften sie durch die heftigen Regenfälle ihre jetzige Ausformung erhalten haben. Die letzten Ablagerungen, heute in Form von Stalaktiten und Stalagmiten (bis etwa 10 m groß) sichtbar, dürften in der Feuchtperiode vor etwa 2.000–1.500 Jahren entstanden sein. Das ganze Höhlensystem windet sich über 600 m, teilweise sind die Durchgänge zu Nachbarhöhlen sehr niedrig.

Es gibt zwei Zugänge zu der Höhle:
- Der Weg führt zunächst zu dem Eingang, der am niedrigeren Hügel rechterhand des Flussbettes liegt. Hier gibt es auch eine Informationstafel.
- Der zweite Eingang befindet sich etwa 200 m weiter und liegt im rechten Winkel zum nun etwas weiter entfernten Flussbett.

Man kann von hier aus das Dorf Xai Xai besuchen.

Wer sich traut: Höhlensystem der Drotsky´s Caves

Reisepraktische Informationen Drotsky´s Caves

Informationen und Führungen
Alleine darf man offiziell nicht mehr in die Höhle, meistens kommen nach der Ankunft ein paar Bewohner vorbei, die einen in die Höhlen begleiten. Ansonsten im Ort Xai Xai nachfragen. **Gehen Sie auf keinen Fall alleine in die Höhlen**. Bei der Begehung sollte man möglichst mindestens zu zweit sein. Ebenso benötigt man mindestens zwei starke Lampen (eine als Reserve, falls man hinfällt bzw. eine Lampe ausfällt). Sollten Sie sich weiter vorwagen wollen, dann markieren Sie am besten alle Punkte, an denen Sie abbiegen, durch z. B. Toilettenpapier (bitte unbedingt wieder auf dem Rückweg mitnehmen!).

Anfahrt
Für eine Fahrt zu den Aha Hills sollte man auf jeden Fall eine gute Karte und ein GPS-Gerät dabeihaben, es gibt z.T. verwirrend viele Fahrspuren. Zudem ausreichend Wasser und Benzin mitnehmen. Die Strecke ist nur mit einem Allradwagen machbar, stellenweise gibt es tiefsandige Passagen.

Camping
Es gibt hier weder Wasser noch sonstige touristische Einrichtungen. Man kann auf den Community Campsites in der Nähe campieren, Anmeldung in Xai Xai.

Reisezeit
Der Besuch der Umgebung der Drotsky´s Caves sowie der Aha Hills ist am schönsten während der Zeit sommerlicher Regen. Dann blühen hier Wildblumen. Zudem sind die sandigen Pisten dann etwas besser zu befahren.

Aha Hills

Karge Kalahari-Landschaft

Dieses Gebiet liegt besonders einsam und ist deshalb vielleicht von besonderem Reiz. Die Berge (bis zu 1.250 m hoch) bestehen fast gänzlich aus Kalkstein, Dolomit und Marmor. Hier gibt es zwei sogenannte „sinkholes": Das sind eingebrochene alte Tropfsteinhöhlen (Dolinen). Die beiden Dolinen sind 55 und 35 m tief und natürlich unzugänglich, da sie steil abstürzen. Der Blick von den Bergen schweift über eine typische karge Kalahari-Landschaft, in der früher Buschmänner nomadisierend herumzogen. Heute lebt in dieser Gegend noch eine Reihe von San. Ihr ursprüngliches Siedlungsgebiet reichte bis in das heutige Namibia hinein.

Weiterfahrt Richtung Norden

Gumare

Wieder zurück auf der Hauptstraße, passiert man nach etwa 37 km zunächst den Abzweig nach **Gumare** (Tankstelle, kleinere Läden). Zudem lohnt ein Besuch wegen der schönen **Körbe**, die die Ngwao Boswa, eine Gemeinschaft von Korb-Produzentinnen, hier verkauft. Mittlerweile gibt es ein Training Center im Ort.

Etsha

Wenig später gelangt man nach Etsha. Die Etshas sind Flüchtlingssiedlungen für die Mbukushu, die gegen Ende der 1960er-Jahre aufgrund des Bürgerkriegs in Angola nach Süden flüchteten. Damals kamen insgesamt 13 Gruppen in diese Gegend, die sich dann

Frisör in Gumare

Beliebtes Souvernir: Körbe

zwischen Etsha 1 und Etsha 13 ansiedelten. Touristisch bedeutsam ist nur **Etsha 6** (33 km nach Gumare), da es hier eine Tankstelle gibt, ebenso einige Unterkünfte.

Kunsthandwerklich sind die Mbukushu-Frauen dafür bekannt, dass sie schöne Körbe herstellen. Im **Basket Shop** von Etsha 6 kann man neben den Körben auch Töpferwaren und Schnitzereien erwerben. Die Etsha Weavers Group besteht aus 26 Frauen, die damit maßgeblich zur Ernährung ihrer Familien beitragen (*geöffnet Mo–Sa 8–17 Uhr*). Auch zu beziehen über Botswana Craft, siehe www.botswanacraft.bw/gallery/index.html.

Herstellerinnen von Körben

Wer sich für die Kultur dieser Menschen interessiert, sollte im Museum **House of the River People** vorbeischauen. Hier werden Kultur und Lebensweise der San, baYei und Mbukushu näher erläutert (*geöffnet Mo–Sa 8.30–17 Uhr, Eintritt ca. P 20*).

Reisepraktische Informationen Etsha

Übernachtung

Im Ort: **Etsha Guest House & Camping**, in Etsha 6 gelegen, nahe dem Museums also mitten im Ort. Hier werden 4 riedgedeckte Hütten mit gemeinschaftlichen sanitären Anlagen angeboten. Sehr einfach – dafür nur etwa US$ 20/Person. Camping ist für US$ 7/Person möglich.

Außerhalb: **Guma Lagoon Camp** $$, Buchung und Infos: Guy Lobjoit, P.O. Box HA 35 HAK, Maun, ☎/📠 687-4626, E-Mail: info@guma-lagoon.com, www.guma-lagoon.com. Chalets für 2 Pers. P 941 (nur Übernachtung), plus P 10 pro Bett und Nacht, Camping P 124 p.P. **Lage**: bei Etsha 13 nach Osten abfahren, die Piste ist allerdings nicht besonders gut, hinter dem Dorf sogar tiefsandig. Ein Abholservice kann vereinbart werden (P 112 von Etsha 13 p.P./pro Strecke). **Beschreibung**: ein Selbstversorger-Camp, Mahlzeiten können auf Wunsch aber zubereitet werden. Chalets mit eigenem Bad und fließend Wasser. Außerdem stehen schattige Campingplätze zur Verfügung, die Sanitäranlagen sind in Ordnung. Der Schwerpunkt liegt auf Aktivitäten auf dem Wasser wie Angeln und Mokoro-Fahrten (auch mit Übernachtung auf einer Insel). Schöner Blick auf die Lagune. Es werden auch Bootstransfers nach Seronga und Mokoro-Trips angeboten.

Nguma Island Lodge $$$, Buchung bei Nookie Randall: Private Bag 13, Maun, Botswana, ☎ 683-0159, 🖷 683-0158, E-Mail: nguma@dynabyte.bw, www.ngumalodge.com. Ca. P 2.300 p.P. im DZ inkl. Verpflegung und Aktivitäten, Ca. P 1000 in den Selbstversorger-Einheiten, Camping P 150 (alle Preise inkl. Steuern). **Lage**: Bis auf die letzten 12 km ist die Lodge von Maun über geteerte Straßen zu erreichen, danach braucht man Allrad. Auf Anfrage kann das Auto abgestellt und ein Transfer zur Lodge organisiert werden. **Beschreibung**: toller Blick auf die größte Lagune des nordwestlichen Okavango, acht Meru-Zelte. Ideal für Ornithologen und Angler. Mokoro- und Bootstouren sowie Wanderungen werden angeboten. Auf den **Delta Dawn Campsites** nahe der Lodge kann man entweder sein eigenes Zelt aufschlagen oder in einem der fünf festen Zelten übernachten. Saubere Sanitäranlagen. Bar, Restaurant und Boma vorhanden.

Versorgung

In Etsha 6 gibt es eine **Tankstelle** sowie Läden zur Versorgung mit Grundnahrungsmitteln wie Brot, Fleisch, Gemüse etc.

Sepupa

Nächster Ort auf der Strecke immer entlang des Okavango River nach Shakawe ist Sepupa, ein Ort der baYei, zu dem ein Abzweig rechts führt. Hier gibt es ein paar kleinere Läden und das hübsche Camp Sepupa Swamp Stop. Von hier werden Transfers nach **Seronga** angeboten (s. S. 278, auch vom Guma Lagoon Camp, s.o.).

Unterkunft

Sepupa Swamp Stop, ☎ 686-0330, (mobil) 072-610071, E-Mail: swampstop@info.bw. Lage: am Fluss (Schild). **Beschreibung**: 12 schön gelegene Meru-Zelte sowie Campsites mit Elektrizitätsanschluss. Restaurant und beliebte Bar vorhanden, viele jüngere Gäste und Overlander. Zahlreiche Aktivitäten wie Angeln, Boots- und Mokorofahrten, Ausflüge zu den Tsodilo Hills sowie mehrtägige Pakete werden angeboten.

Okavango River Boats, ☎ (mobil) 072-991580 sowie in Südafrika (+27) 12-743 5860, 🖷 686-3469, E-Mail: reservations@okavangoriverboats.com, www.okavangoriverboats.com. Autos können sicher am Sepupa Swamp Stop geparkt werden. Ein Aufenthalt auf dem **Ngwesi House Boat** kostet P 1.000 p.P./Tag, mit Verpflegung P 1.350. **Lage**: das House Boat liegt in Ikoga, 25 Min. mit dem Boot von hier. **Beschreibung**: eine Tour ist etwas für Angler und Ornithologen, die die Ruhe und Natur des nördlichen Deltas zu schätzen wissen.

Angeltour mit dem Hausboot

Nxamaseri

Unterkunft
Nxamaseri Lodge, Private Bag 23, Maun, ☎ 7132-6619, E-Mail: info@nxamaseri.com, www.nxamaseri.com. US$ 415–525 p.P. inkl. Vollpension (kein Alkohol) und ausgewählte Aktivitäten. **Lage**: Selbstfahrer werden im Dorf Nxamaseri abgeholt, die Fahrt dauert ca. 30 Min., in der Regenzeit erfolgt der Transfer mit dem Boot. Das Auto bleibt auf einem Parkplatz nahe der Hauptstraße. Zudem hat die Lodge eine kleine Landebahn. **Beschreibung**: Das Camp war, in den 1980er-Jahren errichtet, eines der ersten im Delta. Sieben Chalets mit Bad/Dusche und Veranda mit Blick auf das Wasser. Über Holzstege gelangt man zu den Hauptgebäuden und zum Restaurant. Ganz besonders gut kann man hier auf Touren angeln und Vögel beobachten, als Aktivitäten werden außerdem Sunset Cruises, Trips zu den Tsodilo Hills und Mokoro-Fahrten angeboten. Hier kann man aber auch wunderbar entspannen!

Zum Angeln und Entspannen

Abstecher zu den Tsodilo Hills

ⓘ zur Anfahrt s. Karte S. 264

Bei dem Dorf Nxamaseri zweigt die am besten befahrbare, mittlere Strecke zu den Tsodilo Hills ab, wo es zahlreiche Felsmalereien gibt. Diese, 2001 von der UNESCO zum **Weltkulturerbe** erklärt, sind eines der beeindruckendsten Zeugnisse prähistorischer Kunst im südlichen Afrika. Im interessanten **Museum** am Visitor Center, das sich Kunst, Archäologie und Naturkunde der Gegend widmet, erfährt man mehr über die Bedeutung der Zeichnungen.

Der Male Hill ist der markanteste Berg der Tsodilo Hills

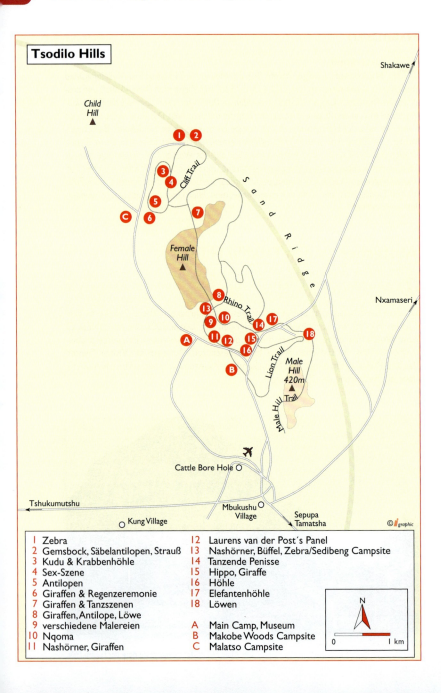

Die San durchstreifen seit vielen Jahrtausenden die Weiten der Kalahari. In einer Umwelt, deren Natur lebensfeindlich erscheint, ist ihr Überleben umso bemerkenswerter. Im Gebiet der Tsodilo-Berge leben sie seit Jahrhunderten, da sie hier Quellen vorfinden.

Der Name „Tsodilo" stammt aus der Tswana-Sprache. Er wurde vom Mbukushu-Namen „Sorile" abgeleitet, was so viel wie „steil, jäh" bedeutet. Die San bezeichnen die Berge als Mann, Frau und Kind. Der höchste Berg liegt im Süden (420 m) und ist 700 m vom nächsten entfernt. Der als ‚Frau' gedeutete Hügel weist mehrere Gipfel sowie kleinere Sanddünen-Ablagerungen auf. Ca. 1 km nördlich des „Frauenhügels" liegt der hufeisenförmige „Kindhügel" mit einem felsigen Gipfel von 80 m Höhe. Die Hügel bestehen vorwiegend aus Granit und ragen wie Inseln aus der Ebene empor. Man vermutet, dass hier **schon in der Eisenzeit** einige Dörfer lagen. Darauf deuten Reste von Töpferwaren hin (es ist verboten, diese mitzunehmen). Für die Bewohner sind die Tsodilo Hills ein heiliger Ort für die Wiege der Menschheit.

Heiliger Ort der San

Bekannt sind die Tsodilo Hills durch ihre Felsmalereien. Wahrscheinlich stammen sie von den Vorfahren der heutigen !Kung.

Buchtipp

„**Die verlorene Welt der Kalahari**" von Laurens van der Post. Kindheitserinnerungen und Geschichten der Eltern lassen den jungen van der Post planen, eine abgeschieden lebende Gruppe der San aufzuspüren. Als Erwachsener schließlich geht er, begleitet von einheimischen Helfern, in die südafrikanische Wüstensteppe der Kalahari (erschienen im Diogenes Verlag, ISBN 978-3-257-22804-5).

An ca. 250 Stellen in diesem Gebiet findet man etwa 4.000 Malereien, die man nach zwei Hauptkategorien unterscheidet:
- Malereien, die wahrscheinlich **von Stämmen aus dem Norden** gestaltet wurden: Einige davon sind mit weißer Farbe versehen. Es werden Menschen mit in die Seite gestemmten Armen dargestellt, ebenso Pferde, die geritten oder geführt werden, Ziegen, Schlangen und eine Reihe nicht deutbarer abstrakter Motive.
- Malereien, die **San** zugeschrieben werden: Die meisten dieser Malereien sind in roter Farbe angebracht, meist werden einzelne Gegebenheiten dargestellt, selten Szenen (z. B. Elefantenjagd, tanzende Menschen). Die meisten Zeichnungen stellen Tiere, seltener Menschen dar. Bei den Tiermotiven dominiert das Eland, gefolgt von Giraffen, Nashörnern, Gemsböcken und Zebras. Die Variantenbreite überrascht:
Es gibt **zweibeinige Silhouetten** von Tieren in nur einer Farbe (das sind wahrscheinlich die frühesten Malereien).
Es gibt **Malereien mit Umrissen**, die dann ausgefüllt wurden (vierbeinige Motive).
Es gibt **schattierte und mehrfarbige Darstellungen** (in den meisten Fällen Vieh), die jüngeren Datums sind.

4.000 Malereien

Meist werden der Male und der Female Hill besucht. Hier gibt es besonders eindrucksvolle Zeichnungen zu sehen.

Für die Bewohner der Umgebung sind die Hügel ein heiliger Ort

Ausgrabungen in der Umgebung der Tsodilo Hills haben Tonwaren, Eisenwerkzeuge (vermutlich Speerspitzen) und Eisenringe hervorgebracht. Die Töpfereifunde zeigen hohe Ähnlichkeit mit Produkten der Bantus in Zambia.

Pfeil und Bogen nur für Besucher

3–4 km nördlich der Tsodilo Hills liegt ein kleines Mbukushu-Dorf. Die hier lebenden Mbukushu wohnen in 8–10 grasbedeckten Hütten. Noch immer ernähren sie sich von Feldfrüchten, in Fallen erlegten Perlhühnern und gejagten Antilopen. Trotzdem hat die Zivilisation schon längst Einzug gehalten: Nur noch für Besucher werden der Lendenschurz sowie Pfeil und Bogen angelegt. In der Nähe (südlich des höchsten Hügels) liegt eine 950 m lange Landepiste. *Willy Zingg* hat diese Piste in den 1970er Jahren hier angelegt, damit wurde es auch anderen Safariunternehmen möglich, Besucher hierherzubringen. Mittlerweile ist auch die Anfahrt mit dem Auto kein Problem mehr.

Reisepraktische Informationen Tsodilo Hills

Information und Führungen
San führen die Besucher zu den Felsmalereien, ein Erkunden ohne Führer ist nicht erlaubt. Nach der Ankunft wird man im Visitor Center registriert, hier gibt es auch Toiletten und Duschen. **Eintritt:** *Am Game Scout Camp entrichtet man ca. US$ 10 für den Eintritt.* **Führungen:** *Kosten ca. US$ 13 pro Tag und Kleingruppe.*

Anreise

Die Straße ab Nxamaseri (mittlere Strecke) ist zur Schotterpiste ausgebaut, die man ohne Probleme befahren kann. Alternativ bieten sich Tagesausflüge mit dem Flugzeug von Maun aus an (s. S. 167), eine kleine Landebahn ist vorhanden.

Camping

Entweder in Shakawe oder einfach Zelten. Mehrere ausgewiesene **Campsites** stehen zur Verfügung: Man campiert vor allem auf der Malatso Campsite (nördlich des Female Hill) oder ca. 1 km weiter südöstlich an der Makoba Woods Camp Site. Daneben gibt es die Matsiareng Campsite (Lion Trail) sowie die Sedibeng Campsite (Female Hill). Toiletten und Duschen gibt es aber nur beim Visitor Center. Die sind allerdings nicht immer sauber. Es gibt hier keinerlei Versorgungsmöglichkeiten. Nächste Tankstelle: Etsha 6.

Die Besichtigung der Felsmalereien ist nur mit einem Führer möglich

Shakawe

Shakawe ist als größte Siedlung des oberen Ngami-Landes die „Hauptstadt" des Nordens Botswanas, die besonders nach der Asphaltierung der Straße nach Maun einen „Aufschwung" erlebte. Hier trifft man Hunderte riedgedeckter Hütten an. Frauen schöpfen in alter Tradition noch Fische mit Körben aus dem Fluss, angesichts der Krokodile und Hippos kein ungefährliches Unterfangen. An den Ufern des Okavango grasen Rinder. Herrliche Ausflüge auf dem Okavango ermöglichen die Beobachtung einer außerordentlich reichhaltigen Vogelwelt (z. B. Schreiseeadler) sowie vieler Flusspferde und Krokodile.

Hauptstadt des Nordens

Shakawe verfügt über eine kleine Shell-Tankstelle und einen Supermarkt. Im kleinen Dorf kann man hinter der Bäckerei das „Mokoro-Terminal" bewundern: Viele Mokoros und Boote liegen hier, während ihre Besitzer zum Einkaufen unterwegs sind.

In nahe liegenden Camps (Drotsky's Cabins, Shakawe Lodge, s. S. 276) werden die Gäste rundum versorgt – gut geeignet für ein paar erholsame Tage. Boote für Ausflüge werden vermietet und Exkursionen zu den Tsodilo Hills angeboten. Die Drotsky's Cabins erhalten von den Gästen besonders gute Rückmeldungen und können insbesondere für Tierfreunde sehr empfohlen werden.

Empfehlenswerte Unterkünfte

Hier im nördlichen Lauf des Okavango leben zahlreiche Tigerfische.

Reiche Vogelwelt (Gabelracke)

Reisepraktische Informationen Shakawe

Unterkunft s. Karte S. 280/281
Drotsky's Cabins $$$ **(8)**, P.O. Box 115, Shakawe, ☏ 687-5035, 🖷 687-5043, E-Mail: drotskys@info.bw; www.drotskycabins.com. Ca. P 1.350 für ein neues 2 Pers.-Chalet/Nacht, Mahlzeiten müssen dazu gebucht werden. Camping ca. P 275 p.P. (max 5 Pers. auf einer Campsite). *Lage:* 5 km südlich von Shakawe, an einem Nebenarm des Okavango gelegen, auch mit dem Pkw zu erreichen. Strecke ausgeschildert. **Beschreibung**: *Hier geht es sehr familiär zu, Jan und Eileen Drotsky kümmern sich persönlich um die Gäste. Es werden Chalets und auch Hütten („A-frame") angeboten, Camping möglich. Seit Neuestem stehen die New Chalets, 10 luxuriöse Hütten plus Bad und Annehmlichkeiten wie Klimaanlage und Satelliten-TV, zur Verfügung. Das ganze Camp eignet sich toll für Vogelbeobachtungen, da es einen Flusswald und dichtes Ried sowie Papyrus gibt. Es wird ein umfangreiches Ausflugsprogramm angeboten, Bootsverleih. Die Inhaber betreiben zudem die* **Xaro Lodge**, *die auf einer Insel liegt und nur mit einem Boot zu erreichen ist, das Auto lässt man bei den Drotsky´s Cabins stehen. Dort gibt es acht Meru-Zelte mit Bad, die für 2 Pers. für ca. P 1.100/Nacht (ohne Mahlzeiten) zu haben sind*
Shakawe Lodge $$$ **(9)**, Buchung über Travel Wild, ☏ 686-0822 o. -0823, 🖷 686-0493, E-Mail: botswana@travelwildafrica.com; www.travelwildafrica.com. Zelten ca. P 120 p.P., Unterbringung in den Hütten ca. P 850 p.P. inkl. Vollpension. **Lage**: *Das frühere „Shakawe Fishing Camp" liegt 11 km südöstlich von Shakawe direkt am Okavango-Ufer und ist ein Mekka für Angler (insbesondere Tigerfisch!).* **Beschreibung**: *eigenes Restaurant. Unterbringung in Hütten oder Zelten, Swimmingpool, ansprechend angelegt. Bootsausflüge möglich, ebenso Ausflug zu den Tsodilo Hills.*

Versorgung

Im Ort gibt es den **Wright's Trading Store**, ein Selbstbedienungs-Supermarkt. Außerdem findet man einen Bottle Store und eine Bäckerei mit frischen Backwaren. Auch Tanken ist möglich (Tankstelle liegt nicht direkt an der Durchgangsstraße, sondern im Ort).

Fähre

Etwa 12 km nördlich von Shakawe gibt es die **Mohembo-Fähre** (2 Fahrzeuge können geladen werden), um über den Okavango nach Seronga zu kommen.

Wasserlilie auf dem Okavango

Seronga selbst ist ein kleines Nest, ca. 105 km von der Fähre entfernt. Hier kann man mit dem Poler´s Trust Mokoro-Safaris unternehmen (s. S. 278). Weiter geht's dann eher theoretisch – über Betsha, und knapp 38 km später folgt eine Abzweigung nach Südosten, die über den Selinda Spillway zur Piste Savuti – Maun führt. Diese Strecke ist aber eine der einsamsten (und unwegsamsten) des Landes, besonders nach sommerlichen Fluten ist der Selinda Spillway teilweise nicht zu passieren.

Kubu Queen: Angeltour mit dem Hausboot im Okavango-Delta

Die **Kubu Queen** ist ein tolles Hausboot für sechs Gäste (zwölf, wenn Zelte am Ufer aufgestellt werden). Da das Boot immer nur exklusiv an eine Gruppe vermietet wird, können Sie hier Ruhe und Abgeschiedenheit in einer exklusiven Atmosphäre genießen. Es liegt in den Gewässern von Jedibe Island, da der Wasserstand hier ganzjährig hoch ist. Man hält sich in den größeren Lagunen auf, ebenso im kleineren Boro und Nqoga-Fluss. In diesem Teil des Okavango-Deltas gibt es keine Lodges. Hauptsächlich werden Angeltouren veranstaltet.

Mit der Kubu Queen kann man praktisch an jeder Stelle des Deltas übernachten, auf den größeren Inseln werden Wanderungen unternommen. Zwar steht nicht die Großtierwelt im Mittelpunkt dieser Safari, aber Sie werden sicherlich Flusspferde, Krokodile, Lechwe- und die sehr seltenen Sitatunga-Antilopen zu sehen bekommen. Das Wichtigste aber sind die Vogelbeobachtungen, Fischen sowie das Erleben von Ruhe und Abgeschiedenheit in der großartigen Okavango-Landschaft. Sie landen mit dem Flugzeug auf dem Jedibe-Flugfeld, von hier aus geht es dann mit einem kleineren Boot in etwa 1 Bootsstunde zum Hausboot. Die Kubu Queen ist ein Doppeldecker; die beiden Schlafräume befinden sich auf der unteren Etage, oben sind die Lounge und der Dining Room.

Information: Kate und Greg Thompson, ☎ Mobilfunk 0723-06822 oder 723-06821, E-Mail: oldafricasafaris@ngami.net, www.kubuqueen.com. Preis ca. P 2.300 p.P./Nacht bei mind. 4 Pers. (Sept./Okt. 6 Pers.), inkl. Vollpension (ohne Getränke), Guide und Crew. Angel-Equipment ist an Bord vorhanden.

Busverbindungen

Mahube Express Bus: zwischen Maun und Shakawe 2–3-mal täglich (6–8 Stunden). Haltestationen sind in Maun: Wright's Trading Store und die Polizeistation.

Grenzübergang

Der von Shakawe nächste Grenzübergang nach Namibia ist **Mohembo** (tgl. 6–18 Uhr), 16 km nördlich des Ortes gelegen. Durch den Mahango Game Park gelangt man in den Caprivi-Streifen, den man entweder Richtung Kasane (Osten) durchfahren oder nach Westen Richtung Rundu verlassen kann (nach Windhoek). Informationen zur Route s. S. 133ff. Der Grenzübergang ist in der Regel unproblematisch, kann aber manchmal seine Zeit dauern.

Abstecher nach Seronga – Mokoro-Tour mit dem Polers Trust

Nach Seronga gelangt man entweder durch die Umfahrung des Pandhandle, mit der Fähre von Mohembo oder per Boot, u.a. vom Sepupa Swamp Stop oder dem Guma Lagoon Camp (s. S. 269) – dann hat man allerdings kein Auto dabei, was aber auch kein Problem ist. Die Zeltausrüstung kann man mitnehmen oder dort leihen – allerdings sollte man daran denken, dass der Platz im Mokoro begrenzt ist. Schlafmatten, auf denen man im Mokoro auch sitzen kann, gibt es ebenfalls. Schon bei dem Transfer gibt es Vögel, Krokodile und Hippos zu beobachten. Der Preis berechnet sich pro Boot, nicht pro Person, deshalb ist es empfehlenswert, bei einer anderen Gruppe mitzufahren. Übernachten kann man auf dem Mbiroba Camp (2 km südlich von Seronga, S 18°49`561, E 022°25´974) des **Polers Trust**, ein Campingplatz, dazu gehört ein Restaurant (vorher anmelden).

Auf Mokoro-Safari

Die Mokoro-Touren dauern meist 3 Tage/2 Nächte, man kann aber auch mehr/weniger Nächte im Delta verbringen. Man bekommt einen guten Eindruck vom Delta, falls man es in Maun nicht besucht hat – und es ist um einiges günstiger. Allerdings gehen die Touren nicht mitten in die Wildnis, sondern am Rande des Deltas entlang.
Infos und Buchung beim Polers Trust, P.O. Box 24, Seronga, ☎ 687-6861 o. -6937, 🖷 687-6939, E-Mail: okavangodelta@botsnet.bw, www.okavangodelta.co.bw. Camping kostet ca. P 60, ein Mokoro-Trip ca. P 600 pro Tag.

Unterkunft

Okavango House Boats, Kontakt: Dries Krause, Private Bag B019, Maun, ☎ 686-0802, 🖷 686-0812, E-Mail: krause@info.bw; www.okavangohouseboats.com. Das ganze Boot (für bis zu 15 Pers.) kostet P 6.000 pro Tag, mit Verpflegung P 360 p.P. (Frühstück, 3-Gänge-Menu, Snacks) zusätzlich, alternativ kann man sein eigenes Essen mitbringen, dass die Crew zubereitet. Die Boote Inyankuni und Inkwasi liegen in Seronga.
Gudigwa, Gudigwa Lodge Reservations, P.O. Box 25335, Gaborone, ☎ (mobil) 071-843657, 🖷 392-7770, E-Mail: enquiry@gudigwa.com, www.gudigwa.com. **Lage**: ganz im Norden des Deltas gelegen. Anreise: mit dem Flugzeug von Maun oder Kasane. Preis: US$ 360–500, Flug von Kasane ca. US$ 150, von Maun ca. US$ 180 (mind. 3 Pers.). **Beschreibung**:

Am Ufer sonnen sich die Krokodile

Unterbringung in Grashütten, deren Struktur an die lokalen Hütten angelehnt ist. Sechs Zimmer, je mit Solarlicht und Außenbad ausgestattet. Die Lodge legt eher einen kulturellen Schwerpunkt: Sie liegt 5 km vom Gudigwa, dem größten San-Ort in Botswana mit ca. 800 Einwohnern. Die San führen Wanderungen durch und erzählen dabei über Flora, Fauna und ihre Kultur. Ein Dolmetscher ist dabei.

Durch den Caprivi – Namibias langer Finger

Der **Caprivi-Streifen** ist sicherlich ein topografisches Unikum auf der Landkarte des südlichen Afrika. Er ist ungefähr 450 km lang und bis zu 50 km breit. Interessant ist seine politische Geschichte: Im **Helgoland-Sansibar-Vertrag** vom 1. Juli 1890 regelten Deutschland und England ihre kolonialen Verhältnisse in Ost-, Südwest- und Westafrika (Togo). Das Deutsche Reich erhielt Helgoland, was für die Verteidigung der Nordseeküste wichtig war. Im Gegenzug trat es in Ostafrika die Herrschaft über Witu ab und erhielt dafür den Zugang zum Zambezi in Deutsch-Südwestafrika. Benannt wurde das Gebiet nach dem Reichskanzler Graf von Caprivi. Gleichzeitig erkannte das Deutsche Reich die englische Schutzherrschaft über Zanzibar an.

Topografisches Unikum

Zwei große, majestätisch wirkende Flüsse durchqueren dieses Gebiet von Norden nach Süden: der **Okavango** und der **Kwando**.

 Tipp

Die Afrika-Experten von Iwanowski's Individuelles Reisen bieten neben verschiedenen Botswana-Arrangements einen neue, speziell auf die folgend beschriebene Region zugeschnittene Tour (geführt oder als Selbstfahrer) an: Die **Kwando Caprivi Experience** ab/bis Katima Mulilo führt sieben Tage durch den östlichen Caprivi – entlang des Kwando und durch die Nationalparks Bwabwata, Mudumu und Mamili (Nkasa Lupala). Außergewöhnlich komfortable, hier empfohlene Lodges und Halbpension eingeschlossen. ☏ +49 (0) 2133-2603-0, www.afrika.de.

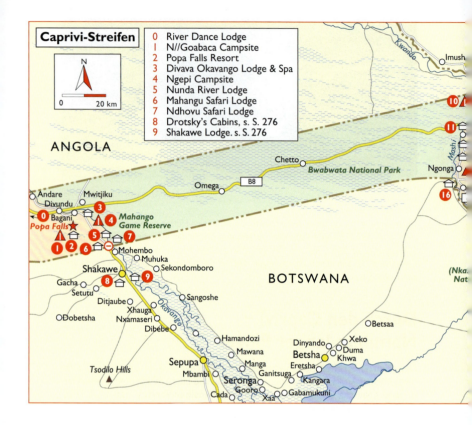

Informationen zur Strecke: Der Trans-Caprivi-Highway

Asphalt-
straße

Die Schnellstraße (B8) verbindet auf einer Strecke von über 505 km Rundu mit Katima Mulilo und wurde 1996 als Asphaltstraße fertiggestellt. Damit stellt sie eine schnelle Verbindung für den Personen- und Güterverkehr sicher. Der erste Abschnitt reicht von Rundu nach Divundu und ist 204 km lang. Man fährt an Bewässerungsfeldern entlang. Den **Bwabwata National Park** erreicht man an der Brücke über den Okavango.

Von Shakawe und durch das **Mahango Game Reserve** kommend, stößt man hier auf den Highway. Der zweite Abschnitt geht über eine sehr gut asphaltierte Strecke über 191 km von Divundu nach Kongola und ist recht monoton. Wenn man den Kwando überquert, findet man den Anschluss an die C 49, die nach Süden zu einer Reihe von Lodges führt. Der dritte Abschnitt reicht dann 110 km weit bis nach Katima Mulilo.

Durch den Caprivi – Namibias langer Finger 281

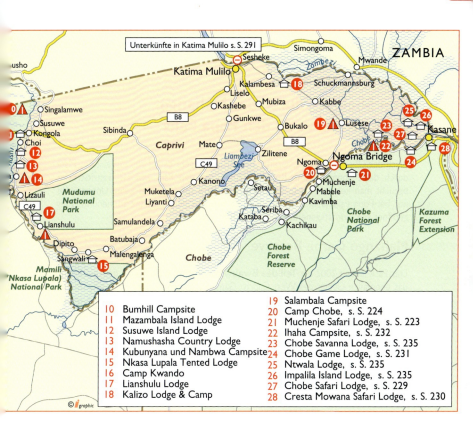

Mögliche Abstecher unterwegs

Ein Abstecher zu den **Popa Falls** gehört unbedingt zum Caprivi-Erlebnis, auch wenn man hier eher Stromschnellen als Wasserfälle erwarten sollte. Das benachbarte **Mahango Game Reserve** als Teil des Bwabwata National Park lohnt dann einen Abstecher. Im weiteren Verlauf der Reise ist ein Besuch des **Mudumu National Park** (Bereich Kwando River) anzuraten (Flussfahrten, Wildbeobachtung).
Der südlich gelegene **Mamili (Nkasa Lupala) National Park** lohnt für versierte Allradfahrzeugfahrer, die vor allem in der Bewältigung der Wildnis ihr Erlebnis sehen.

Nationalparks des Caprivi-Streifens

Katima Mulilo eignet sich hervorragend für einen Zwischenstopp am Zambezi. Von hier aus erreichen Sie per Allradfahrzeug die herrlichen **Ngonye Falls** in Zambia.

Tolle Unterkünfte

Impalila Island liegt auf der namibischen Seite des Chobe, von Kasane per Boot zu erreichen. In dieser sagenhaft schönen Wasserlandschaft erwarten Sie gepflegte Lodges mit afrikanischem Flair und vielen Aktivitäten (s. S. 233).

Von Shakawe durch das Mahango Game Reserve zu den Popa Falls

Nach der Überquerung der Grenze bei Mohembo geht es auf gut ausgebauter Piste durch das Mahango Game Reserve. Nutzt man den Park nur als Transitstrecke, braucht man keinen Eintritt zu bezahlen. Im Park selbst gibt es keine Unterkünfte, nur bei Popa Falls (s. S. 283). Der Park ist von Sonnenaufgang bis Sonnenuntergang geöffnet, die Eintrittsgenehmigung erhält man vor Ort.

Mahango Game Reserve

Der Park ist seit 2002 ein **Teil des Bwabwata National Parks**, zu dem außerdem das ehemalige Gebiet des West Caprivi Game Parks gehört. Der nicht eingezäunte Park umfasst nun etwa 5.000 km² und liegt zwischen dem Okavango und dem Kwando. Hier leben heute mehr als 5.000 Elefanten, Büffel, Flusspferde, Krokodile und natürlich auch Löwen, Leoparden und die savannentypischen Antilopenarten.

Rundfahrt mit Allrad

Zwar sind Teilstrecken je nach Jahreszeit mit einem normalen Pkw mittlerweile befahrbar, doch die 19 km lange Rundfahrt kann man nur mit einem Allradfahrzeug unternehmen. Diese Rundfahrt führt durch den Thinderevy-Omuramba, später über eine Dünenkette in den Mahango-Omuramba und entlang der Okavango-Flussaue zurück.

In der Trockenzeit ist die Chance gut, viele Elefanten anzutreffen, die aus Angola, Zambia und dem West-Caprivi kommen. Vor allem für Ornithologen ist das Gebiet sehr interessant. Die riesigen Baobab-Bäume im Ostteil sind ebenfalls sehenswert.

Popa Falls

15 km nördlich des Mahango Game Reserve gelangt man zu den Popa Falls. Die Einheimischen nennen die Fälle Mpupo, was so viel wie „stürzendes Wasser" bedeutet. Sie sind ein idealer Stopp bei einer Durchquerung des Caprivi-Streifens. Es handelt sich hierbei weniger um einen Wasserfall als vielmehr um Stromschnellen. Der Okavango „stürzt" hier über felsigen Untergrund (dunkler Quarzit) etwa 3 m „tief".

Stromschnellen

Während der Trockenzeit ist der Eindruck dieser Kaskaden imposanter als zu Zeiten hohen Wasserstandes, wo der Fluss leichter über die Felsklippen hinwegrauscht. Das Wasser ist herrlich klar, sodass man die Fälle auch manchmal als „White Water Falls" bezeichnet.

Von Shakawe durch das Mahango Game Park zu den Popa Falls

An den Popa Falls

Reisepraktische Informationen Popa Falls und Umgebung

Vorwahl Namibia	00264

Unterkunft s. Karte S. 280/281

Popa Falls Resort *(staatliches Rastlager an den Popa Falls)* $–$$ **(2)**, Buchung über NWR (Namibia Wildlife Resorts), Private Bag 13378, Windhoek, ☏ 061-285-7200, 📠 061-224-900, E-Mail: reservations@nwr.com.na, www.nwr.com.na. Camping N$ 100 p.P. (max. acht Pers.), N$ 500 p.P. in den zehn River Cabins für 4 Personen. **Lage**: 5 km südlich Divundu (Bagani), Anfahrt bei Bagani über D 3406 nach Botswana. **Beschreibung**: Das Camp liegt am Ufer des Okavango-Flusses an den letzten Stromschnellen, bevor der Fluss nach Botswana/ins Okavango-Delta fließt. Die hohen Bäume (u. a. Krokodilbäume sowie Ahnenbäume) spenden guten Schatten. Im Lager gibt es einen Laden, ein Restaurant (7–9 Uhr, 12–14 Uhr, 18–22 Uhr), Hütten (Selbstversorgung möglich) sowie Campingplätze. Es gibt gemeinschaftliche Toiletten, Waschräume sowie eine Feldküche.

Mahangu Safari Lodge $$$ **(6)**, P.O. Box 5200, Divundu, ☏ 066-259-037, 📠 066-259-115, E-Mail: mahangulodge@iway.na, www.mahangu.com.na. Bungalow N$ 820, Luxus-Wohnzelt N$ 660 p.P. inkl. Frühstück, Camping N$ 90 p.P. **Lage**: 22 km südlich Divundu, am westlichen Ufer des Okavango, nicht weit vom Mahango NP entfernt. **Beschreibung**:

Die Lodge bietet sechs Safariwohnzelte und zehn Strohdachbungalows, alle komfortabel und zweckmäßig eingerichtet mit Klimaanlage, 24h Strom, Tee- und Kaffeefazilitäten und gefiltertem Trinkwasser. Toller Blick auf den Okavango, am gegenüberliegenden Ufer sind meist Hippos, Elefanten und Büffel zu sehen, Boots- u. Angeltouren werden angeboten, besonders Vogelfreunde werden begeistert sein. Beim Sundowner sind Hippos garantiert. 6 Stellplätze für Camper direkt am Fluss (sehr sauber).

Nunda River Lodge $$$ **(5)**, P.O. Box 5271, Divundu, ☏ 066-259093, mobil 081-310-1730, E-Mail: nundariver@iway.na, www.nundaonline.com. Bungalow ca. N$ 1.000, Luxuszelte ca. N$ 900, jeweils p.P./DZ mit Frühstück, Camping N$ 110 p.P. **Lage**: zwischen den Popa Falls und dem Ngepi Camp gelegen (GPS: S 18°07′032 E 21°35′905). **Beschreibung**: Die 2008 eröffnete, sehr ansprechende Lodge bietet sieben luxuriös eingerichtete Zelte, die jeweils eine eigene Plattform mit tollem Blick auf den Okavango haben. Restaurant, Bar und Empfang werden von einem riesigen Rieddach geschützt, eine große Holzterrasse lädt zum Drink beim Sonnenuntergang ein. Großer Swimmingpool, Bootsfahrten, Angeln, Mokoro-Fahrten. Für Selbstfahrer gibt es 8 rasenbedeckte Campingplätze mit einer separaten Kochgelegenheit. Alle Campingplätze sind in der Nähe des Flusses und haben einen Grillbereich, Sitzplatz, Licht, Strom- und Wasseranschluss.

River Dance Lodge $$$ **(0)**, ☏ 081-1243255, 📠 061-088614995, E-Mail: reservations@riverdance.com.na; www.riverdance.com.na. Ca. N$ 950 p.P./DZ mit Halbpension. Aktivitäten ca. N$ 150–300 p.P. **Lage**: 24 km hinter Divundu Richtung Shadikongoro einbiegen, dann noch ca. 6 km bis zur erhabenen und traumhaften Lage der Lodge hoch über dem wilden Okavango. **Beschreibung**: Tino und Karin Punzul haben hier innerhalb von vier Jahren ihren persönlichen Afrika-Traum verwirklicht. Auf die Gäste warten großzügige, luxuriöse Häuschen mit Bad – geschmackvoll und mit Liebe von den Besitzern eingerichtet (ausgefallene Waschbecken, kreativ designte Spiegel und Lampen). Beste, frische namibische Küche – zum Schwärmen! Für Camper komfortable Plätze mit eigenen Sanitäranlagen. Sundowner auf dem Okavango mit Lodge-eigenem Boot (Angeln möglich), außerdem Ausflüge zu den Popa Falls und zum Mahango Game Reserve.

Ndhovu Safari Lodge $$$$ **(7)**, Kontakt: Horst Kock, P.O. Box 5035, Divundu, ☏ 066-259901, 📠 066-259153, E-Mail: info@ndhovu.com; na, www.ndhovu.com. Buchungen: Reservation Destination, P.O. Box 11633, Klein Windhoek, ☏ 061-224712, 📠 061-224217, E-Mail: ndhovu@resdest.com; www.resdest.com. N$ 1.060 p.P. inkl. Halbpension, Zeltplatz (bis 10 Pers.) N$ 135/Nacht. **Lage**: Die Lodge liegt südlich der Fälle direkt am tropischen Ufer des Okavango, 2 km vom Mahango Game Reserve entfernt. Anfahrt über D 3403 Richtung Popa Falls, nach 20 km Abzweig zur Lodge, in der Regenzeit Allrad notwendig. **Beschreibung**: Die Unterkünfte bestehen aus luxuriösen Zelten mit Bad. Schwimmbad, Bar und Restaurant in einem Haupthaus, das an den Seiten vollkommen offen ist, vorhanden. Sehr gepflegte Anlage. Es werden Bootsfahrten auf dem Okavango angeboten, ebenso Angeltouren und Safaris im offenen Landrover (Elefanten- und Büffelbeobachtung). Sehr gute Möglichkeiten zum Vogelbeobachten (über 400 Arten). Leser lobten wunderschöne Lage, fantastische Tiererlebnisse und gutes, landestypisches Essen.

Divava Okavango Lodge & Spa $$$$$ **(3)**, ☏ 066-259005, 📠 066-259026, E-Mail: info@divava.com; www.divava.com. Buchungen: Reservation Destination, E-Mail: reservation@resdest.com, weitere Kontaktdaten s.o. (Ndehovu Safari Lodge). N$ 2.380 p.P./DZ mit Frühstück. **Lage**: Die Luxus-Lodge liegt am Ufer des Okavango, einige hundert Meter von den Popa-Fällen und 14 km vom Mahango Game Park entfernt. **Beschreibung**: wunderschöne Aussicht über den Okavango-Fluss und ausgezeichnete Vogelbeobachtungsmöglichkeiten. Die

Lodge verfügt über 20 Luxus-Chalets, eine Bush Bar, ein Restaurant, einen Swimmingpool, Sauna und ein Aussichtsdeck. Neben Fahrten in das Mahango Game Reserve werden Bootsfahrten zu den Popa Falls angeboten, um Flusspferde und Krokodile zu beobachten.

Camping s. Karte S. 280/281
Im **Popa Falls Resort** sowie den meisten o.g. **Lodges** möglich.
N//Goabaca Campsite (1), Buchung ☎ 066-252108. Ca. N$ 80 p.P. **Lage**: von der B 8 ca. 1 km östlich von Divundu in die Pad nach Süden einbiegen (4 km). **Beschreibung**: sehr schöne schattige Plätze für Camper mit Blick auf die Popa Falls. Einfache, saubere sanitäre Anlagen, Gemeinschaftsküche.
Ngepi Campsite (4), ☎ 066-259903, mobil 081-202-8200, E-Mail: bookings@ngepi camp.com; www.ngepicamp.com. Baumhaus ca. N$ 500, Hütte ca. N$ 450, Camping N$ 100, alles p.P. **Lage**: Dieser Campingplatz (mit PKW erreichbar, in der Regenzeit aber nur mit Allrad) liegt am Ostufer des Okavango. Von der B 8 über die D 3430 erreichbar (GPS: S 18°07´079 E 21°40´225). **Beschreibung**: Die Zeltplätze sind schattig. Es gibt Duschen und Toiletten. Man muss sich selbst versorgen, aber eine Gemeinschaftsküche ist vorhanden, ebenso Bar und Restaurant. Gruppen und Einzelreisende bekommen gesonderte Stellen zugewiesen. Bootsfahrten auf dem Okavango werden von den benachbarten Lodges angeboten. Toll: Baumhäuser à la Webervogel-Nester. Gut für junges Publikum – unkonventionell.

Von Popa Falls nach Katima Mulilo

Direkt hinter Divundu/Bagani fährt man ostwärts entlang der B 8 Richtung Katima Mulilo durch den Bwabwata National Park. Im Osten endet das Parkgebiet am Kwando. Beim Durchfahren dieses Gebiets hat man keine großen Chancen, Wild zu erspähen. Hinsichtlich der Vegetation und der Landschaft hinterlässt dieses Gebiet keinen nachhaltigen Eindruck. Man darf als Reisender die B 8 ohnehin nicht verlassen.

Immer die B 8 entlang

Von Kongola zu den Nationalparks Mudumu und Mamili/Route D 3511 – C 49

Von Popa Falls/Rundu aus kommend, erreicht man bei Kongola den Kwando. In Kongola gibt es einen Supermarkt sowie eine manchmal geöffnete Tankstelle. Hier zweigt die Straße D 3511/C 49 nach Süden zum **Mudumu National Park** und zum **Mamili (Nkasa Lupala) National Park** ab. Bleibt man auf der Straße, so erreicht man nach ca. 120 km das Dorf Linyanti (manchmal gibt es hier Benzin) und nach weiteren ca. 70 km wieder kurz vor Katima Mulilo die B 8.

 Hinweis

Permits für den Besuch des Mamili (Nkasa Lupala)- und Mudumu National Park gibt es an der Susuwe Ranger Station bei Kongola, in Katima Mulilo und direkt vor Ort am Makatwa Camp.

Bootsfahrt auf dem Kwando

Mudumu National Park

Dieser Nationalpark wurde 1990 eröffnet und ist etwa 1.000 km² groß. Zu erreichen ist er über die B 8, dann ca. ab Kongola die Pad D 3511 (C 49). Er ist ganzjährig zwischen Sonnenauf- und -untergang geöffnet. Der **Kwando** bildet über etwa 15 km hinweg die Westgrenze des Parkgebiets. An manchen Stellen kann der Fluss Flächen von 40 km Breite bedecken. Südlich von Lianshulu verzweigt sich der Kwando in ein **Gewirr von Wasserarmen**, die in die Linyanti-Sümpfe übergehen.

Ideal für Ornithologen

Entsprechend dem Wasserreichtum leben hier viele Tierarten, so u. a. Elefanten, Kudus, Impalas, Zebras, Büffel, Moorantilopen und Sitatungas. Natürlich tummeln sich im Wasser auch Krokodile und Flusspferde. Für Ornithologen ist das Gebiet ein Paradies!

> ### Hinweise zu beiden Nationalparks
>
> Beide Parks sind nur mit einem Allradfahrzeug befahrbar, der Mamili generell nur in der Trockenzeit.
> Man sollte stets mit zwei Fahrzeugen unterwegs sein und über detailliertes Kartenmaterial verfügen.
> Eine Malaria-Prophylaxe ist ganzjährig empfohlen (Mudumu) bzw. notwendig (Mamili).
> In den Parks gibt es keine Tankstellen. Im Mudumu gibt es eine Lodge, im Mamili keinerlei touristische Versorgungsmöglichkeiten oder Unterkünfte, nur uneingerichtete Campingplätze in der Wildnis (s. S. 288)

> **Abstecher: Lizauli Traditional Village**
>
> Dieses Community Project (38 km südlich Kongola an der D 3511) soll dazu beitragen, die in der Umgebung des Nationalparks lebenden Menschen am aufkommenden Tourismus teilhaben zu lassen. Von der einheimischen Bevölkerung Verständnis für den Naturschutz zu verlangen hat keinen Sinn, solange Elefanten und Hippos die Felder zertrampeln und Raubtiere Vieh schlagen. So wurde ein „traditionelles Dorf" aufgebaut, in dem Reisende die Lebensweise der Kavango erleben können. Hier erfährt man u. a. etwas über das Wirken eines Medizinmanns, man kann Frauen bei Flechtarbeiten zuschauen usw. Zudem kann man hier Souvenirs erstehen.

Mamili (Nkasa Lupala) National Park

Der Mamili National Park zu erreichen von der B 8 ca. ab Kongola über die Pad C 49, ist das **größte namibische Sumpf- und Gewässergebiet**, das man seit 1990 zum Nationalpark erklärt hat. Mamili – das ist „Namibias Okavango-Delta". Diese Region ist ca. 320 km² groß und befindet sich in der Südwestecke Ostcaprivis. In diesem Gebiet (80 % sind mehr oder weniger überflutet) gibt es zwei größere Inseln, und zwar Nkasa und Lupala, die man während der Trockenzeiten mit einem Allradfahrzeug erreichen kann. Die typischen Ausflüge im Mamili Park finden per Boot statt.

Namibias „Okavango"

Der Mamili hat besonders hohe Wasserstände im Juli/August. Dann sind die wenigen „Wege" auch nicht mehr (gilt auch für die sommerliche Regenzeit) befahrbar. Auf jeden Fall sollte das Gebiet nur mit Führer, der die Gegend und die „festen und seichten" Stellen kennt (und das kann schnell wechseln), befahren werden. Temporäre Überflutungen machen Umwege nötig ... und die muss man kennen (s. Hinweis S. 286)!

> **Tipp**
>
> Ab Sangwali in das Camp von Keith Rooken-Smith, der hier einst als Soldat stationiert war. Das Camp dient als Ausgangsstation in die wirklich afrikanische Wildnis. Fahrt: ca. 1½ Std. mit „back-up" von Keith, sodass man auch bei überfluteten Brücken keine Angst haben muss.
> Auskunft: Iwanowski's Individuelles Reisen, ☏ +49 (0) 2133-2603-0, www.afrika.de.

Bis zur Deklaration zum Nationalpark war dieser Raum bei Wilderern beliebt, sodass bestimmte Tierarten stark dezimiert wurden. Mittlerweile wurde der Wilderei Einhalt geboten und Naturschutzbeamte beaufsichtigen das Gebiet. Im Parkgebiet leben in den Flüssen Flusspferde, Krokodile und Otter. Verbreitet sind Wasserböcke, Sitatungas (Sumpfantilopen), aber auch Elefanten, Büffel, Giraffen und Warzenschweine. Das Sumpfland ist natürlich auch ein großartiges Vogelparadies: Fast 70 % aller in Namibia heimischen Vögel (430 Arten) können hier beobachtet werden.

Reisepraktische Informationen Mudumu und Mamili National Park

Information
www.met.gov.na
Eintritt: Erwachsene N$ 40, Kinder unter 16 J. frei; Fahrzeuge: N$ 10

Achtung
In der Tankstelle in Kongola ist gelegentlich kein Benzin zu bekommen.

Unterkunft innerhalb der Parks s. Karte S. 280/281
Mudumu National Park
Lianshulu Lodge $$$$$ (17), ☏ Lodge direkt 066-696008. Buchung über Caprivi Collection, ☏ 061-224420, E-Mail: reservations@caprivicollection.com; www.caprivicollection.com. Ab 1.6.13 N$ 2.755 p.P./DZ inkl. Halbpension, N$ 3.948 p.P./DZ inkl. Vollpension/Aktivitäten. **Lage**: 60 km südlich Kongola, Anfahrt über C 49 (38 km; ohne Allrad). Abholservice. **Beschreibung**: Die Lodge liegt im Herzen des Mudumu NP, direkt an den Ufern des Kwando. Höchstens 24 Gäste finden in elf geräumigen, riedgedeckten Chalets Platz. Jede Einheit verfügt über ein eigenes Badezimmer und eine private Veranda mit Blick auf den Fluss. Die Mahlzeiten finden bei Kerzenschein am edel gedeckten Tisch unter wilden Feigenbäumen statt. Restaurant, kleine Bibliothek, Curio Shop und kleines Schwimmbad vorhanden. Aktivitäten: Bootsfahrten auf dem Kwando, geführte Touren in den NP und Besuche des Community Projektes Lizauli Village.

Mamili National Park
Im Park gibt es nur wilde, nicht eingerichtete Campingplätze, man muss sich in jedem Fall selbst versorgen. Allerdings wird wegen der häufigen Überflutungen von offizieller Seite **vom Campen im Park abgeraten**. Die **Rupara Campsite** liegt direkt am Fluss, kurz vor dem eigentlichen Parkeingang und bietet vier Campsites mit Waschhaus und Feuerstelle. Nur mit Allradfahrzeug zu erreichen.

Unterkunft in der Nähe der Parks s. Karte S. 280/281
Mazambala Island Lodge $$$ (11), P.O. Box 1935, Ngweze, Katima Mulilo, ☏ 066-686-041, mobil 081-219-4884, 🖷 066-686-042, E-Mail: mazambala@mweb.com.na, www.mazambala.com. N$ 650 p.P. im DZ mit Frühstück, Camping N$ 95. **Lage**: direkt am Kwando gelegen, 4 km südlich Kongola über D 3511/C 49 erreichbar. **Beschreibung**: 16 riedgedeckte Bungalows stehen zur Verfügung, Game Drives und Bootstouren werden angeboten, Restaurant, traditionell eingerichtete Lapa mit gemütlicher Bar bietet tollen Blick auf den Kwando. Ein Campingplatz direkt am Ufer mit separaten Sanitäranlagen steht ebenfalls zur Verfügung, Camper können auch in der Lodge essen. Die Lage auf einer Insel in den Überschwemmungsgebieten am Kwando bedingt, dass die Lodge bei Hochwasser nur per Boot erreichbar ist. Aktivitäten: Boots- und Safarifahrten sowie Wanderungen.
Camp Kwando $$$ (16), ☏ 066-686021, 🖷 066-686023, E-Mail: reservations@campkwando.com, www.campkwando.com. Camping N$ 120 p.P., Insel-Chalets N$ 820 p.P., Baumhaus N$ 1.200 inkl. Halbpension, Bootstrips/Wildbeobachtungsfahrten N$ 200–400. **Lage**: ca. 25 km südlich von Kongola an der D 3511/C 49 direkt am Kwando. **Beschreibung**: Zwölf Strohdachchalets, Baumhäuser und ein Campingplatz stehen den Gästen zur Verfügung. Restaurant, Bootstrips, Mountainbike-Trail. Rustikal mit „Afrika-Flair". Achtung: Bargeld dabei haben, Kreditkartengerät oft kaputt.

Sonnenuntergang am Kwando

Namushasha Country Lodge $$$ **(13)**, Buchung über Gondwana Collection, ☏ 061-230066, E-Mail: info@gondwanacollection.com; www.gondwana-collection.com. Ca. N$ 860 p.P./DZ inkl. Frühstück, Camping N$ 80 p.P. **Lage**: Die Lodge (24 km südlich von Kongola) liegt direkt am Kwando, über D 3511/C 49 (19 km) erreichbar. **Beschreibung**: Man übernachtet in ansprechenden Bungalows (insgesamt 24 geschmackvoll eingerichtete Einheiten, auch eine für Familien) mit Dusche und WC. Schwimmbad und Restaurant vorhanden. Bootsfahrten und Angeln werden angeboten. Schön ist die naturnahe Atmosphäre der Lodge.

Nkasa Lupala Tented Lodge $$$$$ **(15)**, ☏ 081-1477798, E-Mail: info@nkasalupalalodge.com; www.nkasalupalalodge.com. N$ 1.540 p.P. inkl. Halbpension, Lunch möglich, ebenso verschiedene Aktivitäten (Game Drive inkl. Lunch im Mamili NP N$ 500). **Lage**: 11 km südlich von Sangwali. An der Grenze zum Mamili NP, ca. 1 km östlich von Parkeingang und Shisintze Ranger-Station entfernt. **Beschreibung**: Mitte 2011 eröffnete, nach ökologischen Prinzipien erbaute Lodge direkt vor dem Eingangstor des Mamili NP. Man übernachtet in sehr geräumigen Zelten auf erhöhten Holzplateaus mit eigenem Bad und kleiner Terrasse, von der man Flusspferde oder Elefanten beobachten kann. Hier ist man nur zu Gast im Reich der Tiere! Ein Erlebnis sind die Bootsfahrten über schmale Wasserkanäle. Haupthaus mit schönen Holzterrassen und Feuerstelle. Kulinarisch fühlt man sich in Bella Italia – die Besitzer sind Italiener.

Susuwe Island Lodge $$$$$ **(12)**, Buchung über Caprivi Collection, ☏ 061-224420, E-Mail: reservations@caprivicollection.com; www.caprivicollection.com. Ab 1.6.13 N$ 3.130 p.P./DZ inkl. Halbpension, N$ 4.150 p.P./DZ inkl. Vollpension/Aktivitäten. **Lage**: auf der Insel Birre im Kwando. Selbstfahrer können ihr Fahrzeug an der Brücke bei Kongola (Police Check Point) abstellen. Abholung vom Lodge-Personal, Übersetzen auf die Insel (zwei Min.). **Beschreibung**: Sechs geräumige, riedgedeckte Suitenhäuser unter riesigen Bäumen, jeweils mit Bad, tollem Außendeck und kleinem Pool. Liebevolle Details sorgen für Afrika-Feeling. Hauptgebäude mit halboffener Veranda und Feuerstelle in der Mitte. Perfekt zubereitete Mahlzeiten werden serviert. Wer es noch intimer mag, kann auf einer Baumhaus-Terrasse speisen. Wild- und Vogelbeobachtung per Boot und Geländefahrzeug – vielfältige Möglichkeiten!

> ⚠️ **Camping** s. Karte S. 280/281
> **Alle drei folgenden Camps buchbar** bei NACOBTA, P.O. Box 86099, Windhoek, ☎ 061-255977, 📠 061-222647, E-Mail: office.nacobta@iway.na, oder bei IRDNC in Katima Mulilo, ☎ 066-252108, 📠 066-252518, E-Mail: irdncc@iway.na.
> **Bumhill Campsite** $ **(10)**, ca. N$ 60 p.P. **Lage**: Der Abzweig zu dieser Campsite liegt an der B 8 (Trans-Kalahari-Highway), etwa 300 m westlich des Osteingangs zum Bwabwata-Park. **Beschreibung**: Obwohl nicht weit vom Highway gelegen ruhig, da wenig Autoverkehr. Das Camp liegt an den westlichen Ufern des Kwando und ist per Normalfahrzeug erreichbar. Es gibt Standard-Campsites mit Grill- und Kochmöglichkeit und exklusive Campsites mit eigenen sanitären Anlagen und privater Grillmöglichkeit. Jede dieser Stellen hat eine eigene 3 m hohe Aussichtsplattform auf den Fluss (man kann oft viele Elefanten beobachten!).
> **Nambwa Campsite** $ **(14)**, ☎ 066-259903. Ca. N$ 70 p.P. **Lage**: 14 km südlich Kongola, der Weg zweigt etwa 300 m westlich vom East Gate zum Bwabwata-Park ab, dann noch etwa 20 Minuten Allradstrecke! **Beschreibung**: Vier Campingplätze mit gemeinschaftlichen sanitären Anlagen, Grillplätze, Küche, schöner Blick auf den Fluss, kein Strom!
> **Kubunyana Campsite** $ **(14)**, Camping im eigenen Zelt ca. N$ 50 p.P., im aufgestellten Zelt ca. N$ 75. **Lage**: In Kongola nach Süden auf die Pad D 3511/C 49 abbiegen – nach 7 km Hinweisschild, dann noch etwa 4 km – mit PKW befahrbar (sandige Abschnitte). Bei Hochwasser nur per Boot erreichbar. **Beschreibung**: Drei große permanente Zelte unter Schattendächern, Vier individuelle schattige Campingplätze. Duschen mit heißem Wasser, Toilette, große überdachte Küche, eigenes Wasser muss mitgebracht werden, kein Strom.

> 🎁 **Einkaufen**
> **Mashi Crafts**: An der Kreuzung B 8/Kongola liegt Mashi Crafts, ein Projekt von elf Gemeinschaften des Caprivi. Hier gibt es tolle Korbwaren, Holzschnitzereien und Schmuck zu kaufen, der in den umliegenden Dörfern hergestellt wird.
> **Sheshe Crafts**: Bietet ähnliche lokale kunsthandwerkliche Produkte an und liegt weiter südlich 10 Minuten vom Mamili Park entfernt (nur per Allrad erreichbar!) an der D 3511.

Katima Mulilo

Katima Mulilo ist seit 1935 das **Verwaltungszentrum des Caprivi**. Die Stadt liegt direkt am Zambezi und ist einer der wenigen Orte Namibias, die früher regelmäßig von Elefanten besucht wurden. Die Dickhäuter genossen damals standesgemäß stets „Vorfahrt". Im Ort sowie der unmittelbaren Umgebung leben rund 40.000 Menschen. Nach Windhoek sind es gute 1.250 km. Und da man so weit östlich lebt, nimmt man im Alltagsleben an der Zeitumstellung im Winter nicht teil. Die Uhren richten sich nach den Nachbarländern Botswana, Zambia und Angola, wobei sich jedoch alle offiziellen Stellen (Grenzübergänge, Flughafen/Flugpläne) nach der offiziellen namibischen Zeit richten.

Strategische Bedeutung

Während des Unabhängigkeitskrieges von 1975–1989 nahm Katima Mulilo eine zentrale Bedeutung als militärischer Stützpunkt der Südafrikaner ein. Hier lebten Armeeangehörige, und die Südafrikaner brachten die Infrastruktur auf Vordermann, indem sie Hospitäler, Schulen und Straßen bauten. Im Gebiet des heutigen Bwabwata National Park gab es geheime Ausbildungslager.

Am Zambezi, der eine Art Lebensader ist, leben viele Flusspferde und Krokodile, also Vorsicht an den Ufern. In Katima Mulilo gibt es Tankstellen und verschiedene, gut sortierte Geschäfte. Im **Caprivi Art Centre**, dessen Leiter der Literat, Töpfer und Maler *Moses Nasilele* ist, kann man authentische Souvenirs aus Seifenstein und Holz kaufen. Der sehr lebendige **afrikanische Markt** im Ortszentrum bietet einen folkloristischen Einblick in das Leben, wie man ihn im eher weiß geprägten Namibia sonst nicht erleben kann. Über eine 2004 fertiggestellte Brücke erreicht man bequem Zambia.

Reisepraktische Informationen Katima Mulilo

Informationen
Bei **Tutwa Tourism and Travel**, *Hage Geingob Drive*, ☎/🖷 *066-252739, Mobil: 081-1246696, E-Mail: tutwasafaris@mweb.com.na, www.tutwa.com, auch Internetcafé.*

Einreise nach Zambia
Nordwestlich Katima Mulilo liegt der Grenzübergang nach Zambia bei Wanela/Sesheke, Fähre etwa US$ 25/Auto. Öffnungszeiten: 6–18 Uhr. Es kann auch die Zambezi-Brücke benutzt werden. Weitere Infos zu Visa, weiteren Gebühren und Anforderungen zur Einreise nach Zambia mit dem Auto s. S. 99.

Unterkunft s. Karte S. 280/281
Mukusi Cabins $, *P.O. Box 1194 Ngweze,* ☎ *066-253255, E-Mail: mukusi@mweb.com.na. Ca. N$ 260 p.P. im DZ (mit en-suite-Bad ca. N$ 400 p.P.).* **Lage**: *nahe Ortszentrum.* **Beschreibung**: *Es werden einfache Zimmer und Cabins vermietet. Restaurant mit gutem Essen und Bar. Angebote: Bootstouren (auch mehrtägig) mit Hausboot.*
Caprivi Travellers Guest House $, *P.O. Box 633,* ☎ *066-252788, E-Mail: denuga@iway.na. Ca. N$ 200, kein Frühstück.* **Lage**: *nahe Ortszentrum.* **Beschreibung**: *einfache Unterkunft für Backpacker.*
Protea Hotel Zambezi River $$$, *P.O. Box 2061, Ngoma Road, Katima Mulilo,* ☎ *066-251500,* 🖷 *066-253631, E-Mail: res.zambezi@proteahotels.com.na, www.proteahotels.com. Ab ca. N$ 600 p.P. inkl. Frühstück.* **Lage**: *am Rande Katima Mulilos am Zambezi.* **Beschreibung**: *Das Hotel (mit Restaurant) bietet 42 Zimmer. Schöne Gartenanlage mit Swimmingpool. Spezialität: Die „floating bar" (ab 12 Uhr geöffnet) mit besonders schönen Ausblicken bei Sonnenuntergang. Es werden auch Motorboot-Fahrten am Zambezi angeboten. Camping möglich auf einem Rasenplatz mit toller Aussicht.*
Kalizo Lodge & Camp $$$ **(18)**, *Upper Zambezi River, Katima Mulilo,* ☎ *066-686802, E-Mail: info@kalizolodge.com, www.kalizolodge.com. Ca. N$ 700 p.P. Halbpension, Camping ca. N$ 100 p.P.* **Lage**: *Die Lodge liegt 46 km östlich von Katima Mulilo. Nach 12 km biegt man ab, dann in die D 3508 20 km Richtung Kalimbesia. Linker Hand ein Lodge-Schild und noch 5 km zur Lodge.* **Beschreibung**: *Kalizo bietet riedgedeckte Hütten (auch für Selbstversorger) sowie schattige Campingplätze mit allen sanitären Einrichtungen und Elektrizität. Restaurant, Bar, Swimmingpool und Shop vorhanden. Von hier aus werden u. a. auch Kanufahrten am Zambezi und Chobe sowie Angeltouren angeboten, ebenso werden Quadbikes verliehen. Unvergesslich sind die Sonnenuntergangs-Bootsfahrten. Wildreiche Gegend: Elefanten, Flusspferde, Krokodile.*

Camping s. Karte S. 280/281

Salambala Campsite $ (19), zu buchen über NACOBTA, P.O. Box 86099, Windhoek, ☏ 061-255977, 📠 061-222647, E-Mail: office.nacobta@iway.na. Ca. N$ 50 p.P. **Lage**: 50 km südlich von Katima Mulilo, dann Hinweisschild an der linken Seite, wo man aber nach rechts abbiegt. Der Abzweig liegt kurz vor einem kleinen Shop. Nach ca. 5 km Fahrt durch den Mopane-Busch (Sand, in der Regenzeit Matsch) erreicht man das Camp. **Beschreibung**: schön angelegte Campingplätze mit fließendem Wasser, Grillstellen, überdachte Küche, schattige Gesamtanlage, sanitäre Anlagen mit Duschen und Toilette. Hochsitze zur Tierbeobachtung, permanentes Wasserloch.

Kalizo Lodge & Camp, s.o.

Restaurants

Gutes Essen gibt's in den **Mukusi Cabins** (s.o.). Sehr lebendig geht's zu bei **Mad Dog McGee's Restaurant**, ☏ 252020, Tierkat St. (Sonntag geschlossen).

Einkaufen

Caprivi Arts & Culture Association (CACA). **Lage**: im Ortszentrum zwischen Markt und Hospital. Hier offerieren lokale Kunsthandwerker ihre Ware, so z. B. geflochtene Körbe, Töpferei und Produkte aus Zambia und Zimbabwe. Dieses Projekt ermöglicht den Einheimischen aus näherer und fernerer Umgebung, ihre Erzeugnisse zu verkaufen.

Verkehrsverbindungen

Flugverbindungen mit Air Namibia vom Mpacha Airport (18 km südwestlich des Ortes)
Bus: Intercape-Stopp auf der Route Windhoek – Victoria Falls

Ausflug zu den Ngonye Falls in Zambia

 Streckenhinweis: Schlechte Allradpiste, Zeitbedarf etwa 4–5 Stunden für ca. 125 km von Katima Mulilo aus

Diese beeindruckenden Wasserfälle liegen nahe dem Ort Sioma (deshalb auch Sioma Falls genannt). Sie sind über 1 km breit und mit bis zu 25 Metern Höhe die zweithöchsten Fälle des Zambezi. Hier im südlichen Barotseland liegen sie aufgrund ihrer abseitigen Lage „versteckt" vor den wenige hundert Kilometer südlich gelegenen Victoria Falls, die verkehrsmäßig viel günstiger zu erreichen sind. Oberhalb der Ngonye Fälle ist der Zambezi, der von Mai bis Juni Hochwasser führt, sehr breit und fließt über Kalaharisande, doch an den Fällen wird er plötzlich eng und die Wassermassen fräsen sich in den harten Basalt hinein.

Der angrenzende **Sioma Ngwezi National Park** ist vor allem Heimat vor für Elefanten. Etwa 3 km südlich der Fälle gibt es eine einfache Fähre (nicht für Autos).

Am Ostufer muss man dann etwa 2,5–3 km wandern, um an einen tollen Aussichtspunkt mit Blick auf die Fälle zu kommen. Da sich hierhin kaum Touristen verirren, erwarten den Besucher fast paradiesische Zustände. Für die Fahrstrecke benötigt man einen Allradwagen (prüfen, ob der Fahrzeugverleiher dies zulässt!).

Kaum Touristen

Reisepraktische Informationen Ngonye Falls

Entfernungen
Ca. 125 km von Katima Mulilo aus, ca. 4 ½–5 ½ Stunden Fahrzeit

Einreise nach Zambia
Infos zu Visa, weiteren Gebühren und Anforderungen zur Einreise nach Zambia mit dem Auto s. S. 99.

Unterkunft
Mutemwa Lodge $$$$$, Reservierung Südafrika ☎ (+27) 72-536-1337, E-Mail: james@corporatewildman.co.za, www.mutemwa.co.za. ZAR 2.100 p.P. inkl. Vollverpflegung und Aktivitäten. **Lage**: etwa 50 km nördlich Katima Mulilo, bald über neu Teerstraße erreichbar. **Beschreibung**: Die Lodge von Penny und Gavin Johnson liegt idyllisch am Ufer des Zambezi unter gigantischen Bäumen. In sechs komfortabel eingerichteten Zelten verfügen die max. 12 Gäste über ein volleingerichtetes Bad und eine Terrasse mit unverstelltem Blick auf den Fluss – frühmorgens kann man hier den „early morning tea" genießen. Gegessen wird am offenen Haupthaus: Von hier aus führt ein kurzer Weg zur großen Terrasse, die auf Stelzen gebaut ist und direkt am Flussufer liegt. Hier wird gegessen – toller Sundowner-Spot! –, das Abendessen wird aber gemeinsam am Lagerfeuer eingenommen. Die Begegnungen dabei sind sehr persönlich! Aktivitäten: Angeln (insbesondere Tigerfisch), Bootsfahrten, Vogelbeobachtungen, Ausflug zu den Ngonye Falls.

Weiterfahrt von Katima Mulilo zum Chobe National Park

Entfernungen (km)
Divundu/Bagani – Kongola: 191
Divundu/Bagani – Katima Mulilo: 103
Katima Mulilo – Ngoma Bridge (Grenzübertritt Botswana): 69
Ngoma Bridge – Kasane – Victoria Falls: 141
Kazungula – Victoria Falls: 80

Von Katima Mulilo kann man über eine geteerte Straße zum Grenzübergang **Ngoma Bridge** (6–18 Uhr) fahren. Von hier geht es dann entweder in den Chobe Richtung Savute (s. S. 223) oder über eine gute Teerstraße nach Kasane (s. S. 226). Hier gibt es eine Fährverbindung nach Zambia (Livingstone, ca. 80 km) und einen Grenzübergang an der Teerstraße nach Zimbabwe bei Kazungula (6–18 Uhr). Nächstgrößerer Ort: Victoria Falls.

Weg zum Chobe

8. NXAI PANS UND MAKGADIKGADI PANS NATIONAL PARK

Überblick

Der Nxai Pan und der Makgadikgadi Pans National Park sind ein Muss für jeden Landschaftsfreund. Die Landschaft ist durchsetzt von z.T. unübersehbar großen Salz- und Lehmpfannen. Nirgendwo sonst im südlichen Afrika wird man mehr das Gefühl von Einsamkeit und Leere empfinden können als hier. Beide Gebiete sind Lebensräume großer Tierherden, die den Regenfällen folgen. Besonders eindrucksvoll ist die Szenerie an den Baines' Baobabs sowie in der Umgebung von Kubu Island mit einer majestätischen Baobab-Gruppe. Alte Markierungen in den Baumriesen beweisen, dass hier viele der ersten Forscher unterwegs waren und Rast einlegten. Für abenteuerlustige Allrad-Fahrer – ausgerüstet mit einem GPS – ist dieses Gebiet eine Herausforderung.

Geschichte und Natur der Nxai und Makgadikgadi Pans

Diese beiden **fossilen See-Becken** liegen nördlich (Nxai Pan) sowie südlich (Makgadikgadi Pan) der Straße Maun – Nata. Nördlich der Straße liegt der 2.580 km² große Nxai Pan National Park, südlich davon ist ein Teil der Makgadikgadi Pan als „Makgadikgadi Pans National Park" (4.900 km²) geschützt.

Der Makgadikgadi Pans National Park sowie der Nxai Pan National Park wurden zu Beginn der 1970er-Jahre gegründet, um die großartige Natur zu schützen. 1992 wurde die Straße Nata – Maun geteert, der Nxai Pan National Park wurde daraufhin bis an die Straße erweitert und schließt seitdem auch die Baines' Baobabs mit ein. Beide Nationalparks werden gemeinsam verwaltet. Das Ineinandergehen der beiden Nationalparks – nur von der Teerstraße Nata – Maun unterbrochen – entspricht dem Migrationszyklus der Tiere. Neben einer artenreichen Vogelwelt werden riesige Herden von den natürlichen Weideflächen angezogen, insbesondere Springböcke, Zebras, Gnus und Gemsböcke, denen natürlich auch Raubtiere wie Löwen und Geparde begleitend folgen.

Migration der Tiere

Redaktionstipps

➤ Ein Besuch auf Kubu Island in den Weiten der Makgadikgadi Pans ist ein ganz besonderes Erlebnis, S. 307f.
➤ Für die beiden Nationalparks und angrenzenden Pfannen sollte man in jedem Fall ein GPS-Gerät dabeihaben – hier kann man leicht die Orientierung verlieren.
‰ Im Nata Bird Sanctuary gibt es eine außergewöhnliche Vielfalt an Vögeln zu bewundern, S. 299.
➤ Einen entspannenden Zwischenstopp kann man, aus Maun kommend, auf der Dombo Farm einlegen (S. 312f), empfehlenswert sind zudem das Planet Baobab bei Gweta (S. 301) und die Nata Lodge (S. 299).
➤ Mit dem Wechsel zur Regenzeit kann man hier die Migration großer Zebra- und Antilopenherden beobachten – ein beeindruckendes Spektakel.

Es handelt sich um Gebiete, die sich im besonderen Maße sowohl vom Landschaftscharakter als auch von der Tierwelt **Unberührtheit bewahren konnten**. Hier – in den stillen Weiten – finden große Tierherden einen idealen Lebensraum. Aufgrund der wechselnden Wasserverhältnisse sind sie zum Nomadisieren gezwungen. Im nördlichen und westlichen Teil der Ntwetwe Pan liegen gute Grassavannen, in denen vereinzelt oder in kleinen Gruppen die Hyphaene-Palme wächst.

Von Dezember bis März konzentriert sich die Tierwelt sowohl auf das Gebiet der **Nxai Pan**, die ursprünglich ein Binnensee war (Ost-West-Ausdehnung 14 km), als auch auf die benachbarten Grassavannenflächen sowie die Sowa Pan. Oryxantilopen, Giraffen, Impalas, Springböcke, Gnus und Zebras stellen den größten Anteil dar. Büffel und Elefanten ziehen nur in sehr feuchten Jahren in diese Regionen. Geparde, Löwen, Hyänen, Schakale und Füchse leben in der Tiergemeinschaft beständig mit. Am Ende der Regenzeit (etwa gegen Mai) wandern die Tiere südlich der Nxai Pan über die Hauptstraße nach Maun nach Süden zu den Makgadikgadi-Ebenen, wo sie sich besonders auf der Grasfläche am Rande der Ntwetwe Pan aufhalten. Die Nxai Pans liegen insgesamt höher als die Makgadikgadi Pans und sind deshalb – bis auf die Ausnahme der tiefer liegenden Kudiakam Pan – keine Gebiete, in denen sich Salz abgelagert hat, so wie das durchgängig im Makgadikgadi-Gebiet der Fall ist.

Wenn die kleineren Pfannen nach der Regenzeit austrocknen, zieht das Wild (meist in den Monaten März/April) weiter zum Fluss Boteti, der die Makgadikgadi-Ebene mit den Okavango-Sümpfen verbindet. Hier finden die Tiere während der trockenen Monate – und seit 2009 wieder dauerhaft – Wasser. Und wenn die Regenzeit beginnt – etwa im Dezember –, so zieht es die Herden wieder nach Norden: In der Nxai Pan kommen dann die Jungen zur Welt.

Meist ausgetrocknete Salzpfanne

Die Makgadikgadi Pan gilt als **größte Salzpfanne der Welt**. Wenn sie ausgetrocknet ist – was zumeist der Fall ist –, bedeckt sie eine Fläche von 6.500 km² salzdurchsetzten Sandes, weiß und völlig eben. Die Farben in der Pfanne changieren von grell-weiß über grau bis violett. Die Ebenen sind vegetationslos. Nur an den Ufern zeigt sich spärliche Vegetation. In der trockenen Jahreszeit ist das Gebiet ein absolut lebensfeindliches Gebiet.

Früher war es so: In guten Regenzeiten, wenn Wasser aus dem Okavango-System über den Boteti in die Pfanne floss, war die gesamte Region wenige Zentimeter hoch überflutet. Und das genügte, um Scharen von Wasservögeln anzulocken. Für Flamingos und Pelikane eröffnete sich hier für kurze Zeit ein wahres Paradies. Insbesondere das Gebiet der Sowa Pan im Nordosten zog dann vor allem Flamingos an. Heute führt der Boteti wieder Wasser und wird dies wohl noch Jahre und Jahrzehnte tun, die Wasservögel haben also nun einen dauerhaften Anflugpunkt.

In den vergangenen Jahren begann man sowohl in der Nxai als auch in der Makgadikgadi Pan mit dem Abbau von Salz, Sodaasche, Sodasulfat sowie Brom.

Elefanten in der Nxai Pan

Zur Strecke: Kasane – Nxai Pan National Park

 Tankstellen: *Kasane, Pandamatenga, Nata, Gweta*

Kurz hinter Kasane beginnt eine Asphaltstraße bis Nata, die von ziemlich großen Schlaglöchern durchsetzt und deshalb sehr schlecht zu befahren ist, oft nur mit Höchstgeschwindigkeit 50 km/h. Zwar wird parallel eine neue Straße gebaut, allerdings muss die alte, schlechte vielerorts noch benutzt werden. Bisher reicht die neue bis ca. 60 km vor Nata.
Ab Nata Richtung Maun ist die Hauptstraße ebenfalls asphaltiert und gut zu befahren.

Zunächst geht es durch Busch- und Baumsavannenland. Ab Nata (160 km bis zur Einfahrt des Nxai National Park) nähert man sich dem Rande der Makgadikgadi Pan, jenem zumeist ausgetrockneten Salzsee. Am Rande sieht man einzelne Palmen. Der abzweigende Weg zum Nxai Pan National Park ist reizvoll: Die sehr einsam wirkende Landschaft (Busch- und Grassavanne, durchsetzt von ausgetrockneten Salzpfannen) ist insbesondere in der Nähe der „Three Sisters" (Baines' Baobabs) ein Ausdruck der Weite Zentral-Botswanas.

Durch die Weite Zentral-Botswanas

 Vorsicht

Während der Regenzeit verwandeln sich viele der Salz- und Lehmpfannen-Wege in glitschige Pisten, die unkalkulierbar sind.

Anfahrt von Maun: etwa 138 km auf guter Asphaltstrecke bis zur Eingangsstraße des Nxai Pan National Park, danach ca. 35 km tiefsandige Piste bis zum Scout Camp.

Zum Jack's Camp: Von Gweta fährt man in südliche Richtung ca. 42 km Richtung Mopipi, um dann nach rechts zum Jack's Camp abzuzweigen.

Reisepraktische Informationen Pandamatanga

Tanken
Nachdem man auf der **Strecke Kasane – Nata** lange keine Tankmöglichkeit hatte, ist die Tankstelle von Pandamatenga seit Mitte 2012 wieder geöffnet. Trotzdem ist ein Ersatzkanister immer ratsam!

Unterkunft
Touch of Africa Safari Lodge $$$, P.O. Box 135, Pandamatenga, ☏ 71-656340, E-Mail: touchofafrica@botsnet.bw, www.touchofafrica.tv. Chalet mit Bad für bis zu 3 Pers. P 650. *Lage*: günstige Stop-Over Location, 223 km nördlich von Nata und 100 km südlich von Kasane, direkt an der A33. Orientieren kann man sich an den großen Getreidesilos, die neben der Straße stehen. *Beschreibung*: Die Lodge liegt in einem landwirtschaftlich genutzten Gebiet. An Aktivitäten werden unter anderem Game Drives (3 Std. P 150) und Bush Walks (2 Std. P 180) angeboten. Seit 2013 gibt es ein Wasserloch, was gern von Elefanten besucht wird. Die Grenzstation nach Zimbabwe (geöffnet 8–16 Uhr) liegt direkt in der Nähe des Ortes.-

Camp Kuzuma $$$$$, ☏ Südafrika (+27) 83-705-5469 oder 11-362-2748, E-Mail: info@campkuzuma-bw.com; www.campkuzuma-bw.com. US$ 400–500 p.P./DZ inkl. Vollpension und drei Aktivitäten/Tag. *Lage*: im Kazuma Forest Reserve, ca. 65 km südlich von Kasane Richtung Pandamatenga, östlich der A33. *Beschreibung*: Fünf geräumige Luxus-Zelte mit Vollbad und privater Veranda (inkl. zusätzlicher Außendusche). Sie liegen weit voneinander entfernt – Privatsphäre garantiert. Hauptbereich mit Speise- und Wohnbereich, Bar, Pool und Deck mit Blick auf großes Wasserloch. Außerdem Spa (eine Behandlung im Preis enthalten). Als Aktivitäten sind Game Drives, Wanderungen und Nachtfahrten inklusive, weitere Exkursionen (z.B. in den Chobe NP oder nach Victoria Falls) müssen hinzu gebucht werden.

Camping
Panda Rest Camp, ☏ 716-22268, E-Mail: pandarest@botsnet.bw. Buchung auch über Madbookings Südafrika, ☏ (+27) 13-751-2220, E-Mail: botswana@madbookings.com; www.madbookings.com *Lage*: nahe Pandamatanga, GPS: S18°32´180 E 025°37´789. *Beschreibung*: angenehme Campsite mit großen Stellplätzen, ruhig, sanitäre Anlagen mit warmen Duschen, freundliche Besitzer, Grillmöglichkeit, Bar. Auch Rondavels buchbar.

Nata

Nata ist ein Verkehrsknotenpunt der Straßen nach Kasane (300 km), nach Maun (305 km) sowie nach Francistown (190 km). Nach langer Fahrt ist dieser kleine Ort also eine **Versorgungsoase** (Tankstellen, einfache Läden für den Grundbedarf).

Nata Bird Sanctuary

Dieses 230 km² große Naturschutzgebiet liegt im Mündungsgebiet des Nata River in die Sowa Pan und wurde 1992 eröffnet. Die Idee dazu wurde bereits 1988 von Seiten des Nata Conservation Committee geboren. Mit Hilfe der Kalahari Conservation Society und mit Unterstützung anderer nationaler und internationaler Organisationen konnte das Projekt realisiert werden. Voraussetzung dafür war die Bereitschaft der Bevölkerung, etwa 3.500 Stück Vieh „umzusiedeln". Die Einnahmen des Nata Bird Sanctuary fließen direkt an die beteiligten Gemeinden zurück.

Erfolgreiches Community-Project

45 % der Gesamtfläche liegen auf dem Gebiet der Salzpfannen. Elektrische Leitungen sind unterirdisch verlegt worden, ebenso wurde ein Wegenetz angelegt.

Das Gebiet eignet sich sehr gut für Vogelbeobachtungen, denn über 160 verschiedene Arten wurden hier gesichtet. In der Regenzeit, wenn der Nata River Wasser führt, wird der nördliche Teil der Sowa Pan überflutet. In diesem flachen Gewässer finden sich dann Scharen von Flamingos und Pelikanen ein. Daneben sind an Raubvögeln Bussarde, Habichte, Adler und – seltener – Falken zu beobachten. Verschiedene Storch- und Reiherarten lieben diesen Teil der Pfannen sehr. Von einem Beobachtungsstand kann man sehr gut die Vogelwelt erforschen. An „Großtieren" können Sie hier Stein- und Springböcke, Zebras und Kudus sehen. Auch Schakale sind verbreitet.
Nata Bird Sanctuary, *Lage: 20 km südlich von Nata an der Straße nach Francistown (Private Bag F 198), ☏ 267-71544342 (Manager), http://natavillage.typepad.com. Geöffnet tgl. von 7-19 Uhr, Eintritt P 25,* **Camping** *(s. Reisepraktische Informationen) P 30.*

Reisepraktische Informationen Nata

Unterkunft

Northgate Lodge $$ *(ehemals Sua Pan Lodge), Buchung über Temba Travel, Südafrika, ☏ (+27) 21-8550395, www.natalodge.net/northgate_lodge.htm. Ca. P 750 für ein DZ.* **Lage**: *in Nata an der Straße Richtung Maun gelegen.* **Beschreibung**: *24 Zimmer (auch Familienzimmer) mit Klimaanlage und TV, zudem gibt es einen Pool und einen bewachten Parkplatz.*
Nata Lodge $$, *P.O. Box 10, Nata, ☏ 620-0070/2/3 📠 620-0071, E-Mail: reservations @natalodge.com, www.natalodge.com. 2-Bett-Chalet ca. P 800/Nacht, Luxus-Safarizelt ca. P 635/Nacht, Camping ca. P 70/p.P. (Erwachsene), Frühstück ab P 60, Abendessen P 140.* **Lage**: *10 km südöstlich von Nata an der Straße nach Francistown.* **Beschreibung**: *Die 2008 abgebrannte und umgehend wieder aufgebaute Lodge bietet 22 saubere, riedgedeckte Chalets und 10 eingerichtete Safari-Zelte – alles unter schattenspendenden Bäumen; Swimmingpool, nettes Restaurant. Es werden auch Aktivitäten angeboten, z.B. eine Fahrt in die Bird Sanctuary. Empfehlung für Nata!*
Elephant Sands Lodge $$, *☏ 734-45162 (Inge Dijkstra), E-Mail: bookings@elephant sandsbotswana.com, www.elephantsands.com. Doppelchalet P 580, Familien-Chalet P 690, Camping P 70.* **Lage**: *53 km nördlich von Nata Richtung Pandamatenga.* **Beschreibung**:

Ein echtes Erlebnis: mit dem Quad Bike durch die Pfanne

In einer 23.000 ha großen privaten Private Conservancy gelegen. 12 komfortable, riedgedeckte Chalets für 2 Pers., zusätzlich Fam.-Chalets. Camping mit Open-air-Sanitäranlagen (heiße Duschen).

⚠ Camping
Nata Bird Sanctuary Community Campsite, ☎ s.o., http://natavillage.typepad.com. **Lage**: etwa 20 km südöstlich von Nata gelegen, beim Nata Bird Sanctuary. **Beschreibung**: *Hier gibt es einen einfachen Campingplatz mit sanitären Anlagen und Grillmöglichkeit. P 30 p.P., Eintritt in den Park P 25.*
Nata Lodge *(s.o.)*
Elephant Sands Lodge *(s.o.)*

🚌 Busse
Es gibt mehrere tägliche Verbindungen nach Kasane/Kazungula, Maun und Francistown.

Gweta

Einziger Zwischenstopp

Gweta, ein kleines Örtchen mit vielen Palmen, liegt 100 km westlich von Nata und ist praktisch der einzig mögliche Zwischenstopp zwischen Nata und Maun (das Dorf liegt etwa 5 km südlich der Straße). In Gweta gibt es eine Tankstelle, Läden und ein kleines Postamt. Der Ort bezeichnet sich als „Gateway to the Makgadikgadi Pans". Der Ortsname leitet sich von den lauten Geräuschen ab, welche die hier lebenden Wüstenfrösche verursachen: In der Trockenzeit vergraben sich diese Frösche (bullfrogs) im Sand, um nach dem Regen herauszukriechen.

Reisepraktische Informationen Gweta

Unterkunft
Gweta Lodge $$-$$$, ☏ 621-2220, l 621-2458, E-Mail: gwetalodge@bots net.com, www.gwetalodge.com. Familienzimmer (4 Pers.) P 795, DZ P 525, Safari-Zelt für 2 Pers. P 350, ein Ausflug mit Übernachtung in die Ntwetwe Pan P 1.200 p.P. **Lage**: direkt südlich des Dorfes. **Beschreibung**: Bei der Unterkunft kann man wählen zwischen Doppelzimmern, Familienzimmern, Rondavels oder Camping (mit sanitären Anlagen). Zudem gibt es Pool, Bar und Lounge, Restaurant, eine Küche unter freiem Himmel und einen Souvenir-Shop.
Planet Baobab $$$, ☏ 723-38344, Buchung über Uncharted Africa ☏ Südafrika (+27) 11-447-1605, E-Mail: res2@unchartedafrica.com, www.unchartedafrica.com. Man kann hier im eigenen Zelt campieren (ca. US$ 15 p.P.) oder Hütten mieten (ab US$ 75 p.P., Familienhütte für 4 Pers. ab US$ 60 p.P., alles Preise Regenzeit). **Lage**: 5 km östlich von Gweta gelegen bei acht großen Baobab-Bäumen. **Beschreibung**: Toiletten, Dusche etc. sind vorhanden, ebenfalls ein Swimmingpool, eine Gemeinschaftsküche sowie ein kleiner Laden. Auf Wunsch erhält man Mahlzeiten zubereitet (engl. Frühst. in Hütten inkl.). Die Stellplätze sind allerdings relativ eng. Von hier werden auch zahlreiche Ausflüge angeboten bzw. man kann einen Guide anheuern und z.B. in den Pfannen unter freiem Himmel übernachten.
Für ausführliche Kontaktdaten von Uncharted Africa siehe Unterkünfte im Makgadikgadi Pans National Park.

Nxai Pan National Park

Dieser nördlich der Straße Maun – Nata liegende Nationalpark befindet sich am historischen Mpandamatenga Trail. Dieser Trail verband eine Linie von Wasser-Bohrlöchern, auf der 1963 Rinder vom Ngamiland nach Kazungula getrieben wurden. Noch immer sollen entlang dieser Route Bohrlöcher Wasser enthalten. Die Hauptpfannen sind die Nxai Pan sowie die Kudiakam Pan. Beide gehören zu dem prähistorischen Binnensee, der die Kalahari einst auf einer Fläche von über 80.000 km² bedeckte und zu dem natürlich auch die südlich gelegene Makgadikgadi Pan mit der Ntwetwe und Sowa Pan gehören.

Prähistorischer Binnensee

Die Nxai Pan liegt relativ hoch, sodass hier stets Wasser abfließen konnte und sich – im Gegensatz zur südlichen Kudiakam Pan – keine Salze ablagerten. Salze lagern sich stets in abflusslosen Senken ab, wo Wasser nur verdunsten oder versickern kann.

In der Nxai Pan wachsen Schirmakazien, wobei sich in der Trockenzeit die Tierwelt vom **künstlichen Wasserloch** nahe dem Campingplatz angezogen fühlt. In der Regenzeit von Dezember bis April lieben große Tierherden von Zebras, Gnus, Giraffen, Gemsböcken und Springböcken das gute Gras. Im östlichen Teil liegt die Khama Khama Pan, wo einst König *Khama III.* Vieh weidete. Markanter Punkt im Nxai National Park sind die Three Sisters (Baines' Baobabs). Diese **Baobab-Bäume** malte *Thomas Baines* am 22. Mai 1862. Man verglich sein Bild mit Fotos, die 1967 aufgenommen wurden, und stellte fest, dass kaum Veränderungen auszumachen waren. Lediglich ein Zweig war abgefallen.

Berühmte Baobabs

Thomas Baines – Forscher und Maler

Thomas Baines ist einer der frühesten Forscher, der den Spuren von *Livingstone* folgte. Wahrscheinlich wurde er durch seine Bilder von den Victoria Falls sowie deren Umgebung bekannt.

Er wurde 1820 in Kings Lynn geboren. 1842 kam er – durch die Liebe seines Vaters zur Seefahrt – nach Kapstadt. Hier lebte er vom Verkauf von Bildern des Kap-Landes. 1855 beschloss er, wieder zu reisen und schloss sich einer von *A.C. Gregory* geführten Expedition nach Nord-Australien an. Hier erforschte er vor allem die Umgebung des Victoria-Flusses. 1857 kehrte er nach Südafrika zurück und nahm *Livingstones* Einladung an, sich einer Forschungsreise zum Zambezi anzuschließen. Doch nach Streitigkeiten mit *Livingstone* kehrte er zum Kap

Die Baines´ Baobabs

zurück. Später schloss er sich *James Chapman*, einem Jäger und Händler, an, der eine Reise zu den Victoria Falls plante. 1861 segelten beide von Kapstadt nach Walvis Bay, von wo aus sie auf eine sehr abenteuerliche Reise zu den Wasserfällen starteten, die sie am 23. Juli 1862 erreichten. Später setzten sie die Reise sogar bis zum Indischen Ozean fort.

In der Gegend um Daka erkrankte *Baines* und musste nach Südafrika zurückkehren. Von hier fuhr er 1865 nach England und kehrte drei Jahre später wieder nach Südafrika zurück. Hier schloss er sich einer Goldsuchergesellschaft an. Er wurde von ihr ins Matabele-Land geschickt, um vom König der Matabele, *Lobengula*, Schürfrechte zu erhalten. Doch da er nichts erreichen konnte, wurde er entlassen.

Am 8. Mai 1875 verstarb er. Während seines Lebens schuf er etwa 400 Ölgemälde.

Bushman Pits

Westlich des Nxai Pan National Park liegen die Bushman Pits. Man nimmt an, dass in der Vergangenheit San diese Löcher aushoben, um sich bei der Jagd besser verstecken zu können, denn die Tiere liebten das nahegelegene Wasserloch. Mit vergifteten Pfeilen erlegten sie dann die Beute.

Zur Strecke

Von der Strecke Nata – Maun zweigt man nach nördlich (65 km von Gweta, 136 km von Maun) in den Nxai Pan National Park ab. Ein neues Gate wurde direkt an der Teerstraße errichtet. Dahinter folgen rund 37 sehr sandige und nicht zu unterschätzende Kilometer in den Park Richtung South Campsite. Auch zu den **Baines' Baobabs** ist unbedingt ein Allradfahrzeug nötig. Vorsicht: Etwa 19 km nördlich des Gates

Allrad-Fahrzeug notwendig

Elefanten am Wasserloch der Nxai Campsite

biegt man nach rechts ein. Nach ca. 1 km gabelt sich die Straße: Während der Regenzeit nutzen Sie die längere linke (nördliche) Spur, die einen Bogen um die Pfannen macht und dann später südwärts zu den Baines' Baobabs führt. Die südliche Strecke ist nur in der Trockenzeit befahrbar.

Reisezeit

Während der Trockenzeit von Mai bis Oktober kann es hier über 40 °C heiß werden. In dieser Zeit werden die Tiere von den künstlichen Bohrlöchern angelockt. Dann ist auch das Fahren kein Problem. In der Regenzeit von Oktober bis März verwandelt sich die Landschaft in ein grünes Paradies, das viele Tiere anlockt. Schön sind auch die dann blühenden Wildblumen. Allerdings kann es in der Zeit, vor allem im Januar und Februar, sehr lehmig und glitschig werden.

Reisepraktische Informationen Nxai Pan National Park

Eintritt
P 120 p.P. pro Tag, zudem P 50 pro Auto, bis 11 Uhr muss man den Park wieder verlassen haben.

Versorgungsmöglichkeiten
Benzin und Nahrungsmittel sind in Gweta erhältlich, einige Basis-Lebensmittel gibt es auch in Khumaga.

Übernachtungsmöglichkeiten

Nxai Pan Camp $$$$$, *Kwando Safaris, Airport Rd., Newtown, Maun,* ☏ *686-1449,* 🖨 *686-1457, E-Mail: info@kwando.co.za, www.kwando.co.za. Ab ca. US$ 520 p.P. inkl. Vollpension und allen Aktivitäten.* **Lage:** *inmitten des Nationalparks. Das Camp ist entweder mit Allradfahrzeugen erreichbar oder mit dem Flugzeug, z.B. ab Maun (ca. 35 min.).* **Beschreibung:** *Das 2009 eröffnete Camp besteht aus neun speziell an die klimatischen Bedingungen angepassten, riedgedeckten Chalets. Jedes Chalet hat ein Aussichtsdeck und Ventilatoren, die von Solarenergie angetrieben werden. Das Hauptgebäude besteht aus einem Speiseraum, Lounge mit Bibliothek und Bar, Aussichtsdeck mit Blick auf das permanente Wasserloch, Pool und Shop. Zu den Aktivitäten gehören zwei tägliche Wildbeobachtungsfahrten in offenen Allradfahrzeugen sowie geführte Buschwanderungen.*

Camping

Es gibt die folgenden zwei kleinen Campingplätze (beide P 270 p.P.). Alle Besucher müssen sich selbst versorgen, die nächste Tankstelle ist in Gweta.

Vorausbuchung (!) der Camps: Xomae Group, *P.O. Box 1212, Maun,* ☏ *686-2221 o.-2970,* 🖨 *686-2262, E-Mail: xomaesites@botsnet.bw, www.xomaesites.com. Für weitere Informationen s. auch Stichwort Camping in den Gelben Seiten.*
South Campsite: *nahe am südlichen Eingang gelegen (ca. 2 km). Es stehen etwa 12 schattige Campingplätze zur Verfügung mit Grillstellen und einem Häuschen, in dem Spül-*

Das Nxai Pan Camp

toiletten, Duschen und Waschbecken vorhanden sind. Ebenso kann man seine Wasservorräte hier auffüllen. Dieses Camp ist die beste Wahl, da relativ schattig und nahe zu einem Beobachtungsversteck gelegen. Feuerholz ist hier schwierig zu besorgen, also evtl. den Gaskocher nutzen oder Holz mitbringen.

Baines' Baobabs: *Direkt an den Bäumen darf man nicht mehr campen, da diese als National Monument erklärt wurden, etwa 900 m davon entfernt sind ein paar Plätze ausgewiesen, allerdings komplett ohne Ausstattung und nicht leicht zu finden.*

Tanken
Nur in Gweta möglich (ca. 100 km)

Makgadikgadi Pans National Park sowie die Makgadikgadi Pans (Ntwetwe und Sowa Pan)

Dieser Park, der eine Einheit mit dem Nxai National Park bildet, liegt südlich der Straße Nata – Maun. Der Haupteingang befindet sich 160 km östlich von Maun und 45 km westlich von Gweta. Im Gegensatz zum Nxai Pan National Park wurde das Gebiet touristisch erst in den letzten Jahren entdeckt. Die Makgadikgadi Pans sind das Überbleibsel des riesigen Binnensees, der einst große Teile des südlichen Afrika be-

Steinböckchen im Buschland

deckte und vor Tausenden von Jahren ausgetrocknet ist. Aber nach guten Regenfällen bildet sich auch heute noch ein flacher See, in dem eine Vielzahl von Vögeln brütet, vor allem Flamingos und Pelikane.

Zum größten Teil besteht das Gebiet aus Grassavannen und im südlichen Teil aus Salzpfannen, die aber nur ein Fünftel des Parkgebiets ausmachen. Seitdem der Park nicht mehr eingezäunt ist, kann das Wild den natürlichen Migrationsrouten folgen. In der Trockenzeit suchen die Tierherden am westlichen Boteti River (Parkgrenze) Wasser, während sie in der Regenzeit teilweise in den Nxai National Park hinüber wandern, teilweise aber auch zu Tausenden das fruchtbare Grasland in den Monaten Oktober bis April bevorzugen. Das Gesamtgebiet der Makgadikgadi Pans besteht aus der westlichen Ntwetwe Pan und der östlichen Sowa Pan.

Vogelmigration nach der Regenzeit

Zur Strecke

Von der Teerstraße geht es ca. 8 km über eine Schotterstraße zum Gate. Alle Straßen im Park sind verhältnismäßig schwer zu fahren, ein Allradwagen ist unbedingt notwendig. In jedem Fall sollte man ausreichend Wasser dabeihaben. Es gibt zwei Campingmöglichkeiten im Park, s. S. 314.

> **Hinweis zur Strecke**
>
> Seit 2009 fließt erstmals seit Jahrzehnten wieder dauerhaft Wasser im Boteti, eine Durchfahrt ist von Westen so nicht möglich. Man muss, um nach Khumaga zu gelangen, einmalige Ponton nutzen (einmalige Überfahrt P 120; ein Abenteuer für sich!) oder bei dem Dorf Motopi über die Brücke fahren, das Gate im Norden des Parks nutzen und dann die ganze Pfanne durchqueren. Für die Zeitplanung sollte man sich also immer vor Ort nach dem aktuellen Zustand der Strecken erkundigen.

Kubu Island/Sowa Pan

In der südwestlichen Ecke der Sowa Pan erhebt sich diese „Insel" etwa 20 m über den Pfannenboden. Auf Kubu Island wachsen gigantische Baobab-Bäume, und zusammen mit den umliegenden weißen Salzflächen befindet man sich inmitten einer unwirklichen Landschaftsszenerie. Man nimmt an, dass vor etwa 500–1.500 Jahren dieses Gebiet besiedelt war. Zeugnis davon legen legendäre aufgeschichtete Steinmauern ab, Steinwerkzeuge und bearbeitete Straußeneierschalen. Die Steinmauern erinnern an die Legenden einer alten „Lost City" und ähneln im Aufbau den Steinwällen der Great Zimbabwe Ruins.

Eindrucksvolle Landschaft

Kubu Island ist ein beispielloses Erlebnis. Unwirklich schön sind die Sonnenuntergänge und Vollmondnächte, die glauben machen, dass es geschneit hat. Toll, dann im Mondschein zu wandern.

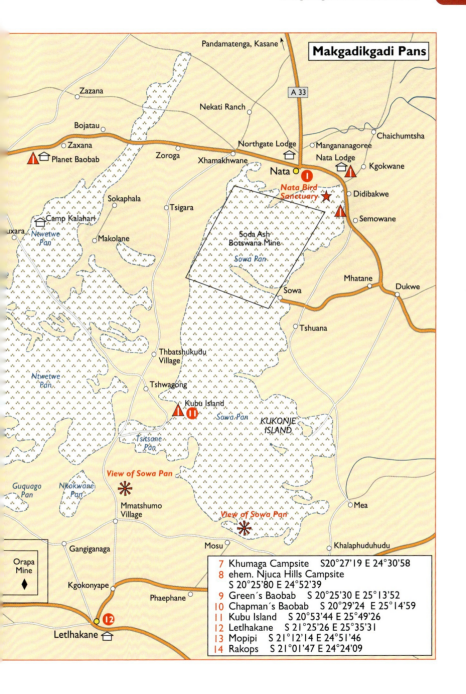

Unwirkliche Szenerie auf Kubu Island

Zur Strecke

Anfahrt: 26 km westlich von Nata auf der Straße nach Maun biegt man links in Richtung Kubu Island ein. Der Weg führt weitere 82 km in südliche Richtung bis zum Tswagong Veterinary Gate. Von hier aus ca. 17 km in südöstliche Richtung nach Kubu Island. Die Anfahrt von Nata ist aber wenig spektakulär.

Anfahrtsmöglichkeiten

Von Norden: Von Gweta über die Ntwetwe Pan nach Tshwagong (88 km). Vorsicht: Während der Regenzeit können Sie diesen Weg auf keinen Fall fahren, besonders nicht allein. Allrad ganzjährig erforderlich! Toll ist die Überquerung der Ntwetwe Pan – etwa 10 km fahren Sie schnurgerade, nichts stört den Blick!

Weiterfahrt von Kubu Island: Sie fahren ca. 18 km nach Südwesten (nur wenn die Pfannen trocken sind!!!) und biegen links in die Straße nach Mmatshumo Village (weitere 29 km) ab. Von hier aus geht es 42 km in östliche Richtung, wo Sie Mosu Village erreichen. Dies ist ein sehr schönes, authentisches Dorf – doch besonders imposant ist der Blick vom Aussichtspunkt („View of Sua Pan") auf die Pfanne. Das Ufer hier ist 40 m hoch – sehr viel für ein so flaches Land wie Botswana. Weiterfahrt von Mosu nach Tlalamabele (27 km), wo Sie die Straße nach Francistown erreichen. Alternativ können Sie von hier aus nach Westen über Letlhakane (Tankstelle), Mopipi, Rakops (Tankstelle, unsichere Versorgung), Motopi und weiter nach Maun fahren (Maun – Tlalamabele ca. 450 km).

Camping

Kubu Island Lekhubu, Gaing-O-Community Trust, P.O. Box 54, Mmatshumo, ☎/📠 297-9612, E-Mail: kubu.island@botsnet.bw, www.kubuisland.com. Gebühren für 2 Pers. + Auto ca. P 225 pro Nacht. (GPS: S 20°53'50" E 25°49'41, es gibt mehrere Plätze, bei Buchung/Anfahrt nochmal genau nachfragen!) **Beschreibung**: Die Campsite (14 Plätze) mit Buschtoilette und Grillmöglichkeit (aber ohne Wasser) wird von o. g. Trust betrieben. Die Anfahrt von Gweta ist nicht leicht, also unbedingt GPS benutzen. Feuerholz wird auf Wunsch verkauft. Im Dorf kann man auch einen Guide mitnehmen, der einen zum Campingplatz führt. Hier kann man sich auch vorab über die Straßenzustände informieren, besonders während/nach der Regenzeit.

Community-Camp

Mmakhama Ruins/Sowa Pan

Bei Mosu (etwa 4 km außerhalb des Ortes gelegen in Richtung Mmatshumo) liegen die **Mmakhama Ruins**. Ein unscheinbarer Weg führt das Steilufer hinauf und nach etwa 2 km erreicht man Mauern aus aufgeschichteten Steinen. Von hier aus hat man einen tollen Blick auf die Salzpfanne.

Kokonje Island

Diese Insel liegt im Osten der Sowa Pan und ist über die Wege östlich der Sowa Pan zu erreichen. Versuchen Sie selbst in der Trockenzeit nicht, von Westen quer über die Sowa Pan die Insel zu erreichen – dies ist zu gefährlich! Die Insel ist eine Zeremonienstätte für Regenmacher. Buschcamping ist möglich.

Green's Baobab und Chapman's Baobabs/Ntwetwe Pan

Der Green's Baobab liegt ca. 30 km südlich von Gweta auf dem Wege Richtung Mopipi. Zu seinem Schutze ist dieser Baumriese umzäunt. Dieser Baobab erzählt wahrlich Geschichte. Hier haben sich die Gebrüder *Green* während ihrer Expedition 1852 eingeschrieben und ebenso der Gründer des Ortes Ghanzi, *Hendrik van Zyl*. Nur weitere 15 km südlich liegen die Chapman's Baobabs mit einem Stammumfang von 25 m. Da der Baum aus 7 Stämmen besteht, wird er auch als „Seven Sisters" bezeichnet.

Mehr Baobabs

Auch in diesen Baum ist Geschichte geschrieben worden, wie viele Namenseinritzungen beweisen, u.a. die von *Baines* und *Chapman*. Dieser Baum diente den frühen Reisenden als Landmarke und in einem hohlen Stamm wurden Nachrichten hinterlegt.

Weiterfahrt

Dieses Reisegebiet lässt sich gut verknüpfen mit einer Weiterfahrt nach Maun und von hier aus zurück nach Windhoek (s. S. 133ff). Ebenso kann man über Maun entweder den Westrand des Okavango-Deltas besuchen (S. 261ff). Über Rakops kann man ebenfalls leicht das Central Kalahari Game Reserve (S. 327ff) erreichen.

Elefantenbesuch bei Kaffee und Kuchen auf der Dombo Farm

Reisepraktische Informationen Makgadikgadi Pans National Park

Eintritt
P 120 p.P. pro Tag, zudem P 50 pro Auto, bis 11 Uhr muss man den Park wieder verlassen haben.

Versorgungsmöglichkeiten
Benzin und Nahrungsmittel sind in Gweta erhältlich, einige Basis-Lebensmittel gibt es auch in Khumaga.

Unterkunft (außerhalb des Parks)
Dombo Farm $$$, Ulrich & Heike Oehl, P.O. Box 21857, Boseja, Maun, (Mobilfunk) 72-923355 oder 74-121332, E-Mail: info@dombofarm.com, www.dombofarm.com. P 688 p.P. ab sechs Nächten Aufenthalt, darunter etwas teurer (Mindestaufenthalt zwei Nächte). Im Preis inbegriffen: Alle Mahlzeiten, Kaffee/Tee und eine Sundowner-Farmrundfahrt. Transfer von/nach Maun und Ausflüge auf Anfrage. **Lage**: 30 km nördlich des Abzweigs zum Dorf Motopi an der Straße Maun–Nata (ca. 2 Stunden von Maun). Bei Buchung genaue Anfahrtsbeschreibung erfragen. **Beschreibung**: Die kleine Unterkunft, auf einer 4.150 ha großen Wildfarm gelegen, wird vom aus Deutschland eingewanderten Ehepaar Oehl geführt und hat Ende 2008 ihren Betrieb aufgenommen. Es gibt zwei schöne, mit Liebe zum Detail eingerichtete Gästebungalows mit Dusche/WC und einer Veranda mit Blick auf

ein Wasserloch. Zudem gibt es im Haupthaus eine Leseecke und ebenfalls eine große Veranda mit Blick auf die Wasserstelle. Abends gibt es am Lagerfeuer einen kühlen Drink. Die Farm ist ideal, um in absoluter Ruhe ein paar Tage zu relaxen. Tagesausflüge in den Nxai und Makgadikgadi Pans National Park sind von hier aus möglich.

Meno a Kwena Tented Camp $$$$, *Private Bag 053, Maun, ☎ 686-0981 o.-1634, E-Mail: kkreservations@ngami.net, kksafari@ngami.net, www.menoakwena.com. Je nach Saison US$ 350–600 p.P.* **Lage**: am Boteti an der westlichen Grenze des Makgadikgadi National Park, mit dem Auto zu erreichen über Rakops (14 km vom Dorf Moreomaoto). **Beschreibung**: klassisches Zeltcamp bestehend aus begehbaren Zelten mit „Eimerdusche". Zudem gibt es ein Hauptzelt mit Lounge-Bereich und einer offenen Küche, in der die Mahlzeiten zubereitet werden. Der Name des Camps bedeutet „Zahn des Krokodils", benannt nach einem Flussgebiet, das einst von Krokodilen bewohnt war. Das Camp liegt am früher staubtrockenen Boteti, der nach über 20 Jahren seit 2009/2010 wieder dauerhaft Wasser führt. Vom Camp hat man einen guten Blick auf das Flussbett. Safaris werden durchgeführt in die Makgadikgadi und Nxai Pans sowie in das Central Kalahari Game Reserve.

Leroo La Tau Lodge $$$$$, *Buchung und Infos: Desert & Delta Safaris, Ecke Airport Aveneu & Mathiba I Road, Maun, ☎/🖷 686-1559, E-Mail: info@desertdelta.com; www.desertdelta.com. Je nach Saison US$ 476–856 p.P. inkl. Vollpension und Aktivitäten.* **Lage**: innerhalb des Parks gelegen, etwas nördlich von Khumaga. **Beschreibung**: Die 12 riedgedeckten Chalets verfügen über Bad, das Hauptgebäude besteht aus Esszimmer, einem Lesezimmer und einer Bar sowie riesigen Holzterrassen. Kleiner Pool vorhanden. Schöne Feuerstelle mit Blick auf den Fluss, wo man den Tag ausklingen lassen kann. Tagsüber sind von einem versteckten Aussichtspunkt Tierbeobachtungen am Fluss möglich.

Beeindruckend: Wildbeobachtung nahe der Leroo La Tau Lodge

Alle folgenden Camps außer der Gweta Lodge sind buchbar über **Uncharted Africa Safari Co., Südafrika**, Private Bag X31, Saxonwold, 2132 Johannesburg, ☏ +27 11-447-1605, 📠 +27 11-447-6905, E-Mail: res1@unchartedafrica.com (für Jack's und San Camp), res2@unchartedafrica.com (für Camp Kalahari); www.uncharted africa.com. Alle Camps sind äußerst luxuriös und dementsprechend teuer (besonders Jack's und San Camp), als Besonderheit werden Safaris zu Pferd angeboten.

Camp Kalahari: Das Camp besteht aus zehn Meru-Zelten mit Bad und Dusche, die in klassischem Safari-Stil eingerichtet sind. Zudem gibt es einen schönen Essbereich, Lounge und Bibliothek. Die Renovierungen bis April 2013 umfassten neuere, größere und hellere Zelte sowie neue Teppiche u.v.m. Je nach Saison US$ 430–530 p.P.

Jack's Camp: Das Camp liegt an der Ostgrenze des Makgadikgadi Pans National Park, auf einer mit Bäumen und Palmen bewachsenen Insel mit Blick in die weite, goldgelbe Savanne. Jack Bousfield hatte das Camp bereits in den 1960er-Jahren aufgebaut und lebte dort bis zu seinem Tode durch einen Flugzeugabsturz 1992. Das heutige Camp entspricht dem Stil der ostafrikanischen Safari-Camps der 1940er-Jahre. Es gibt zehn Luxuszelte in großem Abstand, Pirschfahrten, Wanderungen mit Infos über das Leben der San. Da normale Allradfahrzeuge auf der fragilen Lehmkruste bleibende Spuren hinterlassen, die selbst nach Jahrzehnten noch zu sehen sind, unternimmt man auf der trockenen Pfanne Fahrten mit sog. „Quadbikes". So kann man unerforschte Gebiete erreichen. Toll sind die angebotenen 5-tägigen Safaris per Quadbike nach Kubu Island. Dort wird dann ein Wüstencamp errichtet. Und einmalig ist Jack's berühmtes Teezelt mit Perserteppichen, Schachbrett, Gesellschaftsspielen und Grammophon. Luxus pur in der Kalahari … Das hat seinen Preis: ab US$ 1.120–1.400, in der Regenzeit ab drei Nächten „nur" US$ 900.

San Camp: Das Camp liegt einsam in einer grasbedeckten Bucht mit Ausblick auf den endlos weißen Salzsee des ausgetrockneten Makgadikgadi-„Supermeeres" an der Ostgrenze des Nationalparks. Das Camp ist von April bis Oktober geöffnet, es besteht aus sechs Segeltuchzelten mit Buschdusche, Toilette, Holzwaschbecken, kupfernen Wasserkrügen und Petroleumlampen. Auch hier gibt es ein Speisezelt mit traditioneller Safari-Einrichtung, eine Bar sowie einen guten Landkartenvorrat. Die Mahlzeiten werden unter einem Akazienbaum eingenommen. US$ 1.100 p.P.

Planet Baobab, s. S. 301.

Gweta Lodge, www.gwetalodge.com, weitere Kontaktdaten s. S. 301.

⚠ Camping

Vorausbuchung (!) der Khumaga Campsite: SKL Group of Camps, P.O. Box 1860, Maun, ☏ 686-5365/6, 📠 686-5367, E-Mail: reservations@sklcamps.co.bw, sklcamps@botsnet.bw; www.sklcamps.com. Für weitere Informationen s. auch Stichwort Camping in den Gelben Seiten.

Khumaga Campsite: 48 km südwestlich des Haupteingangs, ebenfalls an der Westgrenze am Boteti River gelegen, mit 10 Stellplätzen, Toilette und Duschen – alles ist sauber und schattig! Blick auf den Boteti, der 2009 wieder zu fließen begann. Es gibt ein paar permanente Wasserstellen im Fluss, in denen Flusspferde leben. Ein paar Lebensmittel gibt es im Khumaga Village. Trinkwasser bitte mitbringen, da das Wasser aus dem Bohrloch starken Nebengeschmack hat (Schwefel). US$ 50 p.P.

Die Campsite **Njuca Hills**, 26 km südlich des Haupteingangs, wurde Mitte 2012 geschlossen. Dafür errichtete der DWNP (Buchungsadresse s. Stichwort Camping in den Gelben Seiten) wenige Kilometer südlich davon einen neuen Platz namens **Tree Island Camp**, der drei Stellplätze und einfache Duschen sowie Buschtoiletten bietet.

Gut gegähnt, Löwe...

Anreise von Süden: Letlhakane und Rakops

Von Gaborone oder Südafrika über Serowe kommend ist eine Anreise auch von Süden möglich. Wenn man es nicht bis auf einen der Campingplätze in den Pfannen schafft, bietet sich eine Übernachtung in Letlhakane an, wo eine der berühmtesten Diamantenminen Botswanas liegt. Ganz in der Nähe findet sich auch die Mine von Orapa (s. S. 30, 40).

Tankstellen *auf der Weiterfahrt ins* **Central Kalahari Game Reserve***: Die Tankstelle in* **Rakops** *ist nach langer Schließung wieder offen. Die Versorgung ist jedoch nicht immer gewährleitet. Zuletzt war Benzin meist verfügbar, Diesel eher selten. Besser vorher bei Bailey anrufen:* ☏ *297-5182.*

Reisepraktische Informationen Letlhakane

Unterkunft
Boteti Hotel $$, *an der Straße Serowe–Orapa gelegen, Nkosho Ward,* ☏ *297-8289,* 📠 *297-8251. Einfaches Motel mit 17 Zimmern, Bar und Restaurant.*
Granny's Lodge & Kitchen $$, *Lot 83, Steilberg Road,* ☏ *297-824, mobil 713-05126,* 📠 *297-8479, E-Mail: grannys@botsnet.bw, http://grannyslodge.com. 11 Zimmer mit Bad, ein recht gutes Restaurant ist angeschlossen.*
Mikelele Motel $$, *Lot 95, Tawana Ward,* ☏ *297-6639. 27 Zimmer mit Bad, TV, Telefon. Pool und Restaurant auf dem Gelände.*

Einkaufen

Es gibt im Ort einen gut ausgestatteten **Supermarkt** *und einen Bottle Store.*

9. ZENTRAL- UND WEST-BOTSWANA: IN DIE KALAHARI

Der Nordwesten

Wer von Namibia über Buitepos nach Botswana einreist (zur Strecke s. S. 135ff), gelangt auf dem Trans-Kalahari-Highway nach Ghanzi. Diese Strecke dient eher der Eingewöhnung, denn Botswana empfängt den Reisenden hier sicherlich nicht von der eindrucksvollsten Seite: Busch- und „Cattle-Country" sind angesagt, ebenso wie der „Wildwest-Ort" Ghanzi, ein Vorposten der Zivilisation. Ebenes Savannenland, um die 1.000 m über dem Meeresspiegel gelegen, Weite und Einsamkeit, zwischendurch von kleinen Ansiedlungen unterbrochen – das ist der Nordwesten Botswanas. Die Straße ist gut, für die rund 200 km braucht man etwa 2 Stunden.

Ghanzi – Wildweststadt inmitten des „Rinderlandes"

Der Name Ghanzi leitet sich von der San-Bezeichnung für ein einsaitiges Instrument mit einem Kalebassen-Resonator ab. Ursprünglich war diese Gegend von San besiedelt, die vermutlich große Herdenbesitzer waren. Sie hinterließen in dieser Region große Brunnen. Etwa gegen 1850 „regierte" in diesem Gebiet der Khoi-Führer *Dukuri*. Er bekriegte seine Nachbarstämme und handelte mit dem bei Weißen heiß begehrten Elfenbein. Schon im Ankunftsjahr soll er Hunderte von Elefanten getötet haben.

Die ersten weißen Siedler kamen 1874 hierher und fanden die Gegend von San besiedelt, obwohl die Tswana das Gebiet für sich beanspruchten. *Hendrik van Zyl*, ein ehemaliges Mitglied des südafrikanischen Parlaments, führte die sechs Siedlerfamilien an. *Van Zyl* hatte ein doppelstöckiges Haus gebaut, das er mit französischen Möbeln ausstattete. Er verhielt sich gastfreundlich gegenüber den Trekkern, meist Buren, die auf der Suche nach neuem Land unterwegs waren. Er wurde wahrscheinlich um 1880 von San getötet, nachdem er sich zu sehr auf ihrem Land ausgebreitet hatte. Nach dem Tod an einem burischen Siedler hatte er nicht gezögert, über 30 San als „Wiedergutmachung" zu töten.

Grausame erste Siedler

Die Ruinen des Hauses von *van Zyl* können noch heute auf der Dick Eaton Farm besichtigt werden. Im Kalahari Arms Hotel kann ein Besuch der Farm arrangiert wer-

Redaktionstipps

▶ Die Weiten der Kalahari erleben – ein Besuch im Central Kalahari Game Reserve erfordert zwar gute Planung und ein GPS-Gerät, ist aber ein faszinierendes Naturerlebnis (S. 327).

▶ In der Region Ghanzi und Umgebung übernachtet man gut in der Motswiri Lodge, wo man sehr persönlich betreut wird (S. 320).

▶ Eine Fahrt auf einem Wilderness Trail im botswanischen Teil des Kgalagadi Transfrontier Park ist eine Herausforderung für Mensch und Material (S. 346).

den. 1875 erreichten die „Dorsland Trekker" Ghanzi, verließen den Flecken aber bald, um nach Namibia und Angola weiterzuziehen.

Als Botswana zum Protektorat erklärt wurde, erkannte *Cecil Rhodes* die Chancen einer weißen Siedlung in der Ghanzi-Region. Nur so konnte seiner Meinung nach einer möglichen deutschen Expansion Einhalt geboten werden. Deshalb ließ *Major Panzera* hier ab 1898 37 weiße Familien ansiedeln, die 3.000 Morgen große Farmen erhielten (s. S. 21). 1930 wurde Ghanzi Verwaltungszentrum. Seit den frühen 1960er-Jahren gibt es hier ein Hotel, weitere Einrichtungen wie eine Tankstellen und Lebensmittelgeschäfte kamen bis heute hinzu. Damit stellt sich Ghanzi heute als Mittelpunkt einer weitflächigen prosperierenden Farmgegend dar, in der vor allem Rinder gezüchtet werden. Außer als Versorgungsstation auf dem Weg in die Nationalparks des Nordens oder der Kalahari hat Ghanzi aber nicht viel zu bieten, am besten nutzt man eine der zahlreichen Übernachtungsmöglichkeiten in der Umgebung.

☞ Tipp

Besuchenswert ist in Ghanzi die Kunsthandwerks-Einrichtung **Ghanzi Craft Cooperative** (nahe Kalahari Arms Hotel gelegen). Hier wird traditionelles Kunsthandwerk der San angeboten. Die Kooperative ist eine Non-Profit-Organisation, wobei 90 % der Einnahmen an die herstellenden San zurückfließen. Entsprechend günstig sind die angebotenen Waren: Die Preise liegen hier 25–50 % niedriger als später in Maun – für die gleiche Ware. Besonders beliebt sind Halsketten aus Straußeneierschalen, Pfeil und Bogen oder Produkte aus Springbockleder.

Reisepraktische Informationen Ghanzi und Umgebung

Bank
Barclays Bank, *im Mall Centre, geöffnet Mo–Fr 8.30–15.30 Uhr, Sa nur vormittags.*

Unterkunft
In Ghanzi
Kalahari Arms Hotel $$, *P.O. Box 29, Ghanzi,* ☎ *659-6298 o. -6532,* 🖷 *659-6311, www.kalahariarmshotel.com. Chalet für 2 Pers. P 710, Camping ca. P 60 p.P.* **Lage**: *zentral*

Hauptstraße von Ghanzi

in Ghanzi. **Beschreibung**: einfaches Hotel mit einfachem Restaurant und manchmal lauter Bar (besonders an Wochenenden). Camping beim Hotel möglich.

Außerhalb von Ghanzi
Dqãe Qare San Lodge $$, P.O. Box 605, Ghanzi, ☏ 725-27321, E-Mail: dqae qare@gmail.com; www.dqae.org. Parkeintritt ca, P 30, Übernachtung in der San Lodge P 560 p.P., in Bushman-Hütten P 490 (beides inkl Halbpension), Camping P 65. **Lage**: 24 km von Ghanzi. **Beschreibung**: Das Camp liegt im 7.500 ha großen Dqãe Qare Game Reserve und ist ein Community-Projekt der Ncoakhoe aus dem Dorf D'Kar. Sieben recht einfache, aber hübsch eingerichtete Lodge-Zimmer mit Bad im alten Farmhaus (Licht und heißes Wasser über Solar), außerdem vier Bushmann-Hütten und einfacher Campingplatz. Es werden zahlreiche Aktivitäten angeboten, wie Bush Walks, Game Drives, traditionelle Tänze und ein Besuch des Kuru Art Projects (www.kuruart.com).

So schläft es sich in der Grassland Safari Lodge

Tautona Lodge $$, P.O. Box 888, Ghanzi, ☏ 659-7499, 📠 659-7500, www.tautona lodge.com. Ca. P 700 für ein Standard-DZ, außerdem Mini- und Familien-Chalets. Camping ca. P 80. **Lage**: Die Lodge liegt 5 km nordöstlich von Ghanzi. **Beschreibung**: Zur Verfügung stehen 19 geschmackvoll eingerichtete Zimmer im Haupthaus sowie 9 ebenfalls in afrikanischem Stil eingerichtete, geräumige Bungalows (twin, double und family) sowie ein Pool mit Bar. Das sehr hübsche Restaurant ist empfehlenswert. Insgesamt ist die Atmosphäre persönlich, mit sehr freundlichem Personal. Campingplatz einige hundert Meter von der Anlage entfernt, mit Beobachtungsmöglichkeit von Tieren an einem Wasserloch. Verschiedene Aktivitäten buchbar.

Motswiri Lodge $$$$, Vicky und Gavin Richards, P.O. Box 962, Ghanzi, ☏ 072-118811 oder 72-302882, E-Mail: claire@kanana.info, jason@kanana.info; www.kanana.info. Unterkunft im Zelt P 1.715 p.P./DZ inkl. Halbpension und einer Aktivität, Camping P 125. Aktivitäten P 90 (Bird Viewing) über P 280 (u.a. Game Drive) bis P 325 (Rhino Track). **Lage**: etwa 30 km westlich von Ghanzi. **Beschreibung**: Die luxuriöse Unterkunft liegt im 33.000 ha großen Kanana Wilderness Private Game Reserve und besteht aus vier komfortablen Safarizelten mit Bad und Dusche, von der Veranda aus kann man die Tiere beobachten. Drei neue Zelte waren im Frühjahr 2013 gerade im Bau. Im Haupthaus gibt es Lounge und Bar. Zu den Aktivitäten zählen Game Drives, Vogelbeobachtungen, Rhino Traking und Reiten. Auch ein Kultur-Ausflug zu den San ist möglich. Zudem bestehen Campingmöglichkeiten. Insgesamt sehr empfehlenswert, auch durch persönliche Betreuung.

Grassland Safari Lodge $$$$, P.O. Box 19, Ghanzi, ☎ 721-04270 o. 721-11506, 🖷 728-04270, E-Mail: degraaff@it.bw; www.grasslandlodge.com. US$ 420–540 p.P. inkl. Vollpension und Aktivitäten. Ein Transfer von Ghanzi kostet ca. US$ 30 p.P. **Lage**: 80 km nordöstlich von Ghanzi. **Beschreibung**: acht Chalets mit allem Komfort, zudem gibt einen großen Pool und ein rege besuchtes Wasserloch. Das Abendessen kann unter den Sternen oder im Dining Room eingenommen werden. Es besteht die Möglichkeit, ein Raubtier-Schutzprogramm zu besuchen, zudem werden kulturelle Aktivitäten bei den San, Ausflüge zu Pferd und Game Drives angeboten.

Edo's Camp $$$$$, ☎ 721-19400 oder Italien (+39) 335-200308, 🖷 Italien (+39) 332-701755, E-Mail: info@edoscamp.com; www.edoscamp.com. US$ 330 p.P. im DZ inkl. Vollpension und Aktivitäten. **Lage**: in einem eigenen Wildreservat mitten in der Kalahari gelegen, nahe Ghanzi, ca. 6 km von Dkar. **Beschreibung**: großes Wasserloch am Camp, darum gruppieren sich vier geräumige Luxuszelte auf Decks, alle stehen unter alten Bäumen und haben einen spektakulären Blick auf die Lagune. Sehr persönlich, da höchstens acht Gäste im Camp sind. Leser lobten das nette Management. Als Aktivitäten werden Bush Walks und Pirschfahrten, aber auch ein Besuch in einem San-Dorf angeboten.

Beeindruckend: Blick auf das Wasserloch am Edo's Camp

Besuch im Camp: Warzenschwein im Dqãe Qare Game Reserve

⚠ Camping

El Fari, P.O. Box 111, Ghanzi, ☎ 721-20800, 🖷 71-591968, www.elfari.co.za. Ca. P 60 p.P. **Lage**: *ca. 63 km hinter Ghanzi, Richtung Maun, ca. 2 km von der Teerstraße entfernt, ruhig (GPS: S 21°21'2630 E 22°08'505).* **Beschreibung**: *Die Campingplätze liegen schattig unter Bäumen, die sanitären Anlagen sind sehr sauber. Jeder Platz hat eine Grillstelle und Wasser, zudem gibt es überdachte Spülen. Auf Wunsch gibt es für ca. P 15 Feuerholz.*

Thakadu Bush Camp, ☎ 721-20695, 🖷 659-7959, E-Mail: info@thakadubushcamp.com; www.thakadubushcamp.com. Camping ca. P 75, es gibt auch feste Meru-Zelte mit Bad (ca. P 650) und ohne Bad (ca. P 350). **Lage**: *ca. 6 km südlich von Ghanzi, Anfahrt über den Trans-Kalahari-Highway.* **Beschreibung**: *sauberer Campingplatz, ruhig, warme Duschen, Restaurant, Bar.*

Khurtum Khwe Traditional Camp, Kalahari Sunset Safaris, P.O. Box 651, Ghanzi, ☎ 721-55259, E-Mail: kalaharisunset@yahoo.co.uk; www.kalaharisunset.com. Es gibt Übernachtungen in traditionellen Bushman-Hütten (ca. P 150) und einen einfachen Campingplatz (ca. P 75, max. 2 Nächte Aufenthalt). **Lage**: *auf der Buitsivango Farm. 22 km westlich von Ghanzi biegt die Zufahrt Richtung Norden ab, nach weiteren 22 km ist man am Ziel.* **Beschreibung**: *Das Unternehmen wird von Andrea Hardbattle betrieben, Tochter einer San und eines Engländers, die die Kultur der San den Besuchern näher bringen möchte. Angeboten werden neben der Unterkunft mehrtägige Ausflüge, z.B. eine zweitägige Survival Experience (ab P 1.375 p.P.), während der man bei dem Giant Tortoise Clan des Nharo-Volkes wohnt und das traditionelle Leben der San führt, von ihren Geschichten und Gebräuchen erfährt.*

Reisepraktische Informationen Ghanzi und Umgebung

Einfache Unterkunft: Community Camps

Ghanzi Trail Blazers, *Zone 74, Ghanzi,* ☏ *659-7525, 72-120791,* 🖨 *659-7525, E-Mail: traiblazers@botsnet.bw; www.ghanzitrailblazers.co.bw.* **Lage**: *10 km südlich von Ghanzi auf der westlichen Seite der Straße.* **Beschreibung**: *Es gibt einfache Campingmöglichkeiten und Bushman-Hütten, gemeinschaftliche sanitäre Anlagen. Das Ziel eines Aufenthalts hier ist, wie beim Khurtum Camp, die Begegnung mit den San. Zudem werden Bush Walks angeboten.*
Dqãe Qare San Lodge, *s. S.319.*

🍴 Restaurants

Das einzige Restaurant ist das des **Kalahari Arms Hotels** (s.o.), *das allerdings nicht besonders empfehlenswert ist – Selbstversorger haben es in Ghanzi besser! Bei* **Tasty Chicken** *gegenüber der Tankstelle gibt es wenigstens genießbare Hähnchen. Ansonsten isst man in den Restaurants der o.g. Lodges.*

Informationen über die Kalahari

Allgemeiner Überblick

Die Kalahari bedeckt insgesamt ca. eine Million km² des südlichen Afrika. Sie liegt 800–1.300 m über NN und ist durch flache Schwellen in einzelne Becken gegliedert. An einigen Stellen ragen alte Gebirge heraus (z.B. Tsodilo Hills). Die physiologische Urgestalt ist durch Sedimente (Kalke, Sandsteine, ziegelroten Kalahari-Sand) verdeckt. In der Tiefe zeugen alte Flussbetten, die bis zu 6 km breit und 30 m tief sind, von regenreichen Vorzeiten.

info

Die Kalahari ist von ihrem Erscheinungsbild her keine Wüste im klassischen Sinne, wenn man mit dem Begriff „Wüste" Vegetationslosigkeit und Sanddünen verbindet. Ihr Erscheinungsbild ist vielseitig:
- Im Süden, wo auch äußerste Wasserarmut vorherrscht, gibt es Flugsanddünen.
- Im Norden versiegt und verdunstet das vom Okavango herangeführte Wasser im riesigen Sumpfgebiet des Okavango-Deltas.
- Die geringen Niederschläge und periodischen Wasserläufe (also Flüsse, die nur unregelmäßig Wasser führen) versickern und verdunsten in großen und kleinen Salzpfannen (z.B. im Makgadikgadi-Becken).
- Entsprechend der von Südwesten nach Nordosten zunehmenden Niederschläge folgen unterschiedliche Vegetationsformen aufeinander. Im Süden findet man Zwergsträucher, Sukkulenten und schütteren Graswuchs vor, dann folgt eine breite Zone der Akazien-Savanne (hier vor allem Kameldorn-Akazien), und schließlich folgt der Bereich der Dorn- und Breitlaubsavannen (z.B. Mopane-Bäume).

Die Besiedlung der Kalahari ist sehr dünn. Der Wildreichtum wird in Tierreservaten geschützt (Kgalagadi Transfrontier National Park, Moremi Game Reserve, Nxai Pan and Makgadikgadi National Park). Der größte Teil der Kalahari gehört zu Botswana, der Westen teilweise zu Namibia, der Süden zur nördlichen Kap-Provinz der Republik Südafrika.

Wasserhaushalt

Wie schon erwähnt, entspricht die Kalahari zumeist nicht den Vorstellungen von Wüste. Trotzdem weist sie kaum Oberflächenwasser auf. In der geologischen Vergangenheit, als es in Europa die Kaltzeiten gab, war hier das Klima durch hohe

Wildreichtum in der Wüste

Niederschläge geprägt. In diesen sog. „Pluvialzeiten", die vor ca. 10.000 Jahren endeten, gab es Dauerquellen und -flüsse. In den vergangenen 100 Jahren wurden die natürlichen Wasservorräte durch Besiedlungsdruck und Überweidung arg strapaziert.

Die Kalahari wird in großen Teilen von sog. äolischen Sanden bedeckt (Flugsande). Diese Sande sind wenig fruchtbar und leicht sauer. Selbst bei Bewässerung würden sich deshalb große Regionen nicht zum Anbau eignen. Überall dort, wo wir auf losen Sand treffen, kann die Vegetation kaum Fuß fassen: Die hier vorherrschende große Hitze, gepaart mit hoher Verdunstung, erlaubt es den Böden nicht, Wasser zu speichern. Nur dort, wo die Sande eine Mächtigkeit von 6 m und mehr erreichen, kann im Untergrund Feuchtigkeit gespeichert werden. Hier gedeihen dann Gräser und Büsche. Durch Überweidung und Buschfeuer, die von Blitzen ausgelöst werden, sind die Wasservorräte für Vieh und Wild immer knapper geworden. Früher, als man noch an die natürlichen Wassertümpel und Quellen gebunden war, wurde kaum überweidet. Durch die Anlegung künstlicher Brunnen überwand man zwar die naturgegebene Wasserbegrenzung, verstärkte aber dadurch die Viehkonzentration. Der früher traditionelle Zug von einer Wasserstelle zur nächsten unterblieb, da die künstliche Wasserstelle stets Wasser förderte. Das führte dazu, dass um die künstlichen Brunnen herum das Weideland überstrapaziert wurde.

Das heute geförderte Wasser entstammt nicht aktuellen Regenfällen, sondern ist jahrhunderte- bis jahrtausendealtes Wasser aus regenreicheren Klimaperioden („fossiles Wasser"). Dieses Wasser findet man vor allem in geologischen Brüchen und Falten. Das fossile Grundwasser ist – je tiefer sein Vorkommen – umso reichhaltiger an gelösten Mineralien. Deshalb eignet sich dieses Wasser kaum für Bewässerungszwecke. Wichtig zu vermerken ist, dass heute mehr Grundwasser gefördert als durch Regenfälle ersetzt wird.

Die Bestimmung wasserführender Schichten fand früher – mit erstaunlicher Sicherheit! – mittels Wünschelruten statt. Zusätzlich dienten Ameisenhaufen sowie bestimmte Pflanzen der Ortung. Heute bedient man sich zunächst spezieller Luftaufnahmen und nimmt Testbohrungen vor, bevor man neues Weideland erschließt.

Wirtschaftliche Nutzung
Die Kalahari bedeckt ca. 80 % Botswanas, doch auf ihrer Fläche leben lediglich 10 % der Landesbewohner. Trotzdem findet man in der Kalahari 60 % des nationalen Viehbestandes. Viele große Viehbesitzer leben jedoch nicht selbst in der Kalahari, sondern in den Dörfern des Ostens, während ihre Herden von Arbeitern beaufsichtigt werden.

Die meisten Bewohner der Kalahari nutzen natürliche Nahrungsreserven, indem sie jagen und Früchte sammeln. Während die San einst völlig vom Sammeln und Jagen lebten, besitzen die reicheren Farmer Gewehre und erlegen Wild, dessen Felle und Fleisch sie verkaufen. Doch die jüngeren Männer verlassen zunehmend die einsamen Kalahari-Regionen, um in den Minen des Landes oder Südafrikas zu arbeiten.

info

Die Regierung bemüht sich, mit Hilfe von Entwicklungsprogrammen das Landleben attraktiver zu gestalten:
- Sie hilft kleinen Viehbesitzern, ihre **Herde aufzubauen**.
- Sie versucht, **der Überweidung** Herr zu werden, indem eine Dezentralisierung des Viehbestandes vorangetrieben wird.

Inmitten der Weiten der Kalahari liegen die Diamantenlager, deren Nutzung dem Land viele Devisen einbringt (Orapa, Letlhakane, Jwaneng, S. 40f).

Wildreichtum

Einst gab es sehr viel Wild in der Kalahari. Die verschiedenen Tierarten sind an dieses aride Gebiet und seine Lebensbedingungen angepasst. Auch heute noch sind Hartebeest, Gems- und Springböcke in großen Herden anzutreffen. Die wanderfreudigsten Savannentiere sind Wildebeest und Hartebeest: Während regenreicher Perioden bilden sie Herden von bis zu 40.000 Tieren! Die abflusslosen Pfannen mit ihrem Reichtum an abgelagerten Mineralien begünstigen den Wuchs süßer Gräser und bieten darüber hinaus wichtige Nährstoffe für die Tiere, welche die sandigen Böden nicht enthalten. Die tatsächlichen Zahlen hängen stark von Faktoren wie Trockenheit, menschliche Eingriffe in den Naturhaushalt (Veterinärzäune!) sowie Fluktuation anderer Tierarten (ökologisches Gleichgewicht!) ab.

Studien machten deutlich, dass der Naturraum Kalahari durch die Veterinärzäune im Norden und Osten sowie durch die vordringende Besiedlung immer mehr gefährdet wird. Die Lebensmöglichkeiten des Wildes werden dadurch erheblich eingeschränkt. Nicht nur die Wanderung zu nötigen Wasserstellen, sondern auch zu geeigneten Weidegründen wird dem Wild so zum großen Teil verwehrt.

Tierkadaver ziehen sofort die Geier an

Bemerkenswert ist die Tatsache, dass das Wild der Kalahari überleben kann, ohne dass stetiges Oberflächenwasser vorhanden ist. Auf vier Wegen versorgen sich die Tiere mit Wasser:
- Nach **Regenfällen** trinken sie Wasser aus Pfützen, Teichen und Seen.
- Sie fressen **nachts**, wenn die Pflanzen ihre am Tage verlorene Feuchtigkeit wiedergewinnen (dies geschieht über ihr Wurzelsystem bzw. durch die feuchtere Nachtluft).
- Sie ernähren sich von **flüssigkeitsspeichernden Sukkulenten**.
- Sie wandern in die Regionen **frischen Graswuchses**.

Zusätzlich sind die Tiere in der Zeit der größten Tageshitze inaktiv und suchen schattige Plätze auf.

All dies zeigt, dass das Wild in seinem derzeitigen Bestand nur überleben kann, wenn die ganze Kalahari als Lebensraum erhalten bleibt.

Zentral-Botswana: Central Kalahari Game Reserve und Khutse Game Reserve

Das Central Kalahari Game Reserve und das südlich davon gelegene, kleinere Khutse Game Reserve sind zweifelsohne d i e größte Herausforderung für den Selbstfahrer mit Allradfahrzeug. Dafür wird jeder Hunger nach unendlicher Landschaft, abenteuerlichen Wegen und Stille uneingeschränkt befriedigt. Das durch die Forschungen des Ehepaars *Owens* bekannt gewordene Deception Valley ist sicherlich ein Hauptmagnet dieses Gebietes. Insbesondere während der Regenzeit sind diese Landschaften wegen der verschiedenen Grün-Tönungen, wildblühenden Blumen sowie der faszinierenden Wolkenbilder ein Eldorado für den Naturfreund.

Herausforderung für Selbstfahrer

Das Central Kalahari Game Reserve bedeckt eine Fläche von 52.800 km² und ist damit das größte unter Naturschutz stehende Gebiet Afrikas. Im Norden verläuft der Kuke Fence, im Süden grenzt der Park an das Khutse Game Reserve. Das insgesamt sehr flache Gebiet vermittelt dem Besucher den Eindruck einer unendlichen Weite und Stille. Hier lebten vielleicht über 30.000 Jahre lang San und Bakgalagadi-Stämme ihr Leben als Jäger und Sammler bis zum Beginn des 20. Jahrhunderts. Heute leben etwa 500 Menschen in diesem Gebiet – vorwiegend um Xade herum.

Unvergleichliche Weite

Im nördlichen Teil des Parks gibt es flache und normalerweise trockene Pfannen, in denen Gras wächst. Manche dieser flachen Senken sind Salzpfannen. Es gibt eine Reihe von künstlichen Bohrlöchern, deren Wasser die Tiere magisch anzieht. Vier Flusssysteme – allesamt ständig trocken und in früheren regenreicheren Perioden

Zentral- und West-Botswana: In die Kalahari

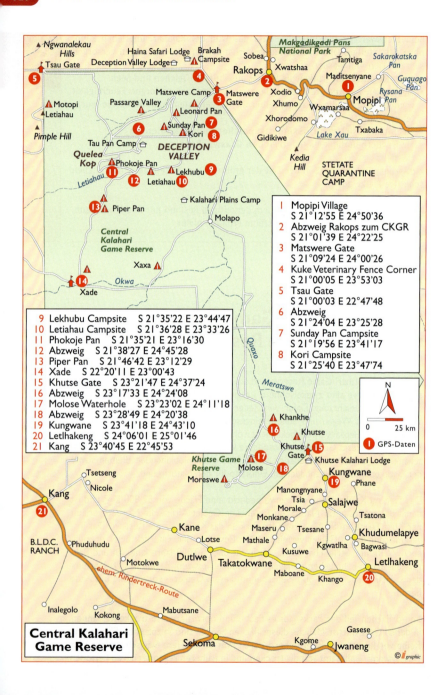

Landschaft im Deception Valley

entstanden und zuletzt vor mehr als 15.000 Jahren Wasser führend – durchbrechen die sonst sehr monoton wirkende Flachheit der Landschaft:
1. das Deception Valley im Nordosten
2. das Passarge Valley – nördlich des Deception Valley
3. das Okwa Valley in der Höhe von Xade
4. das Quoxo Valley (oder Meratswe Valley) im südlichen Teil.

Die Vegetation ist typisch für das Gebiet der Dornbuschsavanne (fälschlicherweise stellt man sich die Kalahari als „blanke" Sandwüste vor!).

Das Central Kalahari Game Reserve wurde 1961 mit dem Ziel gegründet, den San einen Lebensraum zu sichern, in dem sie ihrer traditionellen Lebensweise folgen können. Folgerichtig war das Gebiet damals nicht zugänglich und die San konnten es als Jagdgebiet nutzen. Zu Beginn der 1980er-Jahre versuchte man, stärker den Naturschutz in den Vordergrund zu rücken, und ermunterte die San, in andere Gebiete zu ziehen, um der Tierwelt das Gesamtgebiet zu überlassen. Doch ein großer Teil der San blieb hier, bis die Regierung ihnen das Jagen verbot. 2006 sprach ihnen ein Gericht in einem aufsehenerregenden Urteil ein Anrecht auf ihren angestammten Lebensraum zu. Die Situation hat sich seitdem aber kaum geändert.

Naturschutz vs. traditioneller Lebensraum

> **Hinweis**
>
> Zur Problematik des Lebensraums der San im Central Kalahari Game Reserve zwischen Tradition und wirtschaftlichen Interessen s. Infokasten auf S. 63ff.

Einst zum Schutz des Lebensraums der San geschaffen: das Central Kalahari Game Reserve

Zur Strecke

Auf jeden Fall ist ein Allradfahrzeug nötig, um in das raue Gebiet wirklich vorzudringen.

Anfahrtsmöglichkeiten

Es gibt drei Wege in den Park: durch das westliche Gate bei Xade, im Nordosten durch das Tsao Gate oder im Nordosten bei Matswere.

Am Veterinärzaun entlang

Von Maun: Etwa 53 km nach Südosten entlang der Teerstraße Richtung Nata fahren, dann weitere 21 km nach Makalamabedi. Von hier aus überquert man nach weiteren 8 km den Boteti und folgt über 77 km der Piste – parallel zum Veterinärzaun – zum Kuke Corner Veterinary Gate. Später – nach 22 km – erreicht man das Matswere Gate (offizieller Eingang des Kalahari Game Reserve. Hier bitte anmelden).

Von Rakops: Man folgt der Straße etwa 3 km nach Norden und biegt dann nach Westen (ausgeschildert) zum Kalahari Game Reserve ab. 13 km nach dem Abzweig steigt das Gelände an: Es handelt sich um die alte Uferlinie des alten Makgadikgadi-Sees. Sandig im Bereich Gedikiwe Sand Ridge. Nach weiteren 44 km erreicht man das Matswere Gate.

*Die Tankstelle in **Rakops** ist nach langer Schließung wieder offen. Die Versorgung ist jedoch nicht immer gewährleistet. Zuletzt war Benzin meist verfügbar, Diesel eher selten. Besser vorher bei Bailey anrufen: ☎ 297-5182.*

Von Ghanzi (von Namibia kommend): Sie fahren 9 km südlich von Ghanzi auf die Straße Richtung Tswaane, von der Sie nach 27 km Richtung Xade nach Osten abbiegen; weitere 160 km sandige Strecke folgen. Dabei kommt man an einer San-Siedlung vorbei. Von hier aus kann man entweder zum Deception Valley (nach Nordosten, ca. 160 km) fahren oder Richtung Khutse Game Reserve (sehr sandige Passagen – extreme Vorsicht ist geboten – bitte unbedingt mit zwei Wagen fahren!).

Alternativ kann man, abzweigend von der Straße Ghanzi – Maun, über das Tsao Gate am Kuke Veterinary Fence im Nordwesten einreisen (ca. 120 von Ghanzi, 140 km nördlich vom Xade Gate). Dabei zweigt man am Vet Gate nach rechts ab und hält sich auf der südlichen Seite des Zauns, da man ansonsten den Umweg über das Matswere Gate machen muss. Schwierige Sandpiste.

Über das Tsao Gate im Nordwesten

Von Süden aus kommend (von Richtung Letlhakeng): Der Weg über das Khutse Game Reserve in das Central Kalahari Game Reserve ist extrem einsam und führt z.T. über sehr sandige Wege. Vom Khutse Game Scout Camp bis Xade sind es 282 km, weitere 159 km von Xade zum Deception Valley. Das bedeutet: Mitnahme von Benzin für knappe 1.000 km (denn zwischen Letlhakeng und Rakops (unsicher) bzw. Maun gibt es keine Tankstelle!). Eine solche Strecke sollten sich nur best ausgerüstete Teams mit mindestens zwei Fahrzeugen vornehmen; 2 GPS-Geräte, Kompass, Benzinreserve für 500 km, Wasserreserve für eine Woche (im Pannenfall) sowie Satelliten-Telefon wären die beste, sichere Ausstattung.

Bewohner der Kalahari: der Gelbschnabel-Toko

Streckenbeschaffenheit

Eingang bis zum Deception Valley: harte Schotterpiste, zweispurig

Deception Valley – Pipers Pan: sehr gut – fast wie Asphaltstraße – während der Trockenzeit. In der Regenzeit kann es Schlammlöcher und schwere Streckenabschnitte geben.

Vom Nordeingang bis nach Molapo: die ersten 35 km entlang dem Veterinärzaun harte Oberfläche, die weiteren 75 km nach Molapo ebenso (man durchquert Pfannen und ein trockenes Flussbett). Landschaftlich – insbesondere in der Regenzeit – eine sehr schöne Strecke. Nachteil im Sommer: Wenn das Gras zwischen den Spuren hoch ist, setzen sich Grassamen im Kühler fest. Man sollte daher zwei Lagen Gaze vor den Kühler spannen und alle 5–10 km entsprechend säubern. Ein weiteres Problem ist, dass Gras unterhalb des Fahrzeugs im Auspuffbereich einen Brand verursachen kann. Auch hier sollte man laufend unter das Auto schauen, um mit entsprechendem Werkzeug Grasknäuel zu entfernen.

Vorsicht bei hohem Gras

Molopo–Xaka–Xade–Khutse-Verbindung: Die ersten 30 km von Molapo aus nach Südwesten folgt man einem Flussbett mit gutem Fahruntergrund. In der Regenzeit kann es allerdings auch hier sehr lehmig werden. Danach erklimmt man eine hohe, sehr sandige Düne. Wenn man dann nach weiteren 30 km hinabfährt, erreicht man das ehemalige Forschungscamp Xaka. Linker Hand führt ein Umgehungsweg durch das Tal, wo es Zeltmöglichkeiten gibt. Bis zur Straße Xade – Khutse bleibt der Weg sandig.

Xade – Khutse Game Reserve: Die ersten 100 km sind extrem sandig – sehr langsames Vorankommen. Danach wird der Weg besser, doch erst im Bereich der Khankhe Pan gut.

Entfernungen
Letlhakeng – Khutse über Molapo nach Rakops (über Xade): ca. 800 km! Etwa 1/3 der Strecke ist extrem sandig!

Tierwelt

Im Central Kalahari Game Reserve gibt es vor allem eine Vielzahl von Antilopen (Spring-, Spieß- und Steinböcke, Gnus und Kudus). Und natürlich gibt es hier die be-

Springböcke im Deception Valley

rühmten „Braunen Hyänen" (auch: Schabrackenhyänen), Kalahari-Löwen sowie Geparde. Auch Stachelschweine, Erdmännchen und Schlangen finden hier gute Lebensbedingungen. Etwa 260 verschiedene Vogelarten wurden in diesem Gebiet beobachtet, insbesondere Frankoline, Perlhühner, Webervögel, Sekretärvögel sowie Trappen.

Deception Valley – das Tal der Owens

Das sicherlich wichtigste und am meisten besuchte Gebiet ist das **Deception Valley**. Es handelt sich hierbei um ein pluviales Talsystem, dessen Konturen noch immer klar zu erkennen sind und dessen Verlauf von Tierherden genutzt wird. Einst floss hier der Letiahau River. Große Herden von Springböcken, Zebras und Gnus haben dieses Gebiet als Lebensraum gewählt. Natürlich gibt es hier aber auch Löwen. Da die Vegetation relativ spärlich ist, leben hier keine Elefanten, Nashörner oder Giraffen. Allerdings ändert sich das Vegetationsbild in der Regenzeit schlagartig: Dann wogt hier eine üppige Savanne.

Spärliche Vegetation

In westlicher Richtung – vom Deception Valley aus gesehen – kann man die **Sunday** und **Passarge Pan** besuchen. Hier gibt es in der Trockenzeit künstliche Wasserstellen, die Tiere anziehen. Weiter südlich liegt die **Piper's Pan**, wo auch eine künstliche Wasserstelle Tiere magisch anzieht.

Die Kalahari-Jahre von Mark und Delia Owens

1974 beschlossen die beiden College-Absolventen *Mark* und *Delia Owens*, nicht erst zu warten, bis sie beruflich finanzielle Sicherheit erreicht hatten, sondern sofort mit ihrer Karriere als **Feld-Zoologen** zu beginnen. Sie waren so mutig, ihre gesamte Habe zu verkaufen, kauften sich ein One-way-Ticket nach Afrika, packten ihre Rucksäcke und zogen mit ihren restlichen 6.000 US$ in die Kalahari, um ihre Forschungsarbeit zu beginnen. Von ihrem mehr als mageren finanziellen Fundus kauften sie einen Landrover aus dritter Hand, eine Basis-Campingausrüstung und Grundvorräte. Dann starteten sie in die Wildnis der Zentral-Kalahari, wo es keine Straßen, keine Städte oder sonstigen zivilisatorischen Einrichtungen gab. Das Gebiet war damals nur von wenigen San bewohnt. Nach einer strapaziösen, oft gefährlichen Erkundung der Landschaften beschlossen sie, sich an einer Bauminsel im Deception Valley niederzulassen – mehr als 8 Fahrstunden zum nächsten zivilisatorischen Kontakt entfernt.

Wie schon oben erwähnt, war die Kalahari in der geologischen Vergangenheit ein Gebiet, das von vielen Flüssen durchzogen war. Aus dieser Zeit stammen die heute trockenen Flussläufe und Täler, die von flachen Dünen begleitet werden. Das Deception Valley liegt in einem dieser alten Flusstäler.

Sieben Jahre lang lebten *Delia* und *Mark* in ihren Zelten und studierten die unberührte Wildnis mit ihren Lebewesen. Insbesondere widmeten sie sich der Erforschung der Verhaltensweisen der Kalahari-Löwen sowie der Braunen Hyänen. Sie überlebten heftige Gewitter, Buschbrände und Hitzewellen mit fast 50 Grad Celsius. Ihr Leben in der Kalahari war **sehr lehrreich**, doch oft **auch gefährlich**. Zum Schluss gaben sie auf: Ende der siebziger, Anfang der achtziger Jahre wurde das südliche Afrika von einer extremen Dürrezeit heimgesucht, sodass sie das Deception Valley verlassen mussten. *Mark*, der in den Jahren das Fliegen erlernt hatte, konnte von der Luft aus die wohl größten jemals beobachteten Gnu-Herden verfolgen, die nach Norden zum permanenten Wasser des Okavango zogen, wo es ja seit Tausenden von Jahren auch während extremer Trockenzeiten genug Wasser gab. Doch sie konnten ihre rettenden Wasserressourcen nicht erreichen, weil ihnen der Weg durch den Veterinärzaun blockiert war, der die „wilden" von den domestizierten Tieren (meist Rinder) trennte. Die Regierung glaubte damals irrtümlich, dass das Wild das Vieh der Menschen mit der Maul- und Klauenseuche infizieren könnte.

Mittlerweile weiß man, dass sich das natürliche Wild niemals mit dieser Krankheit anstecken kann. Doch damals starben mehr als 250.000 Gnus entlang der Zäune.

Mark und *Delia Owens* versuchten, die staatlichen Stellen Botswanas von diesem Irrtum abzubringen, und forderten in zahlreichen internationalen Publikationen den Abriss der Veterinärzäune. Aufgrund dieser **Kontroverse** forderte Botswana die beiden auf, das Land zu verlassen. Später sahen die offiziellen Stellen in Botswana ein, dass die beiden Forscher Recht gehabt hatten, und folgten ihren Empfehlungen, die zentrale Kalahari als Game Reserve zu schützen.

Buchtipp

Mark und Delia Owens: **Der Ruf der Kalahari**. Sieben Jahre unter Wildtieren im Herzen Afrikas. Eine spannende Lektüre zum Leben in der Zentral-Kalahari mit ihrer so faszinierenden Tierwelt. Derzeit nur antiquarisch erhältlich, und nicht zu verwechseln mit dem gleichnamigen Roman von Patricia Mennen.

Reisepraktische Informationen Central Kalahari Game Reserve

Information
Department of Wildlife and National Parks, P.O. Box 131, Gaborone, ☏ 318-0774 o. 397-1405, 📠 318-0775, E-Mail: parks.reservations.gaborone@gov.bw, dwnp @gov.bw; www.mewt.gov.bw/DWNP/index.php.
Der **Eintritt** kostet wie in allen Parks P 120 p.P. pro Tag, dazu kommen P 50 für das Auto. Die Gebühren für die Campingplätze variieren je nach Anbieter (s.u.).

Wichtig

Eine Trans-Kalahari-Fahrt zwischen dem südlichen Khutse Game Reserve im Süden und dem nördlichen Teil des Central Kalahari Game Reserve im Norden ist nur mit mindestens 2 Allradfahrzeugen erlaubt (2 Tage Fahrzeit)! GPS-Ausstattung im Südteil des Parks notwendig.

Anfahrt
ab Maun: etwa 3–4 Fahrstunden, ab Ghanzi nach Xade etwa 5 Stunden.

Touren
Eine Vielzahl von Safariunternehmen bietet Safaris in das Deception Valley an. Normalerweise fliegt man hin und landet auf der ehemaligen Piste des Owens Camp. Das **Audi Camp** in Maun bietet z.B. eine 4-Tage-Camping-Safari ab/bis Maun für P 4.900/Person an (Preis bei 6 Pers./Gruppe, bei weniger Teilnehmern entsprechend teurer), siehe www.okavangocamp.com/kalahari.html.

Reisezeit
In den Sommermonaten November–April bietet dieses Gebiet die besten Wildbeobachtungsmöglichkeiten Botswanas! In den Ferienzeiten um Weihnachten und Ostern ist es allerdings besonders voll, d.h. **langfristige Vorausbuchung der Campingplätze**!

Versorgung
Es gibt keinerlei Läden, Tankstellen oder sonstige Einrichtungen. Nächste Tankmöglichkeiten zzt. in Rakops (unsicher), Ghanzi und Mopipi.
Nahrung und Trinkwasser (pro Person 5–10 Liter/Tag) müssen mitgebracht werden. Lebensmittel gibt es in Ghanzi und Rakops. Berücksichtigen Sie, dass der Verbrauch auf manchen Strecken extrem steigen kann und man mit einem Liter Benzin dann nur 2,5–3 km schafft!

Die Tau Pan von oben

Unterkunft im Park
Lodges

Kwando Tau Pan Camp $$$$$, *Infos und Buchung bei Kwando Safaris, Airport Road, Newtown, Maun,* ☎ *686-1449,* 🖷 *686-1457, E-Mail: info@kwando.co.bw; www.kwando.co.bw. Je nach Saison US$ 440–520 p.P. pro Nacht mit allem inklusive.* **Lage**: *innerhalb des Nationalparks.* **Beschreibung**: *Das 2009 neu eröffnete Camp bietet Unterkunft in acht riedgedeckten Chalets (max. 18 Gäste) mit Dusche/Bad, deren Strom durch Solarenergie gewonnen wird. Im Hauptgebäude kann man in der Lounge das permanente Wasserloch beobachten, zudem gibt es eine kleine Bibliothek, Pool und Souvenirshop. An Aktivitäten werden zweimal täglich Wildbeobachtungsfahrten sowie Bush Walks mit erfahrenen Fährtenlesern angeboten. Ideal für Naturliebhaber, die die Weite der Wüste, faszinierende Farbspiele zur Regenzeit und einen endlosen Sternenhimmel genießen möchten.*

Kalahari Plains Camp $$$$$, *Wilderness Safaris, Plot 1, Mathiba Road, Maun, Anfragen über Johannesburg* ☎ *(+27) 11-807-1800, in Maun* ☎ *686-0086,* 🖷 *686-0632, E-Mail: enquiry@wilderness.co.za, www.wilderness-safaris.com. Je nach Saison US$ 558–631 p.P. inkl. Vollpension und Aktivitäten.* **Lage**: *mitten im nördlichen Teil des Central Kalahari Game Reserve, 20 km vom Deception Valley entfernt.* **Beschreibung**: *Man übernachtet in 10 komfortablen Chalets mit Veranda, wer möchte, kann auch auf dem Dach schlafen und den Sternenhimmel bewundern. Zudem gibt es Pool, Lounge, Bar und Essbereich. Alle Gebäude sind etwas erhöht errichtet, Strom wird aus Solarkraft gewonnen. Besonders Ende November bis April erwacht die Wüste durch den Regen zu Leben – und tausende Tiere halten Einzug. Neben Game Drives werden auch Begegnungen mit den San angeboten.*

Camping
Die meisten Plätze verfügen über Buschtoiletten und Eimerduschen (s. Aufstellung unten). Trinkwasser muss mitgebracht werden! Wasser zum Waschen bzw. Abkochen gibt es in den Scout Camps an den Eingangstoren.

Im Nordteil
Deception Valley: 6 Zeltplätze – Buschtoiletten, Eimerduschen
Kori: 4 Zeltplätze – Buschtoiletten, Eimerduschen
Lekhubu: 2 Zeltplätze – keine Einrichtungen
Letiahau: 3 Zeltplätze – keine Einrichtungen
Sunday Pan: 3 Zeltplätze – Buschtoiletten, Eimerduschen
Lengau (Leopard Pan): 1 Zeltplatz – keine Einrichtungen
Piper Pan: 2 Zeltplätze – schön gelegen (hier gibt es bizarre „Geisterbäume"); Buschtoiletten, Eimerduschen
Passarge Valley: 3 Zeltplätze – Buschtoiletten, Eimerduschen
Phokoje Pan: 1 Zeltplatz – Buschtoiletten, Eimerduschen
Motopi: 3 Zeltplätze – Buschtoiletten, Eimerduschen

Wenn ein Platz mit Toiletten und Duschen versehen ist, hat er i.d.R. auch eine ausgewiesene **Grillstelle**.

Im Südteil
Xade, Xaxa: *jeweils 1 Zeltplatz – keine Einrichtungen*

Buchung
Lekhubu, Letiahau, Sunday Pan, Piper Pan, Passarge Valley und Motopi über **Big Foot Safaris**, *P.O Box 45324, Riverwalk, Gaborone, ☏ 395-3360 oder mobil 73-5555-73, E-Mail: bigfoot@gbs.co.bw; www.bigfoottours.co.bw.; P 200 p.P. Maximal sechs Personen und drei Fahrzeuge pro Stellplatz. GPS-Daten der Campingplätze auch unter www.bigfoottours.co.bw/centralkalahari.html.*

Das **DWNP Gaborone** *verwaltet die restlichen Plätze. Kontakt: ☏ 318-0774 o. 397-1405, ✉ 318-0775, E-Mail: parks.reservations.gaborone@gov.bw, dwnp@gov.bw; www.mewt.gov.bw/DWNP/index.php.*
P 30 p.P.

Begegnung in der Kalahari

Unterkunft außerhalb des Parks

Haina Kalahari Lodge $$$$$, *Wanda Wolmarans*, ☎ 683-0238/9, E-Mail: reservations@hainakalaharilodge.com; www.hainakalaharilodge.com. Je nach Saison und Zeltausstattung US$ 346–554 p.P. (ab der vierten Nacht günstiger) inkl. Vollpension und ausgesuchten Aktivitäten. Camping US$ 25/p.P. und US$ 8/Auto. **Lage**: am nördlichen Rand des Nationalparks, die einfachste Anfahrt ist von Süden via Rakops, ca. 23 km nach dem Rakops-Tower liegt der Abzweig zur Lodge (Schild, nicht verwechseln mit dem Abzweig zum Park). Nach ca. 75 km, hinter dem Kuke-Veterinärzaun, gelangt man zur Lodge. **Beschreibung**: sechs Standard-Zelte mit Toilette/Dusche und Veranda, dazu drei Luxus-Zelte mit riedgedeckten Dächern, großen Veranden und Vollbädern. Außerdem ein Familienzelt buchbar. Pool, Bar, Lounge und ein Sonnen- und Aussichtsdeck laden zum Verweilen ein. Es werden zusätzlich Quad-Touren und Tagesfahrten in den Park angeboten. Campingmöglichkeit: **Brakah Campsite** (GPS: S 20°59.310' E 023°41.905'), ca. 3 km von der Lodge entfernt, 5 Stellplätze, sanitäre Anlagen, keine Elektrizität oder Trinkwasser. Feuerholz und Wasser kann man an der Lodge kaufen.

Deception Valley Lodge $$$$$, *Witness Africa Botswana*, P.O. Box HA 115 HAK, Maun, E-Mail: bushman@dvl.co.za, www.dvl.co.za. Ab ca. US$ 440–525 p.P. inkl. Vollpension und Aktivitäten. **Lage**: Nordostgrenze des Reservats, etwa 120 km von Maun entfernt. **Beschreibung**: harmonisch an die Landschaft angepasst. Acht Chalets (eines für Familien) mit Bad, Außendusche, eigener Lounge und Terrasse. Alle sind in warmen Naturfarben mit Möbeln im Kolonialstil ausgestattet. Entsprechend schöner Dining Room, außerdem Pool, Bibliothek etc. Tagesausflüge in den Park, Bush Walks, Vogelbeobachtungen u.v.m. Die Lodge bietet zusätzlich ein Privatcamp an, das **Kalahari Manor**. Für vier Personen kostet der exklusive Luxus US$ 2.000–3.000, je nach Saison (www.kalaharimanor.co.za).

Khutse Game Reserve

Zweites Game Reserve auf dem Land der San

Das Gebiet bedeckt eine Fläche von 2.590 km² typischer Zentral-Kalahari-Landschaft: Es gibt hier (fast immer) ausgetrocknete Pfannen, alte Täler und mit Büschen bestandene Dünenkämme. Khutse bedeutet „wo man sich hinkniet, um zu trinken". Das Gebiet ist seit 1971 ein Naturreservat, das vor allem von den Hauptstädtern (es sind nur 215 km nach Gaborone) besucht wird. Ebenso kommen oft Südafrikaner hierher. Neben Moremi ist dieses Game Reserve das zweite in Botswana, das auf Stammesland errichtet wurde. Zuvor streiften die San des Kgalagadi-Volkes frei umher. Sie leben heute in kleinen Dörfern an der Peripherie des Reservats.

Das Gebiet ist ganzjährig für den Tourismus geöffnet. In der Trockenzeit von Juni bis August können nachts die Temperaturen unter den Gefrierpunkt sinken, wobei es tagsüber klar ist und angenehm warm wird. Besonders eindrucksvoll sind die Sommermonate, wenn es Gewitter gibt und grandiose Wolkenformationen für dramatische Landschaftsbilder sorgen.

Die Vegetation ist die der typischen Trocken- und Dornsavannenlandschaft mit isoliert stehenden Bauminseln (zumeist Akazienarten und Gelbholz-Bäume). Die Tierwelt ist hier vor allem durch Kudus, Strauße, Gnus, Springböcke, Elenantilopen, Steinböcke, Löwen, Geparde, Leoparde, Wildhunde sowie Hyänen vertreten. Über 140 verschiedene Vogelarten sind hier heimisch. In den vergangenen Jahren wurde das

Gebiet von einer sehr lang andauernden Dürre heimgesucht, so dass das Wild zeitweise fast völlig verschwand. Die beste Zeit für Tierbeobachtungen ist daher die sommerliche Regenzeit, wenn Tiere aus Norden kommend das Gebiet aufsuchen. In der Trockenzeit versorgen zwei künstliche Wasserlöcher (Moklose Waterhole sowie Moreswe Pan) die verbleibenden Tiere mit Wasser.

Künstliche Wasserlöcher

Einige Besucher kommen nach Khutse, um in Kontakt mit den San zu treten. Hilfreich ist bei einem solchen Vorhaben sicherlich ein Führer, der am Lager zur Verfügung steht. Am Eingang zum Wildschutzgebiet gibt es ein Dorf, das man aber auf keinen Fall selbst anfahren sollte. Sie sollten in einiger Entfernung bleiben und warten, bis jemand kommt. Vielleicht wird man Sie zu einem Besuch einladen. Als Gastgeschenk sollten Sie etwas von ihren Essensvorräten abgeben.

Bedrohte Jäger: Leoparden- und Löwenprojekte in der Kalahari

Jetzt muss es schnell gehen. Ein Leopardenweibchen ist in die Falle gegangen. Drei Wochen Geduld haben sich endlich ausgezahlt. Mit dem Satellitentelefon ruft die Zoologin *Monika Schiess* den Tierarzt an und gibt ihm die Koordinaten des Standortes in der weiten Wüste der Kalahari durch. Mit Hilfe seines GPS-Geräts und nach vier Stunden Fahrt über sandige Pisten von Gaborone aus hat er es geschafft. Der erste Schuss mit dem Betäubungsgewehr sitzt und wird mit einem wütenden Fauchen des Tieres kommentiert. Nun dauert es nur noch ein paar Minuten, bis die Großkatze schläft. Dann verliert das Team keine Zeit. Jeder Handgriff sitzt. Das Weibchen wird vermessen und gewogen, Blut- und Gewebeproben werden genommen und das ungefähre Alter wird bestimmt. Zuletzt versieht man das Weibchen mit einem speziellen Halsband. Über Satellit ist es so später möglich, seinen

Stehen mittlerweile unter Schutz: Löwen

Mit moderner Technik werden die Wege der Leoparden und Löwen geortet

täglichen Standort zu ermitteln und dadurch mehr über sein Verhalten und sein Streifgebiet zu erfahren.

Endlose Ebenen, freie Sicht bis zum Horizont – in den Weiten der Kalahari haben alle ausreichend Platz, könnte man meinen. Doch der Lebensraum der Raubkatzen im Süden Botswanas ist bedroht, wobei das Land eines der wenigen ist, in denen Raubtierpopulationen noch als gesund gelten. Doch die wachsende Bevölkerung braucht mehr Platz, Rinder sind ein wichtiges Exportgut – und Leoparden dürfen im Gegensatz zu Löwen erschossen werden, wenn sie Nutztiere angreifen.

Seit dem Jahr 2000 setzt sich das Projekt Leopard Ecology & Conservation für den Schutz von Leoparden und Löwen im Süden von Botswana ein. Eines der Hauptziele des Projektes ist es, die Konflikte zwischen Raubkatzen und ansässigen Nutztierbesitzern zu vermindern. Dies geschieht in Zusammenarbeit mit den Bauern vor Ort, der botswanischen Regierung und der Verhaltensbiologie der Universität Zürich. Es werden z.B. Herdenschutzstrategien erarbeitet, wie die Verstärkung der herkömmlichen Zäune, die Errichtung von Muttertier- Koppeln und die Einführung von Koppeltüren, die sich nur nach innen öffnen lassen. Denn die Zusammenarbeit mit der lokalen Bevölkerung ist extrem wichtig, wenn nicht sogar entscheidend für den Erfolg des Projekts. Nur mit ihrer Unterstützung kann langfristig ein nachhaltiger Lebensraum für alle Bewohner der Kalahari geschaffen werden.

Die Initiatorin des Projekts, *Monika Schiess-Meier*, hängte ihren Job in der Schweiz an den Nagel und zog in die südliche Kalahari. Zunächst war das Arbeitsgebiet der Khutse National Park, doch mittlerweile hat es sich auf die umliegenden Gebiete ausgedehnt. Viele Monate im Jahr lebt sie hier, Schwerpunkt der Arbeit liegt im Gewinnen von ökologischen und verhaltensbiologischen Daten. Und das ist nicht einfach: Das Revier eines Leoparden in der Kalahari ist ca. 700 km² groß; ein männlicher Löwe durchstreift ein Gebiet von bis zu 1.750 km². Um den Tieren zu folgen, werden zwei hoch spezialisierte Methoden genutzt: moderne Satelliten-Technik und das jahrtausendealte Wissen der San über das Lesen von Spuren im Sand. „Ich staune immer wieder über die Fähigkeit der San-Mitarbeiter. Sie können mir fast bei jedem Pfotenabdruck sagen, wann das Tier die Stelle passiert hat, welches Geschlecht es hat und wie alt es ist. Meistens sehen sie auch, was es gemacht hat."

Und es gibt Erfolge zu vermelden: Die jährliche Abschussrate von Leoparden ist halbiert worden und seit November 2007 steht der Löwe unter absolutem Schutz. Das Ziel des ausschließlich aus Spenden finanzierten Projektes ist das langfristige Überleben der Großkatzen. Aktuelle Infos und Kontaktdaten auf der Homepage der **Leopard Ecology & Conservation**, www.leopard.ch.

Text: Maja Weilenmann

Anfahrt zum Khutse Gate

Es gibt nur einen Eingang im Osten des Parks.

Von Westen: Von Kang (Tankstellen) nach Dutlwe, ab hier (evtl. schon vorher) ist die Strecke asphaltiert. In Takatokwane geht es auf die Sandpiste nach Salajwe und weiter Richtung Khutse Gate.

Von Osten: von Gaborone über Molepolole und Letlhakeng gute Asphaltstraße, ab Letlhakeng relativ gut befahrbare Piste bis zum Khutse Gate.

Reisepraktische Informationen Khutse Game Reserve

Information
Department of Wildlife and National Parks, P.O. Box 131, Gaborone, ☎ 318-0774 o. 397-1405, 📠 318-0775, E-Mail: parks.reservations.gaborone@gov.bw, dwnp@gov.bw; www.mewt.gov.bw/DWNP/index.php.
Der **Eintritt** kostet wie in allen Parks P 120 p.P. pro Tag, dazu kommen P 50 für das Auto.

Fahrzeug
Unbedingt „hochbeiniges" Allradfahrzeug erforderlich, da es viele tiefsandige Strecken gibt!

Reisezeit
Innerhalb des Game Reserve sind die Wege relativ gut. Während der Trockenzeit ziehen die künstlichen Wasserstellen Tiere an. In der Regenzeit ist natürlich der landschaftliche Eindruck besser: Alles ist grün und es blühen Wildblumen. Sandige Passagen sind dann besser zu befahren. Tolle Wolkenformationen!

Versorgung
Tanken in Kang und Letlhakeng, **Versorgung** nur in Letlhakeng.

Camping
Trinkwasser muss mitgebracht werden! Wasser zum Waschen bzw. Abkochen gibt es in den Scout Camps an den Eingangstoren.

Folgende Plätze sind im Park vorhanden:
Khutse Pan: *10 Zeltplätze – Buschtoiletten, Eimerduschen*
Mahurushele Pan: *2 Zeltplätze – Buschtoiletten, Eimerduschen*
Khankhe Pan: *4 Zeltplätze an einer Düne, von wo aus man die Pfanne beobachten kann – Buschtoiletten, Eimerduschen*
Molose: *4 Zeltplätze – Buschtoiletten, Eimerduschen*
Moreswe Pan: *4 Campingplätze (jeweils zwei im Abstand von ca. 3 km) – Buschtoiletten, Eimerduschen*
Sekusuwe: *1 Zeltplatz – Buschtoiletten, Eimerduschen*

Wenn ein Platz mit Toiletten und Duschen versehen ist, hat er i.d.R. auch eine ausgewiesene **Grillstelle**.

Buchung über **Big Foot Safaris**, *P.O. Box 45324, Riverwalk, Gaborone, ☎ 395-3360 oder mobil 73-5555-73, E-Mail: bigfoot@gbs.co.bw; www.bigfoottours.co.bw.; P 200 p.P. Maximal sechs Personen und drei Fahrzeuge pro Stellplatz. GPS-Daten der Campingplätze auch unter www.bigfoottours.co.bw/khutse.html.*

 Unterkunft außerhalb des Parks
Khutse Kalahari Lodge $$$$, *P/Bag BR282, Gaborone, ☎ 318-7163 oder Lodge direkt 719-72900 bz$w. 733-61112, ⌨ 390-8501, E-Mail: reservations@khutsekalahari lodge.com; www.khutsekaharilodge.com. Ab ca. US$ 130 p.P. im DZ inkl. Frühstück.* **Lage**: *ca. 10 km vor dem Gate, nur mit Allrad-Wagen erreichbar.* **Beschreibung**: *24 riedgedeckte Rondavels, davon zwei für Familien. Vom etwas höher gelegenen Hauptgebäude hat man einen tollen Blick auf die Umgebung. Pool vorhanden. Verschiedene Aktivitäten im Park, u.a. Buschfrühstück.*

Der Südwesten: Kgalagadi Transfrontier National Park

Grenzübergreifender Nationalpark

Dieses riesige Gebiet ist noch heute weitestgehend ohne menschlichen Einfluss. Die Zusammenlegung des botswanischen Gemsbok National Park und des südafrikanischen Kalahari Gemsbok National Park zum ersten grenzübergreifenden Naturschutzgebiet im südlichen Afrika – unter dem Namen „Kgalagadi Transfrontier National Park" – setzte Zeichen im internationalen „Naturmanagement". Auf botswanischer Seite standen bisher nur einfache Campingplätze zur Verfügung, Mitte 2013 eröffnen jedoch drei neue Luxus-Unterkünfte. Auf südafrikanischem Terrain erwarten den Besucher gut eingerichtete Camps und eine Lodge. Wilderness-Trails erschließen auf beiden Seiten die unberührte Wildnis.

Der Südwesten: Kgalagadi Transfrontier National Park   **343**

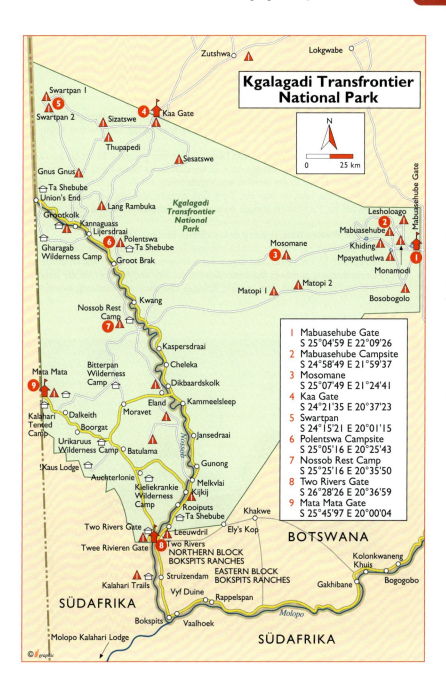

Zur Strecke

Anfahrtmöglichkeiten

In den botswanischen Teil:
Gebiet Mabuasehube. Anfahrt nur mit hohem Allradfahrzeug. Mögliche Routen:
- von Tshabong im Süden: 82 km bis zur Parkgrenze, sandig; dann weitere 48 km bis zum Game Scout Camp.
- von Hukuntsi: 7 km westlich von Tshane im Norden gelegen – 99 km bis zur Parkgrenze (zum Teil sehr sandig); dann 22 km zum Game Scout Camp.
- von Werda aus: 35 km westlich von Werda zweigt ein Weg nach Norden ab, dem man 27 km folgt, bis man das Dorf Goa erreicht. Von hier aus sind es weitere 96 km zur Parkgrenze. Danach weitere 17 km zum Game Scout Camp.

Der botswanische Teil ist nur mit Allrad zu befahren

Gebiet Westen bzw. entlang des östliches Nossob-Ufers:
Das Gebiet ist nur von der südafrikanischen Seite des Nossob Rivier über Bokspits erreichbar, 53 km südlich des Lagers Twee Rivieren. Es gibt hier keinen offiziellen Grenzübergang, allerdings muss man sich bei der Ein- und Ausfahrt bei der botswanischen Polizei melden. Man erreicht Bokspits aber auch von Tshabong, indem man

Majestätisch: der Kalahari-Löwe

dem Molopo River (Grenzfluss zu Südafrika) über Middlepits folgt. Dies ist eine sehr lange, ermüdende, aber trotzdem interessante Strecke.

In den südafrikanischen Teil:
Anfahrt: Von Upington in Südafrika (Northern Cape Province) führt die R 360 nach ca. 270 km (teilweise asphaltiert; im letzten Teil gute Schotterpiste) zum Parkeingang.

Beste Reisezeit
Dieses Gebiet ist am besten nach der Regenzeit, also zwischen März und Mai, zu besuchen. Man kann Springböcke, Elandantilopen und Gnus beobachten. Beste Safarizeit sind hier die regenreicheren Monate November bis Mai. Im März und April gibt es nach heftigen Regenfällen noch eventuell Pfützen im Nossob Rivier, das die Tiere anzieht.

Zusammenschluss zum Kgalagadi Transfrontier National Park

Im April 1999 wurden nach 10-jährigen Verhandlungen der botswanische Gemsbok National Park und der direkt angrenzende südafrikanische Kalahari Gemsbok National Park zum ersten grenzüberschreitenden Naturschutzpark Afrikas, dem **Kgalagadi Transfrontier National Park**, zusammengeschlossen, der eine Gesamtfläche von 38.000 km² umfasst. Die Zusammenarbeit der Regierungen von Botswana und Südafrika gibt damit eine Garantie für einen langfristig angelegten Naturschutz und die nahtlose Integration in das ökologische Gesamtsystem der Kalahari.

Planung weiterer grenzüberschreitender Parks

Dieser Zusammenschluss stand im Kontext der Bemühungen der „**Peace Park Foundation**". Man wird sich in Zukunft vermehrt bemühen, gerade im Bereich des südlichen Afrika noch mehr grenzüberschreitende Parkfusionen zu realisieren. Dies ist sicherlich der neue Trend im Naturschutz: Im Frühjahr 2012 wurde in Katima Mulilo/Namibia die riesige **Kavango-Zambezi Transfrontier Conservation Area (KaZa)** eröffnet, die Nationalparks in Angola, Botswana, Namibia, Zambia und Zimbabwe umfasst (www.kavangozambezi.org).

Botswanische Seite

Dieser Teil des Kgalagadi Transfrontier National Park – im äußersten Südwesten Botswanas gelegen – bedeckt eine Gesamtfläche von 28.400 km². Er entstand 1967 durch die Zusammenlegung des früheren Gemsbok National Park sowie des Mabuasehube Game Reserve. Im Westen grenzt er an den südafrikanischen Teil des Nationalparks, mit dem er gemeinsam eine der größten und unberührtesten Wildnisse der Welt darstellt. In diesem Gebiet kann man die berühmten roten Sanddünen der Kalahari sehen, die eigentlich nur für diesen Teil der Kalahari typisch sind und nicht für deren Gesamtgebiet. Zwischen diesen Gebieten konnte das Wild stets ungehindert wandern, wobei das Flusstal des Nossob die Grenze zwischen Südafrika und Botswana markiert.

Rote Dünen der Kalahari

Tipp: Wilderness Trails – Leckerbissen für Offroad-Fahrer

Einer der Wilderness Trails auf botswanischer Seite beginnt bei Polentswa. Er ist ca. 240 km lang und kann nur mit Allradfahrzeugen befahren werden. Dieser Weg führt über viele Pfannen im nordwestlichen Teil des Parks und erschließt damit besonders abgelegene Gebiete. Der Trail ist gekennzeichnet, man darf nur im Konvoi mit zwei bis fünf Fahrzeugen fahren (nur eine Fahrzeuggruppe pro Tag!). Beratung zu den botswanischen Trails, Voranmeldung und Bezahlung der Extra-Gebühren beim DWNP, s. Reisepraktische Informationen.

Viele Pfannen

Das östliche Gebiet nennt sich „Mabuasehube". In der San-Sprache bedeutet dies „rote Erde". Dieses Teilgebiet umfasst 1.800 km² und weist viele Pfannen auf, deren Ränder von herrlichen roten Dünen gesäumt sind. Die größte Pfanne ist die Mabuasehube Pan, deren Salzboden die Tiere als Mineralquelle zum Lecken nutzen. Im Süden liegt die Bosobogolo Pan, die über gutes Savannengras verfügt und deshalb Antilopen (vor allem Springböcke) anlockt. Natürlich kann man hier auch Löwen, Geparde, die Braunen Hyänen sowie Wildhunde beobachten.

Die beste Besuchszeit sind die Monate August bis November. Dann nämlich ziehen Herden von Oryx- und Elenantilopen durch dieses Gebiet.

Südafrikanische Seite

Dieser auf südafrikanischem Boden liegende Teil des Kgalagadi Transfrontier National Park ist touristisch wesentlich besser erschlossen als die botswanische Seite. Damit das Wild bei seinen Wanderungen nicht behindert wird, ist die Grenze offen: Lediglich Grenzsteine im Nossob Rivier weisen den Reisenden darauf hin, ob er sich gerade auf südafrikanischem oder botswanischem Gebiet befindet.

Touristisch wesentlich besser erschlossen

Die Wege, entlang derer man das Wild beobachtet, folgen den beiden Flüssen Auob und Nossob. Doch nur selten fließt hier Wasser. Die beiden Flusstäler unterscheiden sich landschaftlich. Während der Auob Rivier (Rivier = Bezeichnung für Flusstäler) enger, grasreich und mit vielen Bäumen bestanden ist (vor allem mit Kameldorn-Bäumen, einer Akazienart), liegt der Nossob Rivier breit und weit vor dem Besucher. Im Gebiet des Nationalparks tummeln sich große Herden von Springböcken, Oryxantilopen, Blaugnus und Straußen. Oft kann man auch Löwen und Geparde beobachten.

Der Nationalpark wurde 1931 errichtet. Vorher diente das Gebiet als Farmland für weiße, später für farbige Siedler. Da es jedoch sehr mühsam war, lohnend Landwirtschaft zu betreiben, gab man die Region als Wirtschaftsland auf.

Insbesondere in der sommerlichen Regenzeit erwarten den Besucher unbeschreiblich schöne Farbspiele: Rötliche Dünen, grüne Akazien, ein tiefblauer Himmel und zum Greifen nahe Haufenwolken sichern ein grandioses Naturerlebnis.

Grandioses Naturerlebnis

Reisepraktische Informationen Kgalagadi Transfrontier National Park

 Information
South African National Parks, P.O. Box 787, Pretoria 0001, Südafrika; ☏ im Park (Twee Rivieren) (+27) 054-561-2000, 🖷 (+27) 054-561-2005, www.sanparks.org/parks/kgalagadi. Buchungen über die Central Reservation von SANParks (s. Hinweiskasten S. 349).

☞ Hinweis

Buchungsanfragen sind an die Parkbüros im jeweiligen Land zu richten. Man kann in den Park von einem Land, z.B. Botswana, einreisen und in einem anderen Land, z.B. Namibia oder Südafrika, wieder verlassen. Man muss allerdings eine Reservierung für eine Nacht (bei Einreise über Mata Mata zwei) vorweisen können und darf den Park nicht nur zur Durchfahrt nutzen. Es gibt insgesamt fünf Gates: **Mata Mata** (Namibia), **Twee Rivieren** (Südafrika), **Two Rivers**, **Mabuasehube** und **Kaa** (Botswana). Verlässt man den Park in ein anderes Land, muss man seinen Pass dabeihaben.

Department of Wildlife and National Parks, P.O. Box 131, Gaborone, ☏ 318-0774 o. 397-1405, 🖷 318-0775, E-Mail: parks.reservations.gaborone@gov.bw, dwnp@gov.bw; www.mewt.gov.bw/DWNP/index.php.

Eintritt
Erwachsene P 20 p.P./Tag, Fahrzeug P 4/Tag, Camping P 25 p.P./Tag.
*Für die **Wilderness Trails** gilt: Voranmeldung, mind. zwei/max. fünf Fahrzeuge, es kommen Gebühren hinzu (bitte beim DWNP anfragen, s.o.). Ein neuer Trail wurde 2013 zwischen Mabuasehube Section und dem Kaa Gate eröffnet.*

Versorgung
Wasser zum Waschen bzw. Abkochen gibt es an manchen Campingplätzen, sonst in den Game Scout Camps an den Gates (dort auch Feuerholz). Trinkwasser muss mitgebracht werden! Nächste Möglichkeit zum Tanken sowie zum Lebensmitteleinkauf von Südosten her ist Tshabong. Diesel und Grundnahrungsmittel gibt es zudem im südafrikanischen Twee Rivieren Camp.

Straßen
Alle Straßen im Park sind unasphaltierte Sand- und Schotterpisten, die in der Regenzeit z.T. überflutet sind, aber von der Verwaltung gewartet werden. Zum Teil ist Tiefsand zu überwinden. Die Verbindungsstraße zwischen Auob und Nossob Rivier führt über die Kalahari-Dünen und ist deshalb mit Schotter bedeckt. Insgesamt ist der Park für Pkw geeignet.

Bereich Südwesten/Westen/Norden (Botswana)

Camping
Es gibt folgende ausgewiesene Campingplätze:
Two Rivers Game Scout Camp: *4 Zeltplätze gegenüber dem südafrikanischen Camp Twee Rivieren – Toiletten, warme Duschen*
Rooiputs: *6 Zeltplätze, ca. 25 km nördlich vom Eingangsgate gelegen – Buschtoiletten, Eimerduschen*
Polentswa: *3 Zeltplätze, ca. 60 km nördlich des südafrikanischen Nossob-Camp auf der botswanischen Seite gelegen – Buschtoiletten, Eimerduschen*
Nähe Kaa Gate: *2 Zeltplätze am Gate sowie die 5 einsamen Einzelplätze* **Sizatswe**, **Swartpan 1** *und* **2**, **Gnus Gnus** *und* **Thupapedi** *in der Nähe – am Kaa Gate selbst Buschtoiletten und Eimerduschen, an den Einzelplätzen keine Einrichtungen*

Wenn ein Platz mit Toiletten und Duschen versehen ist, hat er i.d.R. auch eine ausgewiesene **Grillstelle**.

Unterkunft
Ab Mitte 2013 wird es im bostwanischen Teil des Kgalagadi erstmals **feste Unterkünfte** *geben. Unter dem gemeinsamen Namen* **Ta Shebube** *eröffnen drei Luxus-Camps, die ihre Lage alle im wildreichen Tal des Nossob River haben. Das erste Camp,* **Rooiputs**, *liegt ca. 25 km nördlich von Twee Rivieren und wird aus 11 luxuriösen Chalets mit Bad bestehen, deren Einrichtung ein Mix aus modernen und traditionell afrikanischen Elementen sein wird. Im Hauptbereich werden sich u.a. eine Boma, ein Pool und eine Bibliothek befinden. Die Eröffnung findet am 1. Juni 2013 statt. Die beiden anderen Camps werden klas-*

sische Zeltcamps sein: **Polentswa** (9 Zelte) eröffnet im Juli 2013 und **Unions's End** (6 Zelte) im Laufe des Jahres.
Information und Buchung: Ta Shebube, P.O. Box, Sebele, Gaborone, ☎ 316-1696, 🖨 316-1695, E-Mail: info@tashebube.com; www.tashebube.com.

Bereich im Osten/Mabuasehube Section (Botswana)

⚠️ **Camping**
Es gibt folgende ausgewiesene Campingplätze:
Mabuasehube Gate: 3 Notplätze für Spätankömmlinge – Toiletten, warme Duschen
Mabuasehube Pan: 4 Zeltplätze, von der Lage her am schönsten – Buschtoiletten, Eimerduschen
Mpayathutlwa Pan: 2 Zeltplätze mit guter Sicht – Buschtoiletten, Eimerduschen
Khiding Pan: 2 Zeltplätze – Buschtoiletten, Eimerduschen
Lesholoago Pan: 2 Zeltplätze – Buschtoiletten, Eimerduschen
Monamodi Pan: 2 Zeltplätze – Buschtoiletten, Eimerduschen
Bosobogolo Pan: 2 Zeltplätze – Buschtoiletten, Eimerduschen

Wenn ein Platz mit Toiletten und Duschen versehen ist, hat er i.d.R. auch eine ausgewiesene **Grillstelle**.

Bereich Südafrika

👉 **Hinweis zu Buchung und Versorgung**

Buchung aller folgenden Camps bei **South African National Parks**, ☎ (+27) 12-428-9111, mobil (+27) 82-233-9111, 🖨 (+27) 12-343-0905, E-Mail: reservations @sanparks.org; www.sanparks.org. Die Unterkünfte sollten immer, aber vor allem während der südafrikanischen Schulferien oder an langen Wochenenden vorausgebucht werden. In allen Restcamps gibt es kleine Läden für Selbstversorger, wobei es hier nur die allernötigsten Lebensmittel gibt. Feuerholz wird überall verkauft, ebenso alle Arten von Getränken. Alle Camps sind sehr gepflegt. Ebenso ist in allen Camps eine Tankstelle vorhanden. Daneben gibt es urige, nur mit Allrad zu erreichende, abgelegene Wilderness Camps (s.u.).

Vorwahl Südafrika	0027

 Unterkunft
Die angegebenen **Preise** für einfache Chalets/Cottages und Campingplätze sind Basisraten auf Grundlage der angegebenen Personenzahl, zusätzliche Personen kosten extra. In den einzelnen Camps stehen weitere Unterkunftsformen wie Gästehäuser oder Chalets mit Flussblick zur Verfügung, siehe aktuelle Preisliste unter www.sanparks.org.

Rest Camps
Mata Mata Rest Camp $, Chalets für 1–2 Pers. ZAR 665, Campingplatz für 6 Pers. ZAR 195 (Stromanschluss). **Lage**: am Ufer des Auob-Trockenflusses 2½ Stunden nordwestlich von Twee Rivieren entfernt, direkt an der namibischen Grenze. **Beschreibung**: Camp mit unterschiedlichen Chalets (eingerichtete Küche, Grillstelle), Campingplätze mit Grillmöglichkeit und sauberen Toiletten/Duschen. Strom 18h/Tag.

Nossob Rest Camp $, Chalets für 1–2 Pers. ZAR 680, Campingplatz für 6 Pers. ZAR 195 (Stromanschluss). **Lage**: etwa 3½ Stunden nördlich von Twee Rivieren entfernt, direkt am Trockenfluss Nossob. **Beschreibung**: Chalets in verschiedener Größe (alle mit eingerichteter Küche, Außengrill). Campingplätze mit Grillmöglichkeit, Strom 18h/Tag. Tankstelle, kleiner Laden. Nachtsafaris werden durch Ranger angeboten, ebenso Tages-Fußsafaris.

Twee Rivieren Rest Camp $–$$, Cottage für 1–2 Pers. ZAR 890, Campingplatz für 6 Pers. ZAR 195 (Stromanschluss). **Lage**: direkt im Süden am Nossob-Fluss (Trocken-Flussbett). **Beschreibung**: das größte Camp des Parks, gleichzeitig Hauptquartier der Parkverwaltung mit kleinen Geschäften, auch Lebensmittel, Restaurant, Tankstelle, Swimmingpool. Es gibt unterschiedlich große Chalets (immer mit eingerichteter Küche, Außengrill) und schöne Campingplätze mit sauberen Toiletten/Duschen und Grillmöglichkeit. Leser fanden die Unterkünfte zweckmäßig und sauber, wenn auch mit leichtem „Jugendherbergscharakter".

Wilderness Camps

In den nicht umzäunten Wilderness Camps können nur max. 8 Pers. übernachten, damit Ruhe und Naturerlebnis nicht gestört werden. Die Camps verfügen über einfache sanitäre Anlagen. Feuerholz und Trinkwasser müssen i.d.R. mitgebracht werden.

Bitterpan Wilderness Camp $$, Cabin für 1–2 Pers. ZAR 1.025. **Lage**: zwischen Nossob und dem Mata Mata Camp gelegen, lediglich Allrad-Wagen sind erlaubt, Fahrtrichtung nur Ost – West. **Beschreibung**: einfaches, kreatives Design, die Zelte stehen auf Stelzen, sodass eine Unterlüftung (= Kühlung) gegeben ist. Küche für Selbstversorger vorhanden. Herrliche Lage am Allrad-Trail, umgeben von roten Sanddünen.

Gharagab Wilderness Camp $$, Cabin für 1–2 Pers. ZAR 1.045, mit Dusche/WC und Kochmöglichkeiten. Feuerholz und Trinkwasser müssen mitgebracht werden. **Lage**: südlich des Grootkolk-Camps gelegen. **Beschreibung**: inmitten der Dünenlandschaft mit Ausblicken auf die Dornbusch-Savanne.

Kalahari Tented Camp $$, eingerichtetes Zelt für 1–2 Pers. ZAR 1.160, auch ein Honeymoon Desert Tent steht für ZAR 1.315 zur Verfügung, WC/Dusche. **Lage**: 5 km südwestlich des Mata Mata Camps. **Beschreibung**: das Camp liegt auf einer Düne. Es stehen einfache eingerichtete Zelte zur Verfügung. Koch- und Grillmöglichkeiten.

Grootkolk Wilderness Camp $$, Desert Cabin für 1–2 Pers. ZAR 1.135, Selbstversorgung (Gemeinschaftsküche, in der Cabin Kühlschrank, Geschirr, Grillbesteck), WC/Dusche; Feuerholz und Wasser müssen mitgebracht werden. **Lage**: im äußersten Nordwesten des Parks gelegen, 20 km südlich von Unions End. Fahrtrichtung mit Allrad nur von Norden nach Süden, später Osten. Nicht mit normalen Pkws erreichbar. **Beschreibung**: idyllisch in Dünen gelegen mit Blick auf ein Wasserloch, rustikal.

Kieliekrankie Wilderness Camp $$, Dune Cabin für 1–2 Pers. ZAR 1.135, WC und Dusche vorhanden, Trinkwasser und Feuerholz müssen mitgebracht werden. **Lage**: südliche Verbindungsstraße zwischen Auob- und Nossob-Tal, ab Twee Rivieren 50 km. **Beschreibung**: inmitten der schönen Kalahari-Dünenlandschaft gelegen, sehr einsam, mit normalem Pkw erreichbar.

Urikaruus Wilderness Camp $$, Riverside Cabin für 1–2 Pers. ZAR 1.135. **Lage**: am Auob River, 72 km hinter Twee Rivieren auf dem Weg nach Mata Mata. **Beschreibung**: vier auf Stelzen stehende Kabinen mit Flussblick, WC und Dusche, Küche. Mit Pkw zu erreichen.

Luxus

!Xaus Lodge $$$$$, Reservierungen bei Marianne Marsh, ☏ 021-701-7860, E-Mail: enquiry@xauslodge.co.za; www.xauslodge.co.za. ZAR 1.600 p.P. inkl. Vollpension und Aktivitäten (z.B. Game Drives) bei Buchung von mind. zwei Nächten. **Lage**: Die Lodge liegt im südafrikanischen Teil des Parks. Man gelangt über die Auob River Road dorthin, die Mata Mata und Twee Rivieren verbindet. 60 km von Mata Mata sowie von Twee Rivieren entfernt liegt das Rooibrak Waterhole. Von hier aus geht es durch Sand zur Lodge (ca. 35 km nach Südwesten). Meeting Point auch für Fahrer mit eigenem Allradwagen: Kamqua picnic site (5 km nordwestlich Rooibrak). Auch Selbstfahrer oder Besucher mit einem Pkw werden hier abgeholt (im Preis s.o. enthalten). Selbstfahrer dürfen mit ihrem Wagen einfach dem Fahrer folgen. Von hier geht es auf weichem Sand durch die Dünen zur Lodge. **Beschreibung**: Das Camp – 12 Doppelzimmer (mit WC/Dusche) in urigen Chalets auf Stelzen und mit Grasdächern – liegt an einer Salzpfanne, umgeben von einer malerischen Dünenlandschaft. Jedes Zimmer hat ein eigenes Aussichtsdeck. Keine Klimaanlagen... dafür sorgt eine naturbewusste Bauweise (Stelzen, Schattendächer) auch während heißer Tage für erträgliche Temperaturen. Es gibt einen kleinen Pool sowie eine Lounge und Dining Area – alles sehr schön, einfach und authentisch gehalten. Die Anlage wird von San bewirtschaftet. Das Besondere: Man erfährt hier viel über die Rituale, Traditionen und die Kultur der ersten Siedler des südlichen Afrika. Das Essen lehnt sich zum Teil an Traditionen der San an, wird aber durch die südafrikanische Küche maßgeblich ergänzt. Wiederholungsbesucher Südafrikas bzw. Namibias dürfen hier ein besonders authentisches Safari- und Kulturerlebnis erwarten. Leser lobten das nette Management und das gute Essen.

Alternative Unterkünfte außerhalb des Parks

Molopo Kalahari Lodge $, Reservierung über N.C. Famous Lodges, ☏ 082-096-6566, E-Mail: nclodge@webmail.co.za; www.molopolodge.co.za. ☏ Lodge 054-511-0008. Ca. ZAR 300 p.P. im Chalet, Camping ZAR 150 p.P. **Lage**: ca. 60 km südlich von Twee Rivieren gelegen. **Beschreibung**: einfache Lodge mit Chalets, Rondavels, Campingplatz sowie Schwimmbad und Restaurant. Modernisierung ist im Gange. Von der Lodge aus werden Ausflüge in die Kalahari angeboten.

Kalahari Trails $, P.O. Box 77, Upington 8800, ☏ 054-902-916341, www.kalahari-trails.co.za. Unterkunft ab ca. ZAR 200, Luxus-Chalet ZAR 800, Camping ZAR 60 für 4 Pers. **Lage**: ca. 35 km südlich von Twee Rivieren gelegen. **Beschreibung**: sehr saubere Lodge mit Gästehaus, (Luxus-) Chalets, Campingplatz für Selbstversorger – kein Restaurant, 3.500 ha großes Naturschutzgebiet. Es werden hier insbesondere Wanderungen angeboten, unterwegs wird in Außencamps übernachtet. Toll: Übernachtung in einem Zelt-Buschcamp.

Romantisch: Fahrt in den Abendstunden bei Sonnenuntergang

10. DER OSTEN

Francistown – Gaborone

Der Osten Botswanas hinterlässt auf den ersten Blick einen ganz anderen Eindruck als der Rest des Landes. Weit entfernt scheinen die trockenen Weiten der Kalahari. Hier leben aufgrund der natürlichen Gegebenheiten, insbesondere aufgrund ausreichenden Grundwassers und fruchtbarer Böden, etwa 80 % der Bevölkerung des Landes. Vor allem mit dem Bau von *Cecil Rhodes'* Eisenbahn, die das Kap mit den nördlichen Kolonien verband, entstanden zahlreiche kleine Siedlungen entlang der Strecke, unter anderem Francistown.

Francistown

Francistown im Nordosten Botswanas, die „Hauptstadt des Nordens" und zweitgrößte Stadt des Landes (ca. 90.000 Einwohner), liegt strategisch günstig: Alle Hauptstraßen aus Gaborone, Maun, Kasane und Zimbabwe treffen hier zusammen. Sie ist zudem eine der ältesten Siedlungen der Region. Funde weisen darauf hin, dass das Gebiet schon vor über 80.000 Jahren besiedelt war. Anfang des 19. Jahrhunderts kamen die Ndebele durch das Kalanga-Gebiet, um sich schließlich in Bulawayo im heutigen Zimbabwe niederzulassen. Der erste Europäer in der Region war der Missionar *Robert Moffat* (s. S. 16), der nach Nyangabgwe gelangte, ein Dorf in der Nähe der heutigen Stadt. Nach ihm kam der deutsche Forscher *Karl Mauch* (s. S. 17f), der 1867 das erste Gold Botswanas am Tati River fand (s. S. 18) und so den ersten Goldrausch im südlichen Afrika auslöste. Die Schürfrechte besorgte sich schließlich *Daniel Francis*, Namensgeber der Stadt. Zahlreiche Glücksritter machten sich auf den Weg, unter anderem *Sam Anderson*, der vor seiner Ankunft in Botswana als Erster die westaustralische Wüste durchwandert haben soll. Er soll immer eine Jeansjacke getragen haben – nach ihm ist heute noch die Hauptstraße der Stadt benannt: Blue Jacket Street. Längst hat Francistown den Staub (und auch den Charme) einer ehemaligen Goldgräberstadt abgeschüttelt und präsentiert sich dem Besucher als aufstrebende, moderne Stadt mit Einkaufszentren, Casino, einem großen Krankenhaus, Hotels und Restaurants. Auf dem Weg nach Norden in die Natio-

Redaktionstipps

▶ Ein Ausflug in das Khama Rhino Sanctuary lohnt sich, um einige der wenigen Nashörner Botswanas zu besuchen. Zudem gute Campingmöglichkeit (S. 358f).
▶ Ein Abstecher in den Tuli Block, z.B. auf dem Weg von oder nach Johannesburg, belohnt mit ungewöhnlichen Landschaften und vielen Tieren (S. 359ff).
▶ Botswanas Hauptstadt Gaborone bietet touristisch wenig Interessantes – dafür kann man nach Wochen im Busch hier wieder Stadtluft schnuppern (S. 363ff).

nalparks hat man hier eine gute Gelegenheit, die Vorräte aufzufüllen. An touristischen Sehenswürdigkeiten ist Francistown allerdings nicht reich. Einzig das **Supa-Ngwao Museum** macht da eine Ausnahme. Es bietet eine interessante Ausstellung über die Geschichte des Ortes sowie das Volk der Kalanga, das hier hauptsächlich beheimatet ist. Hier gibt es auch ein kleines Informationszentrum.

info — Das Domboshaba Festival of Culture and History

Das Gebiet um Francistown ist traditionell die Heimat der Bakalanga. Doch die Sprache dieser Volksgruppe ist in Gefahr – immer mehr junge Menschen sprechen nur Tswana und Englisch und interessieren sich weniger für die Kultur ihrer Vorfahren. Um diesem entgegenzuwirken und das kulturelle Erbe nicht untergehen zu lassen, haben Schriftsteller aus Francistown die *Mukani Action Campaign* (MAC) ins Leben gerufen, die seit 2000 das Domboshaba Festival of Culture and History organisiert. Später kam die *Society for the Promotion of Ikalanga Language* (SPIL) dazu, seit 2008 ist der *Domboshaba Cultural Trust* der Organisator und das Festival eines der größten Kulturfestivals des Landes.

Seit 2000 haben sich die Besucherzahlen stetig vergrößert. Abgehalten wird das Ganze nahe den Domboshaba Ruins, Zeugnisse der alten Kalanga-Kultur. Archäologischen Studien zufolge war Domboshaba um das Jahr 1400 ein wichtiger Handelsposten. Die Herrschaft der Bakalanga neigte sich um 1800 ihrem Ende zu, als die Swazi und wenig später die Ndebele in die Gegend zogen. 2010 feierte das Festival sein 10-jähriges Bestehen und bietet neben traditionellen Tänzen, Musik, Gedichtvorträgen, Erzählungen selbstverständlich auch traditionelles Essen. Es findet jährlich Ende September/Anfang Oktober statt.

Reisepraktische Informationen Francistown

Unterkunft

Domboshaba Lodge $$, P.O. Box 290, Masunga, ☎ 248-1071, 🖷 248-1073, E-Mail: motlhaba@msda.co.bw. Ca. P 450/DZ, Camping P 120. *Lage*: 15 km von Masunga Village, nahe den Domboshaba Ruins (Kalakamati Village). **Beschreibung**: Die Lodge bietet acht riedgedeckte Chalets, zudem werden Ausflüge in die Umgebung angeboten.

Dumela Lodge $$, P.O. Box 21090, Monarch, Francistown, ☎ 240-3093, 🖷 241-7313, E-Mail: reservations@dumelalodge.com, travel@dumelalodge.co.bw; www.dumelalodge.com. P 349 p.P. im Chalet, Camping P 85, Frühstück P 80. **Lage**: im Nordosten der Stadt. **Beschreibung**: Es gibt 7 Chalets mit Bad/Dusche. Schöne Poolanlage mit Brücke.

Woodlands Stop-over $$, Mike und Anne West, P.O. Box 11193, Tati Town, Francistown, ☎ 244-0131, 🖷 244-0132, E-Mail: woodlands@butnet.co.bw; www.woodlandscamping bots.com. Woodland Cottage (ein Raum) P 1.375/Nacht, Chalet ca. P 475/DZ, Camping P 83 p.P plus P 30 pro Fahrzeug und Stromanschluss. **Lage**: an der Hunter's Road, ca. 15 km nördlich der Stadt. **Beschreibung**: nette, saubere Chalets unterschiedlicher Ausstattung, zudem gibt es Riverview Rooms. Schöner, gepflegter Campingplatz, Swimmingpool.

Tati River Lodge $$$, Old Gaborone Road, Plot 16076, Block 6, ☎ 240-6000, 🖷 240-6080, E-Mail: res@trl.co.bw, www.trl.co.bw. Ab ca. P 650/DZ mit Frühstück, Camping ca. P 50

p.P. **Lage**: am westlichen Ufer des Tati River, etwa 5 km außerhalb der Stadt. **Beschreibung**: riedgedeckt, schöne Anlage, Swimmingpool, gutes Restaurant, schöne Campingmöglichkeit.
Cresta Marang Gardens $$$, P.O. Box 807, ☏ 241-3991, 🖷 241-2130, E-Mail: resmarang@cresta.co.bw; www.cresthotels.com. P 1.152/DZ. **Lage**: 5 km außerhalb der Stadt am Tati-Fluss. **Beschreibung**: 105 Zimmer mi Bad. Schönste Lage aller Unterkünfte, riedgedeckte Häuser (normale Zimmer und Chalets), Swimmingpool, Restaurant, Campingmöglichkeit.
Cresta Thapama Hotel $$$-$$$$, Blue Jacket Street, P.O. Box 31, ☏ 241-3872, 🖷 241-3766 o. -8690, E-Mail: resthapama@cresta.co.bw; www.crestahotels.com. P 1.533/Standard-DZ inkl. Frühstück. Auch Executive Rooms und Suiten buchbar. **Lage**: im Zentrum, 5 km zum Flughafen. **Beschreibung**: 96 klimatisierte, saubere Zimmer mit Bad, Telefon, Radio und Kaffee-/Tee-Zubereitung, Pool, Kasino, Restaurant.

Camping
Dumela Lodge, s.o.
Woodlands Stop-over, s.o.
Tati River Lodge, s.o.

Banken
Alle großen Banken sind auf der Blue Jacket Street mit Geldautomaten (ATM) vertreten, u.a.:
Barclays, Plot 6142, Blue Jacket St.
Stanbic Bank Botswana, Ltd Francistown Mall
Standard Chartered, Plot 687/88 Blue Jacket St.

Verkehrsmittel
Francistown ist gut angebunden: **Air Botswana** fliegt an sechs Tagen der Woche nach Gaborone (www.airbotswana.co.bw), und es gibt Busverbindungen nach Maun, Kasane und Gaborone, u.a. mit dem **Seabelo Express** (www.seabelo.bw).
Autovermietung: s. S. 105

Selibe-Phikwe

88 km südwestlich von Francistown, allerdings 50 km abseits der Hauptstraße Richtung Gaborone, gelangt man zu der Minenstadt Selibe-Phikwe. Obwohl sie ca. 58.000 Einwohner hat, ist sie kaum bekannt, bietet allerdings bislang auch nichts touristisch Interessantes. Reist man von Johannesburg in Südafrika ein (s. S. 152), kann die Stadt aber als Zwischenstopp auf dem Weg nach Norden genutzt werden. Der Boom der einstigen Dörfer Selibe und Phikwe begann in den 1960er-Jahren, als man große Kupfer- und Nickelfunde in der Nähe machte. Derzeit gibt es unter anderem von der EU finanzierte Studien, den Ort Mmadinare am Letsibogo Dam und den dazugehörigen Stausee für den Tourismus (u.a. für Angler) zu erschließen.

Touristisch bislang wenig interessant

Unterkunft
Phokoje Bush Lodge $$, P.O. Box 414, Mmadinare T Junction, ☏ 260-1596, 🖷 260-1586, E-Mail: info@phokojebushlodge.com; www.phokojebushlodge.com. P 680/ DZ, Camping P 100 p.P. **Lage**: nahe Selibe-Phikwe (GPS-Daten: S 21°58.46 E 027°46.67). **Be-

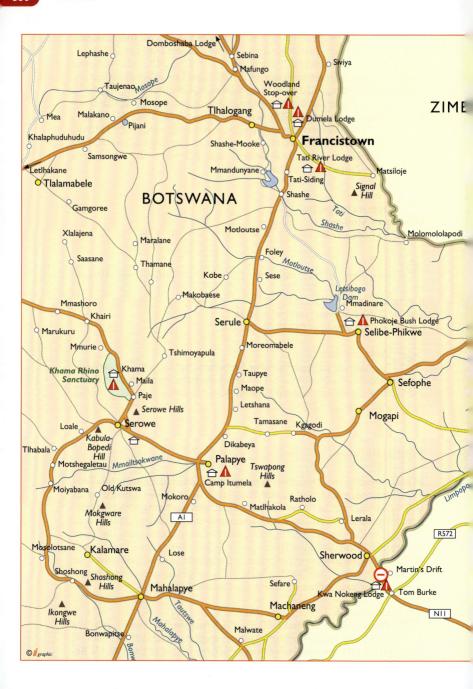

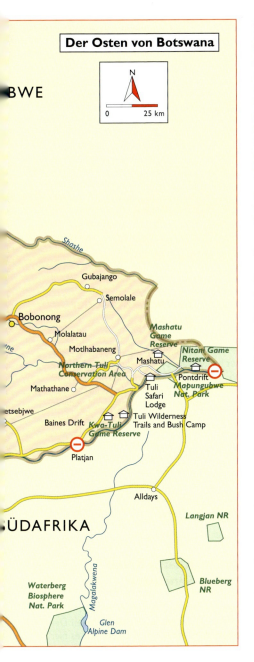

schreibung: 11 riedgedeckte Chalets und 12 Standardzimmer, je mit Bad/Dusche. Alle Zimmer mit Klimaanlage. Etwas abseits gelegener Campingplatz mit sanitären Anlagen und Grillmöglichkeit.
Cresta Bosele Hotel $$$, Independence Road, ☎ 261-0675, E-Mail: resbosele@cresta.co.bw; www.crestahotels.com. P 1.363/DZ inkl. Frühstück. **Lage**: in der Stadt. **Beschreibung**: 52 Zimmer mit Klimaanlage, TV und Bad, Pool, Internetzugang, Restaurant und Bar vorhanden. Eignet sich als Ausgangspunkt für einen Besuch des Tuli Block.

Palapye

Die etwa 170 km von Francistown entfernte Stadt hat rund 30.000 Einwohner und mit der Morupule Power Station das größte Elektrizitätswerk Botswanas. In der Nähe liegen die aus verschiedenen Steinarten bestehenden Tswapong Hills (40 km südlich), die ein besonderes Klima aufweisen. Hier regnet es mehr als in den umliegenden Gebieten, und es bilden sich Wasserfälle wie z. B. der Moremi Gorge nahe dem Moremi Village. Neben zahlreichen Vogel- und Schmetterlingsarten lebt hier auch eine kleine Kolonie von Kapgeiern (am Gootau Village). Wenn man diese abgelegene Region besuchen möchte, sollte man sich bei dem Chief eines der umliegenden Dörfer melden und um Erlaubnis fragen. Verschiedene Community-Projekte sind in Planung.

Von Palapye geht es über Mahalapye, Dibete und Mochudi auf guter Teerstraße nach Gaborone.

Reisepraktische Informationen Palapye

Unterkunft

Camp Itumela $-$$, Judith de Beer, P.O. Box 319, ☏ mobil 718-06771, 🖶 492-0228, E-Mail: campitumela@gmail.com; www.campitumela.com. Chalets P 420/DZ, Safari-Zelt P 280/DZ, Camping P 75 p.P. **Lage**: von Francistown aus kommend im Zentrum der Stadt nach links in die Palapye Main Road abbiegen, dann an der Polizei rechts und nach Überquerung der Schienen wieder rechts abbiegen. Eine Stunde von Martin's Drift (GPS-Daten: S 22°33'58 E 027° 07'65). **Beschreibung**: empfehlenswerte Unterkunft mit einfachen Chalets und Safari-Zelten sowie schattigen Campingplätzen mit sauberen sanitären Anlagen, Grill- und Kochmöglichkeit, Internet-Café, Bar, kleiner Pool, auf Wunsch wird Abendessen gekocht. Allerdings legen hier auch viele Overlander einen Stopp ein, dann kann es etwas lauter werden.

Cresta Botsalo Hotel $$, ☏ 492-0245, E-Mail: resbotsalo@cresta.co.bw; www.cresta hotels.com. P 1.075–1.130/DZ. **Lage**: an der A1 (Hauptstraße), die von Francistown nach Gaborone führt, nahe der Eisenbahnlinie. **Beschreibung**: 50 Zimmer mit Klimaanlage, TV, Pool, Restaurant und Bar.

Eingang des Khama Museum in Serowe

Serowe – Stadt der Bangwato

Die Stadt ist die Heimat des Bangwato-Stammes und wurde vor allem durch ihre berühmten Bewohner bekannt. *Khama III.* hatte die Hauptstadt um 1900 von Palapye hierhin verlegt. Er war es, der zusammen mit anderen Führern Botswana gegen *Cecil Rhodes* und die Südafrikanische Union verteidigt hatte (s. S. 20, 22), sein Enkel *Sir Seretse Khama* führte das Land friedlich in die Unabhängigkeit. Im Khama III Memorial Museum sind die Geschichte und die Traditionen der Bangwato dargestellt sowie ihre prominentesten Vertreter. Zudem werden Siedlungsstrukturen aufgezeigt. Auf einem Hügel hinter der Stadt liegen die Gräber der königlichen Familie.

Khama Rhino Sanctuary

Etwa 20 km von Serowe entfernt liegt das Khama Rhino Sanctuary, in den 1990er-Jahren zum Schutz des in Botswana beinahe ausgerotteten Nashorns geschaffen. Der Park wird von einem Community Trust betrieben, neben Game Drives gibt es hier

Im Khama Rhino Sanctuary

einen empfehlenswerten **Campingplatz** und **Chalets**. In dem 4.300 ha großen Gebiet leben ca. 30 Nashörner, zudem zahlreiche Antilopenarten, Giraffen und Zebras. **Khama Rhino Sanctuary Trust**, P.O. Box 10, Serowe, ☏ 463-0713, 460-0204, ✉ 463-5808, E-Mail: krst@khamarhinosanctuary.org.bw; www.khamarhinosanctuary.org.bw. Geöffnet tgl. 7–19 Uhr. Eintritt P 52, Auto P 64 (unter 5 t).

Abstecher zum Tuli Block/Game Reserves

Der als Tuli Block bezeichnete Landstreifen – 350 km lang und bis zu 20 km breit – verläuft parallel zum Limpopo, von Buffels Drift im Südwesten bis Pontdrift im Nordosten, wo die Grenzen von Botswana, Zimbabwe und Südafrika zusammenlaufen.

In diesem Zipfel liegen das Tuli- und das Mashatu Game Reserve. Im 19. Jahrhundert erwarben die Briten dieses Gebiet vom Ngwato-Stamm, da sie hier eine Eisenbahnlinie nach Bulawayo bauen wollten. Nach dem Kauf stellte man jedoch fest, dass ein solcher Bau unrentabel war: Aufgrund der vielen Flüsse in diesem Gebiet wären zahlreiche Brücken nötig gewesen – dies hätte die Erschließung enorm verteuert. Die Strecke wurde letztendlich weiter westlich auf der Linie Mahalapye – Francistown realisiert. Aus dem „Bahnland" wurde Farmland, das an weiße Siedler weiterverkauft wurde. Obwohl sich das Gebiet prinzipiell für den Ackerbau eignete, nutzte man es als Rinderfarmland, da Blutschnabelweber-Vögel immer wieder die Saat auffraßen.

Kein Eisenbahnbau möglich

Reiches Tierleben im Mashatu Game Reserve

Mashatu Game Reserve

Der äußerste Nordosten des Tuli Block ist heute das North East Tuli Game Reserve, etwa 90.000 ha groß und damit das größte private Reservat im südlichen Afrika. Den größten Teil nimmt das **Mashatu Game Reserve** mit 30.000 ha ein, das Tuli Game Reserve umfasst 7.500 ha und ist enklavenartig im Mashatu Game Reserve eingebettet. Die Landschaft hier ist bergig und die rötlichen Felsen wirken z. T. sehr imposant. Neben seiner Tiervielfalt (große Leopardenpopulation) ist Tuli Block für seine ungewöhnliche Topografie bekannt: Solomon's Wall z. B. sind 30 m hohe Basaltklippen. Die vielen Affenbrotbäume (*Baobabs*) trugen der Gegend den Beinamen *Land of the Giants* ein.

Viele Leoparden

Große Elefantenherden mit über 1.000 Tieren leben in diesem Gebiet, zudem gibt es respektable Bestände an Löwen und Geparden. Auch die übrigen Tierarten sind zahlreich vertreten. Speziell Zebras, Giraffen, Weißschwanzgnus, Leoparden und verschiedenste Vogelarten (über 350) können gesehen werden. Beliebt sind die sogenannten „Game Hides", von denen aus man ungestört Tiere beobachten kann.

Auf dem riesigen Gelände befinden sich auch einige archäologisch interessante Funde. Die **Motloutsi-Ruinen** zum Beispiel werden regelmäßig von Archäologen besucht. Man sagt, dass diese Bauwerke vom gleichen Volk erbaut wurden wie Great Zimbabwe Ruins. Geografisch gesehen bildet dieses Gebiet mit seinen tropischen Flusstälern, den offenen Steppen und den Buschlandschaften einen großen Kontrast zu den übrigen Safari-Gebieten Botswanas.

Archäologische Funde

Anfahrtsalternativen
Von Francistown aus: Gesamtstrecke: 435 km
Man fährt von Francistown nach Serule (159 km), dann weiter über Selibe-Phikwe (61 km) nach Sefophe (26 km), danach nach Bobonong (82 km) und weiter bis Pontdrift (107 km). Die gesamte Strecke ist bis auf das letzte Stück – 22 km – geteert.
Tankstellen gibt es in Francistown, Serule, Selibe-Phikwe, Bobonong.

Von Johannesburg aus: Gesamtstrecke: 550 km Über Pretoria nach Pietersburg (N 1), danach genau nach Norden über die R 521 über Dendron, Alldays nach Pontdrift (Grenzübergang, Tuli Nature Reserve). Wenn der Limpopo trocken ist, kann man mit einem Allradfahrzeug das Flussbett überqueren. Führt der Fluss Wasser, so geht es via Mashatu Cableway über den Fluss. **Tankstellen** gibt es in allen größeren Orten.

Tuli Game Reserve

Hier liegt die Tuli Lodge wie eine grüne Oase am Ufer des Limpopo. Die Unterkünfte sind deutlich einfacher als die von Mashatu. 2 km von der Main Lodge entfernt liegen Chalets, die Selbstversorgung erlauben. Hier steht ein riesiger Masatu-Baum, der wohl über 1.000 Jahre alt sein dürfte.

Reisepraktische Informationen Tuli Block-Region

Unterkunft

Mashatu Game Reserve, *P.O. Box 55514, Northlands, Johannesburg,* ☏ *(+27) 11-442-2267,* 🖨 *(+27) 11-442-2318, E-Mail: reservations@malamala.com; www.mashatu.com.* **Lage**: *im äußersten Nordosten des Tuli Block.* **Beschreibung**: *Es gibt zwei Camps: Das* **Mashatu Main Camp** *$$$$$ (US$ 440 p.P.) ist sehr rustikal-afrikanisch und bietet in 14 Luxussuiten Unterkunft. Von der Veranda und Bar aus kann man am nahegelegenen Wasserloch gut Tiere beobachten. Das Abendessen wird – bei guter Witterung – im offenen „Boma" am Feuer serviert. Das „Schwestercamp"* **Mashatu Tent Camp** *$$$$$ (US$ 320 p.P.) liegt ca. 20 Minuten vom Hauptcamp entfernt. Es bietet in sieben luxuriösen Safarizelten Platz für maximal 14 Gäste. Neben „normalen" Pirschfahrten gibt es „Ivory Drives" mit Elefantenspezialisten und „Predator Drives" auf den Spuren von Löwen und Leoparden. Wer mehr über die Ökologie des Gebietes erfahren möchte, sollte sich einer geführten Wanderung anschließen. Wem das noch nicht abenteuerlich genug ist: Für Aktivurlauber sind z.T. Mountainbike-Touren auf alten Elefantenpfaden möglich, und unter dem Motto „Take a ride on the wild side" werden auch Reitsafaris angeboten (siehe Website).*
Tuli Game Reserve/Tuli Safari Lodge *$$$-$$$$$,* ☏ *264-5303/43,* 🖨 *264-5344, E-Mail: info@tulilodge.com; www.tulilodge.com.* **Lage**: *direkt am Limpopo. Zu erreichen über Platjan, Martins Drift und Gaborone sowie von Norden über Selibe-Phikwe (GPS-Daten: S*

Nichts für schwache Nerven: Fahrradausflug auf alten Elefantenpfaden

22°12`842 E 29°05`687). **Beschreibung**: Im Februar 2013 wurde die sehr schöne Anlage durch Überschwemmungen im Tuli-Gebiet **zerstört**. Die Aufräumarbeiten dauern an, ein Neueröffnungstermin ist aber noch nicht in Sicht. Auf dem Gelände liegt das **Molema Bush Camp** (nahe Platjan-Grenzübergang). Es ist wieder intakt und bietet Chalets sowie Campingmöglichkeiten. Zum aktuellen Stand der Dinge siehe genannte Website.

Weitere Unterkünfte in privaten Konzessionsgebieten (Auswahl)
Tuli Wilderness Trails and Bush Camps/Serolo Safari Camp $$$, Stuart und Annelien Quinn, ☏ Südafrika (+27) 78-2911-460, mobil Botswana (+267) 741-94495, E-Mail: info@tulitrails.com, www.tulitrails.com. P 750 bei Selbstversorgung, inkl. 2 Aktivitäten. **Lage**: nahe der südafrikanischen Grenze, zwischen Platjen und Pontdrift. **Beschreibung**: 5 Safari-Zelte mit Dusche/Bad, voll ausgestattete Gemeinschaftsküche, Wasserloch direkt am Camp. Vollpension auf Anfrage möglich.
Kwa-Tuli Private Game Reserve/Island Camp $$$, Wild at Tuli-Safaris, ☏ 721-13688, E-Mail: booking@wildattuli.com, www.wildattuli.com. P 590 p.P. bei Selbstversorgung, Vollpension möglich **Lage**: 21 km vom Platjan-Grenzübergang. **Beschreibung**: vier komfortable Zelte, die auf einer Insel im Limpopo River stehen, eingerichtet im Kolonial-Stil, mit Bad und Open-Air-Dusche. Von der Veranda kann man die Tierwelt im und am Fluss beobachten. Für Selbstversorger sind Küche und Essraum vorhanden, zudem eine Boma mit Lagerfeuer.
Nitani Game Reserve/Nitani Lodge $$$$$, Reservierungen: ☏ (+27) 31-764-2346, 📠 (+27) 31-764-2179, E-Mail: reservations@nitani.co.za, www.nitani.co.za. Ca. US$ 660 p.P. **Lage**: im Nordwesten des Tuli Game Reserve. **Beschreibung**: 5 luxuriöse Suiten mit Whirlpool im Bad und privatem Steinpool, zahlreiche Spa-Anwendungen werden angeboten.

Die Hauptstadt Gaborone

Gaborone (ca. 200.000–250.000 Einwohner), die Hauptstadt Botswanas, liegt in der südöstlichen Ecke des Landes. Die so wenig zentrale Lage ist sowohl geschichtlich als auch geografisch bedingt: *Wenig zentrale Lage*
- **geschichtlich**: Bei der Suche nach dem Standort einer Hauptstadt des unabhängigen Botswana fiel die eilige Wahl auf Gaborone.
- **geografisch**: Gaborone liegt im fruchtbaren, am dichtesten besiedelten Teil des sonst so leeren und wüstenhaften Landes.

Ein kurzer Blick in die **Geschichte** Gaborones:

Ein kleiner Teil des Tlokwa-Stammes, der heute zum größten Teil in Südafrika lebt, bewegte sich westwärts in Richtung der Sandwüste. Nach jahrelanger Wanderung ließ sich die Gruppe an einem Ort nieder, der während der 1890er Jahre Mosaweng genannt wurde. Ihr Führer hieß *Gaborone*, ein Mann, der von seinem Vater erst im Alter von 60 Jahren die Herrschaft übernahm, dann aber bis zu seinem Tode im Jahre 1932 ein sehr beliebter Herrscher war.

Durch den Bau der Eisenbahn von Vryburg (Südafrika) nach Bulawayo (Zimbabwe) in den Jahren 1896/97 wurde Gaborone erstmals auf einer Landkarte erwähnt. Hier entstand ein Knotenpunkt für Züge. Die Eisenbahnstrecke mit ihrer Gesamtlänge von 645 km wurde damals in der Rekordzeit von 400 Tagen gebaut, die Einrichtung von Stationen wurde aufgeschoben.

Der Grund und Boden, auf dem die Eisenbahn von Norden nach Süden erbaut wurde, wurde von den verschiedenen Häuptlingen der Baugesellschaft von *Cecil Rhodes* übertragen. *Gaborone* und seine Leute, die dort mit Zustimmung der Kwena-Häuptlinge lebten, fanden sich über Nacht als Siedler an einem Eisenbahnreservat wieder! Sie blieben dort bis 1905, dann wurde die Gegend der British South Africa Company übergeben. Von den Tlokwa nahm man an, dass sie weiterziehen würden, doch stattdessen zahlten sie der Gesellschaft eine Pacht von 150 Pfund pro Jahr und durften so bleiben. *Einwohner mussten Pacht zahlen*

1933, nach dem Tode von *Gaborone*, wurde das Gebiet des kleinen Stammes als Batlokwa Native Reserve ausgerufen, das zwar klein und dicht besiedelt war, aber doch den Tlokwa die Möglichkeit bot, sich als kleinster Volksstamm in Botswana seine Identität zu bewahren.

Während der britischen Schutzherrschaft war Botswana in nur zwei Distrikte aufgeteilt: Nord- und Süd-Botswana. Palapye wurde zum Verwaltungszentrum des nördlichen Distrikts gewählt, und die Stelle, die später Gaborone genannt wurde, wurde Zentrum der südlichen Region. *William Surmon* war dort als Assistant Commissioner stationiert, der dem Resident Commissioner in Mafeking verantwortlich war. In Gaborone wurde ein Camp mit einem kleinen Fort eingerichtet, das als Polizei- und Regierungsbüro diente. Man arbeitete unter einfachen Bedingungen, vom Busch umgeben. Ein Brunnen wurde angelegt und einige Hütten wurden errichtet.

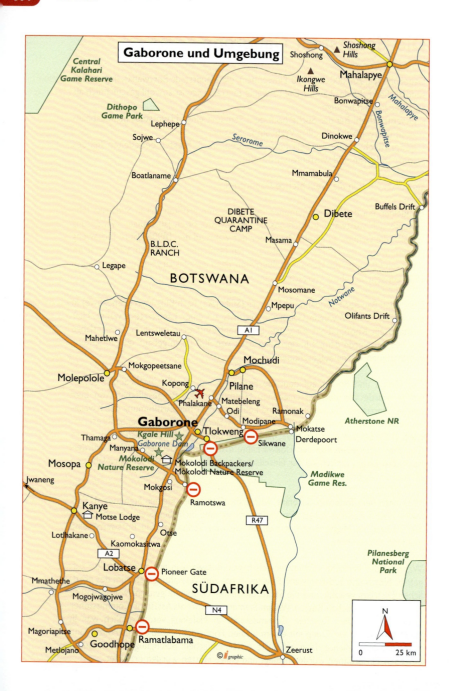

Riverwalk Mall in Gaborone

Das Ende dieser administrativen Einrichtungen wurde mit dem Ausbruch des Burenkrieges eingeläutet. Der Polizei und den anderen offiziellen Stellen wurde angeordnet, sich nordwärts nach Mahalapye zurückzuziehen und Gaborone zu zerstören. Alles Wertvolle wurde mitgenommen, einschließlich eines kleinen Safes, der mühsam nach Bulawayo befördert wurde und in dem man nach dem Öffnen nicht mehr als ein paar kleine Münzen im Wert von 45 Cent vorfand. Ein anderer Safe, der viel zu schwer für den Transport war, wurde zurückgelassen. Als die Buren den Ort eroberten, fanden sie diesen Safe, öffneten ihn und fanden im Inneren nur ein Stück Papier mit den Worten „sold again". Am Ende des Krieges wurde das Verwaltungslager in Gaborone wieder aufgebaut, einige Händler ließen sich nieder.

Während der Burenkriege verlassen

Die große Veränderung kam 1965, als das Land unabhängig wurde. Bis dahin wurde Botswana von Mafeking (in Südafrika) aus verwaltet. Alles war für den Unabhängigkeitstag vorbereitet – Nationalhymne, Nationalfarben, Verfassung etc. –, als man sich über Nacht bewusst wurde, dass man das Land nur in die Unabhängigkeit entlassen könne, wenn auch eine Hauptstadt existierte – innerhalb des Landes natürlich! Man wählte Gaborone aus.

Westlich des alten Gaborone, das an der Eisenbahnlinie lag, wurde eine völlig neue Stadt geplant, die großzügig angelegt werden konnte, da das Gelände eben war. Als Zentrum plante man eine Fußgängerzone, an der nun verschiedene Geschäfte liegen. Am Ende dieser schattigen Promenade befindet sich das Regierungsgelände.

Orientierung

Treffpunkt Mall

Gaborone verfügt über kein eigentliches Stadtzentrum, wobei das Gebiet östlich der Bahnstrecke und westlich der Independence Avenue das Regierungsviertel und Sitz einiger Botschaften ist. Doch vielmehr spielt sich „das Leben" in den und um die Shopping Malls ab. Das größte dieser Shopping Centers ist The Mall, südlich davon liegt die einfachere African Mall. Im Ortsteil Broadhurst dominiert die etwas höherpreisige Broadhurst North Mall. Im Osten des Stadtgebiets liegt die Riverwalk Mall, Gaborone West hat seine Gaborone West Mall.

Gaborone ist sicherlich kein touristisches Reiseziel, sondern eher eine Durchreise-Stadt. In der relativ jungen Hauptstadt Botswanas ist Zweckmäßigkeit angesagt.

Sehenswertes

Nationalmuseum

Besuchenswert ist vor allem das Nationalmuseum (Independence Avenue, nordöstlich von The Mall). Es wurde im September 1968 eröffnet. Historische und naturkundliche Themen Botswanas werden sehr anschaulich vorgestellt. *Geöffnet Di–Fr 9–18 Uhr, Sa/So 9–17 Uhr.* ☎ *397-4616.*

Art Gallery

An das Nationalmuseum ist die Art Gallery angegliedert. Hier gibt es traditionelle und zeitgenössische Werke aus dem Raum Afrika südlich der Sahara zu besichtigen, ebenso europäische Kunstwerke. Auch die San-Kunst ist hier vertreten. *Öffnungszeiten und* ☎ *wie Nationalmuseum.*

Die Hauptstadt Gaborone

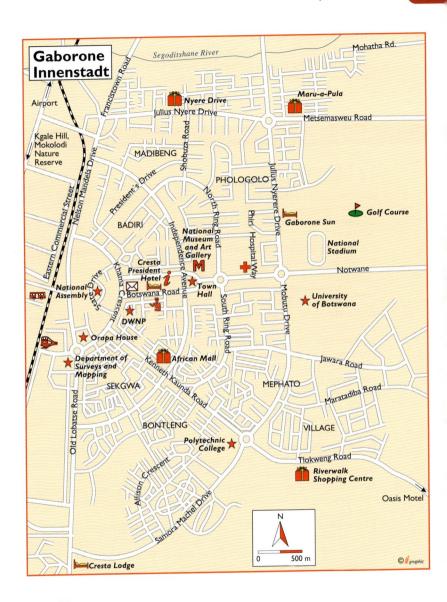

Orapa House
Das „Fort Knox" Botswanas gehört zur Diamantengesellschaft Debswana und liegt am südlichen Ende des Khama Crescent. Hier werden Diamanten gesichtet, gelagert und von hier aus exportiert. *Man kann sich zu Besichtigungen in kleinen Gruppen anmelden:* 395-1131, 352-491.

Gaborone Game Reserve

Nur 1 km östlich des Ortsteils Broadhurst gelegen, wurde 1988 ein kleines, 500 ha umfassendes Naturreservat eröffnet. Die Städter können seitdem hier Zebras, Warzenschweine, Springböcke, Nashörner etc. „besichtigen". *Geöffnet tägl. 6.30–18.30 Uhr.* ☏ *358-4492.*

Reisepraktische Informationen Gaborone

Informationen

Botswana Tourism Board, *Main Mall, Cresta President Hotel (Erdgeschoss), Gaborone,* ☏ *395-9455,* 🖨 *318-1373, E-Mail: mainmall@botswanatourism.co.bw; www.botswanatourism.co.bw.*
Department of Wildlife and National Parks, *P.O. Box 131, Gaborone,* ☏ *318-0774 o. 397-1405,* 🖨 *318-0775, E-Mail: parks.reservations.gaborone@gov.bw, dwnp@gov.bw; www.mewt.gov.bw/DWNP/index.php. Physische Adresse: Im Kgale Millenium Park, gegenüber der Game City Hall.*

Unterkunft

Mokolodi Backpackers $$, s. S. 370.
Oasis Motel $$, *Tlokweng Road,* ☏ *392-8396,* 🖨 *392-8568, E-Mail: info@oasis-motel.com, www.oasis-motel.com. Standard-DZ P 650/Nacht.* **Lage**: *6 km südöstlich im Vorort Tlokweng gelegen.* **Beschreibung**: *110 Zimmer. Klimaanlage, TV, Video, Swimming-Pool, Restaurants u. Bars, Spielplatz, kostenloser Flughafen-Shuttle.*
Planet Lodge 2 $$, *Plot 27280/1 (65877), Bokaa Rd., Block 3. P 526–898/DZ (je nach Ausstattung).* **Lage**: *östlich der Innenstadt.* **Beschreibung**: *19 komfortable Zimmer, zudem Pool, Restaurant, Internetzugang. Außerdem gibt es noch die etwas günstigere* **Planet Lodge 1**, *Plot 514, Southring Rd., Ext. 4,* ☏ *390-3295 o. 393-0452,* 🖨 *390-3229, E-Mail: admin@planetlodges.com, www.planetlodges.com. P 426/DZ mit eigenem Bad, P 376 mit Gemeinschaftsbad).*
Peermont Walmont at The Grand Palm $$$, *Bonnington Farm, Molepolole Road,* ☏ *363-7777,* 🖨 *391-2989, E-Mail: info@grandpalm.bw, www.grandpalm.bw. Ab ca. P 800/DZ.* **Lage**: *Molepolole Rd., 24 km vom Sir Khama International Airport, zwischen Gaborone West und Mogoditshane gelegen.* **Beschreibung**: *188 Zimmer. Squash, Restaurant, Bar, Lounge, Swimming-Pool, Flutlichttennisanlage und Kasino; kostenloses Shuttle zum Flughafen.*
Cresta President Hotel $$$, ☏ *395-3631,* 🖨 *395-1840, E-Mail: respresident@cresta.co.bw, www.crestahotels.com. P 1.374/Standard-DZ.* **Lage**: *gegenüber dem Taxistand von Gaborone inmitten der Mall, Botswana Rd., im Zentrum.* **Beschreibung**: *93 Zimmer mit Klimaanlage und Bad. Restaurants, Cocktail-Lounge, Internetzugang, Fitnessraum.*
Cresta Lodge $$$, *Old Lobatse/Ecke Machel Drive,* ☏ *397-5375,* 🖨 *390-0635, E-Mail: reslodge@cresta.co.bw; www.crestahotels.com. P 1.408/DZ.* **Lage**: *Samora Machel/Old Lobatse Road, etwa 3 km südlich der Mall gelegen.* **Beschreibung**: *160 Zimmer mit Klimananlage und Bad. Zudem Schwimmbad, Wanderwege zum nahegelegenen Staudamm, Fitnessraum, Sportbar, Internet.*
Gaborone Sun Hotel & Casino $$$, *Chuma Drive, P.O. Box 0016,* ☏ *361-6000,* 🖨 *390-2555, E-Mail: mb_bw_reservations@za.suninternational.com; www.suninternational.com.*

Ab ca. P 1.500/DZ. **Lage**: 2 km vom Stadtzentrum am Chuma Drive. **Beschreibung**: 196 Zimmer, luxuriöse im Neubau, Standard-Räume im ursprünglichen Teil – alle Zimmer mit Klimaanlage, TV, Video, Bad/Dusche. Zwei gute Restaurants, Pool-Bar, Sauna, Tennisplatz, Golfplatz, Geschäfte, Casino, Bank, Spa, Einkaufsmöglichkeiten.

Restaurants

Mokolodi Restaurant, im Mokolodi Nature Reserve (s. S. 370), ☎ 7446-3701 o. 7515-3217, www.mokolodi.com. Geöffnet Di–So 11–23 Uhr. Zwar 15 km auswärts (schönste Lage!), aber derzeit das beste Restaurant in und um Gaborone. Unter deutscher Leitung, die europäische (Pasta, Steak) und afrikanische Küche servieren lässt. Sehr netter Service.
Chatters, in der Cresta Lodge (s.o.). Hier kann jeder Fleischliebhaber schwelgen – Grillen bis zum Abwinken!
Mahagony's Restaurant, im Gaborone Sun Hotel (s.o.). Geöffnet zum Lunch Mo–Fr 12.30–14.30 Uhr, zum Dinner Mo–Sa 19–22.30 Uhr. Sehr gutes Buffet und à la carte. Teuer!
Bull & Bush, Private Bag BR 27, Broadhurst, ☎ 397-5071, E-Mail: bullbush@global.bw; www.bullandbush.net. Abzweig vom Mandela Drive, Legolo Road, folgen Sie dem Wegweiser „Police". Sehr gemischt: Burger, Pizza, Salate, Fisch und Fleisch. Sitzen an Gartentischen möglich.

Krankenhäuser

Life Private Hospital, ☎ 368-5600 o. 390-5765
Bokamoso Private Hospital, ☎ 369-4000
Princess Marina Hospital, ☎ 395-3221

Umgebung von Gaborone

Odi
(18 km nördlich)
Man fährt auf der Straße nach Francistown in nördliche Richtung. Nach etwa 18 km gibt es rechterhand ein Hinweisschild zu den **Lentswe-la-Oodi Weavers**. Diese Kooperative, 1973 als Entwicklungsprojekt von den Schweden Ulla und Peder Gowenius gegründet, dient dazu, den Menschen der umliegenden Dörfer von Odi, Matebeleng und Modipane Arbeit zu verschaffen. In Handarbeit werden farbenfrohe Jacken, Bettdecken, Tischtücher, Handtaschen etc. gefertigt. Beeindruckend sind die schönen Wandteppiche, die nach Größe verkauft werden. Die Wolle wird hier eigenständig gefärbt und gesponnen. Öffnungszeiten: wochentags 8–16.30 Uhr und am Wochenende 10.30–16 Uhr.

Weber-Kooperation

Mochudi
(42 km nördlich – Straße nach Francistown, in Pilane abbiegen)
Mochudi ist einer der interessantesten Orte im Südosten Botswanas. Die Siedlung wurde im 16. Jahrhundert von den Kwena gegründet, später – 1871 – vom Stamm

der Kgatla ausgebaut, die von den nordwärts drängenden Buren vertrieben wurden. Im Ort gibt es das **Phuthadikobo Museum**, 1976 im kapholländischen Stil errichtet. Es widmet sich der Geschichte des Ortes sowie des Kgatla-Stamms. *Geöffnet Mo–Fr 8–17 Uhr, am Wochenende 14–17 Uhr.* ☎ *577-7238.*

Kgale Hill
(7 km südlich)
Dieser knapp 1.300 m hohe Berg liegt 7 km südlich von Gaborone. Man kann hinauf wandern und eine gute Sicht über Gaborone genießen.

Mokolodi Nature Reserve
(12 km südlich)

Stadtnah Dieses Gebiet – nur 12 km südlich der Stadt gelegen – umfasst 3.000 ha und wurde erst 1994 gegründet. Es dient vor allem dazu, der Stadtbevölkerung Fauna und Flora des südöstlichen Botswana zu näherzubringen. Landschaftlich sehr schön gelegen, kann man Zebras, Baboons, Flusspferde, verschiedene Antilopenarten (Gemsböcke, Kudus, Impalas, Steinböcke, Wasserböcke) und Warzenschweine beobachten. Es gibt hier „zahme" Elefanten, die täglich zwischen 12.30 und 15.30 Uhr zum Baden ausgeführt werden und tagsüber frei herumlaufen, um zu fressen. Nachts allerdings kehren sie in Käfige zurück. Toll sind die einfachen, aber sauberen Unterkünfte direkt am Stausee sowie ein gutes Restaurant (s. S. 369). Ebenso werden Gamedrives und Wanderungen angeboten. www.mokolodi.com.

Auf dem Gelände gibt es 1.500 Jahre alte „Leadwood-Trees". Deren hartes Holz – extrem widerstandsfähig gegen Verrottung und Termitenfraß – wurde vor über hundert Jahren für die Schwellen der Eisenbahn benutzt.

Reisepraktische Informationen Mokolodi

Unterkunft
Mokolodi Backpackers $$, *Plot 86, Mokolodi,* ☎ *7411-1165, www.backpackers.co.bw. P 420/DZ-Chalet mit Bad (P 370 ohne), P 165 p.P. im Schlafsaal, P 95 p.P. für Camping im eigenen Zelt.* **Lage**: *1 km vom Mokolodi Game Reserve, 10 km südlich von Gaborone, am Highway nach Lobatse.* **Beschreibung**: *Saubere und beliebte Backpacker-Unterkunft, die verschiedene Unterkunftsformen bietet. Verpflegung auf Anfrage. Bar, WLAN, Pool. Aktivitäten buchbar.*
Mokolodi Nature Reserve/Alexander McCall Smith Traditional Rest Camp $$$, ☎ *316-1955/6,* 📠 *316-5488, E-Mail: information@mokolodi.com; www.mokolodi.com. Chalet (2 Erwachsene/1 Kind) P 680 an Wochentagen, Wochenende und Feiertage P 910. Camping P 120 p.P.* **Lage**: *12 km südlich vom Zentrum.* **Beschreibung**: *ruhige Lage in der Natur, einfache, aber saubere Chalets und Campingplätze, Restaurant. Das Rest Camp ist benannt nach dem britisch-simbabwischen Autor, der die Bücher um Mma Ramotswe schrieb (s. S. 69).*

Manyana
(ca. 40 km südwestlich)
Etwa 500 m nördlich des kleinen Dorfes, an der Straße westlich des Flusses, gibt es – für den Südosten Botswanas selten – an einem Felsen Zeichnungen zu sehen, die von der Art her an die Rock Paintings in Zimbabwe erinnern. Dargestellt sind drei Giraffen, Elefanten und einige Antilopen.

Kanye

Der Ort liegt auf einem Hügel knapp 100 km südwestlich der Hauptstadt. Er ist der Hauptort der Bagwaketse und erfüllt mit seinen Geschäften und Verwaltungseinrichtungen die Funktion eines zentralen Ortes, wobei es für den Reisenden keine besonderen Sehenswürdigkeiten gibt. Idealer Zwischenstopp: 4–5 Stunden Fahrzeit nach Johannesburg, 6 Stunden zu namibischen Grenze über den Trans-Kalahari-Highway und 8 Stunden nach Maun.

Unterkunft
Motse Lodge $$, *Private Bag MK 24, Kanye,* ☏ *548-0363 o. -0369, E-Mail: motselodge@botsnet.bw, www.motselodge.com. P 590/Standard-DZ, Chalet für 4 Pers. P 650, Camping P 110 p.P.* **Lage**: *im Ort, von Lobatse kommend nach der BP Tankstelle rechts abbiegen.* **Beschreibung**: *Die Anlage verfügt über strohgedeckte Chalets sowie klimatisierte Räume im Hauptgebäude. Pool, Restaurant und saubere Campingplätze.*

Zwischenstopp

Jwaneng

Die Stadt ist bekannt durch die Diamantenfunde (s. S. 40). Mittlerweile ist der Ort die größte Schmuckdiamantenfundstelle der Welt und konnte Orapa überflügeln. Das „Big Hole" von Kimberley in Südafrika wurde hier ebenfalls längst übertroffen: Die Tagebaumine hat eine große Wunde in die Landschaft gerissen. Während Orapa eine abgeriegelte Minenstadt ist, präsentiert sich Jwaneng offen für den Besucher. Der Minenkomplex selbst ist aber streng bewacht.

II. ANHANG

Tierlexikon und Tipps zur Tierbeobachtung

Häufige Tiere in Botswanas Nationalparks

Im Folgenden werden kurz die Eigenarten der häufigsten Tiere beschrieben. Dabei lehnen sich die Beschreibungen insbesondere an die Darstellungen aus dem Buch von Th. Haltenorth / H. Diller an.

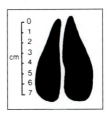

Blau-Gnu / Blue Wildebeest

Blau-Gnus leben in offener Gras- und Buschsteppe in Ebene und Hügelland, zuweilen auch auf lichten Plätzen dichterer Buschwälder. Bei genügend Futter und Wasser beschränken sie sich auf ein Territorium, das dann oft über Jahre gehalten und durch Harnen, Koten, Liegen und auch durch Wache-Stehen markiert wird. Die Territoriums-Besitzer bedrohen, bekämpfen und verjagen Nebenbuhler. Benachbarte Territoriums-Besitzer üben regelmäßig ein Herausforderungs-Zeremoniell zur Grenzbestätigung aus. Das Äsen findet zumeist morgens und nachmittags statt; in der Mittagszeit wird geruht, wenn möglich im Schatten. Sie fressen Kurzgräser bis 10 cm; das Trinken wird morgens und abends erledigt; Wasser kann bis zu fünf Tage entbehrt werden. Die Streifengnus bilden – besonders in der Regenzeit – Rudel bis zu 1.000 Tieren. Zu ihren Feinden zählen Löwe, Gepard, Leopard und Fleckenhyäne.

Die Tragezeit beträgt ca. achteinhalb Monate, ein Laufjunges wird geboren. Die erste Festnahrung kann schon nach zehn Tagen aufgenommen werden; gesäugt wird bis zum Alter von einem Jahr. In freier Natur können Blau-Gnus bis zu 18 Jahre alt werden. Männliche Tiere werden bis zu 250 kg, weibliche bis zu 180 kg schwer.

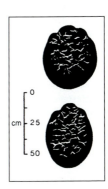

Elefant / Elephant

Er ist das größte Landtier. Es gibt zwei Arten: den Afrikanischen und den Indischen Elefanten. Beim Afrikanischen Elefanten sind Ohren und Rüssel größer und die Stirn niedriger als beim Indischen Elefanten.

Der Afrikanische Elefant wird bis zu 4 m hoch und 6.000 kg schwer. Alleine seine Haut wiegt 10 Zentner, das Hirn 5 bis 6 kg, das Herz 25 kg. Pro Tag säuft er ca. 350 l Wasser und frisst 500 kg „Grünzeug". Mit dem Rüssel führt der Elefant Nahrung und Wasser ins Maul, beim Baden verspritzt er Wasser über den Körper oder beim Staubbad auch Staub. Er besitzt nur vier Zähne, je zwei im Ober- und Unterkiefer.

Der Afrikanische Elefant kommt in den meisten Gebieten südlich der Sahara vor. Er lebt in Herden aus Kühen und Jungtieren. Die Bullen sind Einzelgänger, nur zur Paarung kommen sie mit den Kühen zusammen.

Elefanten treiben intensive Hautpflege. Sie tauchen beim Bad fast völlig unter und bespritzen sich mit Hilfe des Rüssels mit Wasser. Sie lieben auch Staubbäder, und bei Wassermangel suhlen sie sich im Schlamm. Auch in Trockenzeiten beherrscht der Elefant die Kunst, Wasser zu finden: Er bohrt Löcher, indem er seinen Rüssel als Ahle benutzt. In der Mittagszeit sucht der Afrikanische Elefant Schatten auf. Er sorgt für Abkühlung, indem er mit seinen Ohren fächert. Aufgrund der riesigen Oberfläche seiner Ohren verliert er so viel an Körperwärme.

Auch Elefanten brauchen natürlich Schlaf. Sie können sowohl im Stehen als auch im Liegen schlafen. Beim stehenden Schlaf atmet er in der normalen Atemfrequenz, beim Liegen nur halb so oft. Gewöhnlich schläft ein Elefant fünf Stunden, die meiste Zeit im Liegen.

Dort, wo Elefanten geschützt aufwachsen, kommt es oft zur Überbevölkerung (z.B. im Kruger National Park). Da ein Elefant aber viel frisst, gefährdet er beim zu starken Anwachsen seiner Population das ökologische Gleichgewicht und muss in seinem Bestand dezimiert werden. Bei natürlichen Voraussetzungen ziehen Elefanten von einem Gebiet zum anderen und können so dem Reifestand der Vegetation folgen, die sich während ihrer Abwesenheit wieder erholen kann. Dabei legen sie oft große Entfernungen zurück.

Die Backenzähne des Elefanten weisen breite Mahlflächen auf, die dem Zerkauen von Pflanzenfasern dienen. Der Verschleiß an Zähnen ist beträchtlich. Der Elefant (der bis zu 70 Jahre alt werden kann) verbraucht in seinem Leben auf jeder Seite im Ober- und Unterkiefer je 7 Zähne, insgesamt also 28. Wenn ein Zahn abgenutzt ist, wächst ein anderer nach. Sind die letzten Zähne verbraucht, muss der Elefant verhungern.

Die Tragezeit beträgt bei Elefanten ca. 22 Monate. Das Junge ist etwa 90 cm hoch und wiegt 90 kg. Es kann bald nach der Geburt (nach zwei Tagen) in der Herde mitlaufen.

In ihrem Gesamtverhalten sind Elefanten furchtlos: Sie kennen keine Feinde und brauchen beim Anzug auf ein Wasserloch keine Vorsichtsmaßnahmen zu treffen. Bei Gefahr für die Herde „trompeten" Elefanten. Das Sozialverhalten in der Herde ist stark ausgeprägt. Gefährlich werden Elefantenkühe, die Kälber führen.

Die „Sprache" der Elefanten

Das Sozialleben der Elefanten ist äußerst stark ausgeprägt. Der Familie steht die Leitkuh vor. Um die Elefantenkinder kümmern sich neben der Mutter alle weiblichen Verwandten gleichermaßen. Die Jungbullen verlassen mit der Geschlechtsreife die Herde und bilden mit Gleichaltrigen eine eigene Gemeinschaft. Die Rangordnungen sind klar festgelegt: Die älteren Elefanten werden von den jüngeren sehr respektiert. Sichtbares Zeichen dafür ist z.B. das Hineinschieben der Rüsselspitze in das Maul des Älteren. Gleichrangige werden z.B. mit dem Umschlingen der Rüssel oder Anstubsen begrüßt, alles begleitet von ruhigen, dunklen Lauten. Die Jungen werden abgöttisch geliebt und umsorgt: Man hilft ihnen bei der Wanderung, indem man auf mögliche Hindernisse und Gefahren hinweist. Kranke Elefanten werden von der Herde insofern umsorgt, als dass Feinde (vor allem Löwen) auf Abstand gehalten werden. Selbstfahrer sollten Elefanten immer ernst nehmen. Die deutlichste Verwarnung ist Kopfschütteln und Ohren-Klatschen. Scheinangriffe mit gesenktem Kopf zeigen

Kampfbereitschaft. Und ganz gefährlich wird es, wenn man bei Elefanten an der Schläfe „Tränen" sieht – spätestens dann sind totaler Rückzug und Ruhe angesagt – auf keinen Fall irgendetwas tun, was den mächtigen grauen Riesen reizen könnte!

Fleckenhyäne / Spotted Hyena

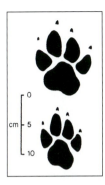

Hyänen leben meist in Halbwüsten bis Trockensavannen, nicht in dichten Wäldern. Sie sind im Allgemeinen ortstreu und leben in einem mehrere Quadratkilometer großen Territorium. Dieses wird markiert, und zwar durch Harnen, Koten, Absetzen von Afterdrüsensekreten an Grashalmen und durch Bodenkratzen mit den Vorderpfoten. Diese Gebiete sind festgelegt, werden regelmäßig patrouilliert, und Rudelfremde werden verjagt. Rudelangehörige erkennen sich am Geruch. Hyänen jagen vorwiegend in der Dämmerung und bei Nacht; Seh-, Hör- und Riechvermögen sind sehr gut ausgeprägt. Tagsüber ruhen sie in Erdhöhlen, in hohem Gras oder dichtem Busch.

Löwen und Hyänenhunde gefährden Jung- und Einzeltiere. Jungwelpen werden durch rudelfremde Artgenossen gefährdet, daher rührt ein starker Schutztrieb des Weibchens. Selten sind Fleckenhyänen einzeln anzutreffen, häufiger paarweise oder in Trupps. Im Rudel haben die Weibchen die Vormachtstellung. Die Hauptnahrung der Hyänen ist Aas, oft in Form von Löwenbeuteresten. Kadaver werden mit Haut und Haaren, ja selbst mit großen Röhrenknochen, die zerbissen werden, gefressen. Auch im Kampf getötete Artgenossen werden nicht verschmäht. Manchmal werden im Rudel Gazellen, Zebras und Antilopen gejagt. Die Opfer werden bei lebendigem Leibe zerrissen. Es werden auch durch das Opfer motivierte andere Tiere wie Löwe, Leopard, Gepard und Hyänenhund vom Rudel vertrieben. Auch einzelne Menschen sind durch Rudel nachts gefährdet.

Die Tragezeit beträgt bei Hyänen 99 bis 130 Tage, meistens werden ein bis zwei Welpen geworfen. Schon eine Woche nach der Geburt können die Welpen gut laufen; ihre Säugezeit beträgt ein bis eineinhalb Jahre. Die Geschlechtsreife ist bei Weibchen mit zwei, bei Männchen mit drei Jahren erreicht. In Gefangenschaft können Hyänen bis zu 40 Jahre alt werden.

Flusspferd / Hippopotamus

Das Flusspferd kann eine Länge von 4,20 m, eine Schulterhöhe von 1,45 m und ein Gewicht von 1.500 kg erreichen. Es ist südlich der Sahara verbreitet (Sudan), in Ost- und Südafrika. Es lebt zumeist im Wasser, kommt aber zum Äsen an Land, besonders nachts. Es kann bis zu vier Minuten tauchen. Tagsüber sonnt es sich träge auf Sand-

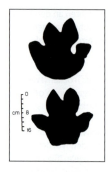

bänken oder liegt faul im Wasser. Wo Flusspferde stark verfolgt werden, halten sie sich in Rudeln auf. Die aus 20 bis 100 Tieren bestehenden Rudel leben in Territorien: in der Mitte die von den Kühen und jungen Kälbern bewohnte Krippe mit besonderen Zufluchtsgebieten, darum herum das von einem erwachsenen Bullen bewohnte Gebiet. Die Krippe befindet sich auf einer Sandbank mitten im Fluss oder an einer erhöhten Stelle an Fluss- oder Seeufern. Von den Territorien der Bullen führen Wechsel zu den Weiden, jeder Wechsel ist mit Kot markiert. Die Kühe haben eigene Wechsel. Die Einrichtung der Territorien wird durch bestimmte Verhaltensregeln aufrechterhalten, die in gewisser Weise „Vereinssatzungen" ähneln. Außerhalb der Paarungszeit darf die Kuh den Bullen kurz besuchen, und dieser darf den Besuch erwidern. Er darf beim Betreten der Krippe keinerlei Aggression zeigen. Sollte sich eine Kuh erheben, so muss er sich hinlegen. Erst wenn sie sich niederlegt, darf er wieder aufstehen. Wenn ein Bulle diese Regeln nicht beachtet, wird er von den erwachsenen Kühen, die ihn alle gemeinsam angreifen, hinausgetrieben.

Lange Zeit hatte man angenommen, die Gruppen der Flusspferde würden von älteren Bullen angeführt. In Wirklichkeit handelt es sich um ein Matriarchat. Verlässt z.B. ein junger Bulle die Krippe, muss er außerhalb des Umkreises der Krippe eine neue Zufluchtsstätte suchen und sich dann – um sich mit einer Kuh paaren zu können – den Zugang zum inneren Ring erkämpfen. Sollte er von einem älteren Bullen besiegt werden, darf er sich unter dem vereinten Schutz der Kühe in die Krippe zurückziehen, um hier Zuflucht zu suchen.

Das charakteristische „Gähnen" der Flusspferde hat nichts mit dem Schlaf zu tun, es ist eine feindliche Geste, eine Herausforderung zum Kampf. Die Kämpfe sind heftig, die Rivalen erheben sich aus dem Wasser, die riesigen Mäuler sind breit geöffnet; sie versuchen, sich mit den Stoßzähnen zu beißen. Es gibt dabei fürchterliche Wunden, das verletzte Tier fällt brüllend vor Schmerz ins Wasser zurück. Ziel des Kampfes ist es, dem Gegner die Vorderfüße zu brechen. Das ist tödlich, denn dann kann das Tier nicht mehr an Land äsen.

Gewöhnlich wagen sich die Tiere nicht weit vom Wasser weg; sie können sich aber auch bis zu 30 km entfernen und dabei Geschwindigkeiten bis zu 45 km pro Stunde erreichen. Zur Paarungszeit begibt sich die Kuh aus ihrem Territorium und sucht einen Bullen, der ihr mit „Ehrerbietung" in ihr Gebiet folgen muss. Das 90 cm lange, knapp 30 kg schwere Kleine wird nach 210 bis 265 Tagen geboren. Es kann fünf Minuten nach der Geburt schon schwimmen und laufen. Außerhalb der Krippe wird die Ordnung der Herde durch Kämpfe geregelt. Die Kühe erziehen die Jungen daher entsprechend.

Das ist einer der seltenen Fälle planmäßiger Erziehung im Tierreich. Kurz nach der Geburt wird das Kleine mit an Land genommen. Der Nachwuchs muss auf gleicher Höhe mit der Kuh gehen, vermutlich, damit sie ihn besser beobachten kann. Wenn die Kuh schneller läuft, dann muss er mitziehen, wenn sie anhält, muss auch er anhalten. An Land ist die Kuh beweglicher als der Bulle (da leichter) und kann deshalb das Junge besser beschützen. Im Wasser ist der Bulle mit seinen längeren Stoßzähnen im Vorteil. Da der Nachwuchs mehrere Jahre bei der Mutter bleibt, kommt es vor, dass mehrere Junge mit ihr sind. Sie gehen dann dem Alter nach hintereinander her, die älteren ziehen die jüngeren mit auf.
Die Jungen müssen unbedingt gehorchen, sonst werden sie von der Mutter gestoßen, unter Umständen bringt sie ihnen sogar Verletzungen bei. Sie straft so lange, bis sie sich unterordnen, um sie dann abzulecken und zu liebkosen. Babysitting war bei Flusspferden schon immer üblich. Wenn eine Kuh zum Fressen oder zur Paarung die Krippe verlässt, gibt sie ihr Kleines einer anderen Kuh, die vielleicht schon einige andere beaufsichtigt, in Obhut. Das wird dadurch erleichtert, dass Kühe mit etwa gleichaltrigem Nachwuchs in der Krippe beieinander bleiben.

Der wichtigste Feind der Flusspferde ist der Mensch! An Land springt gelegentlich ein Löwe das Flusspferd von hinten an und zerreißt ihm mit seinen Klauen das Hinterteil, doch das kommt sehr selten vor.

Gelbschnabeltoko / Yellow-billed Hornbill
Der Gelbschnabeltoko ähnelt dem Rotschnabeltoko (siehe dort) sehr, ist jedoch etwas größer und hat einen stärkeren, gelben Schnabel. Sein Lebensraum ist die trockene Busch- und Baumsavanne, wo er sich von Früchten und Beeren sowie Insekten ernährt. Seine Lebensweise ist der des Rotschnabeltokos ähnlich.

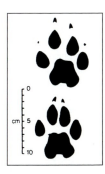

Gepard / Cheetah
Er lebt hauptsächlich in offenen Landschaften von der Wüste bis zur Trockensavanne, kommt aber auch im offenen Buschland, bis zum Rande der Feuchtsavanne und bis zu Höhen von 2.000 m vor. Sein Revier markiert das Männchen mit Harnspritzern, diese Markierung hält 24 Stunden an. Andere Tiere erkennen dann daraus die Wanderrichtung und meiden die Gegend. Auch bei Sichtbegegnung mit anderen Geparden kommt es nicht zum Kampf, sondern lediglich zum Ausweichen. Der Gepard ist Sichtjäger; d.h., dass er besonders morgens und am späten Nachmittag jagt, manchmal aber auch in mondhellen Nächten. Er ernährt sich von Hasen, Schakalen, Stachelschweinen, verschiedenen Antilopenarten, Warzenschweinen, Trappen, Frankolinen und jungen Straußen. Zuerst schleicht sich der Gepard an die Beute heran. Erst die letzten 100 m werden in Höchstgeschwindigkeit gerannt. Bei der Verfolgung seiner Opfer kann er bis

zu 500 m mit einer Geschwindigkeit von 80 km pro Stunde rennen und macht dabei 7 m lange Sprünge! Manche Geparde rennen bis zu 110 km pro Stunde! Mehrere erwachsene Geparde greifen auch manchmal Großantilopen und Zebras an. Vor der Jagd bezieht der Gepard oft als Aussichtspunkt einen Termitenhügel oder einen Baum. Er kehrt zum Riss nicht zurück, da er kein Aasfresser ist. Sein Wasserbedarf ist gering; oft trinkt er den Harn der Beutetiere oder frisst Wüstenmelonen.

Seine Hauptfeinde sind Löwen, Leoparden und Fleckenhyänen; aber meistens werden Geparde in jungem Alter von ihren Feinden erlegt. Der Gepard ist von Natur aus friedlich, kein Kämpfertyp und daher leicht zähmbar.

Die Tragezeit bei Geparden beträgt 91 bis 95 Tage. Die Geschlechtsreife tritt bei Männchen nach 9 bis 10 Monaten ein, bei Weibchen erst nach 14 Monaten. Die Jungen werden lange Zeit geführt, um die Jagdweise zu erlernen; so wird die Mutter erst nach ca. eineinhalb Jahren verlassen. Das Gewicht eines ausgewachsenen Gepards beträgt 40 bis 60 kg. In Gefangenschaft können sie bis zu 16 Jahre alt werden.

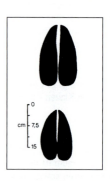

Giraffe / Giraffe

Die Giraffe ist das höchste Tier der Erde. Sie kann bis zu 5,40 m hoch werden, wobei die Kühe kleiner sind. Die Giraffe ist in den trockenen Buschsteppen und Savannen südlich der Sahara verbreitet, besonders im Sudan, Ost- und Südafrika. Früher war sie wesentlich stärker verbreitet, wurde jedoch in vielen Gebieten wegen ihres Felles ausgerottet.

Giraffen leben in Herden mit relativ lockerer Sozialstruktur. Die Bullen bilden Gruppen und leben offenbar lieber in bewaldeten Gebieten, ältere Bullen sind Einzelgänger. Um die Rangordnung festzusetzen, stehen zwei Bullen nebeneinander und bekämpfen sich gegenseitig mit ihren Köpfen. Kühe und Kälber halten sich mehr in Savannen auf. Die Bullen besuchen diese Rudel zur Paarung.

Giraffen sind gemütliche Tiere und bewegen sich nur langsam. Durch ihre Höhe fressen sie das Blattwerk oben an den Bäumen und Sträuchern, wobei die Akazie ihre Lieblingsspeise ist. Ihr langer Hals ermöglicht ihnen eine gute Rundumsicht. Wenn Wasser verfügbar ist, trinken Giraffen regelmäßig; sie können aber auch lange ohne zu trinken auskommen. Beim Trinken spreizen sie die Vorderbeine kräftig, um mit dem Kopf herunterzukommen, oder aber sie beugen die Knie und spreizen die Beine nur leicht.

Giraffen fressen an Bäumen und Sträuchern, wobei die Akazie ihre Lieblingsspeise ist.

Lange hat man am Kopfblutdruck der Giraffe herumgerätselt. Einige Zoologen haben behauptet, dass die Giraffe den Kopf langsam heben und senken müsse, damit das Blut nicht plötzlich in den Kopf strömt. Die Blutgefäße haben jedoch Klappen. Im Kopf befinden sich zusätzliche Gefäße, dadurch gibt es beim Heben und Senken des Kopfes, ganz gleich, wie schnell dies geschieht, keinen Blutandrang. Giraffen paaren sich anscheinend das ganze Jahr über. Dabei dürfte es je nach Wohngebiet Unterschiede geben. Die Tragezeit beträgt 420 bis 468 Tage. Es wird nur ein Kalb geboren, das 1,80 m hoch ist und 55 kg wiegt. Schon eine Stunde nach der Geburt kann es laufen. Giraffenmilch ist sehr fettreich; die Jungen wachsen schnell. Sicher ist, dass zwischen Mutter und Kind nur lockere Beziehungen bestehen. Giraffen können bis zu 20 Jahre alt werden.

Giraffen haben nur wenige Feinde. Ein Löwe kann ein Kalb nehmen, oder mehrere Löwen können ein erwachsenes Tier reißen. Das kommt jedoch nur selten vor, denn die Schläge mit den langen Beinen und schweren Hufen können tödlich wirken.

Graulärmvogel / Grey Loerie

Der Graulärmvogel gehört zur Familie der Kuckucksvögel. Es ist ein taubengroßer Vogel mit langem Schwanz und grauem Gefieder. Er lebt in kleinen Trupps in trockenen Busch- und Baumsavannen, wo er von Zweig zu Zweig fliegt. In den Bäumen oder höheren Büschen legt er auch sein Nest an, in das er 2–3 weißbläulich schimmernde Eier legt. Die jungen Vögel verlassen das Nest sehr früh, klettern im Gezweig umher und werden dort auch von ihren Eltern gefüttert, bis sie nach etwa 6 Wochen flugfähig geworden sind.

Die Nahrung besteht vorwiegend aus pflanzlicher Kost, daneben werden aber auch Insekten und andere Kleintiere gefressen.

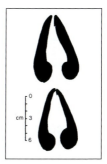

Halbmondantilope / Tsessebe

Halbmond- (auch Leier-)antilopen leben in offener sowie busch- und baumbestandener Steppe. Überschwemmungsgebiete als auch trockene Halbwüsten stellen ihren Lebensraum dar. Bei ausreichender Nahrung sind Leierantilopen standorttreu. Sie äsen hauptsächlich morgens und abends und ruhen mittags im Schatten. Als Nahrungsgrundlage bevorzugen sie Gräser und Kräuter, kaum Laub. Sie trinken normalerweise morgens und abends, doch können sie in Notzeiten tage- bis monatelang ohne Wasser auskommen. Seh- und Hörvermögen sind sehr gut ausgeprägt, das Riechvermögen ist gut.

Als Feinde gelten vor allem Leopard, Löwe, Gepard, Hyäne und Riesenschlangen. Die Setzzeit der Jungen liegt in Botswana in den Monaten November/Dezember. Die durchschnittliche Lebenserwartung beträgt 12–15 Jahre.

Heiliger Ibis / Hadeda
Der Ibis wurde schon vor 5.000 Jahren in Ägypten als heiliger Vogel verehrt. Er war das Symbol des Mondgottes *Thot*, des Gottes der Weisheit und der Schrift. Der mittelgroße Stelzvogel hat einen sichelartig gebogenen Schnabel und lebt an flachen Binnengewässern, in Sumpfgeländen und in überfluteten Gebieten, wo er sich watend seine Nahrung sucht. Dabei bevorzugt er Wasserinsekten, Würmer, Frösche und kleine Reptilien.

Honigdachs / Honey Badger
Kennzeichnend für den Honigdachs, der mit dem europäischen Dachs nahe verwandt ist, sind der silbergraue Pelz auf Kopf und Rücken und die langen Krallen an den Vorderbeinen, mit denen er sehr schnell graben und sich auch gegen Feinde wehren kann.

Der Honigdachs ist ein Dämmerungs- und Nachttier, das allein lebt und nur in der Paarungszeit nach einem Partner sucht. Die Paare graben sich einen Bau, der aus einem Gang besteht und in einer etwa 50 cm langen Kammer endet. Der Bau ist mit trockenen Gräsern gut ausgepolstert; dort werden die Jungen etwa 6 Wochen aufgezogen. Während dieser Zeit säugt die Mutter ihre Jungen, danach bekommen sie zunehmend andere Nahrung, denn die Honigdachse sind Allesfresser. Sie ernähren sich von Insekten, Fröschen, kleinen Nagetieren, Vögeln und Schlangen, aber sie fressen auch Wurzeln, Knollen und Früchte. Seinen Namen trägt der Honigdachs, weil er mit Vorliebe den Honig und die Bewohner der wilden Bienenstöcke frisst. Die Bienen- und Wespennester spürt der Honigdachs mit Hilfe eines kleinen Vogels – dem Honiganzeiger – auf. Dieser kann sich nicht aus eigener Kraft mit Bienen und Wachs versorgen und macht deshalb den Honigdachs durch lautes Rufen auf das Nest eines wilden Bienenschwarmes aufmerksam. Der Dachs vergrößert mit seinen langen Krallen den Eingang zum Bau der Insekten und sättigt sich an den Larven, Puppen und dem Honig. Dabei fällt für den kleinen Vogel genügend Nahrung ab. Die Tragezeit beträgt etwa 180 Tage und es werden 1–4 Tiere geboren – übrigens zu jeder Jahreszeit.

Die Ibisvögel brüten meistens in Kolonien; dabei werden die Nester sowohl am Boden, in Papyrusdickichten oder auch in Büschen und Bäumen angelegt. In 21–26 Tagen werden die 3–4 Eier ausgebrütet. Bei der Fütterung fasst der Jungvogel nach dem Schnabel der Eltern. Diese würgen den Schlundinhalt unter ruckartigen Schüttelbewegungen in den Schnabel der Jungen. Nach 5–6 Wochen sind die Jungvögel flügge.

Impala / Impala
Die Impalas gehören zu den anmutigsten Antilopen. Sie haben 75 bis 100 cm Rückenhöhe, wiegen 65 bis 75 kg und sind kastanienbraun. Der Bock hat 50 bis 75 cm lange Hörner, das Weibchen ist nicht gehörnt.

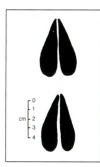

Die Impalas bewohnen große Gebiete Ost- und Südafrikas. Sie lieben die Nähe des Wassers und meiden offene Landschaften. Sie sind vor allem in Busch- und Dornbuschsteppen anzutreffen, weniger in Gebieten mit geschlossener Vegetationsdecke. Je nach den Verhältnissen kann die Bevölkerungsdichte einige wenige bis 80 Exemplare pro qkm betragen. In der Trockenzeit leben sie zumeist in der Nähe der Wasserstellen, in feuchteren Jahreszeiten mehr verstreut – bis zu 25 km vom Wasserloch entfernt.

Impalaböcke werden in der Brunft recht aggressiv, besonders, wenn sie ihre Territorien abstecken. Sie liefern sich dann Kämpfe und jagen sich. Wenn sie ihre Territorien begründet haben, begeben sie sich an die Wasserlöcher, die als Niemandsland gelten. Das Auffälligste an den Impalas ist ihr Verhalten bei Gefahr. Die ganze Gruppe vollführt dann so etwas wie ein Schauspringen: Sie springen geradeaus oder plötzlich zur Seite, bis zu 3 m hoch, rund herum und in alle Richtungen. Sinn dieses Verhaltens ist es, den Angreifer, z.B. eine Großkatze, zu verwirren, der versucht, aus der Herde ein bestimmtes Tier zu reißen. Die durcheinander springenden Impalas haben damit anscheinend Erfolg, der Angreifer hat Schwierigkeiten, ein bestimmtes Tier zu fixieren. Auch eine Anzahl anderer Tiere verhält sich ähnlich: Anstatt den Abstand zum Angreifer zu vergrößern, schlagen sie Haken, um ihn irre zu machen. Hauptfeind der Impalas ist der Leopard.

Paarungszeit ist der Beginn der Trockenzeit. Nach 180 bis 210 Tagen wird das Junge geboren, und zwar zum Zeitpunkt der Regenzeit, wenn es am meisten zu fressen gibt. Die Jungen wachsen schnell auf, sodass sie vor der nächsten Brunftzeit entwöhnt sind. In der Brunft sind rund 97 % der Weibchen trächtig. Die Weibchen leben das ganze Jahr in Herden zusammen; gegen Ende der Geburtszeit der Jungen haben die Herden eine Größe von 100 Tieren. Die Herden sind meist gemischt, nur während der Geburtszeit setzen sich die Weibchen ab.

Büffel / Buffalo

Büffel leben mit Vorliebe in Geländen, die ihnen außer offenem Weideland auch Schutz in Dickichten und Waldungen bieten und in denen Wasser vorhanden ist. Den Büffel zeichnet eine hohe Anpassungsfähigkeit an die jeweiligen Lebensbedingungen aus; nur Wasser zum Trinken und Suhlen benötigt er.

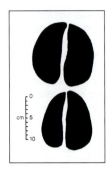

Die Tiere der Savannenlandschaft leben in Herden von 30–60 Tieren, während die in Wäldern lebenden Büffel meist nur in kleinen Trupps, paarweise oder sogar allein nach Nahrung suchen, die hauptsächlich aus Kräutern und Gräsern besteht. Die Jungtiere fressen in den ersten Tagen den Kot der Mutter, um Darmflora und Einzeller aufzunehmen. Büffel können Wasser höchstens drei Tage entbehren, notfalls trinken sie auch salz- oder sodahaltiges Wasser. Sie verbringen den Tag wiederkäuend im Wald oder Dickicht und brechen erst mit Beginn der Dämmerung zur Äsung auf.

Die Größe der Herden ist abhängig vom Nahrungsangebot und der Zahl der Wasserstellen. Während der Trockenzeit schließen sich mehrere Rudel häufig zu Großherden zusammen. Dabei gibt es keinen eigentlichen Anführer der Herde, sondern jeweils das Tier, dessen Wohngebiet die Herde gerade durchwandert, bestimmt den Weg.

Büffel

Die Paarungszeit ist gebietsweise unterschiedlich. Die Tragezeit beträgt etwa 340 Tage, die Kälbchen wiegen bei Geburt ungefähr schon 40 kg. Die meisten Kälber werden in der warmen, feuchten Jahreszeit geboren.

Kudu / Kudu

Die Hörner sind beim Männchen locker geschraubt (zweieinhalb Windungen um die Längsachse). Das Fell ist kurz und glatt, die Fellfarbe braungrau. Jungtiere sind mehr rötlich grau bis hellbraun. Der Kudu bevorzugt steiniges, locker mit Buschwald bedecktes Hügel- und Bergland, doch auch Flachland mit gleichem Bewuchs. Wasserstellen sind nicht lebenswichtig, dagegen aber größere Dickichte für den ruhigen Tageseinstand.

Der Kudu äst am späten Nachmittag. Er ist in hohem Maße standorttreu, solange die Lebensbedingungen günstig sind. Zu über 80 % ernährt sich der Kudu von Baum- und Strauchlaub, nebenher auch von Gräsern und Kräutern. Hauptfutterpflanze ist vor allem die Akazie (Kameldornbaum). Sein Geruch und Gehör sind sehr gut ausgebildet, dagegen ist die Sehstärke eher schwach.

Tagsüber steht der Kudu bevorzugt im dichten Gebüsch, spätnachmittags zieht er aus zum Äsen. Er äst manchmal auch vor- und nachmittags, außer in der heißen Mittagszeit. Bei Bejagung entwickelt er sich zum heimlichen Nachttier.

Man findet der Kudu vor allem in kleinen Trupps aus mehreren Weibchen mit ihren Jungen, denen sich zeitweise ältere Bullen zugesellen. Meistens sind 6 bis 12 Tiere

Tierlexikon und Tipps zur Tierbeobachtung

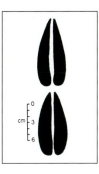

zusammen, seltener bis zu 30. Nur während der Trockenzeit kann die Truppstärke durch Ansammlung an günstigen Futterplätzen steigen (bis zu 100 Tiere). Männchen bilden z.T. eigene Trupps. Im Erwachsenenalter beträgt das Verhältnis Männchen zu Weibchen 1:5.

Die Hauptfeinde sind vor allem der Leopard, die Hyäne, der Gepard und der Löwe. Die Rettung vor Feinden geschieht durch Flucht. Auch Altmännchen verteidigen sich nur selten, selbst wenn sie in die Enge getrieben wurden. Bis 2,50 m hohe Zäune können übersprungen werden.

Die Tragezeit beträgt beim Kudu ca. 7 Monate, die Geburtszeit liegt zwischen Februar und März. Das Neugeborene wiegt ca. 15 kg (ein ausgewachsener Kudu wiegt 200 bis 250 kg). Die Säugezeit erstreckt sich über ein halbes Jahr, die erste feste Nahrung erhält das Junge nach einem Monat. Bei Männchen tritt die Geschlechtsreife nach eindreiviertel bis zwei Jahren ein, bei Weibchen mit eineinviertel bis eindreiviertel Jahren. Die erste Hornwindung sieht man bei Männchen im Alter von zwei

Kudu

Jahren, die volle Ausbildung bis zweieinhalb Windungen nach etwas mehr als sechs Jahren. In Freiheit wird der Kudu etwa sieben bis acht Jahre alt.

Leopard / Leopard
Der Leopard lebt in allen Landschaften von der Wüste bis zum Urwald. Wo er ungestört ist, ist er tags und nachts unterwegs. Wo er verfolgt wird, entwickelt er sich zum heimlichen Nachttier. Er sonnt sich gerne auf Bäumen oder Felsen. Seine Kletter- und Schwimmfähigkeiten sind gut. Meistens schlafen Leoparden auf Bäumen, in einem Erdbau, in Felsspalten, im Gebüschhorst etc.; ihr Hörvermögen ist außerordentlich gut (15.000 bis 45.000 Hertz); sie verfügen aber auch über ein sehr gutes Seh- und ein gutes Riechvermögen.

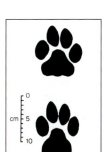

Feinde des Leoparden sind gelegentlich Löwe, Hyänenhund und Fleckenhyäne. Löwe und Fleckenhyäne vertreiben den Leoparden manchmal von seiner Beute. Als Nahrung dienen dem Leoparden alle Säugetiere (auch Raubtiere), manchmal sogar Großantilopen, Löwenjunge und Men-

schenaffen, Schlangen etc., auch Haustiere. Aas wird auch gefressen. Gelegentlich wird eine größere Beute nach und nach verzehrt und dabei gern als Schutz vor Mitfressern auf Bäume geschleppt. Manchmal können Leoparden monatelang ohne Wasser auskommen, aber wenn sie die Möglichkeit haben, trinken sie regelmäßig. Leoparden sind Einzelgänger.

Die Tragezeit beträgt 90 bis 112 Tage; es werden zwischen ein und sechs Jungtiere geworfen. Nach einer Woche können die Jungen die Augen öffnen. Die Säugezeit beläuft sich auf drei Monate; mit eineinhalb bis zwei Jahren wird die Mutter verlassen. Die Geschlechtsreife wird mit zweieinhalb bis drei Jahren erreicht. In Gefangenschaft ist ein Alter bis 21 Jahre nachgewiesen.

Litschi-Antilope / Lechwe

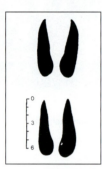

Die etwa rehgroßen, gelbbraunen Litschi-Antilopen leben in den Überflutungsmarschen von Flüssen, Seen und Sümpfen. Von den 4 Unterarten trifft man am Okavango und im Okavango-Delta sowie am Chobe auf die Sambesi- oder Rote Litschi-Antilope. Kennzeichnend für diese Tiere ist ihre starke Gebundenheit an Wasser- und Sumpfgelände; die Wasserböcke stehen an den überfluteten oder sumpfigen Gewässerrändern und suchen dort die überwiegend aus Gräsern und Kräutern bestehende Nahrung. Dabei folgen sie stets dem Wasserstand. Wenn weites Land überschwemmt ist, zerstreuen sie sich über das sumpfige Gelände, bei sinkendem Wasserstand treffen sie in den Senken wieder zusammen.

Das Wasser ist auch der Rückzugsort in Gefahrensituationen. Hierhin fliehen die Litschis vor ihren Feinden, zu denen Löwen, Leoparden, Geparde, Hyänen und für Jungtiere auch Adler zählen. Dabei laufen die Litschis mit vorgestrecktem Hals und Kopf in schnellem Galopp und überwinden Hindernisse durch hohe Sprünge. Sie sind auch gute und ausdauernde Schwimmer. Die Litschis leben in

Großherden von mehreren hundert Tieren, die sich in Untertrupps gliedern, in denen jeweils Männchen, Weibchen und Junge zusammen sind.

Die Fortpflanzung ist nicht jahreszeitlich gebunden, jedoch fällt die Hauptpaarungszeit in die Monate Oktober bis Januar. Nach einer Tragezeit von 7–8 Monaten bringen die Weibchen auf trockenem Gelände ein Junges zur Welt, das sie 3–4 Monate morgens und abends säugen. Die Sterblichkeit der Jungtiere ist während des ersten Lebensjahres sehr hoch, da sie stark von Dasselfliegen befallen werden. In den letzten Jahrzehnten wurden die Bestände durch die Menschen stark vermindert. Da die Litschis standorttreu sind und keine neuen Gebiete beziehen, kommt es zur gebietsweisen Ausrottung.

Löwe / Lion

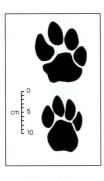

Löwen waren früher im südlichen Europa, im südlichen Asien und in ganz Afrika verbreitet. Bereits seit 80 bis 100 n. Chr. ist der Löwe in Europa ausgestorben. In Südafrika sind Löwen bis auf das Vorkommen im Kruger National Park ausgerottet. Ihre Körperlänge beträgt ca. 2,80 m, ihre Höhe ca. 1,10 m, ihr Gewicht bis zu 250 kg. Löwen sind in offener Landschaft mit Buschwerk und Baumgruppen anzutreffen. Als einzige Katzen bilden sie Rudel bis zu 20 bis 30 Mitgliedern. Diese Gruppen bestehen aus einem oder mehreren älteren Männchen und einer Anzahl von Löwinnen mit Jungtieren. Die Angehörigen eines Rudels arbeiten beim Auflauern und Beschleichen der Beute zusammen, sie verteidigen sich auch gemeinsam. Jagende Löwen brüllen in der Regel nicht, um nicht entdeckt zu werden. Sie können Geschwindigkeiten bis 60 km in der Stunde erreichen, jedoch nur kurz aufrecht erhalten. Aus dem Stand können Löwen gut springen: bis zu 3,50 m hoch und 12 m weit. Selten klettern Löwen auf Bäume; sie tun es z.B. dann, um die in einer Astgabel von einem Leoparden versteckte Beute zu erreichen.

Obwohl Löwen in erster Linie Fleischfresser sind, nehmen sie auch hin und wieder Früchte zu sich. Normalerweise beziehen Löwen neben Eiweiß, Fett, Kohlehydraten und Mineralsalzen die notwendigen Vitamine aus den Eingeweiden ihrer pflanzenfressenden Beutetiere. Es ist deshalb typisch, dass Löwen zuerst die Eingeweide fressen und sich vom Hinterteil her in Richtung Kopf des Opfers vorarbeiten. Die Löwin schlägt zwar oft die Beute, aber der Löwe beginnt die Mahlzeit und nimmt sich den größten Teil („Löwenanteil"). Erst dann folgt die Löwin, zuletzt die Jungen. Antilopen und Zebras sind die bevorzugten Beutetiere. Ein Überblick aus dem Kruger National Park zeigt, dass sich die Beute wie folgt zusammensetzt: Gnu, Impala, Zebra, Wasserbock, Kudu, Giraffe, Büffel. Ältere oder verletzte Löwen wenden sich kleineren Beutetieren zu, z.B. Stachelschwein, Schaf und Ziege. Sie können sogar zum Menschenfresser ausarten, greifen dann aber bevorzugt Frauen und Kinder an.

Löwen jagen ganz leise, und zwar ist es meist das Weibchen, das das Beutetier erlegt. Dieses wird gewöhnlich angesprungen, sein Genick wird mit den Vorderpranken gebrochen; oder der Löwe packt es mit seinen Zähnen an der Kehle oder erdrosselt es mit den Vorderpranken. Eine andere Methode ist, das Opfer von hinten anzuspringen und niederzureißen. Löwen töten Flusspferde, indem sie ihnen das Fleisch mit den Klauen zerfetzen. Sie töten und fressen auch Krokodile.

Löwen haben kaum natürliche Feinde. Von Unfällen können besonders junge, unerfahrene Tiere getroffen werden. Dabei können ihnen Zähne ausgeschlagen werden, sodass sie sich mit Kleintieren begnügen müssen. Büffelherden können Löwen zu Tode trampeln; Antilopen können sie unter Umständen mit ihren Hörnern aufspießen.

Die Fortpflanzung ist bei Löwen ab dem zweiten Lebensjahr möglich. Die Tragezeit beträgt 105 bis 112 Tage; ein Wurf besteht aus zwei bis fünf Jungen. Die Zahl der Jungen hängt stark vom Ernährungszustand der Mutter ab. Je schlechter er ist, desto weniger Junge werden geboren (Sicherung der Nahrungsgrundlagen!). Bei ihrer Geburt sind die Jungen blind, ihre Augen öffnen sich erst nach zwei bis drei Wochen. Sie werden nach drei Monaten entwöhnt, dann lernen sie jagen und können mit einem Jahr selbstständig Beute fangen.

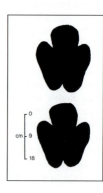

Nashorn / Rhinoceros
Es gibt zwei Arten von Nashörnern:
- das **Spitzmaulnashorn / Black rhinoceros**
- das **Breitmaulnashorn / White rhinoceros**

Das **Spitzmaulnashorn** bevorzugt meist trockenes, mit Büschen bestandenes Grasland, ebenso trifft man es aber auch auf offenen Savannenflächen mit wenig Deckung an. Es ist hauptsächlich morgens und abends unterwegs und gönnt sich sechs bis sieben Stunden täglich Ruhe. Während der Tageshitze ruht oder schläft es im Schatten. Eine Lieblingstätigkeit ist das oft stundenlange Schlammsuhlen. In Trockenzeiten wälzt es sich im Sand.

Ein Nashorn riecht über viele Kilometer hinweg, auch das Hörvermögen ist sehr gut ausgeprägt, während dagegen das Sehen schlecht ist. Kaum ein anderes Tier kann dem Spitzmaulnashorn gefährlich werden. Löwen und Fleckenhyänen machen sich schon manchmal an ein Kalb heran, doch die Nashorn-Mütter haben keine Angst vor Löwen, Hyänen, ja gar Elefanten. Im Galopp bringen sie es auf 50 km in der Stunde. Vor dem Angriff senken sie den Kopf, schnauben und bremsen oft vor dem Ziel plötzlich ab, wobei es vorkommt, dass sie dann umdrehen und flüchten.

Spitzmaulnashörner fressen vorwiegend Blätter und Zweigenden von Büschen und Bäumen. Sie verdauen auch schadlos Pflanzen, die für Menschen hochgiftig sind. Gerne fressen sie salzhaltige Erde und trinken täglich.

Spitzmaulnashörner sind typische Einzelgänger, nur durch Mutter-Kind-Beziehungen bilden sie kleine Gruppen. Diese „Urtiere" können bis zu 40 Jahre alt werden.

Breitmaulnashörner bevorzugen Buschland mit Dickichten zur Deckung, Bäume als Schattenspender, Grasflächen zum Äsen und Wasserstellen zum Saufen. Sie äsen und ruhen im Abstand von wenigen Stunden nachts, morgens, spätnachmittags und abends. Der Tageshitze weichen sie unter schattenspendende Bäumen aus. Außer den Menschen haben sie keine Feinde. Sie fressen nur Gras und trinken täglich (in Trockenzeiten alle zwei bis drei Tage). Sie leben z.T. in kleinen Trupps zusammen.

Oryx / Oryx

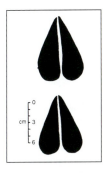

Sie leben in offenen Landschaften in Ebene und Hügelland außerhalb geschlossenen Waldes und großer Sümpfe. Die Oryxantilope (auch Gemsbock genannt) lebt auch in Halbwüsten und Wüsten. Sie markieren kein Territorium, sind aber als Steppen- und Savannenbewohner ziemlich standorttreu. Halbwüsten- und Wüstenbewohner ziehen den Regenfällen nach.

Sie äsen am frühen oder späten Nachmittag und sind auch in hellen Mondnächten rege. Sie ernähren sich von Gräsern und Kräutern, auch von Blättern und Knospen von Büschen und Bäumen. Ist Wasser vorhanden, trinken sie täglich, notfalls ergraben sie es. Ihr Geruchs-, Seh- und Hörsinn sind gut entwickelt. Löwe, Leopard und Hyänenhund gehören zu ihren Feinden. Angegriffene und erwachsene Tiere wehren sich gegen Großraubtiere, Hunde und Menschen forkeln sie evtl. zu Tode. Zäune werden nicht übersprungen, sondern unterkrochen.

Sie leben paarweise oder in kleineren Trupps, die aus einem halben bis drei Dutzend Tieren bestehen; in Halbwüsten kommen Herden mit bis zu 300 Tieren vor. Die Tragezeit beträgt 8½ bis 10 Monate; meistens wird nur ein Laufjunges geboren. Die Säugezeit dauert bis zu vier Monate. Die Geschlechtsreife tritt nach 1½ bis 2 Jahren ein. In Gefangenschaft sind Lebensalter von 18–22 Jahren nachgewiesen.

Pavian / Baboon

Paviane schlafen nachts auf Bäumen oder Felsen. Morgens ziehen sie mit der Horde auf Nahrungssuche. Mittags ruhen sie im Schatten, um nachmittags wieder zum Fressen aufzubrechen. Paviane sind sehr laut, können bellen, grunzen, schmatzen und laut schreien. Seh- und Hörvermögen sind sehr gut.

Die Hauptfeinde sind (vor allem für Jungtiere) Leoparden, manchmal auch Löwen und Hyänen. Paviane sind Allesfresser, wobei Gras den Hauptteil der pflanzlichen Nahrung bildet. Gelegentlich wird auch von Kannibalismus berichtet: Alte Paviane sollen schon Jungtiere der eigenen Horde gefressen haben. In Transvaal (Südafrika) gab es

Pavian

bereits mehrere Fälle, wo kleine Menschenkinder geraubt und getötet wurden. Doch zur „Normalnahrung" gehören diese Exzesse nicht. Paviane fressen gerne Bienenwaben, Würmer, Skorpione und Eidechsen.

Sie leben in Horden von 10 bis 150 Tieren. In Gefangenschaft werden sie 30 Jahre alt und mehr. Die Tragezeit beträgt 180 Tage; die Jungen werden rund ums Jahr geboren.

Perlhuhn / Guinea-fowl

Es handelt sich hier um ein vorwiegend schwarzes Huhn, das über den ganzen Körper gepunktet ist. Es lebt außerhalb der Wälder, bewohnt busch- und baumbestandene Savannenlandschaften, Steppen und Halbwüsten sowie Grasland.

Perlhuhn

Perlhühner leben paarweise, in größeren Familientrupps oder in noch größeren Scharen zusammen. Es flüchtet meistens, ohne aufzufliegen, und übernachtet in Bäumen. Perlhühner sind Allesfresser, Samen, Getreide, Wurzeln und Insekten werden bevorzugt.

Rotbauchwürger / Crimson-breasted Shrike

Das Gefieder des Rotbauchwürgers ist durch die leuchtend rote Unterseite, die schwarze Oberseite und die Flügel mit einem auffälligen weißen Streifen gekennzeichnet. Er lebt in trockenen Dornbuschsavannen, wo er sich vorwiegend von Insekten ernährt, die er in Buschweite und auf dem Boden sucht.

Die Vögel leben meist paarweise zusammen; zur Brutzeit bauen sie ihre Nester in den Astgabeln des Dornbusches. Der Ruf des Rotbauchwürgers ist ein knarrendes „tarr", im Duett mit dem Weibchen lässt der Rotbauchwürger melodische Pfeiflaute ertönen.

Rotschnabeltoko / Red-billed Hornbill

Der Rotschnabeltoko lebt in Baum- und Buschsavannen, in Akazien- und Mopanewäldern. Es ist ein an der Unterseite weiß, an der Oberseite bräunlich schwarz und weiß gemusterter Vogel, dessen hervorstechendes Merkmal der kräftige, auffallend rot gefärbte Schnabel ist. Die Tokos suchen häufig auch auf dem Erdboden nach Nahrung, dabei nehmen sie pflanzliche und tierische Kost zu sich. Besonders bevorzugt sind Termiten und Heuschrecken, die sie meist paarweise oder in kleinen Trupps jagen.

Als Brutstätte dienen den Rotschnabeltokos Baumhöhlen, in denen Gelege mit 3–6 weißen Eiern untergebracht werden. Für die Dauer der Brutzeit mauert sich das Weibchen in der Höhle ein und wird durch ein Loch am Höhleneingang vom Männchen gefüttert. Wenn nach 21–24 Tagen die Vogeljungen ausgeschlüpft sind, bringt das Männchen unermüdlich (bis zu 20mal in einer halben Stunde) Futter. Erst wenn die Jungvögel 3–4 Wochen alt sind, verlässt das Weibchen die Baumhöhle. Die Jungen mauern den Eingang von innen wieder zu und erhalten nur durch ein kleines Loch ihre Nahrung. Etwa 3 Wochen später sind sie zum Ausfliegen bereit und brechen dazu die Mauer der Bruthöhle auf.

Rotschnabeltoko

Schreiseeadler / Fish Eagle
Der auffällig schwarzbraun und weiß gefiederte Adler lebt in der Nähe größerer Gewässer; seinen weithin sichtbaren Reisighorst baut er auf Bäumen in Wassernähe. Im Gelege befinden sich in der Regel 2 Eier, die das Weibchen in 48 Tagen ausbrütet.

Schreiseeadler

Der Schreiseeadler ernährt sich vorwiegend von Fischen, Wasservögeln und Kleinsäugern. Er erbeutet seine Nahrung durch schnelle Vorstöße ins Wasser und greift dabei nicht nur kranke oder geschwächte, sondern auch gesunde Tiere an. Der Ruf des Schreiseeadlers gehört zu den auffallendsten Vogelstimmen Afrikas; es ist ein wohlklingendes „kjia-kjia-kjia".

Schwalbenschwanzspint / Swallowtailed Bee-eater
Der Schwalbenschwanzspint gehört zur Familie der Bienenfresser oder Spinte, deren Vertreter in Baumsavannen, lichten Wäldern und Halbwüsten mit Trockenbüschen anzutreffen sind. Ihn erkennt man am langen, tief gegabelten Schwanz. Sein Gefieder ist überwiegend grün, der Schwanz blassblau, die gelbe Kehle wird durch ein blaues Brustband begrenzt.

Sitatunga / Sitatunga

Die Sitatunga ist eine Sumpfantilope, die in ihren typischen afrikanischen Lebensräumen (Gambia, Sierra Leone, Guinea, Elfenbeinküste) durch Wilderei und Sumpftrockenlegungen bedroht ist. Im Norden Botswanas findet sie im Okavango-Delta ideale Bedingungen vor: Sumpfwälder, sumpfige Flussbuchten, Waldinseln mit Sumpf und Papyrusdickichte. Die Sitatunga ist standorttreu. Tagsüber ruht sie im Röhrichtschatten, oft tief eingesunken. Morgens und abends, ab und zu auch nachts, geht sie auf Nahrungssuche. In der Dunkelheit verlässt sie manchmal den Sumpf und äst auf festem Land. Wenn sie Gefahr wittert, flüchtet sie stets sumpf- und wasserwärts und verharrt eingetaucht bis zur Nasenspitze. Ihre ungewöhnlich langen Schalen an den Füßen – eine Anpassung an das Leben im Sumpf – verhindern das Einsinken im morastigen Untergrund.

Ohr und Nase sind die am besten ausgeprägten Sinnesorgane. Als Feinde gelten vor allem Krokodile, Leoparden, manchmal auch Löwen.

Ihre Nahrung finden die Sumpfantilopen in Wasser- und Sumpfpflanzen, im Junggras angrenzender Wiesen sowie in Feldfrüchten sumpfnaher Äcker.

Springbock / Springbuck

Sie leben in Gebieten mit offenen, trockenen und steinigen Böden mit leichtem Bewuchs (spärliche Sträucher). Hohes Gras und reine Wüste werden gleichermaßen gemieden. Hauptsächlich frühmorgens und spätnachmittags bis abends wird geäst, bei Mondschein auch nachts.

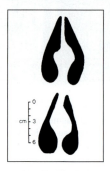

Seh-, Hör- und Riechvermögen sind sehr hoch entwickelt. Springböcke fressen Gräser und Kräuter oder Strauchlaub, Wurzeln und Knollen. Sie trinken regelmäßig Wasser, können es aber auch längere Zeit entbehren; sie trinken auch Salzwasser und fressen mineralhaltige Erde. Diese Tiere leben in Großherden, oft zusammen mit Antilopen, Spießböcken und Straußen.

Die Feinde der Springböcke sind Löwe, Leopard und Gepard. Bei ihrer Flucht können sie bis zu 90 km in der Stunde laufen und bis zu 15 m weite Sprünge machen!

Die Tragezeit dauert 167 bis 171 Tage. Meist wird ein Laufjunges geboren, zwei Geburten pro Jahr sind möglich. Weibchen sind mit sechs bis sieben Monaten geschlechtsreif, die Männchen mit einem Jahr. Die Lebensdauer beträgt etwa zehn Jahre.

Steppenzebra / Burchell's Zebra

Von Pferden und Eseln unterscheiden sich Zebras durch ihre Streifenzeichnung, den Schädelbau und die Zähne. Es gibt drei Zebraarten. Das verbreitetste ist das Steppenzebra. Es kommt vom Zulu-Land im Südosten und der Etosha-Pfanne in Namibia bis zum südlichen Somali-Land und südlichen Sudan vor. Die Steppenzebras sind sehr gesellig, sie leben in Herden. Gruppen von ein bis sechs Stuten mit ihren Fohlen bil-

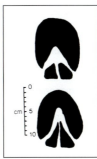

den eine Gemeinschaft unter der Führerschaft eines Hengstes, der sie beschützt und andere Hengste abwehrt. Manchmal verschwindet das männliche Tier einfach, und ein anderes nimmt seine Stelle ein. Die überzähligen Hengste leben in größeren Junggesellenrudeln. Steppenzebras sind ziemlich zahm. Sie leben oft in Gemeinschaft mit Gnus. Gemeinsam mit ihnen sind sie auch bevorzugtes Beutetier der Löwen. Da das Zebra gefährlich werden kann, muss das Löwenrudel die Beute schlagartig töten. Es kann durchaus vorkommen, dass ein Zebrahengst einen Löwen im Kampf tötet.

Die Tragezeit beträgt ca. 370 Tage. Das Neugeborene wiegt 30 bis 34 kg und ist etwa 90 cm hoch. Normalerweise bekommt eine Stute alle drei Jahre ein Junges.

Junge männliche Tiere verlassen die Gruppe nach ein bis drei Jahren und schließen sich dem Junggesellenrudel an. Mit fünf bis sechs Jahren versuchen sie, junge weibliche Tiere zu treiben. Wenn es ihnen gelingt, dann bilden sie eine neue Gruppe.

Strauß / Ostrich

Der Strauß ist der größte heute lebende Vogel. Aufgrund seiner außergewöhnlichen, auffälligen Erscheinung ist er zugleich einer der bekanntesten. Große Männchen können bis zu 2,60 m hoch werden, wobei der Hals fast die Hälfte der Körpergröße ausmacht. Das Gefieder des Männchens ist schwarz, ausgenommen die weißen Schmuckfedern an den Flügeln und am Schwanz. Wegen dieser Schmuckfedern ist der Bestand an Straußen zunächst stark vermindert worden, erst später wurden Straußenfarmen gegründet.

Das Gefieder des Weibchens ist braun, die Federn werden zur Spitze hin heller. Der Kopf, der größte Teil des Halses und die Beine sind nackt, aber die Augenlider haben lange, schwarze Wimpern. Jeder Fuß hat zwei starke Zehen, die längere ist mit einer stärkeren Klaue versehen.

Strauße sind außerordentlich wachsam. Ihr langer Hals gestattet ihnen, schon in großer Entfernung Feinde festzustellen. Deshalb ist es ziemlich schwierig, Strauße in der Wildnis zu beobachten. Sie leben in sehr trockenen Gebieten und durchstreifen auf der Nahrungssuche das offene Land oftmals in starken Trupps. Während feuchter Perioden teilt sich die Gruppe in Familien, bestehend aus einem Paar mit Küken und Jungtieren. Ein Hahn oder eine Henne führt den Trupp und entscheidet, ob das Revier gewechselt wird. Wenn die Gruppe vertrautes Gebiet verlässt oder an eine Wasserstelle kommt, wo keine anderen Tiere trinken, treibt das Leittier die Jungtiere vor sich her, um einen eventuellen Angreifer aus der Deckung zu locken. Etwas Erstaunliches: Strauße können zur Not auch schwimmen.

Strauße fressen nahezu alles. Vorgezogen werden Pflanzen, Früchte, Samen und Blätter. Sie fressen auch kleine Tiere, manchmal sogar Eidechsen und Schildkröten. Sie stehen in dem Ruf, wirklich Allesfresser zu sein. Selbst Metallstücke werden geschluckt. Sie fressen auch beträchtliche Mengen an Sand und Steinen, um ihre Verdauung zu fördern. Durch die Aufnahme so harter Materialien zerkleinern sie die Nahrung im Magen. Man sagt, aus der Art der Sandkörner und Kiesel könne man bei einer Obduktion genau die vom Strauß zurückgelegte Strecke verfolgen.

Noch bis vor kurzer Zeit rätselte man, ob Strauße polygam oder monogam veranlagt seien. Man weiß heute, dass Strauße monogam sein können, aber in der Regel polygam sind. Die gesellschaftliche Ordnung der Strauße ist recht anpassungsfähig, und es kann sein, dass ein Männchen, das ein Weibchen mit Küken begleitet, durchaus nicht der Vater der Küken zu sein braucht.

Jede Henne legt 6 bis 8 etwa 15 cm lange und bis zu 1,5 kg schwere Eier. Die Hennen eines Harems legen alle in das gleiche Nest, das aus einer Bodenvertiefung von etwa 3 m Durchmesser besteht. Es kann drei Wochen dauern, bis alle Eier gelegt sind, dann treibt die Haupthenne die anderen weg, und das Nest wird von ihr und dem Hahn bebrütet.

Das Brüten besteht mehr darin, das Nest zu beschatten als es warm zu halten. Interessant ist, dass die Männchen bei Nacht über den Eiern brüten, die Weibchen bei Tage. Gegen Ende der sechswöchigen Brutzeit werden die am meisten entwickelten Eier am Rand des Nestes zusammengebracht. Die Küken können kurz nach dem Schlüpfen laufen und einen Monat später schon eine Geschwindigkeit von 50 km pro Stunde erreichen. Im Alter von vier bis fünf Jahren werden sie fortpflanzungsfähig. Strauße können bis zu 40 Jahre alt werden.

Erwachsene Strauße fürchten sich kaum vor Feinden. Sie sind sehr wachsam und können bis zu 65 km pro Stunde laufen. Eier und Küken können jedoch Schakalen und sonstigen Räubern zum Opfer fallen. Die Erwachsenen führen ihre Küken aus den Gefahrenzonen hinaus.

Termite / Termite

Termiten sind wärmeliebende, lichtscheue Tiere, die zumeist in tropischen und subtropischen Ländern vorkommen. Sie sind soziale Insekten, die in einem Staat mit Kastengliederung leben. Man unterscheidet: Geschlechtstiere (Männchen oder König, Weibchen oder Königin) sowie nicht fortpflanzungsfähige Arbeiter und Soldaten.

Termiten sind weiß oder farblos; ihre Flügel haben 14–34 Glieder; die Mundteile sind kauend. Flügel haben nur die Geschlechtstiere. Die verschiedenen Termiten-Arten sind zwischen 2 und 20 mm groß, doch werden die Weibchen einiger Arten wesentlich größer.

Sobald in einem älteren Termitenbau viele Geschlechtstiere reif sind, verlassen diese das Nest. Da der Vorgang bei vielen Bauten eines Gebiets gleichzeitig vor sich geht, bilden die aufsteigenden Termiten-Schwärme rauchsäulenähnliche Wolken. Nach kurzem Hochzeitsflug suchen die einzelnen Paare einen geeigneten Platz zur Anlage des Nestes. Dort wird eine Hochzeitskammer angelegt, erst danach findet die Paarung statt. König und Königin leben vielfach bis zu zehn Jahren in Dauerehe. In ihrem

Leben legt die Königin viele Millionen Eier. Die erste Brut wird von dem Paar aufgezogen, später übernehmen die älteren Larven sowie Arbeiter die Aufzucht und den Nestbau, die Soldaten den Schutz gegen Feinde.

Das Nestgebäude ist oft sehr kompliziert angelegt. Luftschächte und Isolationsschichten bewirken ein gleichmäßiges Klima und stets eine hohe Luftfeuchtigkeit, sodass immer geeignete Kammern für Eier und Junglarven sowie für die weniger anspruchsvollen älteren Tiere

Imposanter Termitenhügel

vorhanden sind. In der Mitte des Baus liegt die Königszelle. Für den Nestbau werden Erde, Holz und zerkautes pflanzliches Material verwendet, als Bindemittel dienen Kot und Speichel. Deshalb können Termitenhügel betonartig fest sein. Bis zu 4 m Basisdurchmesser und 7 m Höhe sind anzutreffen.
Feinde der Termiten sind Reptilien, Vögel und Erdferkel.

Termiten greifen durch ihre Ernährungsweise eingebautes Holz aller Art an, Eisenbahnschwellen, Papier und Verpackungsmaterial, ja sogar lebende Bäume sind vor ihnen nicht sicher. Schützen kann man sich nur durch das Bauen ohne die Nutzung von Holz, durch Verwendung imprägnierter Hölzer sowie Bodenbehandlung mit Insektiziden.

Natürlich können Termiten auch nützlich sein. Sie lockern den Boden auf, sodass eine gute Durchlüftung erreicht wird. Humusbildend wirkt die Umsetzung pflanzlicher Substanz und ihr Kot. Es überwiegt allerdings der Schaden, den sie im Allgemeinen anrichten.

Tsessebe
siehe Halbmondantilope

Waffenkiebitz / Blacksmith Plover
Der Waffenkiebitz ist leicht an seinem auffälligen Federkleid zu erkennen: Der Rücken ist hell mit zwei großen schwarzen Flecken, während Kopf, Hals und Brust bis auf einen weißen Scheitel schwarz sind. Der Waffenkiebitz lebt in unmittelbarer Nähe von Seen oder Flüssen. Er hält sich auf Schlamm- und Sandbänken auf, wo er auch sein Nest baut. Zur Brutzeit legt er 2–4 graue Eier in die flache Nestmulde, die er zuvor mit groben Materialien ausgefüllt hat. Er ernährt sich von Insekten, Würmern und Mollusken.

Seinen Namen erhielt der Waffenkiebitz aufgrund seines hohen, metallisch klingenden „tink-tink"-Rufes, der an die Geräusche in einer Schmiede oder an den Klang von Waffen erinnert.

Warzenschwein

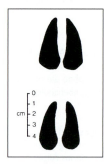

Warzenschwein / Wart Hog
Warzenschweine bevorzugen baum- und straucharme Grasflächen, während Wälder gemieden werden. Nachts und mittags ruhen sie in einer Wohnhöhle, vor- und nachmittags suhlen sie sich und weiden oder trinken. Als Feinde gelten Löwen und Leoparden, aber auch Geparde reißen manchmal Frischlinge. Das Hauptfutter besteht aus Gras und frischer Rinde, bei Wassermangel graben sie nach Zwiebeln, Knollen und Wurzeln. Sie leben in Familiengruppen zusammen und erreichen ein Alter bis zu 18 Jahren.

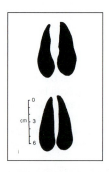

Wasserbock / Waterbuck
Wasserböcke lieben Grasland und Gebüsch und benötigen die Nähe zu einem Gewässer, da sie täglich trinken. Sie äsen morgens und nachmittags bis abends, während sie tagsüber ruhen. Als Hauptfeinde gelten Löwen, Leoparden und Hyänenhunde, wobei Leoparden und Hyänen Kälber reißen. Doch die Feinde mögen Wasserböcke nur, wenn kein anderes Wild vorhanden ist, denn ihr Fleisch schmeckt ab dem Alter von 3 Monaten zäh und ranzig.

Bis zu 90 % besteht die Nahrung der Wasserböcke aus Gräsern, der Rest aus Laub. Wasserböcke leben in kleinen Trupps und können in Gefangenschaft bis zu 17 Jahre alt werden.

Zebra
siehe Steppenzebra

Tipps zur Tierbeobachtung und Sicherheit im Gelände

Die Natur der Nationalparks in Afrika unterscheidet sich von unseren europäischen Wäldern unter anderem dadurch, dass dort potenziell gefährliche Tiere und Pflanzen vorkommen. Aber genau deswegen fährt man ja schließlich dorthin… Im Allgemeinen gilt: **keine übertriebene Angst!** Bereits recht wenige Verhaltensweisen sorgen für die nötige Sicherheit. Als Wildnisneuling sollte man allerdings zunächst die Nationalparks aufsuchen, in denen man die Tierwelt gut vom Auto aus sehen kann. Aus dem Fahrzeug heraus kann meist viel ungestörter beobachtet werden, weil Wildtiere das Auto nicht als Feind betrachten. Auf jeden Fall sollte man seine ersten Walking-Safaris mit einem erfahrenen Guide machen. Dafür sprechen nicht nur Sicherheitsgründe. Man erfährt auf diese Art auch mehr über die Natur, als man selbst je erkennen könnte.

Grundsätzlich: Kranke, verwundete und ab und zu auch alte Tiere sind besonders gefährlich und in ihrem Verhalten nicht einzuschätzen. Niemals sollte man zwischen die Mitglieder einer Herde geraten, insbesondere nie zwischen Muttertiere und Jungtiere. Niemals sollte man bei Tieren, die sich im Wasser sicherer fühlen (wie etwa Flusspferde) zwischen diese und das Wasser geraten. Niemals sollte man Fluchtwege abschneiden, dann können auch Arten, die sonst völlig friedlich sind, zu wahren Furien werden.

In der Regel gilt, dass man mit Panikreaktionen rechnen muss, wenn man vom Wild plötzlich und aus unmittelbarer Nähe entdeckt wird. Bei Fluchttieren kann das bedeuten, dass es zu (vom Wild unbeabsichtigten) Unfällen kommt, weil man schlicht überrannt wird. Bei wehrhaften Arten kann es zu spontanen und sehr heftigen Angriffen kommen. Das Anschleichen in unmittelbare Nähe ermöglicht zwar die beeindruckenderen Fotos, sollte aber unbedingt dem sehr Erfahrenen vorbehalten bleiben oder in Begleitung eines Guide erfolgen.

Alte männliche **Paviane** sind leicht reizbar und in ihrem Verhalten nicht einzuschätzen. Mit ihren Zähnen können sie erhebliche Verletzungen verursachen. Abstand und ein handlicher, dicker Knüppel für den Notfall (hemmungsloser Einsatz im Falle der Notwehr!) sollten für die nötige Sicherheit sorgen. Wenn sie auf entschlossenen Widerstand stoßen, sind Paviane unserer Erfahrung nach eher feige und ziehen sich zurück. Besonders in den Camps von Moremi gibt es mitunter Probleme mit Pavianen.

Büffel sind meist wenig aggressiv und meiden eine Konfrontation. Sie sind jedoch leicht zu erschrecken und eine dadurch ausgelöste, in ihrer Richtung nicht vorhersagbare Stampede (unkontrolliertes Weglaufen der gesamten Herde) ist extrem gefährlich. Auch können Kühe mit Kälbern, alte Einzelgänger, gereizte, überraschte und aktuell oder früher verwundete Tiere ohne Warnzeichen angreifen. Vorsicht vor Überraschungen im dichten Gebüsch oder Schilf! Büffel und Flusspferde sind (abgesehen vom Menschen) für die meisten tödlichen Angriffe weltweit verantwortlich, nicht etwa Schlangen oder Raubkatzen!

Honigdachse sind normalerweise scheue Gesellen. Allerdings können sie aus dem Nichts heraus unglaublich aggressiv werden – und genauso schnell wieder friedlich. Mit ihren Zähnen und Krallen und ihrem legendären Mut sind sie gefürchtete Gegner, die sogar viel größere Tiere, wie z.B. Gnus, Wasserböcke und Pythonschlangen, töten können. Am besten meidet man Honigdachse, wenn man zu Fuß unterwegs ist.

Hyänen meiden Menschen normalerweise. Es gibt allerdings viele Berichte darüber, dass sie nachts in Camps eingefallen sind und Menschen verletzt haben. Niemals ist dies bislang geschehen, solange noch jemand wach (außerhalb der Zelte sichtbar) war. Auch sind Hyänen in Zelte eingebrochen, wenn die Bewohner darin Essbares gelagert hatten. Hyänen rennen normalerweise sofort davon, wenn man Lärm macht. Nicht außerhalb des Zeltes schlafen, Zelt schließen, keine Nahrungsmittel mit hinein nehmen!

Geparde sind in freier Wildbahn normalerweise ungefährlich. Sehr scheu, nehmen sie vom Besucher nur kurz Notiz und rennen davon. Dies gilt meistens auch für die fast immer „unsichtbaren", weil sehr scheuen, **Leoparden**. Reizt man sie allerdings, treibt man sie in die Enge oder wenn sie verwundet sind, sind Leoparden jedoch extrem gefährlich, dies gilt auch für Weibchen mit Nachwuchs. Es gibt zahlreiche Berichte, dass Leoparden einen Wanderer passieren lassen, solange man sie nicht ansieht (sie sich also unentdeckt fühlen) und man natürlich nicht direkt auf sie zugeht. Steht man plötzlich einem Leoparden gegenüber oder droht das Tier durch seitlich abgewinkelte Ohren und Zeigen der Zähne, durch Knurren und/oder Brüllen, weicht man langsam nach schräg hinten aus. Das Tier weder direkt ansehen noch reizen, keinesfalls füttern, Steine oder Stöcke in seine Richtung werfen! Wenn ein Leopard tatsächlich angreift, was sehr selten ist, geschieht dies extrem schnell. Er ist dann nur noch durch einen unmittelbar tödlichen Schuss zu stoppen – für den „normalen" Wanderer unmöglich. Die Überlebenschance eines Angriffs ist für den Menschen praktisch Null, also gibt es nichts mehr zu verlieren: Es gibt belegte Berichte, dass sich Personen mit einem Stock, Messer oder der Faust (heftiger Schlag auf die Nase) erfolgreich verteidigt haben.

Löwen ziehen normalerweise von dannen, wenn Menschen sich nähern. Die größte Gefahr ist eigentlich, gegen den Wind zu gehen und in ein schlafendes Rudel hineinzustolpern – Löwen schlafen oder dösen etwa 20 Stunden am Tag. Gestrüpp und dichtes hohes Gras sollten gemieden werden, insbesondere in der Nähe von Wasserlöchern. Die Nacht ist für Löwen Jagdzeit, also Vorsicht. Fressenden Löwen sollte man sich zu Fuß keinesfalls nähern, vor allem weil man leicht zwischen im Gebüsch dösende Mitglieder des Rudels geraten kann. Jungtiere werden, solange sie klein sind, oft nahe an Wasserlöchern im Dickicht versteckt. Am ehesten bemerkt man dies durch den Ruf der Mutter, einem dumpfen, weichen „umpf" und die katzenähnliche Antwort („miau") des Nachwuchses. Die Verstecke sind zu gut, als dass man die Jungtiere rechtzeitig genug sieht! Es ist übrigens wesentlich gefährlicher, wenn man in der Nähe von Löwen aus dem Auto aussteigt, als wenn man ihnen im Busch begegnet. Der Verlauf eines für beide Seiten überraschenden Aufeinandertreffens ist unvorhersagbar. Löwen greifen – wie übrigens die meisten Katzen – fliehende Tiere instinktiv an, also weicht man ruhig und mit dem Wind zurück. Wenn die Bewegung das Tier nervös macht, bleibt man einen Augenblick ruhig stehen. Solange der Schwanz hin-

und herschwingt, die Ohren aber noch aufgerichtet sind, ist das Tier aufmerksam oder nervös. Liegen die Ohren an, brummt es mehrfach und schlägt mit dem Schwanz auffallend schnell von einer Seite auf die andere, so ist es aggressiv. Bei einem Angriff hat sich folgendes Verhalten der San bewährt: Nerven behalten, stehen bleiben und dem Angreifer direkt in die Augen sehen. In vielen Fällen wird der Löwe in wenigen Metern Entfernung stoppen und entnervend brummen und brüllen. Das Schauspiel dauert nur wenige Sekunden. Schafft er es nicht, dass man die Nerven verliert, zieht er sich zurück. Das klingt abenteuerlich, aber eine andere Chance hat man sowieso nicht. Die Notlage wird – wenn überhaupt – mental gelöst. Im blitzschnell eintretenden Notfall hat man keinerlei Zeit mehr zum Nachdenken.

Elefanten sind friedlich, es sei denn, man kommt ihnen allzu nahe. Dies gilt insbesondere, wenn Jungtiere oder verletzte Tiere zur Herde gehören. Die Sozialstruktur einer Herde ist extrem hoch entwickelt, bedürftige Mitglieder werden heftig verteidigt. (Ehemals) Verwundete Tiere oder solche ohne Stoßzähne gelten als besonders aggressiv. Wegen der beschränkten Sehfähigkeit, jedoch guten Geruchssinns und Gehörs entfernt man sich am besten langsam und still mit dem Wind.
Ein Scheinangriff findet meist mit aufgestellten Ohren und lautem Trompeten statt. Er endet einige Meter vor dem Eindringling. Wegrennen kann in dieser Situation tödlich sein. Man zieht sich wie beschrieben langsam zurück, sobald das Tier steht (notfalls springt man im letzten Moment zur Seite). Bei einem „echten" Angriff schlagen die Ohren an den Körper, und der Rüssel ist hoch erhoben. Hier rennt man um sein Leben, vorzugsweise mit dem Wind. Ein scharfer Richtungswechsel („Hasensprung") kann einen aus der unmittelbaren Angriffsrichtung und auch aus dem beschränkten Sichtfeld des Angreifers bringen. Das Ersteigen von Bäumen ist zwecklos: Entweder reicht der Rüssel bis hinauf (die Reichweite in die Höhe beträgt über 6 m!), oder der Baum wird umgeworfen.

Steht man ihnen nicht im Weg, sind auch Elefantenfamilien in der Regel friedlich

Nashörner reagieren unterschiedlich. Während das riesige Breitmaulnashorn normalerweise ein eher ruhiger Geselle ist, der sich zurückzieht, ist das nur wenig kleinere Spitzmaulnashorn temperamentvoll, nervös, leicht reizbar, unberechenbar, blitzschnell und dadurch extrem gefährlich. Des Öfteren ist ein scheinbarer Angriff allerdings nur ein Lauf mit dem Ziel, den Eindringling auszukundschaften – was man allerdings erst nachher weiß. Gehör und Geruchssinn sind extrem gut entwickelt, die Sehfähigkeit ist dagegen begrenzt. Leises Verhalten und geschicktes Ausnutzen des Windes schaffen Sicherheit. So zieht man sich seitwärts zurück. Sicherheitshalber hält man dabei nach einem Baum Ausschau. Kann man ihn nicht schnell genug ersteigen, so stellt man sich hinter den Stamm und erstarrt dort. Ist kein Baum erreichbar, kann man einem angreifenden Nashorn irgendein Kleidungsstück entgegen werfen (Geruch!) und sich im letzten Moment zur Seite werfen, wo man absolut still liegen bleibt. Der Angreifer läuft ins Leere und zieht sich (hoffentlich) zurück.

Flusspferde (Hippos) sind friedlich – aber sehr schnell und gefährlich, wenn sie gereizt werden oder wenn es sich um Einzelgänger oder Kühe mit Kälbern handelt. Warnzeichen ist das demonstrative Aufreißen des großen Maules. Ein aufgeschrecktes Hippo trampelt alles nieder, was zwischen ihm und dem Wasser liegt! Vorsicht im Dickicht am Ufer. Achtung auf den oft tief eingetretenen Pfaden und Vorsicht bei Camps nahe an Ufern, denn Flusspferde werden offensichtlich von Licht angelockt.

Ein Zusammentreffen mit **Krokodilen** kann man am besten vermeiden, wenn man sich einem Gewässer, in dem sie möglicherweise leben, allenfalls bis auf fünf bis sechs Meter nähert. Krokodile sind berüchtigt dafür, dass sie im flachen Gewässer watende Menschen angreifen. Ohne Schusswaffe besteht dann die einzige Hoffnung darin, mit einem Messer oder notfalls den Fingern in das Auge zu stechen, aber die Chancen stehen schlecht. Es ist dagegen nie bekannt geworden, dass Krokodile auf dem Flussufer einige Meter vom Wasser entfernt liegende Camps angreifen. Man kann in seinem Zelt diesbezüglich also ruhig schlafen.

Die normalerweise enorm auf Distanz bedachten **Strauße** greifen nur dann an, wenn man sich ihrem Nest allzu sehr nähert. Als bester Schutz gegen die heftigen Tritte mit krallenbewehrtem Fuß gilt ein stabiler, dorniger Akazienast. Wenn dieser nicht zur Verfügung steht, muss man vor allem auf Kopfschutz achten. Die meisten tödlichen Verletzungen hat es gegeben, weil Strauße ihre Angriffe auch dann fortsetzen, wenn das Opfer bereits am Boden liegt und dort nicht ausreichend seinen Kopf schützt, z.B. mit den Armen.

Nur eine einzige Spinne hat ein potenziell gefährliches Gift: die **Schwarze Witwe**. Etwa 5 % der Opfer, vorzugsweise Kinder und ältere Menschen, sterben an Atem- oder Kreislaufstillstand – völlig überflüssig, wenn die Begleiter Erste Hilfe und Wiederbelebungsmaßnahmen beherrschen! Die meisten Unfälle passieren, wenn man Gegenstände vom Boden aufhebt, unter denen eine Spinne sitzt. Es empfiehlt sich, die Gegenstände zuerst mit dem Fuß zu verschieben oder umzudrehen (festes Schuhwerk tragen!), wobei man den Gegenstand vorzugsweise auf sich zu rollt (Fluchtweg öffnet sich in die andere Richtung!). Manchmal stellen sich Schwarze Witwen tot und rollen sich zu einer Kugel zusammen. Nicht darauf hereinfallen! Wenn man die Kugel aufsammelt, wird man gebissen. **Vogelspinnen** sind zwar auch giftig, werden in ihrer Gefährlichkeit jedoch meist überschätzt. Natürlich lässt man auch sie am besten in Ruhe.

Die meisten gefährlichen Zwischenfälle mit **Skorpionen** passieren mit Angehörigen der Familie Buthidae, insbesondere Parabuthus und Buthotus, die man an den relativ kleinen Scheren und dem plumpen, dicken Schwanz erkennt (bei den weniger gefährlichen Arten der Familie Scorpionidae ist es umgekehrt). Das Nervengift kann zum Tod durch Atemlähmung oder Herzstillstand führen. Bei guter Erster Hilfe hat das Opfer dagegen gute Überlebenschancen. Einzelne Arten von Parabuthus können ihr Gift ähnlich der Speikobra über eine Entfernung von etwa 1 m spritzen (Vorsicht Augen!). Feste, knöchelhohe Schuhe sind der beste Skorpionschutz, natürlich greift man nie in Löcher, die man nicht vollständig einsehen kann. Ähnlich wie Spinnen stellen sich Skorpione gerne tot. Das Zelt bleibt immer, auch für kurze Momente, vollständig geschlossen (zumindest das Moskitonetz), Schlafsäcke und Liegematte werden genau untersucht, bevor man hineinschlüpft. Die Schuhe werden (möglichst im Zelt) aufrecht hingestellt und ebenso wie die Kleidung am nächsten Morgen kräftig ausgeschüttelt, bevor man hinein schlüpft. Niemals geht man nachts barfuss nach draußen! Wer in der Winterzeit unterwegs ist, wird kaum ein Problem mit Skorpionen haben, denn sie vergraben sich in diesen Monaten tief im Boden.

Das Risiko durch **Schlangen** wird gewöhnlich überschätzt. Wichtig ist zunächst, dass man die wenigen potenziell gefährlichen Schlangenarten erkennen kann. Im südlichen Afrika sind dies zunächst verschiedene Kobraarten (Kapkobra, Waldkobra, Speikobra (Naja nigricollis und Naja mossambica), Ottern (Puffotter, Gabunotter), Mambas (Schwarze Mamba, Grüne Mamba) sowie die Korallenschlange, Rinkhals, Baumschlange, die Vogelschlange und nicht zuletzt die Felsenpython. Letztere ist allerdings keine Giftschlange, sondern eine sehr kräftige Würgeschlange. Schlangen sind enorm gut getarnt! Wer sie nie „live" gesehen hat, wird sie im Gelände kaum entdecken. Daher wird an dieser Stelle bewusst auf eine Beschreibung der einzelnen Arten verzichtet. Man sollte sie sich unbedingt in einem Zoo genau ansehen.

Wie die meisten anderen Tiere flüchten Schlangen normalerweise. Da sie auf Erschütterungen reagieren, haben sie in den meisten Fällen den Menschen viel früher bemerkt als umgekehrt. Nur im Falle eines überraschenden Zusammentreffens kann es zu Angriffen kommen (Ausnahme ist die Puffotter, die faul liegen bleibt und auf ihre fast perfekte Tarnung vertraut, bis man darauf getreten ist). Die meisten Bisse erfolgen in den unteren Teil des Unterschenkels bzw. in den Fuß. Feste, hohe Schuhe und lockere lange Hosen bieten einen guten Schutz. Gebüsch, hohes Gras und Bereiche, die schwer einsehbar sind, sollten gemieden werden. Lager sollten nur auf freiem Boden errichtet werden. Wie im Zusammenhang mit Skorpionen gesagt, bleiben die Zelte strikt geschlossen. Nahrungsmittel könnten Nagetiere und damit indirekt auch Schlangen anlocken, also abseits (oder noch besser im Auto) lagern.

Trifft man auf eine Schlange, bleibt man bewegungslos stehen und wartet, bis sie sich zurückgezogen hat. Geschieht dies nicht, so weicht man sehr langsam zurück. Schnelle Bewegungen können einen Biss provozieren! Wenn sich die Schlange aufrichtet, sollte man unbedingt seine Augen schützen (Speikobra?). Eine Brille bietet einen gewissen Schutz. Schlangen stellen sich auch manchmal tot, also Vorsicht! Die meisten Todesfälle durch Schlangen hätten verhindert werden können! Die Erste Hilfe beinhaltet ein Stauen des Blutrückflusses zum Herzen (z.B. mit fest gewickelter elastischer Binde. Nicht abbinden! Der Pulsschlag muss peripher von der Staustelle, also an den Hand- oder Fußgelenken, tastbar bleiben!), körperliche Ruhe für das Opfer, ein baldmöglicher Transport zum nächsten Arzt (Gegengiftgabe) und ggf. Herz-Lungen-Wiederbelebung.

Das Stauen sollte unterbleiben, wenn man in der Schlange eine Otter erkannt hat, denn das Gift führt hier sonst zu umfangreichen Gewebezerstörungen, und man hat genug Zeit, ärztliche Behandlung zu erreichen (Eintritt gefährlicher Giftwirkung nach 12–48 Stunden). Hat eine Speikobra das Auge getroffen, keinesfalls reiben, sondern Augenlider mit den Fingern so weit wie möglich offen halten und mit Wasser von innen (Nase) nach außen spülen (so schwemmt man das Gift nicht auch noch in das andere Auge).

Literatur

Allgemeine Reiseliteratur

Hupe, Ilona: **Reisen in Botswana**, ISBN 978-3-932084-53-9, 11. Auflage 2013, deutsch. Ausführlicher, persönlich geschriebener Reiseführer ausschließlich für Botswana. Die landeskundlichen Informationen sind umfangreich, dazu Informationen zu den Nationalparks, mit GPS-Daten und Allradrouten. Man merkt dem Buch eine enge Beziehung der Autorin zum Reisegebiet an.
Iwanowski, Michael: **Reise-Handbuch Namibia**. 26. Auflage, Dormagen 2013, ISBN 978-3-86197-047-7. Der erste deutschsprachige Reiseführer zu Namibia ist ein Klassiker und widmet sich ausführlich den namibischen Gebieten, die in diesem Buch vorkommen, wie dem Caprivi-Streifen, der Haupstadt Windhoek usw.
Roodt, V.: **The Shell Tourist Map of Botswana** 1:750.000, Gaborone 2012, ISBN 978-3-936858-18-1. Eine bewährte Übersichtskarte mit hoher Informationsdichte und zahlreichen Nebenkarten und GPS-Daten. Sie erhalten mit den insgesamt fünf verfügbaren Shell-Karten für Botswana gute und verlässliche Produkte.
Roodt, V.: **The Shell Tourist Map of Chobe National Park**, Gaborone 2012, ISBN 978-3-936858-10-5.
Roodt, V.: **The Shell Tourist Map of Kgalagadi Transfrontier Park**, Gaborone 2012, ISBN 978-3-936858-12-9.
Roodt, V.: **The Shell Tourist Map of Moremi Game Reserve**, Gaborone 2012, ISBN 978-3-936858-13-6.
Roodt, V.: **The Shell Tourist Map of Okavango Delta and Linyanti**, Gaborone 2012, ISBN 978-3-936858-11-2.
Schifferdecker, M.: **Afrikanisches Reisetagebuch**. Mit dem Geländewagen durch Namibia und Botswana. Frieling 2006, ISBN 978-3-8280-2446-5, Auf ihren sorgfältig aus-

gearbeiteten Reiserouten lernt die Autorin abgelegene afrikanische Dörfer, romantische Camps und europäisch anmutende Farmen kennen und gibt hier neue, interessante Aspekte über die bereisten Regionen und viele praktische Anregungen.

Spezielle Literatur zur Naturbeobachtung

Carruthers, V.: **Fauna und Flora im südlichen Afrika,** Struik 2007, ISBN 978-3-936858-17-4. Beliebtes Handbuch über 2.000 Spezies der Tier- und Pflanzenwelt. Anspruchsvolle Naturfreunde finden Illustrationen und Beschreibungen von Niedrigen Wirbellosen, Spinnen, Spinnentieren, Insekten, Süßwasserfischen, Fröschen, Reptilien, Vögeln, Säugetieren, Gräsern, Seggen, Farne, Pilze, Wildblumen und Bäumen.
Engelhardt, W.: **Okavangodelta.** Naturparadies im Süden Afrikas, Naturerbe 2005, ISBN 978-3-931173-17-3, Reisetipps, Kurzbeschreibung der Nationalparks, Naturschutzgebiete und der Tier- und Pflanzenwelt.
Conradie, F.: **Einführung in den südlichen Sternenhimmel,** Windhoek 2004, ISBN 978-3-936858-59-4, leicht verständlich beschrieben, erschließen sich die Sehenswürdigkeiten des spektakulären Sternenhimmels südlich des Äquators. Mit vielen Praxis-Tipps, Illustrationen und Suchmethoden.
Cillie; Burger: **Ein Taschenführer für Säugetiere im südlichen Afrika,** Sunbird Publishers 2010, ISBN 978-1-920289-25-6. Sehr gutes Handbuch aus dem Programm der südafrikanischen Sunbird Publishers.
Cillie; Oberprieler: **Ein Taschenführer für Vögel im südlichen Afrika,** Sunbird Publ. 2009, ISBN 978-3-941602-36-6, ein kompakter, gut fotografierter und gegliederter Führer für 400 Spezies.
Newman, Kenneth: **Newman's Birds of Southern Africa,** Random House Struik, Cape Town 2010, ISBN 978-1-77007-876-5. Der bewährte und umfassende Vogelführer für das südliche Afrika ist 2010 in der neunten Auflage erschienen.
Stuart, Tilde und Chris: **Field Guide to the Larger Mammals of Southern Africa,** Struik Publishers 2007, ISBN 978-1-77007-393-7. Gut gestalteter, hochwertiger Fotoführer, u. a. mit Spurenlexikon.

Animierende Literatur/Bildbände

Ross, Karen: **Okavango.** Jewel of the Kalahari, Cape Town 1995, ISBN 978-1868727292, englisch. Sehr vielseitiger Bildband über das Ökosystem Okavango mit kompetentem, umfangreichem Textteil.
Main, Mike: **Picturesque Botswana.** Cape Town, ISBN 978-1-77007-795-9. Picturesque Botswana ist ein ansprechend gemachter, handlicher Bildband in Deutsch, Englisch und Französisch.
McCall Smith, Alexander: **Mma Ramotswe und der verschollene Bruder.** München 2010, ISBN 978-3-453-26569-1. Neue Fälle stehen an für Mma Ramotswe, der couragierten Chefin der ersten und einzigen Frauen-Detektei Botswanas. Eine Frau, die im Waisenhaus aufgewachsen ist, bittet sie, ihre Familie zu finden.

Stichwortverzeichnis

A
Ackerbau 45f
Ärztliche Versorgung 72
Affenbrotbaum 228, 360
Afrika-Konferenz 20f
Aha Hills 32, 261, 263ff, 268
Alkoholverbot 22
Allergie 95
Allrad-Fahrzeuge 73, 103
Amandebele 22
ANC 30
Anreise 72, 129ff
Apartheid 24
Arbeitslosigkeit 29, 48
arid 33
Ausbildung 55f
Auto fahren 73
Autovermietung s. Mietwagen

B
Baboon s. Pavian
Baines, Thomas 301, 302f
Baines' Baobabs 301ff
Banken 78
Bantus 15
Baobab 142, 143, 224, 228, 282, 301ff
Barkly, Sir Henry 20
Baumwolle 45
Begrüßung 78
Benzin 78
Bergbau 13, 37, 40, 41f
Berliner Konferenz 20f
Beschäftigung 48f
Betteln 78
Bethell, Christopher 20
Bevölkerung 51ff
Bevölkerungswachstum 13
Bildungswesen 55f
Bilharziose 57, 94, 109
Bismarck, Otto von 20
Blau Gnu 373
Bodenschätze 40ff
Bodumatu 197
Bokspits 344
Bosobogolo Pan 346
Botschaften 79
Botswana, Größe 13, 31
Bray 100
British Protectorate Bechuanaland 20, 21
British South Africa Company 21f, 30
BSAC s. British South Africa Company
Büffel 381, 395
Buitepos 135f
Buren 16, 18ff
Burenkriege 23f
Bushman Pits 303
Buschmänner s. San
Busse 80

C
Campbell, John 16, 29
Camperfahrzeuge 105f
Camping 80
Caprivi-Streifen 20, 279ff
Central Kalahari Game Reserve 63ff, 81, 107, 327ff
• Anfahrtsalternativen 330ff
• Beschreibung 107, 327ff
• Reisepraktische Hinweise 335
• Reisezeit 335
• Tanken/Benzinverbrauch 335
• Tierwelt 107, 332
• Touren 335
• Übernachtungsmöglichkeiten 335ff
• Übersichtskarte 328
• Versorgung 335
• Zeltplätze 336f
Chapman, J. 302, 311
Chapman's Baobab 311
Cheetah s. Gepard
Chobe (Fluss) 36, 94, 205ff, 213ff, 226ff, 241, 243
Chobe National Park 106, 204ff, 209ff, 226ff, 293
• Gebiete 205ff
Community Based Tourism 120f
Community Projects 120f, 174, 175, 202f, 286f, 311, 322, 337

D
Deception Valley 64, 81, 327ff, 333ff
Demokratie 26f
Derdepoort 100, 151
Desert and Delta Safaris 168, 181
Devisen 46, 179
Diamanten 13, 21ff, 26ff, 37f, 40f
Diphtherie 95
Diplomatische Vertretungen s. Botschaften
Dobe 140
Domboshaba Festival of Culture and History 354
Dorsland Trekker 318
Dorslandtrekker-Baobab 143
Drifters 112
Drotsky's Caves 263, 265ff

E
Edwards, W. 16
Einbaum s. Mokoro
Einreise 86
Eintrittsgebühren (Nationalparks) 108f
Einwohner 13, 51ff, 58ff
Eisenbahn 86
Eisenbahnbau 22
Eisenzeit 14, 29, 273
Elefant 207f, 373, 397
Elefanten-Safari 188f, 252
Elektrizität 86
Energie 42, 50
Engländer 20ff
Entfernungstabelle 123
Ersatzteile, Auto 75
Essen & Trinken 86
Etsha 118, 268ff
Export 13, 40, 42, 44, 67, 340

F
Farmen 43f
Feiertage 87
Felsmalereien/-zeichnungen 14, 67f, 138, 216, 271ff
Fischen 35, 156, 206, 277
Flagge 13
Fläche 13, 31
Fleckenhyäne 375
Fleisch 44, 67, 86, 121
Flughäfen 72
Flüge 87
Flusspferd 375, 398
Flusssysteme 32, 213f
Forschungsreisen 17f
Fotografieren 89
Francistown 13, 353ff
Frauen 66f

Fremdenverkehrsämter 91
Führerschein 73, 103

G

Gaborone 13, 24, 363ff
Game Reserves 107f
Gametrackers 112
Gamtsa Pan 311
Gcwihaba Caverns s. Drotsky's Caves
Gefahren (beim Autofahren) s. Autofahren
Gefahren (beim Campieren) s. Camping
Geländewagen s. Allrad-Fahrzeuge
Gelbfieber 95
Gelbschnabeltoko 377
Geld 92
Gemsbok National Park s. Kgalagadi Transfrontier National Park
Geographie 31ff
Gepard 138, 377, 396
Gepäck 93
Geschäftszeiten 110
Geschichte 14ff
Geschwindigkeitsbegrenzung 74
Gesellschaft 51
Gesundheit 56ff, 93
Gewässer 35f
Ghanzi 51, 66, 317ff
Ghanzi Craft Cooperative 318
Giraffe 378
Gobabis 135f
Gold 13, 18, 41f, 147
Goshen 21
GPS 95
Graetz, Paul 47f
Graulärmvogel 379
Green's Baobab 311
Grenzübergangsstellen 99
Grootfontein 140
Großer Treck 16, 29, 66
Großlandschaften 31ff
Grundwasser 35, 325
Gubatsa Hills 209
Gumare 268
Gweta 300f

H

Handelspartner 13
Hausboot Kubu Queen 277
Heiliger Ibis 380
Helgoland-Sansibar-Vertrag 20, 279
Hepatitis 57, 95

Herero 95ff
Honigdachs 380, 396
Hyäne 396

I

Impfungen 95
Impala 380
Impalila Island 233ff, 282
Industrie 13, 37
Inflation 13
Informationen 91
Internet-Adressen 101

J

Jagd 101
Jahreszeiten 33f
Jameson Raid 23
Johannesburg 147ff
Jwaneng 37, 40, 371

K

Kachekabwe 223
Kalahari 32, 35, 323ff
Kalahari Gemsbok National Park s. Kgalagadi Transfrontier National Park
Kanye 13, 59, 371
Karten 101
Kasane 223, 226ff, 297
Kataba 223
Katima Mulilo 281, 290ff, 293
Kavimba 223
Kazungula 227
Ker & Downey Safaris 112, 114, 168, 181
Kgalagadi Transfrontier National Park 108, 146, 342ff, 345
Kgale Hill 370
Khama I. 20
Khama III., Sir Seretse 20, 22, 23, 25f, 29, 301
Khama Rhino Sanctuary 358f
Khoi 62ff
Khutse Game Reserve 81, 107, 327ff, 338ff
Khutse Gate 341
Khwai 211
Kinder 101
Kleidung 102
Klima 13, 33f
Klimaveränderungen 34
Kobalt 27
Kochen (im Busch) 84f
Kohle 13, 27, 42

Kokonje Island 311
Kolonialzeit 16ff
Kongola 285
Konsulate s. Botschaften
Kraftwerke 38, 42, 50
Krankenversicherung 102
Kreditkarten s. Geld
Krokodile 398
Krokodilranch Zambezi Nature Sanctuary 240
Kruger, Paul (Ohm) 20
Kubu Island 307ff
Kubu Queen 277
Kudu 382
Kultur 51ff, 67ff
Kunst 67ff
Kunsthandwerk 68
Kupfer 13, 18, 27, 37, 42
Kuruman Missionsstation 29
Kwando (Fluss) 32, 35, 205, 213, 279ff, 286ff

L

Lake Ngami 48, 156, 208, 261ff
Landkarten s. Karten
Landwirtschaft 13, 43f, 48, 176
Leierantilope 379
Leopard 90, 339ff, 383
Letlhakane 40, 315
Limpopo Province 152f
Limpopo (Fluss) 29, 243
Linyanti (Fluss) 205, 211, 213ff, 217ff, 223
Literatur 69, 103
Litschi-Antilope 384
Livingstone, Dr. David 16, 29, 59, 69, 172f, 226, 242, 244
Livingstone (Stadt/Zambia) 254ff
Lizauli Traditional Village 287
LMS s. London Missionary Society
Lobatse 13, 149
Lobengula, König 22, 156, 303
Loch, Sir Henry 22
London Missionary Society 16
Löwe 90, 339ff, 385, 396

M

Mababe Depression 208f, 213f
Mababe Gate 209
Mabele 223
Mabuasehube 109, 344ff
Mackenzie, John 20, 21
Madikwe Game Reserve 151

Mafeking 21, 23, 30
Magwikwe Sandridge 208
Mahalapye 13
Mahango Game Reserve 281, 282ff
Makgadikgadi Pans National Park 81, 107, 294ff, 306ff
Makwee Gate (Moremi) 195, 199
Malaria 94, 102
Malope, Häuptling 15, 58
Mamili National Park 281, 287ff
Mamuno 99, 136, 169
Mangan 13
Manyana 68, 370f
Mapungubwe National Park 153
Martin's Drift 99, 152
Mashatu Game Reserve 108, 360f
Masire, Dr. Quett 27, 30
Mata Mata 146, 347
Matabele 16, 18, 21
Matetsi (Fluss) 243
Mauch, Carl 17f, 353
Maul- und Klauenseuche 45, 121, 193, 334
Maun 13, 73, 155ff, 261
Mboma Island 197
McCarthy's Rest 100
Medien 56
Medikamente 73, 95
Mietwagen 103
Missionare 16ff, 20, 22, 29, 61
Mmabatho 100, 149
Mmakhama Ruins 311
Mochudi 13, 67, 369
Moffat, Robert 16f, 353
Mogae, Festus 27f, 30f, 50
Mohembo 99, 146, 169, 277, 278, 282
Mokolodi Nature Reserve 108, 370
Mokoro 117, 121, 158f, 166f, 278f
Molepolole 13, 51, 59
Molopo (Fluss) 21, 29f, 332, 344
Moremi Game Reserve 81, 154ff, 192ff
• Mboma Island 197
• Paradise Pools 198
• South Gate 196
• Third Bridge 197
• Xakanaxa Lediba 197f
Moremi Gorge 357
Mosi oa Tunya 242

Mosi-oa-Tunya National Park 255ff
Motloutsi-Ruinen 360
Motorradfahren 106
Mpalila Island s. Impalila Island
Mpandamatenga Trail 301
Muchenje 223
Mudumu National Park 281, 285, 286, 288ff
Musik 69
Mzilikazi, General 15, 16, 18

N
Namibia 99, 102, 105, 129, 133ff
Nashorn 386, 398
Nasilele, Moses 290
Nata 297, 298ff
Nata Bird Sanctuary 121, 299
Nationalfeiertag 13, 87
Nationalparks/Naturschutzgebiete 106
Ncame s. Lake Ngami
Ndebele 29
Ngoma Bridge 99, 140, 223ff, 293
Ngonye Falls (Zambia) 292
Ngwezumba 225f
Nhabe Museum (Maun) 156f
Nickel 13, 38, 42
Niederschläge 33ff, 170, 177
Nogatsaa 224ff
North West Province 149
Nossob 344ff
Notfall/Notrufnummern 110
Ntwetwe Pan 306, 311
Nxai Pan National Park 81, 107, 294ff, 301ff
Nxamaseri 271
Nxhabe 156, 175, 261
Nyae Nyae Pans 142

O
Odi 118, 369
Okavango 32, 35, 154ff
Okavango Swamps Crocodile Farm (Maun) 157
Okavango-Delta 31f, 35f, 154ff, 169ff
• Bevölkerung 172
• Elfenbeinhandel 173f
• Geologie 175
• Geschichte 172
• Klima 177
• Pflanzenwelt 171
• Regionen 176f
• Reisezeit 115, 177f
• Tierwelt 171

• Tourismus 179
• Wasserentnahme 179
• Wilderei 179
Orapa 27, 30, 35, 37, 40
Ostcaprivi 287
Owens, Mark und Delia 64, 327, 333, 334
Öffentliche Verkehrsmittel s. Busse
Öffnungszeiten 110
Ökologie 35ff
Oryx 387

P
Palapye 357f
Pandamatanga 298
Panhandle 261ff
Papyrus 171, 172, 262
Parr's Halt 99
Passarge Pan 333
Passarge Valley 329
Pavian 84, 139, 197, 387, 395
Peace Park Foundation 345
Perlhuhn 388
Phitsane 100
Pilanesberg National Park 149ff
Pioneer Gate 100
Piper Pan 333
Platjan Bridge 99
Plumtree 99
Polers Trust 278
Polio 95
Polokwane 152
Pontdrift 99
Popa Falls 281, 282ff
Post 111
Pula 13, 29, 30, 92

R
Rafting 168, 236, 244f
Rakops 315
Ramatlabama 100
Ramokgwebana 99
Ramotswa 100
Regen 13, 33ff, 55
Regenzeit 33
Regierungsform 13
Reiseapotheke 111
Reiseart 111
Reise- und Safariveranstalter 111
Reisezeit 114
Religion 54f
Reservierungen 115
Rey, Sir Charles 205
Rezepte (für Selbstfahrer) 84ff

Rhodes, Cecil 21ff, 318, 353, 363
Rinderzucht 13, 29, 45
Rotbauchwürger 388
Rotschnabeltoko 389
Routenvorschläge 128ff
Rundu 144f

S

Safari-Lodges 180ff
Safari-Lodges, Hauptanbieter 181f
Safaris 115
San 13, 14ff, 52ff, 62ff
Sandridge 208ff, 217, 223
Savute 209ff, 213ff, 217, 223
Savute Marsh 209, 214
Schlafkrankheit 95
Schlangen 117, 399
Schwalbenschwanzspint 389
Schwarze Witwe 398
Schulenburg, Heinrich C. 17
Schulwesen s. Bildungswesen
Sedudu Island 227f
Selebi-Phikwe 13, 18, 27, 37, 42, 355f
Selinda Reserve 222
Sepupa 270
Serondela 224
Seronga 278
Serowe 13, 358
Shaka-Zulu 15f
Shakawe 99, 261, 275ff
Shorobe 194
Sicherheit 117
Sikwane 100
Skorpione 399
Sodaasche 42, 297
Solomon's Wall 360
Sonneneinstrahlung 95
Sorghum 43
Southern African Development Community 49f
South Gate (Moremi) 196
Southern Cross Safaris 112, 113
Souvenirs 118
Sowa Pan 296, 299, 301, 306, 307ff, 311
Spinnen s. Schwarze Witwe
Sprache(n) 53ff, 118
Springbock 390
Spurenlese 142
St. Clair Lion Park 370
Staatsform 13
Staatswappen 29
Städte 13
Stämme 13, 15, 21ff, 58ff
Steinkohle 42
Stella-Land 21
Steppenzebra 390
Stockpoort 99
Straßenverhältnisse 74
Strauß 391, 398
Straußenzucht 44
Sun City 149ff
Südafrika 72, 99, 147ff

T

Tankstellen 75, 78, 79
Tawana, Häuptlingssohn 15
Taxi 119
Telefonieren 119
Termite 392
Tetanus 95
Thamalakane (Fluss) 155ff, 261
Tierbeobachtung 89f, 114f
Tigerfisch 35, 177, 275
Tjinga Pan 226
Tlokweng 100, 149
Tourismus 13, 46ff, 120
Trans Caprivi Highway 280ff
Trans Kalahari Highway 74, 137, 317
Trinkgeld 119
Trinkwasser 119
Trockenzeit 13, 33ff, 82, 114
Tse-Tse-Fliege 95, 178
Tsodilo Hills 14, 54, 68, 121, 261, 271ff, 323
Tsumkwe 140f
Tuli Block 37, 44, 107, 152ff, 359f
Tuli Game Reserve 361
Twee Rivieren 146, 344, 347

U

Unabhängigkeit 13, 24ff
Unabhängigkeitstag 13
Unterkunft 120
Überweidung 34, 44f, 155, 178, 325, 326

V

Vegetationszonen 39
Vereeniging, Friedensvertrag 24
Verfassung 15, 24, 30, 52
Versicherungen 121
Verwaltung 22ff, 30, 58, 144
Veterinärkontrollen/-zäune 45, 121, 326, 334
Victoria Falls (Stadt) 239ff
Victoria Falls National Park 241ff
 • Aktivitäten 246
 • Geologie 241
 • White Water Rafting 244f
Viehhaltung 44f
Visum 86, 99
Völker 58ff
Vryburg 21

W

Waffenkiebitz 393
Wanderarbeiter 49, 54, 57
Wappen 29
Warren, Sir Charles 20, 21
Warzenschwein 394
Wasser 13, 32, 33, 35ff
Wasserbock 394
Waterberg Plateau 138f
Währung s. Geld
Werda 344
Wettermessung 34
Wilderness Safaris 47, 112, 114, 182
Williams, Ruth 25
Willoughby, W. C. 22, 23
Windhoek 73, 133ff
Wirtschaft 13, 27, 37ff

X

Xade 64, 327, 330ff
Xakanaxa 194
Xakanaxa Lediba 197

Z

Zanzibar 20, 99, 279
Zeerust 100, 149, 151
Zeit 121
Zeiteinteilung 130ff
Zeittafel 29ff
Zeitungen 121
Zentralbotswana 327ff
Zimbabwe 99, 239ff
Zoll 121
Zulu-Kriege 15f
Züge s. Eisenbahn
Zwei-Zwei Pan 225

Verzeichnis der Unterkünfte

> **Hinweis**
>
> Folgend sind alle kartografisch erfassten Unterkünfte sowie Hausboote aufgeführt. Hinter dem Namen der Unterkunft steht eine Angabe zur Karte: Entweder ein Planquadrat der herausnehmbaren Reisekarte (z.B. „A1") oder ein Verweis auf die jeweilige Detailkarte im Buch. Dahinter ist die Buchseite angegeben, auf der die Unterkunft beschrieben ist.
>
> Die wenigen nicht aufgeführten Unterkünfte sind über den Namen der Stadt oder Region, in der sie liegen, im Stichwortverzeichnis zu finden.

A
Abu Camp B1; 188
Audi Camp (Maun) B2; 162
A'Zambezi River Lodge (Victoria Falls) s. Karte S. 240; 248

B
Baines' Baobab Campsite C2; 306
Baines' Camp B2; 190
Banoka Bush Camp B1; 203
Bitterpan Wilderness Camp A5; 350
Bosobogolo Pan Campsite B5; 349
Brakah Campsite C2; 338
Bumhill Campsite (Caprivi) B1; 290

C
Camp Chobe (Caprivi) D1; 224
Camp Itumela E3; 358
Camp Kalahari C2; 314
Camp Kuzuma C1; 298
Camp Kwando (Caprivi) B1; 288
Camp Linyanti C1; 219
Camp Moremi B1; 200
Camp Okavango B1; 184
Camp Okuti B1; 201
Camp Savuti C1; 215
Chief's Camp B1; 187
Chitabe Camp B2; 192
Chobe Chilwero Lodge (Kasane) s. Karte S. 230; 231
Chobe Game Lodge (Kasane) D1; 231
Chobe Marina Lodge (Kasane) s. Karte S. 230; 229
Chobe Safari Lodge (Kasane) D1; 229
Chobe Savanna Lodge (Impalila Island) D1; 235
Chobe under Canvas wechselnder Standort, s. Karte S. 218/219; 232
Chobe, Camp s. Camp Chobe
Cresta Lodge (Gaborone), s. Karte S. 367; 368
Cresta Mowana Safari Lodge (Kasane) D1; 230
Cresta President Hotel (Gaborone) s. Karte S. 367; 368
Cresta Riley's Hotel (Maun) s. Karte S. 158; 160
Crocodile Camp (Maun) B2; 163

D
Deception Valley Lodge B2; 338
Delta Camp B1; 191
Discovery Bed & Breakfast (Maun) s. Karte S. 161; 162
Divava Okavango Lodge & Spa (Caprivi) A1; 284
Dombo Farm C2; 312
Domboshaba Lodge D2; 354
Dqāe Qare B3; 319
Drotsky's Cabins A1; 276
Duba Plains Camp B1; 184
Duma Tau Camp B1; 220
Dumela Lodge D2; 354

E
Eagle Island Camp B1; 190
Edo's Camp A3; 321
Elephant Hills Resort (Victoria Falls) s. Karte S. 240; 249
Elephant Sands Lodge D2; 299
Elephant Valley Lodge (Kasane) C1; 230
El Fari Campsite B3; 322

F
Footsteps Across the Delta B1; 185

G
Gaborone Sun Hotel & Casino s. Karte S. 367; 368
Garden Lodge, The (Kasane) s. Karte S. 230; 229
Ghanzi Trail Blazers A3; 323
Gharagab Wilderness Camp A4; 350
Ghoha Hills Savuti Lodge C1; 216

Gnus Gnus Campsite A4; 348
Grassland Safari Lodge B3; 321
Grootkolk Wilderness Camp A4; 350
Guma Lagoon Camp B1; 269
Gunn's Camp B2; 191
Gweta Lodge C2; 301

H
Haina Kalahari Lodge C2; 338

I
Ichingo River Lodge (Impalila Island) s. Karte S. 230; 234
Ichobezi Safari Boats (Hausboot; Kasane), s. S. 237
Ihaha Campsite D1; 232
Ilala Lodge (Victoria Falls) s. Karte S. 240; 248
Impalila Island Lodge (Impalila Island) D1; 235
Island Safari Lodge (Maun) B2; 163
Itumela, Camp s. Camp Itumela

J
Jacana Camp B1; 186
Jack's Camp C2; 314
Jao Camp B1; 186

K
Kaa Gate Campsite A4; 348
Kalahari Plains Camp B3; 336
Kalahari Tented Camp A5; 350
Kalahari Trails A5; 351
Kalahari, Camp s. Camp Kalahari
Kalizo Lodge & Camp (Caprivi) D1; 291
Kamanga Lodge (Maun) s. Karte S. 161; 163

Kanana Camp B1; 189
Kaziikini Campsite C2; 201
Khama Rhino Sanctuary D3; 359
Khankhe Pan Campsite C3; 342
Khiding Pan Campsite B4; 349
Khumaga Campsite C2; 314
Khurtum Khwe Traditional Camp A3; 322
Khutse Campsite C3; 342
Khutse Kalahari Lodge C4; 342
Khwai Community Campsites s. Karte S. 195; 202
Khwai/North Gate Campsite C1; 200
Khwai River Lodge C1; 203
Khwai Tented Camp (nahe Khwai River Lodge) s. S. 203
Kieliekrankie Wilderness Camp A5; 350
King's Pool Camp B1; 221
Kingdom, The (Victoria Falls), s. Karte S. 240; 248
Kori Campsite C2; 337
Kubu Island Campsite D2; 311
Kubu Lodge (Kasane) s. Karte S. 230; 229
Kubu Queen (Hausboot; Shakawe) s. S. 277
Kubunyana Campsite (Caprivi) B1; 290
Kuzuma, Camp s. Camp Kuzuma
Kwando Lagoon Camp B1; 220
Kwando Lebala Camp B1; 220
Kwando, Camp s. Camp Kwando
Kwara Camp B1; 183
Kwa-Tuli Game Reserve E3; 362
Kwetsani Camp B1; 186

L
Lekhubu Campsite B3; 337
Leopard Pan Campsite B2; 337
Leroo la Tau Lodge C2; 313
Lesholoago Pan Campsite B4; 349
Letiahau Campsite B3; 337
Lianshulu Lodge (Caprivi) B1; 288
Linyanti Bush Camp/Linyanti Ebony Camp C1; 221
Linyanti Campsite C1; 219
Linyanti, Camp s. Camp Linyanti

M
Mabuasehube Pan Campsite B4; 349
Machaba Camp C1; 203
Mahangu Safari Lodge (Caprivi) A1; 283
Mankwe Bush Lodge C1; 202
Mapula Lodge B1; 185
Mashatu Game Reserve E3; 361
Mata Mata Rest Camp A5; 349
Maun Lodge (Maun) s. Karte S. 161; 163
Maun Rest Camp (Maun) s. Karte S. 161; 161
Mazambala Island Lodge (Caprivi) B1; 288
Meno A Kwena Tented Camp C2; 313
Mokolodi Backpackers/Mokolodi Nature Reserve D4; 370
Molose Campsite C4; 342
Mombo Camp B1; 187
Monamodi Pan Campsite B4; 349
Moremi Crossing Camp B1; 187
Moremi, Camp s. Camp Moremi

Moreswe Campsite C4; 342
Motopi Campsite B2; 337
Motse Lodge C4
Motswiri Camp B1
Motswiri Lodge A3; 320
Mpayathutlwa Pan Campsite B4; 349
Muchenje Safari Lodge D1; 223

N
Nambwa Campsite (Caprivi) B1; 290
Namushasha Country Lodge (Caprivi) B1; 288
Nata Bird Sanctuary Campsite D2; 300
Nata Lodge D2; 299
Ndhovu Safari Lodge (Caprivi) A1; 284
Ngepi Campsite (Caprivi) A1; 285
N//Goabaca Campsite (Caprivi) A1; 285
Nguma Island Lodge B1; 270
Nitani Game Reserve E3; 362
Nkasa Lupala Tented Lodge (Caprivi) B1; 289
Northgate Lodge D2; 299
Nossob Rest Camp A5; 350
Ntwala Lodge (Impalila Island) D1; 235
Nunda River Lodge (Caprivi) A1; 284
Nxabega Camp B1; 188
Nxai Pan Camp C2; 305
Nxamaseri Lodge B1; 271

O
Oddball's Palm Island Lodge B1; 191
Okavango, Camp s. Camp Okavango
Okavango House Boats (Hausboot; Seronga) s. S. 278
Okavango River Boats (Hausboot; Sepupa) s. Karte S. 264; 270
Okavango River Lodge (Maun) s. Karte S. 161; 162
Okuti, Camp s. Camp Okuti
Old Bridge Backpackers, The (Maun) s. Karte S. 161; 161

P
Panda Rest Camp C1; 298
Passarge Valley Campsite B2; 337
Phokoje Bush Lodge E3; 355
Phokoje Pan Campsite B3; 337
Piper Pan Campsite B3; 337
Planet Baobab C2; 301
Polentswa Campsite A4; 348
Pom Pom Camp B2; 190
Popa Falls Resort (Caprivi) A1; 283

R
Rainbow Hotel (Victoria Falls) s. Karte S. 240; 248
River Dance Lodge (Caprivi) A1; 284
Rooiputs Campsite A5; 348
Royal Chundu Lodge (Livingstone) s. Karte S. 255; 257
Royal Tree Lodge (Maun) s. Karte S. 161; 164

S
Salambala Campsite (Caprivi) D1; 292
San Camp C2; 314
Sandibe Lodge B1; 192
Sango Safari Camp C1; 202
Savute Camp B1; 220
Savute Elephant Camp C1; 216
Savute Safari Lodge C1; 216
Savute under Canvas wechselnder Standort s. Karte S. 210; 216
Savuti Campsite C1; 215
Savuti, Camp s. Camp Savuti
Seba Camp B2; 189
Sedia Riverside Hotel, The (Maun) s. Karte S. 161; 163
Selinda Camp B1; 222
Selinda Explorer Camp B1; 222
Senyati Campsite C1; 232
Sepupa Swamp Stop (Sepupa) s. Karte S. 264; 270
Shakawe Lodge B1; 276
Shinde B1; 183
Sitatunga Camp (Maun) B2; 183
Sizatswe Campsite A4; 348
South Camp C2; 305
South Gate Campsite B1; 199
Sprayview Hotel (Victoria Falls) s. Karte S. 240; 248
Stanley and Livingston, The (Victoria Falls) s. Karte S. 240; 250
Stanley's Camp B2; 191
Sunday Pan Campsite B2; 337
Susuwe Island Lodge (Caprivi) B1; 289
Swartpan Campsites A4; 348

T
Ta Shebube (drei Camps) A4, A5; 348, 349
Tati River Lodge E2; 354
Tau Pan Camp B3; 336
Tautona Lodge A3; 320
Thakadu Bush Camp A3; 322
Thamalakane River Lodge (Maun) s. Karte S. 161; 163
Thebe River Campsite (Kasane) s. Karte S. 230; 233
Third Bridge Campsite B1; 200
Thorntree River Lodge (Livingstone) s. Karte S. 255; 257
Thupapedi Campsite A4; 348

Toro Safari Lodge (Kasane) s. Karte S. 230; 229
Touch of Africa Safari Lodge C1; 298
Tree Island Camp C2; 314
Tubu Tree Camp B1; 186
Tuli Safari Lodge E3; 361
Tuli Wilderness Trails and Bush Camp E3; 362
Twee Rivieren Rest Camp A5; 350
Two Rivers Game Scout Camp A5; 348

U
Urikaruus Wilderness Camp A5; 350

V
Victoria Falls Backpackers s. Karte S. 240; 247
Victoria Falls Hotel, The s. Karte S. 240; 249
Victoria Falls Safari Lodge s. Karte S. 240; 250
Vumbura Plains Camp B1; 185

W
Water Lily Lodge (Kasane) s. Karte S. 230; 228
Woodlands Stop-over D2; 354

X
Xade Campsite B3; 337
Xakanaxa Camp B1; 200
Xakanaxa Campsite B1; 200
Xaranna Camp B2; 188
!Xaus Lodge A5; 350
Xaxa Campsite B3; 337
Xigera Camp B1; 187
Xudum Camp B2; 190
Xugana Island Lodge B1; 183

Z
Zarafa Camp B1; 222

ebook-Reiseführer

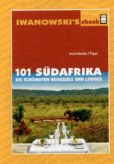
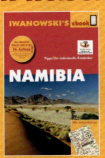

Die ebook-Reiseführer von Iwanowski zeichnen sich durch eine hohe Benutzerfreundlichkeit aus: Alle Internetadressen sind direkt extern und alle Seitenverweise und Überschriften sind intern verlinkt. Je nach Lesesoftware können Lesezeichen gesetzt, Textstellen markiert und Kommentare einfügt werden. Alle Bilder und Karten können vergrößert angeschaut werden.

 www.iwanowski.de

Einzigartiges Botswana: das Okavango Delta – das größte Binnendelta der Welt, der Chobe Nationalpark mit der weltgrößten Elefantenpopulation, die Savannenlandschaften der Kalahari oder die unendlichen Weiten der Makgadikgadi Salzpfannen. Die Big Five – Löwe, Nashorn, Elefant, Büffel und Leopard – sind Teil der ursprünglichen Natur Botswanas, die darauf wartet von Ihnen entdeckt zu werden. www.botswanatourism.de

Botswana Tourism Organisation
Karl-Marx-Allee 91 A, 10243 Berlin, Germany   Telefon: +49 (0) 30 42 02 84 64   E-Mail: info@botswanatourism.eu

Neu in Botswana

OKAVANGO AIR RESCUE

P.O.Box 1966
Maun
Botswana
Tel: +267 686 16 16
Fax: +267 686 16 60
office@okavangorescue.com

Medizinischer Notfall? Wir evakuieren Sie aus dem Busch!

Okavango Air Rescue wird durch die Solidarität seiner Gönnerinnen und Gönner getragen. Mit Ihrem jährlichen Gönnerbeitrag von nur ca. 17 Euro / 20 CHF oder Ihrer Spende ermöglichen Sie die Sicherstellung einer Luftrettung nicht nur für Sie, sondern auch zugunsten der Bevölkerung Botswanas.

www.okavangorescue.com

Nur durch Sie können wir fliegen!

KUBU LODGE
in the heart of Africa...
CHOBE - BOTSWANA

Offering old fashioned hospitality, this intimate owner-run lodge is set with only eleven chalets beneath the spreading branches of giant ebony and wild fig trees, on thirty six hectares along the banks of the Chobe river, near Chobe National Park, Botswana.

P O BOX 43, KASANE, BOTSWANA
TEL:+267 625-0312 FAX:+267 625-1092
Email: kubu@botsnet.bw
Website: www.kubulodge.net

Under One Botswana Sky

Chobe, Moremi, Okavango:
Affordable luxury accommodations in
Botswana's top game viewing destinations

Chobe Safari Lodge
www.chobesafarilodge.com

Excellent getaway location to Chobe, Victoria Falls or Caprivi.
Accommodation consists of 80 spacious, river view rooms.

Pom Pom Camp
www.pompomcamp.com

In the heart of the Okavango Delta - 20-25 minutes scenic flight from Maun.
9 large luxury safari tents, all with en suite showers and flush toilets.

Moremi Crossing
www.moremicrossing.com

Luxury accommodation in 16 new-style vintage safari tents, each with its own
private deck with views on to Chief's Island/Okavango. 100% Eco friendly.

Gunns Camp
www.gunns-camp.com

This small camp with 6 brand new, large, luxury vintage-style safari tents is
located on the same Ntswi Island as its sister property Moremi Crossing.

Nata Lodge
www.natalodge.com

22 air-conditioned Wooden Thatched Chalets with en-suite bathrooms
Also 10 Luxury safari tents with en-suite bathrooms and camping grounds.

www.underonebotswanasky.com

IWANOWSKI'S REISEBUCHVERLAG
FÜR INDIVIDUELLE ENTDECKER

REISEHANDBÜCHER

Europa
Barcelona und Umgebung 🗎
Berlin*
Dänemark*
Finnland* 🗎
Irland* 🗎
Island*
Liparische Inseln *
Lissabon
Madeira*
Moskau & Goldener Ring
Nordspanien & Jakobsweg*
Norwegen* 🗎
Paris und Umgebung*
Piemont & Aostatal*
Polens Ostseeküste & Masuren*
Provence mit Camargue*
Rom*
Schweden* 🗎
Tal der Loire mit Chartres*

Asien
Hong Kong
Oman*
Peking
Rajasthan mit Delhi & Agra*
Shanghai
Singapur *
Sri Lanka/Malediven*
Thailand*
Tokio mit Kyoto
V.A.E. mit Dubai & Abu Dhabi *
Vietnam*

Afrika
Äthiopien*
Botswana* 🗎
Kapstadt & Garden Route*
Kenia/Nordtanzania*
Mauritius mit Rodrigues* 🗎
Namibia* 🗎
Südafrikas Norden & Ostküste*
Südafrika* 🗎
Uganda/Ruanda*

Australien / Neuseeland
Australien mit Outback*
Neuseeland*

Amerika
Chile mit Osterinsel*
Florida* 🗎
Guadeloupe und seine Inseln
Hawaii*
Kalifornien*
Kanada/Osten*
Kanada/Westen*
Karibik/Kleine Antillen*
New York
USA/Große Seen*
USA/Nordosten*
USA/Nordwesten*
USA/Ostküste*
USA/Süden*
USA/Südwesten*
USA/Texas & Mittlerer Westen*
USA/Westen* 🗎

101... - Serie: Geheimtipps und Top-Ziele
101 Berlin 🗎
101 China
101 Florida
101 Hamburg 🗎
101 Indien
101 Inseln
101 Kanada-Westen
101 London 🗎
101 Mallorca
101 Namibia – Die schönsten Reiseziele, Lodges & Gästefarmen
101 Reisen für die Seele – Relaxen & Genießen in aller Welt
101 Reisen mit der Eisenbahn – Die schönsten Strecken weltweit
101 Safaris – Traumziele in Afrika
101 Skandinavien
101 Südafrika – Die schönsten Reiseziele und Lodges
101 USA

REISEGAST IN...
Ägypten
China
England
Indien
Japan
Korea
Polen
Russland
Südafrika
Thailand

* mit herausnehmbarer Reisekarte
🗎 auch als ebook-Reiseführer (epub)

Iwanowski's Reisebuchverlag GmbH • Salm-Reifferscheidt-Allee 37 • D- 41540 Dormagen
TEL: 02133/2 60 311 • FAX: 02133/26 03 33 • E-MAIL: INFO@IWANOWSKI.DE
www.iwanowski.de • www.facebook.com/Iwanowski.Reisebuchverlag
www.twitter.com/Iwanowskireisen

IWANOWSKI'S
BOTSWANA – **Autorentipps**

Michael Iwanowski bereist seit über 30 Jahren regelmäßig das südliche Afrika. 1983 veröffentlichte der studierte Geograf den ersten deutschsprachigen Reiseführer über Namibia. Es folgten Reisehandbücher zu Südafrika (1985), Botswana (1986) und Zimbabwe (1990). Sein erfolgreicher Verlag sowie sein renommiertes Reiseunternehmen „Iwanowski's Individuelles Reisen" entwickelten sich zu Marktführern für Individualreisen in das südliche Afrika. Durch den ständigen Kontakt dorthin ist es möglich, die Informationen auf hohem und aktuellem Niveau zu halten.

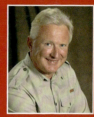

1. TIPP

Ein Besuch der Nationalparks Botswanas mit einem Allradwagen und Dachzelt auf eigene Faust. **Seite 103**

2. TIPP

Eine Fahrt durch den Caprivi-Streifen und der Besuch des Mamili (Nkasa Lupala) National Parks – ein Wildtier- und Vogelparadies und zudem das größte Sumpf- und Gewässergebiet Namibias. **Seite 287**

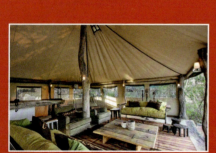

3. TIPP

Das Sango Safari Camp empfiehlt sich durch seine Lage zwischen dem Moremi Game Reserve und dem Chobe National Park sowie durch eine herzliche Camp-Atmosphäre und tolle Wildbeobachtungsmöglichkeiten. **Seite 202**

TOP-TIPP

Etwas ganz Besonderes, auch für Kenner des südlichen Afrikas, ist eine Flusskreuzfahrt auf dem Chobe mit Ichobezi Safari Boats ab Kasane. **Seite 237**